T0209916

Menschen im Kino

Anne Paech und Joachim Paech

Menschen im Kino

Film und Literatur erzählen

mit 207 Abbildungen

Verlag J. B. Metzler
Stuttgart · Weimar

Erschienen in Zusammenarbeit mit ARTE Deutschland TV GmbH

KINOWELT MEDIEN AG

Die Deutsche Bibliothek – CIP-Einheitsaufnahme

Paech, Anne:
Menschen im Kino : Film und Literatur erzählen / Anne Paech und Joachim Paech.
[In Zusammenarbeit mit ARTE Deutschland TV GmbH].
– Stuttgart ; Weimar : Metzler, 2000 (Arte Edition)
ISBN 978-3-476-01747-5

ISBN 978-3-476-01747-5   ISBN 978-3-476-01497-9 (eBook)
DOI 10.1007/978-3-476-01497-9

© 2000 Springer-Verlag GmbH Deutschland
Ursprünglich erschienen bei J.B. Metzlersche Verlagsbuchhandlung
und Carl Ernst Poeschel Verlag GmbH in Stuttgart 2000

Inhaltsverzeichnis

Einleitung

Ein Jahrhundert (er)lebt im Kino

>»Hast du Lust, noch ins Kino zu gehen?
fragte ich, denn mit Lust auf Kino könnte
ich Ivan dazu bringen, jetzt noch nicht
nach Hause zu gehen, ich habe die Seite
mit dem Kinoprogramm aufgeschlagen.«
(Ingeborg Bachmann: Malina. 1977, 48)

In einem französischen Dorf ist Kirmes. Wie immer gibt es ein Karussell, eine Schießbude und einen Stand, wo man mit einem Ball Büchsen umwerfen kann. Und in einem Zelt zeigt ein ›Cinéma‹ einen amerikanischen Western und einen Kulturfilm über die amerikanische Post. Es ist das Jahr 1947 –, mit den Amerikanern ist die Moderne auch in den letzten verträumten Winkel Europas eingezogen. Das bekommt auch der Briefträger François zu spüren, der bisher gemütlich mit seinem Fahrrad die Post in den Dörfern ausgetragen hat. Jetzt muß er in dem Zeltkino sehen, wie die Amerikaner in rasender Geschwindigkeit mit dem Motorrad und sogar dem Hubschrauber die Post austragen. François nimmt die Herausforderung an und weil Geschwindigkeit keine Hexerei ist, strampelt er auf seinem Fahrrad, was das Zeug hält. TATIS SCHÜTZENFEST (JOUR DE FÊTE, 1947)

zeigt in seinem Kinofilm ein Kino, das einen Film zeigt. Jacques Tatis Film erzählt vom traditionellen dörflichen Leben; der andere Film zeigt das Gegenteil, die moderne Welt der technischen Errungenschaften und rastlosen Beschleunigung, die sich inmitten der Festplatz-Idylle des Films von Tati ankündigt. Die neue moderne Welt wird das Thema künftiger Filme Tatis, in denen er sich mit ihren absurden Erscheinungen vollautomatischer Häuser (MON ONCLE, 1958) und dem verrückten Verkehr in den modernen Städten (TRAFIC, 1971) auf komische Weise herumschlagen wird. Tatis Briefträger François ist ebenso ein Ritter von der traurigen Gestalt wie sein berühmter Vorfahr Don Quixote, der durch das Lesen von Büchern dazu verführt wurde, das Gelesene in der Wirklichkeit weiterzuleben: Sein Kampf gegen einen Riesen aus der Welt seiner Romane war nur ein Kampf gegen Windmühlenflügel, die ihn erbärmlich zu Boden geworfen haben. François wird in einem Film von einem Film (und den Sticheleien der Dorfbewohner) dazu verführt, den Kampf mit der (neuen) Zeit aufzunehmen; sein Abenteuer geht glücklicher aus als das Don Quixotes. Sowohl François als auch die Dorfbewohner vergessen bald, worum es bei der Raserei eigentlich ging und kehren zum gemütlichen Dorfleben zurück. Ob nun Don Quixote die romantische Vergangenheit in den Büchern oder François die moderne Zukunft in einem Film erleben, beide Male reflektiert das Medium auf sich selbst, das Buch von Cervantes auf die Bücher Don Quixotes und der Film Tatis auf den Film, den François darin in einem Kino sieht: Das Buch erzählt etwas über Bücher und der Film erzählt etwas über einen anderen Film im Kino, beide machen sich über die Wirkung, die daraus entsteht, lustig.

Das Kino ist erstens ein Ort, an dem zweitens Filme gezeigt werden für Zuschauer, die drittens in einer bestimmten Weise zum technisch-apparativ projizierten Bewegungsbild auf einer Leinwand angeordnet sind. Die Beziehung zwischen Kino und Filmen beruht auf einem Zweckbündnis, weil sich herausgestellt hat, daß die Veranstaltungsform ›Kino‹ eine günstige Möglichkeit bietet, die Ware ›Film‹ zu verkaufen. Zugleich hat der Film ›als Film‹ seine optimale technische Darstellungsform im Kino gefunden: Im Kino ist der Film am schönsten. Das bedeutet aber auch, daß Filme nicht nur im Kino gezeigt wurden und gesehen werden konnten: Erst etwa zehn Jahre nach den ersten öffentlichen Vorführungen von Filmen in Paris 1895 hat sich die heutige Form der Kinoveranstaltung durchgesetzt. Und auch das Kino braucht die Filme nicht: Man muß nur die Leinwand wegräumen und schon ist das Theater wieder hergestellt, aus dem sich das Kino entwickelt hat. Film und Theater (d.h. Bühnenshows) sind lange gleichzeitige Bestandteile eines Kinoprogramms gewesen. Mit dem Tonfilm hat das Kino auch das gesprochene Wort des Theaters noch für sich erobert, bevor der Film dem Kino wieder untreu geworden und zum Fernsehen oder Video übergegangen ist.

In der Geschichte der Kinematographie, die nun schon über hundert Jahre dauert und die Mediengeschichte des 20. Jahrhunderts geprägt hat, ist immer nur von den Filmen die Rede gewesen, selten davon, daß diese Filme auch irgendwo gesehen worden sind. Auch die Literaturgeschichte hat sich nicht darum gekümmert, daß Romane seit Gutenberg in gedruck-

2

ten Büchern technisch vervielfältigt lesbar sind; sie hat Autoren, Titel und erzählte Inhalte ohne die mediale Form, in der sie erscheinen, angeordnet und wiedergegeben und ebenso haben angeblich auch Filme eine Filmgeschichte, ohne daß dazu gesagt werden muß, daß sie an einem bestimmten Ort zu einer bestimmten Zeit vorgeführt und gesehen werden müssen, damit sich jemand an sie erinnern und damit es eine Filmgeschichte geben kann. Weil man außerdem lange Zeit die Filme der Erinnerung und damit einer eigenen Geschichte nicht für würdig gehalten hat, verwundert es nicht, daß es um das Kino lange so dunkel geblieben ist wie der Saal, wo die Filme gezeigt werden. Erst seit dem Tonfilm ist der Film ›historisch‹ und zum Beispiel in Archiven gesammelt worden, während Filme bis dahin weggeworfen wurden, wenn sie verbraucht waren: Plötzlich ist den Zeitgenossen bewußt geworden, daß mit dem Stummfilm eine ganze Epoche, also ein Stück Filmgeschichte zu Ende gegangen ist. Und nebenbei bemerkte man auch, daß eine Epoche der Kinokultur zu Ende ging, weil der Tonfilm eher sachliche Anforderungen an die akustische Konstruktion des Zuschauerraumes stellte, während der Stummfilm das Kino als zusätzliches architektonisches und theatrales Spektakel inszeniert hat.

Also haben Kino und Film tatsächlich eine gemeinsame Geschichte ihrer gegenseitigen Beeinflussung und Abhängigkeit. Zuerst waren die Kinos klein und die Filme kurz, so daß das Publikum häufig (alle 30 Minuten etwa) ausgewechselt werden konnte, damit am Ende eines Tages eine stattliche Zuschauerzahl zusammenkam. Und weil die Filme länger wurden (1914 in Italien und 1915 in den USA dauerten Filme schon fast 3 Stunden lang), mußten die Kinos größer werden und mehr Zuschauern auf einmal Platz bieten, weil das Publikum nicht mehr so oft ausgewechselt werden konnte. Ende der 20er Jahre gab es in den USA Kinopaläste mit bis zu 6000 Plätzen. Die Kinos waren von berühmten Architekten erbaut worden und prächtiger ausgestattet als manche Theater; es waren moderne ›Kathedralen der Zerstreuung‹, deren Säulen, Stuck und Logen dann vor den Anforderungen an die Akustik des Tonfilms weichen mußten. Breitwandfilme in CinemaScope haben wieder andere Formen des Kinos hervorgebracht, bis die Verleihpolitik der Filmindustrie die Zerteilung der großen Kinos in eine Vielzahl kleiner Säle erzwungen hat. Heute ist es die Vielzahl, die schwindet und nur wenige spektakuläre Großkinos mit ebenso spektakulären Großfilmen machen das Rennen.

Eigentlich braucht man sich nicht zu wundern, daß immer nur von Filmen und fast nie vom Kino die Rede ist (heute gegen Ende der Geschichte des Kinofilms ist die Erinnerung an das Kino durchaus ein Thema wie u.a. unser Buch beweist): Wenn der Film beginnt, ist der Saal dunkel und alle (alle?) Aufmerksamkeit gilt dem großen Lichtviereck an der Stirnseite des Raumes, und nur der Film ist noch zu sehen. Im Deutschen sagt man viel häufiger ›ich gehe in einen Film‹ statt ›ich gehe ins Kino‹. Roland Barthes dagegen besteht auf dem Erlebnis der ›Kino-Situation‹, »wenn ich ›Kino‹ sage, kann ich nie umhin, ›Saal‹ zu denken, statt ›Film‹«« (Barthes 1976, 290). Er genießt das Kino wie einen kinematographischen Kokon, dessen Dunkelheit ihn mit den anderen Anwesenden zusammenschließt in der ›diffusen Erotik‹ körperlicher Präsenz in einer Situation, die schließlich in eine Art hypnotischen Zustand der Filmwahrnehmung übergeht. Beim Verlassen des Kinos meldet sich wieder der Körper zurück, der neben anderen dem Ausgang zustrebt. Der letzte Eindruck vom Film ist das Kino, das ihn gezeigt hat. Und sehr oft ist die Erinnerung an das Kinoerlebnis in diesem Raum, an Gerüche, Berührungen, Gemeinsamkeiten stärker als der Eindruck, den dieser oder jener Film hinterlassen hat. Peter Handke weiß noch, daß er seinen ersten Film in einem Kino auf dem Lande gesehen hat, »ohne daß mir freilich von dem Film mehr in Erinnerung ist als die Bank, auf der ich gesessen habe« (Handke 1968, 10).

Filme als Ereignisse sind wiederholbar (sofern sie nicht verloren gegangen sind). Auch die Kino-Situation, die immer an das Hier und Jetzt, wo sie sich ereignet, gebunden ist, wiederholt sich, solange die Struktur ihrer Ereignishaftigkeit gleich oder ähnlich bleibt: Man verabredet sich, besorgt Kinokarten an der Kinokasse, betritt den Kinosaal und sucht seinen Platz. Das Programm läuft immer wieder ähnlich ab wie ein Ritual (und hat sich doch in seiner Struktur historisch immer wieder verändert): Im halb verdunkelten Raum läuft die Werbung, dann folgen die Trailer für die Filme, die ›demnächst in diesem Theater‹ zu sehen sein werden. Bis das Fernsehen sie überflüssig gemacht hat, gab es vor dem Hauptfilm noch eine Wochenschau, und ein ›Kulturfilm‹ hat dem Kinobesitzer geholfen, Steuern zu sparen. Jetzt gibt es die Werbung und dann den Hauptfilm, und wir dürfen froh sein, daß beide Programmteile noch getrennt vorgeführt werden.

Kinogeschichten gibt es seit ein paar Jahrzehnten. Kunstgeschichtliche Beschreibungen einer architektonisch interessanten Sonderform eines Gebäudetyps, für den von Architekten unterschiedliche Lösungen für die Gestaltung von Innenräumen und Fassaden gefunden wurden, haben sich zu einer kultursoziologischen Forschung der historischen Benutzung dieses Zweckbaus weiterentwickelt. Gefragt wurde, wann in welcher Region zum ersten Mal ein ortsfestes Kino nachweisbar ist, von wem es gegründet und betrieben wurde und was daraus geworden ist. Was für Filmprogramme wurden gespielt in Konkurrenz auch zu anderen Kinos im Umkreis, die inzwischen eröffnet haben? Wie war die technische Ausstattung der Kinos und wie haben sie sich der technischen Entwicklung und auch den kulturellen Bedürfnisse ihrer Zuschauer angepaßt? Auf diesen drei Säulen ruht die Kinogeschichte: Architektur- und Programmgeschichte sowie der Lebensgeschichte der Menschen, die das Kino als Besitzer(innen), Filmvorführer(innen), Kassierer(innen), Platzanweiser(innen), Kartenabreißer(innen), Eisverkäufer(innen), etc. betrieben haben.

Heute wissen wir schon einiges über die Kinos, wann und an welcher Stelle sie von wem gebaut und betrieben, welche Filme gezeigt (nämlich in der örtlichen Presse angekündigt) wurden und manchmal auch, ob es zu irgendwelchen Vorkommnissen kam, die vielleicht von der örtlichen Polizei registriert und über die in der Presse berichtet wurde (Zensurfälle, Verstöße gegen das Jugendschutzgesetz, Kampagnen gegen bestimmte Filme etc.). Aber was wirklich in diesem dunklen Raum während der Projektion eines Films passiert, das wissen wir bis auf wenige spektakuläre Ausnahmen (bei Premierenauftritten der Schauspieler oder den Rockerkrawallen Ende der 50er, Anfang der 60er Jahre im Kino) immer noch nicht. Eine Möglichkeit, sich der individuellen Erfahrung von Kinogängern zu nähern, ist die ›oral history‹, also die Befragung noch lebender Zeitzeugen vom Filmvorführer bis zu Tante Erna, die doch tatsächlich ihren Mann, Onkel Paul, im Kino kennengelernt hat: Sie weiß noch alles ganz genau, nur den Film hat sie leider vergessen, der damals gespielt wurde –, kein Wunder, wahrscheinlich war sie viel zu aufgeregt, um richtig hinzusehen.

Schriftsteller sind ebenfalls Kinogänger. Und weil sie nach ihren Erfahrungen nicht erst gefragt werden müssen, die vielmehr in der Regel in ihre literarische Arbeit unmittelbar einfließen, sind sie in ihren Texten die idealen Beobachter im Dunkel des Kinos. Dabei spielt es keine Rolle, ob sie im Kino den Hort des Kulturverfalls oder die Ankunft einer neuen, modernen Wahrnehmungsweise und Erzählstruktur für eine ›filmische Schreibweise‹ gesehen haben – wenn sie nur berichten, was sie gesehen und erlebt haben. Die literarische Qualität der Berichte ist sehr unterschiedlich, zum Beispiel wenn Jean-Paul Sartre sich an seine Kindheit im Kino erinnert oder Thomas Mann in seinem Roman *Der Zauberberg* seine Kurgäste nach Davos ins Kino schickt oder wenn mehr feuilletonistisch, manchmal vordergründig-melodramatisch, manchmal auch spekulativ über erotische Kinoerlebnisse berichtet wird. Wie dem auch sei, der Literatur, die sich gegenüber dem Kino in einem Spannungsverhältnis zwischen konservativer Ablehnung, modernistischer Anpassung und aktiver Kooperation befand, verdanken wir wesentliche Einsichten in die Kulturgeschichte des Kinos als Erfahrungsraum: Viele der in diesem Buch zitierten Texte werden das belegen.

Aber nicht nur die Literatur reflektiert mit ihren Mitteln, was sich im Kino ereignet, auch der Film, der ja selbst das allen Anwesenden gemeinsame Ereignis des Kinos ist, reflektiert filmisch das Kino und macht es zum Ort seiner Handlung.

Die Leinwand, auf die das Bewegungsbild des Films projiziert wird, ist als ein Fenster bezeichnet worden in eine Welt, in die wir als Filmzuschauer/innen aus unserer Camera obscura des Kinos hinaussehen. Wir sehen zum Beispiel Städte, Landschaften und Ereignisse, die sich dort zutragen. Und plötzlich blicken wir auf der Leinwand in ein Kino, das dem ähnelt, in dem wir auch sitzen und sehen einen anderen Film, der dort projiziert und der von einem anderen Publikum gesehen wird. Diese Situation ist befremdlich, denn sie macht aus dem Fenster einen Spiegel, in dem das Kino reflektiert wird – allerdings nicht dasselbe, aus dem wir in diesen Spiegel sehen und ein anderes Kino mit einem anderen Publikum erblicken. Wir sehen den anderen Film doppelt, mit den eigenen und den Augen des anderen Publikums, die wir beim Sehen des anderen Films beobachten, während wir den Film sehen, den uns das andere Kino zeigt. Diese eigenartige zeitlich versetzte Spiegelsituation (ein Widerspruch, denn Spiegelbilder sind grundsätzlich aktuell) ist wiederholbar, das heißt, daß auch wir vielleicht in einem Film von einem anderen Publikum beobachtet werden könnten und so weiter in schwindelerregender Vervielfältigung (oder Rückkoppelung) von Spiegelungen (wir werden von Filmen erzählen, die diesen Effekt konsequent ausnutzen). Solange es sich um die

Leinwand als Spiegel handelt, ist die Distanz der Beobachter zum Spiegel vorausgesetzt, jeder sitzt auf seinem Platz, von wo aus er/sie am besten sieht und am besten zu sehen ist. In dem Moment, in dem es eine Durchlässigkeit zwischen Zuschauerraum und Leinwand gibt und der andere Raum, der bis dahin nur virtuell und nicht begehbar war, aus welchen magisch-fiktionalen Gründen auch immer zugänglich wird, stellt sich die frühere Situation des Theaters und seiner Bühne wieder her. Viele unserer Filmbeispiele werden dieses Spiel der reflektierenden Spiegel und der interaktiven ›filmischen Theaterbühnen‹ vorführen.

Andere Beispiele für Filme, die in einem Kino spielen, sind besonders deshalb interessant, weil sie uns zeigen, wie es in den Kinos ausgesehen hat, in denen zuerst noch der Projektor stand, bevor er in einen besonderen Raum hinter dem Kinosaal verbannt wurde. Vor der Leinwand waren ein(e) Klavierspieler(in) oder ein ganzes Orchester postiert, Platzanweiser(innen) hatten eine wichtige ordnende Funktion und die Herrn mit gestärkter Hemdbrust und die Damen in großer Garderobe (mit manchmal riesigen Hüten) nahmen im Saal Platz. Die Haltung der Menschen im Kino hat sich im Laufe der Zeit verändert; typisch für die Gegenwart ist das »Erschlaffen der Körperhaltungen (wie viele Zuschauer/innen fläzen sich nicht in ihren Sesseln wie in einem Bett, Mäntel oder Füße über die Vorderreihe geworfen)« (Barthes 1976, 291). Und natürlich ist das Dunkel des Kinosaals willkommener Anlaß für alle möglichen Handlungen zwischen Zuschauer/innen gewesen: Die hinteren Reihen sind den knutschenden Pärchen vorbehalten, weiter vorne erzählt sich vielleicht ein älteres Ehepaar ständig, was gerade auf der Leinwand passiert, ganz vorne sitzen die Kinder und die Cineasten, die einen, weil es die billigsten Plätze, die anderen, weil sie behaupten, daß es die besten Plätze sind, um ihrem Objekt der Begierde, dem Film am nächsten zu sein.

Was ist das Kino heute? Ein Spektakel unter vielen in einer Konsum-Gesellschaft des Spektakels. »Nicht nur werden Körper als ›narrative Währung‹ getauscht und im Kinoritual konsumiert [s. Roland Barthes], sondern auch Popcorn, Coke und Süßigkeiten, die Realien des kommerziellen Kinos, in immer größeren Behältern. [...] Das kommerzielle Kino bombardiert Tastsinn, Geschmack und Geruch ebenso wie das Sehen und Hören« (Mellencamp 1981, 4). Man geht ins Cineplex, um die hundert Millionen Dollar oder mehr, die ein Film gekostet hat, angemessen konsumieren zu können. Man »frequentiert (es) wie die Kneipe, die Disco oder die Shopping Mall als sozialen Konsum-Ort« (Löffler 1998, 37). Einen Film wie PARIS QUI DORT (1923) von René Clair sieht man, wenn man Glück hat, in der Retrospektive eines Filmfestivals oder sonst nur im Nachtprogramm des Fernsehens (›arte‹ sei Dank!) oder auf einer Videokassette, die man wer weiß woher hat. Wir haben es so sehr geliebt, das Kino. Noch ist das Kino lebendig, wesentliches ist bereits eine Sache der Erinnerung und deshalb haben wir ihm dieses Buch gewidmet.

Ein Buch wie dieses, das vom Kino und den Filmen und literarischen Texten handelt, die ihrerseits vom Kino erzählen, kann sich bemühen, literarische Texte angemessen zu repräsentieren; Probleme ergeben sich, wenn es darum geht, Filme über die notwendige Beschreibung hinaus

›anschaulich‹ zu machen. Wir haben so viel wie möglich Bilder in den Text aufgenommen, die niemals den jeweiligen Film repräsentieren können. Vielmehr wünschen wir uns, daß die Bilder im beschreibenden Text wie Zitate ›mitgelesen‹ werden können. Wir wissen sehr wohl, daß es über die hier versammelten literarischen Texte und Filmbeispiele hinaus noch sehr viel mehr interessantes Material gibt, das heißt, daß wir keine Vollständigkeit angestrebt haben, sondern das wiedergeben, was uns in der Ordnung, die wir dafür gefunden haben, am sinnvollsten und besten geeignet zu sein schien (nur Texte und Filme zur Rezeption, nicht aber zur Produktion von Filmen zum Beispiel im Studio wurden berücksichtigt). Die Vielzahl literarischer Texte und Filme kann man nicht ohne die Hilfe anderer Film- und Kinoenthusiasten finden und sammeln. Einigen von den vielen, die uns geholfen haben, danken wir hier stellvertretend für alle anderen: Paul Püschel (Bonn), Leslie Shepard (Dublin), Jörg Schweinitz (Berlin), Hanno Loewy (Frankfurt), Hermann Kinder, Frank Furtwängler (Konstanz). Wir, die Kinohistorikerin Anne Paech und der Medienwissenschaftler Joachim Paech haben als Autoren an der gemeinsamen Arbeit an diesem Buch viel Freude gehabt. Dieselbe Freude wünschen wir unseren Leser/innen bei der Lektüre.

1. Kinematographen

Der Film setzt sich in Bewegung

Am Anfang war der Film. Und nicht das Kino. Die Idee, mit projizierten Reihenfotografien den Eindruck von Bewegung wiederzugeben, lag am Ende des 19. Jahrhunderts förmlich in der Luft. Ihre Verwirklichung wurde zuerst von Thomas Edison in den USA, auch von den Brüdern Skladanowsky in Berlin, von Robert William Paul in England und am erfolgreichsten von den Brüdern Lumière in Frankreich unternommen. Aber auch die Brüder Lumière hatten keine genaue Vorstellung, was aus dieser Erfindung einmal werden sollte. Wahrscheinlich würde sie sich auf dem Jahrmarkt und in den Varietés erschöpfen, wenn die Leute erst mal von dem bloßen Effekt der mit fotografischer Genauigkeit technisch reproduzierter Bewegung genug haben würden. Dann wäre der Spaß vorbei und vielleicht würde die Wissenschaft sich noch etwas länger dafür interessieren. Der Film hat ohne das Kino angefangen, aber ohne das Kino wäre der Film nicht zu der Unterhaltungsindustrie geworden, zu der er sich in den europäischen Ladenkinos, den Kintopps und amerikanischen ›Nickelodeons‹ entwickelte.

Am 21. April 1896 widmete der *Kölner Stadt-Anzeiger* der Premiere des Kinematographen in Köln (bereits vier Monate nach der Weltpremiere im Pariser Grand Café) eine ausführliche Besprechung. Was der Beobachter gesehen und für seine Zeitungsleser beschrieben hat, ist die technisch-apparative Form einer sensationell neuen Wahrnehmung der Alltagsrealität, die in der Filmprojektion zum Ereignis und unterhaltsamen Effekt geworden ist. Nach einem Vergleich mit den Vorgängern des ›Cinématographe Lumière‹, zum Beispiel Edisons ›Kinetoscope‹, das schon zuvor in Köln zu sehen war, betont er das Besondere dieser neuen Erfindung:

>»Anders der neue Apparat. Auf einem großen Lichtschirme sehen wir, wie sich die einzelnen Szenen vor uns abspielen. Es ist, als wenn wir an einem weitgeöffneten Fenster stünden und hinausblickten bald auf einen Fabrikhof, bald auf das weite Meer, bald auf einen großstädtischen Bahnhof. Alles erscheint vor den Augen des Publicums mit solcher Natürlichkeit, daß dieses Ausrufe des Erstaunens und des Bewunderns nicht unterdrücken kann« (*Kölner Stadt-Anzeiger* 1990, 8).

Er weiß nicht nur zu berichten, was zu sehen ist, sondern auch wie es technisch-apparativ zustandekommt:

»Die außerordentlichen Fortschritte auf dem Gebiete der Photographie machen es möglich, mit diesem Apparate alles, was sich vor der Camera abspielt, in den denkbar kleinsten Teilbewegungen zu erfassen und auf einen hautartigen Streifen zu bannen, der sich in einem luftdicht [!] verschlossenen Kasten vertical entrollt. Letzterer ist mit einem Objectiv versehen, das sich in bestimmten Intervallen öffnet und schließt und so entsteht dann eine Reihe durch die Stillstände scharf von einander abgesetzter Bilder, die unter sich nur geringe Abweichungen voneinander zeigen, in ihrer Gesamtheit aber die lebendigsten Scenen widergeben« (8).

Diese genaue und im wesentlichen noch heute zutreffende Schilderung des technischen Zustandekommens des ›Wirklichkeitseffektes‹ der Filmprojektion dient der Erklärung für so erstaunliche Szenen wie ›Feierabend in einer Fabrik‹ (d.i. LA SORTIE DE L'USINE LUMIÈRE À LYON):

»Über hundert Personen, Mädchen, Frauen und Männer, kommen in größter Eile aus der Fabrik und verabschieden sich; Männer springen in Eile auf das Fahrrad und sausen davon.« Man sieht auch Meereswellen, komische Szenen und am Schluß »das Einfahren eines Schnellzuges in einen großstädtischen Bahnhof. Hier kann die Feder den sich abspielenden Scenen nicht folgen. Das Durcheinander eines solchen Vorgangs spielt sich mit packender Naturwahrheit vor unseren Augen ab« (8).

Es wird noch einige Jahre dauern, bis sich das Publikum des Kinematographen an die neuen Bilder, ihre Detailfülle und schnellen Bewegungen gewöhnt haben wird. Bis dahin wird zum Beispiel ein Kunstprofessor fordern, daß die bewegten Bilder alle paar Sekunden angehalten werden sollen, damit man überhaupt ›etwas sehen‹ kann.

Der erste Blick des Beobachters des *Kölner Stadt-Anzeigers* richtete sich auf die apparative Technik, der zweite auf die Projektionen des Kinematographen, die zunächst das Programm der frühesten Vorführung in Paris wiederholten und denen bald neue, regionale Ansichten (›vues‹) von Stadt und Land und Burlesken hinzugefügt wurden. Bald wird die *technische* Neuheit ihren Reiz verlieren, die Apparate werden hinter Wänden versteckt und nur das Programm neuer, sensationeller Filme wird noch die Aufmerksamkeit des Publikums fesseln.

Die Begeisterung für den Kinematographen galt anfangs dem Wie der Technik und dem Was des Programms, das Wo der Veranstaltung überließ man den Geschäftsleuten, die sich aus recht unterschiedlichen Motivationen für ›die Films‹ und den Kinematographen interessierten. Die Brüder Lumière aus Lyon waren nach Paris gekommen, um am 28. Dezember 1895 im ›Indischen Salon‹ des Grand Café am Boulevard des Capucines die Anwendung des in ihrer Fabrik hergestellten ›Cinématographe Lumière‹ zu demonstrieren. Sie erhofften sich eine wissenschaftliche Auswertung ihrer Erfindung –, an den Beginn einer Unterhaltungsindustrie wagten sie nicht zu denken. In Köln hatte der Schokoladenfabrikant Ludwig Stollwerck, der seine Ware auch über Automaten verkaufte, die verkaufsfördernde Idee, in Automatenhallen zu den Schokoladenautomaten auch

Filmapparate zu stellen. Zunächst waren das ›Penny Arcades‹ mit Edisonschen ›Kinetoskopen‹ nach amerikanischem Vorbild, in denen nur ein einzelner Betrachter in einem von innen beleuchteten Kasten einen kurzen Film sehen konnte. Sie wichen den Filmprojektionen des Lumièreschen Kinematographen, die von einem größeren Publikum gleichzeitig gesehen werden konnten und dadurch versprachen, ein echtes ›Geschäft‹ zu werden. In Berlin hatten die Schausteller Max und Emil Skladanowsky einen Doppelbildprojektor für die Laufbildprojektion umgebaut und sich mit ihrem ›Bioskop‹ genannten Apparat ein besonderes Varietéprogramm ausgedacht, das die Bühnennummern nicht mehr ›live‹, sondern als technische Reproduktion im November-Programm 1895 des Berliner Varietés ›Wintergarten‹ zeigte. Für Schausteller war es eine geschäftliche Notwendigkeit, ihrem Publikum immer wieder neue, ›sensationelle‹ Darbietungen vorzustellen, für sie kam die neue Technik des Kinematographen wie gerufen, um damit im Varieté und auf dem Jahrmarkt ein Publikum zu finden, das von dem apparativen Effekt verblüfft und von den Filmen unterhalten werden wollte.

Wer künftig zwischen 1896 und etwa 1905 ein Kinematographengeschäft betreiben wollte, mußte alle dafür nötigen Bestandteile käuflich erwerben: Das sind neben den Apparaten auch die Filme, die damit gezeigt werden sollten. Fast alle Filmproduzenten der Pionierzeit waren auch Hersteller der Apparate (und Besitzer ihrer Patente), mit denen sie aufgenommen und gezeigt werden konnten; das trifft auf Edisons ›Vitascope‹ (dessen Projektionen die Peepshow des ›Kinetoscope‹ abgelöst hatten) in den USA ebenso zu wie auf den ›Cinématographe‹ der Brüder Lumière (und später Pathé und Gaumont) in Frankreich, den Théâtrographe von Robert William Paul in England und für kurze Zeit auch den ›Bioskop‹ der Brüder Skladanowsky (und später Oskar Messter) in Deutschland.

Die erforderlichen Investitionen machten vor allem Unternehmen, deren Struktur sich günstig mit der Veranstaltungsstruktur des Kinematographen verbinden ließ. In den USA konnten die Unternehmer verschiedener Formen des Vaudeville-Theaters (von den Raritäten- und Wachsfigurenkabinetten zu den Music-Halls) die Filmprojektion zu einer ›Nummer‹ im Programm machen, wo sie mit anderen Programm-Nummern zwischen den Vaudeville-Theatern derselben Kette ausgetauscht wurden (Allen 1977). In Europa bot das Schausteller-Gewerbe die ideale Basis für den Kinematographen, weil es auch früher schon traditionell die Bilder der Guckkästen und Panoramen oder das Panoptikum als technische Sensation neben anderen Raritäten und Neuigkeiten ausgestellt und einem immer wieder neuen Publikum gezeigt hatte. Solange die Filme bei Lumière, Edison, Pathé, Gaumont oder Messter gekauft werden mußten, waren die Kinematographen-Veranstalter gezwungen, sich für dieselben Filme immer wieder ein neues Publikum zu suchen. Zwar gab es bald spezielle Kinematographen-Schaubuden, die aber den anderen Jahrmarkt-Geschäften strukturell ähnlich blieben und vor allem mit ihnen beweglich sein mußten; d.h. noch zirkulierten nicht die Filme, sondern die Wanderkinematographen durchquerten mit ihrem ›Geschäft‹ den Kontinent von einem Jahrmarkt zur nächsten Kirmes oder gastierten in Wirtshaussälen.

Die kleinen, oft schäbigen Jahrmarktbuden aus den Anfängen entwickelten sich bald zu prächtigen ›Zelt- oder sog. Zirkuskinematographen‹ mit riesigen Ausmaßen, die am Ende der Wanderzeit des Kinematographen bereits mit den neuen seßhaften Ladenkinos in den Städten konkurrieren mußten.

Für die Filmgeschichte wurde häufig die Unterscheidung ›von Anfang an‹ in eine ›dokumentarische‹ Tendenz bei den Filmen der Brüder Lumière und eine ›fiktionale‹ Tendenz bei den Féerien und Märchenfilmen von Georges Méliès gemacht. Aber ebenso gut (oder besser) ließe sich unterscheiden zwischen Filmen, die ihre Themen entweder ›an Ort und Stelle‹ oder jenseits der Orte, an denen sie gezeigt werden, finden: Die Brüder Lumière haben ihre Fabrik in Lyon, den Bahnhof von La Ciotat oder ihren eigenen Garten gefilmt und diese Filme dann in Paris im ›Grand Café‹ gezeigt. Georges Méliès dagegen verfolgte zunächst das Projekt, »die Aufführungen auf der Bühne seines ›Théâtre Robert Houdin‹ durch Filmprojektionen zu ersetzen, die eine ganze Vorstellung, also 2 Stunden, füllen sollten« (Sadoul 1985, 155). Dieselben Zauberkunststücke, z.B. das Verschwinden einer Dame oder deren Verwandlung in ein Skelett, die er mit den Mitteln des Theaters auf der Bühne inszeniert hatte, konnte er ›am selben Ort‹ mit den Mitteln des Films viel leichter und wirkungsvoller wiedergeben. Auch die Brüder Skladanowsky haben dasselbe Programm, das am Ort der ersten Projektion ihrer Filme im Berliner ›Wintergarten‹ zu sehen war, in ihren Filmen wiederholt. Die Ankündigung dieser neuen Varieté-Nummer im Oktober 1895 weist auf diesen Umstand hin:

> »Im Wintergarten werden bereits die umfassendsten Vorbereitungen für ein glänzendes November-Programm getroffen. (...) Auch Skladanowskys bereits erwähntes ›Bioskop‹ ist nahezu vollendet. Dasselbe wird einen ausnehmend originellen Charakter dadurch erhalten, daß es die Wintergarten-Produktionen selbst in verblüffend echten lebensgroßen Kopien wiedergibt« (*National Zeitung* 1991, 26).

Dabei ist es geblieben, daß das Originelle des Films die Kopie seiner vorfilmischen Wirklichkeit ist, besonders dann, wenn sie wie in einem Spiegel dasselbe zu reflektieren scheint, was sich am Ort ihres Erscheinens selbst ereignet und das sind zunächst die Bühnenshows und Jahrmarkt-Attraktionen, die der Film mit seiner eigenen technischen Attraktion ersetzt. Daher ist zurecht darauf hingewiesen worden, daß in der frühen Plakat- und Anzeigenwerbung der Kinematograph vor allem sich selbst als ›Attraktion‹ darstellt und der Diskurs des Kinos über das Kino offenbar mit der Werbung beginnt (Kessler 1995). Die Zuschauer/innen erkennen sich wieder in Filmen, die häufig noch am selben Tag am Ort, wo der Kinematograph gezeigt wird, aufgenommen wurden; sie hätten es auch selbst sein können, die nach Feierabend durch die Tore die Lumièresche Fabrik verlassen. Auf den Kinoplakaten sind sie es, die Zuschauer/innen, die sich vor den Eingängen drängen oder im Saal begeistert

11

auf den ›begossenen Rasensprenger‹ reagieren. Später, wenn die Filme in den Kinos ihren eigenen Ort gefunden haben werden, sind es die Zuschauer/innen, die sich im Spiegel der Leinwand reflektiert finden (Lenk 1995). Das allerdings setzte voraus, daß sich der Film im Kino selbst zum Thema macht.

Und doch sind es zuerst die Literaten, die jene faszinierende, magische und zugleich erschreckende Erfahrung, auf der Leinwand seinem Doppelgänger begegnen oder zufällig unter unliebsamen Umständen wiedererkannt werden zu können, thematisiert haben. 1896 hat Peter Carin in einem (Vaudeville-) Theatermonolog überlegt, daß man durchaus schlechte Erfahrungen machen könnte, wenn man mit seiner Braut und den Schwiegereltern in den Kinematographen geht, denn

> »plötzlich, oh Schreck! die ganze künftige Familie fällt in Ohnmacht, meine Haare sträuben sich, sehe ich mich langsam in einer schönen Kutsche vorbeifahren, und, welche Schande! an meiner Seite zwei Damen des horizontalen Gewerbes, zwischen denen ich guter Dinge war. Ohne weitere Erklärungen zu verlangen, hat mein Schwiegervater die Hochzeitsvorbereitungen abgebrochen« (Carin 1995, 13).

Schluß mit der Verlobung! Das hat er nun davon, daß der Film die Realität getreulich wiedergeben kann, wenn ihm nun die gute Partie gründlich verdorben ist! Kein Wunder, daß der Herr nicht gut auf den Kinematographen zu sprechen war. Das *Journal Amusant* hat im Juli 1897 Spaß an der Idee, daß zukünftig (die Rede ist vom Jahr 1925) ein Polizeikommissar, der einen ungetreuen Ehemann mit einer Filmkamera überführt, in der Projektion des Films seine eigene Frau im tête à tête mit dem Ertappten wiedererkennen könnte (M.Z. 1995, 15). Und der Herr Graf schämt sich fürchterlich, als er mit seiner Familie (1899) den Kinematographen besucht und auf der Leinwand sehen muß, was besser einem Amateurfilmabend en famille vorbehalten worden wäre. Beim Badeurlaub in Trouville hatte er sich über einen merkwürdigen Menschen mit einem Kasten gewundert, zufällig sieht er im Kinematographen, was es damit auf sich hatte:

> »Das Licht erlischt. Was werden wir zu sehen bekommen? ›Der Strand von Trouville!‹ wird angekündigt. Sofort erinnere ich mich an den Kameramann am Strand, diesen verdammten Fotografen. Eine schreckliche Angst überkommt mich, und ich hatte allen Grund dazu. Zuerst sieht man meine bibbernde Schwiegermutter und dann, das halten meine Nerven nicht aus, auch noch ihr komisches Gesicht, als sie einer Welle ausweichen will, sich bückt und von der Kraft des Anpralls umgerissen wird. Und dieser indiskrete Herr hatte nichts besseres zu tun als in diesem kritischen Moment zu kurbeln! Im Saal gab das einen großen Lacherfolg, während ich Mühe hatte, den Beifallsbekundungen zu entkommen ...« (d'Osseville 1995, 15).

Der Kinematograph macht öffentlich, was bis dahin privat war, er deckt auf, was besser geheim und ungesehen (nicht ungeschehen) geblieben wäre und er läßt wiedererkennen, was längst verloren geglaubt war. So lange die kurzen Filme noch überwiegend ›dokumentarisch‹ und darauf angelegt waren, daß Ausschnitte aus der Wirklichkeit (wieder-) erkannt werden sollten, schien es noch möglich, daß jeder Zuschauer seine eigene auch private Wirklichkeit unverhofft auf der Leinwand wiedersehen konnte. Nicht immer wurde man darauf aufmerksam gemacht, daß auf einer bestimmten Straße zu einer bestimmten Stunde ein Filmoperateur seine Kamera aufgestellt hat und das Ergebnis dann im örtlichen Vaudeville-Theater besichtigt werden kann. Am 3. September 1899 war im *Democrat & Chronicle* der amerikanischen Stadt Rochester zu lesen, daß die Einwohner,

> »die zufällig gestern vor einer Woche am Sonnabend, den 26. August gegen Mittag an den ›Four Corners‹ vorbeigekommen waren, auf eine merkwürdig aussehende Maschine aufmerksam wurden, die Bilder aufzunehmen schien. Viele Leute sind stehengeblieben, um zuzusehen. Wenn sie in dieser Woche das ›Cook Opera House‹ besuchen, werden sie vielleicht sich selbst unter den vielen Zuschauern wiedersehen können, denn die merkwürdig aussehende Maschine war eine Filmkamera [›biograph camera‹]« (Pratt 1979, 43).

Ein Anlaß zur Schadenfreude wird ein Film, den eine versteckte Kamera von einem Mitmenschen in einer Situation aufgenommen hat, die für ihn peinlich ist, wenn sie öffentlich vor aller Augen vorgeführt wird. Und nicht nur die Literatur, indem sie über den Film erzählt, sondern auch der Film selbst hat sich diese Schadenfreude zunutze gemacht (und tut es heute noch: ›Vorsicht Kamera!‹). Im November 1903 wurde von der ›American Mutoscope and Biograph Company‹ ein etwa drei Minuten langer Film mit dem Titel THE STORY THE BIOGRAPH TOLD gedeht, der in einer erstaunlich komplexen Erzählung alle Elemente von der Untreue eines Ehemanns, der heimlichen Kameraaufnahme und der Entdeckung der Untreue bei der Filmprojektion versammelt hat. Zuerst sieht man wie auf einer Bühne ein Büro, wo der Ehemann sich mit der Sekretärin, die auf seinem Schoß sitzt, vergnügt. Am linken Rand der Szene hockt der freche Bürolehrling hinter einer Filmkamera und nimmt die verfängliche Szene auf. In der näch-

sten Einstellung gehen der ahnungslose Ehemann und seine Frau ins Vaudeville-Theater, wo der Film gezeigt wird, den der Junge im Büro aufgenommen hat: Dieselbe Szene sehen wir nun im ›Film im Film‹ aus der leicht veränderten Perspektive dieser Kamera, der Ausschnitt ist kleiner, also näher am Geschehen, wo der Ehemann auch noch mit seiner Frau telephoniert, während er seine Sekretärin tätschelt. Im Vaudeville-Theater prügelt nun zur Freude der andere Zuschauer die erboste Ehefrau auf ihren erschrockenen Mann ein. Im Büro sorgt sie dafür, daß die Sekretärin entlassen und dafür ein Mann eingestellt wird. Die drei sehr unterschiedlichen Szenen vom Büro, in dem gefilmt wird, dem Film, der dabei entstanden ist und dem Theater, in dem der Film gesehen wird, sind für den komischen Effekt des Aufdeckens einer Untreue und Wiedererkennens bei einer Peinlichkeit in aller Kürze dennoch äußerst wirkungsvoll miteinander verbunden worden. Auch wenn die Filme ab etwa 1908 länger werden bleibt das Wiedererkennen ein zentraler Topos, wenn die Literatur und der Film vom Kino erzählen.

Der Film hat sich und seine Zuschauer/innen also durchaus von Anfang an im Film reflektiert. Dieser Anfänge in Gasthäusern und verräucherten Music-Halls, auf den Landstraßen und Jahrmarktplätzen erinnert hat er sich allerdings erst viel später, als diese vor allem vom Kino selbst als anrüchig und zweifelhaft empfundene Herkunft romantisch verklärt akzeptiert werden konnte. Ein Beispiel ist John Powers PICTURE SHOW MAN von 1977: Mit Pferd und Wagen zieht zu Beginn dieses Jahrhunderts der Schausteller Pym mit seinem Wanderkinematographen durch Australien. Immer wieder muß ›die Karre‹ förmlich ›aus dem Dreck gezogen‹ werden; es kommt zu Konkurrenzkämpfen mit anderen ›Unternehmern‹, wechselnde Liebesgeschichten an wechselnden Orten, Sorgen um einen neuen Klavierspieler oder Filmvorführer füllen die Geschichte von Pyms Wanderkino. Als die Truppe unterwegs auf reisende Artisten trifft, tut man sich zusammen zu einem Varieté-Programm. Am Ende hat das Auto den Pferdewagen abgelöst und der Tonfilm hält mit dem Nadeltonverfahren auf Schallplatten Einzug in Pyms Kinounternehmen.

Eine europäische Variante ist der ein Jahr später entstandene Film von Jiři Menzel: DIE WUNDERBAREN MÄNNER MIT DER KURBEL (1978). Hier ist es der Wanderkino-Unternehmer Pasparte, der mit seiner eigenen und der

Tochter eines verstorbenen Kollegen auf dem Pferdewagen durch Böhmen reist und vor allem in Gasthöfen Filme vorführt. Auch Menzel erzählt von Liebesgeschichten und romantischen Abenteuern, seine kinogeschichtlichen Darstellungen sind jedoch wesentlich genauer und vielfältiger als bei John Power. Wegen der Probleme, die der Wanderkino-Unternehmer Pasparte mit dem Ankauf von Filmen hat, läßt Menzel den Filmvorführer Pasparte auch zum Filmproduzenten werden und erzählt damit ganz nebenbei auch die Anfänge der Filmproduktion in der Tschechoslowakei. In Prag trifft Pasparte einen jungen Apparate-Tüftler und Filmemacher (gespielt von Jiři Menzel selbst), der sich im Gegensatz zu den üblichen Burlesken und pornographischen ›Filmen für Herrenabende‹ für dokumentarische Filme zum Beispiel von Prag interessiert. Für die Produktionsgeschichte ihrer Filme ist am Ende wichtig, daß es nach vielem Hin- und Her gelingt, eine Theaterdiva zu überreden, vor der Kamera zu spielen, nachdem sie gehört hat, daß sich sogar Sarah Bernhardt auf Zelluloid verewigt hat. Der Übergang vom Wanderkino-Unternehmer zum Filmproduzenten vollzieht sich parallel zum Seßhaftwerden Paspartes in Prag, als die Epoche des Wander- und Jahrmarktkinos bereits zu Ende gegangen ist.

Aus der Perspektive der Schausteller, die am Ende des vorigen Jahrhunderts mit dem neuen Medium des Kinematographen konfrontiert werden, hat Helmut Herbst seinen Film DIE SERPENTINTÄNZERIN (1992) erzählt. Einem Schausteller-Geschäft, das in Österreich-Ungarn als ›Raritäten-Kabinett‹ mit einem Riesenweib, einem Zwergen und der stummen Darstellerin einer Statue als ›lebendes Bild‹ herumreist, schließt sich ein junger Filmemacher an. Er hat sich in die ›Statue‹ verliebt, als sie (durch und für den Film in Bewegung versetzt) den Serpentintanz für ein neues Programm übt. Von den vielen Ereignissen, die erzählt werden, ist hier interessant, daß es immer wieder darum geht, eine vorfilmische

Wirklichkeit in ihre spezifisch filmische Darstellung zu verwandeln: Aufnahmen von der Polizei, die einen Arbeiteraufstand brutal zusammenschlägt, werden am selben Abend im Kinematographen vorgeführt; die Polizei bricht die Vorstellung ab und macht den Kameramann für das, was auf der Leinwand zu sehen ist, verantwortlich. Ein bekanntes Thema dokumentarischer Filmarbeit klingt hier an. Die Serpentintänzerin wird zunächst ›vor‹ der Filmprojektion wie in einer Varieté-Show tanzen, bis auch sie am Ende (wie ihr großes Vorbild Loie Fuller) von der Kamera (und dem Cinema) ›aufgenommen‹ wird. Vom statuarischen ›lebenden Bild‹ im Raritätenkabinett auf den Jahrmärkten des 19. Jahrhunderts hat die Serpentintänzerin den Übergang zu den ›lebenden Bildern‹ des Kinematographen am Beginn des 20. Jahrhunderts vollzogen.

In allen drei Filmen, die sich liebevoll-nostalgisch an eine längst versunkene Epoche der Kinogeschichte erinnern, ist die Struktur des Wanderkinematographen vorausgesetzt, wenn eine Unternehmensgeschichte der frühen Kinematographie erzählt werden soll. Zwei Filme von John Boulting und René Clair dagegen ›besuchen‹ den Kinematographen auf dem Jahrmarkt nur kurz, um die Erfindergeschichte (Boulting) oder eine Studiogeschichte der Filmproduktion (Clair) darzustellen. THE MAGIC BOX von John Boulting (1954) beschäftigt sich mit einem der weniger erfolgreichen Erfinder des Kinematographen, dem Engländer William Friese-Greene, der 1889 mit Hilfe der Kombination von zwei Laterna magica-Apparaten photographische Bilder in Bewegung versetzte. Er präsentierte seinen Apparat vor der ›London and Provincial Photographic Association‹ mit dem Hinweis: »Dieser Apparat ist dazu insbesondere bestimmt, eine schnelle Folge von Bildern mit Objekten in Bewegung aufzunehmen« (Deslandes 1966, 162). Seine Erfindung wurde eingeholt vom ›Cinématographe Lumière‹, dessen erste Vorführung in London Boulting auf dem Jahrmarkt zeigt –, offenbar fand er die Jahrmarktsituation angemessener für den Besuch des Kinematographen als die Londoner Music-Halls ›Empire‹ und ›Alhambra‹, wo tatsächlich die ersten Vorführungen nach der ›wissenschaftlichen‹ Präsentation im ›Regent-Street Polytechnic‹ stattgefunden hatten. René Clairs Film LE SILENCE EST D'OR (1947) spielt 1906 in

den »heroischen Zeiten des Films« (Mitry 1962, 107). Es ist die Geschichte des alternden Filmproduzenten und Don Juan Monsieur Clément (Maurice Chevalier), der sich in (s)eine junge Filmschauspielerin Madeleine (Marcelle Derrien) verliebt, schließlich aber zugunsten eines Jüngeren (sein Assistent Jacques: François Périer) verzichtet. Die Geschichte des Films beginnt, wo die Filmgeschichte beginnt, im Kinematographen auf dem Jahrmarkt.

»›Immer herein, meine Damen und Herren! Hier sehen sie die größte Erfindung des Jahrhunderts, die Wunder der Kinematographie! Hier können Sie sich totlachen! Versäumen Sie nicht das sensationelle Lustspiel ›Herr Kürbis heiratet!‹ Amüsant! Pikant! Eintritt nur 10 Sous! Treten Sie ein, die Vorstellung beginnt in drei Minuten! Immer herein (...)‹ Leierkasten spielen, Karussells drehen sich, es fängt an zu regnen. Schirme werden aufgespannt, die Damen raffen ihre Röcke, und der charmante Herr Clément flüchtet in die kinematographische Vorstellung, wo die Bilder bereits ruckartig auf der Leinwand zappeln, das Klavier hämmert, der Filmerklärer pathetisch schwadroniert und der Regen durch eine Dachlücke tropft (...) ausgerechnet auf Herrn Cléments hübsche Nachbarin. Als er seinen Schirm über ihrem Straußenfedernhut aufspannt, treffen sich ihre Blicke. ›Es wird ungemütlich‹, meint Herr Clément; ›gehen wir?‹ Der Leierkasten spielt immer noch. Es regnet weiter« (Guter Film o. J.).

René Clair, der 1920 als Schauspieler noch bei Louis Feuillade mit dem Film angefangen hatte, beabsichtigte, »eine ganze Epoche lebendig werden zu lassen, die Boulevards, die Kinobuden auf den Jahrmärkten, das Konzertcafé, die Moulins de la Galette. Mit viel Humor, aber ohne zu karikieren, gibt er ein Bild dieser vergangenen Epoche mit all ihrem Charme, eine Art Synthese ihrer wesentlichen Eigenschaften im Gewand der historischen Realität« (Mitry 1962, 107). Jean Mitry, der große französische Filmhistoriker und -theoretiker, feiert diesen Film von René Clair als eine fiktive Erinnerung an die Anfänge des stummen Films in den frühen Studios und im Kinematographen der Jahrmärkte.

Tatsächlich hat René Clair viele Elemente der historischen Wirklichkeit des Jahrmarktskinematographen aufgegriffen –, den Platz der Bude neben Karussells mitten in Paris, die Projektion im Zelt und die Musikbegleitung des Films am Piano. Oder den Rekommandeur: Wie vor jeder anderen Schaubudendarstellung auch wurde auf dem Plafond vor dem Eingang des Kinematographen für jede Vorstellung ›die Parade‹ gemacht. Ausrufer ›rekommandierten‹ mit dem Megaphon, um das Publikum anzulocken, oder eine kleine Varieté-Darbietung auf dem Podium gab einen

Vorgeschmack auf die kommenden Attraktionen im Innern der Schaubu-
de, wo sich die Überreste der Bühnenshows mit den Projektionen der Filme noch lange vermischten.

Allerdings waren die Jahrmarktkinos keineswegs immer so romantisch-
armselig wie in allen Filmen, die sich an die Anfänge der Kinogeschichte
erinnern. Einige frühe Kinematographen-Unternehmen sind mit ihren
prachtvollen Schaubuden und Zirkuszelten sogar berühmt geworden.
Zum Beispiel bereiste der Schweizer Kinopionier George Hipleh-Walt mit
seinem ›Salon-Cinématograph‹ im ersten Jahrzehnt unseres Jahrhunderts
die Schweiz, Süddeutschland, Frankreich und Italien. Die Fassade dieses
Jahrmarkts-Kinematographen war holzgeschnitzt, reich verziert und
prächtig bemalt. Der Eingang mit dem Kassenhäuschen in der Mitte trennte die rechte Seite, auf der die Dampfmaschine für die Stromversorgung
untergebracht war, von der linken Seite, wo ein kleines Orchester Platz
hatte (das während der Filmprojektion wahrscheinlich im Innenraum
Aufstellung nahm). Das ›Kino‹ war 30
Meter lang und 10 Meter tief und bot
etwa 800 Zuschauern/innen Platz.
Über Jean Desmets ›Imperial Bio‹ sagt
Weedon/Ward's *Fairground Art*, das
Standardwerk zur Jahrmarktskunst:
»Eine phantastische Art Nouveau-Fas-
sade, deren originelles, rhythmisches
Design heftig mit der strengen, klassi-
zistischen Ausgewogenheit des öffent-

lichen Gebäudes dahinter kontrastiert. Die Photographie von der Eröffnung in Groningen 1900 zeigt zwei Nischen zu beiden Seiten des Eingangs,
die eine kleine Gasparini-Orgel und einen Stromgenerator enthalten.« Und
über das deutsche Unternehmen ›Feys Salon-Cinematograf‹ heißt es, daß
»seine außerordentlich lange Kolonadenfront barocke Ornamentik mit
linearen Jugendstilmotiven mischte« (Weedon/Ward 1981, 126). Die
Umgebung des Kinematographen auf dem Jahrmarkt zeigt die Abbildung
mit ›Philipp Leilichs Kinematograph‹ von 1902 neben dem ›Panoptikum‹,
das ebenfalls dem Pirmasenser Schausteller gehörte und einem Karussell:
Zwischen den beiden traditionellen
›Sensationen‹ des Auges, dem Panoptikum, und des Körpers, dem Karussell,
nimmt der Ort der ›technischen Reproduktion‹ visueller und körperlicher
Erfahrungen seine zunächst vermitteln-
de und künftige zentrale Stellung ein.
Übertroffen wurden die Kino-Schaubu-
den der Jahrmärkte von den Zeltkinematographen, die zwischen 1906 und
1910 die Dimensionen eines ganzen Zir-

kus annahmen (und sich auch häufig ›Zirkus-Kinematograph‹ nannten).
Große zwei-, manchmal dreimastige Zeltkuppeln in zirkusähnlicher ›Cha-
piteau‹-Bauweise überdeckten einen Raum, in dem wie zum Beispiel im

Circus Kinematograph
Le Biographe Suisse.

Bes.: S. Hipleh-Walt
Biel-Bienne.

legendären ›Biograph Suisse‹ von Hipleh-Walt, über 2000 Menschen Platz
hatten. »Das Zelt aus schwarzem Segeltuch hatte einen gemalten Sternen-
himmel im Innenraum, der mit Teppichen und plüschbezogenen Stühlen
auf den besseren Plätzen und Logen schon wie ein eleganter Zuschauerraum gestaltet war. Projiziert wurde aus einem eigenen Vorführwagen auf
eine Leinwand von mindestens 80m² Größe« (A. Paech 1995).

Die Beschreibung, die Joseph Roth von seinem ersten Besuch des Kinematographen, den er später als ›Antichrist‹ kritisiert hat, gibt, deckt sich
weitgehend mit einem solchen Zeltkinematographen:

> »Meine erste Begegnung mit dem Antichrist vollzog sich also vor vie-
> len Jahren, als ich noch ein Knabe war und als zum erstenmal das Wun-
> der des lebendigen Schattens zu mir kam. Damals kam ein großer
> Wagen daher, von unsichtbaren Kräften gezogen, blieb auf einem freien
> Platz vor der Stadt stehn und schickte zuerst eine große Maschine vor,
> von einem kleinen Zelt aus Leinwand bedeckt, und hierauf ward ein
> großes Zelt, ebenfalls aus Leinwand ausgebreitet und gewölbt und trat
> man hinein, so war das Innere der Wölbung ein blauer Himmel,
> gestirnt mit vielen goldenen und silbernen Sternen« (Roth 1991, 576).

Die Wunder der lebendigen Schatten sind in den Anfängen der Kinematographie wohl an keinem Ort mit mehr magischer Ausstrahlung vorgeführt worden als in diesen riesigen Zirkuszelten, in denen das Programm
der Darstellung der ›gezähmten Natur‹ aus dem 19. Jahrhundert mit dem
Programm der naturgetreuen Wiedergabe der Realität des 20. Jahrhunderts eine großartige Verbindung eingegangen ist.

Maxim Gorkij hat zum ersten Mal das (erste) Programm des ›Cinématographe Lumière‹ am 4. Juli 1896 in ›Charles Aumonts Gasthaus‹ auf

einem Jahrmarkt in Nishny Novgorod gesehen. Seine berühmt gewordene Schilderung beginnt mit dem Staunen über das in Bewegung versetzte Bild:

>»Gestern war ich im Reich der Schatten. Wenn Sie nur wüßten, wie merkwürdig es ist, dort zu sein. Es gibt nicht einen Laut, und keine Farben. Alles dort – die Erde, die Bäume, die Menschen, Wasser und Luft – ist in eintöniges Grau getaucht. Auf grauem Himmel graue Sonnenstrahlen, graue Augen in grauen Gesichtern, auch die Blätter an den Bäumen sind grau, wie Asche. Das ist nicht das Leben, sondern der Schatten des Lebens. Das ist keine Bewegung, sondern der lautlose Schatten der Bewegung.

Ich will mich erklären, damit man mich nicht des Symbolismus oder des Wahnsinns verdächtigt. Ich war bei Aumont und habe den Cinématographe Lumière gesehen – bewegte Fotografien. Der Eindruck, den sie hervorrufen, ist so ungewöhnlich, so einzigartig und komplex, daß ich es kaum vermag, ihn in allen seinen Nuancen zu schildern, aber ich will mich bemühen, das Wesentliche wiederzugeben.

Wenn im Saal, in dem die Erfindung Lumières gezeigt wird, das Licht ausgeht und auf der Leinwand plötzlich – Schatten einer schlechten Radierung – das große graue Bild ›Straße in Paris‹ erscheint, sieht man, wenn man hinschaut, Menschen, die in verschiedenen Posen erstarrt sind, Kutschen und Häuser – alles ist grau, auch der Himmel über all dem ist grau. Man erwartet nichts Besonderes von so einem vertrauten Anblick, oft schon hat man diese Pariser Straßen auf Bildern gesehen. Doch plötzlich beginnt die Leinwand seltsam zu vibrieren und das Bild wird lebendig. Die Kutschen aus dem Hintergrund fahren direkt auf Sie zu in die Dunkelheit, in der Sie sitzen. Menschen erscheinen irgendwo aus der Ferne und werden größer, wenn sie sich Ihnen nähern. Im Vordergrund spielen Kinder mit einem Hund, Radfahrer rasen vorbei, Fußgänger überqueren die Straße, sich zwischen den Kutschen hindurchschlängelnd – alles bewegt sich, lebt, brodelt, kommt in den Vordergrund des Bildes und verschwindet aus ihm irgendwohin.

Und alles lautlos, schweigend, absonderlich. Man hört nicht das Rumpeln der Räder auf dem Straßenpflaster, nicht das Trappeln der Schritte, keine Stimme, nichts – nicht eine einzige Note jener vielschichtigen Symphonie, die immer die Bewegung von Menschen begleitet. Lautlos wiegt sich das aschgraue Laub der Bäume im Wind, lautlos gleiten die grauen, schattengleichen Figuren der Menschen über die graue Erde, wie von einem Fluch zum Schweigen Verdammte und grausam Bestrafte, denen man alle Farben des Lebens genommen hat« (Gorkij 1995, 13).

Das Staunen über das Gesehene, das auch ganz ähnlich wahrgenommen wurde, war überall das gleiche. Als in Wilhelmshaven die erste Vorführung des Kinematographen stattfand, las man 1896 in der Zeitung ebenfalls von einem stehenden Bild, das auf magische Weise in Bewegung versetzt wurde:

»Daß die Kunst der Photographie in Verbindung mit der auf sehr hoher Stufe stehenden Technik eine derartige Wirkung hervorbringen kann, glaubt niemand, bis er sich mit eigenen Augen davon überzeugt hat. Da sieht man zum Beispiel Straßenscenen zuerst in einer lebensgroßen Photographie vor sich. Wie durch einen Zauberschlag fangen die Figuren an, auf die natürlichste Weise sich zu bewegen und bekommen Leben wie in Wirklichkeit. Das Schönste und an das Wunderbare Grenzende aber sind die bei augenblicklicher Belichtung gemachten Aufnahmen. (...) Man sehe nur die Boulevards und Plätze von Paris (...) mit ihren Omnibussen und Wagen, Fußgängern und Reitern, (...) kurz, ihrem ganzen Verkehr und Treiben, alles wie durch Zauberschlag gebannt und das interessanteste Studium zulassend, den Charakter des öffentlichen Lebens in den geringsten Details wiedergebend« (*Wilhelms-havener Tageblatt* 1989, 318).

Das Staunen vermischt sich darüber hinaus mit dem Entsetzen, das noch lange nachwirken wird und Gorkij Geister aus alten Mythen am Werke sehen läßt, die ganze Städte verzaubern und Macht über eine farblose, verkleinerte, schweigende aber grotesk-lebendige Wirklichkeit gewonnen haben. Das Programm, das Gorkij gesehen hat, entspricht genau demjenigen, das die Brüder Lumière auch während der denkwürdigen ersten Vorstellung im Grand Café in Paris gezeigt haben. Sogar das Erschrecken des Pariser Publikums vor der herannahenden Lokomotive wiederholt sich in Niznij-Novgorod:

»Doch plötzlich klickt etwas, alles verschwindet und auf der Leinwand erscheint ein Eisenbahnzug. Er rast wie ein Pfeil direkt auf Sie zu – Vorsicht! Es scheint, daß er direkt auf die Dunkelheit zustürzt, in der Sie sitzen, und aus Ihnen einen zerfetzten Sack aus Haut macht, angefüllt mit zerquetschtem Fleisch und zermahlenen Knochen, und daß er diesen Saal in Schutt und Asche verwandelt und dieses Haus zerstört, das voll ist von Wein, Weibern, Musik und Laster. Doch auch dies ist ein Eisenbahnzug aus lauter Schatten. Die Lokomotive verschwindet geräuschlos über den Rand des Bildes, der Zug hält an und graue Figuren steigen schweigend aus den Waggons, lautlos begrüßen sie sich, schweigend lachen sie, unhörbar gehen, laufen, hasten sie aufgeregt hin und her (...) und verschwinden« (Gorkij 1995, 14).

Die Vorführung hat im eher anrüchigen Gasthaus von Charles Aumont stattgefunden, dessen Kundschaft sich aus den Schaustellern von Messe und Jahrmarkt und deren Besuchern rekrutiert. Diese Umgebung macht es dem Dichter schwer, an eine ernsthafte wissenschaftliche Zukunft des Kinematographen zu glauben. Dennoch, zwischen zweifelhaften Darstellungen für Schausteller, Huren und anderem vulgären Volk, das auf bloße Unterhaltung aus ist, sieht Gorkij auch Szenen auf der Leinwand, die auf eine bessere, kulturvolle Entwicklung des Films hindeuten, wenngleich der populäre Geschmack das Sensationelle, Pikante, Groteske auch künftig bevorzugen wird:

»Es wird, außer den von mir schon genannten Bildern, noch das ›Familienfrühstück‹ gezeigt, eine Idylle aus drei Personen. Die jungen Eheleute und ihr rundlicher Erstgeborener frühstücken. Die beiden sind so verliebt, zärtlich, froh, glücklich, und das Baby – so komisch. Das Bild ruft so einen guten, weichen Eindruck hervor.

Ist dieses Familien-Bild bei Aumont überhaupt am Platze? Ein anderes Bild. Arbeiterinnen drängen fröhlich lachend in dichter Menge aus dem Fabriktor auf die Straße. Das paßt auch nicht zu Aumont. Warum sollte man hier erinnert werden an die Möglichkeit eines sauberen und arbeitsamen Lebens? Völlig zwecklos. Bestenfalls versetzt dieses Bild jener Frau, die hier ihre Küsse verkauft, einen schmerzhaften Stich – und das ist alles.

Ich bin sicher, man wird diese Bilder austauschen gegen andere, die vom Genre besser passen zum Ton, der in den Vergnügungsstätten herrscht. Man kann zum Beispiel Bilder zeigen wie ›Sie zieht sich aus‹, oder ›Akulina steigt aus der Badewanne‹, oder ›Sie zieht die Strümpfe an‹. Man könnte auch ein sich schlagendes Ehepaar aus den Elendsviertel fotografieren und dem Publikum unter dem Titel ›Die Reize des Familienlebens‹ anbieten. Ja, das wird man zweifellos tun« (15).

Gorkij wird recht behalten. Aber kehren wir noch einmal zurück zum allerersten Eindruck, den er von der Filmprojektion hatte und der zunächst das vorkinematographisch Bekannte, die Laterna magica-Projektion von Photographien, zu wiederholen schien. Gorkij ist enttäuscht. Aber der Filmvorführer (Doublier bzw. Moisson, die 1896 in Rußland im Auftrage Lumières auch filmten) hatte erst im Licht der Laterna magica, die weit genug vom Projektor entfernt war, um den Film nicht zu verbrennen, den Film eingelegt, bevor nun, vom ersten Bild an, die Kurbel den Film am Objektiv vorbeibewegte. Und »plötzlich beginnt die Leinwand seltsam zu vibrieren und das Bild wird lebendig.« Diese Beobachtung von den Bildern, ›die das Laufen lernten‹, nachdem ein ›seltsames Vibrieren über die Leinwand‹ gegangen ist, ist später oft wiederholt und beschrieben worden. Der Kameramann in Pirandellos *Die Aufzeichnungen des Kameramanns Serafino Gubbio* (1915) zum Beispiel hat auf diese Weise das Auftauchen und Verschwinden der Körperschatten auf der Leinwand beobachtet und mit dem Entzug des Lebens in Verbindung gebracht:

> »Sie ahnen dunkel, in einer wahrhaften, undefinierbaren Empfindung der Leere, ja, besser des Leerwerdens, daß ihrem Körper seine Realität, sein Atem, seine Stimme entzogen, geraubt, weggenommen wird, ja sogar der Lärm, den seine Bewegungen verursachen, so daß nichts zurückbleibt als ein stummes Bild, das einen Augenblick lang auf der Leinwand erzittert und dann wieder stumm verschwindet, ganz plötzlich, wie ein körperloser Schatten, ein Spiel der Illusion auf einem schmutzigen Stückchen Stoff« (Pirandello 1986, 82).

Walter Benjamin hat diese Beobachtung in seinem Kunstwerk-Aufsatz zitiert und daraus gefolgert, daß »zum erstenmal – und das ist das Werk des Films – der Mensch in die Lage (kommt), zwar mit seiner gesamten lebendigen Person, aber unter Verzicht auf deren Aura wirken zu müssen« (Benjamin 1963, 29). Die Kulturindustrie hat ihren technischen Medien eine neue, andere ›Aura‹ ihrer Reproduzierbarkeit zurückgegeben.

Das Interesse und Erstaunen der frühen Filmzuschauer/innen, die zum ersten Mal das kinematographische Bewegungsbild gesehen haben, richtet sich auf den Rand des ›Bildes‹, wo die Figuren jenseits des Rahmens verschwinden. Es entsteht ein virtueller Raum jenseits des Bildes, der für Gorkij noch den Verlust des Sichtbaren bedeutet, der für das Erzählen jedoch bald das Universum filmischer Einbildung sein wird, wo die montierten Anschlüsse und dann die Kamerabewegungen alles, was aus dem Blick (der Kamera) geraten ist, wieder für den Fortgang der Erzählung sichtbar machen werden.

Was für die Zeitgenossen Lumières noch faszinierender und erschrockener ›erster Blick‹ auf die lebenden Bilder war, stellt sich 1939 aus gebührendem zeitlichen Abstand für einen deutschen Feuilletonisten noch einmal in nostalgischer Erinnerung wieder her. Sigismund von Radecki denkt anläßlich einer Wiederaufführung der ersten Filmaufnahmen der Filmgeschichte darüber nach, wer tatsächlich der »Erfinder des Films« gewesen sein könnte. Bevor er den vorsokratischen Philosophen Zenon von Elea im 5. Jahrhundert vor Chr. als ›Erfinder‹ des Bewegungs-Paradoxes auch für die Erfindung des Bewegungsbilds des Films reklamiert, schildert er seine späte Beobachtung früher Filme:

> »Man erblickte Grau in Grau die Leipziger Straße, ungefähr so, wie sie auch heute aussieht, nur daß die Straßenbahnen Pferde hatten und die Damen Taillen besaßen, vor allem aber, daß das Ganze eine Weile totenstill stand, wie im Märchenzauber erstarrt. Dann, auf ein unhörbares Kommando, kam die Photographie in Gang: die Pferde zogen an, die Damen rafften die Schleppen, die Herren schwenkten ihre Spazierstöcke – kurz, alles regte sich, wie man sich 1896 halt geregt hat. Das Publikum lachte, wahrscheinlich über die Taillen. Und dann, als 1896 gerade im besten Schwung war, erinnerte es sich plötzlich, daß es ja gar nicht mehr da sei – die Damen, die Herren, die Straßenbahnpferde: alles blieb mit aufgehobenem Fuße stehen und dachte nach (...) und war wieder zur Photographie verzaubert« (Radecki 1958, 193).

Im zeitlichen Abstand zu den ersten Filmvorführungen, wo häufig genug Lumières Kameramänner Aufnahmen, die sie tagsüber an Ort und Stelle gemacht hatten, abends in ihrer Vorstellung des Kinematographen denselben Menschen, die sie aufgenommen hatten, zeigten (was Helmut Herbst in seiner SERPENTINTÄNZERIN nacherzählt hat), wird hier die ›historische Differenz‹ zunächst an den Bildern selbst, der Mode, die sie zeigen, deutlich, und dann am distanzierenden Lachen des Publikums spürbar. Über eine Photographie aus dem Jahr 1896 hätte vermutlich niemand gelacht – die Gleichzeitigkeit des Ungleichzeitigen, die ›lebendige‹ Gegenwart einer längst vergangenen Vergangenheit im Film jedoch hat etwas Beklemmendes, das man lachend zu überwinden versucht, um sich so des geborgten Lebens, das alle Filme zeigen, vielleicht bewußt zu werden.

Wenn das erste Zittern des stehenden Bildes, das die Bewegung des Films durch den Projektor und der Bilder auf der Leinwand ankündigt, eine Art ›Urerfahrung‹ der Kinorezeption ist, dann gibt es auch eine ›Urszene‹ der Reaktion der ersten Zuschauer/innen auf diese Projektion von Bewegungsbildern, die bei Gorkij noch in ihrer ursprünglichen Frische wiedergegeben wird, wenn »auf der Leinwand ein Eisenbahnzug (erscheint). Er rast wie ein Pfeil direkt auf Sie zu – Vorsicht! Es scheint, daß er direkt auf die Dunkelheit zustürzt, in der Sie sitzen« (Gorkij, 1995, 14). Dieses ursprüngliche Erschrecken mag so stattgefunden haben oder nicht, es wurde sehr bald zum ›Ursprungsmythos‹ der Kinematographie  und zum Bestandteil ihrer Werbung. Natürlich zitiert zum Beispiel John Boulting in seinem Film diesen Mythos vom Erschrecken der Zuschauer/innen vor dem Auftauchen des Zuges, das die Brüder Lumière zum erstenmal im Bahnhof von La Ciotat für ihr erstes Filmprogramm (L'ARRIVÉE D'UN TRAIN EN GARE DE LA CIOTAT, 1895) aufgenommen haben und das unzählige Male wiederholt wurde. Zum Beispiel in dem Film von Robert William Paul THE COUNTRYMAN AND THE CINEMATOGRAPH, der 1901 in England entstanden ist und 1902 von Edwin S. Porter in einem Remake (oder sollte man sagen: Plagiat?) mit dem Titel UNCLE JOSH AT THE MOVING PICTURE SHOW wiederholt worden ist (und die in dem Film MERTON OF THE MOVIES [1947 von Robert Alton mit Red Skelton] wiederum zitiert werden wird).

Der dumme Bauer, der noch nicht begriffen hat, daß die lebenden Bilder nur scheinbar das Leben selbst sind, sucht in dem Film von Robert William Paul vor und hinter der Leinwand nach der hübschen Tänzerin (bei Porter ›Parisian Dancer‹), läuft erschrocken vor dem herannahenden Zug davon und möchte am liebsten beim verliebten ländlichen Paar direkt dabei sein. Porter läßt seinen ›Uncle Josh‹ auch tatsächlich gegen die Leinwand springen, die daraufhin herunterfällt, was mit einer Prügelei auf der Bühne endet.

Jean-Luc Godard wird 1963 in seinem Film LES CARABINIERS Porters Idee aufnehmen und den naiven Soldaten Michel-Ange auf das Leinwandbild der ›Dame von Welt‹ in der Badewanne hereinfallen lassen: In einer Sequenz, die mehrere Beispiele aus der Frühgeschichte des Films zitiert (darunter selbstverständlich den herannahenden Zug), versucht Michel-Ange in die Badewanne der ›Dame von Welt‹ zu sehen und reißt dabei die Leinwand herunter. Die Prügel allerdings bleiben dem Soldaten erspart. Und schließlich hat auch Helmut Herbst in seiner SERPENTINTÄNZERIN den naiven Zuschauer/in zitiert, der während eines ›Tonbildes‹ mit dem Gesang einer Sängerin hinter der Leinwand nach der lebenden Ursache von Bild und Ton forscht.

Daß das Wanderkino auf den Jahrmärkten nicht die einzige Form für die ersten Veranstaltungen des Kinematographen war, haben die ersten Filmprojektionen der Brüder Lumière in Paris und der Brüder Skladanowsky in Berlin deutlich gemacht: Das Grand Café war ein Ort für sog. Café-Concerts, kleine unterhaltende, oft kabarettistische oder musikalische Vorstellungen. Der Berliner ›Wintergarten‹ war das um die Jahrhundertwende bekannteste Varieté in Berlin mit Akrobaten, Tiernummern oder Burlesken, alles Elemente, die von den frühen Filmprogrammen wiederholt wurden.

In New York fand die erste Filmvorführung als ›Projektion‹ mit Edisons Vitascope am 23. April 1896 im Vaudeville-Theater ›Koster & Bial's Music Hall‹ statt, und Edwin S. Porter begann seine Karriere als Filmvorführer im ›Eden Musee‹, einem New Yorker Wachsfigurenkabinett, bis er sich auf das Drehen von Edisons Filmen verlegte. Bis 1905, als die ersten ›Nickelodeons‹ einen Boom an Ladenkinos auslösten, war das Vaudeville die wichtigste Veranstaltungsart und Organisationsform für Filmvorführungen in den USA (J. Paech 1997, 1-24).

Frank Norris schildert 1899 in seinem Roman *McTeague. A Story of San Francisco*, der von Erich von Stroheim unter dem Titel Greed (1923/24) ver-

filmt wurde, wie McTeague seine Familie und Freunde vor der Hochzeit mit Trina in ein Varieté einlädt. Es ist das ›Orpheum Theatre‹, wo McTeague zuerst die Karten für die Sitzplätze besorgen muß, was schwierig genug ist, weil er sich mit den Gepflogenheiten des Theaters überhaupt nicht auskennt. Aber dann ist es so weit und McTeague, Trina, ihre Mutter und ihre Nachbarn sitzen mit Kind und Kegel viel zu früh auf ihren Plätzen.

»Während sie warteten, studierten sie das Programm. Zuerst spielte das Orchester eine Ouvertüre, danach kam ›The Gleasons mit ihrer Heiterkeit erregenden musikalischen Farce mit dem Titel McMonnigals Brautschau‹. Dem folgten die ›Lamont Sisters Winnie und Violet, tragikomische Drahtseiltänzer‹. Danach kamen eine ganze Reihe anderer Artisten und Spezialprogramme, musikalische Wunder, Akrobaten, Feuerschlucker, Bauchredner und als Schlußnummer ›Die Sensation des Abends, die alles krönende wissenschaftliche Erfindung des 19. Jahrhunderts, das Kinetoskop.‹ McTeague war begeistert, überwältigt. In fünf Jahren war er nur zweimal im Theater gewesen. Nun hatte er seine Braut und ihre Mutter eingeladen, ihn zu begleiten. Allmählich hatte er das Gefühl, ein Mann von Welt zu sein. Er bestellte eine Zigarre« (Norris 1964, 79).

Das Theater füllt sich, der Lärm nimmt zu, die Kinder fragen, wann es endlich losgeht, als das Orchester die Ouvertüre zu spielen beginnt und die lange Reihe von Nummern des Varieté-Programms eine nach der anderen ablaufen. Am Ende dann der Höhepunkt, das Kinetoskop.

»Das Kinetoskop raubte ihnen den Atem. ›Was machen sie als nächstes?‹, Trina beobachtete alles voller Bewunderung. ›Ist das nicht wunderbar, Mac?‹ McTeague war ergriffen. ›Kuck, wie das Pferd da den Kopf bewegt‹, rief er begeistert und total hingerissen. ›Kuck die Straßenbahn, die da kommt, und den Mann, der über die Straße geht. Und dort kommt ein Lastwagen. Das habe ich in meinem ganzen Leben noch nicht gesehen! Was würde Marcus dazu sagen?‹ – ›Das ist alles bloß ein Trick‹ rief Mrs. Sieppe in plötzlicher Überzeugung. ›Ich bin doch nicht blöd, das ist doch nur ein Trick.‹ ›Doch wirklich, Mama, rief Trina, das ist ...‹ Aber Mrs. Sieppe hob stolz den Kopf. ›Ich bin zu alt, um mich für dumm verkaufen zu lassen‹, sie bestand darauf: ›Es ist ein Trick‹. Mehr war aus ihr nicht mehr herauszuholen. Alle blieben bis zum völligen Ende des Programms, obwohl das Kinetoskop die vorletzte Nummer gewesen und nur noch die Hälfte des Publikums geblieben war« (85f).

Frank Norris hat sicherlich eine authentische Beschreibung eines Vaudeville-Programms und seiner Zuschauer/innen in San Francisco vor der Jahrhundertwende gegeben; der »Roman ist Zeuge der allerersten Anfänge des Kinos« (Rosenbaum 1980, 93). Tatsächlich hatte es sich eingebürgert, die Filmprojektion an den Schluß des Programms zu setzen, und die Gelehrten (Allen 1977) streiten sich, ob damit der Film als Saalfeger oder später Höhepunkt eingesetzt wurde. Leider hat Erich von Stroheim in seiner Verfilmung GREED die McTeagues offenbar nicht in die Varieté-Veranstaltung begleitet, obwohl er eine fast, wenn man so sagen darf, ›1:1 Verfilmung‹ des Romans hergestellt hat, die nach Abschluß der Dreharbeiten von der MGM von über sieben Stunden auf anderthalb Stunden gekürzt wurde. Diesen Kürzungen sind auch die wenigen Sequenzen zum Opfer gefallen, die McTeague beim Kauf der Theaterkarten zeigten.

1908 konnte man einen R.O. gezeichneten Aufsatz lesen, der von frühen Kinoerfahrungen in London berichtet. Zuerst, heißt es dort, hätten die Filmvorführungen in den Varietés ›Aquarium‹ und ›Empire‹ stattgefunden. Das ›Aquarium‹ galt als gewöhnliches Varieté,

»mit Vorstellungen schon vom frühen Morgen an und ein Treffpunkt der billigen Halbwelt. Die teure traf sich abends im ›Empire‹, das jetzt auch ein Lichtspieltheater geworden ist.« Das »erste richtige Kino (hat sich) in der Hauptverkehrsstraße des Westzentrums von London, in Oxford Street aufgetan. Und wie war dies beschaffen? Es war lang und schmal und man bekam den Eindruck, daß man in einem Eisenbahnwagen säße. Und so sollte es auch sein. Es rollte sich vorn nämlich nur immer ein Reisefilm ab: Kapstadt und Umgebung von der Lokomotive aus gesehen. Und um den Eindruck, daß der Beschauer wirklich reise, noch besonders deutlich zu machen, war der ganze Fußboden des Kinos verrückbar. Der Portier hinten am Eingange, der das Bild zugleich erklärte, hatte eine Hebelstange in der Hand, und jedesmal, wenn die Lokomotive vorn in eine Kurve einbog, verspürte jeder Zuschauer/in den Ruck nach links oder nach rechts, und er fühlte, daß er sich am Stuhle festhalten mußte, um nicht etwa aus dem Zuge zu fallen. Das war das erste wirkliche Kino in London« (R.O. 1908).

Die Schlußbemerkung des Chronisten trifft den Sachverhalt nicht ganz, denn diese Form der Kinoveranstaltung ist – zwischen Wanderkino, Jahrmarkt und Vaudeville auf der einen und den ersten wirklichen Ladenkinos auf der anderen Seite – eine typische Zwischenform, die die Struktur des Wanderkinos und Varietés mit dem Kinosaal verbunden und ursprünglich tatsächlich in einem umgebauten Eisenbahnwagen stattgefunden hat:

> »Es handelt sich um eine merkwürdige Theatereinrichtung, eine Art Jahrmarktsbude in Form eines nachgebauten Eisenbahnwaggons mit einem Platzanweiser in der Uniform eines Eisenbahnschaffners, der auf der hinteren Plattform die Besucher begrüßt. (Während der Vorstellung schaukelte) der Wagen auf seinen Rädern, so daß recht erfolgreich eine Reiseillusion entstand« (Ramsaye [1925] 1986, 429, zit. in: J. Paech 1985, 47).

Bekannt geworden ist dieses Kino für Reisen mit der Eisenbahn durch seinen Erfinder George C. Hale als ›Hale's Tours and Scenes of the World‹. Zu sehen war es zum ersten Mal auf der Weltausstellung 1903 in St. Louis. Die Idee hatte Hale bei H.G. Wells in dem Roman *Time Machine* gefunden; in den ersten Jahren des 20. Jahrhunderts waren ›Hale's Tours‹ in den USA und, wie der Bericht aus London zeigt, auch in Europa erfolgreich.

Solche eher skurrilen Formen des Kinos hat es parallel zur Geschichte der Ladenkinos und Kinopaläste bis heute immer wieder vor allem auf Jahrmärkten gegeben, wo nach wie vor die unterschiedlichsten und merkwürdigsten Filmprojektionen zu sehen sind. Mit den Ladenkinos, die zu Beginn unseres Jahrhunderts in den Großstädten entstehen, wird das Kino jedoch zum normalen, nie zum einzigen Ort für die Projektion von Filmen.

2. Ladenkinos

Film an Ort und Stelle

Die wichtigste Voraussetzung dafür, daß die Kinos seßhaft wurden, war die Einführung des Verleihsystems, d.h. die Kinounternehmer mußten ihre Ware nicht mehr käuflich erwerben und so lange auswerten, bis vor lauter Kratzern auf dem Zelluloidband nichts mehr zu sehen war oder kein Publikum mehr die Filme sehen wollte und der Kinematograph weiterziehen mußte, um ein neues Publikum für sein Programm zu suchen. Nur wenn statt der Kinos die Filme beweglich wurden und durch die Kinos zirkulierten, konnten die Kinos ›an Ort und Stelle‹ bleiben. Auch um die Jahrhundertwende gab es in den Großstädten schon ›lokale‹ Kinematographen, die jedoch nur vorübergehend oder solange es sich lohnte in Gaststätten untergekommen waren. In Hamburg hat am 22. Februar 1901 die erste Filmvorführung in einem Lokal mit 317 Sitzplätzen stattgefunden, »in Tischgruppen und Rundumbestuhlung arrangiert. Die Leinwand war in der Mitte des Raumes angebracht, sie wurde ›in den Pausen so weit hochgezogen, daß ein ungehinderter Verkehr unter derselben hindurch stattfinden konnte.‹ Zuschauer/innen, die hinter ihr saßen, die Bilder also spiegelverkehrt sahen, hatten für gewöhnlich einen geringeren Eintrittspreis zu zahlen. Diese Art der eingestreuten Filmunterhaltung für Gasthausbesitzer sollte über Jahre Bestand haben« (Schöning 1984, 321). Zuerst vereinzelt, siedelten sich seit etwa 1905 die Kinematographen-Theater, die ausschließlich Filme anboten, in den Ladenzeilen der Großstädte an, wo sie sich boomartig vermehrten. Von 16 Kinos 1905 stieg ihre Zahl in Berlin sprunghaft bis 1907 auf 139 an. Die frühen Ladenkinos waren noch Provisorien in jeder Hinsicht. In irgendeinem Raum, der zu vermieten war, brauchte man nur für die Verdunklung zu sorgen, einen Projektor aufzustellen, einen Film einzulegen und auf die ersten Zuschauer/innen zu hoffen, die nicht lange auf sich warten ließen.

»Die Einrichtung eines Kientopps [!] ist sehr einfach. Ein Ladenlokal, das durch Verkleben der Fenster dunkel gemacht ist. Stuhlreihen, die durch angenagelte Latten zusammengehalten werden. Eine Leinwandfläche, die die Bilder aufnimmt. Ein Klavier oder ein Musikautomat und ein Büfett, an dem es Bier und Erfrischungen gibt. Man sitzt eng zusammengedrängt, jedes Plätzchen ist ausgenutzt, jeder Stuhl ist besetzt. An den

Wänden stehen diejenigen, die keinen Platz gefunden haben. Die Erwachsenen rauchen, die Kinder jubeln und der Klavierspieler paukt auf dem verstimmten Klavier. (...) Ganz vorne sitzen fast nur Kinder. (...) Man sieht junge Pärchen, aber auch alte Leute. Mütter mit ihren Kindern und weißhaarige, verhutzelte Männer. (...) Und sie sind alle glücklich, besonders die Jüngeren und Jüngsten« (Bardolph 1909, 77).

Zu ihnen gehörten auch ein Großvater mit seinem später bekannt gewordenen Enkel (Walter Hasenclever), die den Kinematographen in seinen Anfängen als Ladenkino besuchten:

»In dieser Zeit nahm mich mein Großvater eines Nachmittags mit, um mir etwas Besonderes zu zeigen. Im Zentrum der Stadt war ein Laden zu vermieten. Die Scheiben waren schwarz verhangen. Hinter einem Bretterverschlag saß ein Mann und verkaufte Eintrittskarten für dreißig Pfennige; Kinder die Hälfte. Über dem Zettel »Zu vermieten« hing ein großes Schild mit der Inschrift »Lebende Photographien«. Wir saßen in einem schmutzigen, schlecht gelüfteten Saal auf Bänken ohne Lehne. Vor uns auf einem Gestell war ein weißes Tuch befestigt, auf das der grelle Lichtkegel einer Laterna magica fiel. Als der Mann am Eingang genug Karten verkauft hatte, schloß er die Tür, wodurch der Saal verdunkelt wurde, und drehte an der Laterna magica. Ein ratterndes Geräusch ertönte, und auf dem Tuch erschienen geisterhaft zuckende Bilder. Ein Eisenbahnzug kam aus großer Entfernung näher, als wollte er mitten in uns hineinfahren. Jemand lief, andere liefen mit, plötzlich liefen alle. Das Prinzip der Verfolgung auf der Leinwand feierte seine ersten Triumphe. Es war die Geburtsstunde des stummen Films« (Hasenclever 1984, 53f).

Der Komet, das Fachorgan der Schausteller, das 1907 in einer Artikelserie bereits »Historisches über die Kinematographie« berichtete, zählte zu diesem Zeitpunkt 170-180 Kinos in Berlin, 50 Kinos in Hamburg und in ganz Deutschland nahezu 600 Kinos.

»Bisher wurden diese Geschäfte in sehr primitiver Weise betrieben, und zwar von Unternehmern, die ehedem Schankwirte, Kellner oder dergleichen waren, und deren Hauptzweck schließlich der Ausschank von Getränken bildete. In jüngster Zeit jedoch haben sich auch frühere Kaufleute, Angestellte aus der Konfektion diesem neuen Erwerbszweig zugewandt und legen auf behagliche Ausstattung und künstlerische Vorführung Wert. Wesentlich erleichtert wurde das Geschäft dadurch, daß die sehr teuren Films leihweise zu haben sind« (*Der Komet*, 1907, 10).

In der Rentabilitätsberechnung, die *Der Komet* für seine Leser anstellt, spielen der Meterpreis für Filmmiete, Investitionen für die Einrichtung, Ausgaben für die Begleitmusik und die Zahl der Zuschauer/innen pro Aufführung, die (1907) mit 80 bis 100 angegeben wird, eine wesentliche

Rolle. Das erste ortsfeste Ladenkino in Berlin soll im März 1905 an der Jannowitzbrücke eröffnet worden sein. 1907 haben sich auf der Abbildung vor einem der typischen Ladenkinos in Berlin, die noch ›Der Kinematograph‹ oder ›Das lebende Bild‹ heißen, der Inhaber, Karl Knübbel mit seiner Belegschaft zum Fotografiertwerden aufgebaut, der Herr im weißen

Kittel ist der Operateur. Wöchentlich zwei neue Programme werden angekündigt, womit der Kinobetreiber gegenüber seinen Konkurrenten erfolgreich sein muß. Das ›Nord-Kino‹ in Berlin Pankow nennt sich 1910 bereits ›Theater‹, es wirbt mit einer besonderen Jugendvorstellung an Sonntagen und reagiert damit auf die Vorwürfe der Kinokritiker, das Kino sei jugendgefährdend. In einer aufgeregten Debatte um die Schädlichkeit des Kinos für die Jugend (die sich im Zusammenhang mit dem Fernsehen genauso wiederholt hat) war eine Stimmen wie diese selten zu hören: »Ja, ist es denn wirklich so schlimm? (...) Ist denn der jugendliche Einbrecher und Messerstecher nur durch das Beispiel Nick Carters so weit gekommen? Warum macht denn der Gymnasiast, der genau dieselben Heftchen liest, falls er nicht schon die Kriminalromane der Großen genießt, nicht solche Sachen? Ich glaube auch nicht an den unheilvollen Einfluß der Kinematographentheater, gegen die man neuerdings wieder Sturm läuft« (Bardolph 1909, 76f).

Dennoch war es für Kinobesitzer ratsam, der Kritik der Saubermänner zuvorzukommen und alternativ zum Programm mit Eisenbahnzusammenstößen, das auf dem Plakat angekündigt wird, und dem Hauptprogramm mit einem Drama in 2 Akten ›Neue Liebe , neues Leben‹ auch eine Jugendvorstellung anzubieten. Das Gesicht der Kinos ändert sich. Schon 1910 heiß es: »Jetzt ist in den Großstädten plötzlich und vor allem in Berlin über Nacht sozusagen eine Kultivierung des ›Kientopps‹ vorgenommen worden. (...) Es haben sich in der Reichshauptstadt jetzt mehrere solcher hocheleganten

Lichtbildtheater aufgetan, vor deren Türen vornehme Autos halten ...« (Land 1910, 178). Sogar das ›Metropol-Kino‹ im Berliner Arbeiterbezirk Wedding firmierte 1912 selbstverständlich ebenfalls als ›Theater‹, nicht zuletzt, um außer den Arbeitern auch ein besser zahlendes Publikum der Kleinbürger und Angestellten, die ein Theater schon mal von innen gesehen hatten, ins Kino-‹Theater‹ zu locken, das in der Ausstattung versuchte, den Musentempel nachzuahmen, denn die »Unternehmer haben eingesehen, daß die besitzenden Klassen bei ihrer Neigung für das Kino in Scharen herbeiströmen würden, wenn ihnen dieser Genuß in eleganten Räumen mit guter Musikbegleitung und auf tadellosen und künstlerisch zusammengestellten Films geboten würde« (178). Ein Kino im Zentrum Berlins in der Friedrichstraße war 1913 vom Sessel bis zum Lüster jeder Zoll ein ›echtes‹ Theater und mancher Zuschauer/in kleidete sich vor dem Kinobesuch, als ob es sich um ein gesellschaftliches Ereignis und nicht nur um den Besuch des ›Kintopp‹ an der Ecke handelt.

In diesen Etablissements, die zu Beginn des Jahrhunderts noch provisorische dunkle Läden für kurze Filmprogramme waren und am Ende der ›Belle Epoque‹ am Vorabend des Ersten Weltkriegs schon Paläste für über 1000 anspruchsvolle Zuschauer/innen geworden sind, ereignen sich nun die folgenden Geschichten, in denen es immer wieder um das Wiedererkennen auf der Leinwand oder im Kino selbst geht. Noch sind die gefilmten Ereignisse kurz, erst ihre literarische Erzählung gibt ihnen einen ausführlicheren Rahmen. Dann werden die Filme länger und spätestens 1907 erzählen sie auch längere Begebenheiten zusammenhängend. Das Kino beginnt, schamlos die Literatur – besonders des 19. Jahrhunderts – auszubeuten und sich mit der Literatur, wo das möglich ist, zu verbünden: 1913, im Jahr des Autorenfilms, ist die Kooperation von Film und Literatur zum ersten Mal Realität; als einer der ersten ›Autorenfilme‹ 1913 gilt DER ANDERE von Max Mack nach dem Theaterstück von Paul Lindau.

Der erste ›Medienkrieg‹ im modernen Sinne, der gefilmt und in den Kinos verfolgt werden konnte, war der Burenkrieg in Südafrika (1899-1902). Eine Erzählung »Le Cinématographe« von François de Nion, die 1903 im *Le Petit Journal* erschien, berichtet von Paul, einem französischen Soldaten, der auf der Seite der Buren gekämpft hat und seitdem vermißt wird. Zu Hause in Europa hat seine Schwester Marie einen Engländer geheiratet, der in diesem Krieg gegen die Buren gekämpft hat. Als sie eines Tages ins Kino gehen, erzählt er ihr, daß ihre Einheit damals von einem Amerikaner gefilmt worden sei. Man sieht Folterungen und Erschießungen, die von den Engländern gegen Gefangene der Buren verübt werden. In einer Gruppe von Gefangenen erkennt sie ihren Bruder wieder. Schließlich erscheint auch ihr englischer Ehemann im Bild. »Er zieht seinen Säbel, um den Befehl zum Erschießen zu geben. Marie springt auf, schreit, streckt ihre Arme nach der erbarmungslosen Szene aus: ›Halt, halt, nicht schießen, John, es ist doch Paul!‹ Dann löst sich alles im Weiß der Leinwand auf, nur das Orchester ist zu hören, Marie sinkt in Ohnmacht« (Nion 1995, 16).

Die fotografische und filmische Berichterstattung über Kriegshandlungen hat immer auch das glückliche oder tragische (Wieder-)Erkennen von verwandten und geliebten Menschen zur Folge gehabt; sie hat zur Aufklärung von (Kriegs-)Verbrechen beigetragen, aber auch zu deren Verschleierung und propagandistischen Verdrehung. Seit den frühesten Tagen des Kinos wußten die Kameraleute, daß sich die Ereignisse gewöhnlich nicht dort zutragen, wo gerade die Kamera steht; also mußte man die Ereignisse inszenieren, um sie als ›in flagranti erwischte‹ Wirklichkeit den staunenden Zuschauern/innen vorzustellen. Als der amerikanische Präsident McKinley 1901 ermordet wurde, zeigte man die Bilder der ›rituellen‹ Ereignisse vor und nach dem Attentat, seine letzte Rede und seine Beerdigung. Das Ereignis der Exekution des Attentäters Czolgosz auf dem elektrischen Stuhl wollte man sich ebenfalls nicht entgehen lassen und zeigte die Hinrichtung in einer inszenierten Rekonstruktion (Musser 1979). Insbesondere was die Dokumentation von Kriegsereignissen betraf, war der Wunsch groß, eine (siegreiche) Schlacht im Kino unmittelbar miterleben zu können –, zugleich war die Skepsis, daß es sich um gestellte Szenen handeln könne, durchaus vorhanden. Eine englische Filmzeitschrift hat ihren Lesern Tips gegeben, wie man falsche von echten Kriegsszenen unterscheiden könne: In Szenen, die Kriegshandlungen zum Beispiel im südafrikanischen Burenkrieg zeigen, würde man im Kampf ›Mann gegen Mann‹ an den Seiten der Szene oft Zuschauer in eleganter Garderobe und begleitet von ihren Damen sehen, die die Filmaufnahmen beobachten, die sicherlich nicht in Südafrika, sondern vor den Toren von Paris entstanden sind (Levy 1979).

Dieselbe Frage nach Echtheit oder Fälschung stellt eine Erzählung von Maurice LeNormand, die 1900 in deutscher Übersetzung in der *Frankfurter Zeitung* zu lesen war. Delia, eine junge Irin, hat von ihrem Verlobten, der nach Südafrika in den Krieg gezogen ist, einen Brief bekommen mit dem Hinweis, daß er in einem Film zu sehen sein wird, der von der Einschiffung seiner Truppe in Southampton gemacht wurde. Er beschreibt ihr genau, wann er beim Vorbeimarsch vor der Kamera zu sehen sein wird, er wird kurz stehenbleiben und der Kamera, d.h. seiner Verlobten Kußhände zuwerfen. Tatsächlich sieht Delia ›ihren‹ Jerry, diesen frühen ›Telewinker‹ der Filmgeschichte, nachdem sie das ganze Programm der Music-Hall ›Alhambra‹ durchgestanden hat, am Ende in der Nummer mit Filmen des Kinematographen. Das Programm geht weiter, man kann auch Szenen einer verlustreichen Schlacht sehen und wirklich, Delia glaubt mit Sicherheit ihren Jerry zu erkennen, der lautlos zusammen mit anderen Soldaten seines Regiments auf einen Hügel zu läuft und plötzlich sein Gewehr losläßt und hinfällt.

»Eine Kugel hat geräuschlos und unsichtbar den Soldaten getroffen, der wie Jerry Kilcourse aussieht.« Später in Aufnahmen aus dem Lazarett glaubt sie ihn unter den Sterbenden wiederzuerkennen. Schluchzend bricht sie zusammen. Andere Zuschauer/innen wollen sie trösten. »›Sehr gut ausgedacht!‹ erklärte einer der Umstehenden mit ironischem Ton. ›Die kleine Komödie ist gut gespielt. Wenn hiernach das Publikum nicht überzeugt ist, daß der Kinematograph der ›Alhambra‹ seine Aufnahme in Transvaal gemacht hat, so ist es überhaupt nicht zu überzeugen! (...) Sie dürfen sich sofort beruhigen, Madame. Ist Ihnen denn nicht klar geworden, daß Sie ganz gewöhnliche Theaterfiguren vor Augen gehabt haben? Derartige Szenen nimmt der Kinematograph nicht in Afrika auf. Das ist eine plumpe Pantomime, die man in Paris selbst auf den Buttes-Chaumont aufgeführt hat. (...) Bilden Sie sich ein, daß die Photographen im Kugel- und Granatenregen ihre Bilder aufnehmen?‹« (Normand 1900, 2f).

Da erscheint schon der Geschäftsführer des ›Alhambra‹, der allen Umstehenden versichert, daß alles, was gezeigt wurde, wahr sei und Delia eilig aus dem Saal führt. Am nächsten Tag erhält Delia einen weiteren Brief von Jerry, der berichtet, daß er wegen Krankheit an den Kampfhandlungen nicht teilnehmen konnte und demnächst zurückkehren wird. In der Zeitung dagegen heißt es über den Vorfall im ›Alhambra‹, daß die Tatsache, daß eine junge Dame einen Verwundeten im Film wiedererkannt habe, für die Echtheit der Bilder bürgt, die dort gezeigt werden (3).

Die Literatur spielt (in der Form des Briefes) ihre eigene Wahrheit schriftlich gegen den manipulierten Schein der Authentizität der Bilder aus. Nicht umsonst will die Literatur solche Geschichten vom Kino erzählt haben, sie warnt vor allzu leichtfertigem Vertrauen in dessen Wirklichkeitseffekte. Dieselbe immanente Kritik der Literatur am Film spielt auch in Jean Giraudoux' Erzählung aus dem Jahr 1908 »Au Cinéma« eine Rolle, wo es um den augenscheinlichen Todessturz eines Zirkusartisten geht. Um Marguerite von der Angst um ihren Verlobten, einen Zirkusartisten, dessen Vertrag ausgelaufen und der gerade auf dem Schiff von Amerika nach Frankreich unterwegs ist, abzulenken, geht ihre Freundin mit ihr ins Kino. Von einem Rekommendeur werden die beiden ›angemacht‹, im Kino sehen sie zu den Klängen von ›Samson und Dalila‹, gespielt im Stile eines ›cake-walk‹, einen Artistenfilm LOOPING THE LOOP. Da erkennt Marguerite Jacques, ihren Verlobten bei seiner gefährlichen Arbeit wieder. Jacques ist Steilwandfahrer.

»Er erreicht den ›Todeskreis‹, wendet und steigt mit seinem Fahrrad wieder hoch. Marguerite schließt vor Entzücken und Angst die Augen. Plötzlich schreien Kinder, Frauen knüllen nervös ihre Programme in den Händen ...« Jacques ist abgestürzt. Marguerite schreit »Jacques! Jacques!«, sie bricht ohnmächtig zusammen und wird von ihrer Freundin ins Foyer an die frische Luft geführt. Dort wird sie vom Direktor des Kinos in Empfang genommen, »der derartige Vorfälle durchaus gewöhnt war: Erst gestern hatte eine Dame auf der Leinwand beim Besuch des Königs von Schweden inmitten von Passanten ihren Ehemann am Arm einer jungen Frau wiedererkannt. ›Herr Direktor‹, schrie Marguerite, ›ist er tot‹? ›Ihr Ärmsten, woher soll ich das wissen? Ich habe die Filme gerade gestern erst bekommen‹. Zum Trost wollte er gerade nach ein paar Freikarten suchen, als er sich vor die Stirn schlug, verschwand und gleich darauf mit einem Brief wiederkam. ›Sie heißen Marguerite Rocher? Dieser Brief an Sie lag bei den Filmfotos im Karton.‹ Darin berichtet Jacques, daß er den Todessturz für viel Geld in einem Film simuliert habe und in einer Woche in Le Havre ankommen werde. ›Aber wenn Du inzwischen an einem Abend frei hast, dann geh doch mal für ›ne Stunde ins Kino – Du wirst dann wissen, warum‹« (Giraudoux 1983, 59f).

Zwei Nachrichten erreichen Marguerite im Kino, die eine, der Brief, dementiert die andere, den gefilmten Todessturz –, daß sie gleichzeitig im Kino ankommen, verstärkt das Problem, das der Film mit dem ›effet de réel‹, dem Augenschein seiner Bilder verursacht hat, d.h. Marguerite muß zunächst glauben, was sie sieht, bis der lesbare Text ihr das Gegenteil enthüllt. Der Brief (die Literatur) dementiert zugleich die scheinbare Authentizität und dokumentarische Wahrhaftigkeit des Films und straft den Film

Lügen dort, wo er dem Literarischen mit seiner eigenen Wirklichkeit längst überlegen ist. Der Besuch der Literatur im Kino drückt in vielen Fällen diese Ambivalenz aus, die zwischen Faszination gegenüber den rasenden Bildern und dem Abscheu gegenüber ihren montierten Lügen schwankt. Noch wird der Film mit seinem fotografischen Wesen, Wirklichkeit in lebenden Bildern wiederzugeben, identifiziert.

Sogar das Krimi-Genre ist damals literarisch vor dem Hintergrund der Ambivalenz von wirklicher Fiktion und fiktiver Wirklichkeit im Film diskutiert worden. Auch stand die filmische Dokumentation von Mord und Totschlag vor dem unlösbaren Problem, mit der Kamera dabei zu sein, wenn so Schreckliches wie ›wirkliche‹ Morde passierten (das Fernsehen hat dieses Problem neuerdings mit einem neuen Genre ›Reality-TV‹ zu lösen versucht). Andererseits ist der gewaltsame Tod eines der großen Phantasmen des Kinos; von Angst und Schrecken haben die Zuschauer/innen in der bequemen Sicherheit ihrer Sitze immer schon nicht genug bekommen können. Eine weitere Windung der Spirale in der Logik der kinematographischen Täuschungen und des nur scheinbar dokumentarisch Wirklichen hat Guillaume Apollinaire in einer Erzählung von 1907 »Un beau film« (»Ein schöner Film«) auf perfide Weise weitergedreht: Es geht um ein junges Filmteam, das beschließt, einen ›wirklichen‹ Mord vor der Kamera zu inszenieren und im Kino zu zeigen. Man kidnappt ein junges Paar und zwingt einen älteren Herrn, die beiden vor laufender Kamera umzubringen. Der Film wird ein großer Erfolg und obwohl die Filmemacher beteuern, daß der Mord ›echt‹ ist, glaubt man ihnen nicht. Inzwischen hat die Polizei einen Verdächtigen verhaftet, der (unschuldig) zum Tode verurteilt wird. Seine Hinrichtung wird von dem Filmteam ebenfalls ›dokumentarisch‹ gefilmt und erfolgreich in den Kinos vorgeführt. Apollinaire wußte damals noch nichts von einer Pornofilm-Industrie, die mit sog. ›Snuff-Videos‹, in denen Sexualmorde vor laufender Kamera begangen werden, viel Geld verdient (vgl. STUMME ZEUGIN, Anthony Waller 1995).

Die Schriftsteller haben nur zögernd die Gelegenheit wahrgenommen, sich selbst ein Bild vom Kino zu machen. Sind sie dennoch als Erwachsene oder Kinder (wie Walter Hasenclever, aber davon wird noch ausführlich die Rede sein) ins Kino gegangen, dann ist es zuerst die umstrittene und recht schäbige Institution Kino selbst, die sie interessiert, auch wenn sie, wie Peter Rosegger ›Kultur‹ suchen und nur den Kintopp finden.

Peter Rosegger, Redakteur seiner eigenen Zeitschrift *Heimgarten*, hatte sich 1912 zu einem kritischen Besuch des Kinematographen entschlossen. Sein Interesse gilt dem reformierten Kinematographen, der statt der volksgefährdenden ›Schundfilms‹ seine wahre Bestimmung im wissenschaftlich-belehrenden (wir würden heute sagen: Kultur-)Film finden sollte. Die Hoffnung auf den kulturell wertvollen Film, die schon Gorkij seiner populären Verwendung entgegengehalten hatte, findet Rosegger enttäuscht, und er nennt auch Gründe, weshalb der Film nicht besser sein kann:

»Ich habe nun auch einmal ein Lichtspiel gesehen – mit größtem Staunen. Welch eine Erfindung! Diese rinnenden Wasser, dieses bewegte Meer, diese Bäume im Sturm! Wie hätte die Wissenschaft, der Unterricht, gleich einsetzen müssen, um das Naturleben, das allmähliche Sichentfalten der Pflanzen, der kleinen Tiere usw. vorzuführen. (...) Aber der Kinematograph schrie zu laut nach Geld (...) Das Volk wollte er belustigen, stieg zu den läppischsten Späßen, zu den niedrigen Instinkten nieder. (...) Die Niedrigkeiten und Gemeinheiten werden nur so vorgepeitscht – hundert in der Minute fludern [flimmern] sie vorüber und die Zuschauer girren und brüllen vor Vergnügen. Eine große Stadt hat hunderte von solchen Schaubuden, diesen verschlimmerten Nachkömmlingen der alten Moritaten und Extrakabinetten; jede dieser Buden gibt täglich mehrere Vorstellungen bei ausverkauftem ›Hause‹. Da wird schon was ausgerichtet« (Rosegger 1912, 696).

Und was gab es tatsächlich zu sehen? Die engagierteste, beinahe ›cineastische‹ Beschreibung des Kinematographen-Programms mit seiner Vielzahl von ›Nummern‹, die sich zu einer wilden Mischung von Kurzfilmen aller Genres vermengten, verdanken wir den beiden zeitgenössischen literarischen Kinogängern ›par excellence‹ Max Brod und Franz Kafka, die zwischen 1909 und 1911 in Prag und auf Reisen in München und Paris die Kinos unsicher gemacht haben. Max Brod hat 1909 über den ›Kinematographen‹ geschrieben:

»Nun sitze ich manchen Abend vor der weißen Leinwand und, nachdem es mich schon beim Eintritt jedesmal belustigt hat, daß es hier eine Kassa, eine Garderobe, Musik, Programme, Saaldiener, Sitzreihen gibt all dies pedantisch genauso wie bei einem wirklichen Theater mit lebendigen Spielern (...) macht mich das leise Sausen des Apparats siedend vor Erwarten. Ich habe die Liste studiert, ich weiß, welche Nummer ›belehrend‹, welche ›urkomisch‹, ›sensationell‹ oder ›rührende Szene aus dem wirklichen Leben‹ sein wird. Und bald verfinstert sich der Saal zu einer ›Reise nach Australien‹. Ich sehe Straßen, Menschen, die vorbeigehen ... Grüß Gott, Mensch, Du siehst mich nicht, vielleicht bist Du schon tot, einerlei, sei mir gegrüßt! Sodann erlebe ich eine Feuersbrunst, Alarm, die pflichtübertreue Löschmannschaft im Ansturm. Es kommt mir vor, als hätte ich denselben Brand auch auf einer (Film-)Reise durch Chicago schon erlebt ... Gleich werde ich durch zwei Schienen überrascht, die auf mich zugleiten, ich sitze nämlich in der Lokomotive eines Blitzzuges, ich erfreue mich an Bergen, Flüssen, Eingeborenen ... (Und dann die) Zaubereien, geduldig kolorierte tausend Photographien, Verwandlungen der Blumen in Ballettmädchen, (...) Übeltäter, denen der Kopf abfällt wie nichts (...) Falschmünzer werden entdeckt, Verbrecher nach langer Verfolgung gefangengenommen, arme Kinder gefoltert, Familienväter unschuldig verurteilt, gerettet im letzten Augenblick. (...) Die zweite Abteilung überschüttet mich mit Bildern ›zum Kranklachen‹, wie das Programm sie nennt, mit betrunkenen Briefträgern, Naturmenschen, (...) Matratzen werden lebendig, ein Klebstoff ist unübertrefflich, der Stiefel zu eng, Teller zerkrachen lautlos in Staub ... Und ganze Versammlungen von Leuten, die unter jeder Bedingung einen davonlaufenden Pinscher einfangen wollen ...« (Brod 1967, 73f).

Ulrich Rauscher, Literat und Kinojournalist und nach dem Ersten Weltkrieg deutscher Gesandter in Warschau, war 1912 nach Berlin gekommen. Für die Sylvester-Ausgabe der *Frankfurter Zeitung* hatte er sich in den Berliner Kinos umgesehen und mit journalistischem Vergnügen geschildert, was sich dort – viel mehr im Zuschauerraum als auf der Leinwand – zutrug:

»Da war ein Kintop, ganz beim Alexanderplatz. Ein langer Riemen, gesteckt voll, eine schaudervolle Luft, ein atemloses Publikum. Arbeiter, Straßendirnen, Zuhälter, über allem klang die schmalzige, gefühlvolle, in jedem Wort verlogene Begleitrede des Erklärers. Der Film war eigentlich fürchterlich langweilig, die banale Geschichte eines ›Mädchens aus dem Volk‹ (...). Aber was wurde daraus! Der Erklärer dampfte vor reinem sittlichen Empfinden, er brachte die Worte vom Abschaum der Großstadt wie eine große Delikatesse langsam und geschmalzt über die Lippen. (...) Der Erklärer schluchzte, das Publikum ballte die Fäuste, eine ganz, ganz andere Tragödie, als der Filmfabrikant gesehen hatte, raste vorüber und als der ehrbare Arbeiter die Dirne, die sich denen da oben verkauft hat, zurückstieß (...)« wurde die ›Frau ohne Herz‹ auch von den Zuschauern zurückgestoßen. In einem Kino in der Müllerstraße erlebt der Chronist »die größte Überraschung: Die Films werden von Sprechern mit verteilten Rollen begleitet. Zu dem Film ist ein ganz neues, richtiges Theaterstück geschrieben worden, natürlich ein unzensuriertes, eine reine Auslese sämtlicher Geschmacklosigkeiten und Rührseligkeiten (...) Ich war noch in drei anderen Kintops, überall Erklärer, überall Männer mit Weibern im Arm und Schlagringen in der Tasche, überall ganz junge Burschen trotz dem Polizeiverbot, überall die harmlosen Films, bei denen unsereiner gähnt und ein tremolierender Erklärer, der Untergründe und Konsequenzen von aufrührerischer Verlogenheit schafft (...) Das Publikum atmet schwer, die Straßendirnen speien solidarisch aus (...)«, damit endet diese Reise in die Berliner Kinounterwelt (Rauscher 1912, 357).

Der Kino-Erklärer als Vermittler zwischen Theater und Kino, Film und Publikum hat die Zeitgenossen wohl beschäftigt. Victor Klemperer erwähnt 1911/12 als eine besondere Attraktion in einem eigentlich primitiven Kino

»einen Conferencier. Der Mann in schäbiger schwarzer Eleganz, das gedunsene Gesicht wohlrasiert, einen Kneifer vor den nicht unintelligenten Augen, begleitete von seinem der Leinwand entfernten Platz am Eingang der Schenke aus die einzelnen Bilder mit einem Redestrom, der bald pathetisch, bald sentimental, bald derb lustig klang. ›Nun sinkt die unglückselige Tochter dem alten Vater in die Arme! – Du hast mir mein Weib geraubt, einer von uns muß aus der Welt! – Na, Karliniken, nu wolln wir mal erst die Lampe ausmachen. Und nu könn wir woll das junge Ehepaar allein lassen – nich wahr, meine Herrschaften?‹ Aber während der verkommene Literat so unablässig sprach, tönte mit gleicher Ausdauer und stärkerer Lungenkraft das Orchestrion; die Reden des Mannes schienen nur ein Geräusch mehr neben dem musikalischen, dienten auch nur zur Übertünchung der Pantomimenstille, fanden so gar keine Beachtung« (Klemperer 1911/12, 615), weshalb der Erklärer als ›Kino-Institution‹ auch bald aus den Kinos wieder verschwunden ist. Seine Funktion war derjenigen der Musik ähnlich, die auch die Erzählung mit Stimmungen unterstützen und die Stille im Kino anfüllen sollte. Der Musik (und endgültig dem Tonfilm) mußte er denn auch weichen. 1922 ist es schon eine Reminiszenz an eine vergangene Figur des Kinos, wenn Eduard Röthlisberger seinen *Jakob der Weltfahrer* vorübergehend eine Anstellung als Kino-Rezitator finden läßt. Der Direktor des Kinos bedeutet ihm, was zu tun ist:

> »Sie können‹, begann er sodann, ›die Stelle haben. Jeden Samstag wechseln wir das Programm. Freitagabend treffen die neuen Bilder ein. Nach Schluß der Vorstellung führen wir sie privatim vor. Dabei studieren Sie die neuen Filme, schreiben zur Vorsorge und als Anhaltspunkte die meisten in französischer Sprache abgefaßten Titel ab, die Sie zu übersetzen haben. Dann präparieren Sie bis zum Samstagnachmittag ihre Erläuterungen. (...) Erklärt werden müssen alle Bilder mit Ausnahme der Naturaufnahmen und der Tonbilder, zu welch letzteren ja sowieso das Grammophon läuft. (...) Schon in der zweiten Vorstellung legte Jakob los. Seine Erzählungen vermittelten geschickt den oft unklaren Zusammenhang der einzelnen Szenen; seine launigen Einfälle erhöhten die Wirkung der Lustspiele, der humoristischen Komödien. Unkorrekte Inschriften korrigierte er, half zum Verständnis unlogisch scheinender Verwicklungen, streute aktuelle Sarkasmen und lokale Witze an passender Stelle dazwischen« (Röthlisberger 1922, 135ff).

Der Hinweis auf das Übersetzen französischer Zwischentitel verdeutlicht, daß der Erklärer durchaus gebraucht wurde, solange die Titel der in der großen Mehrzahl französischen Filme nicht zuvor übersetzt wurden, was aus Kostengründen wohl nicht immer möglich war. Hier nun ist es nicht nur die Musik, die dem Erklärer zu schaffen macht, sondern auch das Donnerwetter des Geräuschemachers,

> »indem man, wenn auf der Leinwand die Kanonen losgingen, die Flintensalven knatterten, auf Tod und Leben auf große und kleine Blechtafeln und Pauken loshämmerte, oder an Metallstangen das Glockengeläute nachahmte, Holzräder bei Wagengerassel in Bewegung setzte, bei Wasserrauschen zwei mit Glaspapier überzogene Klötze aneinanderrieb. Kurz: hinter dem Vorhang unter der Leinwand befand sich ein ganzes Arsenal von Lärminstrumenten, bedient von einem früheren Zirkusclown. (...) Abgesehen von den Geräuschimitationen war da noch ein anderer spektakelerzeugender Faktor: Die Hauskapelle! So nannten sich die vier Herren, die für fünf Franken am Tag Musik zu machen hatten und gerne einige Extratöne dreingaben, auch wenn diese nicht in den Noten standen« (139).

Und da sage noch einer, daß Stummfilme ›stumm‹ gewesen seien. Und doch waren es natürlich in erster Linie die bewegten Bilder, deren schneller Wechsel und rasende Vielfalt der Themen, Ansichten, Szenen und Handlungen weit über alles hinausgingen, was das Varieté bis dahin zu bieten hatte.

In einem expressionistischen Gedicht »Schluß: Kinematograph« von Jakob van Hoddis aus dem Gedichtzyklus »Varieté«, geschrieben 1911, wird rhythmisch verarbeitet, was von der Leinwand auf die Zuschauer/innen im Parkett herabprasselt ähnlich wie das William Roberts in seinem expressionistischen Bild »The Cinema« (1920) dargestellt hat:

Schluß: Kinematograph

Der Saal wird dunkel. Und wir sehn die Schnellen
Der Ganga, Palmen, Tempel auch des Brahma,
Ein lautlos tobendes Familiendrama
Mit Lebemännern dann und Maskenbällen.

Man zückt Revolver. Eifersucht wird rege,
Herr Piefke duelliert sich ohne Kopf.
Dann zeigt man uns mit Kiepe und mit Kropf
Die Älplerin auf mächtig steilem Wege.

Es zieht ihr Pfad sich bald durch Lärchenwälder,
Bald krümmt er sich und dräuend steigt die schiefe
Felswand empor. Die Aussicht in der Tiefe
Beleben Kühe und Kartoffelfelder.

Und in den dunklen Raum – mir ins Gesicht –
Flirrt das hinein, entsetzlich! nach der Reihe!
Die Bogenlampe zischt zum Schluß nach Licht –
Wir schieben geil und gähnend uns ins Freie. (Hoddis 1984, 25)

Noch 1920 hat Carlo Mierendorff vor allem eine schnelle Folge von kleinen Filmen gesehen vor einem dicht gedrängten Publikum, das von einer Flut von Bildern, Handlungen (auch unter den Zuschauern/innen) bedrängt wird, die keine Lücke mehr und kein Entkommen zulassen:

»Eng gekeilt, kein hochgeklappter Sitz, keucht in der Verfinsterung der Zuschauer unter dem Bild, das vorüberprescht. Schweiß bricht aus. Der Film spult: Jetzt packt er das Weib an da oben. Unten fühlt jedes Weib sich gepackt, packt jeder Mann. Fieber entsteht, Geseufz. Ein Schirm fällt. Man muß sich bückend unter Röcke langen. Fleisch tanzt an Fleisch. Dunkel tanzt das Lokal auf unserem Genick. Durch die Dünstung prasseln, Projektile, grünlich: Zimmer, Waldsaum, Kavaliere. Wer kann noch entfliehen? Das Weiß blitzt. Das Schwarz huscht. Das Licht streut sich. Vibration ist süße Betäubung. Die Hast lullt ein. Dampf aus der Haut. Dünstung schwängert die Sinne torkelnd. Viele sind schon vorgebeugt in Schlaf schwankend. Kopf an dürftige Brust sanft gelehnt. Umarmte. Wispernde. Applaus. Hallo. Protest. Stieräugige. Zoten. Gefeix. Licht flammt auf, der Bann reißt, erleichtert, in Schweigen, erlöst umblinzeln sich: Monteure, Briefträger, Zylinder, Matrosen ...« (Mierendorff 1978, 140).

Nicht allen, beziehungsweise den wenigsten hat gefallen, was sich in den Kinos abgespielt hat. 1910 gerät der offenbar kaisertreue Mann der Kirche

Walter Conradt nach dem Besuch eines Vortrags über die »Innere Mission als Helferin in der Not« in ein Königsberger Kino. Der (kalkulierte) Kontrast kann nicht größer sein:

> Am Eingang »wüste Bilder in schreienden Farben. Der Portier verheißt für drei Groschen Himmel und Hölle. Wir treten in den von dünnem Geigenton durchzitterten Raum. Während ich mich setze, blitzt auf der Leinwand ein Schuß auf, ein weißer Körper fällt zu Boden. (...) Und dann die Nacht des Schreckens: Die Türe des Palastes wird mit Dynamit gesprengt. Das Königspaar gewaltsam aus seinem Schlupfwinkel herausgezerrt, Schüsse blitzen. Verekelt wende ich mich ab. Als ich wieder hinsehe, stürzen die Verschwörer die Leichen aus dem Fenster in die Tiefe. (...) Die Saalbeleuchtung flammt auf. Auf dem Programm lese ich: ›Kunstfilm. Die Tragödie von Belgrad. Drama. Wirklich sehr sehenswert.‹ Einige ältere Damen hinter mir loben die scharfen Bilder. Ringsum werden interessante Gedanken über Königsmord ausgetauscht« (Conradt 1910, 283).

Zurufe und mehr oder weniger witzige Bemerkungen zu den Ereignissen auf der Leinwand hat es während der Vorstellung immer gegeben. Überhaupt herrschte in den frühen Kinos viel Unruhe. Zum Beispiel konnte man jederzeit auch während des laufenden Programms ins Kino gehen; Nummern auf den Billetts erlaubten nur das einmalige Ansehen des Programms, so daß ein ständiges Kommen und Gehen herrschte. Und Bier und belegte Brötchen gab es in jeder der vielen Pausen, die sich während des Programms boten. *Der Komet* berichtet 1907:

> »Die Nr. 15 soll den Saal verlassen! ruft bei Beginn der Pause der Kontrolleur mit dröhnender Stimme. Bewegung. Ein Dutzend Theatergäste, meist jugendlichen Alters, drängt zum Ausgang, bleibt stehen und wird mit sanfter Nachhilfe an die frische Luft befördert. (...) Der Restaurateur, der auf angemessene Pause hält, hat in der Zwischenzeit guten Absatz gehabt. Er lockt die Gäste mit Brötchen, ganz manierlich belegt, mit Schokoladentafeln, Apfelsinen und verzuckerten Nüssen, die auf Holzstäbchen gespießt sind. Ein weißröckiger Bursche trägt diese Herrlichkeiten umher. (...) Die Besucher jugendlichen Alters schlingen und schmatzen; die reife Jugend teilt mit der Geliebten. Das ›Kinematographische‹ wird nämlich nicht nur von Knaben im Flügelkleide, sondern auch von schon gezähmten Liebespärchen eifrig besucht« (*Der Komet* 1907, 8).

Robert Walser hat die ›kulinarische‹ Seite des Kintopp so sehr beeindruckt, daß er (1912) die Ereignisse auf der Leinwand gleichzeitig mit den weiteren Angeboten an Verpflegung wahrgenommen hat: »Graf und Gräfin sitzen beim Frühstück.« Da wird ein Brief überreicht. »Der Kammerdiener kommt und liest, unter einem teuflischen Mienenspiel, den Brief. Er weiß, was er zu tun hat, der Schurke. ›Bier, wurstbelegte Brötchen, Schokolade, Salzstangen, Apfelsinen gefällig!‹ ruft jetzt in der Zwischenpause der Kellner.« Noch mehrfach werden die fiesen Machenschaften des Kammerdieners gegen die Gräflichkeiten von dem Ruf »Bier, Brause, Nußstangen ...« unterbrochen. Als der Kammerdiener endlich »von Detektivfäusten gepackt« außer Gefecht gesetzt worden ist und der Graf seinen Besitz in Ruhe genießen kann, folgt noch »ein Klavierstück mit erneuertem ›Bier gefällig, meine Herrschaften‹.« (Walser 1992, 26f). Es war was los im frühen Kino, und offenbar entsprach der Augenschmaus durchaus dem, was auch sonst noch im Kino für Leib und Seele geboten wurde.

Eine ganz eigenartige Verbindung von Lärm und Verpflegung hat Victor Klemperer bei seinen unendlich vielen Kinobesuchen beobachtet. 1913 in Paris in einem »ziemlich spelunkenhaften Lokal der Rue Saint Antoine wurde Zolas *Germinal* in recht guter Verfilmung [GERMINAL, Capellani 1913] vor lauter Arbeiterpublikum, darunter vielen Halbwüchsigen, gegeben.« Die Leute sahen sich die Ereignisse auf der Leinwand mit Gelassenheit an, »nur mischte sich hier in die Eß- und Trinkgeräusche das ewige Klappern der kleinen Schokolade-Automaten, die zahlreich an den Lehnen der Sitzreihen angebracht waren« (Klemperer 1989,II, 76). Erst als das Militär im Film auf die Arbeiter schoß, wurde gepfiffen und eine Stimme ließ sich hören, »wer pfeife, fliege hinaus, und sofort hatte die Demonstration ein Ende, und die Automaten klapperten weiter« (76).

Wenn der Film selbst versuchte, das, was sich in den Kinos abspielte, wiederzugeben und Geschichten im Kino zu erzählen, stieß er zunächst auf technische Schwierigkeiten, denn der Kinosaal bei laufendem Programm war dunkel (das war ja das Schöne am Kino). Während die Sittenwächter in den dunklen Stuhlreihen das Schlimmste befürchteten, mußten die Filme, wenn sie Aktionen im Kino zeigen wollten, Licht machen, d.h. die Szene des (dunklen) Saales mußte aufgehellt werden. Am einfachsten war es, den Blick auf die Leinwand und den Blick in den Kinosaal alternierend zu montieren, indem etwa ein verliebtes Pärchen im Kino und die Leinwandhandlung wechselweise gezeigt wurden. Beide Teile konnten separat aufgenommen und zusammengeschnitten werden. Wenn dagegen eine Handlung im Saal bei laufender Filmprojektion in derselben Einstellung gezeigt werden sollte, mußte die separat aufgenommene projizierte Filmszene im Kasch am Ort der Leinwand einkopiert werden. Die Filme, die ganz oder teilweise im Kino spielen, waren schon wegen dieser Schwierigkeiten nicht so häufig –, wo es sie gab, haben sie meist in komischer Absicht den Wiedererkennungs-Effekt benutzt, von dem bereits auf literarischer Seite die Rede war.

Die Komik derartiger Wiedererkennungseffekte hat das amerikanische Slapstick-Kino weidlich ausgenutzt. Mack Sennett und seinen ›Keystone-Cops‹ war keine Situation zu schade und kein Ort zu abgelegen, um nicht daraus ein komisches Chaos, meistens in Verbindung mit einer wilden Jagd, die keinen Stein auf dem anderen läßt, zu machen. Einer dieser naheliegenden Orte für Slapstick-Comedies war neben dem Filmstudio

das Kino. In den USA war es seit der Eröffnung des ersten sog. ›Nickelodeon‹ in Pittsburgh 1905 mit Porters Film THE GREAT TRAIN Robbery zu einer explosionsartigen Ausbreitung dieser oft primitiven Form von Ladenkinos gekommen, die wie geschaffen waren, ihrerseits Schauplätze für die oft anarchischen Späße der frühen Slapstick-Komiker zu werden. In dem 1913 entstandenen Film MABEL'S DRAMATIC CAREER hat der Vater der Slapstick-Comedy Mack Sennett selbst eine (seltene) Hauptrolle in einem seiner Filme gespielt. Mack, der Sohn des Hauses ist in die Küchenfee Mabel (Mabel Normand, die damals schon ein Star gewesen ist) verliebt. Der Zwischentitel informiert uns: ›He falls for kitchen maid, his mother blows into the sceen she objects‹. Dann taucht attraktiver weiblicher Besuch aus der Stadt auf, und Mabel ist auch bei Mack abgemeldet. Als sie auf der heimlichen Verlobung mit Mack besteht, wird sie kurzerhand rausgeschmissen.

In der Stadt findet sie einen Job beim Film und macht Karriere. Mack kommt ein Jahr später (But ›neath his soiled shirt there beats a true heart‹) in die Stadt, wo er seine Küchenfee Mabel auf einem Filmplakat der Keystone Comedy AT TWELVE O'CLOCK vor einem Kino wiedererkennt. Dort ist gerade Pause. Im Projektionsraum wird der neue Film, ›A Keystone Film‹, eingelegt. Mack muß mit ansehen, wie seine Mabel von einem Bösewicht mißhandelt und verschleppt wird, eifersüchtig möchte sich ›der Trottel vom Land‹ am liebsten auf die Leinwand stürzen und kann nur mit Mühe von den anderen Zuschauern/innen zurückgehalten werden. Schließlich schießt er auf den Leinwandbösewicht, der Filmvorführer muß die Vorstellung abbrechen, alle verlassen das Kino, und Mack bleibt mit dem Revolver allein vor dem Kino zurück. Er beschließt, daß der Schurke sterben muß. Er folgt ihm und sieht ihn durchs Fenster zu Hause im Kreis seiner Familie: mit Mabel und ihren Kindern. Als er schießen will, wird er mit Wasser begossen.

Die komische Handlung wird ausgelöst, als Mack seine Mabel im Kino wiedererkennt und er zwischen der realen und der Film-Mabel nicht unterscheiden kann. Umgekehrt legt es der Filmschauspieler darauf an, auch im ›wirklichen Leben‹ als Leinwandstar wiedererkannt zu werden: In dem Film A MOVIE STAR von 1916 sonnt sich der Filmstar Mack Swain vor dem Kinoeingang neben seinem Plakat in der Gunst des Publikums. Im Kino weist der Kinobesitzer auf die persönliche Anwesenheit des berühmten Stars, der von den Frauen angehimmelt wird, hin, der Umsatz an der Kinokasse steigt beträchtlich. Während der Vorführung des Films, in dem Mack Swain sich als Retter einer hübschen Farmerstochter gegen einen ›City-Chap‹ profilieren kann, nimmt er den Applaus der Damen für seine Heldentaten persönlich entgegen, sehr zum Verdruß der männlichen Begleiter. Auch nach dem Kino ist er noch von seinen Fans umringt, da taucht seine Frau mit zwei Kindern auf und prügelt den gar nicht mehr heldenhaften Kinostar mit Stockschlägen nach Hause.

Bekanntlich hat auch Charlie Chaplin bei Mack Sennett und den Keystone Cops angefangen. 1914 kommt er in dem Film TILLIE'S PUNCTURED ROMANCE als Landstreicher in die Stadt, wo er sich an die korpulente Bauerntocher Tillie heranmacht. Im Restaurant klaut er Tillie das Portemonnaie, das er an die hübsche Mabel (Normand) weitergibt, mit der er gemeinsame Sache macht. Die beiden verfallen daraufhin dem Konsumrausch, während die beschwipste Tillie ohne Portemonnaie als Zechprellerin ins Gefängnis muß. Als Krönung ihrer Tour durch die Geschäfte der Stadt gehen Charlie und Mabel ins Kino, wo zuerst ein Klavierspieler und eine Sängerin etwas Kunst zum Besten geben und dann ein ›Film im Film‹ mit dem Titel A Thief's Fate zu sehen ist, der dieselbe Missetat zeigt, die von den beiden gerade begangen wurde. Der Zwischentitel kommentiert: »Little do Charlie and Mabel realize that they are about to see their own type of shady characters on the screen«. Wieder stiehlt ein Dieb das Portemonnaie seiner Begleiterin, das er an seine Komplizin weitergibt. Die aber wird verhaftet, die beiden Diebe werden in Handschellen abgeführt. Charlie und Mabel wird es ganz mulmig, schnell verschwinden sie aus dem Kino, zumal ein Sheriff neben Mable gesessen und sie ständig schief angesehen hat. Als Charlie mitbekommt, daß die dicke Tillie ihren Millionärsonkel beerbt hat, heiratet er sie schnell (bevor Tillie von ihrem Glück weiß). Aber der Onkel kehrt zu den Lebenden zurück und Tillie und Mable jagen den treulosen Erbschleicher davon. In diesem Fall wird der Kinobesuch dazu benutzt, daß die beiden Gauner sich selbst in der Rolle der Anderen im Kino wiedererkennen und vom Film auf die möglichen Folgen ihrer Diebereien aufmerksam gemacht werden, ohne daß Mack Sennett wie zum Beispiel David Wark Griffith ein Interesse daran hatte, den moralischen Zeigefinger zu erheben: Der hatte 1909 in seinem Film A DRUNKARD'S REFORMATION einen Säufer ins Theater geschickt, wo ihm auf der Bühne sein Schicksal so drastisch vor Augen geführt wurde, daß er von Stund' an ein besseres Leben führen wollte. In Mack Sennetts Film wechselt Charlie lediglich die Strategie; als er erfährt, daß Tillie Millionen geerbt hat, nimmt er nicht nur ihr Portemonnaie, sondern gleich die ganze dicke Tillie, was sich jedoch als ein Fehlgriff herausgestellt hat ...

Das europäische Kino hat den Anarchismus der Slapstick-Comedies nicht mitgemacht. Aber auch hier ging es oft drunter und drüber, wenngleich der Schauspieler Max Linder zum Beispiel immer der elegante Gentleman geblieben ist. Natürlich ging es auch hier um den Besitz an Geld und Frauen –, wenn beides den Besitzer wechselte, war das Grund genug für

Melodramen, Krimis oder eben Komödien, die im Kino wiederum den Wiedererkennungseffekt benutzen: In einem italienischen Film von 1913 UNA TRAGEDIA AL CINEMATOGRAFO trifft ein Ehemann seine unreue Frau mit einem Anderen im Kino an. Der Tumult verhindert den Fortgang des Kino-Programms, so daß die Szene so lange hell erleuchtet bleibt, bis sich der Sturm der Entrüstung gelegt hat. Immer schon haben Ehemänner fürchten müssen, daß ihre Frauen sich in der Dunkelheit des Kinos heimlich mit anderen Männern treffen, dieser gesellschaftliche Topos, der ursprünglich dem Theater und seinen mit Vorhängen verhüllten Logen vorbehalten war, mußte nur auf das Kino übertragen werden, wo der ›salle obscure‹ zusätzlich die Phantasie das Schlimmste für die Moral (der Frauen selbstverständlich) fürchten ließ. Das wirkliche ›Problem‹, das von den Frauen im frühen Kino verursacht wurde, lag allerdings auf einer anderen Ebene:

Das frühe Kino in Deutschland war, zumindest in den Nachmittagsvorstellungen, eine Domäne der Kinder, Jugendlichen und Frauen. Für ein Dauerthema in den Kinos sorgte das weibliche Publikum, das nicht selten in ›großer Garderobe‹ in die Kinos strömte. Vor allem die riesigen Damenhüte sorgten mit ihrer betonten Sichtbarkeit (als bürgerliche Ornamente einer verbreiteten Mode) durch das, was sie den Blicken verstellten, für Unsichtbarkeit. Für Sartre bedeuteten in seinen Erinnerungen an seine Kindheit im Kino »große, wippende Damenhüte« (1965, 93) im Parterre die beruhigende Gewißheit, daß auch Vertreterinnen seiner, der bürgerlichen Klasse das ansonsten klassenlose Kinovergnügen teilten. Für alle anderen versperrten die oft wagenrad-großen Hüte die Sicht auf die Leinwand und provozierten die Proteste vor allem der männlichen Besucher. Dieses Problem beherrschte sogar die Feuilletons der Zeitungen, die sich zunehmend auch mit der Kinokultur beschäftigten. In einer kurzen Erzählung schildert der Drehbuchautor (der Fridericus Rex -Filme) Walter von Molo, wie er 1912 in Wien mit einer Begleiterin ›ins Kino‹ gegangen ist.

»Die Garderoben sind übervoll, bei den Kassen klimpert das Geld. »Die Damen werden höflich gebeten, die Hüte abzunehmen«. Der Garderobier zeigt auf die Riesenpapptafel. Seufzend tut's Frau Lotte und sticht die Riesennadel durch das grüne Glockengebäude, langsam, als finde sie, es sei unter solchen Umständen für ihren Hut das Beste, von ihrer Hand zu sterben. Die Stufen hinan in wohliger Hast, verdunkelnde Türen klappen lautlos auf und zu, und wir sind im Finstern (...) das Auge gewöhnt sich an die Lichtleere, es unterscheidet im tiefen Halbdunkel des Riesensaales Kopf an Kopf – sie sind alle der großen Leinwandtafel zugewandt« (Molo 1992, 29).

Willi Bierbaum, seit 1912 einer der ersten Filmkritiker der *Neuen Zürcher Zeitung*, kann 1923 direkt im Text fortfahren, wenn er sich über die Unarten des Kinopublikums mokiert:

»Es gibt sodann (...) Kinobesucher, die die Dunkelheit des Filmes zu benutzen pflegen, um mit ihrer Nachbarschaft stundenlange Zwiegespräche zu führen: über das Wetter, die Weihnachtseinkäufe (und dergleichen). Sehr angenehm ist es auch, wenn man eine Dame mit einer breitgewellten Indianerfrisur oder einem Modehut vor sich hat mit voluminösem Querschnitt und der Tendenz, die oberste Reiherspitze in Berührung mit der Decke zu bringen. Solche im Blickfeld auf Null gesetzten Besucher sollten das Recht haben, ihr Eintrittsgeld an der Kasse zurückzuverlangen.« (Bierbaum 1984, 182).

Die Drohung, daß jemand sein Eintrittsgeld zurückverlangen könnte, weil er (oder sie) nichts hat sehen können, hat schließlich energische Maßnahmen erfordert. Ein zeitgenössisches Buch über die Kinoarchitektur in Berlin behauptet, daß sich als »notwendige Verbesserung gegen die alten ›Kintöppe‹ (...) außerdem das Ansteigen der Sitze im Zuschauerraum fast überall durchgesetzt (hat), ein Erfolg wesentlich der – Damenhüte« (Schliepmann 1914, 9). Eine radikalere ›Lösung‹ für dieses offenbar international drängende Problem hat David Walk Griffith schon 1909 mit seinem Film THOSE AWFUL HATS vorgeschlagen, der vor dem Programmbeginn als drastische Aufforderung an die Damen, ihre Hüte abzunehmen, gezeigt wurde: Nachdem immer mehr Damen mit wagenradgroßen Hüten Platz genommen haben und sie sich trotz der Proteste der anderen Kinobesucher weigerten, ihre Hüte abzunehmen (den Grund dafür, die Sorge um die kunstvolle Frisur, hat Walter von Molos Begleiterin ahnen lassen), kommt von oben der Greifer eines Krans ins Bild und hebt die ›behüteten‹ Damen aus

ihren Sitzen, um sie aus dem Kino zu entfernen. Endlich ist der Blick auf die Leinwand wieder für alle frei, wo sich (in einem im Kasch der Leinwand einkopierten Film) eine Ehekomödie entspinnt.

3. Kino und Leben

Traum oder Wirklichkeit?

Was sind die ›lebenden Bilder‹ anderes als die wirkliche Einbildung des Lebens in ihren Kinoprojektionen? Das Thema ›Kino und Leben‹ betrifft das Kino insgesamt und wird immer wieder eine Rolle spielen, wenn der Film und die Literatur ›ins Kino gehen‹. Im folgenden liegt der Akzent auf dem Wort ›Leben‹; das ist es, was der Zuschauer mit ins Kino bringt, sein Leben, seine Wirklichkeit und seine Träume, um sie im Kino zu vergessen, einzutauschen oder fortzuträumen, indem er sein Leben mit dem anderen Leben oder dem Leben der Anderen auf der Leinwand des Kinos verbindet. Die Perspektive ist die des Zuschauers, der träumend die Grenze zur anderen Seite, zum Leben jenseits der Leinwand überschreitet und ironisch distanziert oder tragisch scheiternd wieder in sein eigenes Leben zurückgestoßen wird. Die Literatur erkennt im Kino einen phantastischen (Lebens-)Raum und das Kino beginnt, sich in einer eigenen Welt einzurichten, in der die Stars ein Kinoleben führen und die Produktion eines Films ebenso ein Abenteuer ist wie jedes andere Abenteuer, das filmisch erzählt wird.

Im Film verdoppelt sich das Leben – die Leinwand ist wie ein Spiegel, in dem sich die äußere Wirklichkeit wiederholt. Nicht nur die Doppelgänger der schwarzen Romantik kehren auf der Leinwand der Kinos wieder (am prominentesten in Der STUDENT VON PRAG von Rye/Ewers, 1913), die zeitgenössische Wirklichkeit des modernen Lebens in den Großstädten, der beschleunigten Fortbewegung mit den motorisierten Verkehrsmitteln Auto oder Flugzeug (oder Zeppelin) verschmilzt förmlich mit dem modernsten technisch-apparativen Medium der ›lebendigen‹ Wiedergabe dieser Wirklichkeit, dem Film. Im Kino wird schließlich ununterscheidbar, was eine ›einfache‹ Wiederholung äußerer Wirklichkeit und was ihr ›fiktional‹ hinzugefügt worden ist. Die literarische und filmische Phantasie hat bereits den unscharfen Übergang zwischen der Wahrnehmung äußerer Realität und dem Realismus des Mediums Film besetzt, hier tummeln sich die Phantome des Kinos, hier finden die verliebten Verwechslungen ebenso wie die kriminellen Täuschungen über Leben und Tod (s. das Beispiel Apollinaires »Un beau film«), Wirklichkeit oder Spiel statt.

Einer der ersten Romane überhaupt, die sich mit der (komischen Seite der) Konstruktion einer vermeintlichen Wirklichkeit durch den Film und ihrer Wiederholung im Kino beschäftigen, sind die 1913 als Zeitungsroman in Berlin von Arnold Höllriegel (pseud. Richard A.Bermann) erschienenen *Films der Prinzessin Fantoche* (Höllriegel 1921). Diese Prinzessin gehört zu den modernen selbstbewußten Frauen, die gleichzeitig auch in den Kinos als Detektivin (zum Beispiel in der Miss Nobody-Serie), Bandenchefin (zum Beispiel als ›Irma Vep‹) oder Abenteuerin (zum Beispiel in der amerikanischen Serie Perils of Pauline) Furore machten (Schlüpmann 1990, 114ff). Sie tritt mit einem Filmteam auf, das im Auftrag einer Filmgesellschaft den scheinbaren Überfall auf einen Genueser Bankier filmen soll, der mit dem Film seine Geburtstagsgäste überraschen will. Die Polizei ist bei den Dreharbeiten behilflich, zum Entsetzen des Polizeipräfekten wird jedoch (›scheinbar‹?) aus dem Spiel Ernst, die Prinzessin und ihr Team verschwinden mit der Beute. Schlimmer noch, der Film, der mit versteckter (Mikro-)Kamera gedreht worden war, ist wenige Tage später zur Schadenfreude des Publikums in Genua und bald in der ganzen Welt zu sehen. Diese öffentliche Düpierung des Polizei wiederholt sich in regelmäßigen Abständen in den Kinos, wo die Filme über die tölpelhaften Versuche der Polizei, die Prinzessin Fantoche und ihr Kamerateam zu fangen, gezeigt werden. Der Höhepunkt des Katz- und Maussspiels ist eine rasante Verfolgungsjagd entlang der Mittelmeerküste nahe Genua. Die Prinzessin beweist ihre Qualitäten als moderne Sportfliegerin im Flugzeug, dem die Polizisten im Auto zu folgen versuchen, das Ganze wird von einem Motorboot aus gefilmt, das parallel zu Flugzeug und Auto entlang der Küste fährt (Schweinitz 1998). Als der Polizeipräfekt wütend auf das Flugzeug schießt und es ins Meer stürzt, steigt die Prinzessin ins Motorboot um und entzieht sich mal wieder dem Zugriff der Polizei. Diese glaubt der Prinzessin Fantoche am sichersten habhaft werden können, wenn jene bei der Post das nächste Filmpaket aufgibt. Aber die Dame, die bei dieser Gelegenheit verhaftet wird, erweist sich als die Ehefrau des Polizeipräfekten, die von der Prinzessin durch einen falschen Telephonanruf geschickt worden war.

Auch diese Blamage ist wieder im Kino zu sehen – und natürlich ist die Prinzessin selbst im Kino anwesend, wenn sich das Publikum über die Dummheiten der Polizei amüsiert. Madeleine, die Freundin Eugenios, des Sohnes vom Polizeipräfekten, traut der Prinzessin alles zu: »Wenn sie die Kühnheit weiter treibt? Weißt du, ich denke immer, die Frau sitzt ganz ruhig im Zuschauerraum des einen oder des anderen Kinotheaters und weidet sich an ihrem großartigen Sensationsfilm. Ich habe so das Gefühl – wenn man täglich in ein anderes Kino ginge, einmal müßte man neben einer schwarzen Dame zu sitzen kommen, die der Prinzessin Fantoche ähnlich sieht, und auch wirklich ist. Sollte man nicht auf diese Karte setzen?« (Höllriegel 1921, 46). Sie bietet sich an, selbst die Detektivin zu spielen. Als ihr neuer Film angekündigt wird, sind die Kinos Genuas (und bald in der ganzen Welt) überfüllt. »Auf die Aufforderung des Kommissärs setzten sich Eugenio und seine Freundin neben ihn auf die letzte Sitzreihe. Depretis [der Kommissar] legte Wert darauf, den ganzen Zuschauerraum überblicken zu können. Die Musik spielte eine Stück, das in der lauten Konversation des Publikums völlig ertrank. Dann erloschen die Lichter im Saale und die eigentliche Vorstellung begann« (53). Das Publikum fieberte dem neuen Fantoche-Film entgegen.

»Niemand lachte, während ein ungeheuer komischer Verfolgungsfilm vorgeführt wurde, in dem Dutzende ins Wasser fielen, keiner bewunderte die Pracht einer mit echten Kostümen ausgestatteten, in einem echten altitalienischen Palast spielenden Renaissance-Szene. Und als eines der endlosen Kopenhagener Filmdramen vorgeführt wurde, verlor das Publikum völlig die Geduld. Zuerst begann ein Zuschauer in der billigen vorderen Sitzreihe in rhythmischen Intervallen mit den Füßen zu trampeln. Dann fielen drei andere Herren ein. Dann zwanzig. Dann, als die Großstadttragödie durchaus nicht zu Ende gehen wollte, trampelte schließlich das ganze Haus. ›Prin-zeß Fan-toche Prin-zeß Fan-toche‹ Der Fußboden bebte, die elektrischen Lüster an der Decke begannen zu klirren« (53 f).

Die Vorstellung muß abgebrochen werden mitten »in einer großen Verzweiflungsszene der sonst so beliebten Filmschauspielerin Asta Nielsen« (54). Dann erscheint auf der Leinwand eine Schrift: »Wie ich verfolgt wurde. Kinematographische Wochenrevue der Prinzessin Fantoche« (55). Und schon sieht man ihre bekannte schwarzgekleidete Figur, die hinter ihrem Verfolger, dem Kommissar unbemerkt auftaucht. »Und als er im Tore verschwand, machte sie eine regelrechte lange Nase hinter ihm her. Das Publikum brüllte auf vor Lachen. Es war, als ob die Klappsessel des Kinos mitlachten. Da drehte sich das Bild der Prinzessin Fantoche um und machte dem Publikum eine freundliche Verbeugung« (56 f). Die Wendung ans Publikum [das ›Bild‹ drehte sich um] macht es zum heimlichen Komplizen, ganz so, wie der Harlekin der Commedia dell'arte (auch Fantoche ist ursprünglich eine (Marionetten-)Figur der Commedia) sich mit dem Publikum verbündet hat. Immer wieder taucht eine Frau in verschiedenen Masken und Kostümen auf, wenn die Polizei ermittelt und immer wieder ist die Kamera dabei, um die Szene unbemerkt aufzunehmen. Der Film endet mit der Ankündigung: »Nächste Woche: Die Verhaftung der Prinzessin Fantoche!« (59). Und wie wir wissen, hat sie Wort gehalten, allerdings wurde eine falsche ›Prinzessin‹ verhaftet. Das Rätsel um die Prinzessin Fantoche löst sich auf, und es wird klar, warum sie zum Beispiel im Kino nicht verhaftet werden konnte, während sie sich ihren Film ansah: Prinzessin Fantoche ist Madeleine, die Freundin Eugenios, des Sohnes des Polizeipräfekten. Beide haben erfolgreich ihrem künftigen Schwiegervater, der sich der Heirat widersetzt hat, einen Streich gespielt, der ihnen durch die Filme, die in alle Welt verkauft werden konnten, außerdem viel Geld eingebracht hat. Als sich sogar die Täuschung über den vorgetäuschten Überfall auf den Bankier als Täuschung herausstellt, bei der die Filmgesellschaft und der Bankier wissentlich mitgespielt haben, streckt die Polizei die Waffen und macht gute Miene zum lustigen Spiel, das ihr so böse mitgespielt hat.

Eine Komödie des Verkleidens, der Verstellung und des Wiedererkennens im Kino ist der Film WO IST COLETTI? von Max Mack aus dem Jahr 1913, der also fast gleichzeitig zu Arnold Höllriegels Roman *Die Films der Prinzessin Fantoche* in den (Berliner) Kinos zu sehen war. Die Gemeinsamkeiten zwischen Roman und Film sind offensichtlich. In dem Film von

Max Mack wird die ›Wirklichkeit‹ der Großstadt Berlin zum Schauplatz ›filmischer‹ Täuschungen und Verfolgungen, in denen das Kino eine Szene neben vielen anderen Szenen des beschleunigten modernen Großstadtlebens ist. Das moderne Berlin ist zu einem großen Filmabenteuer geworden, das sich im Kino als seinem privilegierten Ort spiegelt. Der filmenden ›Verbrecherin‹ Fantoche steht der verkleidete Detektiv Coletti gegenüber, beide entfesseln eine Verfolgungsjagd, die mit den modernsten Verkehrsmitteln vor sich geht und im Kino wiederholt wird. Beide spielen mit Verhaftungen der falschen Person, beide Male ist das Publikum amüsierter Zuschauer/innen und im Falle Colettis sogar als Verfolger wichtigster Akteur.

Eines Morgens muß der Detektiv Coletti in einer Berliner Zeitung den Vorwurf lesen, er könne einen Verbrecher, auch wenn er dessen Bild kennt, nicht sofort aufspüren und fangen. Um zu beweisen, wie schwierig es in der Millionenstadt Berlin ist, einen Menschen ausfindig zu machen, setzt er in derselben Zeitung eine Belohnung aus für denjenigen, der oder die ihn binnen der nächsten 48 Stunden in Berlin wiedererkennt, fängt und in der Zeitungsredaktion abliefert. An allen Litfaßsäulen klebt jetzt sein Konterfei, während er selbst als Straßenkehrer verkleidet die Aufregung amüsiert beobachtet, die seine Wette ausgelöst hat. Seinen Friseur hat er als seinen Doppelgänger verkleidet, der nun durch Berlin gejagt wird: Man sieht ihn auf dem Dach eines Doppeldeckerbusses, folgt ihm auf dem Fahrrad, erkennt ihn in einem Zeppelin, wohin er sich geflüchtet hat, fängt ihn und bringt ihn zur Zeitung, wo sich seine falsche und wahre Identität (als Colettis Friseur) herausstellt. Coletti selbst amüsiert sich inzwischen mit der Dame seines Herzens und wagt es sogar, in Frauenkleidern ein Kino zu besuchen, wo er die Verfolgung seines Doubles noch einmal in der Wochenschau sieht: Welche Sensation, denn die Wochenschau war gerade erst von Pathé zum Bestandteil des Kinoprogramms gemacht worden. Die Kinozuschauer/innen sehen nur den falschen Coletti auf der Leinwand; wir dagegen als deren Zuschauer/innen, sehen mit Coletti seine Verdoppelung im Film. Fünf Minuten nach Ablauf der Zeit ›stellt‹ er sich seinen Verfolgern, die wiederum gute Miene zu dem lustigen Spiel machen.

Kurt Tucholsky ist 1913 in seiner Kritik dieses Films auf den besonderen Aspekt der Wiederholung des Films als ›Kino im Kino‹ nicht eingegangen. Gefallen hat ihm nur die Rolle,

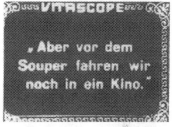

die die Technik spielt, »weil das Technische immer Spaß macht: Man sieht immer wieder gern so ein riesiges Luftschiff abfahren, ankommen, Automobile, die Verfolgung eines Autobusses, von oben aufgenommen, alle rennen, fallen, flüchten. Das ist schon ganz lustig, es prätendiert nichts, es will wirklich nur unterhalten« (Tucholsky 1992, 358). Was der Film von Max Mack (auch) zu bieten hat, ist ein unterhaltsames Bild der modernen Zeit, zu der auch und ganz besonders das Kino gehört.

Eine bereits surrealistische Version des ›modernen Lebens‹, die vom Film inspiriert ist und sich, wenn es um ›Bewegung‹ geht, ebenfalls im Kino abspielt, hat Louis Aragon in seinem ersten Roman *Anicet oder das Panorama* 1921 gezeichnet. Anicet (Aragon), Baptiste (Breton) und Mirabelle (die Schönheit selbst) haben im Kino den Inbegriff des modernen Lebens gesucht.

> »Der Film zeigt das Auftreten der Geschwindigkeit im Leben, und Pearl White [die Darstellerin der Heldin in der amerikanischen Abenteuer-Serie ›Perils of Pauline‹, USA 1914] handelt nicht, um ihrem Gewissen zu gehorchen, sondern aus Sport, aus Hygiene: sie handelt, um zu handeln« (Aragon 1972, 121). Aber der moderne Mensch, »der sich nicht auf einen bloßen Zuschauer reduzieren läßt« (123) kann sich nicht damit zufrieden geben, »dem Leben der anderen zuzuschauen« (122), es sei denn, das Leben selbst ereignet sich auf der Leinwand. Wieder im Kino »las man auf der Leinwand, auf der die Wochenschau lief: »Paris: Eine große Heirat« (...) Auf einmal fanden sich die Zuschauer den Neuvermählten gegenüber. Im schwarzen Rahmen des Portals sah man sie bis zur Mitte der Beine. Mit Entsetzen erkannte Anicet Mirabelle am Arm von Pedro Gonzales [d.i. der mexikanischen Maler Diego Rivera]« (124). Wenig später meint Anicet in Omme (Paul Valéry) sich selbst zu erkennen, und er identifizierte sich »mit der bestürzten Gestalt, die von der Leinwand zu ihm herschaute, und er wußte nicht mehr, ob er sich vor einer Leinwand oder vor einem Spiegel befand. Dieses Bild schuf in ihm eine unsagbare Verwirrung, eine seltsame Erregung bei dem Gedanken, daß ein Spiegel ihm als sein Abbild das Phantom eines anderen präsentierte. (...) Omme und Anicet schauten sich fest in die Seele, und dieser wußte nicht mehr, ob jener nicht er selber war, der unter irgendeinem magischen Zauber handelte« (126).

Aragon geht in seinem Roman weiter als die literarischen oder filmischen Verkleidungs- und Verwechslungskomödien, indem die personale Identität in Gefahr gerät, sich im Spiegel (der Leinwand) aufzulösen, sich zu vervielfältigen in ihren Doppelgängern oder zu zergehen in ihren Projektionen. Die Leinwand-Phantome und ihre verzauberten Zuschauer/innen im Kino werden immer wieder im Zentrum literarischer und filmischer Kinoerzählungen stehen.

Das Kino hat, auch darin dem Theater (vor allem eines Max Reinhardt) folgend, von Anfang an mit der ästhetischen Grenzüberschreitung zwischen dem dargestellten Raum der Filmhandlung und dem Raum, in dem die Filmhandlung für Zuschauer/innen im Kino dargestellt wird, gespielt.

Im Kino tauschen sich die Fiktionen des auf der Leinwand dargestellten fiktionalen Raumes mit dem realen Raum des Zuschauersaales aus. Die Blicke der Leinwandhelden schauen frontal nach vorn aus dem Bild, als würden sie in den Sitzreihen des Kinos die Objekte ihrer Begierde oder ihres Hasses erblicken. Und die Augen der Zuschauer/innen ›kleben‹ an der Leinwand, als wollten sie hinter den Bildern die Wirklichkeit ihrer vordergründigen Fiktionen entdecken. Statt Illusionsbruch, wenn die Filmhandlung sich als bloßes ›Kino‹ herausstellt, gelang auf diese Weise eine Verdoppelung der Illusion, die den Zuschauer selbst zum Mitspieler und das Kino zum Ort der Handlung seiner Fiktionen machte (auch hierin entsprechenden Strategien des Theaters vergleichbar). Die Durchdringung von Kino und Leben, die Kinogeschichten vom Leben im Kino und vom Leben als Kinotraum haben hier ihren Ursprung.

Das Kino hat das Phantastische, die magische Welt der Doppelgänger, zu einem seiner privilegiertesten Themen gemacht. Der STUDENT VON PRAG, (1913) von Stellan Rye und Hans-Heinz Ewers oder DER GOLEM (1917) von Paul Wegener sind nur die bekanntesten Beispiele. Die Literatur hat demgegenüber ein eigenes Genre entwickelt, in denen das Phantastische der traumhaft-traumatischen Erfahrungen der Durchdringung beider Leben, dem des Zuschauers und dem des Films, zum Thema gemacht wird, die sog. ›Filmphantasien‹.

Eine solche Filmphantasie von Franz Reinhold Zenz aus dem Jahr 1914 braucht nicht einmal das Kino als Ort, um den Zuschauer zum Protagonisten seiner eigenen Kinophantasien zu machen. Der wälzt sich schlaflos und fiebernd im Bett. Als er das Fenster öffnet ,

> »quert ein Mondstrahl (durchs Fenster), schießt durch die Dunkelheit, wirft sich breit gegen die Wand. Flimmert und flimmert, wie der Lichtkegel auf der Leinwand eines Kinematographen. Achtung! Hallo! Irgendwer ist in mein Hirn gesprungen, kurbelt an meiner Phantasie! Buchstaben zittern aus der Wand, groß, gespensterhaft: Rache: Drama. Wer hat mir das eingeblasen? Wer will aus mir eine alte Erinnerung hervorzerren, einen vergessenen Zeitungsschnitzel wieder lebendig machen?« Bilder werden wach, Figuren tauchen auf. »Aha, da ist der Dritte. Das Drama beginnt. Die Handlung wird.« Die Töne, die durch das Fenster hereindringen, mischen sich mit den Bildern. »Plötzlich Dunkel. Der Mond muß von einer Wolke verdeckt sein. Mein Hirn will weiterkurbeln, aber der fehlende weiße Fleck stört mich. Ich wälze mich in Unruhe. Die Sache hat mich schon gepackt. Ich lebe mit. Zum erstenmal befällt mich Kinofieber« (Zenz 1914, 178f).

Der Mond tritt hinter der Wolke wieder hervor, das Kino geht mit wilden Horrorszenen weiter, die ihren Höhepunkt unter dem Zifferblatt einer Kirchturmuhr finden, wo das Monster sein Opfer durch den vorrückenden großen Zeiger enthaupten will. Das Ticken des Zeigers ist zu hören ..., dann:

> »Der Mondstrahl schrickt zusammen und erlischt. Was mag jetzt kommen? Ich sitze aufrecht im Bett. Mein Rücken schauert. In meinen

Ohren geht es immer fort Pok trik trak. (...) Wo bleibt der Mond? Ich will weiterkurbeln, will sehen, was daraus wird. (...) Ich will den Film bis zu Ende sehen, ich will ihn an ›Gaumont frères‹ schicken, daß sie einen neuen Sensationsfilm bekommen und ich einige neue Taler« (179).

Am Ende stellt sich der fiebernde Filmträumer als Filmautor heraus, ein Händler mit Träumen, der seine (Alp-)Träume zu Filmstoffen macht, um sie an die Filmindustrie zu verkaufen.

Ganz andere Träume führen Buster Keaton als SHERLOCK JUNIOR (1924) mit den Ereignissen auf der Kinoleinwand zusammen. Buster ist Filmvorführer in einem Kino, aber viel lieber möchte er

einer von den Detektiven sein, die in den Groschenromanen und Filmen von Verbrechern gefürchtet werden und so erfolgreich sind, daß sie von ihren Mädchen, die sie bewundern, dafür geliebt werden. Als Buster machtlos zusehen mußte, wie ein Bösewicht sich bei seinem Mädchen einschleicht, und er auch noch eines Diebstahls bezichtigt wird, den der andere begangen hat, träumt er sich in den Film, den er vorführt, hinein, wo er von vornherein der berühmte Detektiv ist, der allen Gefahren entgeht und am Ende den Diebstahl im Filmtraum aufklärt. Weil auch sein Mädchen ihren Irrtum inzwischen erkannt hat, kann der Fall von Verbrechen und Liebe auch in der ›Wirklichkeit‹ gelöst werden. Berühmt gemacht hat diesen Film die Art und Weise, wie der träumende Buster in den Film auf der Leinwand eindringt. Wie er sich als Traumbild von seinem schlafenden Körper löst, das Kino durchquert, in das projizierte Bild auf der Leinwand ›einsteigt‹ und bei jedem ›Cut‹ der Montage von einer Einstellung in die andere fällt. Ein Film ist für einen, der von außen kommt, offenbar keineswegs ein bequemer Aufenthaltsort; erst allmählich gelingt es Buster, sich an die anderen Gesetze des Lebens im Film, an die montierte Kontinuität zu gewöhnen, um sie dann aber meisterlich als Detektiv zu beherrschen.

Diese Erzählweise von Filmen, die in der Montage von Einstellungen ihre Geschichten entwickeln, ist auch die Struktur der Verbindung zwischen Kino und Leben in der Erzählung »Die Madonna des Films« von E.K. Schmidt. Der Text wurde 1915 veröffentlicht, im Jahr der Uraufführung des in aller Welt bewunderten Films BIRTH OF A NATION von D.W. Griffith, der die Montagefigur der beschleunigten Parallelmontage (einer Alternation) und der ›Last Minute's Rescue‹, der ›Rettung im letzten Moment‹ populär gemacht hat. Diese Montagefigur verbindet, abgewandelt, die beiden Handlungsebenen in der Erzählung »Die Madonna des Films«: In der Wohnung eines Elternpaares bleibt das Kind abends zurück, während die Eltern ins Kino gehen. »Eines Abends nun wurde in dem winzigen Rheinstädtchen der erste Kino eröffnet, und als es Abend geworden war, sagte die Frau zu ihrem Gatten, daß sie sich das neue Wunder ansehen wolle« (Schmidt 1915, 459). Beim Verlassen der Wohnung gibt es Probleme mit dem Gaslicht im Kinderzimmer und durch eine Kette von kleinen Mißlichkeiten, Handgriffen, die in ›Großaufnahmen‹ geschildert werden, geschieht es, daß durch die Unachtsamkeit des Vaters der Gashahn offen bleibt, ohne daß die Flamme entzündet wird.

»Sie saßen im dunklen Lichtbildraum, und vor ihnen traten die neuen Wunder der Bewegung auf. An dieser glatten Fläche hüpften Menschen, so daß man glaubte, sie leibhaftig vor sich zu sehen. Eine zarte Orchestermusik begleitete die Vorgänge, die interessante Momente boten; die beiden saßen eng zusammengelehnt im Dunklen hinter roten Samtbrüstungen und folgten dem Spiel voller Staunen« (460).

Wir ahnen, was sich währenddessen im Kinderzimmer ereignet und verstehen die Unruhe, die sich des Vaters des Kindes bemächtigt, während seine Frau scheinbar sorglos dem ›tollen Spiel der Leinwandfläche‹ folgt. »Endlich waren die Stunden vergangen, und die beiden erhoben sich zugleich mit den anderen Besuchern des Theaters. Besorgt sah der Mann auf sein Weib, das vor Kälte zu schauern schien« (460). Die Zeichen der kommenden Katastrophe mehren sich, beide stürzen nach Hause und finden, wir wissen es längst, das Kind in seinem Bettchen tot. Der Vater, durch dessen Verschulden der Gashahn offen geblieben war, bricht unter den Selbstvorwürfen zusammen und stürzt sich zu Tode. Die junge Frau dagegen, nur noch ein ›Schatten‹ ihrer selbst, geht nicht ins Kloster, sondern – ins Kino, d.h. sie wird Filmschauspielerin und Expertin für tragische Rollen, eben die ›Madonna des Films‹, von der im Titel die Rede ist. In der Fiktion des Films büßt sie fortan in ihrem Schattendasein für den realen Tod ihres Kindes, den sie im Kino immer und immer wieder wiederholt. Zum Film gehen heißt in diesem Fall, ins Schattenreich des Hades eintreten, und es ist die Frage, ob es einem Orpheus im Zuschauerraum irgendwann einmal gelingt, die Euridike aus dem Reich der Schatten in die Wirklichkeit zurückzuholen. Daß die melodramatische Geschichte endgültig im Kino ankommen wird, war zu vermuten: Das sind die Stoffe, aus denen die Filme gemacht sind, die das ›Leben‹ zu Filmen verarbeiten.

Ein ganz zentrales Thema in der Beziehung zwischen Kino und Leben sind die Flucht vor der Realität in die ›Sicherheit‹ und ›Geborgenheit‹ der dunklen Höhle Kino und das ›parallele Leben‹, das es zu dem ›Leben da draußen‹ zu bieten scheint. 1911 hat Arnold Zweig in der Erzählung »Cinema« dieses Thema aufgegriffen, das zwischen 1909 und 1914 von vielen Literaten in den Feuilletons der Zeitungen mehr oder weniger literarisch behandelt worden war. Statt von den Folgen der Industrialisierung und des Elends in den Großstädten zu sprechen, zog man es vor, die ›Gefahren des Kino‹ (Gaupp 1912), die im ›Theater der kleinen Leute‹ (Döblin 1909) lauerten, zum Thema zu machen. Gerade Döblin (der Arzt und Dichter) sah jedoch im »Kintopp [auch] ein vorzügliches Mittel gegen Alkoholismus« und warnte: »Man nehme dem Volk und der Jugend nicht die Schundliteratur noch den Kintopp; sie brauchen die sehr blutige Kost ohne die breite Mehlpampe der volkstümlichen Literatur und die wässrigen Aufgüsse der Moral« (Döblin 1978, 38). Und während Franz Pfemfert (1911) urteilte: »Ein schlechtes Buch kann die Phantasie des Lesers irreleiten. Kino vernichtet die Phantasie. Kino ist der gefährlichste Erzieher des Volkes« (Pfemfert 1978, 62), hat Hugo von Hofmannsthal (1921) die Funktion des Kinos, ›Ersatz für die Träume‹ zu bieten, durchaus positiv gesehen. Menschen, die tagsüber im Fabrikleben zu Bestandteilen der Maschinen, die sie bedienen müssen, werden, flüchten »zu unzähligen Hunderttausenden in den finsteren Saal mit den beweglichen Bildern. Daß diese Bilder stumm sind, ist ein Reiz mehr; sie sind stumm wie Träume.« Am Ende ist für ihn

> »die Atmosphäre des Kinos die einzige Atmosphäre, in welcher die Menschen unserer Zeit – diejenigen, welche die Masse bilden – zu einem ungeheuren, wenn auch sonderbar zugerichteten geistigen Erbe in ein ganz unmittelbares, ganz hemmungsloses Verhältnis treten, Leben zu Leben, und der vollgepfropfte, halbdunkle Raum mit den vorbeiflirrenden Bildern ist mir, ich kann es nicht anders sagen, beinahe ehrwürdig, als die Stätte, wo die Seelen in einem dunklen Selbsterhaltungsdrange hinflüchten, von der Ziffer zur Vision« (Hofmannsthal 1978, 152).

Arnold Zweigs Erzählung »Cinema« (1911) handelt vom Buchhandelslehrling Benno Bremm, der aus der feindseligen und dumpfen Atmosphäre der elterlichen Wohnung ins Kino flieht und danach beinahe (wie im Andersen-Märchen vom »Mädchen mit den Streichhölzern«) mit seinen Träumen in der Kälte des Schnees erfroren wäre, wenn ihn sein Kätzchen nicht ins Leben zurückgeholt hätte. Diese Erzählung ist wie viele andere, ähnliche, selbst so sehr ›Kintopp‹, daß sie nicht nur Literatur über das Kino, sondern darüber hinaus bereits ›Kinoliteratur‹ ist und zwar in einem viel populäreren Sinne, als das mit der Literatur für das Kino vom ›Kinobuch‹ von Kurt Pinthus (1913) zum Beispiel gesagt werden kann. Bisher hat Benno das Material für seine Träume von Schönheit, Gerechtigkeit, Mut, Erfolg und Liebe aus denselben Büchern bezogen, die er tagsüber im Buchladen seines Chefs abstaubt. Nachdem er nachts mit d'Artagnan und Athos für die Ehre einer edlen Dame gekämpft hat, »geschah es auch, daß man noch absichtlich wach blieb, um sich vorzuträumen, daß man schön sei, tapfer und geliebt, einen Roman fortzuspinnen, der viele Nächte hindurch vorhielt, ein unterirdisches und verzaubertes Dasein voll Glanz unter dem fahlen Gram der Tage.« Benno, der mit seinen 18 Jahren in all seiner Häßlichkeit fast eine komische Figur macht, weiß

> »es ist nicht gut, so süß zu träumen! Die Luft der Bremmschen Wohnung und besonders die des Zimmers, in dem sie lebten und speisten, war gesättigt von verdrängter Feindseligkeit und schwer von dem süßlichen Geruch des eben gegessenen Gerichts, weißen Krautes (...). Der Postbeamte Bremm saß rauchend hinter der Zeitung (...); die Mutter, lang und hager, machte dem Ankömmling Vorwürfe, daß das schöne Essen kalt werde, in einem weinerlichen Ton und immerzu strickend, wobei sie mit leerem, von Arbeit erschöpftem Blick in eine Ecke sah, wo

sie nichts Sichtbares fesseln konnte, wenn nicht die grauen Spinnweben unter der Decke; und sein jüngerer Bruder las in befleckten grünen Heften (...) Man sprach nicht miteinander; einer machte dem anderen durch seine bloße armselige Gegenwart den Vorwurf, daß man es ›im Leben‹ zu nichts gebracht habe (...)« (Zweig 1987, 326).

Man sieht, man riecht, man schmeckt das, was das alltägliche ›Leben‹ für Benno bereithält. Als sein Blick in der Zeitung auf eine Kino-Annonce fällt, die ein Kolossaldrama IM TODE GESÜHNT mit der »Duse der Kinokunst« ankündigt, nimmt er seine Katze unter den Mantel und flieht aus der Dumpfheit der elterlichen Wohnung in das »vornehmste der sechs ›Theater‹ des Städtchens«, das ›Universum‹.

> »Er saß und schaute. Auf seinem Schoß lag still die kleine, weiche Klara, das Kätzchen, verdeckt von dem Mantel und gestreichelt von den unruhigen Händen, die sich beschäftigen mußten (...). Im Halbschwarzen rund um ihn, in dem links zwei rote Lämpchen glimmerten, atmeten und rührten sich die vielen, die den schlauchartigen Raum füllten, bewegten sich Köpfe, scharrten Füße. Ein elektrisch betriebenes Klavier hämmerte etwas Marschartiges. Vorn aber zuckend und scheinend, mit scharfen Lichtern und tiefen Schatten, schwirrend und doch fest umrissen, zog es vorbei, geschah es, das grelle Märchen, unreinen Zaubers voll, und ergriff die Seelen, aber mit groben Fäusten. Ihnen allen taten die Augen schon etwas weh, aber noch beteiligten sie sich mit ganzem Leibe am Geschehen, und nur der Geist ruhte aus, geriet in dumpfen Dunst, ward dick, verkam« (329).

Fast gegen seine Absicht, die auf der Geistlosigkeit der Filmrezeption beharrt, so scheint es, überträgt Arnold Zweig die ›süßen Träume‹ der Literatur unter der Bettdecke in die leibliche Sinnlichkeit des Kinos, wo sie die Körper ergreift und zum kollektiven Traum werden läßt.

> »Gab es das noch, das Dasein da draußen? Aber hier rollte eins, hundertmal brennender und doch ungefährlich (...) Wie war man sicher hier! Ach, daß das Leben, das wirkliche, für ihn nicht auch verlief wie ein Film, dem man müßig zuschauen durfte auf bequemem Sessel. Ach, daß er nicht reich war! nicht schön, nicht begehrenswert war, nicht gemacht für untätiges Glück!« (330f)

Im Programm folgen weitere Filme, Western mit Verfolgungen zu Pferde und rauchenden Colts, bis endlich die angekündigte ›Duse der Kinokunst‹ das ganze Leid einer Frau, die mit ihrem illegitimen Kind verraten und verstoßen wurde, die Leinwand füllt. »Nimm dein Kind ins Tuch, geh hinaus; dort, wo die große Stadt aufhört, findest du ein Feld voll Schnee, und es schneit ja noch immer. Lege dich hin und ruhe; es soll sanft sein, schlafe. Und siehe, dein Gesicht ist ganz hold von Stille, ehe es der Schnee begräbt (...). Die Musik schwieg, es wurde Licht, man ging hinaus; Schnee fiel in großen Flocken« (332). Während das Kino ihn wieder in das Leben zurückgeworfen hatte und der Schnee den Übergang nach draußen weicher sein läßt, sieht Benno sich im Spiegel des Dramas selbst, wie er »unsauber und schwach (...) in Träumen lebte, die von der Wirklichkeit gräßlich verhöhnt wurden; er hätte nicht sagen können, woher ihm das Fühlen kam, aber es überwältigte ihn dumpf, daß dieses Sein die Welt entwertete und daß ihm recht und gut geschähe, wenn er nicht da sei, nie dagewesen wäre« (332). Also legt Benno sich wie die »Duse der Kinokunst« in den Schnee und malt sich aus, daß sein Märtyrertod zu einer schrecklichen Rache an all denen wird, die ihm ihre Liebe verweigert haben. Schließlich ist es Klara, das Kätzchen, dem kalt geworden ist, das aus dem Mantel kriecht und Benno wieder in die Realität des Lebens zurückholt. Er beschließt weiterzuleben, denn »eines Tages kam das Glück, es wartete schon auf ihn, irgendwo, irgendwann, und er wollte es versäumen? Und mittlerweile gab es Bücher, Träume, Klara, gab es Cinéma ...« (334).

Ist das die ›tödliche‹ Gefahr des Kinos, daß man an seinen Träumen, die die kollektiven Träume des Kinos sind, sterben kann? Klara sei Dank: nein. Siegfried Kracauer wird später ganz andere Alpträume des Kinos verdächtigen, das tödliche Erwachen in der Wirklichkeit des Faschismus mit seinen wahnsinnigen Tyrannen Caligari oder Dr.Mabuse vorweggenommen zu haben. Das ›süße Gift‹ der Melodramen dagegen, das den »kleinen Ladenmädchen« (Kracauer) und Buchhandelslehrlingen im Kino verabreicht wird, verbindet sich mit ihren Tagträumen vom Glück und gibt ihnen womöglich das (kollektive) Gefühl, es mit anderen zu teilen und daher ein Recht auf Glück zu haben, nicht nur im Kino, sondern auch im Leben. Arnold Zweig läßt seinen Benno überleben, damit dieser, vom Film ermutigt, »sein Regiment sucht, zu dem er nun einmal gehört« (335). Arnold Zweig meint die soziale Klasse in der wilhelminischen Gesellschaft; die Regimenter des Ersten Weltkriegs werden die Ordnung, in die Benno bis dahin gehörte, mithelfen aufzulösen und die Frage nach den Träumen und ihrer Beziehung zum Leben neu stellen lassen.

Die neue Zeit kündigt sich durch ein anderes, nicht mehr larmoyant oder aggressiv ablehnendes oder melodramatisches, sondern intellektuelles Verhältnis zu den populären Trivialitäten des Kinos an. Kurt Tucholsky zum Beispiel stellt sich mutig den abgründigen moralischen Gefahren des Kinos und besucht 1913 »Erotische Films«. Die anfängliche Enttäuschung über einen harmlosen Tierfilm zu Beginn schlägt um in allmählich sich steigerndes Interesse.

> »Hoh, aber jetzt gab es: Szene im Harem. Man hatte sich den Schauplatz der Handlung etwa am Schlesischen Tor vorzustellen, denn das Tapetenmuster des ausgeräumten kleinen Zimmers war ganz so und auch die Gardinen und der Teppich. Fatinga tanzt. Das lasterhafte Mädchen entkleidete sich aus pompöser Wäsche und tanzte; (...) Die Szene fand nicht den Beifall des Auditoriums. Ermunternde Zurufe wurden laut« (Tucholsky 1992, 52). Dann wurde es doch noch richtig schwül und verdorben, »(...) aber während wir Gelegenheit hatten, diese Raffinements zu bewundern, bot eine Kellnerstimme gefällig Bier an. Worauf mit Recht aus dem Dunkel ein tiefer Raucherbaß ertönte: ›Ach, wer braucht denn hier jetzt Bier!‹ Das wurde lebhaft applaudiert, und von nun an beteiligte sich das Publikum intensiver an den Darbietungen:

Rufe, ratende Stimmen, Grunzen, Beifall und anfeuernde Aufschreie wurden laut, einer gab vergleichende Privatfreuden zum Besten, viele lärmten und schrieen.« (53)

Schließlich war es noch richtig gemütlich und »wenn sie nicht Skat spielten, so lag es nur daran, daß es zu dunkel war, und im übrigen herrschte eine recht feiste und laszive Freude« (53). Tucholskys Resümee, den ›Lasterpfuhl‹ Kino betreffend, weiß sich mit den kleinbürgerlichen Genießern des unheimlich heimelig Verbotenen einig: »du lieber Gott!« (54).

Wenn da nicht die Heimlichkeiten im Zuschauerraum des Kinos wären, die in der Dunkelheit unsichtbar zwischen Liebhabern und Ehefrauen den womöglich noch dazu anwesenden Ehemann hintergehen. Gewiß, das gab es alles auch im Theater, wo auf der Bühne womöglich gleichzeitig die lustige Ehebruchskomödie das heimliche Geschehen um den ›gehörnten Ehemann‹ im Saal verdoppelt hat. Wie nimmt sich dieselbe Geschichte nun im Kino aus? Arnold Höllriegel, der schon die »Films der Prinzessin Fantoche« beigesteuert hat, hat diese Frage in einem kleinen ›Kinostück‹ mit dem Titel »Galeotto« (Höllriegel 1983) im Kinobuch (1913) von Kurt Pinthus (1983) beantwortet, in dem Richard A. Bermann diesmal nicht unter seinem Pseudonym Arnold Höllriegel ein weiteres Kinostück »Leier und Schreibmaschine« (Bermann 1983) abgedruckt hat, das von modernen Frauen und der Schreibmaschine in einem Film erzählt. In »Galeotto« geht Julia mit ihrem ältlichen, dicken Ehemann ins Kino. Ihnen folgt Julias Liebhaber Edgar, dessen heiße Liebesschwüre Julia bisher immer mit dem Verweis auf ihren Ehering abgewiesen hat. »Die Lampen erlöschen. Während ihr Licht sich langsam dämpft, wendet sich Julia um und sieht Edgar ernst an. Er möge gehen, er möge sie nicht durch seine Nähe quälen. Der Gatte liest das Programm und ahnt nichts. Auf der weißen Wand erscheint ein Film« (Höllriegel 1983, 128). In diesem Film vertreibt ein reicher dicke und alter Freier einen jungen Burschen vom Platz unter dem Balkon eines hübschen Mädchens und zieht alles Mögliche aus der Tasche, um damit zu protzen und Eindruck auf das hübsche Mädchen zu machen.

> »Die Schöne beginnt nachdenklich zu lächeln. Während dies auf der weißen Wand vorbeizieht, steht Edgar auf, beugt sich über Julia und beginnt zu flüstern. Sie zittert. Ihr Gatte merkt nichts und schmunzelt. Ein vergrößertes Bild zeigt die drei Köpfe über der Logenbrüstung. Auf Julias Schulter liegt Edgars Hand. Sie wendet sich nicht nach ihm um, aber sie hört auf sein Flüstern« (129).

Wir sehen also gleichsam einen Film, in dem die drei Figuren im Kino einen Film sehen, der weitergeht, indem der junge Bursche traurig an einem See sitzt und dort von einer Nixe ein Schilfrohr als Zauberstab bekommt, mit dem er die ganze Protzerei des reichen Freiers durch ›eine Berührung in Luft auflöst.

> »Der Bursche befördert ihn mit einem Tritt hinaus, dann umarmt er sein Mädel. Edgar und Julia küssen einander in diesem Augenblick im

Hintergrund der Loge. Auf dem Märchenfilm emanzipiert sich das Schilfrohr der Nixe, schwebt zur weißen Hauswand unter dem Balkon und schreibt in blumenumrankten Buchstaben: ›Und die Moral von der Geschichte‹: Jugend paßt zu Alter nicht. Alter wird stets ausgelacht. Schluß der Vorstellung. Gute Nacht‹« (1983, 131).

Auch die beiden im Kino haben den ›Wink des Schicksals‹ auf der Leinwand verstanden und vielleicht würde das auch für die Zuschauer/innen dieses Films, in dem Julia und Edgar einen Film gesehen haben, gelten – leider ist »Galeotto« jedoch nie verfilmt worden.

Was ist ›Kino‹ am Ende der (guten) alten Zeit? Besser läßt sich sagen, was es nicht (mehr) ist, eine technische Neuheit, die allein wegen ihrer ›lebenden Bilder‹ auf den Jahrmärkten bestaunt wird. Noch gibt es die verschiedenen Veranstaltungsformen des Kinematographen nebeneinander. Während die Ladenkinos und Nickelodeons wie die Pilze aus dem Boden schießen und hier und dort schon wieder pleite machen, sind die Leinwände auch in den Varietés noch nicht verschwunden und in den Kinos selbst gehören Varieté-Nummern zum Programm.

Max Brod, einer der wahrhaftigen Kinoexperten seiner literarischen Zunft, hat im Pariser ›Olympia‹ noch die ›Große Revue‹ inklusive Kino gesehen: Zuerst gibt es wie im Kino Filme.

> »Die Olympia hat ihre Tänze und Kulissen versteckt; nur diese weiße Leinwand, auf der die bei mir längst (aus der Heimat!) beliebten grauen und schwarzen Bewegungen vorbeizittern. Aber plötzlich rollt die Leinwand sich in die Höhe, entschwebt wie ein Store, und genau dasselbe Bild, das in künstlicher Belebung verschwindet, eröffnet sich uns als Mensch und Holz und Luft und wahrhaftiges Geschrei. Ich gestehe, daß ich von diesem Effekt gerührt war« (Brod 1987, 68).

Der Bogen hat sich zum ersten Mal geschlossen, die Kinogeschichte ist, ihre Anfänge zitierend, dorthin zurückgekehrt, wo dieselben artistischen Sensationen, die bis dahin ›live‹ im Varieté zu beobachten waren, technisch reproduziert als Filmprojektion gezeigt wurden. Es ist tatsächlich rührend, wenn nun umgekehrt der Überraschungseffekt darin besteht, daß der Film, der keine anderen Geheimnisse mehr hat als die Geschichten, die er erzählt, plötzlich wieder als Bühnenshow ›lebendig‹ wird.

Der Kinematograph hat seinen Platz, wenn auch nicht unter den Künsten, so doch unter den populären Unterhaltungsmedien vor allem in den Städten gefunden, er ist zum Kino oder Kintopp geworden, dessen dunkle Höhle und leuchtende Leinwand Orte des gesellschaftlich Imaginären wurden. Wo die einen nur Laster und moralischen Verfall witterten, weil sie mit einer ihnen bis dahin unbekannten Welt der Sinne und der Sinnlichkeit konfrontiert wurden, haben die anderen dort die Projektionen ihrer Träume gesucht und vielfach Alpträume gefunden.

Die Fiktionen des Kinos sind zu Wirklichkeiten des modernen Lebens geworden und das moderne Leben, besonders in den USA, hat sich im Kino seine Mythen geschaffen. Der Aufstieg zum Millionär muß im ›American Way of Life‹ nicht mehr unbedingt als Tellerwäscher in einer Kantine beginnen, die populäre Unterhaltungsindustrie, die allmählich mit dem Namen Hollywood identifiziert wird, produziert auch ihre eigenen Geschichten von Karrieren der kleinen Sternchen zu großen Stars, die in den Filmen Hollywoods ständig wiederholt werden. Die unendlich vielen Romane und Filme über fiktive oder tatsächliche Biographien kleiner oder großer Stars, die alle das Leben mit dem Film tragisch, komisch oder melodramatisch verbinden, durchqueren hier und da auch das Kino, wenn Muster gefilmter Szenen angesehen werden oder die Premiere eines Films gefeiert wird. Dennoch handelt es sich um Geschichten, die primär mit der Produktion von Filmen in den Studios, auf den Sets, in den Dekorationen und Garderoben und weniger mit der Geschichte des Kinos zu tun haben, weshalb sie hier weitgehend unberücksichtigt bleiben.

Mit der folgenden Ausnahme eines Films, den Robert Alton 1947 in einer Reihe von Red Skelton-Filmen gedreht hat und in dem das Kino eine besondere Rolle spielt. MERTON OF THE MOVIES ist eine Parodie auf den Mythos von der Karriere des kleinen Statisten zum großen Filmstar in der Aufbruchszeit Hollywoods. Es ist das Jahr 1915, Merton ist Platzanweiser in einem Kino, versäumt aber seinen Dienst, weil er völlig hingerissen von dem großen Star Lawrence Rupert in der Rolle eines (besonders bei den Damen) immer siegreichen Detektivs ist. Als der Kinobesitzer ihn rausschmeißt schwört Merton, daß er als Filmschauspieler zurückkehren wird.

In Hollywood macht er alle Höhen und Tiefen erfolgloser Suche nach einem Film-Job durch, seine Ahnungslosigkeit und Tölpelhaftigkeit lassen die Regisseure bei seinen wenigen Einsätzen als Statist verzweifeln. Aber dann fällt der große Star Lawrence Rupert für eine Weile aus, weil er in den Bars von Hollywood verschollen ist. In seiner Not kommt der Produzent auf die Idee, mit einem Ersatzmann eine Parodie auf die Detektiv-Serie zu drehen. Eine junge hübsche Schauspielerin, die sich für Merton auch persönlich einsetzt, erinnert an die unfreiwillige Komik der Tölpelhaftigkeit Mertons in ernsten Szenen: Man müßte ihn im Glauben lassen, daß alles ernst gemeint ist, damit die Szene zu ihrer komischen Parodie wird. Bei der Premiere des Films SOLE ON FIRE (Merton hatte an eine ›Seele in Flammen‹ und nicht an eine heiße Schuhsohle gedacht) gesteht ihm seine hübsche Freundin den Schwindel, der nur dazu diente, seine wahre komische Begabung zu Geltung zu bringen. (Dies ist die Stelle darauf hinzuweisen, daß Marcel Pagnol 1936 in seinem Film LE SCHPOUNTZ dieselbe Geschichte vom eingebildeten tölpelhaften Provinzler, der schließlich unfreiwillig als Komiker beim Film Karriere macht, mit Fernandel schon einmal verfilmt

hatte.) Merton wird allerdings von der Rache Lawrence Ruperts verfolgt und muß unter den Stuhlreihen kriechend fliehen (mit Gags, die 1956 Frank Tashlin für Jerry Lewis in HOLLYWOOD OR BUST, wo auch ein liebenswerter Trottel den Weg nach Hollywood findet, neu aufgelegt hat). Merton kommt an der Leinwand an und in demselben Augenblick braust eine Lokomotive auf ihn zu, vor der er gerade noch zur Seite springen kann (wir erkennen natürlich UNCLE JOSH aus E.S. Porters oder William Pauls Filmen DER LANDMANN UND DER KINEMATOGRAPH 1901 bzw.1902 wieder). Man kann sagen, daß Merton mit diesem Zitat des Urmythos des Films L'ARRIVÉE D'UN TRAIN den Einstieg in die Mythologie des Erfolgs der Moving-Picture-Unterhaltungsindustrie gefunden hat. Der Kreis vom Platzanweiser als professionellem Kino-Zuschauer zum erfolgreichen Filmschauspieler ist geschlossen. Merton hatte versprochen, daß er als gefeierter Filmschauspieler ins Kino zurückkehren wird, weil dasselbe auch ihm und allen anderen versprochen worden war. Kino und Leben sind endlich versöhnt.

4. Kindheitserfahrung von Schriftstellern

An den Ursprüngen moderner Literatur

Der »Film ist bekanntlich die einzige Kunst, deren Geburtstag wir kennen.« Béla Balázs hat den Film als ein Kind dieses Jahrhunderts der Industrialisierung, der Verbindung von Technik und Kapital und als eine Ausdrucksform beschrieben, »die in unserem Zeitalter, in unserer Gesellschaftsordnung geboren wurde« (Balázs 1972,12). Und Erwin Panofsky hat hinzugefügt, daß die »Filmkunst die einzige Kunst (ist), deren Entwicklung die Menschen von heute von Anfang an miterlebt haben« (1967, 343). Schriftsteller auf der Höhe dieses 20. Jahrhunderts sind in der Regel gleichzeitig mit dem Film aufgewachsen, ob sie nun diese neue technisch-apparative Kunst verachtet oder begrüßt, ignoriert oder interessiert wahrgenommen oder für sie und mit ihr gearbeitet haben.

Als Brecht die Beziehung zwischen Literatur und Film im ›Dreigroschenprozeß‹ gesellschaftlich (juristisch) analysierte, beschrieb er auch die Beziehung der Literaten zum Film als einen Erfahrungs- und Transformations›prozeß‹, der die Literatur (nicht weniger als diese den Film) verändert habe: »Der Filmsehende liest Erzählungen anders. Aber auch der Erzählungen schreibt ist seinerseits ein Filmsehender« (Brecht 1967, 156). Eine filmische Schreibweise, wie sie vor allem Alfred Döblin und vielen Expressionisten in Deutschland, den modernen amerikanischen Autoren, von denen einige in Hollywood auch für den Film geschrieben haben, nachgesagt wurde, drückt ihre Kinoerfahrung und die Wahrnehmung von filmischen Erzählmustern, ihrer Dynamik und Montage aus, die sie mit der Wahrnehmung und dem Erleben der modernen Großstädte gemeinsam haben.

Im dynamischen Rhythmus der Großstadt erkannte Georg Simmel das ›geistige Prinzip‹ der Moderne; Montage, die für Eisenstein das zentrale Artikulationsmittel des Films war, beschrieb Ernst Bloch als Symptom der großstädtischen Moderne, deren Fragmente sich nur im Kaleidoskop gebrochen noch zueinander finden. »In der technischen und kulturellen Montage (...) wird der Zusammenhang der alten Oberfläche zerfällt, ein neuer gebildet, (der) kulturell als oberste Form spukhafter Intermittenz über der Zerstreuung, ja, gegebenenfalls als gleichzeitige Form der Berauschung und Irrationalität« erscheint (Bloch 1981, 221). Diese Erfahrung hat sich in der Folge sehr unterschiedlich in Thematik und Schreibweise für die Schriftsteller ausgewirkt; sie hat anders auf diejenigen gewirkt, die als Erwachsene den Film als Herausforderung empfinden mußten, als auf diejenigen, die gleichaltrig mit dem Film gemeinsam aufgewachsen sind: Wie haben sie als Kinder und Jugendliche im Fokus beschleunigter und montierter Wahrnehmung die populären Geschichten der Filme im Kino erlebt? Der Literaturwissenschaftler Hans Mayer erinnert sich heute, daß er als Fünfjähriger seine erste Theateraufführung als Katastrophe erlebt, daß er mit dem Kino dagegen von Anfang an (1912/13) gute Erfahrungen gemacht hat:

> »Der Vater nahm mich mit ins Bioscop in der [Kölner] Schildergasse. Dort war es schön dunkel, und es flimmerte auf einer hellen Wand. Es befremdete mich nicht, denn ich besaß bereits, als Geschenk meines Onkels, eine Laterna magica. Da zappelte ein Mann vor mir auf der Leinwand, der viele Bewegungen machte, er trug einen Strohhut und war offenbar lustig, denn alle lachten im dunklen Saal. Ich lachte diesmal mit. Jahrzehnte später entdeckte ich, daß ich in diesem frühen Stadium der Filmgeschichte den berühmten französischen Komiker Max Linder offenbar wahrgenommen hatte« (Mayer 1995).

Hat der filmsehende Literaturwissenschaftler, der nach eigenem Bekunden nie aufgehört hat, ins Kino zu gehen, Literatur ›anders‹ gelesen? Haben die Schriftsteller des Medienzeitalters ›anders‹ geschrieben? Im folgenden kann es nur um ihre frühen Erfahrungen mit dem Film im Kino gehen.

Daß Walter Hasenclever (Jg. 1890) an der Hand seines Großvaters die Geburtsstunde des Kinos miterlebt hat, davon war schon die Rede. In seiner Erinnerung verbinden sich der Anfang des Films (»ein Eisenbahnzug kam aus großer Entfernung näher, als wollte er mitten in uns hineinfahren«) und der Anfang der Ladenkinos (»wir saßen in einem schmutzigen, schlecht gelüfteten Saal auf Bänken ohne Lehne«) mit dem ersten Kinobesuch. So viel Anfang, wenn auch zeitlich etwas komprimiert, was den ›ersten Film‹ und die Einführung des Ladenkinos betrifft, deutet rückblickend auf die Initiation in eine neue technisch geprägte Kultur der Moderne. Hasenclever hat sich auch künftig schriftstellerisch sehr intensiv mit dem Film beschäftigt und zum Beispiel eine Filmnovelle (ein ›Kinostück‹) zum ›Kinobuch‹, das Kurt Pinthus 1913 herausgegeben hat, beigesteuert (Hasenclever 1983, 35ff). Im selben Jahr hat er in einem Plädoyer für das Kino den »Kintop als Erzieher« gewürdigt, den nichts daran hindern wird, »gute Geschäfte zu machen, denn seine Modernität äußert sich darin, daß er Idioten und Geister in gleichem Maße, doch auf andere Art zu befriedigen vermag, jeden nach seiner seelischen Struktur« (Hasenclever 1978, 48). Doch es sind weder Idioten noch Geister, die hier ihre ersten Erfahrungen im Kino machen, sondern Kinder, die das eine oder andere erst noch werden wollen. Von den folgenden weiß man, daß sie sich für die Seite der Geister (im Sinne des Wortes) entschieden haben:

Der kleine Poulou ist vor dem Ersten Weltkrieg in Paris mit seiner Mutter regelmäßig ins Kino (das heute noch existierende ›Europa Pantheon‹ in der Rue Victor-Cousin nahe der Sorbonne) gegangen. Jean-Paul Sartre (Jg. 1905) hat später in seiner Autobiographie *Die Wörter* von ihm (von sich) gesagt: »Wir waren geistig im selben Alter. Ich war sieben Jahre alt und konnte lesen, die neue Kunst war zwölf Jahre alt und konnte nicht sprechen. Man behauptete, sie sei erst in den Anfängen und müsse Fortschritte machen; ich dachte, wir würden zusammen groß werden« (Sartre 1965, 94). Im Kino haben sich Mutter und Sohn eine Gegenwelt gegen den Großvater geschaffen, der auf dem Theater als Ausdruck der bürgerlichen Kultur seiner Klasse bestanden hatte. Das Kino verhalf »dem kleinen Poulou zum Anschluß an das Jahrhundert, in dem er geboren wurde.« Ihm begegnete mit dem Film eine

> »neue Kunst, (...) die in einer Räuberhöhle geboren und von den Behörden unter die Volksbelustigungen eingereiht (wurde), sie hatte ein volkstümliches Benehmen, das die gesitteten Leute entsetzte. Das Kino war eine Vergnügungsstätte für Frauen und Kinder; wir liebten es sehr, meine Mutter und ich, aber wir dachten kaum darüber nach und sprachen niemals davon« (91).

Sartres Erinnerungen an die Eindrücke des kleinen Poulou im Kino füllen mit ihren Bildern und Gerüchen, der musikalisch aufgehobenen Stummheit ihrer Filmhelden und ihren atemberaubenden, ganz für das hastig erblickte Dabeisein gemachten Aktionen den Übergang in seiner Entwicklung »zwischen den beiden Kontinenten von Sartres kindlicher Existenz, denen er die Namen der Kulturpraktiken ›Lesen‹ und ›Schreiben‹ gegeben hat. Das Kino eröffnet die Chance, dieses kulturelle Gesetz zu transzendieren« (Schneider 1986,184 ff). Und so sind denn auch seine Erinnerungen zu lesen als sehnsüchtiger (Rück-)Blick in eine ganz andere kulturelle Welt, die, selbst noch unfertig und mit Mängeln behaftet, sich der kollektiven Erfahrung der Kinobesucher scheinbar voraussetzungslos öffnete, magisch und trivial zugleich. Zumal die Stummheit des Films schien es möglich zu machen, jenseits der Welt der Wörter und Bedeutungen unmittelbar an einer kollektiv erlebten magischen Wirklichkeit teilhaben zu können, in der alles wirklich wurde, nur weil es (filmisch) möglich war. Den Weg bis zum Kinositz beschreibt Sartre als Ritual der Initiierung ins Kollektiv:

> »Das Schauspiel hatte bereits begonnen. Tappend folgten wir der Platzanweiserin. Ich fühlte mich wie ein Illegaler; über unseren Köpfen durchquerte ein weißes Lichtbündel den Saal, man sah tanzenden Staub und Rauch. Ein Klavier wieherte, violette Glühbirnen leuchteten an der Wand, der durchdringende Geruch eines Desinfektionsmittels preßte mir die Kehle zusammen. Der Geruch und die Früchte dieser bewohnten Nacht verschmolzen in mir: ich aß die Notlampen, ihr säuerlicher Geschmack erfüllte mich. Mein Rücken strich vorbei an Knien, ich setzte mich auf einen quietschenden Sitz, meine Mutter legte mir eine zusammengefaltete Decke unter das Gesäß, damit ich höher saß, endlich schaute ich auf die Leinwand« (Sartre 1965, 92).

Alles zusammen, die Gerüche, die Stimmen im Zuschauersaal, die Stummheit der Helden und die Musik, die ihr Ausdruck verlieh, verdichtet sich (in der Erinnerung Sartres) zum magischen Erlebnis des kleinen

Poulou mit den Kinohelden der Zeit ›Zigomar‹, ›Fantômas‹, den ›Abenteuern des Maciste‹ oder den ›Geheimnissen von New York‹.

»Ich war im Komplott; die weinende junge Witwe, das war nicht ich, und trotzdem hatten wir beide nur eine einzige Seele, nämlich im Trauermarsch von Chopin. Mehr brauchte ich nicht, damit ihre Tränen auch in meinen Augen standen. (...) Noch bevor der Verräter verraten hatte, drang seine Untat in mich ein; wenn alles ruhig zu sein schien im Schloß verkündeten düstere Akkorde die Anwesenheit des Mörders. (...) Man wartete auf sie: das junge Mädchen in Gefahr, der General, der im Walde versteckte Verräter, der gefesselte Kamerad neben dem Pulverfaß, der traurig zusah, wie die Flamme an der Zündschnur entlanglief. Der Lauf der Flamme, der verzweifelte Kampf des jungen Mädchens gegen seine Entführer, der rasende Galopp des Helden in der Steppe, all diese Bilder, all diese Schnelligkeitsgrade und überdies das teuflische Rasen des ›Rittes in den Abgrund‹, eines Orchesterstücks aus ›Fausts Verdammnis‹ von Berlioz ...« (95f).

Im Rhythmus der Musik findet dann der (er)lösende Zweikampf zwischen dem Helden und dem Verräter statt, bis der letzte Messerstich mit dem Schlußakkord zusammenfällt, »ich hatte die Welt gefunden, worin ich leben wollte, ich berührte das Absolute. Welches Unbehagen gleichzeitig, wenn das Licht wieder anging: ich hatte mich vor Liebe zu diesen Gestalten zerrissen und nun waren sie weg und ihre Welt mit ihnen (...) Draußen auf der Straße empfand ich mich dann wieder als überzählig« (96). Der Verlust konnte nur dadurch wettgemacht werden, daß Poulou wieder zu Hause Geschichten für das Kino erfunden und nachgespielt hat: Während auf dem häuslichen Teppich die Ritter im Rhythmus der ›inneren Musik Chopins‹ stumm ihrer blutigen Heldenarbeit nachgingen, kehrten für Poulou die Wörter zurück, die die Zufälle des Schicksals (so wie in den Büchern) zu regeln hatten. Eine Sache des Schreibens, zweifellos.

Es bietet sich an, an dieser Stelle die autobiographischen Erinnerungen von Albert Camus (Jg. 1913) hinzuzufügen. Camus ist als Schriftsteller in Paris immer auch ein Antagonist Sartres gewesen, aber nicht ihre politischen und literarischen Differenzen, sondern die Beschreibungen ihrer beider Kino-Kindheit stehen hier zur Debatte, die Camus in Begleitung der Großmutter ins Kino seiner Geburtsstadt Algier führte. Nicht im Kino, sondern davor auf dem Weg an den Ständen der arabischen Händler, den Stimmen, den Gerüchen klebriger Süßigkeiten vorbei setzt die Erinnerung ein, die sich mit dem Kino verbindet. »In dem Saal mit den nackten Wänden und dem von Erdnußschalen übersäten Boden vermischten sich die Duftstoffe des Lysols mit einem starken Geruch nach Mensch« (Camus 1995, 110). Eine Klavierspielerin hatte die Aufgabe, den ohrenbetäubenden Lärm der arabischen und französischen Kinder und Jugendlichen, des Publikums am Sonntagnachmittag, akustisch zu bändigen und für die verschiedenen Programmteile die ›passende‹ Musik zu finden. »So wechselte sie übergangslos von einer fröhlichen Quadrille zur Begleitung der Frühlingsmodenschau über zu Chopins ›Marche funèbre‹ als Untermalung einer Überschwemmung in China oder des Begräbnisses einer im In- oder Ausland wichtigen Persönlichkeit« (110). Das Kinoprogramm hat sich zu Beginn der 20er Jahre gegenüber der Vorkriegszeit verändert, vor allem die Wochenschauen waren neben dem Hauptfilm und einem Serial oder Episodenfilm in Fortsetzungen zum Schluß des Stummfilm-Programms dessen feste Bestandteile.

»Ein gewaltiges Brummen verkündete, daß der Projektor anlief, und dann begann Jacques‹ (d.i. Albert Camus) Martyrium. Die Filme, die ja stumm waren, enthielten nämlich zahlreiche Einspielungen von geschriebenem Text, die die Handlung erklären sollten. Da die Großmutter nicht lesen konnte, bestand Jacques‹ Rolle darin, sie ihr vorzulesen« (110f). Als Leser, nicht als faszinierter Zuschauer besuchte Camus als Kind das Kino, immer bemüht, die Zwischentitel der Großmutter vorzulesen oder zumindest zu erklären, was sie über die Handlung sagten. Die Rolle war mit viel Peinlichkeit verbunden, weil die Zuschauer/innen in der Umgebung sich beschwerten, wenn er zu laut und die Großmutter ärgerlich nachfragte, wenn er zu leise gesprochen hat. »Aber manche Filme in der Art von ›Die beiden Waisen‹ waren einfach zu verwickelt, und zwischen den Forderungen der Großmutter und den immer gereizter werdenden Verweisen seiner Nachbarn in die Enge getrieben, hielt Jacques zuletzt den Mund« (111f). Schließlich ist die Großmutter aufgebracht hinausgegangen, Jacques weinend hinterher.

Offenbar hat das Kino nur schlechte Erinnerungen bei Camus hinterlassen. Jacques Doniol-Valcroze erwähnt, daß die *Cahiers du Cinéma*, damals, 1948, noch *La Revue du Cinéma*, im Haus ihres Verlegers Gallimard logierten und dort in einem Büro unter dem Dach eine gemeinsame Terrasse mit Camus hatten, »aber Camus interessierte sich überhaupt nicht für das Kino, und wir wechselten kaum drei Sätze in mehreren Monaten« (Doniol-Valcroze
1959, 63). Dennoch hat der Film deutliche Spuren im Erzählen und in der Schreibweise Camus‹ hinterlassen. In dem 1942 entstandenen Roman *Der Fremde* zum Beispiel gehen Meursault und seine Freundin Maria, die er am Tag nach der Beerdigung seiner alten Mutter am Strand getroffen hatte, gemeinsam ins Kino. Maria wollte einen Film mit Fernandel sehen. »Der Film war stellenweise ganz lustig, aber im ganzen reichlich blöd. Sie drückte ihr Bein gegen das meine. Ich streichelte ihre Brüste. Gegen Ende der Vorstellung küßte ich sie, aber es war nichts Ordentliches. Hinterher kam sie dann mit zu mir« (Camus 1961, 28). Wie der Tod der Mutter und die Liebe mit Maria ist das Kino gleich gültig mit den Ereignissen, die wenig später in der zufälligen Konfrontation Meursaults mit einem Araber am Strand in der Nähe von Algier ihren absurden Höhepunkt finden.

Im gleißenden Sonnenlicht verschmelzen der messerscharfe Schmerz des Lichtes und der Tod des Arabers wie in einer filmischen Überbelichtung:

»... ich tat einen Schritt, einen einzigen Schritt nach vorn. Und dieses Mal zog der Araber, ohne aufzustehen, sein Messer und ließ es in der Sonne spielen. Licht sprang aus dem Stahl, und es war wie eine lange, funkelnde Klinge, die mich an der Stirn traf. Im selben Augenblick rann mir der Schweiß, der sich in meinen Brauen gesammelt hatte, auf die Lider und bedeckte sie mit einem lauen, dichten Schleier. Meine Augen waren hinter diesem Vorhang aus Tränen und Salz geblendet. Ich fühlte nur noch die Zymbeln der Sonne auf meiner Stirn und undeutlich das leuchtende Schwert, das dem Messer vor mir entsprang (...) meine Hand umkrallte den Revolver. (...) Dann schoß ich (...)« (76f).

Die (sehr textnahe) Verfilmung des Romans von Luchino Visconti 1967 brauchte das Lichtgewitter, das den Blick blendet und die Sinne wie ein Schwert trifft, nur auf die Kamera zu lenken, wo das Licht die Konturen auflöst und Kreise und ein blendendes Weiß auf der Leinwand hinterläßt. Und an dieser Stelle muß der Vergleich mit einer Erinnerung des Kunsthistorikers Hubert Damisch besonders interessant sein, der erzählt, daß er 1934 oder 1935 im Pariser ›Trocadéro‹ eine Verfilmung von Jules Vernes KURIER DES ZAREN gesehen hätte und ihm »nur eine einzige, aber erstaunlich präzise Erinnerung (blieb): die Großaufnahme vom Gesicht des Helden, als er geblendet wurde, indem ihm der Scharfrichter die glühende Klinge eines Schwertes an den Augen vorbeiführte« (Damisch 1988, 5). Damisch hat eine ›stumme‹ Szene vor sich, und er meint die Worte des Henkers an Michael Strogoff »Sieh dich um mit allen deinen Augen« (5) zu lesen, obwohl er wahrscheinlich einen Ton- (und Farb-)film gesehen hat. Er gibt sich nicht mit einer einfachen Erklärung dieser Kindheitserinnerung zufrieden, die vom Film als kollektivem Traummaterial sprechen würde. Vielmehr erkennt er in dieser im Gedächtnis gebliebenen Szene eine Projektion, im psychoanalytischen und technisch-apparativen Sinne, denn wenn

»ich hier von *Szene* spreche, bezieht sich das Wort nicht nur auf diese besonders dramatische Szene der dem Helden von Jules Verne zugedachten Folter, so wie sie auf die Leinwand gebracht werden konnte: das Bild – und ich sage es noch einmal: das sehr präzise Bild, welches mir geblieben ist, läßt sich in meiner Erinnerung nicht von diesem gleichzeitig sehr scharfen und flackernden Bild des Lichtbündels trennen, das wie auf der Leinwand das glühende Schwert durch den großen Saal des alten Trocadéro schnitt, der in Dunkelheit getaucht war und förmlich von der ungenauen Präsenz einer Menge von Zuschauern pulsierte, in der meine Eltern anscheinend aufgingen und ich als Kind allein mit dem neuesten Verfahren der Projektion Bekanntschaft schließen mußte« (Damisch 1988, 7).

Hier ist die Verbindung zwischen der funkelnden Klinge aus Licht, die Camus‹ Helden an der Stirn trifft und ihn blendet und dem glühenden Schwert des Projektionsstrahls, das den Kinosaal durchschneidet und dessen Reflex das Auge des Zuschauers im Dunkeln trifft, zur Medienmetapher filmischer Erfahrung schlechthin geworden: der Reflex des Lichts war am Schwert des Henkers ähnlich thematisch (oder sinnbildlich) geworden, wie das Rasiermesser das Auge in Buñuels UN CHIEN ANDALOU (1928) durchschneidet, schmerzhaft, und auf die Gefahr hin, zu sehen: sichtbar und lesbar als Wahrnehmungsmetapher des Kinos selbst. In dem erinnerten Bild fokussiert also die Erfahrung des Kinos und seines Imaginären in einer komplexen Beziehung des Sehens an der Grenze der Sichtbarkeit. Zugleich ist diese Erfahrung zwischen Literatur (ihrer thematischen Verankerung) und dem Film (dem Lichtgewitter) mediengeschichtlich bei Jules Verne gut aufgehoben, der noch vor dem Kino die neuen technischen Medien der Sichtbarkeit und der Kommunikation angekündigt hat.

Noch einmal wird *Der Fremde* von Camus in der Verfilmung Viscontis zum Initialerlebnis eines 14jährigen Jungen in dem Roman von Karl-Heinz Ott *Ins Offene* (1998). Er ist fasziniert von dem Gesicht des Hauptdarstellers,

>»der im Film in eine Atmosphäre gleißenden Lichts getaucht ist, weit weg in einem Wüstenland, dessen karge Schönheit wie ein Glücksversprechen auf mich wirkte. Später glaubte ich, von diesem Tag an mein Leben in ein Davor und Danach einteilen zu dürfen. (...) An manchen Tagen, vor allem wenn ich alleine war, geriet das Kinoerlebnis zu einem liturgischen Ereignis. (...) Diesen Fremden, der im rüttelnden Bus saß und über staubige Wüstenstraßen in das Altersheim fuhr, in dem seine tote Mutter aufgebahrt lag, erwählte ich zu meinem Vertrauten« (Ott 1998, 38 ff).

Der Erzähler besucht in diesem (autobiographischen) Roman seine Mutter im Krankenhaus, wo die Krankheit zum Tode ihr nicht mehr viel Zeit läßt. ›Der Fremde‹ ist ihm vertraut, er versteht, daß der »Tod seiner Mutter (...) ihn nicht unglücklich zurück(ließ)« (42). Im Kino ist er mit seinen »Gefühlen plötzlich nicht mehr allein« (40).

Für Kinder, auch wenn sie in ihrem Erwachsenenleben später Schriftsteller (oder Kunstwissenschaftler) sein werden, ist das Kino nicht nur Wahrnehmungsereignis, sondern auch Alltagsroutine und (deshalb?) Ort ihrer Sehn-Süchte. Die regelmäßige Wiederkehr der Abwechslung, die immer gleiche Struktur der Abfolge des Neuen, noch nie Gesehenen im Filmprogramm, das ist es, was auch kindlichen Bedürfnissen nach gefahrloser Gefahr und sicherer Wiederkehr des Einmaligen und Ereignishaften im Kino entgegenkam. Wolfgang Koeppen (Jg. 1906) erinnert sich, daß schon der Gang im Kino-Foyer

>»mit den schwarzen Tafeln der Verkündigung zu erwartender Freuden, den Werbeparaden, den Standbildern aus den Filmen, die vordem nie gesehene und unerreichbare Menschenwesen in den lockenden glanzvollen Welten des Reichtums, der Lust, der Ferne, des Überflusses und der

Abenteuer, freilich auch der Schmerzen und Gefahren« (Koeppen 1984, 100) voller Versprechen auf künftige Versprechen wiederkehrender Ereignisse auf dem Weg ins Innere des Kinos durchschritten wurde. »Die grellbunten Jahrmarktsplakate der flimmernden Spiele lockten mit überlebensgroßen, in einem fast nicht zu ertragenden Maß liebender und hinsterbender Münder oder dem Dolch in der leidenschaftlich erregten, blutig aufgerissenen Brust« (100). Schon vor dem Betreten des eigentlichen Kinosaales läuft hier ein Film aus Plakaten und Filmfotos ab,

> »und ich ging hin und betrachtete alles und sah mich verfolgt und am Ende überlegen, ich sprang auf fahrende Züge, von steilen Schornsteinen in die Gondel vorüberschwebender Ballons, ich kämpfte mit Indianern, eroberte Land, rettete Frauen und verzichtete auf den Dank, um als Gespenst in alten Schlössern die weiße Beute aus den Himmeln der Betten zu heben, Glück zu haben, Gold und Millionen zu gewinnen, gehängt zu werden mit einem Lächeln« (100).

Diese ›filmische‹ Annäherung an das dunkle Zentrum des Kinos, den Kinosaal, endet am Vorhang, der das Innere vor dem einfallenden Licht schützen soll: »Ich atmete gierig die dumpfe verbrauchte Luft, die durch den schwarzen staubschweren Vorhang brach, die den Saal von dem Gang und dem kleinen Rokokokäfig der Kasse trennte« (100). Und die Verführung, die angekündigten Versprechen einlösen zu wollen und die Sehnsucht, hinter diesem Vorhang an den Abenteuern teilnehmen zu dürfen, die sich auf den Plakaten angekündigt haben, war so groß, daß der Junge seiner Mutter sogar Geld gestohlen und sich »einen steifen Kragen, ein panzerfest gebügeltes Vorhemd, einen zerdrückten Bürgerhut besorgt hatte, um in dieser Verkleidung als ernster Mensch in das Jugendlichen verbotene schwarzweiße Paradies zu gelangen« (101). Von dem, was sich tatsächlich auf der Leinwand abgespielt hat, ist keine Rede mehr, das ›Vorprogramm‹, die Mittel (der Mutter Geld stehlen, ein Krimi) und Wege (eine Verkleidungskomödie), die gefunden werden mußten, um ins Kino zu kommen, füllt die Erinnerung ans Kino fast vollkommen aus.

Perspektivwechsel von den Abenteuern einer Kindheit, die die Welt des Films vom Kinositz aus zu sehen bekommt, zum Leben mit dem Kino, wenn es Arbeit bedeutet. Der Roman von Eyvind Johnson *Hier hast du dein Leben* (1967) erzählt von einem Jungen, der im nördlichen Schweden mit 14 Jahren auf sich gestellt seinen Lebensunterhalt selbst verdienen muß. Olof arbeitet mit Flößern in den Wäldern und in einer Ziegelbrennerei, bevor er im Frühjahr 1916 eine Anstellung bei ›Lundgrens Lichtspielen‹ bekommt. Der Direktor zeigt ihm den Projektor.

> »›Es ist ein Ernemannmodell‹, erklärte der Direktor und wies auf den Vorführapparat. Und Olof antwortete mit einem Ja. ›Es ist ein teures Stück‹, sagte der Direktor ziemlich freundlich. Er erklärte die Dinge und spielte Lehrer, und er nahm auch bestimmt jede Gelegenheit wahr, um zu prahlen. ›Ja‹, antwortete Olof, so fest er vermochte und wandte keinen Blick von dem Apparat. Der stand auf hohen Eisenfüßen und starrte mit dem Objektiv in eine aufgeklappte Blechluke; er besaß ein

gewisses Leben, wie ein ausgestopftes Tier oder ein Bild, und er sah teuer aus, blinkte teuer und roch teuer. ›Wenn du dich gut führst, kannst du vielleicht Operateur werden‹, sagte der Direktor. Und er klopfte mit dem Zeigefingernagel an das Stativ: es war ein Kratzen, ein Streicheln. ›Das hat Zukunft‹, sagte er. ›Jaja‹ Olof nickte. Und er dachte auch über dieses Wort nach: Zukunft. Hier hast du deine Zukunft« (Johnson 1967, 332).

Erstmal jedoch ist seine Aufgabe, während der Vorstellung und in den Pausen Süßigkeiten zu verkaufen. »Er mochte es nicht leiden. Man trug ein Tablett vor sich her und mußte wissen, was alles kostete, mußte mit dem Wechselgeld klimpern und sich mit den Kindern herum-ärgern – die Kindervorstellungen an den Sonn-tagnachmittagen waren am schlimmsten« (356). Als besonderes Ereignis wurde der Film der italienischen Firma Cines nach dem berühmten Roman von Sienkiewicz QUO VADIS angekün-

digt. »Vollbesetztes Haus. Olof verkaufte gut während der Pausen. Ob es daran lag, daß der Film die Leute hungrig machte – oder vielleicht auch durstig? (...) Als es nach der Pause dunkel wird, stellt sich Olof [nahe der Leinwand] neben den Ofen und versucht dem Schauspiel zu folgen, doch die Bilder erscheinen zu verzerrt, er sieht nur eine unförmige Masse von Menschen und Tieren« (358f). Gegenüber diesen Nachteilen für die Sicht auf das Leinwandgeschehen, die es mit sich bringt, wenn man während der Vorstellung arbeiten muß, gibt es auch gewisse Vorteile, zum Beispiel wenn es sich um Fortsetzungsfilme handelt, in denen Olof das Schicksal der Helden von Episode zu Episode mitverfolgen konnte. »Man spielte eine Episode aus dem Fortsetzungsfilm ›Herz Drei‹, und dieser Abschnitt endete damit, daß der Held, an Händen und Füßen gebunden, von einer hohen Klippe in das schäumende Meer geworfen wurde; es schien, als sei es diesmal mit ihm völlig aus. (...) Das Publikum war ergriffen, und jetzt mußte es eine ganze Woche auf die nächste Fortsetzung, die nächste Epi-sode warten. Kann man sich etwas Roheres vorstellen, als einen Men-schen, der obendrein noch an Händen und Füßen gefesselt ist, eine ganze Woche lang unter Wasser liegen zu lassen?« Nach der Vorstellung redet er noch mit Maria, einem Mädchen aus dem Dorf darüber, wie es wohl aus-geht. »›Ich begreife wirklich nicht, wie er das überstehen soll.‹ ›Es ist ja natürlich nur gespielt‹, meinte Maria. ›Ja, das ist es allerdings‹, sagte Olof. (...) Doch Maria sagte: ›Du bist ja beim Kino und hast wohl mehr davon gesehen. Dann weißt du, wie es ausgeht. Falls ich die Fortsetzung nicht mehr zu sehen kriege.‹« (...) »Sie kriegen sich,‹ sagte er und errötete. ›Ach so‹, antwortete Maria« (368f).

1916 nehmen die Kriegsfilme im Programm zu, »authentische Aufnah-men, die, wie die Reklame behauptete, auch einige Bildreporter das Leben gekostet haben« (375). Aber Schweden ist weit weg vom Kriegsschau-platz. Im Sommer 1916 darf Olof selbständig Filme vorführen, sein Direktor Lundgren leiht ihn als Operateur an den Schausteller Larsson aus, mit dessen Wanderkinematographen er während der Sommerpause auf den Jahrmärkten Filme vorführen wird.

»Der Raum, wo Larsson und Olof Henny Porten in einem ihrer ergreifendsten Filme vorführen sollten, war eine alte Scheune. Dort standen die Kinokiste und die schwarzlackierten, kofferähnlichen Filmkästen. [Hier] erlebte Henny Porten ihre Tragödie, während es draußen heller Abend war. Es war ein alter Film mit vielen Regenstreifen, und das Licht, das von außen durch die undichten Wände sickerte, trug dazu bei, das Ganze mythisch blaß und unbegreiflich zu machen. Die Mücken schwärmten in dem Lichtkegel der Kalklichtlampe, warfen riesengroße Schatten auf die Leinwand und blitzten und flimmerten zusammen mit dem Staub in dem sprühenden Licht. Olof drehte die Kurbel, und Larsson gab seine Erklärungen dazu, wenn er fand, daß es nötig sei. ›Jetzt geht sie in die Winternacht hinaus‹, sagte er. ›Der Schurke bleibt auf dem Schloß sitzen und lacht höhnisch. Noch eine Weile, dann kriegt ihr ihn zu sehen. Das Ganze endet aber glücklich, sagt er, um dem Publikum Zuversicht einzuflößen. ›Mein Geliebter‹, sagte Henny Porten laut Text auf der Leinwand ›warum muß ich dies alles erdulden?‹ Olof wechselte die Hand und merkte, daß der Apparat nicht so ruhig stand, wenn er mit der linken Hand drehte. Schloß und Schurke schaukelten, und das Laken dort an der Wand konnte nicht alles einfangen; ein Teil der Tragödie spielte sich auf den grauen, von Dreschen staubigen Bohlen ab. Larsson fuchtelte mit seinen Armen, so daß die Geldstücke in seiner Tasche klimperten« (451f).

Die Verfilmung des Romans von Jan Troell (1966), die minutiös und kongenial diesen skandinavischen Entwicklungs- und Künstlerroman im Film wiedergegeben hat, verzichtete auf die Darstellung dieser vielleicht nicht sehr filmischen, aber das Atmosphärische des Jahrmarktkinos wiedergebende Situation zugunsten mehrerer Kriegsfilm-Projektionen, die zwar den zeitgenössischen Hintergrund der Erzählung verdeutlichen, die aber für die Jugend Olofs im Kino nur Bilder sind wie alle anderen auch, zum Beispiel Henny Portens, die auf Olof sicherlich einen sehr viel größeren Eindruck gemacht haben. Das Kino bleibt eine Episode des 16jährigen Jungen, der begierig alles gelesen und aufgesogen hat, was er zu sehen bekommen hat (»Der Schritt von Nietzsche zu William S. Hart [einem Westernhelden der Stummfilmzeit] ist vielleicht gar nicht so groß« (367)). Er findet Kontakt zur Gewerkschaftsbewegung und seine Versuche, sich schreibend auszudrücken, werden allmählich deutlichere Formen annehmen.

Erneuter Pespektivwechsel auf die Sitzreihen im Kino, wo sich die Jugendlichen bereits mit Sahnebonbons versorgt haben. Die folgende Erinnerung von Wolfgang Borchert (Jg. 1921) an ein Ereignis im Kino hing weniger mit besonderen Helden- oder Liebestaten auf der Leinwand, sondern eher mit der Unterbrechung des Filmprogramms und deren Ursache zusammen: Eine besondere Rolle beim Kinobesuch (1933 in Hamburg) der etwa 12jährigen Jungen spielten Rahmbonbons (heute sind es Gummibärchen oder Berge von Popcorn und Coca Cola): »Unser Kino hieß Viktoria-Lichtspiele, Sonntags nachmittags gab es Kindervorstellungen. Für halbe Preise. Aber die Rahmbonbon waren beinahe noch wichtiger. Sie gehörten dazu, zum Sonntag, zum Kino. Fünf Stück einen Groschen.« (Borchert 1962, 27). Der Vetter des Erzählers hatte 30 Pfennig in eine Unmasse Rahmbonbons investiert.

> »Dann wurde es langsam und genießerisch dunkel. Das schmatzende Lutschgeräusch von zweihundert Mäulern flaute augenblicklich ab. Statt dessen wälzte sich ein Indianergeheul, Fußgetrampel und anhaltendes Pfeifkonzert durch das kleine Kino. Selige Freudenkundgebung allsonntäglich zum Beginn der Vorstellung. Dann war es dunkel. Die Leinwand wurde hell, und hinten surrte etwas. Dann gab es auch noch Musik. Das Indianergeheul brach ab. Man hörte wieder das Lutschen an allen Enden. Und beinahe zweihundert Herzen schlagen. Der Film begann« (28).

Die Ereignisse auf der Leinwand, wo »sehr viel geschossen, geritten, geraubt und geküßt« (28) wurde, fanden ihr rhythmisch schmatzendes Echo in den Mündern von 200 Rahmbonbon kauenden Kindern, und je »mehr auf der Leinwand geritten und geschossen wurde, umso mehr wurden die Rahmbonbons von einer Backe in die andere geschoben. Und das konnte man alles hören« (28). Das Ereignis, das diesen synchronisierten Gleichklang vor und auf der Leinwand unterbrach, war der durchdringende Schrei des Vetters, dem das Rahmbonbon den Stiftzahn gezogen und dem beide aus dem Mund gefallen waren. Der Schrei war so schrecklich, daß er sogar die üblichen vielfachen Lust- und Angstschreie der Kinder als Reaktion auf die Filmhandlung übertönte, der Film wurde angehalten. Vergeblich suchten alle mit vereinten Kräften nach des Vetters Zahn, dann »wurde (es) wieder dunkel, die Leinwand wurde wieder hell und bewegte sich da weiter, wo sie stehengeblieben war. Und die Musik machte auch wieder mit. Und neben mir schwiegen schwermütig die tränenerstickten Reste meines vorhin noch stolz lutschenden Vetters« (31). Auch diese Geschichte hat, wie der Film in dem Kino, wo es passiert ist, ein ›Happy-End‹, denn der kostbare verlorene Stiftzahn findet sich im Schuh des Erzählers wieder, der Vetter kann ihn sich zufrieden wieder einsetzen und so wurde es doch ein schöner Kinderkino-Nachmittag.

Manchmal kommt das Glück, als Kind ins Kino gehen zu dürfen auch überraschend. Die Gründe, warum die Eltern ihre Kinder für ein paar Stunden aus dem Haus haben wollen, werden unterschiedlich gewesen sein. Günther Rücker (Jg.1924) wird ins Kino geschickt, als die Hebamme ins Haus kommt. Der Film ist für den Jungen ebenso unverständlich wie das, was zu Hause vor sich geht. Beide Ereignisse, zu Hause die Niederkunft und im Kino die tragische Liebe einer Sängerin im Wilden Westen (à la Tosca, daher mit der Musik von Puccini) verlaufen parallel, ohne daß für den Jungen ein Zusammenhang entsteht.

> »Als der Knabe aus dem Kino nach Hause kam, war der Zustand unverändert. Noch immer stand der übergroße Kessel auf der glühen-

den Herdplatte. Noch immer wurden Holz und Steinkohle aufgelegt, die Vorhänge waren zugezogen (...). »Weißt was«, sagte der Vater, »geh noch einmal ins Kino, das dauert hier noch«. Auf der Küchenkommode lag Geld. Der Knabe überschlug, daß er sich dafür außerdem noch fast ein viertel Kilo getrocknete Bananen kaufen könne, und machte die Tür bald hinter sich zu. (...). Als er draußen war, hörte er Vater eine Anweisung geben, die Tür wurde abgeschlossen« (Rücker 1987, 116).

In der Wiederholung derselben Konstellation der Ereignisse zwischen Geburt und Kino wird nun die Parallelität selbst thematisch, die Erzählung weitet sich von der ›Story‹ zur ›History‹ aus, ihre individuelle Geschichte von Individuen im gerade besetzten Sudetenland (Reichenbach, dem heutigen Liberec) wenige Jahre vor dem Zweiten Weltkrieg wird in den Horizont der (politischen) Geschichte gestellt, indem die Geburt des Kindes mit einem bestimmten Filminhalt konfrontiert wird. Beides ist unverständlich für den Jungen, dessen Erinnerung an den Kinobesuch dennoch als Medium der Geschichte (Story) behauptet wird, damit die persönliche Erinnerung ihrerseits als (authentisches) Medium der erzählten politischen Geschichte (History) verwendet werden kann.

Der Junge sieht im Kino einen deutschen Film, der im Kölner Karneval spielt.

»Zwei deutsche Komiker, Nachfolger jüdischer Komiker, traten auf und sprachen kölnischen Dialekt, und der eine war groß und dick und der andere schlank und klein. Aber der kleinere war zugleich auch der Liebhaber im Film. Immer machte er die Witze, in die der Große hineinstolperte. Er hatte auch großen Erfolg bei Frauen. Dem Publikum gefiel seine Art, die Frauen zu behandeln: Sie hießen im Film »Weiber« und wurden keß abgespeist. Der Kleine sprach das lustige Kölnische mit Verwegenheit und Verve und erinnerte an die forsche Art deutscher Offiziere, die man hier sehr bewunderte. Besonders wenn er »gnä Fräulein« sagte und den Oberkörper bei Begrüßungen leicht nach vorn knickte, war er das Vorbild aller etwas kleingewachsenen Männer im Publikum. So wollte man sein, diese Mischung aus Witz und Schneid und Bügelfalte. So wollte jeder im Publikum mit Weibern umgehen können. Diesen neuen deutschen Ton wollte man beherrschen, als kleiner Mann aus dem Volk den Kreisen zugehören, die zugleich auch »gnä Fräulein« so unnachahmlich aussprechen konnten« (Rücker 1987, 117).

Das ist nicht mehr die Erinnerung an das, was der Junge im Kino gesehen hat, sondern die Erzählung des Autors, der einen Filminhalt für die Interpretation einer politisch bedingten sozialpsychologischen Situation vor dem Zweiten Weltkrieg in seiner Heimatstadt verwendet. »Alle gingen befriedigt aus dem Kino und wünschten, auch einmal drei tolle Tage beim Kölner Karneval verleben zu können. (...) Jetzt war man vom Rhein bis zur ungarischen Grenze ein einziges Reich, der Heurige, die Zeller schwarze Katz, Helgoland und Tirol, es war eine Lust, einem solchen Reiche anzugehören« (117f). Zu Hause war wieder Ruhe eingekehrt. Als der Junge dem Vater von dem Film erzählt und von der braunen getrockneten Banane ißt, wird dem Vater schlecht, und er muß sich übergeben. Wir verstehen. Die Erinnerung an das Kino und die ›anderen Umstände‹, unter denen der Kinobesuch stattgefunden hat, werden in zeitgeschichtlichen Metaphern von der deutschen Besetzung der Heimat, der Geburt des Widerstands und der Ahnung des Zweiten Weltkriegs fortgeschrieben.

5. Literaten im Kino

Auch Schriftsteller gehen ins Kino

Ein literarischer Autor vor dem Ersten Weltkrieg konnte das Kino ebenso wie andere Zeiterscheinungen der technischen Moderne, zum Beispiel das Auto, das Flugzeug oder die Telegraphie verachten, ignorieren oder sich für sie interessieren. Oft entschied darüber der weltanschauliche Standort, der die Traditionalisten (nicht nur im bürgerlichen Lager, auch im Umfeld der proletarischen Kultur) von der Avantgarde und den Modernen unterschied. Die kulturkritische Verurteilung des ›Kinemato-graphen-Unfugs‹ (Heimann 1913) war jedoch schon sehr früh verbunden mit einem Kulturkampf, in dem die Medienkonkurrenz eine bedeutende Rolle spielte. Der Buchhandel befürchtete Einbußen durch die Verfilmung von Literatur und das Theater sorgte sich um sein Publikum, das es in den dunklen Höhlen des trivialen Filmvergnügens verschwinden sah. Die Literaten waren daher nicht nur als besonders sensible Zeitzeugen kultureller Entwicklungen, sondern auch als mögliche oder tatsächlich Betroffene an diesem Kulturkampf beteiligt. Und als die französischen Schriftsteller 1908 von Pathé-Frères und die deutschen im gleichen Jahr von der Nordisk-Filmgesellschaft aufgefordert wurden, für die Filmindustrie zu schreiben, winkte ihrem ›Kulturverrat‹ eine lukrative finanzielle Entschädigung, die sich so unterschiedliche Autoren wie Hugo von Hofmannsthal, Arthur Schnitzler, Gerhart Hauptmann, Paul Lindau u.a. nicht entgehen ließen (Heller 1985, Diederichs 1986, J. Paech 1997). Erst in den 20er Jahren, wenn das Kino schon seine eigenen Autoren hat (allen voran Carl Mayer, der als erster ein Drehbuch literarisch publiziert [Hempel 1968]), wird sich das Verhältnis zwischen Literatur und Film normalisieren und ein literarischer Autor wird 1920 ausrufen ›Hätte ich das Kino‹!

In Frankreich ging man als Avantgardist der Kunst und Literatur gemeinsam mit Freunden demonstrativ ins Kino, amüsierte sich volksnah und gründete anschließend (1914) aus lauter Begeisterung für den damals berühmtesten Verbrecher des Films Fantômas unter dem Vorsitz von Guillaume Apollinaire eine ›Société des Amis de Fantômas‹. Alle Ismen der Kunstmoderne vor dem Ersten Weltkrieg bis hin zu den Surrealisten verdankten den Kinobesuchen ihrer Protagonisten entscheidende Anregungen und Einsichten, bevor die Erste Avantgarde des französischen

Films (Abel Gance, Marcel L'Herbier, Louis Delluc, Jean Epstein u.a.) spätestens ab 1918 das Medium selbst für sich eroberte (Albersmeier 1985).

Viele deutschsprachige Autoren, besonders wenn sie dem Feuilleton näherstanden, haben sich im Kulturkampf um den ›Kintopp‹ engagiert, nur wenige haben das Kino in ihr Denken und Arbeiten integriert, indem sie literarisch für den Film oder in ihrer Literatur über das Kino geschrieben haben.

Das herausragende Beispiel für die Kinoerfahrung eines Schriftstellers vor dem Ersten Weltkrieg ist Franz Kafka, der gemeinsam mit Max Brod zwischen 1909 und 1911 so oft wie möglich in Prag, München oder Paris die Kinos besucht hat. Erst als Max Brod nach seiner Heirat 1911 das Interesse am Kino verlor, ließen auch für Kafka die Kinobesuche nach. Die verstreuten Bemerkungen Kafkas zum Kino lassen erkennen, daß Filme für ihn in erster Linie ein Wahrnehmungsproblem darstellten, das er hellsichtig mit Veränderungen in Verbindung brachte, die durch die Moderne und ihre neuen Geschwindigkeiten der technischen Verkehrsmittel Eisenbahn, Automobil und Flugzeug und durch die schockförmige Wahrnehmung in den Großstädten hervorgerufen waren. So hat sich das Interesse von Max Brod zu dem Kafkas am Kino grundsätzlich unterschieden.

»Brod phantasierte das im Kino Gesehene weiter, er verwandelte sich vom begeisterten Zuschauer in einen ausschweifenden (Drehbuch-) Autor, er begreift das Kino als eine Erweiterung der bloß kolportierenden Literatur. Für Kafka hingegen ist es fast dämonische Technik, die an das erworbene Sehen, die Seh- und die Schreibkraft des Autors sehr hohe, qualvolle Anforderungen stellt« (Zischler 1996, 22).

1913 sind die beiden in Paris und nur zu bereitwillig lassen sie sich von dem erleuchteten Portal und dem Ausrufer vor dem ›Omnia Pathé‹ verführen. »Hier also standen wir an der Quelle so vieler unterer Vergnügungen« (Brod 1987, 209) und schon sind sie im Kino, das in Paris natürlich viel größer, viel schöner, viel besser ist. Das beginnt schon damit, daß sie von einem »Mädchen in der Uniform eines Operettenmilitärs« (210) auf den Platz geleitet werden. Dann rast der Film mit überhöhter Geschwindigkeit an ihnen vorbei. »Alles überstürzt sich, alles amüsiert, jeder Schauspieler hat Nerven und Muskeln für drei. Hier ist der wahre Kinema-Stil gefunden, da haben wir also doch etwas Neues gelernt. Das Tempo, das bei uns nur vorsichtig akzeleriert wird, ist hier absichtlich zur erdfernen Raserei gesteigert« (210), auch, weil der Kinoprojektor die Filme offenbar viel zu schnell ablaufen läßt. Nachdem Max Brod die einzelnen Programmteile hat Revue passieren lassen, stößt er einen Seufzer aus: »Es ist eine Sehnsucht, die seit Aufkommen des Kinema mit der Heftigkeit meiner ehemaligen Kinderwünsche in mir lebt: ich möchte einmal zufällig in eine Straße einbiegen, wo so eine gestellte Kinematographenszene vor sich geht. Wie könnte man da improvisieren! Und jedenfalls welch ein Anblick!« (212). Gerade diese letzte Äußerung zeigt Max Brod als einen ›interaktiven‹ Kinogänger, der die Szene des Kinos ebenso mit allen Sinnen aufnimmt wie den Film als optisches Wahrnehmungsereignis, das ihm gar nicht schnell genug über die Leinwand rasen kann. Und wenn man sich schon im Kino nicht auch noch in den Film hineinstürzen kann, dann müßte man eben dem Film dort begegnen, wo er entsteht, zufällig hinter einer Straßenecke, um darin geistesgegenwärtig eine ›Rolle‹ zu übernehmen (wie oft sieht man in den Filmen dieser Zeit noch die neugierigen Gaffer am Rande, die die Dreharbeiten beobachten und so ihren zufälligen Auftritt haben).

Kafka hat die Aufzeichnungen seiner Tagebücher 1910 mit dem Satz eingeleitet: »Die Zuschauer erstarrten, wenn der Zug vorbeifährt« (Kafka 1962, 7). Seine Wahrnehmungsposition ist gegenüber der Max Brods völlig verschieden, beinahe das Gegenteil. Das optische Ereignis der Geschwindigkeit läßt ihn erstarren, fixiert ihn an seinem Platz und macht ihn zum Zuschauer eines vorüberflimmernden Films. Und weil der Blick dieses Betrachters nicht an diese (technische) Wahrnehmungssituation adaptiert ist, kann er das Sehen noch nicht der Kamera überlassen und versucht vergebens, das Sichtbare unmittelbar zu erfassen. Daher hält Kafka dem Kino entgegen: »Ich vertrage es nicht, weil ich vielleicht zu ›optisch‹ veranlagt bin. Ich bin ein Augenmensch. Das Kino stört aber das Schauen. Die Raschheit der Bewegungen und der schnelle Wechsel der Bilder zwingen den Menschen zu einem ständigen Überschauen. Der Blick bemächtigt sich nicht der Bilder, sondern diese bemächtigen sich des Blickes. Sie überschwemmen das Bewußtsein. Das Kino bedeutet eine Uniformierung des Auges, das bis jetzt unbekleidet war. (...) Filme sind eiserne Fensterläden« (Janousch 1951, 93).

Aus dem selben Grund, weil durch die schnelle Abfolge der Bilder im Film und ihr Verschmelzen zum Bewegungsbild ein einzelnes Bild nicht mehr wie bisher in Gemälden und Photographien gesehen werden konnte, verlangte der deutsche Kunstprofessor Konrad Lange, daß alle paar Minuten der Film angehalten werden solle, damit man überhaupt ›etwas‹, d.h. ein Bild sehen könne. Genau das bietet das Kaiserpanorama, das Kafka deshalb auch dem Kinematographen vorzieht: »Die Bilder lebendiger als im Kinematographen, weil sie dem Blick die Ruhe der Wirklichkeit lassen. Der Kinematograph gibt dem Angeschauten die Unruhe ihrer Bewegung, die Ruhe des Blicks scheint wichtiger« (Kafka 1994, 15f). Erst wenn er selbst in der Eisenbahn oder im Auto in Bewegung gerät, übernimmt er die Perspektive, die sofort als filmische Perspektive wiederzuerkennen ist, d.h. daß Kafka sich selbst als ›Bild in Bewegung‹ wahrnimmt und schon deshalb Schwierigkeiten mit Bewegungsbildern hat, die ihn fixieren. In München schleppen die beiden, Brod und Kafka, eine junge Dame ab und fahren im verregneten München durch die Straßen. Kafka notiert: »Regen, rasche Fahrt (20 Min.) Kellerwohnungsperspektive. Führer ruft die Namen der unsichtbaren Sehenswürdigkeiten aus, die Pneumatiks rauschen auf dem nassen Asphalt wie der Apparat im Kinematographen, das deutlichste: die unverhängten Fenster ›der vier Jahreszeiten‹, die Spiegelung der Lampen im Asphalt wie im Fluß« (Kafka 1987, 144). Kafka ist im Bilde, im Film-Bild mit Fräulein, Start der Autofahrt am Bahnhof und Parallelfahrt auf nasser Straße, die selbst wie ein Film das Licht in Bewegung spiegelt. Kafka noch einmal: »Wir steigen ein, mir ist das Ganze peinlich, es erinnert mich auch genau an das Kinematographenstück

»Die weiße Sklavin«, in dem die unschuldige Heldin gleich am Bahnhofsausgang im Dunkel von fremden Männern in ein Automobil gedrängt und weggeführt wird« (Brod/Kafka 1987, 198). Dieses Film-Bild dauert in der erhaltenen Kopie des Films nur drei Sekunden, Kafka hat daraus seinen Film gemacht (Zischler 1996, 52f). Umgekehrt hat er im Kino nach stehenden Bildern gesucht und immer wieder die Plakate und Fotos in den Schaukästen der Kinofoyers beschrieben, zum Beispiel als der Film DER ANDERE von Max Mack (1913) mit Albert Bassermann vor einem Prager Kino angekündigt wird und Kafka sich vom Plakat nicht losreißen kann (Kafka 1967, 325). Wenn er jedoch in einem Brief an Felice mal wieder seinen emotionalen Zustand beschreibt, dann schreibt er ihr, daß er das Schreiben unterbrechen mußte, denn er zittere überall, »so wie das Licht die Leinwand in den ersten Tagen der Kinematographie zum Zittern brachte, wenn Sie sich daran erinnern« (Kafka 1967, 385). In diesem Moment ist Kafka selbst wieder das ›Bild in Bewegung‹ und Projektionsfläche seiner Träume, Ängste, Imaginationen.

Viele gehen ins Kino, aber nur wenige erzählen davon in ihren literarischen Texten. Fontane hätte wahrscheinlich seine Effi und Cécile ins Kino geschickt und weil es das noch nicht gab, hat er sie mit der Eisenbahn fahren lassen, was (fast) aufs Gleiche hinauskommt. Kurt Tucholsky läßt seine beiden Verliebten am Beginn der Erzählung mit der Eisenbahn nach ›Rheinsberg‹ fahren, verzichtet aber nicht darauf, sie 1912 auch ins Kino gehen zu lassen.

> Claire: »›Ein Kinematograph? Hier in Rheinsberg? Wölfchen, nach dem Souper? Ja?‹ Wirklich, es gab einen, und sie gingen hin« (Tucholsky 1912, 71). Es handelt sich um einen zum Kino umfunktionierten Wirtshaussaal, »ein kleines Orchester war da, es verdunkelte sich der Saal. ›Natur! Malerische Flußfahrt durch die Bretagne. Koloriert‹. Der Apparat schnatterte und warf einen rauchigen Lichtkegel durch den Saal. Eine bunte Landschaft erschien, bunt, farbenprächtig, heiter. Die Kolorierung war der Natur getreulich nachgebildet: Die Bäume waren spinatgrün, der Himmel, wie in einem ewigen Sonnenuntergang, in Rosa und Blau schimmernd (71f).

Der nächste Programmteil wird von einem Klavierspieler angekündigt, der sich anschickte,«den nunmehr folgenden Film: MORITZ LERNT KOCHEN in angemessener Weise zu begleiten. Die Musik tobte: der Nachbar steckt den Kopf zur Tür herein, Moritz steht am Kochherd, packt den andern, wirft ihn in den Topf, daß die Beine heraussehen. Schwanken, Fallen, Töpfe kippen, Sintflut, man schwimmt gemeinschaftlich die Treppe herunter, schüttelt sich unten die Hände, nimmt das triefende Mobiliar unter den Arm und verschwindet« (74f). Folgt das Melodram, DAS RETTENDE LICHTSIGNAL, das in einer viragierten Fassung mit unterschiedlich eingefärbten Sequenzen zu sehen ist.

> »Auf Grund einer freundlichen, stillen Übereinkunft zwischen Filmfabrik und Publikum bedeutet die blaue Farbe Nacht, während die rote die Katastrophe einer Feuersbrunst anzeigt, so daß es allen klar wurde,

wie man in solch gefährlichen Stunden eines rettenden Lichtsignales des Bräutigams bedurfte. Mochte die Handlung durchsichtig sein, hier war das Leben, aber konzentriert. (...) Aber als die leuchtenden Lichtgestalten zu weinen begannen und ein Harmonium in Aktion gesetzt wurde, schnupfte die Claire tief auf und äußerte schluchzend den Wunsch, nach Hause zu gehen« (75f).

Inzwischen hatte es zu regnen begonnen, deshalb findet der Kinoabend auch äußerlich einen feuchten Abschluß: »Sie kämpften sich durch Wind und Regen ins Hotel« (77).

Unterbrochen wurde die Schilderung der Leinwandereignisse immer wieder durch Claires lustig-ironische Kommentare zum Film. Nachdem zum Beispiel Moritz kochen gelernt hatte »konnte sich (Claire) nicht beruhigen: sie fragte, wollte alles wissen. Ob er denn nun kochen könne, ob der Nachbar gut durchgekocht sei, sie könne übrigens kochen, perfekt, möchte sie nur sagen« (75), aber da ging das Programm schon mit dem nächsten Filmchen weiter. So ist das mit den Intellektuellen, ihr Spaß ist nicht das unmittelbare Vergnügen der anderen, sondern der, den sie sich selber damit machen; und der ist vorbei, wenn ihnen gegen die Sentimentalität nur die Flucht bleibt. »Im Kino gewesen. Geweint«, hatte Kafka in sein Tagebuch geschrieben (Kafka 1994,II, 204). Das Kino kann schön traurig sein. Manchmal ist es unerträglich schön.

Nichts hat Thomas Mann mehr gefürchtet als die Faszination des Trivialen, als die Verführung zur Sentimentalität. Deshalb kommt es einem unerwarteten Geständnis gleich, wenn er 1928 sagt, daß »diese moderne Lebenserscheinung in den letzten Jahren [für ihn] den Charakter einer heiteren Passion gewonnen hat. Ich besuche sehr häufig Filmhäuser und werde des musikalisch gewürzten Schauvergnügens stundenlang nicht müde« (Mann 1978, 164), worin ihn Albernheiten und Sentimentalität keineswegs stören. »Sagen Sie mir doch, warum man im Cinema jeden Augenblick weint oder vielmehr heult wie ein Dienstmädchen« (164)! Die Antwort lautet, es liegt am Stoff, »das ist durch nichts hindurchgegangen, das lebt aus erster, warmer, herzlicher Hand, das wirkt wie Zwiebel und Nieswurz, die Träne kitzelt im Dunkeln, in würdiger Heimlichkeit verreibe ich sie mit der Fingerspitze auf dem Backenknochen« (165). Daher hat das auch mit Kunst nichts zu tun, »Kunst ist die kalte Sphäre, man sage was man wolle, sie ist eine Welt der Vergeistigung und hohen Übertragung (...) – bedeutend, keusch und heiter, ihre Erschütterungen sind von strenger Mitteilbarkeit, man ist bei Hofe, man nimmt sich wohl zusammen« (165). Warm und unmittelbar (emotional) ist die niedere Sphäre des Trivialen und wenn sie im Kino statt hat ist es auch dunkel genug, daß man sich heulend gehen lassen kann. Kalt und mitteilbar ist die hohe Sphäre des Geistigen, so wie auf dem ›Zauberberg‹ im Kurhotel des ›Berghof‹, bei Hofe also, wo man sich wohl zusammennimmt. Thomas Mann benutzt im ›Totentanz‹-Kapitel seines Romans die Polarisierung beider Sphären und deren Fallhöhe für den momentanen Abstieg der Zauberberg-Gesellschaft aus den Höhen diskursiver geistiger Zugluft in die Niederungen mondäner Unterhaltung und sich sportlich betätigender

Körper, schließlich auch zu den schwül-erotischen und gewalttätigen Bildern des Kinos, das zusätzlich mit seiner verbrauchten stickigen Luft den Bergbewohnern zur Qual wird. Und doch haben sie es nicht lassen können hinabzusteigen und der trivialen Massenkultur ihren Tribut zu zollen mit Husten und schmerzenden Augen (Amery 1994).

»Selbst ins Bioskop-Theater von Davos-Platz führten sie Karen Karstedt eines Nachmittags, da sie das alles so sehr genoß. In der schlechten Luft, die alle drei physisch stark befremdete, da sie nur das Reinste gewohnt waren, sich ihnen schwer auf die Brust legte und einen trüben Nebel in ihren Köpfen erzeugte, flirrte eine Menge Leben, kleingehackt, kurzweilig und beeilt, in aufspringender, zappelnd verweilender und wegzuckender Unruhe, zu einer kleinen Musik, die ihre gegenwärtige Zeitgliederung auf die Erscheinungsflucht der Vergangenheit anwandte und bei beschränkten Mitteln alle Register der Feierlichkeit und des Pompes, der Leidenschaft, Wildheit und girrenden Sinnlichkeit zu ziehen wußte, auf der Leinwand vor ihren schmerzenden Augen vorüber« (Mann 1965, 290).

Was diese kleine Expedition, bestehend aus Hans Castorp, seinem Vetter Joachim Ziemßen und Karen Karstedt, einer jungen Privatpatientin, im Bioskop-Theater von Davos-Platz gesehen hat, läßt sich zumindest für den ›Hauptfilm‹ nachvollziehen. Es handelt sich um den 1920 entstandenen Film SUMURUN nach einer orientalischen Pantomime von Friedrich Freksa, Regie von Ernst Lubitsch (Prinzler/Patalas 1984), den Thomas Mann am 23.September 1920 in München gesehen hatte, und der ihn offenbar so sehr beeindruckt hat, daß er viele Details recht genau wiedergeben konnte (Schmidt 1988).

»Es war eine aufgeregte Liebes- und Mordgeschichte, die sie sahen, stumm sich abhaspelnd am Hofe eines orientalischen Despoten, gejagte Vorgänge voll Pracht und Nacktheit, voll Herrscherbrunst und religiöser Wut der Unterwürfigkeit, voll Grausamkeit, Begierde, tödlicher Lust und von verweilender Anschaulichkeit, wenn es die Muskulatur von Henkersarmen zu besichtigen galt – kurz, hergestellt aus sympathetischer Vetrautheit mit den geheimen Wünschen der zuschauenden internationalen Zivilisation« (Mann 1965, 290f).

In dieser Geschichte gibt es zwei Liebespaare und zwei Männer, die eifersüchtig von der Liebe ausgeschlossen sind, einen Buckligen und einen alten Pascha, die beide ohnmächtig mit ansehen müssen, wie sich die schöne Tänzerin dem jungen Scheich und Zuleika, die Lieblingsfrau des Paschas, dem jungen Tuchhändler Nur-al-Din hingeben. Der Pascha erdolcht im Zorn seinen Sohn und die Tänzerin, als er die beiden  überrascht; dann stürzt er sich mit dem Säbel auch auf Zuleika und ihren Geliebten Nur-al-Din, aber es trifft ihn der Dolch des Buckligen, der sich für den Tod der Tänzerin, die er vergebens geliebt hat, rächt.

»Der Despot starb unter dem Messer, mit einem Gebrüll aus offenem Munde, das man nicht hörte«(291).

Diese Diskrepanz zwischen visueller Wahrnehmung sinnlicher Gewalt auf der einen und der Abwesenheit ihrer akustischen Dimension andererseits, was den Leinwandgestalten etwas Geisterhaftes gibt, hat Thomas Mann veranlaßt, sich, wie in der Pause zwischen den Darbietungen des Bioskop-Theaters, Gedanken über die Ästhetik des Stummfilms zu machen, Gedanken übrigens, die ganz ähnlich schon Georg Lukács zu einer *Ästhetik des Kino* im Jahr 1911 geäußert hat und die in den vielen Essays über das Geisterhafte der Stummfilme wiederkehren. Lukács hatte das Fehlen der Gegenwart der Menschen auf der Leinwand als »das wesentliche Kennzeichen des ›Kino‹ (bezeichnet). Nicht weil die Films unvollkommen sind, nicht weil die Gestalten sich heute noch stumm bewegen müssen, sondern weil sie eben nur Bewegungen und Taten von Menschen sind, aber keine Menschen« (Lukács 1992, 301f). Ihr lebensechtes Dasein, das sie der Abwesenheit echter Lebender verdanken, macht ihre Erscheinung phantastisch. Im Bioskop-Theater von Davos-Platz ist zwischen den Filmen, wenn vorübergehend das Licht angeht, anders als im Theater niemand da, »den man für seine Kunstleistung hätte hervorrufen können. Die Schauspieler, die sich zu dem Spiele, das man genossen, zusammengefunden, waren längst in alle Winde zerstoben; nur die Schattenbilder ihrer Produktion hatte man gesehen ...« (Mann 1965, 291). Was bleibt, ist das unangenehme Gefühl, düpiert worden zu sein, die Aufregung, die Tränen, alles für nichts?

Während die fiktiven Gestalten sich von ihren wirklichen Körpern gelöst und nur ihre Filmfiguren in tonlosen Schatten zurückbehalten haben, radikalisiert sich die Frage (nach dem Dokumentarischen) der Abwesenheit angesichts anwesender Bilder ›wirklicher Menschen‹, wenn nicht mehr zwischen Körper und Rolle unterschieden werden kann: Als die drei Besucher des Bioskop-Theaters im Anschluß an den Hauptfilm »Bilder aus aller Welt« zu sehen bekommen, ist darunter das Gesicht einer jungen Marokkanerin, die ins Publikum zu lächeln schien und winkte, was den Zuschauern resp. Thomas Mann offenbar unangenehm war.

> »Man starrte verlegen in das Gesicht des reizvollen Schattens, der zu sehen schien und nichts sah, der von den Blicken gar nicht berührt wurde (...), sondern im Dort und Damals zu Hause war, so daß es sinnlos gewesen wäre, ihn zu erwidern. (...) Dann verschwand das Phantom. Leere Helligkeit überzog die Tafel, das Wort »Ende« ward daraufgeworfen, der Zyklus der Darbietungen hatte sich geschlossen und stumm räumte man das Theater, während von außen neues Publikum hereindrängte, das eine Wiederholung des Ablaufs zu genießen begehrte« (Mann 1965, 292).

Die Expedition in die Niederungen der populären Kultur findet ihren Abschluß im Café des Kurhauses. »Auch hier gab es Musik« (292). Das Kapitel endet mit einem Besuch des Friedhofs, wo es scheint, als wäre für die Begleiterin von Castorp und Vetter Ziemßen, die todkranke Karen Karstedt, schon ein Plätzchen freigemacht worden. Die Topographie der Orte des Imaginären, wie real ihre Bedingungen auch sein mögen, schafft eine signifikante Verbindung zwischen Kino und Friedhof, auf die bisher (zum Beispiel 1913 im STUDENT VON PRAG) und künftig kein phantastischer Film verzichten kann.

6. Kino-Musik

Sie funktioniert, wenn man sie nicht hört

Den Besuchern des Bioskop-Theaters war das Geisterhafte der Filmprojektion erst aufgefallen, als das Licht im Saal angegangen und die ›Schatten‹ wieder verschwunden waren, die erst jetzt als bloße Schatten kenntlich werden. Mit ihnen nämlich hatte auch die Musik aufgehört, die während der Projektion wesentlich zu ihrer ›Verkörperung‹ beigetragen hatte.

»Warum wird während der Filmvorführung immer Musik gespielt? Warum wirkt ein Film ohne Musikbegleitung peinlich? Vielleicht ist die Musikbegleitung dazu da, um den luftleeren Raum zwischen den Gestalten, den sonst der Dialog überbrückt, zu füllen. Auch wirkt jede Bewegung, die vollkommen lautlos ist, unheimlich. Noch unheimlicher wäre es aber, wenn einige hundert Menschen in einem Saal beisammen säßen, stundenlang schweigend, in absoluter Stille« (Balázs 1982, 130).

Béla Balázs hat 1924, im selben Jahr, als der *Zauberberg*-Roman von Thomas Mann erschien, die beiden Seiten der Funktion der Kinomusik in der Stummfilmzeit zusammengesehen. Denn einerseits vermag die Musik an die Stelle der Dialoge im Leinwandgeschehen zu treten und eine wichtige dramaturgische Funktion für die Filmerzählung zu übernehmen. Die ›Logik‹ der Musik hatte für Poulou (Sartre) die Handlung(en) im Film erklärt. Ebenso gibt die Musik den Gestalten des Films dadurch Volumen, daß sie den flächigen Zwischenraum zwischen ihnen zum Klang›raum‹ erweitert. Und auf der anderen, der Zuschauerseite substituiert die Musik die fehlende Dimension der Geräusche und Klänge für das Realitätsgefühl, das alle Sinne einschließt. Denn, fragt Rudolf Harms, würde »nicht die lautlose Stille bald zu einer nervösen Überreizung des Ohres führen (...), ebenso aber zu einer solchen des optischen Aufnahmeorgans, das dann geradezu auf die ganze Menge der Eindrücke hingedrängt würde« (Harms 1970, 72). Das Ungleichgewicht in der Beanspruchung der Sinne könnte also zu Störungen des Nervensystems führen. Störungen der Aufmerksamkeit durch das Rattern des Filmprojektors konnten durch laute Musik übertönt und dadurch verdrängt werden.

Wenn die Musik immer die stummen Filme begleitet hat, warum ist ihr dann so wenig filmhistorische Aufmerksamkeit gewidmet worden? Der Grund dafür ist vor allem in der Tatsache zu suchen, daß die Musik nicht ›Bestandteil‹ der Filme gewesen und daher auch nicht mit ihnen überliefert worden ist. Die Musik war ›live‹ und ihr Programm war weitgehend zufällig (es gab Versuche, Angebote für verschiedene Stimmungen vorzugeben). In den Fällen, in denen eine Filmmusik extra für einen Film komponiert wurde (zuerst von Camille Saint-Saens für L'ASSASSINAT DU DUC DE GUISE 1908, berühmte Filmkompositionen stammen von Sergej Prokofjew und Edmund Meisel für Eisenstein-Filme), ist sie parallel zum Film überliefert worden, und weil sie noch nicht auf einer Tonspur Teil des Films war, bedeutete jede Veränderung einer Filmkopie erhebliche Probleme, sie wieder an den Film anzupassen. Ein anderer Grund für die Mißachtung der Stummfilmmusik bezog sich auf ihre dienende Rolle, in der sie am besten (unterbewußt) funktionierte, wenn man sie nicht (bewußt) hörte.

Solange die Filmmusik ›live‹ parallel zur Filmprojektion neben der Leinwand gespielt wurde, hat sie interaktiv zur Kommunikation zwischen Leinwand und Zuschauern beigetragen. Und zum musikalischen Dialog mit dem Film konnten natürlich Blicke des Mannes oder der Frau am Klavier den Kontakt zu den Zuschauer/innen aufnehmen.

John Powers Film PYM'S WANDERKINO (THE PICTURE SHOW MAN, 1977) erzählt die Geschichte eines Wanderkinematographen in Australien. Vater (Impresario) und Sohn (Filmvorführer) haben gerade ihren Pianisten an die Konkurrenz verloren, als sich in der nächsten Stadt das Team durch einen neuen Klavierspieler ergänzt. Auch in einem typischen Schausteller-Familienbetrieb wie diesem Wanderkino ist die Musik das ›lose Ende‹ des Unternehmens, das auch als erstes abgeschnitten wird, als sich der Tonfilm durchsetzt. Noch ist jedoch Stummfilmzeit und der neue Pianist beweist sein musikalisches Können zum ersten Mal bei einem Western-Serial. Aber sein Blick schweift ab von der Leinwand zu einer jungen Dame im Zuschauerraum, die sich auch nicht mehr auf die schießenden Cowboys konzentrieren kann. Der Blickwechsel wird häufiger, die Musikbegleitung der Filmprojektion setzt sich auf der Tonspur des Films (von John Power) fort, während der Pianist bereits mit der jungen Dame am heimischen Klavier sitzt und ihr zu Hause musikalisch imponiert.

Robert Siodmak läßt seinen Film DIE WENDELTREPPE (THE SPIRAL STAIR-CASE, 1945) im Stummfilmkinosaal beginnen. Die Kinomusik besetzt akustisch die Schwelle zum Inneren des Saales, sie ist außen vor dem Vorhang zum Kino zu hören und wird innen ›sichtbar‹, wenn die Pianistin selbst vor der Leinwand ins Bild kommt. Siodmak entwirft eine regelrechte Geometrie der Sichtbarkeit und Hörbarkeit in diesem Saal, indem die Kamera zwischen dem (ratternden) Projektor, der Leinwand und der Pianistin ein Dreieck aufbauen läßt, in dessen Mitte dann die Heldin des Films, die ›stumme‹ Helen, sich weiß aus der dunklen Umgebung abhebt. Mitten im Kino erreicht der Film durch

einen Hochschwenk der Kamera die nächste Ebene seiner Handlung, ein Mord passiert im Stockwerk darüber, der Terror eines psychopathischen Mörders wird Helen verfolgen, bis endlich Rettung und die Lösung des Rätsels folgen. Der Wechsel vom Stummfilmkino im Film zum Tonfilm wird auch durch den Wechsel der Filmmusik vollzogen: Die Musik im Kino wird zur Kinomusik, die der Handlung nicht mehr (live) hinzugefügt wird, sondern wie ihre zweite Natur mit ihr eine neue Einheit bildet.

Solange sie mit den Bildern nicht fest verbunden ist, löst sich die Musik immer wieder von der Leinwand und dringt nach außen, wohin sie Brücken schlägt und wo sie auch ohne die Bilder wiederkehrt. Von vielen Filmen ist vor allem die Musik im Gedächtnis geblieben, angefangen bei einem kleinen Film-Schlager bis zur Titelmusik aus VOM WINDE VERWEHT oder DOKTOR SCHIWAGO, die auch als Tonfilmmusik mit ihren Filmen identifiziert, nie aber identisch wird.

Die Musik besetzt das emotionale Gedächtnis, die Erinnerung der Gefühle, und trägt wesentlich dazu bei, das Kinoerlebnis über die Filmprojektion hinaus wach, das Imaginäre des Kinos im Gewebe der Töne am Leben zu erhalten. Und über die ›Begleitmusik‹ der Stummfilme besteht die wohl einzige Möglichkeit im Kino (abgesehen vom Kinoerklärer), mit einer zum Film gehörenden Person leibhaftige Bekanntschaft zu machen, während alle anderen ›Figuren‹ mit ihren Schatten verschwinden, sobald das Licht im Saal angegangen ist. Der oder die Musiker(in) ›verkörpern‹ demnach das Imaginäre des Kinos und davon erzählt die Geschichte »Begleitmusik« von Theodor Heinrich Mayer (1921, 309f).

Der Erzähler gerät eher zufällig in ein Vorstadtkino, das von halbwüchsigen »Burschen mit ihren Mädeln, Arbeiter(n), die nach dem Abendessen noch eine kleine Zerstreuung suchten, Dienstboten und Soldaten, auf den teuren Plätzen einige(n) behäbige(n) Bürger(n)« (311) besucht war. Es ist gerade Pause, nach einem Klingelzeichen geht die Vorstellung weiter.

»Die Begleitung wurde von einem Klavierspieler besorgt, der eben hereinkam, noch an den Resten seines Nachtmahls kauend. (...) Der Film war herzlich schlecht, hielt nicht, was sein Name und der Ruf der Darsteller versprach, und was mir noch nie im Kino widerfahren war: ich gewann der Musik mehr Aufmerksamkeit ab als den Bildern an der Wand. Der Mann am Klavier hatte aber auch eine sonderbare Art der Begleitung. Er spielte nicht das übliche Potpourri aus Walzern und Märschen und Opernarien herunter, an den besonders gefühlvollen Stellen durch einen schmachtenden Gassenhauer ergänzt, sondern er griff irgendeine Melodie auf und begann darüber mit wirklicher Geschicklichkeit zu phantasieren. Ich beobachtete ihn dabei, soweit es die Dunkelheit zuließ« (311f).

Ohne dem Film weiter Aufmerksamkeit zu schenken, konzentriert sich der Erzähler ganz auf den Klavierspieler. »Die Musik genoß ich in diesem Kino, nicht den Film« (312). Weil es die letzte Vorstellung ist, wartet er nach dem Film auf den Pianisten, dessen Geschichte nun die Leerstelle des unbeachtet gebliebenen Films einnimmt. Dabei scheint der Klavierspieler selbst sein Leben wie einen belanglosen Film zu erleben, dem er gleichgültig zusieht, während er das, was er tagsüber vor seinem Hotelzimmer sieht, gewohnt ist, mit dem Klavier zu begleiten. Aber das Leben war nicht immer ein Film, bevölkert mit Gespenstern –, als junger hoffnungsvoller Pianist hatte er Klara, eine berühmte Sängerin geheiratet, deren ›Begleiter‹ er wurde, ohne musikalisch an sie heranzureichen. Nachdem er sich für sie aufgeopfert hat, wird sie ihm untreu und erweist sich überhaupt als seelenlose Virtuosin, ein perfekter Apparat. Dieser ewige Begleitmusiker hat am Ende nur die Gespenster ausgetaucht, wenn er sich ins Kino zurückgezogen hat, dessen Filme wie das Leben ihm gleichgültig sind und die er gleichermaßen auf dem Klavier begleitet. Dasselbe Phantasma des gleich/gültigen Übergangs zwischen Leben und Kino hatte auch die »Madonna des Films« (ohne Musikbegleitung) zu den Schatten geführt. Noch viele andere werden ihr und dem Klavierspieler folgen.

Wenn die Musik das Leben wie einen Film begleitet und im Kino dem Film zusätzliches Leben verleiht, dann kann sie auch auf der weißen Leinwand die Gespenster allein kraft ihrer magischen Wirkung zum Leben erwecken. Béla Balázs, der so viel vom Film verstanden und darüber hinaus noch Märchen, Erzählungen, Romane und Drehbücher geschrieben hat, läßt in einer (be)trunkenen Geschichte ›unmögliche Menschen‹ am Vorabend des Ersten Weltkriegs in einer serbisch-ungarischen Provinzstadt zwischen Kneipe, Traum und Kino gewalttätig, liebend und delirierend umherirren (Balázs 1930). Das Kino wird von Herrn Kalács als Kultur-Kino geführt, d.h. auf einen Film wie DIE LIEBE DES DETEKTIVS (dessen Inhalt ausführlich wiedergegeben wird) folgt eine musikalische Darbietung auf dem Grammophon, das Herr Kalács selbst bedient. Diesmal ist mit der üblichen Clique allerdings Johannes mitgekommen, der Klavier spielen kann und immer mehr spielt, je mehr Kognak in Johannes hineinfließt.

«Johannes spielte. Aus den Tasten strömte es in seine Finger, und von den Fingern rieselte es in seinen Körper wie Wein und stieg zum Kopf.

Und hinter den roten Gesichtern schien sich das Dunkel zu füllen. Die unsichtbaren Bänke waren nicht mehr leer. Allmählich dämmerten dort hinten bleiche Gesichter, aufmerksam horchend. Schneider saß dort und Ilona Nyári, der Graf, und ganz hinten saß Andrea. Andrea saß dort neben Klara. Und noch viele, viele Gesichter, dämmernd, bleich, die er nicht kannte, weil er an ihnen vorbeigegangen war in der Vergangenheit, aber jetzt war alles da, alles in einer Melodie, und man muß nicht wählen. In der Musik ist alles beisammen.

Das Klavier klang von selbst, und die Leinwand oben begann zu dämmern. Lichtnebel wogten und klärten sich zu einer weißen Landstraße mit großen, dunklen Pappeln, und eine Frau kam, ganz weit. O spielen, spielen – sie näher spielen! Das war vielleicht Klara. Jetzt war alles beisammen in einer Melodie und schwebte hoch über der Erde, über den Weizenfeldern, über dem Meer ... Unendlich ... Doch nirgends eine Stelle, auf die man niedersteigen kann ... Weiterspielen, nicht aufhören! Ein dumpfes Angstgefühl stieg in Johannes auf. Das

Ganze schwebte hoch oben ... Doch er war schon müde, er konnte es kaum mehr tragen. Aber wo soll man aufhören? Wo soll man niedersteigen? ...« (Balázs 1930, 366f).

Die Szene wird zur Projektion der sich anbahnenden Apokalypse im Krieg. Ungewollt beschwört die Musik den Beginn der Katastrophe herauf, deren Bilder von brennenden Dörfern auf der Kinoleinwand erscheinen.

»Spielen, weiterspielen! Angstschweiß trat ihm auf die Stirn. Das Bild auf der Leinwand verwirrte sich ... hinter den dunklen Pappeln stiegen Rauch und Flammen auf ... Dort brennt es ... Eine Stadt Tiszavásárhely brennt ...

›Tiszavásárhely brennt‹ stöhnte Johannes. Er konnte nicht weiter und schloß die Augen.

›Tiszavásárhely brennt!‹ schrie Zucker und schlug auf den Klavierdeckel. ›Zeitwendende Musik! Jetzt kommt der Ausflug in die Landschaft der Vergangenheit! Auf zu Andrea, nach Tiszavásárhely!‹ ›Nach Tiszavásárhely‹, schrien alle durcheinander. Dann faßten sie sich an den Händen und gingen taumelnd durch den dunklen Zuschauerraum auf die Straße hinaus.

Die Straße war dunkel und still. Nur der serbische Dudelsack und die Tambura klangen noch immer irgendwo. Immer noch derselbe wehmütig-verbissene Kolo. ›Letzte Demarche in Belgrad ... Rußland mobilisiert‹, seufzte müde und mutlos der kleine Zeitungsjunge aus einer Ecke« (367f).

Der Beginn des Ersten Weltkrieg beendet die Frühgeschichte des Films. Die Kinos werden zu Orten der Propaganda für den Krieg oder der Unterhaltung, die vom Elend des Krieges ablenken soll. In diesem Sinne wird das Kino, nachdem es zur Industrie geworden war, vergesellschaftet. Es wird als Ort für Geschichten auch zum Ort der Geschichte.

7. Das Kino als Ort für Geschichten und Ort der Geschichte

Ein Kapitel für sich: Krieg und Kino

Bei Ausbruch des Kriegs im August 1914 war Deutschland ein unterentwickeltes Filmland und hatte eine prosperierende Kinolandschaft. In 2446 ortsfesten Kinos wurden etwa 80% ausländische Filme, die meisten aus Frankreich und Dänemark, gespielt (Jason 1925). Am Ende des Kriegs 1918 wird die Filmindustrie zu den Kriegsgewinnern zählen und im verkleinerten Reichsgebiet werden ebenso viele Kinos wie 1914 geöffnet haben, kurz: »Der 1. August 1914 machte den Weg für die Entwicklung eines deutschen Films frei« (Traub 1943, 19). Sofort nach Kriegsbeginn wurden erst einmal, zumindest in den ersten Wochen, sämtliche Kinos geschlossen, »als das deutsche Volk tief erregt Tag und Nacht neuigkeitshungrig auf den Straßen zubrachte« (19). Die patriotische Pflicht verbot angeblich alle Vergnügungen. Als die Kinos kurz darauf vor allem aus wirtschaftlichen Gründen wieder öffneten, zeigte man sich vaterländisch begeistert. Eine Ankündigung des ›Modernen Theaters‹ in Köln verspricht für dem 10. Oktober 1914:

> »›Es braust ein Ruf wie Donnerhall‹. Kriegsschauspiel in 3 Akten. Die Geschichte eines kriegsfreiwilligen deutschen Primaners. Mitten in unsere sturmbewegte Zeit führt der prächtige Film, dessen spannende Szenen den Beschauer in ihren Bann ziehen werden, bis sich der Vorhang über dem Drama geschlossen, das begeisterte Vaterlandsliebe geschaffen hat zur Nacheiferung für uns alle – ein Werk, erfüllt von glühendem Patriotismus! Außerdem unsere reichhaltige, aktuelle Kriegsberichterstattung und das große bunte Programm« (Fischli 1990, 37).

Wirkliche Kriegsberichterstattung im Film hat es so gut wie nicht gegeben (Mühl-Benninghaus 1996). Die wenigen Filme von der Front wurden von der Heeresleitung zur Geheimsache erklärt, man beschränkte sich auf die »Verlesung amtlicher Depeschen« (Traub 1943, 19) und auf nachgestellte Kriegshandlungen, die vom Publikum, das sich zunehmend einen eigenen Eindruck von der Kriegswirklichkeit machen mußte, als ›feldgrauer Filmkitsch‹ ausgelacht wurden. Die Kriegsabenteuer des deutschen Primaners an der Westfront werden Erich Maria Remarque in seinem Roman (1929) und Lewis Milestone in seinem Film IM WESTEN NICHTS NEUES (1930) wahrhaftiger wiedergeben. Geblieben ist vom Filmprogramm des

Oktober 1914 in den nächsten Jahren das ›große bunte Programm‹, das die Leute sehen wollten und das sie vom Krieg ablenken sollte. 1914/15 schreibt Malwine Rennert im Fachblatt *Bild und Film*:

> »In den ersten Monaten entschuldigten sich die Besucher des Kinos, indem sie sagten, die militärischen Aufnahmen zögen sie an; es wären illustrierte Feldpostbriefe. Dann aber stellte sich heraus, daß vor den Kriegsfilmen der Zuschauerraum leer wurde; immer nur Kriegsallerlei! Die Hoffnungen auf wirkliche Schlachten verwirklichten sich nicht. Es gab Menschen, die geglaubt hatten, der Kinomann könne Schlachten kurbeln! (...) Nicht die Kriegsberichte ziehen die Menge an, sondern die Dramen, wie einst« (Rennert 1914/15, 139).

Weil die Grenzen auch für ausländische Filme geschlossen wurden (zuerst für Filme aus Frankreich von Pathé, Gaumont und Eclair, die Hauptlieferanten, ab 1917 auch für amerikanische Filme), blieben die Deutschen ab 1914 mit ihrer eigenen Filmproduktion allein, die erhebliche Anstrengungen machen mußte, die Nachfrage zu befriedigen und daher gezwungen war, die eigene Filmindustrie auszubauen. Die Gründung der Ufa (Universum-Film Aktiengesellschaft) 1917 war zunächst ein militärisches Projekt der Förderung deutscher Filmpropaganda, ist aber von Anfang an als Basis für eine künftige starke deutsche Filmindustrie vom deutschen Banken- und Industriekapital angesehen worden (Kreimeier 1992). Gegen Ende des Krieges mußten immer mehr Kinos in Deutschland schließen, weil sie aus Kohlemangel nicht mehr geheizt werden konnten oder durften: »Die Kinos müssen wegen Kohlemangels vierzehn Tage schließen. Danach dürften sie zwar wieder öffnen, werden aber mit einem Heizverbot belegt« (Wolf/Kurowski 1988, 30). Die Frauen hatten inzwischen die Hauptrollen nicht nur im Alltagsleben, sondern auch im Kino – auf der Leinwand und im Vorführraum – übernommen. Auf der Leinwand standen weibliche Stars wie Asta Nielsen, Henny Porten, Pola Negri oder Mia May im Mittelpunkt. Sie waren Heldinnen während der Abwesenheit der Männer als Ärztinnen auf der Leinwand und im Leben, als Straßenbahnfahrerinnen, Arbeiterinnen in Munitionsfabriken und im Kino als Filmvorführerinnen und Platzanweiserinnen. Frauen und Kinder bildeten (nach wie vor und wegen der Abwesenheit der Männer an der Front) den Hauptanteil des Kinopublikums. An der Front ergab sich eine neue Verwendung des Kinos für die Truppenbetreuung. Es verdrängte das traditionelle Fronttheater, weil diese technische Kunst des Films besser an die Bedingungen des technologischen Krieges angepaßt war.

> »Man baute fahrbare Wandertheater mit Orchestrion und anderen Zutaten, die zu einem ordentlichen Kino von damals gehörten. Man nannte sie in Deutschland ›ambulante Kinos‹ und brachte sie bis in die vordersten Schützengräben. Auch unterirdische Frontkinos wurden im Gebiet starker Artillerieangriffe 3 bis 5 Meter tief errichtet« (Traub 1943, 135).

Berichte von Kinoveranstaltungen an der Front heben hervor, daß den größten Heiterkeitserfolg bei den ›Experten‹ an der Front die inszenierten Kriegsberichte mit gestellten Kampfszenen hatten, die in der Heimat als authentische Kriegs-Wochenschauen ausgegeben worden waren. Der Film und das Kino waren zu festen Bestandteilen dieses Krieges (und künftiger Kriege) geworden. Schon die propagandistische Vorbereitung auf den Ersten Weltkrieg begann mit einem ›Krieg um das Kino‹.

Ende 1913 veröffentlicht *Bild und Film* einen »Aufruf an die deutschen Filmtheater« gegen das ›Film-Franzosentum‹. In Erwartung schwerer Zeiten sei es »nationale Pflicht, den nationalen Standpunkt zu betonen und ausnahmslos jeden Film französischen Ursprungs abzulehnen« (*Bild und Film* 1913/14, 270). Die Brandenburgischen Lichtbildtheaterbesitzer, die diesen Aufruf verfaßt haben, sind sich durchaus im klaren, daß die französischen Filme deshalb so erfolgreich waren, weil sie dem Publikum gefallen haben, weshalb man zu Friedenszeiten weitherzig und großzügig auch französische Filme in den Kinos gezeigt habe. Jetzt dagegen erwartet man, daß das »deutsche Publikum gegen französische Filme protestieren und einen Ort meiden (wird), wo seinem nationalen Empfinden so ins Gesicht geschlagen wird« (270). Daß sich der Boykott gegen die »Geschäftstüchtigkeit der französischen Filmindustrie« richtet, wird so nebenbei angemerkt. Statt dessen sei es nun eine dankbare »Aufgabe der deutschen Filmindustrie (...), uns geeignete Ersatzfilme zu liefern, die dem Nationalgefühl des deutschen Volkes Rechnung tragen und am ehesten in der Lage sein werden, uns über die schweren Zeiten hinwegzuhelfen« (270). So verständlich es ist, daß die deutsche Filmproduktion sich einen übermächtigen Konkurrenten vom Hals schaffen möchte, so problematisch ist es für die Kinobesitzer, eine Ware auszuschlagen, von deren Absatz sie bisher gelebt hat. Daher schränkt ein nachfolgender Aufruf an die Rheinisch-Westfälischen Kino-Theaterbesitzer und Filmverleiher den Boykott ein und bittet das deutsche Publikum »mit Rücksicht auf die amerikanischen und nordischen Fabrikate, vorsichtig zu sein und nicht die Entfernung von Film und Plakaten zu verlangen, die an und für sich harmlos, nicht deutschfeindlich und zur Aufrechterhaltung eines geordneten Spielplanes notwendig sind« (270) .

Ein Jahr später werden in einem Aufsatz mit dem Titel »Filmkrieg den Franzosen« ebenfalls in *Bild und Film* die Gründe genannt, die zu erheblichen Schwierigkeiten der deutschen Filmindustrie führen werden. Nicht nur wurde der Markt bis dahin von Pathé und Gaumont fast vollständig beherrscht, »das Rohmaterial wird auch in französischen Fabriken hergestellt. (...) Vor allem aber ist durch die systematische Arbeit vieler Jahre der Geschmack unseres Kinopublikums derartig beeinflußt worden, daß Frankreich hier ebenso sehr die Oberhand gewonnen hat wie bei der Operette und vor allem beim Lustspiel« (*Bild und Film* 1914/15, 34).

Die französischen Filme werden bezichtigt, »daß Pathé geradezu Deutschenhaß im Ausland züchtet, Deutschland und deutsches Leben bewußt verhöhnt und lächerlich macht, (daß) Deutsche als Hanswürste oder Schufte verfilmt (werden in Bildern), die der französischen Propaganda dienen«(*Bild und Film* 1913/14, 270). Klage wird geführt darüber, daß in französischen Kinos kein (deutscher) Film hätte vorgeführt werden können, »in dem deutsche Offiziere, deutsches Militär oder gar eine Pickelhaube zu sehen waren« (270). Diese Erfahrung hat der erklärte pazifistische Europäer Stefan Zweig 1914 in einem Vorstadtkino im französischen Tours tatsächlich gemacht, wo die Reaktion der Zuschauer/innen auf die stereotypen Kaiserparaden die atmosphärischen Veränderungen spüren ließen, die schließlich zum Haß und zum Völkermord führen würden. Hier wurde für ihn die schreckliche Tatsache des offenbar unvermeidlichen Krieges deutlich: Mit einer Freundin unterwegs in der Touraine, um das Grab Leonardo da Vincis zu besuchen, beschließen die beiden am Abend

»in der etwas verschlafenen Stadt Tours (...) ins Kino zu gehen. Es war ein kleines Vorstadtkino, ein (...) notdürftig adaptierter Saal, gefüllt mit kleinen Leuten, Arbeitern, Soldaten, Marktfrauen, richtigem Volk, das gemütlich schwatzte und trotz des Rauchverbots blaue Wolken von Scaferlati und Caporal in die stickige Luft blies. Zuerst liefen die ›Neuigkeiten aus aller Welt‹ über die Leinwand. Ein Bootrennen in England; die Leute schwatzten und lachten. Es kam eine französische Militärparade: auch hier nahmen die Leute wenig Anteil. Dann als drittes Bild: ›Kaiser Wilhelm besucht Kaiser Franz Joseph in Wien‹. Auf einmal sah ich auf der Leinwand den wohlvertrauten Perron des häßlichen Wiener Westbahnhofs mit ein paar Polizisten, die auf den einfahrenden Zug warteten. Dann ein Signal: der alte Kaiser Franz Joseph, der die Ehrengarde entlangschritt, um seinen Gast zu empfangen. Wie der alte Kaiser auf der Leinwand erschien und, ein bißchen gebückt schon, ein bißchen wacklig die Front entlangschritt, lachten die Leute aus Tours gutmütig über den alten Herrn mit dem weißen Backenbart. Dann fuhr auf dem Bilde der Zug ein, der erste, der zweite, der dritte Waggon. Die Tür des Salonwagens öffnete sich und heraus stieg, den Schnurrbart hoch gesträubt, in österreichischer Generaluniform, Wilhelm II. In diesem Augenblick, da Kaiser Wilhelm im Bilde erschien, begann ganz spontan in dem dunklen Raume ein wildes Pfeifen und Trampeln. Alles schrie und pfiff, Frauen, Männer, Kinder höhnten, als ob man sie persönlich beleidigt hätte. Die gutmütigen Leute von Tours, die doch nicht mehr wußten von Panik und Welt, als was in ihren Zeitungen stand, waren für eine Sekunde toll geworden. Ich erschrak. Ich erschrak bis tief ins Herz hinein. Denn ich spürte, wie weit die Vergiftung durch die seit Jahren und Jahren geführte Haßpropaganda fortgeschritten sein mußte, wenn sogar hier, in einer kleinen Provinzstadt, die arglosen Bürger und Soldaten bereits dermaßen gegen den Kaiser, gegen Deutschland aufgestachelt worden waren, daß selbst ein flüchtiges Bild auf der Leinwand sie schon zu einem Ausbruch verleiten konnte. Es war nur eine Sekunde, eine einzige Sekunde. Als dann wieder andere Bilder kamen, war alles vergessen. Die Leute lachten über den jetzt abrollenden komischen Film aus vollen Bäuchen und schlugen sich vor Vergnügen auf die Knie, daß es krachte. Es war nur eine Sekunde gewesen, aber doch eine, die mir zeigte, wie leicht es sein könnte, im Augenblick ernstlicher Krise die Völker hüben und drüben aufzureizen trotz allen Verständigungsversuchen, trotz unseren eigenen Bemühungen. Der ganze Abend war mir verdorben. Ich konnte nicht schlafen. Hätte sich das in Paris abgespielt, es hätte mich gleichfalls beunruhigt, aber nicht so erschüttert. Aber daß bis tief in die Provinz, bis tief in das gutmütige, naive Volk der Haß sich eingefressen, ließ mich schauern« (Zweig 1941, 220f).

Interessant an dieser Beobachtung ist weniger, daß die Propaganda in Frankreich nicht anders als in Deutschland (Rother 1996) offenbar ihre Wirkung getan hat, sondern daß Stefan Zweig in diesem Moment an diesem abgelegenen Ort in einem kleinen Vorstadtkino eine völkerpsychologische Konstellation schlagartig deutlich geworden ist, die weniger mit dem, was auf der Leinwand gezeigt wurde, als mit dem Publikum zu tun hat, das darauf reagiert. Dieselbe Erfahrung hat Victor Klemperer 1913 in Paris gemacht, wo das Publikum am Ende eines Films, der eine patriotische Begebenheit aus dem Krieg 1870/1 zum Thema hatte,

»beim siegreichen Angriff der Franzosen (wild) applaudierte (...), und solange das Vorstürmen der leuchtend roten Hosen währte (also sehr, sehr lange), solange hielt auch das frenetische Klatschen an. ›Unmöglich bei uns‹ – und nachher habe ich genau die gleichen Erscheinungen in Deutschland erlebt: Jubel im Kino, wenn friderizianische Grenadiere stürmten (...)« (Klemperer 1989, 61).

Und schließlich hat Victor Klemperer diese Beobachtung des Aufwallens nationalistischer Gefühle im Kino nicht nur bei anderen, sondern auch bei sich selbst beobachtet, als er im März 1922 den Film FRIEDERICUS REX (v. Cserepy 1922) gesehen hat. Nach einer ausführlich Wiedergabe des Filminhalts erwähnt er

»nun das Charakteristische: So oft die Grenadiere marschierten, u. nur dann, wurde stark geklatscht. Das war so seltsam: im dunklen Haus vor der toten Leinwand. Und dann klatschte man, als bei der Regierungsübernahme des zweiten Friedrich die Fahnen in den weißen Saal getragen wurden. – So ist in Paris geklatscht worden als in einem Kinostück aus dem 70er Jahr französische Truppen deutsche überrumpelten ... Ich war in großer Gefühlsverwirrung. Auch mich faßte die vernichtete deutsche Größe mit vielem Schmerz an. Ich konnte ein paarmal kaum Thränen unterdrücken. Und doch wußte ich: es sind die ekelhaften Hakenkreuzler, die unreifsten Elemente, die schlimmsten Teutschen, die da klatschen« (Klemperer 1996, 564f).

Die Propagandaschlacht, die während des Ersten Weltkriegs zum erstenmal unter Einsatz aller modernsten Medien tobte, hat die deutsche Seite unvorbereitet getroffen und daher benachteiligt, während an allen Fronten mit »den Waffen

der Lüge (...) die größten Siege gegen uns errungen (wurden)«. »Erst im Juni 1916 kam es zu den dringend notwendig gewordenen gemeinsamen Aktionen der obersten Behörden« (Barkhausen 1982, 46), d.h. als der Krieg schon nicht mehr zu gewinnen war, hat die deutsche Heeresleitung die Wirksamkeit der Filmpropaganda eingesehen –, eine Folge war die Gründung der Ufa. Inzwischen war allerdings mit Hollywood ein besonders mächtiger Gegner an der Filmfront aufgetaucht, der seit dem April 1916 mit den amerikanischen Truppen gegen die ›die deutschen Hunnen‹ zu Felde zog.

David Walk Griffith hatte 1915 in den USA einen anderen, den Patentkrieg der Filmindustrie dadurch beendet, daß er mit dem monumentalen

(ziemlich rassistischen) Film BIRTH OF NATION (1915) den unabhängigen Filmemachern gegen die ›Motion Picture Patents Company‹ zum endgültigen Sieg verholfen hat. So jedenfalls sieht es der Film von Peter Bogdanovich NICKELODEON (1977), der mit der Uraufführung des Films BIRTH OF A NATION (als der Film noch nach seiner Romanvorlage THE CLANSMAN hieß) im Kino endet. Ein Produzent schwärmt, nachdem er BIRTH OF A NATION gesehen hat: »Ein neuer Tag ist angebrochen. Die Epoche der großen Filmpaläste ist angebrochen, gewaltige Filme, gewaltige Paläste (...)«. Die neue Filmindustrie ahnt, daß der Weltkrieg, der bereits in Europa tobt, das nächste gewaltige Thema ihrer monumentalen Filme sein wird. D.W. Griffith, der ausgerechnet 1916 mit seinem pazifistischen Monumentalfilm INTOLERANCE Premiere hatte und im Strudel der gerade aufgeflammten Kriegsbegeisterung der Amerikaner ein Debakel erlitt, reiste nach Europa zu einem Besuch der Schützengräben an die Westfront, wo er feststellen mußte, daß sich das Schlachtfeld seiner Wahrnehmung entzog und selbst zu einem Kampfplatz von Wahrnehmungslogistiken des modernen Krieges geworden war, wo es vor allem darum ging, unsichtbar zu sein, sich vor den Blicken aus Periskopen und Flugzeugen des Gegners zu verbergen, zu tarnen, einzugraben (Virilio 1986, 46f). Griffith, der in Europa Studien für seinen Kriegsfilm HEARTS OF THE WORLD machen wollte, kehrte 1917 aus den Schützengräben an der Somme unverrichteter Dinge und enttäuscht, weil er ›nichts gesehen hatte‹, zu den Schlachtfeldern Hollywoods zurück.

Die Schlachten des Ersten Weltkriegs haben keine unbeteiligten Beobachter mehr, jeder unmittelbar an den Kämpfen Beteiligte ist tödlich Betroffener. Der Soldat, der oft stundenlang unbewegt im Schützengraben ausharren muß, ist zugleich Handelnder und fasziniert erstarrter Zuschauer; angesichts des ungeheuren audiovisuellen Ereignisses der Schlacht wird die Szenerie besonders bei nächtlichen Angriffen als vollkommen unwirklich empfunden, und sie wirkt auf ihn wie ein Lichtspiel im Kino, also filmisch. Anders als die naturalisierende Metapher Ernst Jüngers vom ›Stahlgewitter‹ entspricht die filmische Wahrnehmung des Krieges der Modernität der eingesetzten Mittel. Alle künftigen (Anti-) Kriegsfilme haben sich des Eindrucks einer Wahrnehmungsschlacht bedient (Coppola wird diesen Effekt in seinem Film ›APOCALYPSE NOW‹ (1976-79) über den Vietnam-Krieg, der als Medienkrieg in die Geschichte eingegangen ist, zum Thema machen), von der auch ein französischer Sergeant in einer *Film*zeitschrift 1916 folgende Schilderung von einer Raketenexplosion an der Front gegeben hat:

»Es ist schwarze Nacht. Im Schein einiger Sterne, die am Himmel zittern, wirken die fahlen Windungen des Schützengrabens wie eine Kreideskizze; gegenüber lauert in der tiefen Dunkelheit der Feind, in dem geheimnisvollen Schweigen schleicht der Tod umher. Plötzlich zerreißt ein heftiges Pfeifen den Raum, zugleich schießt ein Feuerpunkt zu den Wolken hoch und zieht hinter sich einen langen feurigen Strahl her, von dem eine Vielzahl goldener Funken herabfällt. Sofort erwacht ein phantastisches Leben auf dem Erdboden. Nach rechts und links dehnt sich endlos der Schützengraben aus und die Kuppen der Böschungen explodieren in einem bläulichen Weiß von zwei Seiten eines Pfades aus dem undurchdringlichen Dunkel. Die regelmäßig aufgereihten Pfähle, die plötzlich auftauchen, ähneln einer langen Reihe aufmerksamer Posten, einer endlosen Prozession stummer Phantome zwischen dem sich bewegenden Gras, dessen mit schimmerndem Stahl übersäte Büschel sich in dunklen Garben erheben. An einigen Stellen werfen sich mit einemmal vereinzelte Schatten über der Böschung zu Boden und bewegen sich nicht mehr. Das vorsichtige Knirschen der Schaufeln und Hacken wirkt wie verzaubert. In sechzig Metern Entfernung sieht man den verdeckten feindlichen Schützengraben wie ein undeutliches graues Reptil hinter der Anhäufung von Pflöcken und Stacheldraht. Und überall dieses Licht, wo der Horizont sich ausdehnt und sich wie in einem Nebelmeer verliert ...« (Audibert 1916, 1).

Der Beobachter ist selbst Teil der Szenerie, die er wie einen Film beschreibt. Eine unwirkliche Beleuchtung hellt den Raum zwischen den feindlichen Linien für einen Moment auf, in dem die Rakete hochsteigt, dann bewegen sich Schatten, Gegenstände werden silhouettenhaft sichtbar, aus dem nebelhaften Horizont und dem gegenüberliegenden Schützengraben können jeden Augenblick tödliche Angriffe erfolgen. Alles ist schattenhaft, versteckt, unkenntlich, nichts wäre zu sehen, wenn nicht ab und zu eine Leuchtrakete die Szenerie gespensterhaft erleuchten würde. Im modernen Krieg ist jeder bemüht, sich selbst unsichtbar zu machen und zugleich die feindliche Gefahr in grelles Licht zu setzen. Die unvorstellbare Gewalt des sinnlichen Eindrucks der Schlachten des Ersten Weltkriegs hat die Ereignisse unwirklich, filmisch werden lassen, umso mehr war der Film geeignet, das im Kino wieder sichtbar zu machen, was sich an Ort und Stelle jeder Vorstellung entzog. Noch heute werden für die Foto- und Filmproduktion militärische Analogien gedankenlos verwendet, wenn es u.a. heißt, daß Einstellungen (shots) zum Beispiel in ›shot reverse shot‹ (Schuß-Gegenschuß) aufgenommen werden etc. Mit dem Photoapparat werden ›Schnapp-Schüsse‹ gemacht, im ›Goldenen Buch der Rolleiflex‹ heißt es (1935): »Schnappschuß bedeutet Krieg«, man zückte die Kamera, zielte und schießt. Wie konnte es da ausbleiben, daß die 24 Bilder in der Sekunde, von denen Godard sagen wird, daß sie die Wahrheit sind, zur Munition eines Schnellfeuergewehrs werden? In einem Roman von Heinrich Eduard Jacob: *Blut und Zelluloid*, der 1930 erschienen ist, wird die Kamera zum Maschinengewehr der Bilder, wird das Kino zum Schauplatz, wo »Zuschauer vor das große Maschinengewehr der Projektoren getrieben werden. Vor den rasenden Zelluloidstreif. Die Linse, gleichmütig und kalt, gab zwanzig Schüsse in der Sekunde« (Jacob 1986, 24).

Schüsse, Explosionen, Geschwindigkeit, Rhythmus, Maschinen, Mechanik, das ist das metaphorische Repertoire der Moderne, das nach 1918 Wahrnehmung und Kultur der Großstädte beherrscht. Im Krieg ist noch der Umbruch, sind die katastrophal erfahrenen Veränderungen zwischen wilhelminischem Vorkriegsdeutschland, das für viele mit einer ›Belle Epoque‹ identisch gewesen ist und revolutionärer Bewegung der Republik nach 1918 Thema.

An Henny Porten, »Inbegriff der deutschen Filmschauspielerin« (Hickethier 1986, 71), lassen sich die Phasen der Veränderung am Frauenbild, das sie verkörperte, noch einmal nachvollziehen. Als blondes Gretchen, deren »meist demutsvoller, melancholischer oder ›himmelnder Blick‹« einer den wilhelminischen »Schlafzimmeröldrucken entstiegene(n) Schutzengel-Mutter« gehört, spielt vor allem das um seiner Liebe willen leidende und für diese Liebe zumeist sterbende Mädchen«, die verstoßene Geliebte oder verfolgte ledige Mutter. Im Krieg (ihr Ehemann, der Regisseur Curt Stark fällt 1916) steigt (ohne ausländische Konkurrenz) ihre Popularität. »Nicht nur Frauen identifizieren sich mit ihr und ihren Rollen. Von der Front bekam sie waschkorbweise Briefe« (Belach 1986, 44), sterbende Soldaten widmeten ihr das Eiserne Kreuz, Feldkinos nannten sich ›Henny-Porten-Kino‹. Ihre Filme, die sie während des Krieges gedreht hat, sind neben Komödien, die so etwas wie Aufbruchstimmung verbreiten, ein Zweiteiler, DIE FAUST DES RIESEN (1917), in dem sie auf einem Gut mit einem Tyrann von Ehemann zusammenlebt, dem sie mit ihren Kindern zu entkommen droht, aber zurückkehren muß. Dann findet man ihn in seiner Berliner Wohnung, wo er den Besitz durchgebracht hat, ermordet. Ein Freund seines Bruders hat es aus Liebe zu ihr getan.

Man kann diese Geschichte als Versuch einer gewaltsamen Befreiung aus der wilhelminisch-patriarchalischen Gesellschaft verstehen –, Henny Porten selbst wird im November 1918 mit der Revolution konfrontiert. Die Aufnahmen zum Film DIE BLAUE LATERNE werden durch die Nachricht unterbrochen »Revolution ist, wir haben keinen Kaiser mehr, jetzt zieh'n wir alle unter die Linden feiern« (Belach 1986, 50). Sie selbst wird gebeten, vom Balkon des Schlosses eine Rede an die meuternden Matrosen zu halten:

» ›Seid gut, vernichtet nichts, schützt eure Frauen, eure Schwestern, eure Kinder‹. Und auch diese Marineleute, die mich ja aus dem Kriege, aus den Feldkinos genau kannten, die hörten auf zu singen (...) und hörten ganz friedlich meine wunderschöne Rede an« (Belach 1986, 51). Rosa Luxemburg oder Henny Porten? Gewonnen hat das Kino, das sich unter dem neuen Zeichen UfA an die Monumental-Produktion der nächsten (französischen) Revolution (von 1789) unter der Regie von Ernst Lubitsch in den Babelsberger Studios machte: MADAME DUBARRY (allerdings mit Pola Negri).

Das Frauenschicksal, das Carl Sternheim in der Erzählung »Ulrike« 1917 veröffentlicht, könnte von Henny Porten verkörpert worden sein, bis an eine Grenze, an der sie von Louise Brooks abgelöst werden müßte. In der Uckermark wächst Ulrike unter der Knute ihres gräflichen Vaters mit preußisch-protestantischem Ethos auf. In der Großstadt Berlin wird sie zum erstenmal mit einer Gegenwelt konfrontiert. »Panoptikum und zoologischer Garten schlossen in Ulrike die Vorstellung des brodelnden Topfs, in den sie geworfen war.« Sie kommt ins Theater und schließlich auch ins Kino, das ihr neue Verbindungen von Wunsch und (katastrophischer) Wirklichkeit zeigt »in dieser Stadt, die in eilenden Treibriemen kreischte«:

»Das Schadenfeuer in des Hotels Nähe packte sie nicht ganz, weil ein anderes, das man im Kino gezeigt, plastischer gebrannt hatte. Insbesondere konnte auf der Leinwand ein von Dämpfen betäubter mittels sinnreicher Anstalten noch durchs Fenster ins Freie gebracht werden, während in der Wirklichkeit Schreie hinter Rauchgardinen schlimmen Ausgang verrieten« (Sternheim 1917, 11f).

Die Kinometapher wird vom Krieg eingeholt. Auf dem Gut ihres Vaters pflegt sie zerschossene Leiber, aber die Rettung will sich nicht wie im Kino einstellen. In diesem Chaos »merkte sie plötzlich Krieg und Krüppel unmittelbarer und jetzige Zustände den Menschen der Epoche gemäßer als alles, was im Frieden gewesen«. Sie flieht ins Kino und

»fand vor europäischer Nacht Licht bei exotischen Kinobildern. Jede freie Stunde (...) saß sie in der besetzten Hauptstadt Lichtspielsälen (...). Aus dem Film rollten Geschöpfe in Situationen, die zwar kaum noch wahrscheinlich waren, aber Kanäle zu ihr vertrauten Empfindungen offenließen. Wilde gab's im Busch, zur Rache gekämmte Indianer auf dem Kriegspfad, Schakale in der Jagden Rausch; doch immer konnte der Beschauer an der Kreaturen Gewalttätigkeit begreifend teilnehmen. Es blieb gewissermaßen der Gott sichtbar« (29).

Das Kino macht sie hemmungslos, schließlich gerät sie an einen Orang Utan von einem Mann, Posinsky, der Jude und Maler und außerdem noch in Afrika gewesen ist und von Negervölkern erzählt. Zwischen Holz- und Elfenbeinskulpturen der Sudanneger baut sie sich und diesem Mann, »ein starker behaarter Affe und (sie) die berauschte Äffin« (38), eine Art exotisches Paradies. Jahrtausende hat sie rückwärts eingeholt und wünschte das späte Paradies nicht herrlicher.« Ihr früheres Leben preußischer Pflichterfüllung wird ihr exotisch. »Die nach früheren Anschauungen exotische Welt dagegen, in die sie Posinsky einführt, wird ihr natürlich« (Wendler 1966, 161). Als Ulrike ›einen Knaben entband (starb) sie in der Geburt mit verzückten Grimassen‹. Die Umwertung aller Werte, die Sternheim in der Rückkehr (des Krieges) zum Primitivismus sieht und damit auch Bilder der (Kultur der) Nachkriegszeit vorwegnimmt, durchquert zweimal das Kino: Zuerst ist es der Ort einer wirklicheren Wirklichkeit, weil hier sich das Katastrophische des Realen mit den Wünschen auf Rettung verbindet. Als die Katastrophen eintreten, bietet das Kino Raum für einen regressiven Eskapismus, der sich schließlich sogar jenseits der Wirklichkeit realisieren läßt. Eine Epoche gelebter (Kino-)Illusionen im Asphaltdschungel der Großstädte beginnt, dessen Erfahrungen indes von gänzlich neuen Wahrnehmungen, von Ängsten und Phantasmagorien des Grauens ebenso wie automatisierter Hektik und mechanischen Beschleunigungen, gleißender Helligkeit und trostloser Dunkelheit geprägt sind, die dem Kino in der Großstadt einen symptomatischen Stellenwert verleihen. Das Kino wird zum ›Schwellen‹-Ort zwischen Außen und Innen, Realität und Illusion, phantastischer Wirklichkeit (der Großstadt) und wirklicher Phantastik der Filme.

8. Kino und Großstadt

Auf der Schwelle

Großstadt und Kino – das sind zwei Seiten derselben Medaille. Mit der Entstehung der industriellen Ballungszentren und Großstädte wie London und Paris hat sich eine gegenüber dem Landleben vollkommen veränderte Wahrnehmungsweise entwickelt, die schockförmig auf die Geschwindigkeiten der neuen Verkehrsmittel und die ständig sich verändernden Perspektiven an Straßenecken und Plätzen, von Dächern und aus Kellern reagiert. Edgar Allen Poes »Mann in der Menge« (1840) beobachtet von seinem Platz hinter der Fensterscheibe eines Cafés aus die flanierenden Menschen Londons, er »studierte mit sorgfältigstem Interesse die unzähligen Verschiedenheiten an den Gestalten, an der Kleidung, der Haltung, den Gesichtern und dem besonderen Ausdruck der Züge« (Poe 1966, 210), bevor er sich selbst auf die Verfolgung eines der Gesichter ins Getümmel der Großstadt stürzt. Er folgt der Gestalt über Straßen und Plätze, durchquert ein Kaufhaus, eine Kneipe und kehrt am Ende wieder zu seinem Ausgangspunkt zurück. Er hat ihn aus den Augen verloren, weiß jedoch: ›Dieser Mann ist der Geist des Verbrechens‹. Die vom Gaslicht beleuchtete Straße wird zur unheimlichen Szene und zum Arbeitsplatz für Detektive, die Licht ins Dunkel schrecklicher Verbrechen bringen werden, die sich in den Straßenschluchten oder hinter den Fensterreihen ihrer Häuser ereignet haben.

Etwa 100 Jahre später sind die Städte größer und dynamischer geworden, aber die Geschichten, die in ihnen erzählt werden, ähneln sich. Wieder erlebt ein Beobachter die Großstadt wie ein Zuschauer im Kino: Am Anfang von Karl Grunes Film DIE STRASSE (1923) liegt ein Mann im Däm-

merlicht auf dem Sofa in einer kleinen Wohnung und betrachtet die bewegten Schatten, die das Licht der Straße wie in einer Camera obscura an die Zimmerdecke projiziert. Man hört die Geräusche der Straße nicht, aber man sieht sie förmlich. Der Mann eilt ans Fenster und sieht, was seine erwachte Lebensgier ihn sehen läßt, das verführerische Großstadtleben, das nur auf ihn zu warten scheint. Er verläßt seine biedere Ehefrau und stürzt sich ins Abenteuer der Großstadt, wo die Straße phantastische Züge annimmt. Er folgt einer Hure, es gibt einen Mord und der Mann wird als Mörder von der Polizei ins Gefängnis geworfen. Verzweifelt will er sich erhängen, als sich doch noch seine Unschuld herausstellt. Er kehrt nach Hause zu seiner Ehefrau zurück, wo auf dem Tisch noch immer die Suppe auf ihn wartet. Kein Zweifel, der Mann ist aus der sicheren, aber langweiligen Höhle seiner Wohnung in einen aufregenden Film geraten, der ihn beinahe das Leben gekostet hätte. Der Film, das ist die ›Straße‹ oder wie Willy Haas 1924 am Beispiel von Grunes Film bemerkt hat: »Die Straße ist für den Film nicht der oder jener Ort: sie ist der charakteristische Ort der Bildvision des Films von heute« (Haas 1991, 148). Die Straße ist selbst wie ein Film: Die moderne Großstadt hat eine dynamische »Steigerung des Nervenlebens [hervorgebracht], die aus dem raschen und ununterbrochenen Wechsel äußerer und innerer Eindrücke hervorgeht. [Das sind] die rasche Zusammendrängung wechselnder Bilder, der schroffe Abstand innerhalb dessen, was man mit dem Blick umfaßt, die Unerwartetheit sich aufdrängender Impressionen« (Simmel 1984, 192).

Diese Beschreibung einer kinematographischen, montageförmigen Wahrnehmungsweise des Großstadtlebens von Georg Simmel kann nur noch vom Kino selber übertroffen werden und ihrer literarischen Reflexion im Expressionismus wie in dem bereits früher (s. Kapitel 2) schon erwähnten Beispiel von Carlo Mierendorff: »Eng gekeilt, kein hochgeklappter Sitz, keucht in der Verfinsterung der Zuschauer unter dem Bild, das vorüberprescht. Schweiß bricht aus« (Mierendorff 1978, 140).

Der Straße als Lebensraum entspricht das Kino als Illusionsraum, der Übergang zwischen beiden ist eine Eintrittskarte. In den 20er Jahren hatten die Kinos ihre Vergangenheit als kleine schmutzige Ladenkinos längst überwunden und waren zu riesigen Palästen geworden, auf deren mehreren tausend Plätzen die »Monteure, Briefträger, Zylinder, Matrosen ...« in bequemen Sesseln sich in eine bessere Welt träumen konnten, als sie ›draußen‹ auf der Straße mit ihren immer schlechter werdenden Lebensbedingungen nach der Vorstellung wieder auf sie wartete. Nachkriegszeit, Arbeitslosigkeit, Inflation haben den Kinos die größten Zuschauerzahlen beschert und die äußerste Prachtentfaltung ihrer bisherigen Geschichte gebracht. Allein in Berlin existierten 1925 342 Kinos mit einer Gesamtkapazität von 147.612 Plätzen, darunter waren 22 Filmpaläste mit über 1000 Plätzen. Im selben Jahr wurden in Berlin 44 095 000 Kinokarten verkauft. Einige der ›Filmpaläste‹ wie das Berliner »Marmorhaus« waren noch vor dem Ersten Weltkrieg eröffnet worden. Andere wurden zu Monumenten moderner Architektur im Berlin der 20er Jahre, vor allem das ›Capitol‹ (Architekt Hans Poelzig) und das ›Universum‹ (Architekt Erich Mendelsohn). Von diesen ›Filmpalästen‹ hat Siegfried Kracauer gesagt, sie »sind Paläste der Zerstreuung; sie als Kinos zu bezeichnen,

wäre despektierlich. (...) gepflegter Prunk der Oberfläche ist das Kennzeichen dieser Massen-Theater. Sie sind wie Hotelhallen, Kultstätten des Vergnügens, ihr Glanz bezweckt die Erbauung« (Kracauer 1977, 311). Auch
sie wurden noch in den Schatten gestellt durch die riesigen Luxuspaläste,
die in den 20er Jahren in Nordamerika mit 4000-5000 Sitzplätzen gebaut
worden waren. Das waren Kathedralen des
Films wie das legendäre ›Roxy‹, das 1927 mit
fast 6000 Plätzen eröffnete; das größte und
letzte in einer Reihe mit dem ›Paramount-
Theatre‹ (1928) und dem ›Loew's Kings‹
(1929) war die ›Radio City Music Hall‹ (1932)
mit 5960 Plätzen (das als einziges noch heute
existiert). Marcus Loew hat über diese Kinopaläste einmal gesagt, daß man seine Eintrittskarte nicht für den Film, sondern für
den Besuch des Kinos kaufte. So gesehen fing
der Hauptfilm schon im Foyer an.

»Betreten wir einmal an einem heißen Som-
mernachmittag nach Geschäftsschluß einen
New Yorker Kinopalast. Die überhitzte
Atmosphäre, der Staub und Trubel der
hauptstädtischen Straßen sind unerträglich; wie matte Fliegen schleppen sich die

Leute durch den glühenden Hexenkessel – da reißt ein prächtig uniformierter Portier die doppelten Flügeltüren des Lichtspieltheaters auf, und wenn wir eintreten, fühlen wir uns in eine schönere Welt versetzt (...). Im Vestibül plätschern frische Springbrunnen gegen marmorne Nymphen und Mosaikwände: Blumen überall, ein mildes Licht erfüllt den Raum, weiche Teppiche tun den Füßen wohl. Ein Heer von Angestellten, frische Jungen in netten Uniformen, steht in langen Reihen bei den Kassen. (...)

Nun wird die Beleuchtung schwächer, die bizarren Konturen der orientalischen Gebäude verschwinden in blauer Nacht, doch ein mattes grünliches Licht gleitet vom Projektionsraume aus tastend über den Vorhang, spielt über das Orchester, und senkt sich schließlich auf die wallende Mähne des Dirigenten. (...)

Diese Vorstellung besteht aus einem kleinen Singspiel, einer Tanzpantomime oder dergleichen, die auf voller Bühne gespielt werden, etwa eine viertel Stunde währen und die Filmvorführung einleiten. Wenn sich der Vorhang zum zweitenmal hebt, erblicken wir die Filmleinwand, auf der zunächst Tagesereignisse abgespielt werden, es folgt eine kurze Filmkomödie und dann endlich das so langersehnte Drama, das in der Regel 1 Stunde 20 Minuten läuft. (...)

Jeder der seine 75 Cent (3 Mark) Entree gezahlt hat, kann sich während ein paar Stunden als Millionär fühlen: ihm gehört der ganze Glanz, aller Prunk ist nur dazu da, ihn anzulocken und ihm zu gefallen« (Fawcett 1927, 81ff).

In diesen ›Palästen der Zerstreuung‹ wurden die kostbaren Teppiche für die Millionen ›kleinen Ladenmädchen‹, die Büroangestellten und für das Heer der Arbeitslosen ausgerollt, die im Amerika der ›Great Depression‹ ebenso wie in Deutschland vor Inflation, Wirtschaftskrise, politischen Wirren und sozialem Elend nur zu bereitwillig in die Paläste ihrer Kinoträume flohen. Gerade deshalb waren die Kinos der 20er und 30er Jahre, ob als Paläste oder Kintopp an der Ecke, wirkliche Bestandteile der Wirklichkeit dieser Zeit: Ihre strahlenden Fassaden beleuchteten nachts die Großstädte, deren Geschichten sich auf den Leinwänden in ihren glücklicheren Wendungen, als sie der Alltag bereithielt, wiederholten. Mochten die Schreckgestalten des filmischen Expressionismus wie Caligari, Nosferatu oder Homunkulus sozialpsychologische Anzeichen für Existenzängste und heraufziehende politische Gefahren sein (Kracauer). Ein Ufa-Film wie EIN BLONDER TRAUM (Paul Martin, 1932) hat mit seiner verlogenen Schrebergartenidylle die Wirklichkeit der Wünsche eines Publikums ausgedrückt, das sie im Kino auch noch den Bildern einer wünschbareren Wirklichkeit vorgezogen hat, die ihnen zuvor der Film von Brecht/ Dudow KUHLE WAMPE (1932) mit der gleichen, aber politisch gewendeten Geschichte vor Augen gestellt hatte.

Der Held der Großstadt ist derjenige, der sich in ihrem Dschungel als einziger zurechtfindet, der Spurenleser. Ursprünglich beherrschte der Detektiv mit seinem Widerpart, dem kriminellen ›Täter‹ das Feld allein, bis ihm der Reporter das urbane Terrain streitig machte. Als das Kino die

Großstädte eroberte, war es ein Leichtes für Nick Carter, Sherlock Holmes und Doktor Watson oder Inspektor Juve und seinen Assistenten Fandor, die Gegenspieler des genialen Verbrechers Fantômas in der Serie von Louis Feuillade, ihre aufklärende Arbeit auf deren Leinwänden fortzusetzen. Die Reporter folgten ihnen und der heißen Spur des Großstadtlebens in die Kinos, von wo sie Zustandsberichte über die kulturelle Lage der Republik an ihre Zeitungen weitergaben. Deshalb verdanken wir neben Walter Benjamin vor allem Joseph Roth, Bernard von Brentano und Siegfried Kracauer, den wohl bedeutendsten Kultur-›Reportern‹ in Deutschland zwischen den Weltkriegen, die zuverlässigsten Nachrichten von den Straßen in Berlin, die sich scheinbar bruchlos ins ›Capitol‹, den ›Gloria-Palast‹ oder das ›Universum‹, das ›Atrium‹ oder den ›Tauentzienpalast‹ verlängern ließen. »Filme sind für sie nicht nur ein urbanes Ereignis, sondern sie repräsentieren zugleich eine avancierte Wahrnehmung, die der Stadt, dem Inbegriff der Modernität, adäquat ist. Eine Durchdringung der beiden Medien ist damit programmiert, Definitionen des ›Filmischen und des ›filmischen Schreibens‹ gehen ein in die Berlin-Reportagen, verleihen diesen Texten einen besonderen Status« (Prümm 1988, 82).

Bernard von Brentano hatte 1925 das Amt eines Berlin-Korrespondenten der *Frankfurter Zeitung* von Joseph Roth übernommen. Seine Wahrnehmung der Stadt gleicht einem Kaleidoskop von Bewegungen, einem »pausenlos abrollenden Film des Verkehrs«:

> »Alles ist beschäftigt, alles läuft einem Ziel zu, das in einem fort überall und nirgendwo ist. In gleicher Richtung strömen die ungeheuren Kolonnen der großen Fahrzeuge, die schön in der Masse und durch ihre Bewegung sind. Alles flimmert und glitzert, die großen und die kleinen farbigen Schaufenster, die Lichter der Lichtreklame ...« (Brentano 1981,12).

Wenn er sich dem Kino nähert, dann beschreibt er zunächst das Gesicht, das es der Stadt zuwendet, um dann ins Innere vorzudringen:

> »Am großen Platz an der Gedächtniskirche, direkt neben dem Ufa-Palast am Zoo, ist das Capitol erstanden. Seinen Namen hat es aus Rom, seine Form aus der Neuzeit. Eine niedrige, braune Wand, lang wie ein Zaun gegen die Kirche gestellt und durch große Schaufenster belebt, macht es diesen häßlichen Platz, romanische Geste Wilhelms II., fast schön. Ein Stil rüttelt die Stillosigkeit auf. Das Schöne, unter das Häßliche gestellt, gibt Gesicht. Es muß gebaut werden in Berlin.
> Poelzig hat dieses Kinotheater gebaut. Es hat 1500 Sitzplätze, bequem und richtig angeordnet, hübsche Logen, breite Gänge, ein Foyer, durch dessen gläserne Wände sich die unaufhörliche Bewegung des Platzes bricht, den sie spiegeln – und eine goldene Kuppel, höher als die mancher hiesigen Kirche hinaufgewölbt. Gold ist eben in den Lichtspieltheatern Mode. Es macht sich gut, wenn es so gut gemacht ist wie von Poelzig« (Brentano 1981, 30f).

Das Innen und das Außen des Kinos lassen sich schließlich austauschen, der » Film der Deutschen ist der Zuschauerraum, ist der Kurfürstendamm,« (32) um so mehr muß ihn ein Film begeistern, der die Stadt, so wie er sie sieht, zurück ins Kino projiziert hat. Den ersten Versuch, die Großstadt selber auf die Leinwand zu bringen, hat Walter Ruttmann gemacht in seinem Film: BERLIN. DIE SINFONIE EINER GROSSSTADT (1927).

«Die Uraufführung im Tauentzienpalast – war ein guter Erfolg. Ein sehr kritisches, altbekanntes Premierenpublikum war begeistert. Es wird interessant sein, zu erfahren, ob man diesen Film außerhalb Berlins verstehen wird. Er verzichtet auf jede Erklärung. Er durchleuchtet, beleuchtet die Stadt. Er zeigt sie auf – von morgens bis mitternachts. (...) Er hat den ausgezeichneten Einfall gehabt, die moderne Großstadt als eigenes Lebewesen, als Person des Schauspiels einzuführen« (Brentano 1981, 144f).

Walter Ruttmanns BERLIN. DIE SINFONIE DER GROSSSTADT ist eine gefilmte Revue aus fragmentarischen Eindrücken Berlins. Der Film fügt kalei-

doskopartig Bewegungen, Bilder, Blicke, Episoden der Stadt zu einem Tag ›von morgens bis Mitternacht‹ zusammen. Die Rolläden an den Schaufenstern werden hochgezogen, die Straßenbahnen fahren aus den Depots, Ströme von Arbeitern streben den Fabriktoren zu, der Verkehr nimmt an Dynamik zu und hält mittags nur kurz inne, um sich gegen Abend noch einmal auf regennasser Straße mit seinem Lichterband der Scheinwerfer mit den endlosen beleuchteten Schaufensterreihen und den Leuchtreklamen zu verbinden, von denen einige auch auf Kinos hinweisen. Die Passanten strömen an der Kinokasse vorbei ins Innere, wo ein einziges Filmbild ausreicht, um ›Kino‹ zu symbolisieren: Zwei Beine mit viel zu großen alten Schuhen an den Füßen laufen in unverwechselbarem Gang über die Leinwand, ein Stöckchen biegt sich daneben, alles das ist nur für Sekunden zu sehen, bis es verschwindet, aber wir haben verstanden. Der Film hat das Kino bereits wieder verlassen und sich den Passanten angeschlossen, die im Film der Großstadt auf den hell erleuchteten nächtlichen Straßen neben dem Strom der Autos flanieren.

Siegfried Kracauer, der seit 1921 für das Feuilleton der *Frankfurter Zeitung* schrieb, wurde 1930 Brentanos Nachfolger als Berlin-Reporter. Kracauer kritisiert Ruttmanns Film, weil es vermeidet, »die Großstadt zu zeigen, wie sie wirklich ist, sondern den ungemessenen Ehrgeiz (hat), gleich eine ›Sinfonie der Großstadt‹ zu komponieren.« Herausgekommen sei nur eine »Summe verworrener Vorstellungen, die Literatengehirne über eine Großstadt ausgebrütet haben« (Kracauer 1989, 118). Ganz anders beurteilt Kracauer dagegen einen russischen Städtefilm über Moskau von Dziga Vertov: DER MANN MIT DER KAMERA (1929), den er im gleichen Jahr in Berlin sehen konnte. Während Ruttmanns Montageassoziationen »rein formal sind (...) gewinnt Vertov durch die Montage dem Zusammenhang der Wirklichkeitssplitter einen Sinn ab« (Kracauer 1974, 90). Zusammengehalten werden die Ansichten und Episoden von Moskau und seinen Menschen durch den Kameramann, der in der Stadt allgegenwärtig ist und aufnimmt, was und wie er es sieht und der das Gesehene am Schneidetisch verarbeitet, um es den Moskauern wieder zu zeigen. »Und auch das Kino erscheint, in dem das erjagte Leben vor den Zuschauern als Bildstreifen wiederkehrt« (Kracauer 1974, 89). Vertovs Film, der die Arbeit des Kameramanns ›dokumentiert‹, beginnt im Kino, wo der Film gezeigt werden soll, der zeigt, wie ein Kameramann das Leben eines Tages in Moskau registriert, kompiliert und zu einer Aussage verdichtet. Zuerst ist das Kino leer, dann klap-

pen sich die Sitze wie von Geisterhand herunter – Schnitt – jetzt sitzen Frauen, Männer, Kinder darauf, das Kino füllt sich, der Filmvorführer legt den Film in den Projektor ein, die Musiker kommen, das Saallicht erlischt, der Filmvorführer zündet die Projektionslampe, die Musiker warten auf ihren Einsatz, der Projektor läuft los, die Musik spielt, der Film beginnt. Jeder Film beginnt im Kino – Vertovs DER MANN MIT DER KAMERA ist der einzige, der das auch zeigt.

Joseph Roth war seit 1923 Berlin-Korrespondent der *Frankfurter Zeitung*. Sein präziser analytischer Blick auf die Stadt hat, im Unterschied vor allem zu seinem Nachfolger Brentano, die Erstarrung im Technischen und Mechanischen gesehen, das Eis unter der brodelnden Oberfläche gespürt. Ebenso ambivalent, wie seine Haltung Berlin gegenüber war, hat er auch das Kino eingeschätzt. »Roth ist ein begeisterter Kinogänger, der auch (...) zum radikalen Filmfeind hätte werden können« (Prümm 1988, 91). Diese Ambivalenz kommt in der spöttischen Beschreibung des (damals üblichen) Vorprogramms im Berliner ›Ufa-Palast‹ zum Ausdruck, dessen ritueller Ablauf das Kino zur profanen Kirche werden läßt. Auf dem Programm steht ein Film von Buster Keaton, Roth ist auf Lachen programmiert. Aber es kommt ganz anders. Als sich der Vorhang öffnet verbinden sich Kaskaden von Licht mit Wasserspielen und ergießen sich von den Wänden. »Und als ein junger schwarzer Mann auf einer Orgel zu beten begann und die mächtigen Klänge des göttlichen Instruments die geöffneten Herzen der Anwesenden füllten, wurde es so still im Saal, daß man in den Bauten nur den Atem der Menschen hören konnte ...« (Roth 1990, 513). Eine Orchestershow wird anschließend von blauem, rotem und gelben Licht angestrahlt. »Immer noch rannen die Hauswasserfälle. Und schließlich entlud sich unsere Andacht in heftigem Klatschen, und am lautesten klatschten die Dissidenten. Alle erkannten wir den Willen einer überirdischen Macht, einer metaphysischen Kinodirektion, einer himmlischen Branche ...« (Roth 1990, 514). Nach so viel heiligem Ernst und Kinokitsch hatte kaum noch jemand Lust auf einen komischen Film. Derartige Bühnenshows, bei denen auch Akrobaten, Girltrupps wie die ›Tiller-Girls‹ auftraten, waren ein Erbe des Ursprungs des Kinos auf dem Jahrmarkt und im Varieté. Erst der Tonfilm hat diese zusätzlichen ›Live-Shows‹ mit seinem Gesamtkunstwerk aus Bildern, Tönen, später auch Farben, sogar in 3-D oder CinemaScope verdrängt.

In der Literatur sind das ›filmische Schreiben‹ und das Schreiben über den Film zum Markenzeichen ihrer Modernisierung geworden. Nachdem anfangs der Film ausgiebig vor allem von der Literatur des 19. Jahrhunderts Gebrauch gemacht und die Literaten nur zögernd den Film als Markt für ihre Produkte entdeckt hatten, ließ sich der gegenseitige Einfluß beider kultureller Sphären spätestens in den 20er Jahren nicht mehr leugnen. Noch einmal: »Der Filmsehende liest Erzählungen anders. Aber auch der Erzählungen schreibt, ist seinerseits ein Filmsehender« (Brecht 1973, 156). Der ›filmischen Schreibweise‹, wie sie in der modernen, besonders auch amerikanischen Literatur zum Ausdruck kommt, geht der Eindruck des Films, seiner montageförmigen Erzählweise, seiner Beschleunigungen und wechselnden Perspektiven der Blicke im Kino voraus, der zwischen Innen und Außen oszillierend zum Inbegriff für die großstädtische Wahrnehmung überhaupt wurde. Der Film als das Leitmedium dieses 20. Jahrhunderts ist in der modernen, großstädtischen Literatur als Wahrnehmungsstruktur und Schreibweise immer anwesend. Das bedeutet nicht, daß diese Literatur ebenso selbstverständlich den Film auch am Ort seiner Wahrnehmung im Kino thematisiert.

Zuerst hat sich so etwas wie ein Subgenre des Großstadtromans herausgebildet, der mehr oder weniger literarisch, mehr oder weniger kolportagehaft die Filmproduktion zum Schauplatz einer ›Traumfabrik‹ und von Abenteuern ›am Set‹ oder zum Ort der Sehnsüchte junger Mädchen, die ›zum Film wollen‹ macht. Luigi Pirandellos Roman *Die Aufzeichnungen des Kameramanns Serafino Gubbio* handelte schon 1915 davon, daß der Mensch zum Bestandteil seines (Film-)Apparates wird; er diente Walter Benjamin zur Beschreibung des apparativen Charakters filmischer Reproduzierbarkeit. *Ciné-Ville* von Ramón Gómez de la Serna (1928) ist die Fiktion einer Filmstadt à la Hollywood und die beiden ›Tatsachenromane‹ zur Geschichte Hollywoods, *Die Phantasiemaschine* von René Fülöp-Miller und *Die Traumfabrik* von Ilja Ehrenburg, die beide 1931 erschienen sind, oder auch Blaise Cendrars' *Hollywood. La Mecque du Cinéma* (1936) sind zu dieser Zeit exemplarisch für das neue Subgenre ›Filmstadt-Roman‹. Das Kino dagegen wird nur selten zum Aufenthaltsort des literarisch Erzählten und wenn, dann in der Absicht, die Differenz zwischen Kino- und Großstadtwirklichkeit in der Traversale ihrer Erfahrungsräume verschwinden zu lassen. Sie drückt aus, was Horkheimer und Adorno später zur Strategie des (Ton-)Films überhaupt erklären werden:

»Die alte Erfahrung des Kinobesuchers, der die Straße draußen als Fortsetzung des gerade verlassenen Lichtspiels wahrnimmt, weil dieses selber streng die alltägliche Wahrnehmungswelt wiedergeben will, ist zur Richtschnur der Produktion geworden. Je dichter und lückenloser ihre Techniken die empririschen Gegenstände verdoppeln, um so leichter gelingt heute die Täuschung, daß die Welt draußen die bruchlose Verlängerung derer sei, die man im Lichtspiel kennenlernt. Seit der schlagartigen Einführung des Tonfilms ist die mechanische Vervielfältigung ganz und gar diesem Vorhaben dienstbar geworden. Das Leben soll der Tendenz nach vom Tonfilm nicht mehr sich unterscheiden lassen« (Horkheimer/Adorno 1989, 134).

Zwischen Literatur und Kolportage erzählt der Roman von Heinrich Eduard Jacob *Blut und Zelluloid* (1930) von einer Art Medienkrieg zwischen Filmproduktionen zweier südeuropäischer Länder, in dem Berlin zu einem dritten, besonderen Schauplatz wird (der das Babelsberg der Ufa zu Beginn der Tonfilmzeit tatsächlich war). Wie es sich für einen Medienkrieg gehört, wird die fotografische Metapher vom ›Schießen eines Bildes‹ ausgewalzt (die Kamera ist das ›Gewehr, das zwanzigmal in der Sekunde schießt‹, der militärische Jargon dominiert), wenn von den Eindrücken die Rede ist, die auf den Helden Benno einprasseln.

»Benno trat aus dem Tiergarten heraus. Mit ungeheurem Licht- und Lärmschuß nahm die Joachimsthaler Straße seine Müdigkeit in Empfang. Ein Bergrutsch von Menschen war unterwegs. Zwischen der Kreuzung des Kurfürstendamms und dem Bahnhof Zoologischer Garten wälzten sich zähe Gesichter und Hüte. Violett, burgunderrot, rosa jagte das Buchstabenheer durch den Himmel. Titel von Filmen skalpierten die Nacht.

Benno mochte traurig sein: an dieser Stelle, jedesmal verlief sich seine Melancholie. Ein neues Wasser drang auf ihn zu und hob seinen schweren Körper auf. An der Joachimsthaler Straße bekamen alle Dinge der Welt ein andres spezifisches Gewicht. Es waren die riesigen Filmpaläste, aus denen die Kräfte dieser Zeit schossen und in die Straßen drängten. Nicht bös, nicht gut. Es waren Kräfte. Benno bewunderte den Erfolg. An dieser Stelle seines Spaziergangs schien das Erfolgreiche göttlich zu sein. Da standen die großen Kinopaläste und lockten mit Fontänen aus Licht, die auf ihrer Stirnseite tanzten. In ihre aufgezogenen Schleusen schlürften sie den Menschenstrom ein. Hut an Hut, Gesicht an Gesicht. Es durfte keiner draußen bleiben, keiner krank werden oder sterben, bevor er nicht Jannings gesehen hatte oder Chaplin und Pola Negri.

Welch Phänomen: von keinem Theater keines Zeitalters je erreicht – dieser Hineinstrom von Regimentern, von Divisionen, von Armeen! Freiwillig kamen sie? Was war Wille? Reklame hatte sich in die Körper und in die Seelen genistet wie Gas. Mit jedem Atemzug nahm die Lunge, verteilt auf einen Kubikmeter Luft, zerstäubte Wünsche und Lockungen auf. Die Augen, die Finger, der Unterleib, alles gehorchte fremdem Befehl. Dem Diktat gewaltiger Großherren.

So strömten sie, von den Fangarmen des Lichts, der Plakate, der Zeitungen hereingeschaufelt, in den Palast. Um vor das große Maschinengewehr der Projektoren getrieben zu werden. Vor den rasenden Zelluloidstreif. Die Linse, gleichmütig und kalt, gab zwanzig Schüsse in der Sekunde. Das machte zwölfhundert in der Minute. Von Patronen aus Zelluloid wurden die Gehirne durchschossen, verwundet und schon wieder bepflastert. Kilometerlange Streifen entluden sich ohne Unterbrechung, entluden sich knatternd in eine Salve von Bildern, die im menschlichen Fleisch Hunger und Sättigung, Wollust und Leiden, Lachen und Tränen zugleich erregten« (Jacob 1986, 23f).

Was sich hier so martialisch gibt, wird später von der sanfteren Naturmetapher der Bilderflut, die von den Presse-, Film- und Fernseh-Medien über ihre Opfer ausgegossen wird, abgelöst werden. Gemeint ist dasselbe, eine Welt, die schutzlos den Manipulationen der Bilder, die längst die Welt bedeuten, ausgeliefert ist.

Das *kunstseidene Mädchen* (1932) in dem gleichnamigen Roman von Irmgard Keun sieht die Dinge weniger dramatisch. Ihre Geschichte gehört zum Subgenre ›junges Mädchen aus der Provinz will zum Film und kommt in der großen Stadt unter die Räder‹. Ihre Wahrnehmungen sind wie ihre Begegnungen flüchtig, sie nimmt mit, was sich ihr bietet, en passant. Eine Taxifahrt durch Berlin wird ihr eigener Film, das Taxi zum Kino, aus dem sie ihren Film sieht:

»Mein Kopf war ein leeres, schwirrendes Loch. Ich machte mir einen Traum und fuhr mit einem Taxi eine hundertstundenlange Stunde hintereinander immerzu – ganz allein und durch lange Berliner Straßen. Da war ich ein Film und eine Wochenschau. Und tat das, weil ich

sonst in Taxis fuhr nur immer mit Männern, die knutschten – und mit welchen, die ekelten mich, dann mußte ich alle Kraft zur Ablenkung brauchen – und mit welchen, die mochte ich, dann war es ein fahrendes Weinlokalsofa und kein Taxi. Ich wollte mal richtig Taxi. Und sonst fuhr ich auch mal allein, wenn mir einer das Geld gab für nach Haus mit zu fahren – dann saß ich nur so mit halbem Hintern auf dem Polster und immer stierende Augen auf der Taxiuhr. Und bin heute allein Taxi gefahren wie reiche Leute – so zurückgelehnt und den Blick meines Auges zum Fenster raus – immer an Ecken Zigarrengeschäfte – und Kinos – der Kongreß tanzt – Lilian Harvey, die ist blond – Brotläden – und Nummern von Häusern mit Licht und ohne – und Schienen – gelbe Straßenbahnen glitten an mir vorbei, die Leute drin wußten, ich bin ein Glanz – ich sitze ganz hinten im Polster und gucke nicht, wie das hopst auf der Uhr – ich verbiete meinen Ohren, den Knack zu hören – blaue Lichter, rote Lichter, viele Millionen Lichter – Schaufenster – Kleider – aber keine Modelle – andere Autos fahren manchmal schneller – Bettladen – ein grünes Bett, das kein Bett ist, sondern moderner, dreht sich ringsum immer wieder – in einem großen Glas wirbeln Federn – Leute gehen zu Fuß – das moderne Bett dreht sich – dreht sich. Ich möchte gern furchtbar glücklich sein« (Keun 1995, 81f). Später wird sie mit einem Mann ins Kino gehen und sich wünschen, daß er sie berührt, aber der »Film [zu sehen ist »Mädchen in Uniform«, Sagan 1931] zieht mich fort von ihm, er ist so schön. Ich weine ...« (123).

Während sie allein in der Taxifahrt ihren eigenen Film erlebt, der in seiner fragmentarischen Sichtweise viele Ähnlichkeiten mit Ruttmanns Berlin-Film hat, ist sie im Kino zwischen den Bedürfnissen des Nahsinns körperlicher Berührung und den Bedürfnissen des visuellen Fernsinns, von den Bildern gerührt zu werden, ›eingeklemmt‹. ›Frau‹ möchte sich aussuchen können, wann Film ist und wann Körper, vorläufig jedenfalls scheint sich beides auszuschließen.

Die im Titel der Erzählung von Gottfried Benn angekündigte Reise des Dr. med. Werf Rönne nach Antwerpen findet nicht statt oder anders als beabsichtigt. Sie führt 1915 in ein Brüsseler Vorstadtkino. Benn selbst begibt sich (nach traumatischen Erfahrungen als Arzt im Ersten Weltkrieg) mit seinem Helden und alter ego Rönne auf die Suche nach der Wirklichkeit des eigenen Ich, das weder leibhaftig als Körper, der nur in den Extensionen in die Umwelt, als Verlängerung der Straße etwa, noch in den Wörtern der dichterischen Sprache Kontur annehmen will. Dieser Verlust psychophysischer Existenz ist es, der Rönne – ausgerechnet – ins Kino treibt. Friedrich Kittler (1987, 251) hat die Beziehung zu Sartres autobiographischer Erfahrung des Kinos hergestellt. Vor den Wörtern der Bücher, die das Medium des künftigen Schriftstellers werden, gibt es für Sartre das Glück stummer Unmittelbarkeit der bewegten Bilder und der Musik, des kinematographisch Unbewußten, in das sich ebenfalls Benn/ Rönne auf seiner Reise flüchtet (das »Unbewußte des Parterres«). Der Kino-Hades, für Thomas Mann das verruchte dumpfe profane Vergnügen, das nur durch den Abstieg aus der geistigen Bergluft zu haben und schnellstens wieder aufzugeben ist, wird für Benn/Rönne zur Stätte der Erlösung von den Wörtern, von sich selbst.

> »Er sah die Straße entlang und fand wohin. Einrauschte er in die Dämmerung eines Kinos, in das Unbewußte des Parterres. In weiten Kelchen flacher Blumen bis an die verhüllten Ampeln stand rötliches Licht. Aus Geigen ging es, nah und warm gespielt, auf der Ründung seines Hirns, entlockend einen wirklich süßen Ton. Schulter neigte sich an Schulter, eine Hingebung; Geflüster, ein Zusammenschluß, Betastungen, das Glück. Ein Herr kam auf ihn zu, mit Frau und Kind, Bekanntschaft zuwerfend, breiten Mund und frohes Lachen. Rönne aber erkannte ihn nicht mehr. Er war eingetreten in den Film, in die scheidende Geste, in die mythische Wucht. Groß vor dem Meer wölbte er um sich den Mantel,

in hellen Brisen stand in Falten der Rock; durch die Luft schlug er wie auf ein Tier, und wie kühlte der Trunk den Letzten des Stamms. Wie er stampfte, wie rüstig blähte er das Knie. Die Asche streifte er ab, lässig, benommen von den großen Dingen, die seiner harrten aus dem Brief, den der alte Diener brachte, auf dessen Knien der Ahn geschaukelt. Zu der Frau am Brunnen trat edel der Greis. Wie stutzte die Amme, am Busen das Tuch. Wie holde Gespielin! Wie Reh zwischen Farren! Wie ritterlich Weidwerk! Wie Silberbart! Rönne atmete kaum, behutsam, es nicht zu zerbrechen.

Denn es war vollbracht, es hatte sich vollzogen. Über den Trümmern einer kranken Zeit hatte sich zusammengefunden die Bewegung und der Geist, ohne Zwischentritt. Klar aus den Reizen segelte der Arm; vom Licht zur Hüfte, ein heller Schwung, von Ast zu Ast. In sich rauschte der Strom. Oder wenn es kein Strom war, ein Wurf von Formen, ein Spiel in Fiebern, sinnlos und das Ende um allen Saum. Rönne, ein Gebilde, ein heller Zusammentritt, zerfallend, von blauen Buchten benagt, über den Lidern kichernd das Licht. Er trat auf die Avenue. Er endete in einem Park« (Benn 1959/61, 35f).

Rönne findet Erlösung im vollkommenen Aufgehen in der Unmittelbarkeit des Leinwandgeschehens, dessen Bewegung ihn in einen rauschhaften Zustand versetzt und dessen Gestus er unmittelbar mitvollzieht. Er hat gefunden, was er gesucht hat, »es war vollbracht, es hatte sich vollzogen. Über den Trümmern einer kranken Zeit hatte sich zusammengefunden die Bewegung und der Geist, ohne Zwischentritt« (36). Das Kino als Erlöser der Intellektuellen von sich selbst, ein »schöneres Kompliment hat, neben dem analytischen Befund, daß es sich beim Film um pure physiologische Erweckung handelt, um 1915 kaum jemand dem Kino gemacht« (Theweleit 1994, 151). Benn/Rönnes ›Reise‹ endet zwar im Kino, dennoch ist es wiederum »das Schwanken zwischen genereller ›Unwirklichkeit‹ des Wirklichen auf der einen und sporadischen Wirklichkeitsausbrüchen auf der anderen Seite, deren Beschreibung, besonders die der Übergänge vom einen ins andere« (Theweleit 148), dem Kino seinen Ort an der Schwelle zwischen den Wirklichkeiten zuweisen.

»Das Verhältnis« zwischen einem Mann und einer Frau, das Johannes R. Becher 1913 noch als expressionistisches Menschendrama (nach dem Ersten Weltkrieg als politische Aufgabe sozialistischer Politik) beschreibt und das in die soziale und physische Auflösung und gegenseitige Vernichtung mündet, führt die beiden vorübergehend ins Kino:

»Abends besuchen wir den Kintopp: alles sitzt da in diesem Raum, umschlungen. Wir legen friedlich die Hände ineinander, unsere Knie berühren sich mit zärtlichem Druck, ihr Kopf neigt sich langsam auf meine Brust herab. Wie schön das ist! Es ist ruhig und andächtig wie in einer Kirche. Dorka schluchzt oft und auch ich muß mich bezwingen, meine Tränen zurückhalten. Eine Liebestragödie wird gespielt. Die Leinwand ist aufs äußerste bewegt« (Becher 1913, 32).

Das Kino ist kein Fluchtort, die ›Verhältnisse‹ des Alltags, die Katastrophen, in denen sich Sexualität und Tod zur dumpfen Unfähigkeit des Lebens verbinden, sind auch dort noch spürbar. Der Mann fährt fort, seine Eindrücke im Kino, die sich mit seinem Alltagsleben vermischen, auf der Leinwand zu beschreiben.

»Sie erinnert mich an unseren Papierofenschirm, den unsere Vormieter hinterlassen haben ... Es zuckt und rinnt. Es ist, als gehe ein Sturm durchs Haus, es braust, und wir befinden uns auf untergehendem Schiff, auf hoher See; umschlungen versinken wir ... Wir gehen Arm in Arm nach Haus. Wir tauchen aus blendender Lichterfülle, bunt belebt, voll schöner sanfter Damen, tänzelnder Equipagen, flimmernder Kavaliere in unser Dunkel wieder: verworren, ölig und dumpf« (32).

Die Weltuntergangsmetapher kehrt mehrmals wieder, daß sie das Kino nicht verschont, zeigt, wie sehr es Bestandteil der sich zerstörenden Verhältnisse ist, ihre flimmernde Seite, deren andere Seite hoffnungslos ›verworren, ölig und dumpf‹ ist. Die Novelle endet mit (Fieber-) Phantasien des Mannes (und Erzählers), der auch seine Tragödien noch, die Mord, Prostitution seiner Frau, physischen Verfall und Erlösungsphantasien vermengen, »gekinntopt (sehen möchte, sie) werden zu Millionen sprechen, werden Millionen bewegen« (56). Expressionistischer Film und die sozialen Dramen der Kammerspiele (zum Beispiel Leopold Jessners) haben diesem Wunsch entsprochen.

Alfred Döblins Franz Biberkopf in seinem Roman *Berlin Alexanderplatz* geht ins Kino wie in eine Kneipe, beides gehört zur Großstadt Berlin. Den Unterschied macht die Art der Verführung, die in der Kneipe durch Alkohol und Kriminalität sozial gefährdend (aber der Handlung des Romans ungemein förderlich) und im Kino schlimmstenfalls der Seele bedrohlich werden kann, die durch Miterleben eher noch von schädlichen Einflüssen gereinigt wird.

Döblin (auch er war Arzt) hat 1909 die kleinen Leute in ihrem Theater, dem Kino, beschrieben: Meterhohe Plakate locken mit Titeln wie ›Eine Mordtat ist geschehen‹ (in der Kneipe wird sie wirklich verabredet, im Kino ist sie nicht wirklich bereits geschehen, wie sollte man da nicht dem Kino den Vorzug geben?). »Drin in dem stockdunklen, niedrigen Raum glänzt ein mannshohes Leinewandviereck über ein Monstrum von Publikum, über eine Masse, welches dieses Auge mit seinem stieren Blick zusammenbannt. In den Ecken drücken sich Pärchen und lassen entrückt mit den unzüchtigen Fingern von einander. (...) Panem et circenses sieht man erfüllt: Das Vergnügen notwendig wie Brot. (...) Deutlich erhellt: der Kientopp ein vorzügliches Mittel gegen den Alkoholismus, schärfste Konkurrenz der Sechserdestillen (...)« (Döblin 1978, 38).

Franz Biberkopf sucht das Kino nicht (auf), er kommt auf seinem Weg an einem Kino vorbei, die Verführung der Plakate funktioniert, »Franz schob rin«:

»Es regnete. Links in der Münzstraße blinkten Schilder, die Kinos waren. (...) Auf dem Riesenplakat stand knallrot ein Herr auf einer

Treppe und ein duftes junges Mädchen umfaßte seine Beine, sie lag auf der Treppe, und er schnitt oben ein kesses Gesicht. Darunter: Elternlos, Schicksal eines Waisenkindes in 6 Akten. Jawoll, das seh ich mir an. (...) Franz schob rin. Es war gerade Pause. Der lange Raum war knüppeldicke voll, 90 Prozent Männer in Mützen, die nehmen sie nicht ab. Drei Lampen an der Decke sind rot verhängt. Vorn ein gelbes Klavier mit Paketen drauf. Das Orchestrion macht ununterbrochen Krach. Dann wird es finster und der Film läuft« (Döblin 1975, 31f).

In dem Film interessiert sich ein Baron für eine dreckige Gänseliesel, für die er seine Geliebte, die immer in der Hängematte liegt, links liegenläßt. »Als dann einer, der aber der Liebhaber der Gänsemagd war, diese feine Frau umarmte, lief es ihm heiß über die Brusthaut, als wenn er sie selbst umarmte. Das ging auf ihn über und machte ihn schwach« (33).

Franz Biberkopf findet im Kino, was er bis dahin wo anders gesucht hatte, die Umarmung, die so wohlig schwach macht, das heiße Gefühl, das von der Kälte der Berliner Großstadt erdrückt und buchstäblich getötet wird. Das Kino ist ein momentaner Wartesaal zum Aufwärmen, bevor es wieder zurück ins kalte Leben geht.

»Da strömt's hinaus, den Kragen hochgeschlagen,
Und im Keklirr und im Gewirr der Wagen
wischt Schnee die letzten Träume vom Gesicht« (Neumann, 1984, 30).

Das Kino ist ein Ort sozialer Experimente, ein Labor für politische Stimmungen, so jedenfalls beschreibt es Lion Feuchtwanger in seinem Roman

Erfolg (1930), indem er einen Kinobesuch des Films PANZERKREUZER ORLOW, gemeint ist Eisensteins PANZERKREUZER POTEMKIN, einschließt. Eisensteins Film über eine Meuterei auf dem Panzerkreuzer Potemkin während revolutionärer Ereignisse 1905 in Rußland ist zum ersten Mal in Berlin zum zweiten Todestag Lenins am 21. Januar 1926 unzensiert aufgeführt worden. Seitdem tobte ein heftiger Kampf um diesen Film, der schließlich nur in einer verstümmelten Fassung weiter gezeigt werden durfte. Eine Maßnahme der Zensur forderte, daß im Vorspann des Films behauptet werden müsse, daß der »Stoff zu diesem Filmspiel einem Protokoll entnommen (sei), das im Archiv der kaiserlich russischen Marine gefunden und an Hand von Originalphotographien aus dem Moskauer historischen Museum – getreu der Überlieferung – für den Film bearbeitet« worden sei (Patalas 1986, 37). Die Meuterei wird mit dem Hinweis auf Erbitterungen der Soldaten nach der russischen Niederlage im russisch-japanischen (See-)Krieg erklärt, nicht entschuldigt. Diese Historisierung der Ereignisse sollte die zu naheliegende Beziehung zur erfolgreichen Revolution 1917 auflösen und den Film mit der Erfahrung einer Niederlage verbinden. Auch in dieser durch weitere Schnitte verstümmelten Fassung ist der Film immer wieder verboten worden, vor allem wenn von nationalistischen und rechtsradikalen Störversuchen angeblich eine Gefahr für die öffentliche Ordnung befürchtet werden mußte. Die Reichswehr fürchtete, daß das Beispiel der meuternden Matrosen einen schlechten Einfluß auf die Disziplin haben könnte, andere sahen im PANZERKREUZER POTEMKIN einfach einen ›bolschewistischen Hetzfilm‹.

Eine Diskussion in der *Literarischen Welt* zwischen Oscar A.H. Schmitz und Walter Benjamin über den Potemkinfilm und Tendenzkunst hat möglicherweise den Anstoß gegeben, daß Lion Feuchtwanger seinen national-gesinnten bayerischen Minister Klenk die ›Probe aufs Exempel‹ machen läßt. Benjamin hatte Schmitz, der als »tendenzfreier Zuschauer großes Unbehagen« (Schmitz 1971, 60) bei diesem Film empfunden hat, vorge-worfen, daß er nur die Vorurteile wiederholt, die längst in jeder Zeitungs-glosse zu lesen waren. »Aber das bezeichnet ja eben den Bildungsphi-lister: andere lesen die Meldung und halten sich für gewarnt – er muß sich seine eigene Meinung bilden, geht hin und glaubt damit, die Möglichkeit zu gewinnen, seine Verlegenheit in sachliche Kenntnis umzusetzen. Irrtum!« (Benjamin 1971, 62). Auch Klenk hatte »gelesen: ein Film ohne Aufbau, ohne Weiber, ohne Handlung; Spannung ersetzt durch Tendenz. Anschau-en muß man sich sowas, wenn man schon in Berlin ist« (Feuchtwanger 1984, 481). Er wagt es, sich einen eigenen Eindruck von dem Propaganda-film zu verschaffen, sich dem Einfluß des tendenziösen Films im Selbst-versuch auszusetzen in der festen Überzeugung, daß er ihm nichts an-haben könne. In Berlin, wo der Film Furore macht, geht er ins Kino.

> »Der Minister Klenk, die um ihn Sitzenden groß überragend, denkt nicht daran, sich von dieser Unruhe anstecken zu lassen. (...) Anschau-en muß man sich so was, wenn man schon in Berlin ist. Er wird den Filmjuden nicht hereinfallen auf ihre künstlich gemanagte Sensation.

> Ein paar Takte greller Musik, wüst, fortissimo. Geheimakten aus dem Marinearchiv: dann und dann meuterte die Besatzung des Panzerkreu-zers »Orlow« [für »Potemkin«] vor der Stadt Odessa wegen ungenü-gender Ernährung. Na schön, sie meuterten also. So was soll schon vorgekommen sein. Als Bub hat er solche Dinge mit Leidenschaft gele-sen. Interessant für die reifere Jugend. Der Minister Klenk grinst (...). Merkwürdig, daß der Klenk von diesen simplen Menschen und Begeb-nissen angerührt wird. Die Erbitterung auf dem Schiff steigt, man weiß nicht recht wieso. Allein man spürt, es kann nicht gut ausgehen, jeder im Publikum spürt es. (...) Natürlich muß man diesen Saufilm verbieten. Es ist ganz raffinierte Stimmungsmache, eine Schweinerei« (Feucht-wanger 1984, 481f).

Schadenfroh sieht er zu, wie den Matrosen verdorbenes Fleisch vorgesetzt wird, besorgt registriert er, daß die Offiziere nicht hart genug durchgrei-fen, aber das mit den Maden im Fleisch war auch nicht ganz richtig. Klenk ist nicht mehr so ganz

> »für die Offiziere, er ist ein wenig für die aufbegehrenden Matrosen. Die hämmernde, bedrohliche Musik geht weiter, die Gärung wächst«

(482). Bei der Meuterei sieht Klenk, wie die Offiziere über Bord gehen. »Klenk sitzt still, es hat ihm den Atem verschlagen, er sitzt, der riesige Mann, mäuschenstill. Es hat keinen Sinn, das zu verbieten. Es ist da, man atmet es ein mit jedem Atemzug, es ist in der Welt, es ist eine andere Welt, es ist Blödsinn, sie zu leugnen. Man muß das anschauen, man muß diese Musik hören, man kann sie nicht verbieten.

Die Fahne wird heruntergeholt. Eine neue Fahne klettert den Mast hoch, unter ungeheurem Jubel, eine rote Fahne« (483).

Klenk ist nun ganz bei der Sache. Er trauert mit den Matrosen um ihren Kameraden, er ist empört über die Kosaken, die auf der Treppe von Odessa ein Blutbad anrichten, er zittert mit der Besatzung der ›Orlow‹ mit, als sie von anderen Schiffen bedroht wird. Alle wünschen ›schießt nicht‹.

»Auch er, mit der wilden Kraft seines Herzens wünscht: ›Schießt nicht‹. Eine ungeheure Freude hebt die Herzen, als der Kreis der Verfolger die »Orlow« passieren läßt, als sie ungefährdet einläuft in den neutralen Hafen. Der Minister Klenk, wie er, den Lodenmantel um die Schultern, den Filzhut auf dem riesigen Schädel, aus der engen Dunkelheit des Kinos in die helle, freie Straße hinaustritt, ist voll von einer unbekannten Benommenheit. (...)

In einem Schaufenster sieht er sein Gesicht, sieht darin einen nie gesehenen Zug von Hilflosigkeit. Er schaut ja aus wie ein Tier in der Falle. Was wäre denn das? Sein Gesicht ist ja ganz aus der Form. Er lacht, ein bißchen verlegen. Winkt einem Wagen, beklopft seine Pfeife, steckt sie an. Und schon hat er sein Gesicht wieder eingerenkt in das alte, wilde, vergnügte, mit sich einverstandene« (485).

Was passiert mit den Zuschauern/innen, während sie im Kino einen Film sehen? Das Dunkel des Kinos und die kollektive Rezeption haben immer nur Vermutungen zugelassen, die zu moralischer Entrüstung oder erzieherischen Konsequenzen führten. Auf der hellen Seite des Kinos, auf der Leinwand also, konnte man schon eher die Wirkung, wie der Regisseur oder Produzent eines Films sie sich erhoffte und mit ästhetischen Mitteln organisierte, analysieren. Dabei verließ man sich meistens auf die ›Phänomenologie des Erfolges‹, das heißt gut und richtig war, was sich im Kino als Erfolg bewährte. Eisenstein, den diese Frage nach der (propagandistischen) Wirkung seiner Filme besonders interessiert hat, versuchte psychologische Erkenntnisse auf die Verwendung filmischer Mittel, der Montage vor allem, zum Erreichen eines bestimmten Zweckes umzusetzen. Was bei Minister Klenk so gut funktioniert hat, ist auch oft genug daneben gegangen, wie Eisenstein selbst einsehen mußte. Wie letzten Endes bestimmte Reaktionen im Kinopublikum zu erklären sind, ist immer wieder untersucht und keineswegs geklärt worden.

Wie zum Beispiel ist zu erklären, daß ein ganz normaler Mann, der vorher nie ins Kino gegangen ist, als er im Kino ein Auto sieht, vollkommen durchdreht? In einer der Geschichten vom *Leben der Autos* erzählt Ilja Ehrenburg (1929) die folgende Begebenheit:

«Das begann mit irgendeinem ganz albernen Film. Früher pflegte Bernard nur mit den Kindern der Pförtnerin in den Zirkus zu gehen. Freunde schleppten ihn mit ins Kino. Bernard gefiel alles: Der Galopp eines Pferdes und ein amerikanischer ›Apache‹ [kleiner Gauner] auf dem Dach eines sehr hohen Hauses und das Leben der Tiefseetiere. Von nun an ging er jeden Freitag ins Kino.

(...) Aber gerade dort widerfuhr ihm das Übel. Im dunkeln Saal, inmitten des Geschmatzes der Pärchen und des gemütlichen Knatterns des Vorführungsapparats erbebte Bernard plötzlich: auf der Leinwand raste ein Auto. Mit diesem Auto raste der ganze Zuschauerraum. Bernard fühlte plötzlich, daß auch er irgendwohin raste. Das übrige ward schnell vergessen.

(...) Bernard sah nur die vorüberflitzenden Büsche und den Staub. Obwohl es im Saal sehr stickig war, umwehte sein Gesicht ein scharfer Wind. Die Haut zog sich zusammen und brannte. Bernard vergaß sich so sehr, daß er sogar aufstand. Hinten wurde gerufen: ›He, Sie, hinsetzen!...‹ Da rannte er, ohne das Ende des Bildstreifens abzuwarten, auf die Straße« (Ehrenburg 1973, 278f).

Monsieur Bernard widerfährt als Wahrnehmungsereignis, was unendlich oft auch vorher schon geschildert worden ist, daß die Geschwindigkeit der Bilder und der mit der Montage verbundene ständige Perspektivwechsel den Betrachter schwindlich machen und in einen regelrechten Rausch versetzen. Die frühen Filmtheoretiker haben diesen Effekt der ›Identifizierung mit der Kamera‹ zugeschrieben. Der Film »hat etwas Entscheidendes getan. Er hat die fixierte Distanz des Zuschauers aufgehoben; jene Distanz, die bisher zum Wesen der sichtbaren Künste gehört hat. (...) Die Kamera nimmt meine Augen mit. Mitten ins Bild hinein. Ich sehe die Dinge aus dem Raum des Films« (Balázs 1984, 56). Man kann natürlich einwenden, daß uns nicht jedesmal der Geschwindigkeitsrausch überfällt, wenn wir durch den Blick einer Filmkamera im Auto mitfahren oder seekrank werden, wenn die Kamera auf einem Schiff postiert ist. Die »Illusion ist [eben] nur partiell und der Film wirkt zugleich als Realhandlung und als Bild« (Arnheim 1974, 41). Weil für Bernard das Kinoerlebnis (wie für die ersten Filmzuschauer der Filmgeschichte überhaupt) völlig neu war, hat er sich vollkommen mit dem Kamerablick identifiziert, so daß diese neue Wahrnehmungsgeschwindigkeit dem Schildkrötengang seines bisherigen Lebens buchstäblich den Boden entzogen hat und das mit den Augen ›spürbar‹ rasende Auto auf der Leinwand ihm einen bisher unbekannten ›Fahrtwind‹ ins Gesicht geblasen hat. Wieder ist das Kino jedoch nur Schwellenort zur äußeren Wirklichkeit. Bernard kauft sich sofort ein eigenes Auto und macht sich damit auf den Weg nach Perigueux. Nach anfangs langsamer Fahrt wird er immer schneller, bis das Fahren ihm wie ›rasender Flug‹ vorkam. »Er konnte weder Hügel, noch Bäume, noch

Menschen deutlich erkennen. Alles rings um ihn flimmerte wie damals im Kino. (...) (Er) kennt jetzt nur noch eins: Geflimmer und Wind. Er hat die Augen zusammengekniffen. Er ist trunken ...« (Ehrenburg 1973, 282f). Die Kinoerfahrung wiederholt sich in der Wirklichkeit, was dort jedoch die Lust an der gefahrlosen Gefahr sein sein konnte, endet in der Wirklicheit katastrophal beim Sturz über einen Abhang.

Jean Epstein hat 1927 in seinem Film GLACE À TROIS FACES eine ähnliche Autofahrt gefilmt nach der Erzählung mit gleichem Titel von Paul Morand (1921). Am Schluß des Films rast ›der Held dreier Frauen‹ (das entspricht drei Episoden des Films), ›endlich allein‹ mit seinem Cabriolet über die Landstraße. Berauscht von der Geschwindigkeit übersieht er Warnungen am Straßenrand, und schließlich kollidiert er mit einer Schwalbe, die ihn am Kopf trifft, so daß er das Bewußtsein verliert und an einen Baum prallt. Die Geschwindigkeit in diesem Film ist ›Bild‹ geworden, ihr Darstellungsmodus sind Verwischungen, Unschärfen, verrissene Kameraeinstellungen. Als Zuschauer/innen ›sehen‹ wir diese Bilder von Geschwindigkeit, deren ganz besonderer ästhetischer Reiz erst aus der wahrnehmenden Distanz goutierbar wird.

Das Thema ›Kino und Großstadt‹ bliebe unvollständig, wenn nicht eine bestimmte Erfahrung im Umgang mit dem Film und ein bestimmter ›Gebrauch‹, den die künstlerische Avantgarde vom Kino für ihre Selbstdarstellung machte, kurz erwähnt werden würde. Es hatte seit dem Beginn der 20er Jahre verschiedene Versuche gegeben, den Film neben oder ergänzend zur Malerei und Musik – aber ausdrücklich gegen die Literatur – in die Praxis avantgardistischer Kunst einzubeziehen. Walter Ruttmann, Fernand Léger u.a. haben ihre Konzepte von (bildender) Kunst auf den Film übertragen, Hans Richters ›Filmspäße‹, zum Beispiel EIN VORMITTAGSSPUK (1927/28) oder INFLATION (1928) sind eng mit DADA verbunden.

Den Zusammenhang zwischen Großstadt und Filmavantgarde hat noch vor Ruttmanns BERLIN, DIE SINFONIE DER GROßSTADT (1927) der erste Film von René Clair PARIS QUI DORT (1924) zum Thema gemacht. Wie ein vorweggenommenes Gegenbild zu Ruttmanns Film, der die dynamische Beschleunigung des Großstadtlebens mit filmischen Mitteln sichtbar und spürbar machte, hat René Clair das Leben in Paris mit einem Schlag angehalten und auf diese Weise die normale Wahrnehmung wie durch einen Zauber (den modernen Zauber eines Erfinders mit elektrischen Schaltern) fremd und geheimnisvoll werden lassen. Claude Lévi-Strauss, der wie Jean-Paul Sartre von sich gesagt hat: »Meine Jugend und die des Kinos verliefen parallel zueinander«, hat 1924 im Alter von 16 Jahren PARIS QUI DORT im Kino gesehen: Dieser Film »führt uns umstandslos ins Zentrum des allermodernsten Lebens (in der Form, wie man es sich damals vorstellte): Der Eiffel-Turm als Symbol der Industriekultur, das Flugzeug als noch ganz ungewohntes Transportmittel (...) und eine überraschende wissenschaftliche Erfindung (...).« Es war ein Science-fiction-Film, wie ihn sich André Breton, der Chef der Pariser Surrealisten wünschte, »nämlich, daß ›das Reale und das Imaginäre aufhören, als Widersprüche wahrgenommen zu werden‹« (Lévi-Strauss 1995).

In diesem Sinne hat der Pariser Surrealismus den Film grundsätzlich als surrealistisches künstlerisches Ausdrucksmittel sui generis im Selbstverständnis der Gruppe verankert, allerdings war noch keineswegs ausgemacht, was als ›surrealistischer‹ Film zu gelten habe und was nicht. UN CHIEN ANDALOU (1928) und L'ÂGE D'OR (1930) von Luis Buñuel hatten bereits den surrealistischen Segen (von André Breton) erhalten. Jetzt entbrannte der Kampf um einen Film von Germaine Dulac LE COQUILLE ET LE CLERGYMAN, der 1928 wie alle anderen Filme der Avantgarde in den Pariser ›Studio des Ursulines‹ Premiere hatte. Der Skandal, der sich während der Premiere ereignete, verlängerte den Film wie selbstverständlich in den Zuschauerraum des Kinos, wo sämtliche Surrealisten und die Pariser ›kulturelle Öffentlichkeit‹ genau das erwarteten, einen Skandal. In einem Bericht des *Chiarivari* heißt es:

> »Das Publikum folgte diesem merkwürdigen Film [zunächst] mit Interesse, als im Saal eine Stimme die Frage stellte: ›Wer hat diesen Film gemacht?‹ Eine andere Stimme antwortete: ›Das war Madame Dulac‹. Wieder die erste Stimme: ›Wer ist Madame Dulac?‹ Zweite Stimme: ›Das ist eine Kuh.‹ Aufgrund der besonderen Grobheit der Beleidigung sah sich der Leiter des ›Studio des Ursulines‹ veranlaßt, im Saal Licht zu machen, um die beiden Störenfriede festzustellen. Es handelte sich um Antonin Artaud, der als besorgter Drehbuchautor des Films sein Mißfallen gegen Madame Dulac bekundete, die er beschuldigte, seine Idee (eine ziemlich verrückte Idee) verfälscht zu haben. Unterstützt wurde er von einem anderen Surrealisten, der offenbar sogar Talent hatte. Vom Kinodirektor ermahnt, sich zu entschuldigen, antworteten jene nur mit weiteren Schimpfworten, worin sie bald von weiteren Surrealisten unterstützt wurden (...). Nun, die anwesenden Persönlichkeiten der Welt des Films ließen sich das nicht gefallen und, der Kinodirektor voran, prügelten mit Boxhieben und Fußtritten die Bande Artaud und Co aus dem Kino, die, wütend, Scheiben in der Vorhalle zerschlugen, wobei sie so bizarre Laute ausstießen wie »Goulou ... Goulou ...« (Virmaux 1976, 171f).

Die Geschichte dieses Ereignisses deutet darauf hin, daß ein Film, wenn es ein surrealistischer Film ist, das Kino als Ort seiner skandalösen Öffentlichkeit voraussetzt, die erst zusammen ein surrealistisches Kunstwerk bilden. Wenn es jemals einen besonderen Grund geben wird, das Kino, das dabei ist, sich in die Fernsehstuben aufzulösen, zu vermissen, dann sind es solche Ereignisse, die nur möglich sind, weil das Kino für seine Zuschauer/innen einen Versammlungsraum bietet, der sie als dieses aktuelle Publikum zusammen mit dem Film als Filmpublikum konstituiert, das mit dem Skandal (wie schon im Theater) für sich auch eine besondere Öffentlichkeit in Anspruch nehmen kann (wo ist der Zuschauer daheim an seinem Empfänger jemals Skandalon des Fernsehens?).

Gewiß, die Surrealisten haben mit ihren Kino-Skandalen eine Tradition des Theaters fortgesetzt (wie das Kino überhaupt das Theater beerbt hat);

die Filmprojektion muß abgebrochen, das Dunkel des Kinos erhellt werden, und die Zuschauer/innen erobern sich ihre Szene zurück, die sie im Theater latent immer behalten haben, um in rituellen Akten einzugreifen (Applaus, Pfiffe etc.) oder auch von der Bühne einbezogen zu werden zum Beispiel in Max Reinhardts Massentheater oder im Agitprop-Spiel, das sich oft genug im Publikum fortgesetzt hat. Dann wird die Theater-Rampe übersprungen, und es findet ein Austausch zwischen Bühne und Zuschauerraum statt, der im Kino zwischen Leinwandprojektion und Kinosaal unmöglich ist. Oder vielleicht doch?

9. Phantome und Traversalen

Ängste und Sehnsüchte

Balduin, der ›Student von Prag‹, hat den Vertrag, den ihm der alte Scapinelli hingehalten hat, schnell unterschrieben: Für 100.000 Goldgulden sollte Scapinelli aus Balduins armseligem Zimmer mitnehmen dürfen, was ihm beliebt. »Sucht Euch aus!« Scapinelli geht zum Spiegel: »Herr Studio Balduin – Euer Ebenbild – mein Geheimnis!« Er macht eine große Geste mit dem Arm über den Spiegel, in dem Balduins Spiegelbild, wie er selbst, den Vertrag, den er in den Händen hält, sinken, dann fallen läßt. Denn in diesem Moment tritt das Spiegelbild nach vorn aus dem Spiegel heraus, sieht Balduin an und verläßt mit Scapinelli, der vor dem ›Anderen‹ den Hut gezogen hat, den Raum. Balduin schaut verblüfft hinterher (Diederichs 1985). 1913 hat der dänische Regisseur Stellan Rye das Drehbuch von Hanns Heinz Ewers verfilmt, mit dem das romantische Doppelgänger-Motiv ins moderne Kino Einzug gehalten hat. Paul Wegener in der Titelrolle des Balduin beschreibt die entscheidende Szene so:

> » – da läßt der Zauberer ihn vor den Spiegel treten und lockt zu Balduins Entsetzen sein Spiegelbild an sich, das wie ein starres unheimliches Phantom, aus dem Spiegel tretend, mit automatischen Bewegungen Scapinelli folgt. Dieser Teil von ihm, dieses ›zweite Ich‹, tritt ihm nun als ein Dämon wieder entgegen, bemächtigt sich seines Lebens« (Wegener 1954, 115).

und wird es am Ende zerstören, wenn Balduin auf sein eigenes Spiegelbild schießt. Der Andere ist nicht nur ein Doppel, sondern ein Anderer als das Selbst, das gerade noch aus dem Spiegel so heraus-, wie das ›Ich‹ hineingeschaut hat. Der Andere ist ein Phantom und Automat. Das Phantom ist das Bild, das sich vom Spiegelbild abgelöst und selbständig gemacht hat (wie der Schatten, der ebenfalls vom Körper getrennt in der Romantik ein Eigen

leben bekommen hat); der Automat ist die Unähnlichkeit des Ähnlichen, er »hat nur die Bestimmung, immer wieder mit dem Menschen verglichen zu werden« (Baudrillard 1982, 84). Beides, das Phantom und der Automat treten aus dem Spiegel *im* Film heraus. Mehr noch, sie treten bald auch aus dem Spiegel *des* Films heraus, denn der Film auf der Leinwand ist selbst ein Spiegel, der sich von allen anderen ›gewöhnlichen‹ Spiegeln dadurch unterscheidet, daß er alles, was er zeigt, von dem getrennt wiedergibt, was die Kamera gesehen hat, um an jedem beliebigen (Kino-) Ort wieder zu erscheinen. Das Spiegelbild »ist transportabel geworden. Und wohin wird es transportiert? Vor das Publikum« (Benjamin 1963, 31). Die Zauberer heißen nicht mehr Scapinelli, sondern Edison, Lumière, Skladanowsky etc. und herrschen über Automaten, Kameras und Projektoren, die das ›Photographisch-Phantastische‹ zum filmischen Leben erweckt haben. Denn dem ›Spiegel der Leinwand‹ geht (auch historisch) ein Effekt der Fotografie voraus, durch den Vergangenes im photographischen Bild gegenwärtig bleibt, weil sich die Spur des Vergangenen in der Gegenwart des Bildes fortgesetzt hat. Honoré de Balzac zum Beispiel hatte Angst, sich von dem Pariser Fotografen Nadar fotografieren zu lassen, weil er fürchtete, daß kleine Häutchen von seiner Körperoberfläche wie Spektren von ihm, von seinem Leben abgezogen werden und auf die photographische Platte übergehen würden (Nadar 1978). Das ist das Geisterhafte der Fotografie, daß sie gegenwärtig zeigt, was vielleicht schon tot ist, als Erinnerung daran, daß es gelebt hat. Oder ist nicht umgekehrt jede Fotografie ein kleiner Tod, weil sie anhält und bewahrt, was weiterlebt, indem es sich verändert? Das Leben erscheint in der Fotografie zum Tode erstarrt – könnte es nicht an derselben Stelle überlebt haben, um wieder zum Leben erweckt werden? Der Okkultismus hat die Fotografie für die ›Dokumentation‹ des Überlebens körperloser Geister und ›Spektren‹ verwendet.

Das Bewegungsbild des Films scheint seinen photographischen Bildern das Leben selbst zurückgegeben und in der Projektion das Überleben ermöglicht zu haben. Also spricht André Bazin (1945) vom Film als einer »sich bewegende(n) Mumie« (Bazin 1975,25), die im Projektor wie in Karl Freunds Film THE MUMMY (1933) auf magische Weise das Leben, das in ihr eingeschlossen ist, wieder zur Erscheinung bringt. Also erzählt Bioy Casares, wie durch ›Morels Erfindung‹, einen speziellen Filmprojektor, einer Gruppe von Menschen nach ihrem Tod das Weiterleben in einer gefilmten Szene, die sich in der Projektion einer Filmschleife ständig wiederholt, ermöglicht wurde. Der Film ist im Kino immer doppelt, er ist auf der einen Seite Fotografie und auf der anderen das Bewegungsbild der Leinwand. Auch die Phantome des Kinos sind deshalb doppelt, sie sind die photographisch-phantastische Gegenwart des vor-filmisch Vergangenen (Lebens) und Spiegelbilder, die sich längst von ihren Urbildern getrennt haben und ein phantastisches Eigenleben führen.

Aber das Bild des Doppelgängers im Spiegel und das Photographisch-Phantastische reichen noch nicht aus, um alle Phänomene von Phantomen im Kino zu beschreiben. Was fehlt, ist die Einbeziehung der körperlichen Anwesenheit der Zuschauer/innen im Kinosaal, die dem metaphysischen Treiben der Geister zunächst mal ihren physischen Widerstand entgegensetzen. Die Zuschauer/innen sind hier und jetzt in der Gegenwart, wenn sie in ihren Stühlen sitzen und einen Film sehen, der zum Beispiel den

Studenten Balduin im romantischen frühen 19. Jahrhundert und Paul Wegener, der ihn verkörpert (hat), im Jahr 1913 zeigt. Im Theater dagegen sind Zuschauer/innen und Bühnengeschehen immer gleichzeitig gegenwärtig (›live‹), wenn auch das Bühnengeschehen eine andere Zeit ›bedeuten‹ kann. »Die Bühne ist absolute Gegenwart« (Lukács 1992, 301), während das »Fehlen dieser ›Gegenwart‹ (...) das wesentliche Kennzeichen des ›Kino‹ (ist)« (301). Das Wesentliche des Films ist, wie Georg Lukács 1911 gesagt hat, daß seine Bilder »ein Leben von völlig anderer Art (erhalten); sie werden – phantastisch. Das Phantastische ist aber kein Gegensatz des lebendigen Lebens, es ist nur ein neuer Aspekt desselben: ein Leben ohne Gegenwärtigkeit (...) ein Leben ohne Seele, aus reiner Oberfläche« (302). Phantastisch ist das Leben des Films, weil seine ›Präsenz‹ sich, wie gesagt, auf keine gegenwärtige, sondern eine abwesende, vergangene Wirklichkeit bezieht: Die »menschlichen Gestalten des Films (haben) nicht die körperliche Gegenwart und Wirklichkeit der Träger des Dramas [im Theater]. Sie sind lebendige Schatten. Sie sprechen nicht, sie sind nicht – sie waren, aber genau so waren sie – und das ist die Erzählung« (Mann 1978, 165). In dieser Anmerkung von Thomas Mann ›über den Film‹ von 1928 wird das Photographisch-Phantastische (›genau so waren sie‹) zum eigentlichen Leben und damit zur immer wieder vergegenwärtigenden Erzählung des Films. Anders als im Theater, wo es durchaus zu einem aktuellen Austausch zwischen Bühne und Zuschauerraum kommen kann, indem die Bühne sich ins Publikum ausweitet oder das Publikum auf die Bühne vordringt, ist dieser Übergang im Kino (trotz 3-D-Versuchen, die das Phantastische aber eher zerstören) nicht möglich oder eben auch wieder nur als Traversale auf der Ebene des Photographisch-Phantastischen und als Bild des Doppelgängers im Spiegel der Leinwand in der vergangenen Gegenwart des Films. Hier allerdings ist alles möglich. Wenn Alice erst einmal auf den Kaminsims geklettert und durch den Spiegel hindurch auf ›die andere Seite‹ gelangt ist, eröffnet sich ihr eine ver-rückte Welt der Abenteuer, in der sie selbst eine Rolle spielt (Carroll 1980). Ähnlich wie das Theater zum ›teatrum mundi‹ kann die Phantasie die Welt der Schatten und Phantome auf der Leinwand oder hinter der Leinwand (s. Kapitel 20) zur eigentlichen Welt machen, zum ›teatrum mundi proiectionis‹.

Alle folgenden literarischen und filmischen Beispiele für das Auftreten von Phantomen im Kino bewegen sich in diesem Dreieck des Doppelgängers, des Photographisch-Phantastischen und der phantastischen Traversalen zwischen Leinwand und Zuschauerraum im Film analog zur Theaterbühne. Der Filmschauspieler des Olivier Maldone zum Beispiel hat immer wieder diese eine bestimmte Figur im Film dargestellt, bis er bemerkt hat, daß er sich zunehmend seiner Kreatur ausgeliefert hat, die von seiner Substanz lebt (wie das Balzac befürchtet hatte). Er fühlt seine Kräfte in dem Maße schwinden, wie jener allabendlich im Projektionslicht auf der Leinwand aufblüht und seinen Urheber allmählich aufzuzehren droht. »Meine Kreatur hat mich verschlungen, meine Substanz ausgesogen, mein Blut zerstört, meine Energie geschwächt wie ein gefräßiger Säugling. Ich wußte, daß ich von diesem meinem Sohn getötet werden würde, und daß die einzige, schwierige, aber unfehlbare Rettung« (Arnoux 1923, 26 f) sein würde, alle Filme Olivier Maldones und dadurch ihn selbst zu zerstören. Statt Filme zu machen, richtet er seine ganze Energie darauf, seine bisherigen Filme zu zerstören. Es scheint, daß er in diesem Kampf Sieger bleibt, seine Kräfte kehren zurück, bis er feststellen muß, daß in einem Provinzkino eine Kopie der Filme übriggeblieben ist, daß Maldone also überlebt hat. Hier kommt es zu einem abschließenden Duell zwischen Selbstaufgabe und Selbstbehauptungswillen.

> »Getrieben von einem teuflischen doppelten Verlangen, mich zugleich wiederbelebt und Stück für Stück sterben zu fühlen, kaufte ich mir einen Platz auf der Galerie. (...) Nach einer Stunde, der Film war zu Ende, fühlte ich mich schwinden, ich verlor das Bewußtsein. Das war ein willentlicher und notwendiger Selbstmord, ein Schauspiel meiner Agonie. (...) Als ich zu mir kam (...) schimmerte im Hintergrund – der Leinwand gegenüber – ein kleines Viereck, aus dem der Projektionsstrahl und der Lärm der Bogenlampe hervorgezuckt waren. Unsichtbar hatte ich, festgehalten nur von den blauen Lichtstrahlen, die ganze Länge des Saales durchquert und mich in der (weißen) Mauer wieder verkörpert. (...) Ist die Leinwand nicht letztlich mein Wohl, mein Vaterland, meine Heimat, hat meine Gestalt nicht in Wahrheit nur zwei Dimensionen?« (27 f)

Kurz bevor die nächste Vorstellung beginnt, kommt es zu einem letzten Aufbäumen des Lebenswillens, dem Erzähler wird bewußt, daß eine weitere Vorführung des Films seinen Tod bedeuten würde, seine vollständige Absorption durch die Leinwand; nur ein lethargischer Reflex ohne Bewußtsein würde von ihm bleiben. Mit äußerster Willensanstrengung gelingt es ihm, Feuer zu legen. Das Kino und mit ihm der Film und sein Widersacher verbrennen, der Erzähler wird gerettet, vor dem Feuer und vor sich selbst. Maldones Kampf mit seinem Doppelgänger im Spiegel der Leinwand hat zuerst eine photographisch-phantastische Dimension, weil der ›Andere‹ sich als photographische Spur seines Urhebers von dessen Substanz nährt und gleichsam den Akt der Fotografie so lange wiederholt, bis er sein Vor-Bild aufgezehrt hat. Das Duell schließlich entmaterialisiert die Kontrahenten, denn nur so kann Maldone in das zweidimensionale Licht-Bild der Leinwand aufgesogen (›teleportiert‹) werden, von wo aus er zurück auf den Ursprung des Lichts an der Rückseite des Kinosaales sieht. Die Zerstörung des Kinos hebt das Phantasma auf und rettet das Realitätsprinzip für Maldone (heutige Filme machen selbst die Zerstörung des Kinos zum phantastischen Effekt ihrer Phantome [s. Kapitel 14 ›Kino und Angst‹]).

Alexandre Arnoux hat diese Geschichte (»L'Ecran«) 1923 geschrieben; drei Jahre später erzählt der Filmschauspieler und Regisseur René Clair von einem berühmten Schauspieler Cecil Adams, der sich in sieben seiner Film-Figuren vervielfältigt hat, von denen er begleitet und bedroht wird, die ihm das Leben schließlich in einem Alptraum zur Hölle machen, woraufhin ›Adams‹ beschließt, die letzte ihm verbleibende Rolle, nämlich Gott in einem kosmischen, an den Himmel projizierten Filmspektakel zu spielen. Bevor Hybris und Höllenpein nur noch die Flucht aus dem weltlichen Leben in ein Kloster übriglassen, hat Adams einschlägige Erlebnisse mit seinen Figuren: Leben und Traum sind ihm längst zu demselben Film geworden, in den er sich willentlich hineingleiten läßt, wie bei der Schöpfung seiner neuesten und letzten Figur, dem Komiker Jack: »Er wird vom Film verschluckt. Die Leinwand absorbiert Cecil, der seinen dreidimensionalen Körper verliert und auf der Oberfläche der Leinwand in dem beweglichen Schatten Jacks lebt« (Clair 1927, 13). Adams lebt nicht nur mit seinen Gestalten, er lebt sie (seine Tyrannen) immer mehr, bis er an sieben Tagen in der Woche jeweils eine der sieben Rollen ›ist‹. Von nun an war es um ihn geschehen. »Es gab keinen Tag mehr, an dem nicht eine seiner Gestalten (seiner Phantome) ihn unterjochte« (57). Erst nachdem der zynische Komiker Jack von dem schüchternen Liebhaber Charles in einem Duell der Phantome (»Sie können in diesem Augenblick nicht existieren, da ich ebenfalls existiere. (...) Ein höchst eigentümliches Duell« [91 f]) getötet und die magische Zahl sieben aufgehoben ist, gewinnt Cecil Adams seine Freiheit zurück für die Inkarnation der letzten, größten Rolle: Gott. Auf die Hybris folgt der tiefe Sturz der Reue ›Adams‹, der sich nun vom (Film-)Himmel sein eigenes Leben wie einen Anklagefilm von Anfang an vorführen lassen muß, »eine Bilderlawine riß ihn mit sich fort über Fenster, Bäume, Kronleuchter, Bücher, Autos, aufgewühlte Betten, in denen das größer gewordene Kind weinte, aß, schlief, mit Windeseile sein kleines Leben durchlebte« (125). Und schließlich führen ihn die Himmlischen auch in sein neues Leben, natürlich auf der Leinwand, ein:

> »Cecil blieb allein im Saale. (...) Die Filmleinwand schien von der Stelle zu rücken, kam näher, wurde immer größer, verschlang den Hintergrund des Saales, die ersten Reihen der Sessel und saugte behutsam Cecil auf, der sich, ledig jeder Fessel, zwischen den Wolken auf der unendlichen Leinwand befand« (132 f).

Der versöhnte (Film-)Himmel schließlich erlöst Adams im (Film-)Tod aus seinem Kloster, in das er sich gerettet hat, indem der Projektor abgestellt wird und alle Phantome in Rauch zergehen. Das Leben – ein Film und die Welt – ein Kino: Hier werden die Unterschiede zwischen Urbild und Spiegelbild, fotografierter Vergangenheit und Gegenwart der Fotografie in der Hybris des gottgleichen Filmschöpfers bedeutungslos. Da hilft nur noch (ähnlich *Morels Erfindung*) das Abstellen des Projektors.

Das Leben – ein Film. Und wenn tatsächlich das Leben eines Schauspielers von Kindheit an Filmarbeit gewesen ist, dann beginnt es mit dem Film und endet, wenn der Film reißt – oder verbrennt, wie in Theodor Heinrich Mayers Erzählung »Hänschen« aus seiner Sammlung von *Film-Novellen* (1921). Mayer erzählt die Geschichte des Kinderstars ›Hänschen‹, der von seinen Eltern regelrecht an den Film verkauft und so lange ausgebeutet wird, bis er den Kinderrollen entwachsen ist und von der Filmfirma ›entsorgt‹ wird. Solche Kinderstars hat es zumal in der Frühzeit des Films viele gegeben, der Filmtheoretiker Béla Balázs meint, daß vor allem Kinder und Tiere für den Film besonders geeignet sind, weil sie so natürlich agieren, wie es der Realismus des neuen Mediums verlangt (Balázs

1982). Daher »möchten wir nicht unerwähnt lassen, daß eine Besonderheit des Kino, Kinder zu verwenden, ihm einen neuen Vorzug vor dem Theater gibt, weil man redende Kinder nicht so abrichten könnte. Den berühmten Fritz ersetzen heut manch andere Bubis«, schreibt Karl Bleibtreu schon 1913 (Bleibtreu 1984, 242). Fritz oder Hänschen hat seine Kindheit ›im Film‹ verbracht, das abrupte Ende seiner Karriere kommt ihm wie die Vertreibung aus seinem Leben vor. Im Dorf bei seiner Tante, weit weg vom Filmbetrieb, trifft er einen älteren Kollegen wieder, der entlassen wurde, weil sein Schauspielstil unmodern geworden war und der daraufhin mit einem Wanderkino übers Land gezogen ist. Beide veranstalten eine private Vorführung ›ihrer‹ Filme, die der Alte bei einem Bankrott der Filmfirma gerettet hat. Als der alte Mime seinen ›großen‹ Film vorführt, der ihn einst berühmt gemacht hat, wird er so verwirrt, daß er die Realitätsebenen durcheinanderbringt. Dieser armselige Operateur seiner eigenen Vergangenheit stammelte immer nur » ›Das war ich ... das war ich ...‹ dort, an der Wand lebte, was er gewesen, hier, beim Apparat kurbelte, was er jetzt war ...« (Mayer 1921, 101). Schließlich kann er sein erfolgreiches, aber vergangenes ›alter ego‹ nicht mehr ertragen, mit einem Stock schlägt er auf das Bild ein »Du bist alles und ich nichts ... verflucht sollst Du sein, sterben müssen wie ich ...« (105). Der Film fängt Feuer, der Apparat verbrennt und alle Filme mit ihm. Hänschen, der in ›seinen‹ Filmen das Archiv seines Lebens gesucht und sein Leben nun verbrennen sah, kommt bei dem Versuch, die Filme zu retten, mit seinen Filmen ums Leben. Dem Sterbenden wird Gott zum Operateur, der noch einmal den Film seines Lebens zurückdreht, einen kurzen Film, der an seinem Anfang an den Grenzen seiner Erinnerung verblaßt. Diesmal ist (anders als in der Erzählung von Alexandre Arnoux) der Tod des Films nicht der Beginn des Lebens, sondern dessen endgültiges Ende, weil es ›von Anfang an‹ nichts anderes als Film gewesen ist.

Unverkennbar klingt das romantische Erbe an, wenn Willy Seidel seine Erzählung vom »Film des Todes« (1924) in einer Saufrunde honoriger Herren beginnen läßt. Ein greiser Landrat a.D. war auch schon »nicht mehr nüchtern. Die vierte Flasche saß bereits, halb zu Geist aufgelöst, lächelnd um sein Herz« (Seidel 1924, 635). Das ist das romantische Szenario für den Auftritt all der Geister, Gespenster und Schattenwesen, die Chamisso, E.T.A. Hoffmann und seine Serapionsbrüder u.v.a. auf dem Heimweg von ihren Sauftouren ›heim‹gesucht haben (Friedrich Kittler (1993) hat ihren Weg von den Geistern der Destille über die Schreibtischinspirationen zu den Zelluloidgespenstern verfolgt). Dem Landrat wird übel, und er macht sich auf den Weg nach Hause, wo er einer dunklen Figur begegnet, vor der er erschrocken wieder in eine Kneipe flüchtet. Als er aufblickt, steht der unheimliche Mann vor ihm und fordert ihn auf, ihm zu einem Lichtspieltheater zu folgen, »dessen Eingang nach der Straße zu durch schwarze Vorhänge verdeckt war. (...) ›Nun gut, also ein Billett!‹, sagte der Landrat. ›Es kostet?‹ ›Ist bezahlt‹, klang die Stimme aus dem Schalter. ›???‹ ›Nun ja, mit ihrem Leben, mein Herr‹« (637). Im Kinosaal ist er der einzige Zuschauer, der nun sein Leben, das bedeutet seine Schuld und sein Versagen, auf der Leinwand ablaufen sieht. Noch einmal muß er erleben, wie er als Jüngling die Frau, die er geliebt, verraten hat. Es hält ihn nicht mehr auf seinem Sitz, der »Greis taumelte nach vorn in den Lichtkegel hinein. Er brachte es nicht über sich zu widerstehen [obwohl ihn der Vorführer gewarnt hatte]. Da verdeckte sein eigener unförmiger Schatten das Bild«, er tastete nach dem Jüngling, »doch das, woran seine mageren Hände schlugen, war nur die kalte, fühllose Fläche von Gips. Er prallte mit der Stirn dagegen und stürzte zusammen« (641). Die Höhle des Kinos ist der ideale Ort für die Inszenierung des Todes. Der Film des Lebens, der seinem Protagonisten noch einmal vorgeführt wird, reißt, oder wird vom Schatten des Todes, den der Sterbende auf sein Leben wirft, zugedeckt. Der Weg zurück in die Vergangenheit des gelebten Lebens endet an der Mauer, die die (Bilder der) Toten von den Lebenden trennt. Diese Mauer zu überwinden ist das Begehren, das sich mit dem Film und seiner Gegenwart des Vergangenen zum phantastischen Leben des Films verbindet. Aber die Traversale mißlingt, der Körper projiziert ein Loch in den Film des Lebens, der reißt und läßt den Toten im Diesseits zurück.

Erich Kästner könnte helfen, so schnell wie möglich die Gruft des Kinos wieder zu verlassen und die Phantome (vorläufig) zu vertreiben. Bei einem Besuch im Filmatelier wurde er kurzerhand vom Regisseur als Statist eingeteilt, und so kam es, daß er sich selbst als seinen Doppelgänger im Kino (wieder-)gesehen hat («Selbsterkenntnis im Kino«, 1929).

»Und neulich hab ich mich beschaut. Im Kino ›Rote Mühle‹. Es lief der Film ›Die tolle Braut‹. Ich habe jetzt noch Gänsehaut und ähnliche Gefühle.

Das erste, was ich sah, war ich! Ich sah mich selber lachen. Ich drehte und bewegte mich und fand mich einfach widerlich. Da ließ sich gar nichts machen.

Es war um in die Luft zu gehen. Ich hatte tausend Gründe. Wer sich so vis-à-vis gesehen, der wird verschiedenes verstehen, was er sonst nie verstünde ...« (Kästner 1929, 320).

Erich Kästner sieht sich dort wieder, wo üblicherweise der Kinozuschauer nicht sich selbst, sondern den Anderen, den Filmschauspieler in einer Rolle sieht. Mehr noch im Theater, aber auch auf der Leinwand sieht der Zuschauer beide, den Darsteller, insbesondere wenn es ein ›Star‹ ist und die Rolle, die er/sie verkörpert. Diese Unterscheidung ist wichtig, weil sie das Dreierverhältnis ins Spiel bringt, das der Fan, im Kino sitzend, für seine Beziehung zum Leinwandgeschehen voraussetzt: Der Zuschauer (als ›Fan‹) begehrt das Begehren des Anderen, er/sie möchte an seinem Platz, wo er/sie sieht, gesehen werden, weniger von der fiktiven Figur in ihrer Maske, sondern vom ›Star‹, der sie gleichzeitig verkörpert. Der ›Star‹ spielt immer zugleich eine Doppelrolle, die eine auf der Leinwand, die andere im öffentlichen Leben, immer verweist die eine auf die andere, die eine ermöglicht der anderen, aus dem Bild der Leinwand auf die andere Seite in die Einbildung ihres Betrachters zu wechseln. Beide Rollen sind, wenn auch auf unterschiedliche Weise, fiktional, oder wie Siegfried Kracauer von der Filmdiva gesagt hat, sie ist ein Wesen aus Fleisch und Blut, deren Original (!) man auf der Leinwand zu sehen bekommt (Kracauer 1977, 21).

Wer im Theater für einen Bühnen-Star geschwärmt hat, konnte ihn auf der Bühne in seiner Rolle bewundern und nach der Aufführung den ›Star‹ (oder die Komparsen oder kleinen Tänzer[innen]) leibhaftig am Bühnenausgang erwarten. Was dagegen das Kino angeht, hat Alfred Polgar schon 1911 den unwiederbringlichen Verlust »im Hinblick auf die vielen netten Mädchen (beklagt), die da auf der weißen Bildfläche sich herumtummeln und ins Publikum lächeln. Es hat gar keinen Sinn, zurückzulächeln. Und es hat gar keinen Sinn, hinter der Leinwand auf die jungen Damen zu warten, bis das Theater aus ist. Sie kommen nicht. (...) Hier ist dem Zuschauer ehrlich leid um die abhandengekommene dritte Dimension« (Polgar 1992, 164). Und deshalb hat die Filmindustrie ihrerseits alles getan, um diesen Verlust mit ihren ›Stars‹ und der Fiktion eines wirklichen Lebens zu kompensieren. Zur gleichen Zeit, noch vor dem Ersten Weltkrieg haben sich die jungen Damen von der Leinwand in dieses Zwischenreich reinkarniert, das sie als ›Stars‹ in Wesen von Fleisch und Blut zurückverwandelte, um sie in einer Zone anzusiedeln, die sie dem Begehren ihrer Fans nahe genug gerückt und sie dennoch so unnahbar (so magisch, oder mit Kracauer: so ›dämonisch‹) gelassen hat, daß das Kino der wahre Ort ihrer Begegnung (ihrer Konsumtion als Ware) geblieben ist. Die Fiktion des wirklichen Lebens eines ›Stars‹ ist nur die Voraussetzung dafür, daß die wirkliche Begegnung mit der Fiktion im Kino stattfinden kann. Umgekehrt ist es im folgenden Beispiel unmöglich, in der Wirklichkeit das Photographisch-Phantastische des Films und seiner Fiktionen zu wiederholen.

Birgit ist in einer Novelle von Ludwig Fulda (»Das bewegte Bild«,) keineswegs ein Star, sondern eines der vielen netten Mädchen, von denen Alfred Polgar gesprochen hat. Und Alwin ist nur ins Kino gegangen, weil zu Hause die Heizung kaputt gewesen ist. Da passiert es, auf der Bildfläche »erschien eine Darstellerin, die ihn wie durch einen elektrischen Schlag aus der Stumpfheit herausriß,« (Fulda 1926, 693) in der ihn der Film DAS ERBE DES NABOB bis dahin gelassen hatte. Gerade ihre Zurückhaltung und eine gewisse Sprödigkeit, die in einem bemerkenswerten Gegensatz zu einer äußersten Lebensfülle standen, »steigerte die Wirkung ihres Auftretens ins Magische. Sie erweckte nicht nur die Illusion ihrer leibhaftigen Nähe; das Leben selbst, das rätselhafte, widerspruchsvolle, betörende schien sich in dieser Mädchengestalt verkörpert zu haben« (693). Fasziniert vergißt er alles um sich herum und hat nur noch Augen für dieses Objekt seines Begehrens.

»Alwin, regungslos gebannt und atemlos benommen, kam erst wieder zu sich, als das Aufleuchten der Lampen einen kurzen Zwischenakt meldete« (693), währenddessen er ihren Namen im Filmprogramm nachschlagen kann. »Bald erschien die sehnlich Erwartete wieder, von ihm bereits wie eine Bekannte begrüßt, mit der ihn eine persönliche, allen anderen Zuschauern vorenthaltene Beziehung verband. Er vergaß diese anderen Zuschauer ebenso vollständig wie die anderen Mitspieler auf der Leinwand, Birgit war dort genau so allein, wie er hier allein war« (694). Inzwischen hatte »die Vorstellung ihr Ende erreicht. Das Publikum strömte nach den Ausgängen, während gleichzeitig durch die Eingänge ein

Gegenstrom zur nächsten Aufführung hereinflutete. Alwin jedoch verharrte auf seinem Platz wie festgenagelt« (694). Nach dem Schluß des Theaters begleitete sie ihn »heim in sein ungeheiztes Zimmer, in dem ihn jetzt nicht mehr fror. Die ganze Nacht hindurch schwebte ihr bewegtes Bild greifbar vor seiner wachen Einbildungskraft, erfüllte seinen Traum, als er gegen Morgen entschlummerte« (694). Fortan besuchte Alwin seine Birgit in jeder Vorstellung, bis der Film eines Tages nicht nur vom Programm dieses Kinos, sondern endgültig abgesetzt wurde. Alwin versucht alles, um die Adresse ›seiner‹ Birgit in Erfahrung zu bringen. Ein Jugendfreund schließlich bringt die traurige Wahrheit an den Tag: »Birgit Holmsen kann für Dich nichts mehr empfinden. Sie ist im vergangenen Dezember den Folgen einer Grippe erlegen. Als Du sie auf der Leinwand kennen lerntest und in ihr den Inbegriff des Lebens vor Dir zu haben vermeintest, war sie schon seit Monaten tot« (699). Verloren hat Alwin ›seine‹ Birgit jedesmal im Kino, wenn der Vorhang nach der letzten Vorstellung zugegangen ist. Unwiederbringlich wurde der Verlust, nachdem der Film abgesetzt und womöglich zerstört worden war. Der Täuschung, daß dem Leben auf der Leinwand ein wirkliches Leben entsprechen könnte, mußte die Enttäuschung folgen, daß ›seine‹ Birgit außerhalb des Kinos unerreichbar ist. Der Tod hat nur zusätzlich das Leben vor der Kamera und das Leben in den Bildern auseinandergerissen: Das Überleben ist nur photographisch-phantastisch in den bewegten Bildern möglich und auch das nur, bis der letzte Vorhang hinter dem Film zugegangen ist.

Indem Federico Fellini (E LA NAVE VA, 1983) dem Schiff, das zur Meeresbestattung der Asche der verblichenen Operndiva hinausgefahren ist, nicht nur die Urne, sondern auch einen Film der Diva mitgegeben hat, macht er die Bestattung erst vollständig. Während die Trauergesellschaft nur die bald verwehte Aschenspur der Diva zurückbehält, hat der Fan sie ›lebendig‹ auf einem Film bei sich in seiner Kabine, so lange, bis das Schiff untergeht und beide, der Fan und ›seine‹ Diva in der Projektion einen gemeinsamen nassen Liebestod sterben.

Wer sind diese fanatischen Kinogänger? Regina Ullmann, eine Schweizer Autorin in der Nachfolge Kellers und Stifters, die mit Rilke bekannt war und in München lebte, hat in einer Erzählung (»Kino«, 1930) von einem Dienstbotenmädchen Barbara, das sie in Rom kennengelernt hat und deren Leidenschaft für das Kino erzählt. Von ihr heißt es, »wie ein Zug in einen Tunnel fährt, verschlang das Kino ihre Existenz« (Ullmann 1930, 315). Sie schwärmte vor allem für historische Filme, »wahrscheinlich, weil sie die meiste Pracht verschwendeten und den Wirklichkeitssinn verhüllten. Sie sogen, diese Filme, sogen ihre ganze Liebe auf. Sie wandte sich ihnen naiv zu, als eine, die nicht mehr in der anderen Welt sein wollte« (317). Die Kinoleidenschaft nimmt bald alle Merkmale einer Sucht an, für die es in ihrem Leben sicherlich Erklärungen gibt. »Freilich war sie vielleicht damals durch ihre Entwicklung aus der Bahn gebracht, vielleicht gab es Überstunden im Geschäft. Und bei einer solchen Arbeit will das etwas heißen, wenn man nachts zehn Uhr noch nicht aufhören darf« (317). Barbara stiehlt Geld, vernachlässigt ihre Arbeit und wird besorgniserregend blaß, sie »gab alles, was sie besaß an alter Gefühlswelt, nach und nach dem Kino preis. (...) Und wenn man ihr nachgegangen wäre, würde man sie einige Male schon um halb drei Uhr an der Kasse einer Schaubühne gefunden haben« (ebd.). Die Erzählerin hält eine ›tüchtige Tracht Arbeit‹ für die richtige Therapie, die Mutter der Süchtigen denkt eher an einen Ehemann, irgendeinen: »nur kein Kino!« (318). Die Erzählerin verliert das Mädchen aus den Augen und trifft sie erst einige Jahre später in München wieder. Sie ist in einem elenden sozialen Zustand und sagt, »daß sie kurz vor dem Erblinden stehe« (322). Das Resümee dieser Begegnung bemüht, wie sollte es anders sein, die Kinometapher. Sie war nur noch ein Schatten ihrer selbst und »bald würde sie auch diesen Schatten nicht mehr sehen ...« Was für ein tragisches Ende eines Lebens, von dem es am Schluß der Erzählung heißt: »Das Leben ist das Kino gewesen« (322).

Nicht immer endet die Leidenschaft für das Kino tragisch und wird so furchtbar mit dem Erblinden bestraft wie im Fall dieses Dienstbotenmädchens. Den Gegenbeweis von der erzieherischen Wirkung des Kinematographen auf ein Dienstmädchen hat schon viel früher, nämlich 1913 ein gewisser Dr.W. Negbaur angetreten und von Marie erzählt, die völlig verstockt, einsam und unfähig war, eine Zeitung oder ein Buch zu lesen. Durch Zufall ist sie zusammen mit der Dame des Hauses ins Kino gegangen, wo es einen lustigen Film gab. Wieder zu Hause, hat sie in der Erinnerung an den Film zum ersten Mal in ihrem Leben gelacht (behauptet ihr Arbeitgeber). »Von da ab ging Marie gern ins Kino, und es stellte sich heraus, daß sie tatsächlich imstande war, all die Dinge, die ihr bisher durch das gesprochene oder gedruckte Wort absolut unfaßlich blieben, vermittels der im Kino gebotenen Augeneindrücke zu erfassen.« (Negbaur 1913, 75). Bald findet sie auch eine Freundin, die mit ihr mindestens zweimal in der Woche ins Kino geht, schließlich gesellt sich auch deren Bruder dazu ... Der Autor schließt mit Nachdruck: »Das Filmtheater übt besonders auf scheue, einsame Menschen einen stark erweckenden Einfluß aus« (75). Vieles hat sich geändert zwischen 1913 und 1930. Die Dienstboten sind, nachdem sie aus erzieherischen Gründen ins Kino geschickt wurden, offenbar süchtig und zu leidenschaftlichen Kinogängern geworden: Das hat die Herrschaft nun davon. Und auch der Grund, derlei Geschichten zu erzählen, ist ein anderer geworden: 1913 wurde im Kulturkampf dem Kino von dessen Anhängern eine volksaufklärerische Wirkung unterstellt; 1930 ist davon das Melodram von den sozial schwachen Opfern der Moderne übriggeblieben. – Doch wenden wir uns den künstlerischen Seiten der Kinoleidenschaft zu.

Vladimir Majakowskij, der russische Poet der Revolution, der auch Filme gemacht hat, war förmlich VOM FILM GEFESSELT (Majakowskij 1980). Das ist der Titel eines Films, der 1918 entstanden ist und von dem offenbar nur noch wenige Bilder und Erinnerungen von Lilja Brik, seiner Geliebten, die in diesem Film eine Tänzerin spielt, vorhanden sind. Ein Maler (Majakowskij) sieht sich im Kino den Film DAS HERZ DER LEINWAND an. Alle Helden der Leinwand, darunter Max Linder, Buster Keaton, Douglas Fairbanks, Rodolfo Valentino umschwärmen darin die Ballerina. Als der Film zu Ende ist, klatscht der Maler sogar noch, als alle anderen Zuschauer das Kino schon verlassen haben, begeistert Beifall. Da wird die Bühne wieder hell, die Ballerina steigt von der Leinwand herab und geht auf den Maler zu. Beide verlassen das Kino. Aber draußen regnet es, und die Ballerina verschwindet wieder im Kino. Der Verlust macht den Maler ganz krank. Seine Medizin bekommt er in einem Plakat eingewickelt, auf dem die Ballerina abgebildet ist. Der Maler wickelt sie (die Medizin und die Ballerina, die besser als jede Medizin wirkt) aus, sie wird lebendig und der Maler gesund. In demselben Augenblick, als die Ballerina aus dem Plakat herauskommt und lebendig wird, verschwindet sie aus allen anderen Plakaten in der Stadt und aus allen Filmen, was eine Panik in der Filmwelt hervorruft. Schließlich machen sich ihre Mitspieler Max Linder, Buster Keaton, Douglas Fairbanks, Rodolfo Valentino auf die Suche nach ihr, und es

gelingt ihnen, die Ballerina so mit einem Film zu fesseln, daß sie wieder darin verschwindet. Majakowskij hatte geplant, daß nun seinerseits der Maler sich in das Filmland aufmacht, um dort seine geliebte Ballerina zu finden.

Vielleicht muß man nur den Namen Barbara durch Cecilia ersetzen und Majakowskijs Geschichte etwas verändern und schon sitzen wir in Woody Allens Film THE PURPLE ROSE OF CAIRO (1984) mit Cecilia im Kino und

sehen zum fünften Mal, wie Tom Baxter, Archäologe, Abenteurer und jugendlicher Held in einer Wohnung in Manhattan eintrifft, wo die anwesende Gesellschaft ins ›Copa Cabana‹ aufbrechen wird, weil sie dort mit einer Gräfin und Larry White verabredet sind. Diesmal kommt es nicht dazu, denn Tom Baxter hatte offenbar bei den vorangegangenen Filmvorstellungen gesehen, daß Cecilia jedesmal im Kinosaal war, um sich den Film immer wieder anzusehen. Und Cecilia sieht, daß der Star auf

der Leinwand sie sieht. Neugierig auf seinen ›Fan‹ verläßt Tom Baxter die Szene und den Film, er steigt herab zu Cecilia und beide verlassen das Kino. Der Film hält an, und die anderen Personen des Films müssen – wie auf einer Bühne – die Rückkehr ihres Filmflüchtlings abwarten. Weil der Film nicht ›weiterlaufen‹ kann ohne eine seiner Figuren, wird der Darsteller des Tom Baxter zu Hilfe geholt, der seine Figur zur Raison und wieder in den Film bringen soll. Immerhin ist der Schauspieler für seine Figur verantwortlich. Auch Woody Allen spielt mit der Dreiecksbeziehung zwischen dem Schauspieler, der Figur, die er verkörpert und dem Fan. Der Versuch, die Fiktion Tom Baxter in die Realität Cecilias außerhalb des Kinos hinüberzuführen, schlägt fehl (vor allem, weil Tom Baxters Filmgeld ›draußen‹ nichts wert ist: Der ›effet de réalité‹ des Geldes ist ausschlaggebend). Der umgekehrte Versuch Tom Baxters (»er kommt und geht wie es ihm gefällt«), mit Cecilia im Film glücklich zu werden, scheitert ebenfalls, spätestens als der ›wirkliche‹ Schauspieler des Tom Baxter im Kino auftaucht und Cecilia Versprechungen macht, die er auch in der Wirklichkeit halten zu können scheint. Während Tom Baxter ›treu wie im Film‹ sein konnte, ist sein Darsteller ›in Wirklichkeit‹ jedoch ein gemeiner Verräter, der Cecilia sitzen läßt, als die Ordnung des Films und nun auch die der Wirklichkeit wieder hergestellt ist. Cecilia ist wieder ihrem Milieu und ihrem brutalen Ehemann ausgeliefert, dem zu entkommen ihr nur eines bleibt: wieder ins Kino zu gehen.

Als Tom Baxter und Cecilia aus dem Kinosaal in den Film ›steigen‹, bekommen wir als Zuschauer/innen, die zuvor schon den Zuschauern des Films THE PURPLE ROSE OF CAIRO (30er Jahre) im Film THE PURPLE ROSE OF CAIRO (1984) zugeschaut hatten, einen Eindruck, wie es im Film zugeht, wenn ›einer von uns‹ mal dabei sein kann (aber sind wir es nicht immer, wenn wir einen Film sehen?). Die Welt ist schwarz/weiß und was schlimmer ist, der Champagner ist nur Sodawasser. Aber die weitergehende Frage, was die Figuren im Film machen, wenn wir als Zuschauer/innen sie nicht beobachten, weil die Vorstellung zu Ende und der Vorhang geschlossen ist, wurmt jeden Kinofan. Kurt Tucholsky hatte 1930 gedichtet: »Es wird nach einem happy end / im Film jewöhnlich abjeblendt.« (Tucholsky 1965, II 71) Und was passiert dann? Eine Erzählung von Christian Bock: »Nach dem Happy-End« (1939) hat diese drängende Frage zu beantworten versucht.

> »Der Film war zu Ende. Der blauseidene Vorhang schob sich schon von beiden Seiten mit raschelndem Geräusch über dem minutenlangen Kuß des Happy-End zusammen. Die Lampen leuchteten auf, die Filmbesucher drängten zu den Ausgängen. Bald war der Saal leer. In zehn Minuten sollte die neue Vorstellung beginnen. Da geschah etwas Sonderbares. Etwas, das niemand von den Besuchern sah, denn alle waren schon gegangen. Auf dem blauseidenen Vorhang, der die Leinwand bedeckte, leuchtete das große Quadrat der Filmszene wieder auf. Die Heldin des Films löste sich aus der Umarmung des Happy-End von ihrem Geliebten, ging zum Schreibtisch, der links im Zimmer stand – und sagte: ›Mein Lieber, ich will dir etwas sagen, ich mache nicht mehr mit!‹« (Bock 1939, 47).

Ihr Partner fragt verblüfft, was mit ihr los ist, anstelle einer Antwort wirft sie mit einem Bronzelöwen nach ihm, der ihn verfehlt und statt dessen den Spiegel zertrümmert. Sie wirft ihm vor, daß er immer dasselbe tut, was sie an seiner Liebe zweifeln läßt. Und sie fragt ihn noch einmal ›Liebst du mich?‹ und er antwortet ihr wie im Film, da glaubt sie ihm, beide fallen sich in die Arme, und der Vorführer, der dazukommt, um den Film für die nächste Vorstellung vorzubereiten, wundert sich, daß der Film auf der letzten Einstellung offenbar stehengeblieben ist. »Einige Monate später entdeckte zufällig der Besitzer eines Kinos, daß in der Kopie, die er zur Vorführung bekommen hatte, in einer Szene der große Spiegel an der Wand kein Glas hatte und daß auf dem Schreibtisch auch kein Bronzelöwe stand wie in der Kopie, die ihm vor kurzem vorgeführt worden war« (49). Filmwissenschaftlern wird es vorbehalten sein, die Ursache für diese Variante herauszufinden.

Der Traum vom Leben auf der Leinwand, der immer wieder zum Alptraum und zur Horrorvision von Phantomen in einer Schattenwelt geworden ist, beherrscht die Sehnsüchte all derer, die hoffen, ›beim Film‹, der Erfolg und ein ewiges ›Happy-End‹ verspricht, ihr Glück zu machen und die so selten ein Tom Baxter an die Hand nimmt, um mit ihnen die ›ewige Wiederkehr‹ im Luxus der ›Copa Cabana Bar‹ zu feiern. DER KUß DER MARY PICKFORD und der Traum von einer Filmkarriere nehmen im gleichnamigen sowjetischen Film von Sergej Komarow aus dem Jahr 1927 Majakowskijs Thema vom leibhaftigen Kuß der Filmdiva in einer ironischen Burleske noch einmal auf. Anlaß ist der Besuch von Mary Pickford und Douglas Fairbanks in der Sowjetunion 1927, die (gewissermaßen als MR. UND MRS. WEST IM LAND DER BOLSCHEWIKEN nach einer Film-Komödie von

Lew Kuleschow aus dem Jahr 1923) die große Welt des Hollywood-Kinos nach Moskau gebracht haben. Doussia Galkina ist eine Verehrerin von Douglas Fairbanks, die unbedingt zum Film möchte. Goka Palkine, gespielt von dem populären Komiker Igor Ilinski, ist nur Kartenverkäufer in einem Kino und liebt Doussia. Gerade steht THE MARK OF ZORRO (Fred Niblo 1920) auf dem Programm, eifersüchtig muß Goka mit ansehen, wie Doussia auf dem Weg in den Kinosaal das Starportrait von Douglas Fairbanks von der Wand stiehlt und ihn auf der Leinwand anhimmelt. Um in ihren Träumen eine Rolle spielen zu können, will er ebenfalls Schauspieler werden und ist gerade im Studio bei den Dreharbeiten zu einer (dieser) Komödie, als wirklich Mary Pickford und Douglas Fairbanks das Studio besuchen und nun ›ihre Rolle‹ in diesem Film spielen: Mary umarmt und küßt Goka, der daraufhin berühmt und auch von Doussia geliebt wird.

Als ironische ›Aufklärung‹ über das wahre Hollywood und das Skandal-Leben seiner Stars, das durch eine Reihe von Affairen (z.B. um den Komiker Fatty Arbuckle) in Verruf gekommen war, kommt Roy Clements UNCENSORED MOVIES (1923) daher, eine Komödie, in der Will Rogers im Kino einen Bericht vor den ›Fellow Members of the Cleaner Screen League‹ über die Hintergründe und Abgründe Hollywoods ›unzensiert‹ vorlegt. Über das skandalöse Privatleben des populären Cowboy-Helden William S. Hart kann er sagen und im Film zeigen: »I'm sorry to report but its all true ... For instance I'm able to prove that William S. Hart has been seen on a public thoroughfare as late as 10 o'clock at night. Fortunately I was able to obtain an uncensored picture of Mr. Harts home life which I submit to you«. Man sieht ihn im Kreise seiner Lieben, was die Schnüffelei im Privatleben von Personen der Öffentlichkeit absurd erscheinen läßt. In Filmen à la Griffith wird gezeigt, was geschieht, wenn der Bösewicht das Mädchen verschleppt hat und bevor der Held sie befreien kann, was aber nie im Film zu sehen ist: Die beiden spielen in der Blockhütte Karten, bis sie wieder ›dran‹ sind. Die Helden, darunter ›Rudi‹ Valentino sind Menschen wie du und ich, auch wenn Valentino selbstverständlich ständig als Scheich auftritt. Wilde Verfolgungsjagden mit Tom Mix werden durch artistische Übertreibungen lächerlich gemacht, schließlich soll ein skandalöser Sexfilm mit Will Rogers selbst enthüllt werden: Man sieht ihn abends artig im Pyjama in sein Bett steigen. Natürlich hat Will Rogers alle Stars und den Berichterstatter im Kino vor dem Verein ›saubere Leinwand‹ selber gespielt. Die Stars sind nur noch Hampelmänner und -frauen. Das biedere Hollywood auf der sauberen Leinwand hat seine Verführungskraft eingebüßt und ist nur noch komisch, die ›entlarvende‹ Komödie droht den Phantomen des Kinos den Garaus zu machen..

Komödien wie diese vom ›Leben im Film und im Kino‹, die so sehr dazu angetan sind, das Magische des Films und des Kinos zu entzaubern, sind doch nur die dünne Oberfläche über einem nach wie vor bedrohlichen Abgrund, das ›Pfeifen im Walde Transsylvaniens‹ gewissermaßen, wo nach wie vor die Leinwandphantome umgehen und in ewiger Wiederkehr alles zu Schatten machen, was der Kamera vors Objektiv kommt.

Das Photographisch-Phantastische, das für die Wiedergänger und Phantome auf den Kinoleinwänden gesorgt hat, ist literarisch im ›Dracula‹ des Romans von Bram Stoker als Medieneffekt inkarniert und im Film selbst als Nosferatu (1922) in Murnaus Version des blutsaugenden Nicht-Toten

adäquat realisiert worden: Murnau hat den ›Tod‹ des Vampirs als photographischen Überbelichtungseffekt inszeniert, die Sonne fällt auf die Gestalt, die sich im hellen Licht auflöst und auch gleich zu einem Häufchen Asche verbrennt. Sie wäre auch verschwunden, wenn Saallicht auf die Leinwandprojektion gefallen wäre. Die Phantome als Medieneffekte sind mit der Technik ihrer Herstellung auf Gedeih und Verderb verbunden. Das Unheimliche ihrer Licht- und Schattenexistenz wirft seinen Schatten auf die Technik selbst, die diese Phantome schafft und die Gesellschaft, die ihnen in ihren Medienbildern wiederum Ausdruck gibt. Sehr konkret hat Siegfried Kracauer in den Filmschatten der Caligari, Nosferatu, Golem und Homunculus die Tyrannen aufmarschieren sehen, die 1933 in Deutschland ›leibhaftig‹ an die Macht gekommen sind und in den großen Verbrechern des Kinos der 20er Jahre ihre Vor-Läufer haben. Joseph Roth hat unter dem Titel *Der Antichrist* (1934) eine Art poetische Gesellschaftstheorie des Films geschrieben, in der das Kino als Schattenreich, als Hades des modernen Menschen oder Hölle, Hollywood als ›Hölle-Wut‹ figurieren. Die Machtergreifung dieses modernen Teufels bewirkt, daß alles Lebendige in (Film-) Schatten verwandelt wird.

»Begegnet mir zuweilen ein Schauspieler, dessen Gesicht und Körper mir aus den Schaustücken des Kinos bekannt sind, so scheint es mir, daß ich nicht ihm selber, sondern seinem Schatten begegne; wo es doch gewiß ist und meine Einsicht es mir sagt, daß er der Urheber jenes Schattens ist, den ich von der Leinwand her kenne. Dennoch wird er also, wenn er mir begegnet, wie er leibt und lebt, der Schatten seines eigenen Schattens« (Roth 1991, III, 572).

Siegfried Kracauer hatte, wie erwähnt, das Original des Fotos einer Filmdiva nurmehr in ihrem Schatten/Bild auf der Leinwand gesehen. Joseph Roth radikalisiert diese Vorstellung, indem er seine kulturelle und politische Wirklichkeit der beginnenden 30er Jahre grundsätzlich zum Schattenreich im Hades des Kinos werden läßt, aus dessen deutscher Variante dann Siegfried Kracauer die wahnsinnigen Tyrannen ›Dr. Caligari‹, ›Nosferatu‹ oder ›Dr. Mabuse‹ in die Wirklichkeit des ›Dritten Reiches‹ sich inkarnieren läßt (Kracauer 1979, 84-95). Joseph Roth fragt 1934, was im Zeichen des (Hades des) Kinos ein Mensch und Schauspieler ist und antwortet darauf: Wenn es möglich ist, daß sich auf der Leinwand Schatten wie wirkliche Menschen bewegen, dann deshalb, weil »die Wirklichkeit, die sie so täuschend nachahmt, deshalb gar nicht schwierig nachzuahmen war, weil sie keine ist. Ja, die wirklichen Menschen, die lebendigen, waren bereits so schattenhaft geworden, daß die Schatten der Leinwand wirklich erscheinen mußten« (Roth 1991, III, 572). Als Leinwandschatten sind Schauspieler unsterblich, während ihre menschlichen Doppelgänger verschwinden und nur ihre Schatten sind ewig, weil es »eine Art Menschen (gibt), die nicht als Menschen gelebt haben, sondern als Schatten (...) Sie können nicht sterben, weil sie niemals gelebt haben« (573). *Der Antichrist* endet mit der derselben Erfahrung, die auch Erich Kästner gemacht hat, nur kann sie Joseph Roth nicht komisch finden: Eines Abends sieht er sich selbst im Kino auf der Leinwand: »Der Antichrist hatte mich aufgenommen. (...) Er hatte mir den Schatten geraubt« (665).

Die grausige Konsequenz der Überlegung, daß das Schattenreich des Kino-Hades ein Reich der Toten ist, die dort als Schatten ein ewiges Film-Leben bekommen haben, macht sich Joseph Roth vor dem heraufdrohenden faschistischen Krieg am Beispiel eines Films über den russisch-japanischen Krieg (1909) klar. Zuerst zitiert er die Urszene des Kinos, die Angst, daß diesmal nicht ein Eisenbahnzug, sondern marschierende Soldatenkolonnen von der Leinwand in den Zuschauersaal über›treten‹ könnten, »schon ducken wir uns, die Tritte zu empfangen. Aber da verschwanden sie, eben wie Schatten verschwinden (579).« Je größer sie bei ihrer Annäherung wurden, desto unschärfer, flüchtiger wurden sie auch, »und schon zeigte sich zwischen der kolossalen Gefährlichen ihrer beschlagenen Stiefel das Gewebe der Leinwand. Zwar wurden sie groß, die Schatten, aber auch porös (579)«, bis sich die Kolonnen Reihe für Reihe im Vordergrund (beim Vorbeimarsch an der Kamera) auflösten. Nach diesem (kinematographischen) ›Wahrnehmungs-Schrecken‹ folgt ein noch größerer ›Bewußtseins-Schrecken‹, der das Photographisch-Phantastische ins Spiel bringt: Als Joseph Roth sich klarmacht, daß die Soldaten, als sie aufgenommen wur-

den, lebendig dagewesen sein müssen, waren sie doch, allein dadurch, »daß man sie aufgenommen hatte, (...) schon zu Schatten geworden, die sie erst später hätten werden sollen und die sie eine Weile nach der gelungenen Aufnahme auch wurden (579).« Oder waren es schon die Schatten gefallener Soldaten, die dort marschierten? Der Unterschied jedenfalls zwischen den Schatten ›lebender‹ und denen ›toter‹ Soldaten, die zum Beispiel am Ende von ALL QUIET ON THE WESTERN FRONT (1930) zur Mahnung der Lebenden wieder aufstehen, ist nur ihr Grad an Diaphanie, an geringerer Dichte der Schatten, ihr Verfahren ist das der Doppelbelichtung. Krieg und Kino sind beides Verfahren der Doppelbelichtung, des Erscheinens und des Verschwindens (Virilio 1986).

10. Tonfilm

Übergänge

'Will you come with
me to a talkie
to-night?'

Zwischentitel in:
Anthony Asqhith:
Cottage on Dartmoor, 1929

Als 1927 der erste Tonfilm der Tonfilmgeschichte (es hat auch zur Stummfilmzeit sog. ›Tonbilder‹ mit Grammophonbegleitung gegeben) THE JAZZ
SINGER von Al Jolson vom Publikum begeistert gefeiert wurde, obwohl er
technisch noch viel zu wünschen übrig ließ, war klar, daß eine neue Epoche
des Kinofilms beginnen und die Epoche des Stummfilms zu Ende gehen
würde. Die Stummfilmästhetik war zu dieser Zeit auf ihrem Höhepunkt
angekommen, die Filme von Chaplin und Buster Keaton konnte man sich
›sprechend‹ gar nicht vorstellen. Filme von Abel Gance (NAPOLEON, 1927)
oder Fritz Lang (METROPOLIS, 1926) hatten eine eigene Bildersprache entwickelt, und man war stolz, in einigen Filmen sogar ganz ohne Zwischentitel auskommen zu können (Lupu Picks SYLVESTER, 1923 oder F.W. Murnaus DER LETZTE MANN,1924 zum Beispiel), weil sich der Film allein mit
seinen visuellen Mitteln, die er in 30 Jahren Stummfilmgeschichte herausgebildet hatte, verständlich machen konnte. »Was Wunder, daß die Nachricht vom Auftauchen des Tonfilms den meisten Filmfreunden kein über-
mäßiges Vergnügen bereitete. Sie ahnten zunächst mehr als sie wußten,
daß der tönende Film den stummen völlig aus den Kinos verdrängen (und
das hieße ja: aus der Welt schaffen) würde« (Arnheim 1974, 227). Rudolf
Arnheim drückt in seiner 1932 veröffentlichten Filmtheorie *Film als Kunst*,
die noch im Titel das durch den Stummfilm Erreichte signalisiert, das
allgemeine Bewußtsein einer Epochenschwelle der Filmgeschichte aus:
Vieles, was bisher mit dem Film an technischen und ästhetischen Aus-
drucksmöglichkeiten entwickelt worden war, würde verschwinden und
ein ganz neues Medium der synchronen Bild- und Ton- (und Farbe und
plastischen 3-D-) Verfahren würde entstehen.

Der tiefe Einschnitt in die Geschichte des Films, der allgemein empfunden
wurde, hat auch etwas zutage gebracht, was bis dahin kaum vorhanden war,
nämlich ein Bewußtsein für Filmgeschichte überhaupt. Bis dahin wurden
Filme, wenn sie verbraucht waren, zerstört; nun entstehen Anfang der 30er
Jahre die ersten Filmarchive (1933 in London, 1936 in Berlin), die retten wollen, was zu retten ist, um überhaupt erst eine materiale Filmgeschichte zu
ermöglichen. Es ist das Bewußtsein, daß mit dem Stummfilm ein Teil der

Filmgeschichte unwiederbringlich verloren sein könnte, das das Interesse an der Geschichte (und Geschichtlichkeit) des Films geweckt hat.

Die Geschichten, die in der Literatur und im Film ›vom Film‹ erzählt werden, teilen das neue Bewußtsein für die Geschichtlichkeit des Films. Nostalgisch kehrt man an die Anfänge des Films in Paris, London, Berlin, New York und Hollywood zurück. Die Kinos, die in den Filmen besucht werden, können in Stummfilm- und Tonfilmkinos unterschieden werden, wodurch zeitliche Markierungen entstehen. Noch lange wird der Stummfilm in der Erinnerung der ›Film schlechthin‹ in einer neuen filmgeschichtlichen Tradition sein, während der Tonfilm die technische Moderne nicht nur apparativ, sondern auch thematisch mit seinem neuen Realismus repräsentiert. Die neue Geschichtlichkeit des Films drückt sich zum Beispiel schon 1928 in einem Artikel in der *Weltbühne* über »Alte Filme. Kintop vor 15 Jahren« aus. Der Autor Harry Kahn registriert, daß sich die Leute im Kino »scheckig (lachen), weil Henny Porten sich einen Lampenschirm vom Durchmesser eines mittleren Lokomotiventreibrades aufs blondbezopfte Haupt stülpt«, und er fragt sich, ob wohl die Zukunft des Kinos jemals wieder »ein filmisches Genie wie die Nielsen« (Kahn 1928, 102f) hervorbringen wird. Und auch 1963 noch (oder wieder?) ist »Kino« in einem Gedicht von Heinrich Nowak ein

> »halbheller Raum, von Menschen angefüllt. / Der Perolintau senkt sich auf die Scharen / Von Kindern, Burschen, Frauen und Liebespaaren, / Die warten, bis das Dunkel sie umhüllt. (...) Plötzlich verschlingt die Dunkelheit die Wände; / Die weiße Leinwand vorne glänzt und scheint. / Die Pärchen finden leise ihre Hände –, / Ein großes Drama: Asta Nielsen weint / In tragischer Gebärde – später Lachen: / Max Linder geht grotesk durch tolle Sachen. (Nowak 1963, 486).

Und Rolf Dieter Brinkmann gesteht (»Film 1924«)

> »Manchmal denk ich / an diese alten / Filme und weiß / nicht, was ich denken soll. / Wie wahr dieses stumme Rauschen ist / ein anhaltendes Flimmern über die / Körper hinweg, wenn sie ganz nackt sind / und noch immer auf Rudolph Valentino / warten oder ist es Douglas Fairbanks / (...) Und Asta Nielsen vergösse eine einzige / Träne immer noch einmal von vorn / um meinetwillen wie Henny Porten / unter Ernst Lubitsch. Doch diesmal / ließen wir die ganze Sache rückwärts laufen (...)«. (Brinkmann 1984, 137f).

Die Geschichte des Tonfilms beginnt mit der Erinnerung an den Stummfilm, der immer auch Kinofilm geblieben ist, während der Tonfilm bald nur noch ›Film‹ ist, der dem Kino untreu werden wird.

Der Tonfilm, der Ende der 20er Jahre von Hollywood aus die (Kinos der) Welt erobert, konstituiert sich in kürzester Zeit als der ›klassisch erzählende‹ realistische Film, der die Erzählmuster des Romans des 19. Jahrhunderts übernimmt und mit den filmischen Strukturen der großen Filmepen Hollywoods (zum Beispiel INTOLERANCE, 1916 von D.W. Griffith) verbindet. Die Literatur, vor allem das Drama, rücken dem Film näher, nachdem im Tonfilm auch zum Beispiel Dialoge ›unmittelbar‹ in der Verfilmung übernommen werden können, zugleich verändert sich der Habitus des Kinogängers gegenüber dem Film. Die Zuschauer/innen des klassisch-realistischen Tonfilms werden die künftigen Melodramen (VOM WINDE VERWEHT, Victor Fleming 1939), Musicals (SINGIN' IN THE RAIN, Stanley Donen, 1952), Gangsterfilme (SCARFACE, Howard Hawks, 1932) und Komödien (TROUBLE IN PARADISE, Ernst Lubitsch 1932) schweigend in einem Tagtraum ähnlichen Zustand an sich vorüberziehen lassen, eine Haltung, die für den Stummfilm durchaus nicht typisch war, die das bürgerliche Theater durch moralische und kulturelle Disziplinierung seines Publikums erreichte und die das Fernsehen wieder aufgelöst hat. Würde man überhaupt noch etwas erzählen können, was in den Kinos, außer auf der Leinwand, geschieht? Würden der Filmton und eine Ästhetik, die der Leinwandhandlung absolute Dominanz (etwa auf CinemaScope-Leinwänden) einräumt, nicht jedes Sprechen und jede andere Aktivität im Kinosaal absorbieren? Rudolf Arnheim hat sich 1928, im Übergang vom Stummfilm zum Tonfilm, in seinem Kinosessel aufgerichtet und nach hinten, ins Publikum gesehen:

> »Es ist sehr merkwürdig, im Kino einmal mit dem Rücken gegen die Leinwand zu stehen und den Zuschauerraum zu betrachten. Auf schwarzem Untergrund sieht man ein Tupfenmuster von leichenblassen Gesichtern, in denen nur die Augen blitzen. Die Körper liegen als dunkle Klumpen schwer und unbeweglich in bequemen Stühlen, die Seelen sind durch die blanken Augen hinausgefahren und tummeln sich auf der Leinwand, auf den Prärien von Texas, in einem Berliner Hinterhof oder an den Stätten der Sünde. Zurück bleibt eine sorgfältig in Reihen angeordnete Kollektion von toten Menschenkörpern in allen Preislagen, eingehüllt in eine schwere Luft, die jetzt keiner mit Bewußtsein atmet, und allerlei Gerüche, die jetzt keiner spürt. Von einem unerträglich blendenden Punkt des Hintergrundes her ergießt sich der zappelnde Lichtkegel. Er liegt dicht über den Köpfen, ein ewig unruhiges Gebilde aus weißer Seide und schwimmendem, grauen Staub. Manchmal, wenn im Film die hellen Bilder aussetzen und ein Schrifttitel kommt, zieht er sich nach hinten zurück, und der Raum liegt dunkel; dann aber schnellt er wie der Blitz wieder nach vorn und beginnt seinen zuckenden Tanz von neuem. So ähnlich werden vielleicht die Kunstwerke der Zukunft aussehen. Die Modernsten haben uns schon angedroht, nächstens mit Scheinwerfern reflektorische Spiele an den Himmel zu werfen, statt zu malen und zu zeichnen. Dieser Lichtkegel ist vielleicht ein graphisches Blatt aus dem Buche der zukünftigen Kunstgeschichte.

> Manchmal geht ein Gelächter durch das Dunkel, dann wiegen sich alle die Körper eine Weile hin und her, so als wenn der Wind durch die Bäume geht. Es gibt Leute, denen sitzt das Gelächter lose im Munde. Und andere, denen es wie durch einen Dösigkeitspfropfen verstopft scheint; die sitzen da mit einem ungläubigen und verschämten Lächeln auf den dicken, runden Gesichtern, so als zollten sie ihren Beifall nur aus Höflichkeit oder als willige Glieder der Masse, nicht aus Überzeugung. Die alten Frauen haben keine Zeit zum Lachen. Sie starren mit

habgierigen, unruhigen Blicken nach vorn, um nur ja so schnell mitzukommen. Und die Leute, die im Gang stehen, lachen auch nicht. Man hat sie zu früh hereingelassen, denn sie gehören eigentlich erst in die nächste Vorstellung. Den Film, den sie jetzt sehen, werden sie nachher noch einmal sehen und erst dann mit voller Berechtigung. Darum lachen sie jetzt noch nicht.

Es ist sehr amüsant, einmal mit dem Rücken gegen das Wesentliche zu stehen und zu beobachten. Wenn schon es eigentlich unmoralisch ist« (Arnheim 1987, 44f).

Und was ist aus den Phantomen geworden, die auf der Grenze zwischen Leinwand und Zuschauersaal für ein Kommen und Gehen, für die Angstlust des Zuschauers, die Schatten der Leinwand könnten bis zu ihm vordringen, gesorgt haben? Was ist aus den Schatten geworden, nachdem sie zu reden begonnen haben? Joseph Roth, der wie viele seiner Zeitgenossen glaubte, daß mit dem Stummfilm auch der Geist des Films die Kinos verlassen hätte, sah mit dem Geist auch die Geister verschwinden, weil der Tonfilm durch die Macht der Stimme eine andere Wahrnehmungsweise mit sich gebracht hat.

> »Die menschliche Stimme«, sagt er, »scheint eine sehr körperliche Dimension zu sein, körperlicher als der Körper, dem sie entströmt. (...) Sie erfüllt den ganzen Raum, berührt jeden Zuschauer körperlich, gelangt fast gleichmäßig stark an jeden Platz im Saal. Das Bild bleibt gefesselt an die Leinwand, gefangen in seiner Zweidimensionalität. Als ihm die Stimme noch fehlte, als nur die Musik noch seine Bewegungen begleitete, befruchtete die Beweglichkeit dermaßen unsere ›Vorstellungskraft‹, daß wir selbst die fehlende dritte Dimension dem Schatten ausliehen, also: ›andichteten‹. Nun aber scheint nicht die Stimme die Bewegung zu begleiten, sondern umgekehrt die Aktion der Schatten die Modulationen der Stimmen (...). Die Stimme aber ist die siegreiche Konkurrenz des Bildes« (Roth 1991, III, 57f).

Es ist die Stimme, die den Raum zwischen Zuschauer/innen und Bild ›körperlich‹ ausfüllt, die Figur wird für das Auge in das Bild zurückversetzt, dort, wo sie gesehen wird, während die Stimme das Ohr unmittelbar trifft. Wichtiger noch, der Ton kann das Sichtbare vertreten (dort, wo es außerhalb des Bildes gehört wird) und an seine Stelle treten, was den Handlungsraum als Wahrnehmungsraum erweitert und dem Unsichtbaren (ebenso wie dem Schweigen) im Kino eine neue, konstitutive Rolle verleiht.

In den ersten Versuchen, den Stummfilm auch theoretisch zu verstehen, ist das Schweigen des Films häufig mit dem Schweigen der Figuren des Films oder ihrer Stummheit verwechselt worden, die sich nur pantomimisch ausdrücken könnten. Die tatsächliche pathologische Stummheit der Figuren hat jedoch erst im Tonfilm Sinn gemacht, wenn alle anderen nicht nur sichtbar, sondern auch hörbar reden. Robert Siodmak hat in seinem 1945 entstandenen Film THE SPIRAL STAIRCASE neben einer Horrorgeschichte um die stumme Hausangestellte Helen, die von einem Mörder bedroht wird, auch gleich noch die Geschichte des Übergangs vom Stummfilm zum Tonfilm nacherzählt. Helen ist durch ein schockierendes Erlebnis verstummt, sie kommuniziert (wie der Stummfilm) so lange mit Notizen auf Zetteln, bis ein erneuter Schock ihr die Zunge löst und sie ins Telephon ihren Namen sagen und ihren Retter herbeirufen kann: Es ist der Tonfilm, der endlich seinen Namen sagen kann. Nur im Tonfilm kommt die Stummheit der Pantomime zu ihrer eigenen Sprache.

Unübertroffen ist die Pantomime der Jean-Louis Barrault-Figur ›Baptiste‹, der zu Beginn des Films von Marcel Carné LES ENFANTS DU PARADIS (1943) einen Dieb beobachtet und später der Polizei den Dieb und wie er gestohlen hat, pantomimisch beschreibt (und damit ganz nebenbei das Herz der schönen Garance erobert, die auf dem ›Boulevard des Crimes‹ die Allegorie der Wahrheit verkörpert). Die Stummheit von Harpo Marx wäre ohne die frechen Reden der anderen Brüder nichts wert gewesen, seine Körpersprache spielt er als Pointe des Tonfilms aus. 1960 hat Arthur Hiller mit dem sichtlich gealterten Harpo einen kleinen Krimi gedreht (STILLE PANIK), in dem Harpo zu Beginn eine mechanische Chaplin-Figur spielt, die in einem weihnachtlichen Schaufenster die Kinder (und die Erwachsenen) unterhält und für Spielzeug wirbt. Während seiner Pantomime sieht er, wie unmittelbar vor seinem Schaufenster ein Mord geschieht. Niemand bemerkt es, alle lachen, als er entsetzt nach vorne auf das Opfer weist, dann ein Schrei ... Schaufenster und Passanten bilden zusammen eine Kinosituation, die in Harpos Pantomime den Stummfilm (und die/seine Wahrheit) zitiert; der Tonfilm, der auf den Schrei hin mit lautem Sirenengeheul der Polizei den Part übernimmt, hat es schwer, der Wahrheit des Stummen auf die Spur zu kommen.

Ein erster Übergangs-Topos vom Stummfilm zum Tonfilm, der im Tonfilm rückblickend immer wieder erzählt wird, ist das Gefühl für Nostalgie. PYM'S WANDERKINO von John Power (1977) ist eine liebenswert-nostalgische Erinnerung an die Pionierzeit der Kinematographie in Australien. Die Geschichte, die der Film erzählt, endet mit der Stummfilmgeschichte. Der Wandel, der sich vollzieht, kündigt sich zuerst durch geschäftliche Veränderungen an, sein Filmvorführer wird sich selbständig machen mit einem ortsfesten Kinotheater, zurückbleiben der Wan-

derkinounternehmer Pym und sein Klavierspieler, der nun hinter dem Projektor stehen wird, weil der Tonfilm die Musikbegleitung überflüssig gemacht hat. Stolz auf die neue Errungenschaft legt Pym die Schallplatte auf, die synchronisiert mit dem Projektor nicht nur die Musik, sondern auch die Dialoge der Schauspieler wiedergibt. Das Melodram nimmt seinen Lauf, dann hakt die Nadel in der Rille, derselbe Satz wiederholt sich, Ton und Bild sind sofort asynchron, das Publikum wird unruhig, die Vorstellung muß abgebrochen werden, bis der Schaden repariert ist. Da besinnen sich Pym und sein Klavierspieler auf die allerersten Anfänge des Kinos im Varieté, d.h. ihren eigenen Ursprung. Pym singt auf der Bühne vor der Leinwand, sein Klavierspieler begleitet ihn:»Tap tap on my window could it be that you are still in love with me ...« Wenn das Kino gemeint ist, dann heißt die Antwort am Ende dieses Films sicherlich ja, obwohl oder gerade weil der Übergang zum Tonfilm mißlingt und der Film mit der gemütlichen alten Zeit des Kinos endet.

SPLENDOR von Ettore Scola (1989) beginnt seine Geschichte am Ende der Geschichte des Films und des Kinos. Der Film wiederholt die Erfahrung

des Bruchs in der Entwicklung des Kinofilms und der nochmaligen Epochenschwelle angesichts der Veränderungen, die das Fernsehen, Video und andere elektronische Medien mit sich gebracht haben. Das Kino ›Splendor‹, dessen Geschichte erzählt wird, wird zu Beginn des Films abgerissen, um einem Laden für sanitäre Einrichtungen Platz zu machen. Danach erinnert sich Jordan (Marcello Mastroianni) in episodenhaften Rückblenden an seine eigene Kinobiographie, die er auf dem Marktplatz einer italienischen Kleinstadt Ende der 20er Jahre (schwarz/weiß) beginnen läßt. Ein Wanderkinematograph baut eine Leinwand auf dem Platz auf und als es dunkel ist, beginnt die Vorführung von Fritz Langs METROPOLIS (1926). Jordan, der als Kind mit seinem Vater unterwegs ist, erklärt (uns) den Zuschauern, was zu sehen und zu hören ist: »Ich bin der Toningenieur. Ich fahre mit meinem Vater übers Land und auf der Leinwand – da – zeigen wir die Filme, ich mache die Musik, die Trompeten sind von Giuseppe Verdi [man hört den Triumphmarsch aus Aida von der Schallplatte], die Zahnräder [in den Titelbildern aus ›Metropolis‹] von Fritz Lang.« Die Leinwand weht im Abendwind und läßt auch die starren Arbeiterkolonnen noch hüpfen und sich biegen. Die Kino-Film-Geschichte des Films von Ettore Scola beginnt also mit dem Übergang zum Tonfilm, der Wanderkinematograph symbolisiert die Tradition, Fritz Langs Stummfilm METROPOLIS die Moderne á la Mussolini, die den zeitgenössischen Hintergrund bildet. Der ›kleine‹ Toningenieur Jordan steht für die Zukunft des Films, die in dem Moment, als sie erzählt wird, bereits nostalgische Erinnerung ist. Die Verhältnisse der Film- und Kinogeschichte beginnen kompliziert zu werden.

Ein anderer Übergangs-Topos wird durch den ›Erklärer‹ personifiziert. Diese kinogeschichtliche Figur des Erklärers ist uns schon in den Anfängen der Ladenkinos 1911/12 begegnet (s. Kapitel 2). Sie kommt zweifellos aus vorkinematographischen Aufführungspraktiken (der Moritatensänger) und mußte immer dann eintreten, wenn das dargestellte Geschehen nicht mit den anderen zur Verfügung stehenden Mitteln verständlich wurde: Weil die Bildsequenzen auf den Moritatentafeln den Ansprüchen an eine schaurig-schöne Geschichte nicht gerecht werden konnten oder erst die Bilder und die mündliche Erzählung (mit Musik) das ganze Vergnügen waren oder weil sprachliche und/oder kulturelle Barrieren das Verstehen vor allem der Stummfilme erschwerten (wie ungern hat Albert Camus den Filmerklärer für seine Großmutter gespielt). Das asiatische Kino hat den ›Benjii‹ aus der Tradition der Schattenspiele übernommen, dort wie hier im Kino hatte er auch zwischen den Kulturen zu vermitteln.

Kurt Pinthus hat 1963 der Wiederauflage seines *Kinobuches* (1913) ein Vorwort vorangestellt, in dem er an die Umstände des Zustandekommens dieser berühmten Anthologie von Filmerzählungen expressionistischer deutscher Autoren erinnert. So fuhren im Winter 1913

»Theodor Däubler, Franz Werfel, Walter Hasenclever, Albert Ehrenstein, Paul Zech, Else Lasker-Schüler, ich und einige mehr, ohne daß irgend etwas Besonderes dorthin lockte, nach Dessau, wo wir, durch die Straßen streifend, entdeckten, daß in einem jener kleinen Kinos, die man damals Ladenkinos, Flohkisten oder Schlauchkinos nannte (weil in leerstehende dunkle, lange Läden eingebaut) die Verfilmung eines bei Rowohlt erschienenen Romans von Otto Pietsch ›Das Abenteuer der Lady Glane‹ gezeigt wurde. Es war ein kurzer, billig und schlecht hergestellter Streifen; aber wir gewahrten hier eine Besonderheit, die wir für längst ausgestorben [!] hielten: das kümmerlich untermalende Klaviergeklimper wurde durch die Stimme eines im prächtigsten Sächsisch die Handlung kommentierenden Erklärers übertönt: ›Hier sähn mir Lahdy Glahne bei Nacht un Näbel ...‹ Mehr noch: der Mann hielt einen Zeigestock in der Hand, mit dem er gegen die Leinwand hin auf den Gang der Personen und der Ereignisse wies« (Pinthus 1983, 9).

Ein Hamburger Kinoenthusiast erinnert sich:

»Mit großem Respekt muß ich an die Zeit, so um 1911-1912 zurückdenken. Da konnte man Großfilme sehen wie DER TROJANISCHE KRIEG [E. Vidali 1913]. (...) Im Kino gab es damals noch einen ›Erklärer‹, der seinen Platz oben links, direkt neben der Leinwand hatte. Er stand dort auf seiner ›Kanzel‹ und gab während der Filmvorführung seinen Senf dazu. Was man sowieso in Bildern sah, erklärte er in theatralischen und schwülstigen Worten. Kurze Zeit später verschwanden die Erklärer aus den Lichtspielhäusern« (Krüger 1983, 11).

Der Autor einer kleinen Geschichte des Lichtspielwesens von 1926 hat selber einmal die Rolle des Erklärers übernommen und war froh, »daß dieses Behelfsmittel der Übergangszeit (vom erklärenden Zwischentitel entbehrlich gemacht) (wurde). Wie lange noch und auch der Filmtitel wird überflüssig sein?« (Richter 1926, 19). Der Grund dafür, daß solche Überreste des Jahrmarkts im Kino wie der Erklärer überflüssig wurden, waren nicht zuletzt die Großfilme, die zunächst mit Zwischentiteln und dann auch ganz ohne erklärende Zusätze (in den Filmen Murnaus oder Lupu Picks) ihre Geschichten erzählten.

Diesen Kinoerzähler, der das wilhelminische Deutschland kaum überlebt haben dürfte, hat Gert Hofmann in seinem Roman *Der Kinoerzähler* (1990) wieder aufleben lassen. Und seine prominente Verfilmung (1993 von Berhard Sinkel mit Armin Müller-Stahl in der Titelrolle) hat noch wesentlich zu seiner Popularität beigetragen. Der Roman will biographisch ein Stück Kinogeschichte erzählen. Erzähler ist der Enkel des Großvaters, der im sächsischen Limbach im ›Apollo-Kino‹ die Funktion eines ›Kinoerzählers‹ inne hat. »Der Großvater, auf dem Klavier, erzeugt die für eine Szene notwendige Stimmung, sei es Freude, Angst, Spannung oder Entsetzen« (Hofmann 1990, 51). Vor der Leinwand erzählte er, was sich dort gerade ereignete. »Der Großvater, mit dem Bambusstock, zeigte auf das Bild. Da war die Stelle dann zweimal da: einmal konnte man sie hören, einmal sehen. Der Großvater, wenn er sprach, sprach klar, doch

Sächsisch« (52). Die Erzählung beginnt Ende der 20er, Anfang der 30er Jahre. Das ›Apollo-Kino‹ hat kaum noch Zuschauer, der Kinoerzähler ist schon lange keine Attraktion mehr, der jüdische Besitzer des Kinos, Herr Theilhaber, muß mit der Zeit gehen und Tonfilme zeigen. Die Einführung des Tonfilms ist der Wendepunkt im Leben des Großvaters als Kinoerzähler, er verliert seine Arbeit und seine soziale Stellung und vor allem den Kontakt zu seinem Lebenszentrum, dem Kino (ein wenig erinnert er hier an den Portier in Murnaus DER LETZTE MANN, 1926). Zur Tonfilm-Eröffnungs-Gala im ›Apollo-Kino‹ wurde, natürlich, Al Jolsons DER JAZZ SÄNGER von 1927 gezeigt. »Das war der erste Film im Apollo, wo er nichts sagen durfte.« Zum ersten Mal drängte sich wieder eine große Menschenmenge vor dem Kino. »›Jeder will den Tonfilm sehen‹. ›Und hören‹, sagte ich. ›Das‹, sagte der Großvater, ›ist bei einem Film nicht so wichtig‹. ›Und was ist wichtig?‹ ›Der, der vorn an der Leinwand steht und mit seiner Persönlichkeit alles zusammenhält‹« (96). Während der Vorstellung macht der Großvater seiner Empörung und Verachtung Luft. »Jedenfalls, statt stille zu sitzen und zuzuhören, hat der Großvater den ersten Tonfilm im Apollo in Limbach durch Zwischenrufe und Reden gestört. An den ergreifendsten Stellen, wo viele weinen wollten, hat er sogar gelacht.« Nach der Vorstellung war für ihn klar: »Nie, und wenn sie noch so viele Lautsprecher an die Wand hängen, würde der Großvater und sein ›lebendiges Wort‹ zu ersetzen sein, nie!«(105). In diesem Moment war es bereits geschehen, der Tonfilm hatte gesiegt. Später folgt die Entlassung des Kinoerzählers, die zu einer Keilerei zwischen dem Großvater und dem Kinobesitzer, Herrn Theilhaber vor der Leinwand bei laufendem Film (DER ALTE UND DER JUNGE KÖNIG von Hans Steinhoff, 1935) führt. Außerhalb des Kinos werden die politischen Ereignisse fast ausschließlich aus der Limbacher Perspektive wahrgenommen – und vom Großvater mit Filmbeispielen kommentiert. Vom Kino gibt es nur noch die Außensicht, bis es ganz schließen muß, weil Herr Theilhaber »sich verflüchtigt« hat.

Der Film von Bernhard Sinkel (1993) dramatisiert den episch-biographischen, großväterlich-gemütlichen Erzählfluß entschieden. So legt er den Protest des Kinoerzählers und die handfeste Rauferei mit dem Kinobesitzer vor laufendem Film zu einem dramatischen Kampf gegen den Tonfilm zusammen. Als der Kinovorhang aufgeht und der Film (hier: DREI VON DER TANKSTELLE von Wilhelm Thiele, 1930) beginnt, erscheint der Großvater in Kinoerzähler-Aufmachung vor der Leinwand und spielt auf einer Geige. Herr Theilhaber will ihn von der Bühne zerren, es kommt zum Handgemenge, währenddessen auch die Leinwand heruntergerissen wird, so daß dahinter der Lautsprecher sichtbar wird. Begleitet wird die Szene vom Gesang der DREI VON DER TANKSTELLE »Ein Freund, ein guter Freund ...«, Sieger bleibt der Lautsprecher, der unbeirrt und technisch kalt das Lied vom  guten Freund weitertönt. Der Film verläßt daraufhin das Kino nicht, sondern macht es zum Schauplatz und Symbol der weiteren politischen Entwicklung. Im ›Apollo-Kino‹ wird der Jude Theilhaber von Nazis gefoltert, werden Aktionen gegen den Antikriegsfilm IM WESTEN NICHTS NEUES (Lewis Milestone, 1930) zitiert und wird eine Parteiversammlung der Nazis abgehalten. Das Schicksal des Kinobesitzers Theilhaber, der alle Schikanen gegen jüdische Bürger erfährt, bleibt eng mit dem des Kinoerzählers verbunden, den allerdings nur seine eigene Arbeitslosigkeit interessiert. Der Schluß des Films mündet in eine symbolisch überhöhte Apotheose der Kino- und Zeitgeschichte. Als ein Nazifilm bei der Vorführung reißt, springt der Großvater noch einmal ein und erzählt Filme und kann noch einmal, zum letzten Mal ein Publikum in seinen Bann schlagen. In der Projektionskabine bricht ein Feuer aus, der Großvater geht zurück in die Flammen, um Herrn Theilhaber zu retten, der jedoch in den Flammen umkommt. Das Kino bedeutet die Welt, die dabei ist, in einem Inferno unterzugehen und dessen erstes Opfer der Jude Theilhaber ist.

Fritz Güttinger (1992, 113ff) hat den Roman von Gert Hofmann zum Anlaß für eigene Recherchen zum Phänomen des ›Erklärers‹, wie der Kinoerzähler tatsächlich hieß, genommen. Sicherlich hat er recht, wenn er bezweifelt, daß es Anfang der 30er Jahre irgendwo, auch nicht in Limbach/Sachsen noch einen solchen Erklärer gab. Die Beispiele aus Zeitungsartikeln und Erinnerungen von ›Erklärern‹ zeigen eindeutig, daß diese Figur mit dem Aufkommen der langen Spielfilme noch vor dem Ersten Weltkrieg verschwindet. In dem Roman und auch im Film DER KINOERZÄHLER wird diese Kunst-Figur dennoch zum Symbol des Übergangs nicht nur von der Stummfilmzeit zum Tonfilm, sondern auch der Zeitumstände, in denen sich dieser Übergang in Deutschland vollziehen mußte.

Wieder ein anderer Übergangs-Topos ist mit der Produktionsseite des Tonfilms, der Tonaufnahme im Studio und analog seiner Wiedergabe im

Kino verbunden. Die Ufa-Studios in Neu-Babelsberg sind schon 1929 durch einen Neubau für den Tonfilm vorbereitet worden, im selben Jahr entsteht dort auch der erste Tonfilm MELODIE DES HERZENS (Hanns Schwarz, 1929), der gleich in fünf Versionen gedreht wird, »eine eigenständige stumme Schnittfassung und neben der deutschsprachigen Tonfassung eine französische (MELODIE DU CŒUR), eine englische (MELODY OF THE HEART) und eine ungarische (VASARNAP DELUTAN) Tonfassung« (Jacobsen 1998, 92). Eine Kriminalkomödie, die im Tonfilmstudio spielt, erklärt ganz nebenbei den Zuschauern die komplizierte Produktionsweise, aber auch die neuen Möglichkeiten des Tonfilms (zum Beispiel DER SCHUSS IM TONFILMATELIER von Alfred Zeisler, 1930). Wenn das Kino zum Ort einer Handlung wird, die den Tonfilm selbst zum Thema hat, dann wird dieser Aspekt der Produktion vom Studio ins Kino verlegt.

Als die ersten Tonfilme in die Kinos kamen, begegneten viele Zuschauer/innen ihnen mit Skepsis, vor allem, wenn in den kleinen Kinos, die sich den Umbau zum Tonfilm noch nicht leisten konnten, unklar blieb, wie sehr ein Film schon Tonfilm oder noch Stummfilm war. Robert Musil, der sich schon 1925 ausgehend von der Filmtheorie von Béla Balázs für eine »Dramaturgie des Films« (Musil 1978) interessiert hatte und im Kino wie viele andere seiner Dichterkollegen »für diese Art zu leben die passende Zerstreuung« (Musil 1983, 713) sah, notierte am 9.3.1930 in seinem Tagebuch: »Wien: ›Achtung! Achtung! Wir bringen ...‹ Die sogen. Sprechfilmeinlagen der kleinen Kinos sind Grammophonplatten. Dafür haben sie die Musiker brotlos gemacht und die Preise erhöht. Hier kündigt aber der Besitzer durch irgendeinen Trichter sein Programm an; ich erkenne ihn an der Stimme. Er ist ein ziemlich großer, gepolsterter jüdischer Mann von einigen dreißig Jahren und spricht durchs ›Radio‹ als ob er einen leichten Zungenschlag hätte« (709). Drei Wochen zuvor war Musil »oben auf der Landstraße in einem alten Chaplinfilm [THE IMMIGRANT von 1917?]. Genial sein Balanzieren an Bord eines rollenden Dampfers. Die Gebärde der seitlich fliegenden Beine ist reich und graziös« (704). Und noch 1935 schreibt Musil für sein Tagebuch ein Interview mit Chaplin über die Zukunft des Tonfilms ab, das am 8. September im Wiener *Der Tag* gestanden hatte. Chaplin hatte darin die Unvereinbarkeit von Sprache und Film-Bild behauptet, Versuche im kleinen mit dem Ton jedoch nicht ausgeschlossen, »aber nicht in diesem Aufzug« und meinte damit den Tramp.

Die ersten Tonfilme sind noch als Stummfilme gedreht und erst nachträglich mit einigen Tonpassagen ausgestattet worden, um sie auf dem neuen Markt attraktiv zu machen. Der Film A COTTAGE ON DARTMOOR (Anthony Asquith, 1929) gilt neben Hitchcocks Film BLACKMAIL (1929) als der erste englische Tonfilm, der noch als Stummfilm produziert worden ist (beide Filme haben darüber hinaus viele ästhetische Gemeinsamkeiten und einen ähnlichen Suspense-Plot). In diesem (im wesentlichen immer noch Stumm-) Film wird der Held seine Freundin fragen »Will you come with me to a talkie tonight?« aber die Frage wird wie im Stummfilm üblich in einem Zwischentitel schriftlich formuliert. Im Kino sehen die beiden dann ein ›Talkie‹, aber die Musik wird offensichtlich wie im Stummfilm von einem Orchester ›live‹ gespielt; schließlich sehen oder hören wir als Zuschauer/innen nichts von dem ›Talkie‹, stattdessen sehen wir die ›beredten‹ Gesichter der Zuschauer/innen, die auf das, was sie sehen und offenbar auch hören, reagieren. Bevor René Clair 1930 seinen ersten ›musikalischen‹ Tonfilm SOUS LES TOITS DE PARIS gedreht hat, ist unter seiner Regie 1929 der Stummfilm PRIX DE BEAUTÉ entstanden, der ganz am Schluß den Tonfilm ankündigt. Louise Brooks spielt dort die Verlobte eines Druckereiarbeiters, die bei einem Schönheitswettbewerb mitmacht – und den Schönheitspreis gewinnt. Sie findet Zugang zur eleganten Welt des Luxus und bekommt das Angebot für einen Filmvertrag. Nach langem Zögern kann sie sich endlich von ihrem eifersüchtigen Verlobten, der sie wie sein Eigentum betrachtet,

lösen. In einem Kino sieht sie sich beim Betrachten der Probeaufnahmen zum ersten Mal auf der Leinwand: Sie steht neben einem Klavier und singt, sichtbar und hörbar. Ihr Verlobter hat sich inzwischen mit einem Revolver in den Kinosaal geschlichen und tötet die Frau, die er liebt und nicht hergeben will. Sie sinkt tot im Sessel zusammen (der Tod ist der Preis für ihre Schönheit), aber auf der Leinwand, wo man sie sieht und nun auch ihre ›lebendige‹ Stimme hört, lebt sie weiter.

Nach dem Kriegsende und nach der Befreiung von Nazideutschland haben 1946 Marcel Blistène (Regie), Yves Montand und Edith Piaf mit einem Film (ETOILE SANS LUMIÈRE, 1946) dafür geworben, beim Wiederaufbau Frankreichs ›auf die Stimme des Volkes zu hören‹: Die politischen Auseinandersetzungen der Nachkriegszeit wurden durch den Übergang vom Stummfilm zum Tonfilm im Kino symbolisiert. Die Karriere der Stummfilm-Diva Stella Dora wäre mit dem Beginn (der neuen Epoche) des Tonfilms eigentlich beendet, sie hat keine Mikrophonstimme und singen kann sie auch nicht (ein Problem, das bei vielen Stars der Stummfilmzeit das Ende ihrer Karriere bedeutet hat). Ihr Produzent und Regisseur hat die Idee, statt ihrer die kleine Kellnerin Madeleine im Playback singen zu lassen und so ihre Karriere zu retten. Madeleine (Edith Piaf) hat bisher nur fröhlich bei der Arbeit gesungen, jetzt wird sie überredet, im Tonfilmstudio vor einem Mikrophon zu singen und als ihr die Aufnahme eingespielt wird, erkennt sie das Lied, aber nicht mehr ihre Stimme, die nun auf dem Filmstreifen zu einer Folge von abstrakten schwarzen Zeichen geworden ist. Ihr Arbeiterfreund (Yves Montand),

der im Luxus der Filmwelt um seine Madeleine fürchtet, erkennt, daß sie um ihre Stimme betrogen wird, die ihr geraubt wurde, damit eine andere sich mit ihr bereichert. Versuche, sich auf der Bühne als Sängerin selbständig zu machen, scheitern. Obwohl Stella Dora, der sie sich verpflichtet fühlt, nach den Dreharbeiten bei einem Autounfall ums Leben kommt, kann Madeleine bei der Premiere des Films im Kino die Wahrheit nicht laut heraussagen, wie ein Phantom lastet die tote Diva (die ›tote‹ kapitalistische Gesellschaft, die dabei ist, sich wieder zu etablieren) auf ihr. Neben allen ideologischen Konnotationen zeigt der Film auf interessante Weise die drei Stationen des Synchronisierungs- (genauer Playback) Verfahrens: Die separate Aufnahme des Gesangs, die Verbindung der Szene im Studio mit der Tonaufnahme und die neue Synthese von Bild und Ton im Kino.

Sechs Jahre später hat Stanley Donen ein Hollywood-Musical zum gleichen Thema gedreht (SINGIN' IN THE RAIN, 1952), das im Unterschied zum poetisch-realistischen französischen Film mit einem Happy-End schließt und auch eine andere ›ideologische‹ Richtung hat. Diesmal geht es darum, daß eine junge Künstlerin vom kulturellen hohen Roß ihrer Kinoverachtung zur Liebe zum (Ton-)Film überredet wird, der die populäre moderne Synthese der Künste darstellt. Der Weg führt Kathy Seldon (Debby Reynolds) vom Hintergrund der Synchronsprecherin und Playbacksängerin (und privaten Tanzpartnerin des Filmidols Don Lockwood – Gene Kelly) ins Rampenlicht der Tonfilmära. Vorangeht das Versagen der Filmdiva Lina Lamont (Jean Hagen), sich an den Tonfilm anzupassen, ihre Stimme wäre nur für Mickey Mouse-Filme geeignet und Versuche, sie vor der Kamera in ein Mikrophon sprechen zu lassen, scheitern kläglich. Der Film (im Film) THE DUELING CAVALIER kommt schließlich zustande, weil Kathy Seldon selbstlos den Synchronpart übernommen hat. Der Schluß des Films setzt Kathy in ihre Rechte sowohl an ihrer Stimme als auch an der Seite Don Lockwoods ein: Nach der Premiere des ›Films im Film‹ soll die Diva vor dem Vorhang tun, was sie nicht kann, nämlich singen. Noch einmal kommt ihr Kathy hinter dem Vorhang mit einem Simultanplayback zu Hilfe: Aber da geht der Vorhang auf und der ganze ›Betrug‹ wird entlarvt, Kathy als die wahre Künstlerin gefeiert. Der Kinovorhang trennt alles, was normalerweise an ›manipulativem‹ technischen Aufwand im Dunkeln bleibt und bei immer größerer Komplexität immer weniger durchschaut werden kann, vom Vordergrund einer Öffentlichkeit, die im Kino selbst ihren Ort hat und die Wahrheit über echte künstlerische Leistungen an den Tag bringt: Der Vorhang öffnet sich und der Mensch tritt hinter der Technik wieder hervor, um in seiner Wahrhaftigkeit öffentlich (an)erkannt zu werden. In diesem Sinne stehen sich Blistènes Skepsis und der Medienoptimismus Hollywoods diametral gegenüber. Daß die künstlerische ›Wahrheit‹ des Hollywood-Films geborgt und SINGIN' IN THE RAIN ein exzessiver Zitatenfilm ist, in dem fast kein Song und keine Szene ohne Herkunft von oder Verweis auf einen Vor- oder Nachläufer auskommt (nur zwei Songs sind neu in dem Film und der ›Film im Film‹ kehrt als Broadway-Musical wieder etc.) steht auf einem anderen Blatt (Stam 1985, 91 f).

Die Tonfilmära in Deutschland beginnt optimistisch. Die erste Szene in Ludwig Bergers Film ICH BEI TAG UND DU BEI NACHT (1932) spielt im Kino, das erste Wort, das zu hören ist, tönt »lauter!«. Der Nachtkellner Hans

kommt nach Hause, kann aber noch nicht in sein
Bett, das nämlich wird noch von der Maniküre
Grete bewohnt, die tagsüber arbeitet, während
Hans schläft (und umgekehrt). Verärgert muß
Hans warten, bis das Zimmer frei ist. Am Hinter-
eingang des benachbarten Kinos bekommt er die
Arbeiten für die technische Umstellung auf den
Tonfilm mit, der Ton wird laut und leise gestellt,

bis es endlich klappt. Hans und Grete werden sich erst am Ende des Films
begegnen und wissen, daß sie schon lange im selben Bett schlafen. Ihr
Happy-End feiern sie im Kino.

Im Lauf der Zeit hat der Tonfilm seinen Neuigkeitseffekt verbraucht
und ist zum Normalfilm geworden. Und wie ein Kreis, der sich schließt,
kommen wir 1976 in dem Film von Wim Wenders IM LAUF DER ZEIT wieder am Ausgangspunkt an: Der Tonfilm ist nicht gerade zum Wanderkino
zurückgekehrt, aber zur Geschichte einer Wanderung zwischen den Kinos
auf dem Lande, zwischen denen zwei Männer, Bruno und Robert, in diesem Roadmovie mit ihrem Lastwagen unterwegs sind. Sie versorgen
Kinos mit ihrem Service, reparieren und bauen Ersatzteile ein. In den
›Park-Lichtspielen‹ in Schöningen ist zum Beispiel die Tonanlage vor
einer Kindervorstellung ausgefallen. Während Bruno hinter der Leinwand den kaputten Lautsprecher
abnimmt und auf einen Ersatzlaut-
sprecher wartet, den Robert bringen
soll, fangen die Kinder, die im Kino
auf ihre Vorstellung warten, an zu
lachen. Sie sehen Brunos Schatten,
der von der Rückseite auf die Leinwand fällt. Bruno merkt, daß die Kinder über ihn, über seine Schattenbe-
wegungen lachen und nun folgt ein
stummes clowneskes Schattenspiel,

bei dem die Kinder begeistert mitgehen. Das Kino ist ganz heimlich wieder
zu seinen stummen Ursprüngen im Schattenspiel zurückgekehrt. Die Kinder sind traurig, als die Vorstellung zu Ende, der Ton repariert und alles
wieder ›in Ordnung‹ ist.

11. Kino im Krieg

Der Kampf um das Kino und der Kampf mit dem Kino

»Hätte ich das Kino!« Dieser Stoßseufzer stammt von dem expressionistischen Autor Carlo Mierendorff, der 1920 im Film die Möglichkeit gesehen hatte, ein weit größeres Publikum, als es die Literatur jemals vermag und (Nicht-)Leser einbeziehen zu können, die »nie ein Autor erreicht, vielleicht noch eine Zeitung, vielleicht noch ein Flugblatt, vielleicht noch ein Fünfminuten-Redner während einer Wahlkampagne, und die dann zurücktauchen in ihre Anonymität. Sie hat das Kino. Hierher kommen sie, selbstverständlich, immer, hier sind sie ohne Mißtrauen, hier empfangen sie Begeisterung, Schmerz, Spaß, Entrückung. Ein Publikum, millionenstark, das kommt, lebt und vergeht, das keinen Namen hat und das doch da ist, das in seiner ungeheuren Masse sich bewegend, alles gestaltet, und das man darum in die Hand bekommen muß« (Greve u.a. 1976, 405). Auf eine kurze Formel hat Vladimir Iljitsch Lenin 1922 denselben Sachverhalt gebracht, als er seinen Volkskommissar Lunatscharski daran erinnerte: »Unter allen Künsten ist für uns das Kino die wichtigste.« Und er fügte hinzu: »Wenn es nur gute Wochenschauen und ernsthafte, erzieherische Filme gibt, macht es nichts, wenn hier und da auch mal nutzlose Filme von der üblichen Sorte auftauchen. Natürlich muß es in jedem Fall Zensur geben. Für konterrevolutionäre und unmoralische Filme darf kein Platz sein« (Taylor, Christie 1988, 57). Die Oktoberrevolution hatte den Bolschewiki die russische Filmindustrie in die Hand gegeben, ob jedoch die großen revolutionären Filmkunstwerke Eisensteins, Pudowkins, Vertows u.a. die Massen erreichten, ist fraglich. Erst nachdem Eisensteins Film PANZERKREUZER POTEMKIN (1925) in Deutschland umjubelt und heftig umkämpft Furore machte, erreichte er auch in der Sowjetunion eine größere Öffentlichkeit. Mehr im Sinne Lenins waren die Agitationszüge, die im Bürgerkrieg (1918-1921) an die entferntesten Fronten geschickt wurden, um mit den Mitteln des Flugblatts, des Plakats, des Theaters und vor allem auch des Films Propaganda für die revolutionäre Sache zu machen (Leyda 1973). Der Kampf um das Kino hatte immer in den Kampf mit dem Kino zu münden.

Das kleine Dorf Kaprivnicy im Süden des Landes ist in Aleksandr Mittas Film LEUCHTE MEIN STERN LEUCHTE (1969) Ort des Zusammentreffens der drei Bürgerkriegsparteien, der ›Roten Armee‹ der bolschewistischen Revolution, der ›Weißen Armee‹ der Konterrevolution, die von ausländischen Interventionsmächten unterstützt wurde und der ›Grünen‹, das waren manchmal Bauern, die der Krieg entwurzelt hatte oder ganz einfach Banden, die ihren eigenen Krieg gegen die geschundene Bevölkerung führten. In diesem Dorf will der Künstler Iskremas (d.i. die Abkürzung für ›Die Kunst der Revolution für die Massen‹) den Dorfbewohnern Shakespeare nahebringen. Die aber laufen zum Kinematographen, dessen Besitzer Paska sich »Illusionist« nennt und seichte Filmchen aus der Anfangszeit der Kinematographie zeigt.

Das Dorf wird nacheinander von den Grünen, den Weißen und den Roten erobert, jedesmal ändert Paska seinen ›Erklärer‹-Text zu dem einzigen Film, den er vorführt, während er auf einem Fahrrad strampelnd die Lichtmaschine für den Projektor antreibt. Das Kino repräsentiert die Lüge des bürgerlich-kommerziellen ›modernen‹ technischen Mediums Kino, das alle und alles verrät, um sich selbst zu erhalten, während die revolutionären Künste (das Theater und die Malerei eines Dorfmalers) mit ihrer Wahrheit zugrundegehen. Alexandr Mittas Films ist skeptisch, ob es tatsächlich gelungen ist, den Film für die revolutionäre Sache zu erobern. Und weil der Film eine unpersönliche, bloß technische Reproduktion ist, kann er durch irgendeinen Vor-/Verführer in jedem ver-

änderten Kontext umgedreht und anders ver-wendet werden. Für die Wahrheit der Künste dagegen stehen Menschen mit ihrem Leben ein (vgl. Alexandr Mitta 1983). Iskremas betreibt (s)ein Wandertheater und Paska seinen Wanderkinematographen, beides sind Formen, die im Bürgerkrieg als Fronttheater (durch das Eisenstein seine erste Berührung mit dem Schauspiel hatte) oder Agitkino wiederbelebt worden waren.

Ein kubanischer Film aus dem Jahr 1994 von Juan Carlos Tabio, einem Mitarbeiter des kurz zuvor verstorbenen kubanischen Regisseurs Gutiérrez Alea, hat eine eher romantische Version des – allerdings revolutionären – Wanderkinematographen gegeben. In einer allegorischen Erzählung der kubanischen Revolution kehrt der »Mann von der Insel« mit seinem Kinematographen auf die Insel (La Fé), von der er von dem Gutsbesitzer Don Gavilán nach einem Aufstand vertrieben

worden war, zurück zu seiner Frau Marina, die jedoch vor ihm flieht, weil sie von Don Gavilán ein Kind hat. Später erfahren wir, daß ihre Vergewaltigung der Preis für das Leben ihres Mannes war. Der Kinematograph wird nun zu einer wahren Zeitmaschine, durch die der ›Film im Film‹ (ROBIN HOOD, 1922 mit Douglas Fairbanks) immer mehr mit dem Aufstand der Arbeiter und Fischer auf der Insel vermischt wird. Die Figuren des ›Films im Film‹ tauschen sich gegen die Bewohner der Insel aus, denen es am Ende wie Robin Hood gelingt, den Unterdrücker zu besiegen. Der Film der Rahmenerzählung hat den Titel THE ELEPHANT AND THE BICYCLE, weil zu Beginn die Kinder in der Schule mit ihrer blinden Lehrerin, Donna Illuminada (der Aufklärung) und Don Prudencio (der Klugheit) streiten, ob die Formen der Wolken einem Elephanten oder einem Fahrrad ähnlicher sind. Die Revolution, die mit Hilfe des Kinos stattfindet, wird Donna Illuminada sehend machen und die Frage im Sinne des wissenschaftlichen Sozialismus (vorläufig und ebenso ironisch, wie der ganze Film) entscheiden. Die Pointe

des Films, die das Kino und die gesellschaftliche Entwicklung, die Eroberung des Kinos und die Eroberung der Macht mit Hilfe des Kinos, direkt miteinander verwoben hat, konfrontiert die Filmzuschauer im aktuellen Kino ›Kuba‹ (La Fé) mit einem Filmriß. Der revolutionäre Optimismus mit Robin Hood ist vorbei, die Illusionen sind zu Ende, die Zuschauer/innen sehen sich selbst auf der Leinwand sich zuschauen und warten, daß etwas passiert. Auf diese ›Allegorie des Kinos am Ende des Kinos‹ (die sicherlich auch eine Zustandsbeschreibung der gegenwärtigen kubanischen Gesellschaft ist) wird am Ende dieser Geschichte(n) vom Kino im Spiegel des Films und der Literatur noch einmal zurückzukommen sein.

»Erobert den Film!« hatte Willi Münzenberg, der geniale Organisator eines ›linken‹ Medienkonzerns während der Weimarer Republik gefordert und auf seine Weise den Konjunktiv Carlo Mierendorffs und der fortschrittlichen Schriftsteller »Hätte ich das Kino« in einen Imperativ verwandelt. Ansätze zu einem klassenbewußten proletarischen Film mußten wegen der enormen Schwierigkeiten Ende der 20er Jahre, eine zur Ufa und zum amerikanischen Film alternative Filmproduktion aufzubauen, marginal bleiben (Beispiele sind die Prometheus-Filme MUTTER KRAUSENS FAHRT INS GLÜCK 1929 und KUHLE WAMPE, 1931/32). Für diese Filme und für die Importe aus der Sowjetunion, die sog. »Russenfilme«, mußten auch entsprechende Abspielmöglichkeiten organisiert werden, nur für die kleineren Propagandafilme, die oft mit Schmalfilm hergestellt worden waren, sind die Säle der Partei- und Wahlveranstaltungen der SPD und der KPD immer schon die geeigneten verfügbaren Räume gewesen. Die Spielfilme dagegen brauchten richtige Kinos, deren ›Eroberung‹ fast noch schwerer zu realisieren war als eine linke Filmproduktion, denn sie hatte es in er Regel mit den bürgerlichen Kinobesitzern und einem Massenpublikum zu tun, das zum großen Leidwesen der Propagandisten des proletarischen Kinos die Schnulzen der Ufa den proletarischen Filmen vorzog.

Unter der Schirmherrschaft von Heinrich Mann, Georg Wilhelm Pabst, Karl Freund, Erwin Piscator u.a. wurde 1928 daraufhin der »Volks-Film-Verband«, eine »Organisation gleichgesinnter Kinogänger« (Kracauer 1979, 203) gegründet, der die Filmkritik durch Zuschauer/innen propagierte und geeignete Filme vorstellte, um durch die Nachfrage auch das Angebot in den Kinos zu verbessern. In einem Aufruf von Heinrich Mann in der Zeitschrift *Film und Volk* des Verbandes heißt es: »Wir sind überzeugt, daß das Publikum, einmal zur Kritik aufgerufen, das Mitbestimmungsrecht am Kino immer eindeutiger und bewußter vertreten wird. (...) Darüber hinaus bleibt das Ziel der Produktion eigener Filme bestehen« (Mann 1928, 3). In derselben Zeitschrift wurde auch die Notwendigkeit für die Hebung der künstlerischen und politischen Ansprüche des Kinopublikums diskutiert. Die Wirklichkeit, wie sie sich in einer Statistik über den Erfolg von Filmen an der Kinokasse 1928/29 darstellte »war erschreckend. An der Spitze marschiert die HEILIGE UND IHR NARR. Kitsch im widerlichsten Sinne.« (Ein Rührstück von Wilhelm Dieterle, 1928, das »dem Geschmack jener ›kleinen Ladenmädchen‹ [Kracauer 1977, 284] entgegenkam, denen sich nicht nur in diesem Film ›ungeahnte Einblicke in das Elend der Menschen und die Güte von oben eröffneten« [Kreimeier 1992, 139]).

«Die 3 Millionen tägliche Kinobesucher, die zur werktätigen Bevölkerung gehören, bezahlen die Herstellung dieses Kitsches. Sie zahlen die Dividenden, sie zahlen die Steuern. Sie laufen in die Kinos und lassen widerspruchslos das rollende Band der Verdummung an sich vorüberziehen. (...) Sie stehen in Schlangen in den Vorräumen der Theater aneinander, stürmen wie wild auf die Plätze, wenn der Türhüter das Schloß öffnet – aber sie denken nicht. Sie denken nicht, daß sie die Filmindustrie finanzieren, und daß sie die Hauptschuld an dem ganzen Dilemma des Films tragen. Sie denken nicht daran, daß sie eine Bewegung auslösen könnten, die so machtvoll ist, daß sie den Filmmarkt bestimmend kontrollieren könnten. Wenn der große Teil dieser Kinobesucher im Volks-Film-Verband zusammengeschlossen wäre, es sähe anders um den Film aus« (Hotopp 1929, 11f).

Der sozialdemokratischen Perspektive eines kulturpolitischen Verbandes der Konsumenten setzte die KPD die »Agitpropisierung des proletarischen Films« entgegen, womit vor allem die politische Organisation der Filmpropaganda gemeint war. »Die Perspektive unserer Filmarbeit muß sein, über die Massenmobilisierung zu einer breiten Organisation zu kommen, in der unsere politische Arbeit mit Vorführungen mit proletarischen Filmen verbunden sein wird, dort wo es uns nicht gelingt, die Filmtheaterbesitzer zu zwingen, proletarische Filme zu spielen, müssen wir von uns aus die Initiative ergreifen, um solche Filme den Arbeitern zugänglich zu machen« (Senda/Lüdecke 1931, 9). Für den Einsatz des Films in der Parteiarbeit hatte die SPD 1925 einen »Film- und Lichtbilddienst« gegründet, mit dem Partei- und Wahlveranstaltungen und eigene Filmabende mit Material versorgt wurden.

»Zu Beginn der Veranstaltung wurde eine kurze Ansprache von etwa 10 Minuten, die eine Einführung zu der Vorstellung gab, gehalten. Dann ließen wir einen Männerchor von der Platte erschallen. Zuerst lief der Trickfilm, dann der Pressa-Film [d.i. Partei- und Wahlfilme]. Nachdem 15 Minuten Pause. Dann der Tonfilm. In der Pause und am Schluß spielten wir unsere Kampflieder« (Schumann 1977, 84).

Der Erfolg beim Publikum stellte sich vor allem dann ein, wenn nicht nur ideologisch eindeutige, sondern auch populäre Unterhaltungsfilme gezeigt wurden. Der (Propaganda-)Krieg mit dem Kino hat das Kino selbst als Ort für den Film wieder beweglich gemacht. »Filmautos fuhren bis in die entlegensten Ortschaften und zeigen den schon stark unter reaktionärem Einfluß stehenden Stadt- und Landarbeitern das, was russische Arbeiter schufen« (Stooss 1977, 511). Kino findet dort statt, wo Filme für welchen Zweck auch immer gebraucht werden. Der militärische Krieg wird die Bewegungen des Kinos seiner eigenen Dynamik anpassen.

Umgekehrt sind Kinos während der Weimarer Republik vor allem in Berlin auch Arenen politischer Kämpfe gewesen. Hier sind das Kino als (Versammlungs-) Ort Voraussetzung und der Film Vorwand für das Austragen politischer Auseinandersetzungen. Am 4. Dezember 1930 hatte der amerikanische Film von Lewis Milestone IM WESTEN NICHTS NEUES (1930), nach dem Bestseller von Erich Maria Remarque, in Berlin Premiere, nachdem er kurz zuvor in den USA mit zwei ›Oskars‹ ausgezeichnet worden war. Der nationalsozialistische *Völkische Beobachter* hatte gegen diesen humanistischen Antikriegsfilm, der als »jüdischer Hetzfilm« bezeichnet

wurde, mobil gemacht. »Nachdem die deutsche Premiere am 4. Dezember 1930 noch ohne Störungen verlaufen war, mußten die zwei Abendvorstellungen des nächsten Tages abgesetzt werden. Für die 19 Uhr Vorstellung des 5.12. hatten die Nationalsozialisten etwa 200 Karten gekauft und sie vor Beginn an ihre Anhänger verteilt. (Weiter heißt es in einem Bericht der *Frankfurter Zeitung* über die Ereignisse während der Vorstellung:)

»Dr. Goebbels saß, von einigen anderen Mitgliedern seiner Fraktion umgeben (...) im ersten Rang. Der Film war kaum eine Viertelstunde gelaufen, und schon setzten die ersten Störungen ein. Die übrigen Theaterbesucher wurden von den Nationalsozialisten angepöbelt, die brüllten ›Juden raus‹ und ›Hitler ist vor den Toren‹ und von den Rängen des Theaters wurden Ansprachen gehalten. Auch Rufe ›Nieder mit der Hungerregierung, die solch einen Film gestattet!‹ wurden laut. Als dann das Licht im Saal eingeschaltet wurde, erhob sich auf dem Rang Dr. Goebbels zu einer Ansprache. Es kam zu einem ungeheuren Tumult und zu Schlägereien mit Fäusten und Stöcken, Stinkbomben flogen in den Saal und – als besondere Überraschung wurden von den Nationalsozialisten weiße Mäuse ausgesetzt. Die Vorstellung mußte schließlich unterbrochen werden und mit Hilfe eines herbeigerufenen Überfallkommandos wurden die Ruhestörer aus dem Theater entfernt. Ein großer Teil des zahlreich erschienenen Publikums hatte schon vorher den Saal verlassen. Der Tumult nötigte die Polizei, den ganzen Saal zu räumen. Auch vor dem Theater auf dem Nollendorfplatz hatten sich große Menschenmengen angesammelt, unter denen sich nationalsozialistische Sprechchöre betätigten. Hier setzten sich einige Zeit die Krawalle noch fort, bis die Polizei mit dem Gummiknüppel den Nollendorfplatz räumte. In dem allgemeinen Trubel hatte man auch versucht, die Kinokasse zu plündern, die jedoch rechtzeitig in Sicherheit gebracht worden war« (Sudendorf 1984, 21 f).

Es folgte ein Verbot des Films, der angeblich das Ansehen Deutschland im Ausland schädigte, das Verbot wurde mit Schnittauflagen später teilweise (für geschlossene Veranstaltungen) und ab 2.9.31 ganz zurückgenommen, allerdings wurde die Vorführung durch massive Drohungen weiterhin von den Nazis verhindert.

Nach ähnlichem Muster gingen ein Jahr später ›linke‹ Kinozuschauer gegen den Film DAS FLÖTENKONZERT VON SANSSOUCI (Gustav Ucicky, 1930) vor, dem sie Führerkult und Verherrlichung des Militarismus vorwarfen. In der Zeitschrift *Arbeiterbühne und Film* des »Arbeiter-Theater-Bundes« ist vom »proletarischen Filmkampf »die Rede, »wie die Berliner Arbeiterschaft den nationalsozialistischen Hetzfilm der Ufa in den proletarischen Wohnbezirken empfangen hat, und daß durch wuchtige Demonstrationen in und vor den Kinos seine Absetzung vom Spielplan teilweise erzwungen wurde« (Lüdecke 1931, 24). Den Verlauf der Aktion schreibt das *Berliner Tageblatt*:

> »Die Vorführung des Parademarsches auf der Filmleinwand forderte den Protest der Kinobesucher heraus. Zwischenrufe ›Nie wieder Krieg!‹ und ›Wir marschieren nicht mit!‹ illustrierten die pazifistische Gesinnung des Publikums. Im Excelsior-Kino in Neukölln wurden aus dem Publikum – wahrscheinlich angeregt durch das nationalsozialistische Beispiel bei den Remarque-Filmvorführungen – Stinkbomben und mit Tinte gefüllte Eier gegen die Projektionsfläche geworfen« (Draheim 1990, 47).

Das Kino als Kampfplatz. Schwer zu sagen, ob sich die Berliner Kinder und Jugendlichen, von denen im *Osnabrücker Tageblatt* vom 26.Oktober 1929 berichtet wird, von der allgemeinen Atmosphäre politischer Auseinandersetzungen haben anstecken lassen, jedenfalls haben sie nicht anders als die Älteren im Kino handfest ihrer Meinung Ausdruck gegeben (und vielleicht auch ein wenig die Rockerkrawalle der 50er Jahre vorweggenommen):

> »Kinder stürmen ein Kino. Kindertumult in einem Berliner Kino. Berlin, 25. Oktober. Während eines Lichtbildvortrags in den Alhambra-Lichtspielen in Schöneberg haben sich, wie der Lokalanzeiger meldet, unglaubliche Szenen abgespielt. Das Publikum, fast ausschließlich Kinder, begann während des Vortrags so zu lärmen, daß die Vorstellung abgebrochen werden mußte. Als die Kinder dann aufgefordert wurden, das Theater zu verlassen, machten sie einen Höllenlärm, demolierten einen großen Teil der Inneneinrichtung des Kinos und wollten den Vortragenden verprügeln. Es entstand eine Schlägerei, die mit Stuhlbeinen, elektrischen Glühbirnen als Wurfgeschosse und anderen Waffen ausgefochten wurde.« Ursache war die Enttäuschung der Kinder, daß nicht wie angekündigt ein Film, sondern nur Lichtbilder »über Kohlegewin-

nung« gezeigt wurden. »Den Kindern paßte das nicht, und plötzlich (...) setzte ein lautes Toben ein, so daß die Kinder aufgefordert wurden, das Haus zu räumen. Niemand verließ jedoch den Saal. Plötzlich warf ein Junge aus dem Rang einen Stuhl ins Parkett und gab damit das Zeichen zu einem allgemeinen Aufruhr. Die Kinder zerstörten die Bänke, zerschnitten das Polster und warfen mit großen Biergläsern und leeren Seltersflaschen nach dem Direktor, dem Vortragenden und den Angestellten des Kinos.« Die Polizei hat die Kinder dann aus dem Kino auf die Straße getrieben. »Dort mischte sich eine kommunistische Jugendgruppe ein; ein 14jähriger Gemeindeschüler hielt eine Hetzrede und forderte die Kinder auf, ›den ganzen Laden in Klumpen zu schlagen.‹ Etwa 30 junge Burschen und Kinder bildeten nun einen Stoßtrupp, der sich gegen die verriegelte Eingangstür warf, so daß die Schlösser barsten« (*Osnabrücker Tageblatt*, 26.10.1929).

Die Polizei machte wiederum dem Treiben ein Ende. Hat hier die bürgerliche Zeitung aus einem Jugendkrawall eine politische Demonstration gemacht, um sie der Linken anzulasten oder war die politische Aktion im ›öffentlichen Raum‹ zumal des Kinos so allgemein, daß sich auch die Kinder wie selbstverständlich daran beteiligten und deren Formen übernahmen?

Wie auch immer motiviert, der politische Kampf ums Kino war für die Linke in Deutschland verloren, als die Nationalsozialisten 1933 an die Macht kamen. In Italien war der Faschismus Mussolinis bereits seit 1922 nach dem faschistischen ›Marsch auf Rom‹ an der Regierung. Ettore Scola zeigt in seiner Kinogeschichte SPLENDOR (1989) die Umwandlung des Kinos in einen Raum für faschistische Propaganda. Eingeführt wird diese Erinnerungssequenz (die Kinogeschichte wird in Flashbacks erzählt) durch Jordans Schwester, die sich angesichts der Auflösung des Kinos in

der Gegenwart zurücksehnt zu den Zeiten (Mussolinis), als ein Kinotheaterbesitzer zu den Honoratioren der Stadt zählte. Die Rückblende zeigt dann auch die Kinobesitzerfamilie zusammen mit anderen geistlichen und geistigen Größen des Ortes auf der Bühne vor der Kinoleinwand bei der Einführungsrede, die der Bürgermeister in faschistische Uniform an den anwesenden Regisseur Carmine Gallone des Films SCIPIO L'AFRICANO (1937) richtet. »Lieber Carmine Gallone, Dir vertraue ich das Publikum an, damit die Helden heldischer Größe unserer Zeit ein würdiges Denkmal erhalten. Ich bin gewiß«, endet die lächerliche Rede, »um eine filmische Metapher zu gebrauchen, daß die Rolle, die der Duce für die Erneuerung des Römischen Reiches spielt, von Euch allen gewürdigt wird.« Dann sitzen die Honoratioren stolz in der ersten Reihe des Kinos und sehen einen Historienfilm, den Gallone nach dem Abessinischen Feldzug gedreht hatte und in dem das faschistische Regime sich auf ideale Weise repräsentiert sah. Er hat ganze Armeen von Elephanten und

Statisten aufgeboten für ein Ergebnis, »das nicht einmal verdient, wegen seiner unfreiwilligen Komik beachtet zu werden« (Sadoul 1949, 327).

1936 in Wien ist es der Aufsteiger Leonidas, der im Bewußtsein der Gunst der Stunde sich mit einem Lächeln auf die neuen Machtverhältnisse einläßt. Der Sektionschef im Ministerium für Kultus und Unterricht Leonidas, der in Werfels Roman (1955) *Eine blassblaue Frauenschrift* eine Dienstreise nach Deutschland macht, wird in Axel Cortis Verfilmung des Romans (1986) von seinem Ministerium nach Italien geschickt, um (im Vorgriff auf die nationalsozialistische Besetzung Österreichs) die Unterrichtsmethoden des faschistischen Staates zu studieren. Er lernt die Jüdin Vera Wormser kennen, deren Liebe er, wieder in Deutschland, zugunsten seiner Karriere verraten wird. Bei gemeinsamen Ausflügen in Italien begegnen die beiden einer Kinoveranstaltung unter Kolonnaden, in der die Wochenschau Propaganda für faschistische Arbeitsprojekte macht. Leonidas bewundert die ameisenhafte Betriebsamkeit dieser Menschen, und weil die Klavierbegleitung stümperhaft ist, erklärt er sich gerne bereit, sich ans Klavier zu setzen und die Musik zur faschistischen Propaganda zu machen. Corti hat eine Situation beschrieben, in der wie zufällig und ganz natürlich die Intellektuellen, die eher skeptische Jüdin Vera eingeschlossen, der Verführung der Propaganda verfallen, wenn an ihre Eitelkeit appelliert oder gar ihre Karriere forciert wird.

Im nationalsozialistischen Deutschland sind Formen und Ausmaß der Eroberung des Kinos wesentlich radikaler. Berufsverbote für jüdische und oppositionelle Filmkünstler und Kinomitarbeiter folgen der Gleichschaltung (d.h. der politischen Unterwerfung) in der Nazi-Reichskulturkammer. Die erklärte Filmpolitik der Nazis war bestrebt, die politische Wirkung des Films durch scheinbar unpolitische Unterhaltung zu gewährleisten. Das Kino sollte die Deutschen, statt sie durch Parteipropaganda zu polarisieren, mit Ufa-Lustspielen im gemeinsamen Lachen vereinen und mit viel Musik und Tanz von Terror und Kriegsvorbereitungen ablenken. Wenn der Propagandaminister Goebbels in Berlin und die lokalen Chargen der Nazis in der Provinz auch das Kino als Raum für Propaganda-Veranstaltungen genutzt haben, dann war das eher die Ausnahme als die Regel. Die Premiere von OLYMPISCHE SPIELE 1936 von Leni Riefenstahl war zum Beispiel ein Anlaß, aus einer Filmvorführung einen Staatsakt im Kino zu machen. Der monumentale Pomp mit Fahnen, Uniformen und Marschmusik, der bei solchen Gelegenheiten aufgeboten wurde, wirkt aus der kindlichen Perspektive eines Beteiligten zusätzlich grotesk: Benno Meyer-Wehlack erinnert sich, daß er als Pimpf (in der Kinderorganisation der Nazis) zu dieser Veranstaltung antreten mußte. Er freut sich aufs Kino, und der Aufmarsch ist in dieser Zeit eben eine Möglichkeit, das zu bekommen, was man gerne haben
möchte. Statt dessen bleibt es dabei, daß er wie viele andere nur das Dekor und Ornament für die politische Inszenierung der Massen abgeben darf, was mit der persönlichen Enttäuschung des Jungen endet:

«Vorne hinter der Brücke links ist das Kino. Aus allen Straßen kommen die Sechserreihen, alle aufs Kino zu. Wir singen: Unsre Fahne flattert uns voran. Und: Auf der Heide steht ein Blümelein. (...) Um zwei Uhr stehen wir neben dem Ufa-Palast. Drinnen wird die Uraufführung des Olympiadefilms von Leni Riefenstahl sein. Deshalb sind wir angetreten. (...) Limousinen. Vorne gehen die Hände hoch. Goebbels. Wir sehen die Mütze. Den Kopf von der Seite. Den Uniformmantel über den Schultern. Er geht ins Kino. Wir kommen nicht rein. Wir bleiben hier stehen. Das Kino ist voll. Wir werden den Film nicht sehen« (Meyer-Wehlack 1984, 154).

Die Kinder sind wütend oder weinen. Ein Jahr später wird Goebbels in einem Staatsakt den Filmpreis der Nazis an Leni Riefenstahl überreichen, selbstverständlich auf der Bühne des Kinos.

Nicht erst ab September 1939 befindet sich auch das ›Kino im Krieg‹. Der Weltkrieg kündigt sich im japanischen Expansionskrieg gegen China seit 1931 ebenso an wie im Spanischen Bürgerkrieg zwischen 1936 und 1939. Vor allem amerikanische Gruppen ›linker‹ Foto- und Filmdokumentaristen (der »New York Film and Foto League« und »Frontier Films«) berichteten in ihren Filmen zum Beispiel über den chinesischen Widerstand gegen Japan (CHINA STRIKES BACK, 1937 von Jay Leyda, Irving Lerner und Sidney Meyers) und den verzweifelten Kampf der spanischen Republik gegen den faschistischen Aufstand unter General Franco (HEART OF SPAIN, 1937 von Paul Strand und Leo Hurwitz). Mit seinem Film SPANISH EARTH (1937) hat der holländische Dokumentarist (mit Texten von Ernest Hemingway) Joris Ivens, ebenfalls Mitglied der amerikanischen linken Filmgruppen, eine Propaganda-Tour für die Sache der Spanischen Republik gemacht und u.a. den Film auch im Weißen Haus Präsident Roosevelt vorgeführt.

Der Film von Kenneth Loach LAND AND FREEDOM (1995) beginnt seine Geschichte von einem englischen Spanienkämpfer in einer dieser propagandistischen Filmveranstaltungen 1936 in Liverpool. Für den arbeits-

losen David beginnt der Krieg, wenn man so will, im Kino. Hier sieht er den Krieg der Franco-Faschisten gegen die republikanischen Spanier, die sich mit Unterstützung von Freiwilligen in internationalen Brigaden gegen Franco verteidigen. Der Film ist Mittel zum Zweck, so wie Joris Ivens die Aufgaben eines militanten Dokumentarfilms beschrieben hat: »Nachdem er das Publikum informiert und aufgerüttelt hat, sollte er es agitieren und mobilisieren, selbst im Zusammenhang mit den im Film gezeigten Problemen aktiv zu werden« (Ivens 1974,106). Das Kino ist zur Erweiterung des Kriegs mit anderen, propagandistischen Mitteln geworden. David macht sich aus Liverpool auf, in Spanien zu kämpfen, wo er sich einer anarchistischem Miliz anschließt. Im Film von Kenneth

Loach kehrt die Erinnerung an diesen Krieg, in dem vergeblich Land und Freiheit in Spanien gegen die europäische Bedrohung des Faschismus verteidigt wurden, 1995 in die Kinos zurück.

Bevor die USA 1941 in den Zweiten Weltkrieg eintreten und mit dem Überfall Japans auf Pearl Harbour der Krieg unmittelbar vor ihrer eigenen Haustüre stattfindet, tobt in den amerikanischen Großstädten, Industriezentren und vielen Wirtschaftsbereichen ein anderer Krieg im Kampf um Arbeit und gegen die soziale Verelendung von Millionen von Menschen, die seit dem Börsenkrach 1929 von der ›Great Depression‹ wirtschaftlicher Stagnation betroffen sind. Die Gewerkschaften kämpfen mit ähnlich skrupellosen Mitteln wie ihre kapitalistischen Gegner und die freien Unternehmer gesellschaftlicher Kriminalität, die Gangster der amerikanischen Unterwelt. Alan Parkers Melodram KOMM UND SIEH DAS PARADIES (1990) verbindet den sozialen Krieg innerhalb der amerikanischen Gesellschaft mit den Ereignissen des Zweiten Weltkrieges – das Kino wird darin zu einem symbolischen Raum, der die Hoffnungen auf das friedliche Zusammenleben der Völker und Kulturen ›bewahrt‹ und gerade deshalb zu Beginn des Films während einer Kinovorstellung durch eine Bombe zerstört wird. Der Kinobesitzer ist ein amerikanischer Japaner mit seiner Familie, die Bombe gilt ihm, weil er sich den Forderungen der zuständigen Gewerkschaft als freier Amerikaner nicht unterordnen will. Jack McGurn gehörte zu denen, die im Kino Feuer gelegt haben, er ist mit den Kampfmethoden der Gewerkschaftsbosse nicht mehr einverstanden und gibt diesen Job auf. In Los Angeles lernt er Lily, die Tochter eines amerikanisch-japanischen Kinobesitzers kennen, bei dem er als Filmvorführer arbeiten kann. Für die Japaner in Amerika bedeutet das Kino eine Mischung aus Heimweh und Moderne, es ist ein sehr amerikanischer Ort, der ihnen Bilder ihrer japanischen Kultur nahebringt und der deshalb auch der ideale Ort für die Begegnung der Kulturen ist. Lily fühlt sich schon sehr als Amerikanerin, die beiden lieben sich (im Projektionsraum des Kinos, das seiner symbolischen Bedeutung gerecht wird) und heiraten gegen den Willen der Familie Lilys. Der japanische Überfall auf Pearl Harbour läßt schlagartig alle Japaner, auch wenn sie längst amerikanische Staatsbürger sind, zu Feinden werden, sie werden persönlich und mit ihrem Eigentum angegriffen, verfolgt, die Familien werden auseinandergerissen und interniert, Jack McGurn wird Soldat für (s)ein Land, das auch seine Familie zerstört hat. Das Happy-End des Films findet nicht im Kino statt, wie das im Sinne Hollywoods und der symbolischen Funktion des Kinos in diesem Film als Medium der Verständigung zwischen den Kulturen zu erwarten war, sondern ›als Kino‹: Nach dem Krieg wieder vereinigt gehen Vater, Mutter und Tochter Arm in Arm in die weite amerikanische Landschaft, die synonym mit der Freiheit ist, die hier künftig auf sie wartet. Was diese Hoffnung berechtigt erfährt man nicht.

Ende der 30er Jahre wächst John Berger, Jahrgang 1926, englischer Schriftsteller, Maler und Kulturphilosoph, der heute in Südfrankreich lebt, im Süden von London auf. Die Mutter nimmt den Jungen so oft es geht mit ins Kino (sind Kinos Orte für Mütter und Söhne?). Emotionen, edle Gesinnung, Mut und Tapferkeit, alles das ist das Kino, eine Schule des Lebens. »Die Stunden, die wir im ›Odeon‹ verbrachten, waren für uns beide keine Flucht. Sie (die Mutter) erinnerte sich. Ich lernte. Zudem sahen wir allwöchentlich die Wochenschau. 1937, 1938, 1939. Es waren Katastrophenjahre. Die Wochenschauen und die Spielfilme schienen wenig miteinander zu tun zu haben. In ersteren war alles möglich – selbst das Unsägliche. In letzteren war das Happy-End garantiert. Und doch verbanden wir, jeder auf seine eigene Weise, beide miteinander« (Berger 1995). Eines Tages würde der Krieg, der sich in den Wochenschauen ankündigt, das Thema von Filmen sein. Kann man im Kino den Krieg als Film überleben?

Nach dem Novemberpogrom 1938 in Nazideutschland hätte jedem Juden in Deutschland (und Deutschen hinsichtlich seiner jüdischen Mitbürger) klar sein müssen, daß ein Überleben in diesem Land, wo die Nazis einen fanatischen Vernichtungskrieg gegen sie führten, nicht möglich sein würde. Axel Corti hat gemeinsam mit Georg Stephan Troller dessen Geschichte der Flucht vor den Nazis ins Exil zuerst in die Tschechoslowakei, dann nach Frankreich, von dort in die USA und die Rückkehr als amerikanischer Soldat nach Wien in dem dreiteiligen Film WOHIN UND ZURÜCK erzählt. In der ersten Folge AN UNS GLAUBT GOTT NICHT MEHR (1982) gelingt Ferdi Tobler (Trollers alter ego), nachdem sein Vater beim Pogrom ums Leben gekommen ist, die Flucht nach Prag, später nach Paris. Hier stoßen die jüdischen Emigranten, die in Deutschland als Juden verfolgt werden, als Deutsche auf die offene Feindschaft der Franzosen, die im Nachbarland die Kriegsvorbereitungen der Nazis und in Frankreich selbst die vielen ausländischen Flüchtlinge als Konkurrenten um Arbeitsplätze fürchten. Unmittelbar vor dem Überfall Hitlers auf Polen am 1. September wird der bevorstehende Angriff auch auf Frankreich zur Gewißheit, als Hitler im August 1939 mit Stalin einen Nichtangriffspakt schließt. Ferdi und andere jüdische und auch kommunistische Exilanten hören zuerst die Nachricht vom Pakt Hitlers mit Stalin im deutschsprachigen Radio, hier werden die ›Fakten‹ mitgeteilt. Die Szene vor dem Radio geht unmittelbar

über in die Fortsetzung der Berichterstattung mit der französischen Wochenschau im Kino, das den Empfang Molotows in der Berliner Reichskanzlei, eine Rede Hitlers und die Rückkehr Außenminister von Ribbentrops aus Moskau nach Berlin zeigt. Im Kinosaal weinen einige Zuschauer, andere flüstern »Haben Sie schon den Anschlag gelesen? Was einen Anschlag? Alle feindlichen Ausländer müssen sich melden. Auch a Feind, was i bin«. Die Wochenschau zeigt die Mobilisierung der französischen Armee, das Flüstern der Exilanten wird von einem jungen Franzosen unterbrochen: »Haltet die Schnauze, ihr dreckigen Deutschen«. Die Erzählung wird mit der Internierung der Exilanten fortgesetzt. Das Radio, das die Exilanten auch in den USA immer wieder mit Nachrichten versorgen wird, wird ergänzt durch die Evidenz der Bilder im Kino, was man im Radio gehört hat, im Kino sieht man es; die Reaktion im Publikum vermittelt wiederum ein ›Bild‹ künftiger Konfrontationen, die durch das Gesehene ausgelöst oder verstärkt werden.

Das Cinema, also Film(-industrie) und Kino insgesamt, ist in den 30er Jahren ein Spiegel der sozioökonomischen und kulturellen Probleme in Frankreich, besonders in Paris, gewesen, die sich in ihm beispielhaft widerspiegeln. Nachdem die französische Filmindustrie nach dem Ersten Weltkrieg ihre Vormachtstellung in der Welt verloren hatte, hat sie im Übergang zum Tonfilm den Anschluß an die technische und ästhetische Entwicklung des Films, auch gegenüber Deutschland, vollends verloren. Die Krise des französischen Films drückt sich in dem Aufschrei des damaligen Erziehungsministers Jean Zay (1937) aus: »Der französische Film liegt im Sterben!« (Léglise 1969). Die Folge waren Produktionsrückgang, Arbeitslosigkeit und Konkurse. Gleichzeitig war Paris voll von Emigranten aus Rußland, die vor der Revolution, dann vor Stalin nach Westen geflohen sind. Ab 1933 kamen die von Hitler vertriebenen Juden dazu. Unter ihnen waren international berühmte Künstler, Maler und Schriftsteller sowie bedeutende russische, österreichische, deutsche, kurz Filmkünstler, -techniker und -produzenten aus ganz Europa, die versuchten, in Paris ›beim Film‹ Arbeit zu finden, und die in den 30er Jahren auch wesentlich zur Entwicklung des französischen Films beigetragen haben (aus Deutschland z.B. Max Ophüls, Robert Siodmak, Fritz Lang, der Kameramann Eugen Schüfftan u.v.a.). Aus dieser Konstellation, zu der ein allgemeines Klima der Kriegsangst, des Fremdenhasses und Antisemitismus hinzukam, sind einige literarische und filmische Darstellungen der Filmindustrie und des Kinos aus diesen Jahren zu erklären.

Marcel Pagnol zum Beispiel hat mit seinem Film LE SCHPOUNTZ von 1937 eine Satire auf die französische Filmindustrie gedreht, in der eingebildete ausländische Schauspieler mit unaussprechlichen Namen ihr Unwesen treiben, Unsummen fremden Geldes ausgegeben wird und in der einem armen Dorftrottel, der sich für einen großen Schauspieler hält, aber nur ein »Schpountz« (gespielt von Fernandel) ist, böse mitgespielt wird. Als der Produzent Meyerboom ihm doch die Rolle eines tragischen Liebhabers gibt, muß er bei der Premiere des Films im Kino erleben, daß das Publikum über ihn lacht – weil es in ihm den großartigen ›Komiker wider Willen‹ entdeckt hat. Pagnol jedenfalls läßt seinen ehrlichen französischen Mann aus dem Volke nicht im Stich, ob er, wie geschrieben wurde (Vincendeau 1991, 156), seine Satire nach dem Vorbild der satirischen Abrechnung Ilja Ehrenburgs mit der *Traumfabrik* (1931) Hollywood verfaßt hat, steht dahin.

Schlimmer steht es mit einem Roman von Paul Morand, über den Georges Sadoul bemerkt hat: »Die Zahl der Filme war auf 30% gesunken. Die Ausländer, einmal in Frankreich tätig, haben das Land verlassen: Alexander Korda nach England, Fritz Lang und Erich Pommer nach Amerika. Mit ihnen hat das französische Kino ein wenig von jenem Kosmopolitismus verloren, den einer von denen, die davon profitiert haben, Paul Morand, in einem Pamphlet mit niedriger [an anderer Stelle in seiner Geschichte des französischen Kinos, heißt es sogar »quasi faschistischer« (Sadoul 1962, 67)] Gesinnung karikiert hat: *France la Doulce* (Sadoul 1949, 272f). In Deutschland ist dieses Pamphlet eines anerkannten französischen Autors der Moderne 1935 unter dem Titel *Das Konzentrationslager des lieben Gottes* im Dreimasken-Verlag in Berlin erschienen. Der Titel zitiert den Schlußsatz des Romans, der im Vorwort des Autors auf tatsächliche Vorgänge in der Filmindustrie verweist, die ihm zugrundeliegen. Der Roman führe jene »Hyänen in Freiheit vor, die sich aus obskuren Verhältnissen Osteuropas oder des Orients bis zu der Lichtfülle der Kinofronten auf den Champs-Elysées durchgeschlängelt haben, zum Teil sogar jetzt französische Staatsbürger sind« (Morand 1935, 6). Das Schwindelunternehmen ›Heliosfilm‹ betreibt in dem Roman ein ebenso schwindlerisches Filmprojekt ›Rolandslied‹, in dem es nur darauf ankommt, mit ungedeckten Schecks Geld zu machen. »Wer ist der Vorstand [der Heliosfilm]? Jakobi, Kalischer, Sacher, ganz zu schweigen von Herrn Hermeticus, alles Burschen, die jährlich eine Million fremden Vermögens vertun, von denen noch niemand je einen roten Heller besehen hat, die weder eine Wohnung besitzen, noch Steuererklärungen abgeben.« Als Regisseur wird Max Kron aus Berlin gewonnen. Sein Lebenslauf enthält u.a. die folgenden Stationen: Inspizient und Hilfsregisseur am Theater in Dresden und München, Revolutionär und Börsenspekulant, aus Spanien kehrt er als Spartakist zurück, wird anarchistischer Terrorist, sitzt in Magdeburg im Zuchthaus, wird Vertreter für Radioapparate und Mitglied des Bauhauses in Dessau. Die Inflation macht ihn zum Brauhauskellner in Nürnberg und Händler mit falschen Van Goghs. Als Gelegenheitsarbeiter kommt er 1929 nach Paris, wo er sich in ›elsässischen Bierstuben‹ breitmacht. »Er hatte kein Verständnis für seine Glaubensgenossen, Richter, Rechtsanwälte, Notare, Rabbiner und Ärzte, denen die Trennung von Deutschland so an die Nieren gegangen war. Seine Eltern waren schon seit dem Kriege tot. Sie rechneten wohl kaum damit, daß ihr Sohn auf ihrem Grabe das ›Kaddisch‹ spräche. Paris erschien ihm wie ein neues Zion; ohne Braunhemden, ohne Hakenkreuze, ohne ›Juda verrecke‹ und die übrigen mit Kreide an die Mauern gemalten Menetekel würde es sich besser leben lassen, als im Lande der Konzentrationslager, dieser modernen Ghettos« (42f). Der Roman endet mit Max Krons Triumph, als sein Film Rolandslied im ›Triumph-Palast‹ (»den Kron vor kurzem erworben hatte«) unter Anwesenheit des Ministerpräsidenten Premiere hat. Ihm versichert Kron bei der Feier seines Erfolgs: »Frankreich, lieber Herr Ministerpräsident, ist wirklich das Konzentrationslager des lieben Gottes« (204). Dieses üble Pamphlet gegen die ›métèques‹, die Ausländer in Frankreich, habe erst durch die deutsche Ausgabe den ›quasi faschistischen‹ Anstrich bekommen, beschwichtigen Morands Biographen (Sarkany 1968, 139). Paul Morand habe die französische Filmindustrie vor Figuren wie Bernard Natan schützen wollen, der Pathé in den Konkurs getrieben hat, um zum Beispiel Projekte wie den DON QUICHOTTE von G.W. Pabst (1933) wieder zu ermöglichen, für das Morand das Drehbuch geschrieben hat.

Einen Vorgeschmack auf die ›Filmkultur‹, die mit dem Einmarsch der Deutschen in Paris die Kinos beherrschen wird, hatte Juan Goytisolo bereits im Nachkriegsspanien, also nach 1938 und dem Sieg der Franco-Faschisten im Spanischen Bürgerkrieg. »Es war zu Beginn unserer trostlosen, beklemmenden Nachkriegszeit. Ich war acht Jahre alt und kam auf eine Jesuitenschule, wo wir Falange und Karlisten spielten und mit erhobenem Arm ein Loblied auf den Caudillo sangen, und im Theatersaal (...) zeigte man uns ein sorgfältig ausgewähltes Filmprogramm, Wochenschauen der Ufa, Filme mit Heinz Rühmann, DIE EISERNE KRONE [Blasetti 1940-41] mit Massimo Girotti, ramponierte unscharfe Filme mit Charlie Chaplin oder Stan Laurel und Oliver Hardy. Im großen, mit Hakenkreuzfahnen geschmückten Colosseum lief damals SIEG IM WESTEN [Noldan/ Brunsch 1940] über die Niederlage und den Fall Frankreichs« (Goytisolo 1995a). In Barcelona war das Kino ›Murillo‹ mit einem »Parkett und einem klobigen Rang (...) mehr wie ein Schuppen oder Lagerraum denn wie ein richtiger Kinosaal. Die undisziplinierten, lärmenden Besucher sahen sich die obligate Vorführung der Wochenschauen an, zuerst die der Ufa, aus dem Deutschen übersetzt, dann die spanische Nodo, und der unaufhaltsame Vormarsch der Wehrmacht wurde, ebenso wie die Auftritte des Caudillos, von den Erwachsenen im Stehen und mit erhobenem Arm begrüßt. Schließlich kamen die Horror-, Abenteuer- oder Cowboyfilme ...« (Goytisolo 1995b) – Chaplin oder Cowboyfilme, der Vormarsch der Wehrmacht hat sie bald überall dort, wo sie einzog, aus den Kinos vertrieben.

Der Zweite Weltkrieg begann bekanntlich am 1. September 1939 mit einem ›Theatercoup‹ der Nazis, die als polnische Freischärler verkleidet den Radio-Sender Gleiwitz in Oberschlesien an der polnischen Grenze ›besetzten‹. Mit dieser selbstgemachten ›Provokation‹ verschaffte sich Hitler den Vorwand, wenige Stunden später den Befehl ›zurückzuschießen‹ zu geben. Gerhard Klein hat in einem DEFA-Film 1961 (DER FALL GLEIWITZ) die Ereignisse nachgezeichnet. Er läßt die Handlung in einem Kino beginnen, wo der Anführer der Gruppe von SS-Leuten, die den Überfall durchführen werden, eine Wochenschau mit Bildern von Manövern deutscher und italienischer Luft- und Marineverbände sieht. Der Ton ist aggressiv, der Krieg steht unmittelbar vor Ausbruch. Der Anführer wird aus dem Kino geholt, die Operations-Vorbereitungen beginnen, das Kino hat mit seinen Bildern den Geschichts-Raum hergestellt, in dem das Folgende sich abspielen wird. Die Zuschauer des Films von Gerhard Klein sehen ihrerseits im Kino, wie die Geschichte des Films als Film der Geschichte des Zweiten Weltkriegs im Kino beginnt, um mit einem ›coup de théâtre‹ Wirklichkeit zu werden. Noch einmal kehrt der Film ins Kino zurück, als alle Vorbereitungen der Gruppe, die den ›Überfall‹ durchführen soll, abgeschlossen sind: Ihr Anführer wartet im Kino auf den Befehl aus Berlin, mit der Aktion zu beginnen. Auf der Leinwand wird getanzt und gesungen »Man muß nur in die Sterne sehen« und man schwärmt von einem »Walzer zu zwein«, die Kamera schwenkt im Kino über die Treppe und das Foyer, wo auf den Plakaten die Ankündigungen der nächsten Höhepunkte des Kinoprogramms zu lesen sind: Ab morgen neues Programm! Dann trifft die Nachricht ein, der SS-Mann verläßt das Kino. Gerhard Klein läßt die Aktion der Nazis (den

Krieg) symbolisch im Kino beginnen; während die politischen Gangster zur Tat schreiten, bleiben die restlichen Zuschauer bei den Illusionen der Leinwand, die ihnen die Nazis noch so lange vorsetzen werden, bis auch die Kinos in Schutt und Asche versunken sind. »Tür zu!« beschwert sich einer von ihnen, als der SS-Mann das Kino verlassen hat. Ab morgen neues Programm.

In den Kriegsjahren sind die Kinos in doppelter Hinsicht Zufluchtsorte. In die Dunkelheit ihrer Säle fliehen die, die von der Gestapo verfolgt werden, in der Hoffnung, dort unsichtbar zu sein und vielleicht Freunde, Helfer und Mitkämpfer im Widerstand zu treffen. Das Kino ist aber auch ein Ort der Flucht vor der immer schrecklicher werdenden Kriegswirklichkeit, die bald schon den Alltag der Bevölkerung in Deutschland mit Bombenangriffen, offenem Naziterror und Meldungen über Gefallene an den Fronten bestimmt.

Der Widerstand, der in Prag zur Ermordung Heydrichs, eines der furchtbarsten SS-Männer geführt hat, spielt sich an der Front dieses Krieges ab, an der gnadenloser Terror gegen die Bevölkerung in der besetzten Tschechoslowakei mit Gegenaktionen zu beantworten versucht wird. Als die Meldung vom Attentat gegen den SS-Reichsprotektor von Böhmen und Mähren, Heydrich, in Amerika bekannt wurde, überredete Bertolt Brecht in Hollywood Fritz Lang, einen Antinazi-Film über dieses Ereignis zu machen. Fritz Lang hat, teilweise gegen die Vorstellungen Brechts, einen Hollywood-Film daraus gemacht: (HANGMEN ALSO DIE, 1942/43). Ohne genauere Informationen über die Attentäter und den Verlauf des Attentats, das die Liquidierung der gesamten Bevölkerung von Lidice durch die SS zur Folge hatte, entstand eine Story, die damit beginnt, daß tschechische Kollaborateure auf Heydrich warten, der auf dem Weg zum

Hradschin erschossen wird. »Die SS verfolgt den Attentäter. Ein Fahrer, der ihm zur Flucht verhelfen soll, wird verhaftet, weil der Motor im Stehen läuft und Benzin vergeudet. Eine junge Frau, Mascha Novotny, zeigt den Verfolgern einen falschen Weg« (Bitomsky 1975, 291). Der Attentäter findet zunächst Zuflucht in einem Kino, wo auf der Leinwand die Moldau zu Smetanas Musik zu sehen ist. Im Dunkeln des Zuschauersaals kursiert bereits das Gerücht, daß Heydrich ermordet worden ist. Es entwickelt sich ein Tumult, so daß der Attentäter schnellstens das Kino wieder verlassen muß.

Die Zuflucht, die das Kino den Deutschen vor der Kriegswirklichkeit bieten sollte, war mit den Lieblingen von der Ufa und wehmütigen oder aufmunternden Handlungen gut ausstaffiert. Es ist viel über die Filmpolitik der Nazis gesagt und geschrieben worden, die auf den kurzen Nenner ›politische Wirkung durch entpolitisierende Unterhaltung‹ gebracht werden kann. Für die ›Versorgung‹ eines möglichst großen Teils der Bevölkerung auch mit dieser Art Propaganda durch Unterhaltung wurden von der NSDAP Tonfilmwagen aufs Land geschickt, die vor allem in Gasthaussälen oder Turnhallen mit ihren modernen Wanderkinematographen

Spielfilme und selbstverständlich Wochenschauen und sog. Kulturfilme zeigten. Die Opel-P-4 Autos waren mit kompletten Vorführeinheiten ausgestattet und führten Phono-Box-Maschinen mit Umlenkspiegeln mit sich. »War in einem Saal kein Vorführraum vorhanden, wurde vom Filmwagen aus durch ein Fenster projiziert. Vor den Vorstellungen fuhr man durch den Ort und machte per Megaphon und Anschlagzettel Reklame für die abendliche Filmvorführung (...). Die Route des Filmwagens und der Titel des gespielten Films wurden jeweils am Monatsanfang in der Tageszeitung veröffentlicht« (A. Paech 1985, 96). Martin Walser (Jahrgang 1927) hat in solchen Vorführungen ›unvergeßliche‹ Filme wie DER BERG RUFT (Luis Trenker, 1937), DER REBELL (Luis Trenker, 1932) oder die GEIER-WALLY (Hans Steinhoff, 1940) gesehen. Diese Filme wurden am Bodensee, wo Walser aufgewachsen ist,

> »von der Gaufilmstelle (gezeigt), die im Auftrag des Hitlerstaates Autos in Kastenform in die Dörfer schickte, um der Landbevölkerung Filme zu zeigen. Die Turn- und Festhalle, selber erst gerade fertig geworden, wurde einmal im Monat zum Kino. Dazu mußten, weil es draußen noch Tag war, die hohen, schmalen, kirchenfensterhaften Fenster mit Rolleaus verdunkelt werden. Der Vorführapparat war schon aus dem Kasten ausgeladen und hinten im Saal aufgestellt worden. Das Rattern der Vorführapparatur begleitete den ganzen Film als ein dramatisches Grundgeräusch. (...) Und wenn eine neue Rolle eingelegt wurde, gab es eine kurze Unterbrechung. Und wenn der Film zu Ende war und das Licht anging, schämte ich mich. Für mich und meinesgleichen. Was waren wir für windige, dürftige, elende Figuren, verglichen mit Luis Trenker und Heidemarie Hatheyer« (Walser 1995).

Wenn die Dorfbewohner von Schabbach im Hunsrück ins Kino gehen wollten, mußten sie nach Simmern in die ›Postlichtspiele‹ fahren. Schabbach ist ein fiktiver Ort in der »deutschen Chronik« Heimat von Edgar Reitz (HEIMAT 1980-84), der Kinobesuch der Hauptfigur Maria wurde in das Jahr 1938 verlegt: Sie und Pauline sind noch ganz unbeschwert und geben sich vollkommen dem Kinovergnügen hin, das sie mit Zarah Leander in dem Film von Detlef Sierck LA HABANERA (1937) haben.

> »Postlichtspiele Simmern, 1938. Wir sehen einen Ausschnitt aus dem Film ›La Habanera‹ mit Zarah Leander. Das Kino ist gerammelt voll. In den Seitengängen sind zusätzlich Stühle aufgestellt. Mitten in einer Reihe sitzen Pauline und Maria. Beide lebendig und sichtbar von Lebensenergie erfüllt. Maria sieht man ihre 38 Jahre nicht an. Die Augen strahlen. Beide verfolgen mit Vergnügen das Geschehen auf der Leinwand. Ihre Lippen bewegen sich zu den Liedern und Texten. Beide kennen die Melodien und sind völlig hingerissen. Manchmal faßt eine die andere an der Hand. Laut lachen beide mit dem Publikum zusammen. Das Kinovergnügen ist enorm.« (Reitz/Steinbach 1984, 225)

Soweit der Drehbuchtext. Der Film bringt die Gesichter und die Blicke der beiden Frauen und die Leinwand in enge Berührung – ihre Rührung über das Leinwandgeschehen nimmt sie in der Gemeinschaft der

anderen gerührt schluchzenden Zuschauer/ -innen emotional vollkommen gefangen. Sie haben alles um sich herum vergessen und noch zu Hause »summen (sie) ein Lied. ›Der Wind hat mir ein Lied erzählt‹ aus dem Film, den beide eben gesehen haben. Immer wieder schauen sie sich in die Gesichter, genieren sich überhaupt nicht voreinander, geben sich völlig ihren Erinnerungen an den Film und die Musik hin« (225). In der Szene hatte Edgar Reitz zusätzlich die Idee, die beiden Frauen die ›Herrenwinker‹, ins Gesicht gedrehte Locken, die sie bei Zarah Leander im Film gesehen haben, nachmachen zu lassen, was ihre Sehnsucht nach ein wenig Schicksal, ein wenig ›Stierkämpfer-Abenteuer‹ wie in LA HABANERA – Sehnsucht nach der Identifikation mit Flucht und melodramatischer Rückkehr der anderen Frau auf der Leinwand unterstreicht. Das Kino ist die Illusion von Flucht und glücklicher Rückkehr ›nach Hause‹ und wird es umso mehr, wenn im Krieg die Flucht unmöglich und die Rückkehr nach Hause fraglich ist.

An der Ostfront, etwa 1942/43 nimmt Edgar Reitz das Motiv des Kinos noch einmal auf. Diesmal wird in einem Wehrmachts-Kinozelt, das gerammelt voll mit Soldaten ist, DIE GROßE LIEBE (1942, Rolf Hansen), ebenfalls mit Zarah Leander gezeigt. Das Drehbuch sieht an dieser Stelle Wochenschau-Berichte von verschiedenen Fronten vor, danach sollte es einen Krimi geben (DR.CRIPPEN AN BORD, 1942, Erich Engels). Daß sich die Regie für Zarah Leander entschieden hat, zeigt die Bedeutung, die diesen Filmen für die Truppenmoral zukam, außerdem wird auf diese Weise der Kontrast zu einem Gespräch, das gleichzeitig vor dem Zelt über den kriegswichtigen Einsatz der Wochenschau geführt wird, verstärkt. Mit den Bildern der Wochenschau wird erreicht, »daß das Kriegsgeschehen sich mit einer größeren Gewalt in die Seelen der Menschen einprägt, als es die Kraft der eigenen Augen vermag«, (Reitz/Steinbach 1984, 278ff) läßt ein fanatischer Hauptmann verlauten. Im Hintergrund singt Zarah Leander das bekannteste Durchhalte-Lied »Davon geht die Welt nicht unter« und die Soldaten fühlen sich von ihr aufgefordert, schunkelnd in das Lied einzufallen. Später wird die Kompagnie zu Erschießungen eingesetzt, die Filmabteilung muß auch dieses Geschehen festhalten, um es ›in die Seelen der Menschen einzuprägen‹. Aber erst nach dem Krieg werden derartige Bilder die Greuel dokumentieren.

Das Kino im Krieg reflektiert keineswegs den Krieg. Film und Literatur während des Kriegs sind propagandistisch oder dienen der Illusion einer heilen Welt, an der sie ihre Zuschauer/innen und Leser/innen für wenige Stunden teilhaben lassen und mit der sie von der katastrophalen Wirklichkeit ablenken wollen; das Medium der Propaganda oder Flucht kommt (fast) nicht in den Blick. Wenn das Kino dennoch zum selbstreflexiven ›symbolischen Raum‹ in einem Film wird, dann formuliert sich in ihm das Gegenbild zum Krieg, das dem Widerstand oder der Hoffnung auf eine Zeit nach dem Krieg Ausdruck gibt. Der Zusammenhang von Krieg und Kino wird in der Regel erst nach dem Krieg in Filmen thematisiert, die im symbolischen Raum des Kinos der unentrinnbaren Gegenwart des Krieges andere eskapistische oder hoffnungsvolle Bilder entgegensetzen wollen. Und erst nach dem Krieg ist die folgende Frage nicht mehr zynisch, sondern analytisch: Ist der Krieg nicht längst ein Wahrnehmungsphänomen wie das Kino? Paul Virilio hat von einer Osmose, einer Durchlässigkeit von Krieg und industriellem Kino gesprochen (Virilio 1986,114). Der Krieg folgt Logistiken der Wahrnehmung, seine Handlungen rechnen mit Blicken, wenn sie sich ihnen durch Tarnung entziehen oder in spezifischen Konstellationen darstellen: Die dynamische Sicht aus Panzern und Flugzeugen ist ebenso festgelegt wie das Panorama, das sich den Beobachtern am Sehschlitz der Bunker an der Küste der Normandie bot, als sie ›wie im Kino‹ am Morgen der Invasion Tausende von Schiffen sich der Küste nähern sahen. Der Blick aus dem Bunker und der Breitwandfilm verschmelzen für einen Moment zum identischen visuellen Eindruck, zum Beispiel in dem Film DER LÄNGSTE

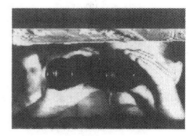

TAG (D.F. Zanuck u.a., 1961) über die alliierte Landung an der Küste der Normandie. Und der Krieg wird vollends für diejenigen zum Kino, die in unterirdischen Befehlsständen das Scenario, das sie befehligen, ausschließlich als Bewegungen auf Bildschirmen sehen. »Befehlsopern wurden die riesigen Theaterräume zutreffend genannt – der Krieg wurde selbst zur ›Space Opera‹« (91). Und auch das Schlachtfeld wurde für die ›Zuschauer des Krieges‹, die in den Schützengräben tödliche ›Son et lumière‹-Spektakel sahen oder in den nächtlichen Straßen der Großstädte am Himmel Flakscheinwerfer, Leuchtbomben und auf der Erde die brennende Hölle erlebten, – zum Kino.

12. Trümmerkinos

Ende und Anfang

1945 ist der Krieg vollends dorthin zurückgekehrt, von wo er seinen Ausgang genommen hatte, nach Deutschland. Der Krieg in Deutschland war ›total‹, ohne Entrinnen. »Kommt in solchen Zeiten jemand ins Kino? In meiner Heimatstadt nicht.« Helma Sanders-Brahms hat mit ihrer Mutter das Kriegsende in Emden miterlebt, wo sie 1940 geboren wurde. »Es war kein Stein mehr auf dem anderen, nur die Bunker standen noch, häßlich, grau. Aber Kinos gab es nicht. Manchmal Vorführungen in der Turnhalle eines Gymnasiums weit draußen. Das war, wenn der Krieg Atem holte, selten, fast nie.« Die Mutter wird zum Ernteeinsatz weggeholt, Bombenangriffe auf die Stadt und Trümmer und verkohlte Leichen in den Straßen und manchmal etwas Lachen im Kino, das die fünfjährige Helma dort erschöpft verschlafen hat. »Das war das Kino, das ich zuerst sah, hinter geschlossenen Augen« (Sanders-Brahms 1990, 151f).

Am Sonntag, 8. April 1945 zeigt das ›Capitol‹ in Halberstadt zur Matinée-Vorstellung den Spielfilm HEIMKEHR (1941 von Gustav Ucicky) mit Paula Wessely und Attila Hörbiger.

> »Das Kino ›Capitol‹ gehört der Familie Lenz. Theater-Leiterin, zugleich Kassiererin, ist die Schwägerin, Frau Schrader. Die Holztäfelung der Logen, des Balkons, das Parkett sind in Elfenbein gehalten, rote Samtsitze. Die Lampenverkleidungen sind aus brauner Schweinsleder-Imitation. Es ist eine Kompanie Soldaten aus der Klus-Kaserne zur Vorstellung herangemarschiert. Sobald der Gong, pünktlich 10 Uhr, ertönt, wird es im Kino sehr langsam, den dazwischengeschalteten Spezialwiderstand hat Frau Schrader gemeinsam mit dem Vorführer gebaut, dunkel. Dieses Kino hat, was Film betrifft, viel Spannendes gesehen, das durch Gong, Atmosphäre des Hauses, sehr langsames Verlöschen der gelb-braunen Lichter, Einleitungsmusik usf. vorbereitet worden ist« (Kluge 1977, 34f).

Der Starrsinn, mit dem das Kinoprogramm und die Ordnung der Filmvorführung auch in schlimmen Zeiten aufrechterhalten werden, wird durch die Präzision, mit der die Städte in Deutschland in Schutt und Asche gelegt werden, endgültig ad absurdum geführt. Der Bombenangriff auf Halberstadt bereitet der Filmvorführung im ›Capitol‹ ein jähes Ende.

»Jetzt sah Frau Schrader, die in die Ecke geschleudert wird, dort, wo die Balkonreihe rechts an die Decke stößt, ein Stück Rauchhimmel, eine Sprengbombe hat das Haus geöffnet und ist nach unten, zum Keller, durchgeschlagen. Frau Schrader hat nachsehen wollen, ob Saal und Toiletten nach Voll-Alarm restlos von Besuchern geräumt sind. Hinter der Brandmauer des Nachbarhauses, durch die Rauchschwaden, flackerte Brand. Die Verwüstung der rechten Seite des Theaters stand in keinem sinnvollen oder dramaturgischen Zusammenhang zu dem vorgeführten Film. Wo war der Vorführer? Sie rannte zur Garderobe, von wo aus sie die repräsentative Eingangshalle (geschliffene Glas-Pendeltüren), die Ankündigungstafeln sah, »wie Kraut und Rüben« durcheinander. Sie wollte sich mit einer Luftschutz-Schippe daranmachen, die Trümmer bis zur 14-Uhr-Vorstellung aufzuräumen.

Dies hier war wohl die stärkste Erschütterung, die das Kino unter der Führung von Frau Schrader je erlebt hatte, kaum vergleichbar mit der Erschütterung, die auch beste Filme auslösten. Für Frau Schrader, eine erfahrene Kino-Fachkraft, gab es jedoch keine denkbare Erschütterung, die die Einteilung des Nachmittags in vier feste Vorstellungen (mit Matinee und Spätvorstellung auch sechs) anrühren konnte. (...) Jetzt kamen ihr doch Bedenken« (34 f)

Das ›Capitol‹ in Halberstadt, das mit der Zerstörung von Alexander Kluges Heimatstadt ebenfalls in Trümmer fiel, gehörte zu der großen Zahl von Kinos, die im Deutschen Reich ausgebombt oder sonst wie zerstört waren. Die stolzen Lichtspieltheater in Berlin lagen mit wenigen Ausnahmen (zum Beispiel dem Theater am Nollendorfplatz) in Trümmern, nur die Fassaden waren übriggeblieben, hinter denen sich in den ersten Nachkriegsjahren schon wieder provisorische Kinos einrichteten. Von 6484 Kinos im Deutschen Reich waren 1150 Kinos in den drei Westzonen übriggeblieben, ein Zahl, die sich bis 1946 fast wieder verdoppelt hat. Die Westalliierten benutzten die Kinos in den ersten Monaten nach der Kapitulation, um den Deutschen die Naziverbrechen, die in ihrem Namen verübt worden waren, in Filmen vor Augen zu führen, die unmittelbar während der Befreiung der Vernichtungslager von den Alliierten gedreht worden waren. Der Dokumentarfilm DIE TODESMÜHLEN (Hans H. Burger 1945) bestand zum großen Teil aus Aufnahmen, die »zur Zeit der Befreiung [der Konzentrationslager] von beglaubigten Kameraleuten der Alliierten Armee gemacht« worden waren. Dieser Hinweis im Schlußtitel des Films mußte die Glaubwürdigkeit der Bilder, die ›unglaubliche‹ Verbrechen zeigten, versichern. Zusätzlich bezog der Film Bewohner von Weimar, die

von den Alliierten gezwungen worden waren, das benachbarte Konzentrationslager Buchenwald zu besichtigen, als Augenzeugen im Film selbst mit ein. Ob der Regisseur Burger geahnt hat, wie schnell das Unglaubliche des Geschehens in Unglauben bei vielen Deutschen umschlagen würde, die sich sofort wieder daranmachten, die Spuren des Krieges zu beseitigen?

Erich Kästner, der von den Nazis mit Berufsverbot belegt war, sollte über den Film DIE TODESMÜHLEN einen Artikel schreiben. Er hat in einer dieser Filmveranstaltungen, deren Besuch für die Deutschen in den ersten Nachkriegsmonaten Pflicht gewesen ist, die Menschen beim Verlassen des Kinos beobachtet.

»Ich bringe es nicht fertig, über diesen unausdenkbaren, infernalischen Wahnsinn einen zusammenhängenden Artikel zu schreiben. Die Gedanken fließen, so oft sie sich der Erinnerung an die Filmbilder nähern. Was in den Lagern geschah, ist so fürchterlich, daß man darüber nicht schweigen darf und nicht sprechen kann. (...) Der Film wurde eine Woche lang in allen bayerischen Kinos gezeigt. (...) Die Kinos sind voller Menschen. Was sagen sie, wenn sie wieder herauskommen? Die meisten schweigen. Sie gehen stumm nach Hause. Andere treten blaß heraus, blicken zum Himmel und sagen: ›Schau, es schneit‹. Wieder andere murmeln: ›Propaganda, amerikanische Propaganda. Vorher Propaganda, jetzt Propaganda.‹ Was meinen sie damit? Daß es sich um Propaganda*lügen* handelt, werden sie damit doch kaum ausdrücken wollen. Was sie gesehen haben ist immerhin photographiert worden (...) warum klingt ihre Stimme so vorwurfsvoll, wenn sie ›Propaganda‹ sagen? Hätte man ihnen die Wahrheit *nicht* zeigen sollen? Wollten sie die Wahrheit *nicht* wissen?« (Kästner 1990, 127f).

Kästner ahnte damals nicht, daß schon wenige Jahre später Menschen öffentlich behaupten werden, all dies sei nur Propaganda und nie geschehen. Bald waren die Bilder mit Bergen von Leichen ebenso aus der Öffentlichkeit verschwunden wie die Trümmer zuerst aus den Filmen, dann allmählich auch aus den Straßen. Eine neue, harte Realität des Wiederaufbaus ließ keine Zeit für das Eingedenken einer Trauerarbeit, in der die Kriegsgeneration zu ihrer Verantwortung hätte stehen müssen, von der zumindest die Jüngeren unter ihnen vom Kanzlerwort Helmut Kohls von der »Gnade der späten Geburt« im Nachhinein befreit wurden.

Auf jeden Fall hat unmittelbar nach 1945 das Kino wieder eine wichtige Rolle in der beginnenden Nachkriegszeit in Deutschland und dem von den Nazis befreiten Europa gespielt. Wer ein paar Kohlen als ›Eintrittsgeld‹ mitbrachte, konnte sich dort in der Wärme der dicht gedrängt sitzenden Menschen für ein paar Stunden aufhalten. Zum Beispiel: »Im Winter 1946/47 wurde die Lage für die Filmtheater schwieriger wegen der Kälte und des Mangels an Energie- und Heizmaterial. Als die Verwaltung [von Hannover] im März 1947 die Lieferung von Heizmaterialien an Geschäftsbetriebe einstellte, erhielt das Publikum nur noch Eintrittskarten, wenn für die Vorstellung ein Stück Brennholz mitgebracht wurde« (Aurich u.a. 1991, 54). Oder:

»Eigentlich war es ein Tanzsaal. Doch am ersten Weihnachtstag 1945 waren es die Altenwerder Lichtspiele. Ach, wie sich die Menschen freuten! Gezeigt wurde zur Eröffnung FRAUEN SIND DOCH BESSERE DIPLOMATEN [Georg Jacoby, 1941] mit Marika Rökk und Willy Fritsch, und hinein durfte nur, wer Heizmaterial mitgebracht hatte: bißchen Koks, paar Briketts, etwas Holz, denn die beiden Kanonenöfen wollten gefüttert werden. Es war das zweite Kino meines Vaters, das erste, die Neuhofer Lichtspiele, was ›ausgebombt‹, so hieß es damals. Zum Glück waren die Maschinen (Ernemann!) unbeschädigt, ein Teil der Bestuhlung auch ...« (Scheel 1996, 42).

Kurt Scheel, der hier die Umstände der Eröffnung des väterlichen Kinos nach 1945 beschreibt, tritt erst 1948 »auf den Plan«, seine eigene Kinoerinnerung beginnt mit den Kindervorstellungen der 50er Jahre und hat mehr mit Cadbury-Schokolade und Storck-Bonbons zu tun, auf deren schicksalhafte Bedeutung wir später noch einmal zurückkommen werden. Zu sehen gab es ›unbedenkliche‹ Ufa-Filme, die nicht von den Alliierten verboten worden waren, wie den erwähnten Marika Rökk-Film oder sog. Überläufer-Filme, die erst nach der Kapitulation fertiggestellt wurden und amerikanische Spielfilme, die während des Krieges nicht zu sehen gewesen waren. »Seit Beginn der Besatzungszeit überschwemmte eine Flut zweit- und drittklassiger Western, Gangsterfilme und Komödien die Leinwände in den deutschen Kinos, soweit sie unzerstört geblieben oder aber notdürftig wiederhergestellt worden waren« (Kreimeier 1989, 12). Und es gab neben ›verordneten‹ Dokumentationen wie DIE TODESMÜHLEN die ersten Spielfilme, die in Deutschland versuchten, sich mit der Nazivergangenheit und der Trümmergegenwart auseinanderzusetzen oder die sich wie in Italien ›neorealistisch‹ in Thema und Stil auf die Nachkriegsgegenwart hin zu öffnen. Italo Calvino hat in seiner »Autobiographie eines [Film-]Zuschauers« die neue Sicht beschrieben:

»Ich weiß nicht, wie stark das italienische Kino der Nachkriegszeit unsere Sicht der Welt verändert hat (jedes Kinos, auch des amerikanischen). Es gibt nicht mehr eine Welt drinnen auf der beleuchteten Leinwand im dunklen Saal und eine andere draußen, heterogenen und von ihr getrennt durch einen klaren Bruch, einen Ozean oder Abgrund. Der dunkle Saal verschwindet, die Leinwand ist eine Vergrößerungslinse, die sich auf den Alltag draußen richtet und uns zu betrachten zwingt, was wir mit bloßem Auge leicht übersehen hätten« (Calvino 1994, 55).

Filme von Roberto Rossellini (ROMA CITTÀ APERTA 1945, PAISÀ 1946, GERMANIA ANNO ZERO 1947) oder Vittorio de Sica (FAHRRADDIEBE 1948) sind in den Kinos neben Wolfgang Staudtes DIE MÖRDER SIND UNTER UNS (1946) oder Helmut Käutners IN JENEN TAGEN (1947) zu sehen. Aber nicht lange, dann ist das Bedürfnis nach Ablenkung von vergangener und gegenwärtiger Wirklichkeit, Beschwichtigung und eskapistischer Unterhaltung größer als nach solchen eher zaghaften Versuchen, Vergangenheit und Gegenwart (filmisch) zu bewältigen: Belanglose Komödien und Heimatfilme treten ihren Siegeszug in den deutschen Kinos an, wo sich in der überwiegenden Mehrzahl bereits unmittelbar nach Kriegsende Filme aus Hollywood breitgemacht hatten, die über die als erstes vergebenen Verleihlizenzen in die Kinos kamen. Nachkriegskino in Deutschland ist also vor allem Hollywood-Kino. Und Hollywood-Filme waren oft die ersten Filme, die Kinder nach dem Krieg zu sehen bekamen. Robert Gernhardt zum Beispiel (Jahrgang 1937) erinnert sich an seinen ersten Film, den er 1945 in Bückeburg gesehen hat, »wo die Britische Armee den Insassen des Kinderheims eine Weihnachtsfreude bereiten wollte: mit Woody Woodpecker und Tom und Jerry, Mickey Mouse und Goofy, einer Wahnsinnstruppe also, die jede Menge Krach und Wonne für Kopf und Zwerchfell lieferte, das Herz aber kühl ließ« (Gernhardt 1994). Filme fürs Überleben, die als US-Cartoon, Melodram oder Western bzw. deutscher Heimatfilm bald nicht nur für Kinder, sondern für alle Nachkriegsdeutschen zum unbedenklichen Lebensmittel wurden.

Das Kino ist für literarische Reminiszenzen an die unmittelbare Nachkriegszeit der ideale Ort für die Konfrontation sich widersprechender Bewußtseinslagen, Erfahrungen und Hoffnungen in Bildern vergangener, gegenwärtiger und künftiger Wirklichkeiten, die sich mit großem Tempo auf ihre pragmatische Synthese im Mythos einer neuen Wirtschaftswunder-Wirklichkeit zu entwickelt und von der Vergangenheit nur die Bilder übrigläßt, die bald niemand mehr sehen will. Die österreichische Autorin Brigitte Schwaiger hat verfolgt, wie das Bild Hitlers in ihrer Familie nachgewirkt hat. Die Mutter in Graz hat auch nach dem Krieg noch am Führer festgehalten und als sie

> »Fotografien über Verbrechen, die der Führer begangen haben soll (sieht, da) hat sie gehofft, daß es nicht wahr ist. Und wie meine ältere Schwester später aus dem Kino heimgekommen ist und gesagt hat, es war wirklich furchtbar, was sie in ›Mein Kampf‹ [allerdings 1961 von Erwin Leiser] gesehen hat, da hat die Mutter gesagt, es ist ein Film, in dem alles übertrieben wird, und der Hitler war unschuldig, aber von bösen Menschen umgeben, die ihn betrogen und ausgenützt haben« (Schwaiger 1978, 36).

Die Abwehr der schrecklichen Wahrheit und Verdrängung von Schuld lassen sich angesichts der dokumentarischen Filmbilder im Kino thematisieren. Josef Reding zum Beispiel versetzt sich, wenn auch etwas plakativ, in das Denken verschiedener Menschen, die »während des Films« auf das Gesehene reagieren.

> »Während des Films, als die Haut- und Knochenbündel der ermordeten Häftlinge wie Tierkadaver über einer hölzernen Rutsche in den Graben torkelten, dachte der 18jährige Portokassenverwalter: Greuelpropaganda! Man will uns verschaukeln. Uns fertigmachen. Schuldkomplexe wecken. (...) Ausländer stellten den Film zusammen. Na also. Wahrscheinlich Juden. Die anderen sollten sich an ihre eigenen Nasen packen. (...) Was haben die Russen mit unseren Frauen gemacht? Und die englischen Luftgangster mit unseren Ruhrgebietsstädten? Hoffentlich kommt gleich wieder was vom Vormarsch. Rommels Panzer in Afrika ...« (Reding 1996, 194).

Besonders anschaulich hat die Autorin Grazielle Hlawaty in einem Text von 1995 (»Filmbesuch in roter Bluse«) das Nebeneinander und Gegeneinander von Aufklärung und Unterhaltung im Nachkriegskino geschildert: »Laut Ankündigung auf dem Schwarzen Brett im Hausflur sollte an diesem Sonntag im Rosegger-Kino DIE FRAU MEINER TRÄUME (Georg Jacoby 1944) als »Erste Friedensvorstellung« gegeben werden. (...) ›Der Krieg ist kaum aus, und du hast nichts anderes im Schädel als diese ewige Kinogeherei. Schlags dir aus dem Kopf!‹ (Hlawaty 1996, 103). Die Familie ist sich uneins, ob es richtig ist, nach dem Krieg ins Kino zu laufen. Wenn schon, dann soll das Mädel (Ilse) wenigstens eine rote Bluse anziehen, wegen der Russen draußen. Im Kino wurde der dunkelrote Vorhang

> »nicht, wie sonst üblich, ruckweise zur Seite gezogen, um die Filmleinwand freizugeben, sondern verblieb auf seinem Platz. Statt dessen goß ein Scheinwerferkegel grelles Licht über das Podium vor der Leinwand, und die Bühne wurde nun von einem älteren Mann mit Hilfe einer Leiter erklettert« (105).

Er stellt sich als Liederkünstler und Heurigensänger heraus, der »jetzt, nachdem die Österreicher von allem befreit seien, nur nicht vom Hunger, (...) dem verehrten Publikum ein paar frohe Stunden bereiten« (105) wolle. »Stimmung kam im Saal auf, Wiener und Russen klatschten gemeinsam begeistert Beifall. Ilse war versöhnt« (106). Als der sehnlich erwartet Film mit Marika Rökk noch immer auf sich warten läßt, wird sie allerdings ungeduldig.

> »Ilse rückte unruhig auf ihrem Holzsessel hin und her. Warum wurde es nicht finster? Begann dieser Film denn nie? Jetzt, endlich! Der Vorhang bewegte sich ruckweise zur Seite, das Licht im Saal verlischt. Ilse setzt sich voll Erwartung im Sessel zurecht, ganz hinunter rutscht sie, um den Kopf auf die Rückenlehne legen zu können und dadurch eine gute Sicht auf die sehr nahe und sehr hohe Leinwand zu bekommen. Jetzt, endlich, wird die Rökk tanzen, steppen und singen. (...) Ein grauenvoller Titel allerdings, der ihr jetzt von der Leinwand entgegenflimmert. Ein Titel, der Ilse in Verwirrung bringt: DIE TODESMÜHLE VON MAUTHAUSEN. (...) O Schreck: ist DIE FRAU MEINER TRÄUME abgesagt und statt dessen wird ein anderer Film gezeigt? (...) Nun aber, nach dem

ersten und einleitenden Kameraschwenk über Stacheldraht und halb-verfallene Holzbaracken hinweg, kommen die Nahaufnahmen. Unbarm-herzig, immer deutlicher, größer und schärfer werdend, beherrschen die einzelnen Bilder und Szenen die Filmleinwand. Ein Berg mensch-licher Gebeine. Ein Massengrab, vollgeschichtet mit Leichen, Skelett neben Skelett. Während das Kameraauge die Stätten des Todes ver-mittelt, berichtet der Ansager, daß der hier gezeigte Dokumentations-film über die Greueltaten des Hitlerregimes, beim Einmarsch der ame-rikanischen Truppen entstanden sei« (108).

Die Erzählung gibt minutiös Bilder und Kommentar des Films wieder. Ilse erinnert sich an Bemerkungen ihres Vaters, der die Verbrechen der Nazis rundheraus abgestritten hatte.

»Sie blickte zu den anderen Zuschauern in ihrer Bankreihe, um deren Reaktion zu beobachten. Es kam ihr vor, als stemmten sich alle Kinobe-sucher von der Filmleinwand weg, es kam ihr vor, als wären sämtliche Menschen im Saal plötzlich erstarrt, als wären sie leblos und zu Stein geworden. Atmeten sie oder hatten sie zu atmen aufgehört? Atmete sie selber noch? Denn wenn dies hier Gezeigte unter Menschen tatsächlich möglich gewesen sein sollte: Ging es an, in der Luft dieser Welt weiter-hin zu atmen, ohne zu ersticken?« Dann folgt die ›Erlösung‹ aus der Erstarrung, endlich beginnt der ›Hauptfilm‹. »Filmmusik, Hauptfilm, Marika Rökk. Schlager, schwungvolle Schlager: »Jeden Abend steh ich an der Brücke ...«, trällert die Rökk und: »In der Nacht ist der Mensch nicht gern alleine ...«; sie tanzt, sie steppt, sie läßt sich von den Tänzern hoch in die Luft wirbeln; sie schmollt, sie lächelt, sie singt, sie tröstet: ›Schau nicht hin, schau nicht her, schau nur g'radeaus, und was dann auch kommt – mach dir nichts daraus!‹ (111).

So klang das 1944, so durfte das schon bald nach dem Krieg wieder klin-gen, und das wird auch wieder das Motto der künftigen Jahre sein. Eine neue, harte Realität des Wiederaufbaus ließ keine Zeit für erinnerndes Eingedenken oder die Frage nach Ursachen und Schuld am Geschehen. Dem Bedürfnis nach sentimentaler Gefühlsduselei, Selbstmitleid und dem kleinen Glück zwischen Geranien kamen die Heimatfilme, mit denen nicht nur die ›Heimatvertriebenen‹ vorübergehend im Kino eine neue Heimat fanden, entgegen, die dem deutschen Film mit den schlechtesten Filmen den größten kommerziellen Erfolg seiner Geschichte bescherten. »Anknüpfend an die Berg- und Heimatfilme der späten Weimarer Repu-blik und der NS-Zeit inaugurierte [die Gattung des Heimatfilms] – nach der realgeschichtlichen Zerschlagung des ›Vaterlands‹ – die deutsche Land-schaft als mythologischen Ort, dessen gefühlsbefrachtete Geographie zum Surrogat für unwiederbringlich Verlorenes – Seßhaftigkeit, Identität des Menschen mit sich selbst und mit der Natur, ›Heimat‹ werden konnte. Zwischen 15 und 20 Millionen Besucher strömten jeweils in die Kinos (...). Mehr als 300 Heimatfilme wurden zwischen 1947 und 1960 produziert, davon waren etwa dreißig eindeutige Remakes von Filmen aus der natio-nalsozialistischen Zeit« (Kreimeier 1989, 23).

Von einem Neuanfang nach der Kapitulation, nach Zusammenbruch und Befreiung 1945 konnte kaum gesprochen werden, am allerwenigsten im Zusammenhang mit der Film- und Kinowirtschaft. Es gab kaum jemanden, der in der gleichgeschalteten Filmindustrie während der NS-Zeit nicht mehr oder weniger mit der herrschenden Macht kollaboriert hat. Lizenzen für die Filmproduktion und das Betreiben der übrig gebliebenen und wieder errichteten Kinos wurden an dieselben Fachleute vergeben, die auch den Nazis schon gedient hatten. In München zum Beispiel waren bei Kriegsende noch 14 Kinos in Betrieb. »Am 30. Juli [1945] wird als erstes Kino das ›Gabriel‹ wiedereröffnet. Im September haben bereits 9 Filmtheater eine besatzungsrechtliche Lizenz und können wieder spielen. Bis Ende des Jahres erhöht sich die Zahl auf 16 Kinos mit 7.426 Sitzplätzen und 1.806.000 Besuchern für das ganze Jahr« (Wolf/Kurowski 1988, 138). Die ›Bavaria‹ darf zunächst keine Filme produzieren, statt dessen werden die unzerstört gebliebenen Ateliers in Geiselgasteig für den Verleih amerikanischer Filme genutzt: Ab 1946 werden in den Westzonen erste Filmherstellungslizenzen für Produktionsfirmen an Günther Stapenhorst, Fritz Thiery als Treuhänder der Bavaria, Helmut Käutner, Josef von Baky, Harald Braun u.a. vergeben.

Über diese ersten Jahre der Film- und Kinoentwicklung der Nachkriegszeit gibt ein Film mit dem ironisch gemeinten Titel SCHÖN WAR DIE ZEIT (Klaus Gietinger/Leo Hiemer, 1988) ein durchaus zutreffendes Bild. Die satirische Chronik bedient sich der Mythen, die fester Bestandteil des Wiederaufbaus nach 1945 waren. So hätte Helmut Käutner seinen ersten Nachkriegsfilm mit britischer Lizenz mit einer von Wolfgang Liebeneiner vergrabenen und wieder aktivierten Kamera gedreht. Heinz Pehlke, Kameraassistent bei Käutners Kameramann Igor Oberstein erzählt: »Die Kamera, mit der wir dann gedreht haben, bekamen wir von den Engländern zur Verfügung gestellt, die sie bei der ›Deutschen Wochenschau‹ entdeckt hatten«. Malte Ludin, der Autor der Sendung ›Trümmerfilm‹ fährt fort: »Nebenbei bemerkt, die Kamera kam aus der Lüneburger Heide, aus Bardowik, einem Dorf mit Dom. Angeblich vom Kollegen Liebe-neiner dort vergraben, als ihn beim Filmdrehen das Kriegsende überraschte, oder (...). Angeblich hatte Käutner sie selbst dort wieder ausgegraben, angeblich ... Film- geschichte ist eine bunte Mischung von Fabeln und Legenden« (ZDF, 10.5.1986). Der Regisseur Helmut Hartmeyer, der in Gietinger/Hiemers Film eine Kamera ausgräbt, um damit seine alte Karriere in einer neuen fortzusetzen, enthält Züge Helmut Käutners, aber auch Wolfgang Liebeneiners, der Professor an der Deutschen Filmakademie und ab 1943 Produktionschef der Ufa gewesen ist und 1941 mit einem Film ICH KLAGE AN die Vernichtung unwerten Lebens, die Euthanasie-Verbrechen der Nazis, gerechtfertigt hat. Liebeneiner hatte schon im Herbst 1945 wieder eine Arbeitserlaubnis. Die steile Karriere des Regisseurs Hartmeyer kann sein Kameramann aus moralischen, später künstlerischen

Gründen nicht mitmachen, und als die »Stachus-Filmgesellschaft« ins lukrative Geschäft mit Heimatfilmen einsteigt, wird er entlassen – und geht zum Fernsehen, dem neuen Konkurrenten des Kinos, der bald auch nach dem künstlerischen Niedergang dessen wirtschaftlichen Kollaps herbeiführen wird.

Parallel dazu erzählt der Film die Geschichte eines Kinos auf dem Lande. Die Kleinstadt wird von französisch-marokkanischen Truppen besetzt, die in den ›Alpen-Lichtspielen‹ erst einmal den Einwohnern den Film DIE TODESMÜHLEN zeigen, bevor sie anschließend die Projektoren demontieren und abtransportieren. Das weitere Schicksal des Kinos hängt von dem zurückgekehrten Filmvorführer ab, der einen alten Projektor so weit herstellt, daß schließlich der erste Heimatfilm der »Stachus-Filmgesellschaft« hier vor den Provinzgrößen im Publikum Premiere haben kann. Nachdem die Geschichte der Filmproduktion und die Kinogeschichte in der Geschichte dieses Films zusammengekommen sind, gehen beide auch gemeinsam unter: Vorne im Kino bleiben die Zuschauer weg, hinten in der Gaststube steht inzwischen der Fernseher, in dem der Kanzler Adenauer leutselig mit seinen tüchtigen Deutschen plaudert. Der von den Nazis Verfolgte, ein Kommunist, wird nach dem Verbot der Kommunistischen Partei von demselben Polizisten abgeholt, der auch zu NS-Zeiten schon sein Verfolger war: Der Adenauer-Staat der jungen Bundesrepublik hat sich im muffigen Alltag etabliert.

Im Verdrängen der Schrecken des Krieges und der Entbehrungen der Nachkriegszeit, des Wissens um die Verbrechen von Nazis und Wehrmacht an Millionen unschuldiger Opfer, die in den Nürnberger Prozessen für jeden Deutschen zur Gewißheit geworden waren, waren die Bürger der neuen Bundesrepublik ebenso tüchtig wie im Wiederaufbau ihres zerstörten Landes. Wie schwer das Wachhalten der Erinnerung gegen das blinde Sich-Einrichten in der Gegenwart und das Vergessen, das von der

›Unfähigkeit zu trauern‹ profitierte, aufrecht zu erhalten war, zeigte der Film NUIT ET BROUILLARD (NACHT UND NEBEL, 1955) von Alain Resnais, dessen Aufführung im offiziellen Programm während des Filmfestival in Cannes durch eine Intervention der Bonner Regierung verhindert werden konnte. Die Adenauer-Regierung hätte die Aufführung dieses Films über die nationalsozialistischen Vernichtungslager als ›unfreundlichen Akt‹ einer befreundeten (französischen) Regierung angesehen. Den Film NUIT ET BROUILLARD von Alain Resnais zeigt Margarethe von Trotta in ihrem 1981 entstandenen Film DIE BLEIERNE ZEIT einer Schulklasse Ende der 50er Jahre in der Bundesrepublik. Die Schulkinder im Alter von etwa 12 Jahren sehen die Krematorien von Auschwitz, die Leichenberge und die Bulldozer, die die Leichen in Massengräber schieben. Sie sehen aufmerksam hin, aber sie reagieren nicht auf das, was sich auf der Leinwand abspielt. Schließlich verlassen die beiden Ensslin-Schwestern den Raum, weil ihnen von den Bildern schlecht geworden ist. Auf der Toilette können sie nicht sagen, worauf sie reagieren, nur daß sie es nicht aushalten konnten, stumm zuzusehen, ist ihnen klar. Der Film von Resnais hat immer wieder die Frage nach der Verantwortung für das Geschehene gestellt, die eine der beiden Ensslin-Schwestern wird in den 70er Jahren als Mitglied der ›Rote Armee Fraktion‹ gegen die Gleichgültigkeit einer in bleierner Agonie verharrenden Gesellschaft, die sich keiner Schuld und Verantwortung mehr bewußt werden will, protestieren und sich in neue Schuld verstricken.

Die Kriegsgeneration beschäftigt sich in den 50er Jahren vor allem mit sich selbst, der Produktion und dem Konsum des entstehenden Wohlstands. Jean-Luc Godard (UNE FEMME MARIÉE, 1964) läßt seine verheiratete Frau ihren Liebhaber in einem fast leeren Kino treffen, in dem ausgerechnet NUIT ET BROUILLARD läuft. Die beiden sind nur an sich selbst und ihrem konspirativen Treffen interessiert und verlassen das Kino wieder, ohne den Film eines Blickes gewürdigt zu haben. Die Nachkriegszeit dauert bis zum Ende der 60er Jahre, dann wird die nächste (europäische) Generation auch ein neues Verhältnis zur jüngsten Geschichte einklagen.

Dreißig Jahre später hat der amerikanische Spielfilm SCHINDLERS LISTE (1994) von Steven Spielberg noch einmal versucht, den Holocaust aus der Perspektive eines Menschen zu ›erzählen‹, der auf der Seite der Täter zum Retter von Opfern wird. Der Film ist sehr breit diskutiert worden, und es ist verständlich, daß auch Überlebende des Holocaust, wenn sie es ertragen konnten, ihn im Kino gesehen haben. In ihrem Buch *Der Krieg danach. Leben mit dem Holocaust* (1997) beschreibt Anne Karpf, daß sie ihre Mutter in London in den Film SCHINDLERS LISTE von Steven Spielberg begleitet hat.

»Er spielt im Plaszów, dem Konzentrationslager, in dem auch meine Mutter interniert gewesen war. (...) Ich hatte schon so oft gehört, wie realitätsnah er sei, daß ich beinah das Gefühl bekam, nach Plaszów selbst und nicht nur in einen Film zu gehen. Ich hoffte, daß ich es überstehen würde. Meine Mutter saß neben mir, und als der Film lief, flüsterte sie mir immer wieder zu, wie authentisch alles sei, so daß ich bald der Vorstellung verfiel, eine Wochenschau zu sehen. Ich mußte mir immer wieder sagen, daß es ja nur ein Film war, wenn auch, laut den Kommentaren meiner Mutter, ein sehr wahrheitsgetreuer. (...) Meine Mutter sagte später, der Film sei ihr furchtbar unter die Haut gegangen und sie hätte die Tränen zurückhalten müssen. Aber eins war ihr aufgefallen, nämlich daß die Gesichter der Lagerinsassen alle polnisch waren und nicht jüdisch. Ganz offensichtlich hatten sich in Polen nicht genug junge jüdische Gesichter finden lassen.

Nach dem Film sind wir in ein Café gegangen, wo ich meine Mutter zu ihrer Reaktion auf den Film befragt habe. Ich schrieb gerade einen Artikel zu dem Thema, und dieses Interview war ihre eigene Idee gewesen. An diesem Tag hat sie mir noch einmal von ihrer Zeit in Plaszów erzählt« (Karpf 1997, 278 f).

Der Film ermöglicht ihr, in den Bildern ihre Erinnerung wieder anschaulich werden zu lassen, andererseits war es ärgerlich, daß »es (...) erst einen amerikanischen Film (hatte) geben müssen, bevor diese Namen [des Lagers Plaszów und seines Kommandanten Amon Goeth] bekannt wurden und sich die Öffentlichkeit dafür interessierte. Meine Mutter teilte meinen Ärger« (ebd.). Das Bemerkenswerte ist, daß auch für die Überlebende des Lagers der Film von Steven Spielberg im Kino eine wichtige Rolle der Erinnerung spielt, daß sich die entsetzliche erinnerte Wirklichkeit noch im Kino mit ihrer filmischen Darstellung in Beziehung setzen kann. Um so wichtiger ist die Erinnerung, die als einzige diese Beziehung herstellen und die Wahrheit der Erinnerung, sogar in ihrer unmöglichen filmischen Wieder-Holung, bezeugt (Karpf 1997, 278-280).

13. Die 50er und 60er Jahre

Kein Tag ohne Kino

> *«Kino.*
> *Da sitz ich /ganz hinten /im Kino/ und*
> *möchte gern /tot sein /mit Tränen/ in den*
> *Augen/jahrelang/mit beiden Armen/auf*
> *der Lehne«.*
>
> (Wolf Wondratschek)

»Wie kommt es, daß ich mich, wenn ich über Filme nachdenke, sofort ins Reich der Erinnerungen verliere?« (Nooteboom 1995). Der holländische Autor Cees Nooteboom hat diese Frage gestellt. Es sind oft völlig marginale Momente, die im Gedächtnis haften geblieben sind, »Trivialitäten, nicht das phantastische Zoom, die lange Kamerafahrt, die gnadenlose Großaufnahme«, sondern Affekte wie Bilder von »tränenüberströmten Gesichtern längst vergessener Schauspieler« (ebd.) und das Rituelle des Kinobesuchs, das sich nicht selten auf bestimmte Ereignisse in häufig demselben Kino beziehen läßt, in dem die Generation der zweiten Hälfte dieses Jahrhunderts offenbar einen Großteil ihrer Jugend verbracht hat. Solange der Film ausschließlich ein Kinoereignis war, ist er nur in der Erinnerung verfügbar und mit der eigenen Biographie verbunden. Filme sind immer nur aufgeführt worden, solange sie einen Neuigkeitswert hatten, selten hat es filmhistorische Wiederaufführungen im kommerziellen Kino gegeben, so daß ein Film immer auch mit einem bestimmten historischen Zeitindex seiner Entstehung und Kinoprojektion verbunden gewesen ist (Ausnahmen machten die Filmclubs, die bereits auf Filmarchive und spezielle Verleihmöglichkeiten zurückgreifen konnten). Filme funktionieren wie die Mode, hat André Bazin (1951) gesagt; sie sind nur heute neu, schon morgen sind sie nur noch ›altmodisch‹. Die Wiederaufführung eines erfolgreichen Films war nur als Remake, d.h. als modernisierte Version und Neuproduktion denkbar. Als 1955 das Remake von F.W.Murnaus DER LETZTE MANN (1924) von Harald Braun herauskam, forderten seine Produzenten allen Ernstes, daß der ›alte Film‹ nun endgültig verschwinden müsse, eine Haltung, die auch mit der Verdrängung von Geschichte in den 50er Jahren erklärt werden kann. So läßt sich die Frage von Cees Nooteboom, warum Film immer mit Erinnerungen zu tun hat, auch damit beantworten, daß der Film im Kino schon unmittelbar nach der Vorstellung und um so mehr Jahre danach nur als vergangener, abwesender erinnert werden kann, während das Kino und seine Rituale dem Film eine Kontinuität der Präsenz, eine immer wieder erneuerte Gegenwart gegeben haben.

Am Ende dieses Jahrhunderts des Films, ist die Situation ganz anders: Filme sind uns auf Video oder in elektronischen Speichern wie Texte verfügbar, wir müssen uns nicht an sie erinnern, sondern legen eine Kassette in den Videorecorder ein. Kinos dagegen bieten nicht nur Filme, sondern auch sich selbst als ›Ereignis‹ und ›Erlebnis‹ an. Der Film ist ein Element ritueller Wiederholungen einer multimedialen Welt aus Bildern und Tönen geworden, das Kino dagegen zur punktuellen Erfahrung in einer medialen Erlebniswelt. Jugendliche der 50er und 60er Jahre sind offenbar exzessiv ins Kino gegangen; das belegen Statistiken und viel besser noch die Erinnerungen der heute Erwachsenen (die Autoren dieses Buches eingeschlossen), weil sie auch die Gründe erkennen lassen, die das Kino seit den 50er Jahren zum wichtigsten Ort kultureller Erfahrungen haben werden lassen, auch dann noch, als in den 60er Jahren allgemein die Bedeutung des Kinobesuchs gegenüber den konkurrierenden Freizeitaktivitäten, vor allem dem Fernsehen, zurückgegangen ist. Immer wieder wird deutlich,

daß der Kinobesuch doppelt erfahren wird, als Erlebnis des Anderen einer zum eigenen Alltag alternativen Welt von Freiheit und Abenteuer (eine Zigarettenwerbung im Kino profitiert nach wie vor von dieser Kinophantasie) und indem die Zuschauer/innen sich selbst zum Erlebnis haben, wenn die Pärchen (mindestens) händchenhalten oder wenn ganze Gruppen gemeinsam im Kino sitzen und immer wieder lautstark auf sich aufmerksam machen. Die Erinnerungen verschmelzen beide Seiten zum »Kino im Kopf«, wo Filmgeschichte und Individualgeschichte sich untrennbar verbinden.

Im folgenden wird es also weder um die Film- oder Kinogeschichte noch die Kulturgeschichte der 50er und 60er Jahre gehen, sondern um Erfahrungen, die sich dem Zusammentreffen von Individual- und Kinogeschichte verdanken.

Es gibt einen ganz entscheidenden Unterschied sowohl in der literarischen als auch filmischen Erinnerung an das Kino der 50er und 60er Jahre gegenüber vorangegangenen Kinoerfahrungen: Es ist viel weniger ein Film (oder ein Filmstar), der im Mittelpunkt des Kinoerlebnisses steht, sondern es ist das Kino selbst als Aufenthalts- und Erlebnisraum. Hier spielt alles eine Rolle, die Werbung, das Herumreichen von Süßigkeiten, die anderen Zuschauer/innen, die Wochenschau, der Trailer und dazu der (hoffentlich) nie abbrechende Strom von Filmen. Ein Text der Autorin Hilla Jaenicke (Jg. 1947) beginnt so: »Ins Kino gegangen bin ich immer.« Um sogleich hinzuzufügen: »Ich durfte nicht ins Kino gehen. Ich durfte auch keine Illustrierten lesen und keine Jeans tragen« (Jaenicke 1984, 73). Die Kinoleidenschaft (ebenso wie das Lesen übrigens) mußte im Geheimen gelebt werden. »Die Kinokassiererinnen waren damals gleichgültig. Manchmal sagten sie höhnisch ›Achtzehn?‹ und ließen mich [mit 11 Jahren oder etwas mehr] hinein. Ich war erregt und fühlte mich wie ein Wurm im Dreck des Schweinestalls. Immer saß ich hinten in der letzten Reihe, ganz am Rand. Es hieß Sperrsitz. Wenn es dunkel wurde, verließ mich die Angst und wurde zur reinen Lust« (76). Es folgt eine Sturzflut von Filmbeobachtungen, die nebeneinander wie eine Galerie aus Filmstills oder Filmplakaten in ihrem Mädchenzimmer aufgereiht wirken. »Ich sah Marion Michael in ›Liane, das Mädchen aus dem Urwald‹ mit ihren aufgeworfenen Lippen und dem kleinen Dschungelröckchen, eine deutsche Jane, und Karin Baal mit der strammen Brust und den geraden Ponyfransen in DIE HALBSTAR-KEN« (76). Der Blick auf die Frauenrollen ist kritisch abschätzend, die Männer kommen mit wenigen Ausnahmen nicht besser weg.

>»Carlos Thompson, der einzige Red Butler weit und breit. Carlos Thompson verliebt sich auch in die blutjunge Sabine Sinjen in ›Marili‹, Inzest über Inzest, sie könnte seine Tochter sein. Und Lilo Pulver (...) Hans Jörg Felmy sah aus wie mein Cousin Ortwin (...) O.W.Fischer hatte etwas Dekadentes, er hätte eine Frau wirklich mit süßer Arroganz und leise schnarrendem Sadismus quälen können. Ich verstand nie, wie er Lilo Pulver küssen konnte. (...) Ach, und Catarina Valente, die hatte so etwas Dienstmädchenartiges an sich und einen so praktischen Sinn (...) Conny und Peter machten ja auch Musik. Es wurde ›heiße‹ Musik genannt, und das zeigt, wie lauwarm diese Zeit war. Conny durfte Jeans anziehen und die flachen Schuhe. Sie war Peters Sugar Baby« (78f).

Und so weiter. Die Filme gehen in der Erinnerung ineinander über, zurück bleiben Wahrnehmungen, die dem Teenager Ende der 50er Jahre als kulturelle Orientierung über Geschlechterrollen und Stilbildungen dienen können.
Wir bleiben noch bei den Teenagern im Kino. Bettina von Kleist hat Frauen nach ihren Erfahrungen mit ihrem ersten Rendezvous gefragt und bei den heute Fünfzigjährigen immer wieder gehört, daß die Einladung ins Kino oft das erste Mal gewesen ist, daß sie mit ihrem Freund alleine sein konnten. Zum Beispiel erinnert sich Helma auch noch nach vierzig Jahren lebhaft,

>»wie geschmeichelt sie sich fühlte, als Jörg, Chefarztsohn und in ihrem Heimatstädtchen sehr umschwärmt, auf der Party seines 16. Geburtstages mit ihr länger als mit anderen Mädchen tanzte und dabei dem schummrigen Flur zusteuerte: Plötzlich schob er mich etwas von sich weg und fragte: ›Hast du Lust, mit mir ins Kino zu gehen?‹ Ich war unheimlich überrascht, dachte: ›Holla, das ist ja toll‹. Ich hatte mir gerade die Haare abschneiden lassen und frohlockte: Eine neue Frisur und schon Erfolg.« Stolz, als Realschülerin von einem älteren Gymnasiasten beachtet zu werden, entschwebte sie am Wochenende darauf an seiner Seite ins Filmtheater, nachdem sie vor dem Spiegel ihre gesamte Garderobe durchprobiert hatte: »Ich weiß nicht mehr, welchen Film wir sahen. Als er im dunklen Kinosaal meine Hand nahm, war ich viel zu aufgeregt, um mich auf die Leinwand zu konzentrieren. Ich wagte nicht, mich zu rühren. Ich weiß aber noch gut, wie schwitzig unsere Hände waren.

Bis zum Hals pochte ihr Herz, als Jörg sie kurz vor der Haustür küßte. Obwohl ihre Beziehung ein Jahr hielt – ›mehr als mit ihrem Freund sitzend die Wohnzimmercouch zu teilen, war außerhalb meiner Vorstellung‹, berichtet Helma« (Kleist 1995).

Diese Interviews, die für die muffige Moral der 50er Jahre und die beginnenden Versuche, sich zu einer selbstbestimmten Sexualität daraus zu lösen, besonders interessant sind, kehren immer wieder ins Dunkel der Kinos zurück, wo seit dem Beginn der 60er Jahre, vor allem seit Ingmar Bergmans DAS SCHWEIGEN (1963) nicht mehr nur artig geküßt wurde. Aber das ist die eine, die Leinwandseite des Kinos; auf der anderen Seite erinnert sich (die etwa gleichaltrige) Susanne, daß sie beim ersten Kinobesuch mit ihrem Freund gänzlich

> »in Anspruch genommen von der Berührung ihrer Hände, gar nicht erst (versuchte), der Filmstory zu folgen: ›Neben ihm zu sitzen, der Druck seiner Finger – das löste bei mir jahrelang ersehnte Gefühle aus. Mein Herz klopfte, ich schwamm in Seligkeit, ich wurde sicherlich sehr warm. Als er mich dann beim zweiten oder dritten Mal hinter der Gartenhecke unseres Hauses küßte, stand für mich fest: Jetzt liebe ich diesen Mann‹« (ebd.).

Und die Jungen? Die vierzehnjährigen Schulfreunde von Schriftsteller Peter Turrini (Jahrgang 1944, in Kärnten geboren) gingen gemeinsam ins Kino.

> »Wir sahen Filme wie FLUß OHNE WIEDERKEHR [Otto Preminger 1954] mit Robert Mitchum [Marilyn Monroe hat auch mitgespielt!] oder RÄCHER DER ENTERBTEN [TALL IN SADDLE, 1944] mit Robert Wagner [?]. Der Inhalt dieser Filme hat uns nicht wirklich interessiert, wir machten ständig blöde Bemerkungen über die Anatomie der Hauptdarstellerin. (...) Mit sechzehneinhalb Jahren war es dann so weit: Ich saß im Peterhofkino, einem Vorstadtkino von Klagenfurt, und sah gemeinsam mit einer Schülerin aus der Parallelklasse der Handelsakademie, in die ich inzwischen ging, den Film DIE RACHE DER PHARAONEN [THE MUMMY, Terence Fisher 1959]. Es hätte genauso gut FRANKENSTEINS RACHE [THE REVENCH OF FRANKENSTEIN, Terence Fisher 1958] oder wessen Rache auch immer sein können, denn wieder ging es nicht um den Film, sondern um die Berührung meines Knies mit dem Knie der Parallelklässlerin. Eine Berührung, die einen Flächenbrand auslöste, der an meinem Knie begann, sich über den Körper, über das Kino, über die Leinwand, über die Stadt bis ans Ende des Universums ausbreitete« (Turrini 1995).

Die älteren Jungen waren zu dieser Zeit halbstark und enorm cool. Diese männliche Perspektive läßt den Kinobesuch eher in Gruppen oder nach dem Muster ›einsamer Wolf‹ erleben. Vorbild für den Habitus vieler jugendlicher Helden auf der Leinwand waren vor allem James Dean und Marlon Brando. Der deutsche ›Halbstarke‹ Horst Buchholz wirkte immer eher wie deren kleiner Bruder, der mitspielen darf, wenn die Großen in Hollywood die GLORREICHEN SIEBEN spielen. In Georg Tresslers »HALBSTARKEN«-Film (1956) haben Horst Buchholz und Karin Baal dann doch stilbildend gewirkt für das Bild der Jugendlichen in den 50er Jahren. Daher ist es konsequent, wenn das Remake dieses Films von Urd Egger (1996) seine Handlung im Kino beginnen läßt: Diese Halbstarken sind längst ein Kinomythos, den man im Kino aufsuchen muß, wenn man an ihn erinnern will. Also sitzen die Halbstarken der 50er Jahre in der Version der 90er Jahre im Kino, sehen einen Film der 50er Jahre von Georg Tressler (DAS TOTENSCHIFF, 1959 mit Horst Buchholz) und machen Randale, bevor sie zu den kriminellen Taten schreiten, die ihnen der Film der 50er Jahre im Kino vorgemacht hat.

Vorbild für den zeitgenössischen Sprachstil ihrer Beschreibung war vielleicht J.D. Salingers *Der Fänger im Roggen* (1951), wo der Held sich in der New Yorker ›Radio City Hall‹, dem größten heute noch existierenden der ehemaligen amerikanischen Filmpaläste, die Zeit totschlägt. Hier ist die Bühnenshow die Hauptattraktion mit der Ballettnummer einer Girltruppe und einem berühmten Weihnachtsprogramm.

> »Ich kam hinein, als die verdammte Bühnennummer in Gang war. Die Rocketts tanzen wie besessen, alle in einer Reihe« (Salinger 1996, 134), dann trat ein Rollschuhläufer auf, alles war ziemlich unsinnig. »Nach der Weihnachtsnummer fing endlich dieser verdammte Film an. Er war so ekelhaft, daß man kaum die Augen davon abwenden konnte. Ein junger Engländer, Alec Soundso, kommt aus dem Krieg und verliert im Spital das Gedächtnis. Nach seiner Entlassung hinkt er an seinem Stock durch ganz London und weiß nicht, wer zum Teufel er ist« (135).

Das Melodram nimmt seinen Lauf, die Mutter ist blind, aber das nette einfache Mädchen treu und die Mutter kann wieder sehen und Alec weiß wieder, wo's lang geht.

> »Ich kann nur jeden vor diesem Film warnen, der sich nicht danach sehnt, sich von oben bis unten zu bekotzen. Was mich vollends erledigte, war eine Dame neben mir, die vom Anfang bis zum Schluß Tränen vergoß. Je unechter es zuging, umso mehr heulte sie ...« (136).

Typisch ist, daß die Dame, die vor Mitleid heult, die ganze Zeit ihren kleinen Sohn neben sich schikaniert. Immerhin ist der Film Anlaß dafür, über den Krieg und den Militärdienst nachzudenken, das Kino ist eine Art kitschige Wartehalle für eine Generation in den USA, die George Lucas etwas später wiederum in seinem Film AMERICAN GRAFFITI (1973) im Zustand pubertierender Jugendlicher zeigt, die darauf warten, daß sie im Vietnam-Krieg erwachsen werden müssen.

In Europa macht diese Generation den Existentialismus durch. In Claude Chabrols Film LES COUSINS (1958), der noch vor der eigentlichen ›Nouvelle Vague‹ entstanden ist, spielen die zynischen Studenten der Sorbonne ›Russisches Roulette‹ mit ihrem und dem Leben anderer. Eine Gruppe von vier Wiener Gymnasiasten aus allen Schichten träumt in Elfriede Jelineks Roman *Die Ausgesperrten* davon, sich mit anarchistischen Verbrechen von der Elterngeneration zu distanzieren. »Was man muß, ist, das meiste zerstören, was noch von der älteren Generation herrührt« (Jelinek 1985, 62). Sie haben Sartre und Camus gelesen und begründen entsprechend ihre moralische Freiheit. »Tatsächlich sind wir eine Freiheit, die wählt, aber wir wählen nicht, frei zu sein. Wir sind zur Freiheit verurteilt« (41). Das wahre Problem der vier Anarchisten ist ihre pubertierende Sexualität, die sie ständig in Konflikt untereinander und mit ihrer Umgebung bringt. In der Enge einer vollen Straßenbahn wird Anna zum Beispiel von einem Mann sexuell bedrängt, der ihr auch noch unzweideutige Angebote zuflüstert. Die anderen Drei nutzen die Situation aus und stehlen ihm die Brieftasche, zusammen springen sie von Straßenbahn ab und laufen in die Querstraßen davon. Die Verfilmung des Romans von Elfriede Jelinek und Franz Novotny (1982) setzt diese Flucht fort ins Kino, wo die Vier sich in einem Pornokino verstecken. Während sich auf der Leinwand Nacktes ereignet, fordert einer von ihnen, daß sich das Zufällige ihrer Aktionen mit einem ideologischen Programm, das durchaus faschistisch sein könne, zur organisierten Gewalt entwickeln müsse. Das Kino schließt die Vier mit den anderen, von ihnen verachteten Spießbürgern für eine kurze Zeit in einer schwülen, gereizten Atmosphäre zusammen, in der ihre Aggressivität gegen die Gesellschaft und gegen die eigenen Gefühle unmittelbar spürbar wird. Das Kino kann hier genau nicht die Funktion haben, diese Jugendlichen, für deren Energien kein Platz ist, latent in Wartestellung zu lassen und mit Ersatzabenteuern oder pornographischer Ersatzsexualität abzuspeisen. Es ist nur vorübergehend ein Fluchtpunkt, kein sicheres Versteck, eher Gelegenheit, sich wieder mit den Spießbürgern dort anzulegen. Die Polizei stöbert sie im Kino auf, die Gegengewalt, die von den Eltern und Lehrern nicht repräsentiert wird, betritt die Szene. Während der Film die Vier ins Kino schickt, wo ihre (Gefühls-)Lage im Bild des Pornokinos und seiner Zuschauer/innen zu einer sozialpsychologischen Metapher verdichtet werden kann, begnügt sich der Roman damit, die Filme der 50er Jahre und ihre Bedeutung für die Jugendkultur zu thematisieren.

> »Viele der jugendlichen Zuschauer, die sich als Mittelpunkt vorkommen, weil in diesem Film das Mädel von nebenan die Hauptheldin ist, träumen bereits von einem eigenen Auto oder einer Vespa, kaum haben ihre Eltern ihr kriegsbeschädigtes Leben wieder ordentlich zurückerhalten und es in dumpfer Ecke zaghaft zu etwas gebracht« (Jelinek 1985,133).

Wenn in den Filmen die Mädchen die große Liebe gefunden haben, dann halten sie für immer daran fest

> »und schickt man sie grob fort, so weinen sie vor Liebeskummer, was auch die Maria Schell oft getan hat. Ab und zu stört ein Halbstarker entscheidend, spuckt mit Bier um sich, prügelt auf jemanden ein, dann geht er nach Hause und wird dort verdroschen, damit ein Ausgleich entsteht und eine Stabilität. Viele Menschen schimpfen unterwegs auf ihn, vor allem auf seine unsaubere Lederbekleidung, die ihm gerade deswegen so gut gefällt, und auf die er lange gespart hat. Er weiß, daß er keine Corny Collins bekommt, weil diese schon dem Peter Weck gehört, aber er versucht es sehr« (134).

Die Identifikationsangebote der Filme sind ambivalent, der Rebell ist nicht unbedingt der Erfolgreiche, wenn man die Mädchen besser im Cabrio oder mit dem Motorroller rumkriegen kann. Der Roman zitiert die Filme, um stereotype Verhaltensmuster zusammenzustellen und auf die Wünsche und Haltungen seiner Protagonisten zu beziehen. »Gehetzt läuft Karin Baal in einen Autoscheinwerfer hinein. Gehetzt läuft Hans [der Proletarier unter den Vier] hinter Sophie [der kühlen Tochter aus gutem Hause] her, erreicht sie, wirft sie zu Boden ...« (140). Die komplizierte Mischung aus der Lektüre von Camus *Der Fremde*, den die kleinbürgerlichen Intellektuellen in der Gruppe zitieren und den Kinobildern, in denen entweder Conny und Peter Musik machen oder Vera Tschechowa oder Karin Baal »auf nassem Asphalt kleinere oder größere Verbrechen um eines Mannes willen (begehen)« (139), alles das verrühren diese jugendlichen Anarchisten zu einem ideologischen Brei, der ihre geistige und emotionale Situation in einer abweisenden, dumpfen Gesellschaft wiedergibt. Roman und Film enden in einem Amoklauf, in dem einer der Vier seine Eltern, seine Schwester (im Film auch seine übrigen Freunde) bestialisch umbringt, um sich von der Polizei überführen zu lassen (Roman) oder sich im Auto des Vaters in die österreichische Landschaft hinein aus der Geschichte (des Films) zu entfernen. Dieser Schluß im Film mit dem blutigen Massaker und der plötzlichen Öffnung in die Weite der Landschaft, zielt unmittelbar auf den Zuschauer im Kino, der nicht versteht (es gibt nichts zu verstehen), aber fühlt, daß mit diesem Ausbruch das emotionale Gefängnis gesprengt werden sollte, daß diese Wirtschaftswunder-Generation und ihre Kinder gefangen gehalten hat.

Wenn Jungen allein oder in Gruppen ins Kino gehen, wird von Anfang an das gesamte Kinopublikum einbezogen, die Mädchen in den vorderen Reihen und die ›Kumpels‹, die entweder schon da sind oder einzeln wie zufällig im Kino eintrudelten. Der Stand der Dinge kann je nach Programmablauf kontrolliert werden. Deshalb spielt auch das gesamte Programm mit Werbung, Wochenschau, womöglich Kulturfilm, Trailern und Hauptfilm eine Rolle. Jürgen Theobaldy (*Sonntags Kino*) schildert das sonntägliche Kinoritual, auf dem Programm steht LOHN DER ANGST (H.G. Clouzot 1952).

»Im Vorraum standen die Besucher herum, Sonntagsstimmung, die Jungen aus den Vororten hatten sich über die Kinos der Innenstadt ergossen, sie füllten die Foyers, bildeten die Schlangen zwischen den Kassenhäuschen und dem Gestänge davor, aufgekratzt schoben sie einander vorwärts«, die Mädchen sahen aus, »wie eben aus der Geschenkpackung gewickelt«. Dieter und Dotz lassen den Andrang der Jüngeren erst vorbei. »Als sie in den dunklen Saal traten, auf den borstigen Kokosläufer, schritten sie geradewegs in ein glattes Gesicht mit einer Haut hinein, die eine Stimme einwandfrei nannte, zwei Finger verstrichen einen Batzen weißer Creme auf der Wange, die Creme verteilte sich wie von selbst, sachte zog sie sich in die Haut zurück, eine einschmeichelnde Stimme (...) kaum einer hörte zu, es saß ein unruhiges Publikum unter dem milchigen, flockigen Streifen, den der Vorführapparat durch das Dunkel zur Leinwand schickte. Reihe fünf, und sie zwängten sich hinein, rieben sich an den abgewetzten Rückenlehnen entlang, sie stießen gegen ein paar Knie, stiegen darüber hinweg. (...) Zwei Reihen weiter hinten sahen sie Freddi sitzen, halb aus den Schatten geschält, er winkte ihnen zu, (...) ›heh, Freddi‹ (...) sie schlängelten sich aus den Mänteln, dann sackten sie ab, jeder in seinen Kinostuhl hinein, in dem die Reise gleich losging, quer durch zwei Sonntagsstunden (...), ein voller Saal (...), das Heer bleicher Gesichter, Rascheln, Kichern, Seufzen, knisternde, immer bewegliche Stille im Halbdunkel« (Theobaldy 1978, 89 f).

Vor dem Bau der Berliner Mauer 1961 konnte sich in einem DEFA-Film von Gerhard Klein EINE BERLINER ROMANZE (1955/6) sogar eine junge Ost-Berlinerin mit zwei Westberlinern in einem Kino in Westberlin verabre-

den. Die Kinoplakate versprachen »Lockende Sünde«, sicherlich waren damit nicht nur der Film und das Kino, sondern Westberlin insgesamt gemeint. Der junge Mann, der am Ende seiner Freundin nach Ostberlin folgen wird, wo die Jugendlichen ordentlich und die Erwachsenen verständnisvoll sind, hat es anfangs schwer, auf seine ›Bekanntschaft‹ Eindruck zu machen. Während sie mit seinem (›falschen‹) Freund schon auf der sündigen Leinwand blonde Verführung und Schießereien sieht, drängt er sich noch mit ein paar Portionen Eis durch die Kinoreihen und prompt fällt eine Eiskugel auf das nette Kleidchen seiner Partnerin. Die ist sauer, die hinteren Reihen beschweren sich über die Unruhe, ein Wort gibt das andere ... Der jungen Dame aus dem Osten ist der Kinobesuch ganz schön verdorben. Im Osten der Stadt treffen sich die beiden am (Ost-Berliner) Havelstrand, ohne lockende Sünde, versteht sich.

Wer wie Bernhard Lassahn (Jahrgang 1951) Ende der 60er Jahre alleine ins Kino geht, kann sich ganz auf den Programmablauf konzentrieren.

»Zuerst Dias. Man erfährt die genaue Quadratmeterzahl der Ausstellungsfläche von Möbelhäusern; man erfährt, wo man noch individuell beraten wird, und man sieht junge Leute unbefangen modische Jeans einkaufen. Man erfährt auch, daß Kinowerbung erfolgreich ist. Happykirsch. (...) Jetzt kommt das Schönste: Programmvorschau. Wehe, wenn da noch einer stört. Pssst. Hier sieht man schon die besten Szenen aus anderen Filmen, hintereinanderweg, toll. Von mir aus könnte der ganze Abend aus Programmvorschau bestehen« (Lassahn 1990, 170). Man muß die Einsamkeit in einem vollen Kino genießen können. Ich » will ich keinen neben mir. Ich will nicht mitraten müssen, an wen aus deinem Bekanntenkreis die Schauspieler erinnern. Wenn einer nackt ist, wird es plötzlich still im Kino. Bei Schlägereien wird es lebhaft unruhig; dann brechen Tische genau in der Mitte, Fässer werden angeschossen, aus den Löchern spritzt es, Kronleuchter stürzen ab. Da kann ich doch nicht Händchen halten. Wenn es endlich zum Kuß kommt, geht die Kamera näher ran, und man sieht viel Kinn. Soll ich da etwa mitküssen? Ich will alleine sein im Dunkeln. Vor allem nicht Händchen halten bei Horrorszenen; da will ich selber Angst haben. Ich will auch nicht durchsagen müssen, wenn das Schlimme vorbei ist und du wieder gucken kannst. (...) Ich will alleine sein im Dunkeln. Elend und Armut sind schön anzusehn. Im Kino sollte es nicht zu kühl sein. Die Gummibären sind jetzt aufgegessen. Die Helden haben es oft wirklich schwer. Landschaften, alte Städte, wilde Tiere, wogende Musik und stille Frauen stimmen einen besonders wehmütig. Jetzt schiebt sich der Vorhang wieder vor. Wenn es nach mir ginge, könnte der Film noch weitergehen. Wortlos drängeln alle raus« (178).

Allein ins Kino in einen nie mehr endenden Film gehen. Nach MY FAIR LADY (George Cukor 1963) steht Friederike Hassauer

>betäubt vor dem Ausgang auf dem Straßenpflaster (...). Nicht heimgehen wollen, nie mehr. Niemandem davon erzählt. Abendkleider, rauschende Musik, Lidstrich. Erwachsensein. Einmal nur so schön sein. Die Männer müssen mich über das schimmernde Parkett führen. Das war kein Film mehr, bei dem nebenan der Vater saß, kein Film, bei dem wir zusammen über das HB-Männchen lachten und Eiskonfekt aßen. Das war kein Spaß mehr, es wurde Ernst. Warum will das Kind allein ins Kino? Das war das wirkliche Leben, wirklicher als Latinum und Parallelverschiebung und bald kommt das Abitur und räum deinen Pullover auf ...« (Hassauer 1984, 28f).

Wenn man in einen Film geht, um eine Geschichte erzählt zu bekommen, aber ins Kino geht, um den Film mit einem Publikum zusammen zu erleben, dann ist das Breitwand-Format >CinemaScope<, das Anfang der 50er Jahre eingeführt wird, ein Kinoformat. Die Filme selbst und ihre Geschichten haben sich kaum verändert, aber im Kino waren sie jetzt auf riesigen Leinwänden zu sehen, die Landschaften zu unendlicher Ferne ausdehnten, Bewegungen über den gebogenen Horizont ihrer schier endlosen Bilder führten und die Nahaufnahmen konkav gebogener Gesichter über die ganze Leinwand zerrten. Der Unterschied zwischen der elterlichen Zweizimmerwohnung, in der auch schon das kleine graue Fernsehbild die Macht ergriffen hatte, zu den unendlichen Weiten des Scope-Horizonts in Technicolor konnte nicht radikaler sein:

>... abends nahm der Tag Format an, Breitwandformat. Abends war das Leben preisgekrönt. Augen, Münder, Hüte; jähe Mutationen. (...) man nahm Platz in einem Zuschauerraum und ließ das illegale Ereignis geschehen. Astor, Bali, Gloria-Palast, Capitol. Und Studio. Ein frühes Aussteigertum, ein endgültiges Verschwinden in der Nahaufnahme« (Wysocki 1983, 30/31).

Kino, das war auch das Staunen mit weit aufgerissenen Augen vor einer neuen Unendlichkeit, die wenig später sogar in den sanften Drehungen des Wiener-Walzers die Menschheitsgeschichte und das Universum (in Stanley Kubricks Film 2001, 1975-78) bedeuten würde. Während die Elterngeneration erschöpft vom Wiederaufbau vor den Fernsehern in die Sessel sank,

»flüchtet der aufsässige Nachwuchs, der den süßlichen Mosel nicht mag und nicht die faden Gespräche um den Wiederaufbau (...) diese zornigen jungen Männer und Mädchen flüchteten derweil durch das Klofenster zu den CinemaScope-Epen. Und ist da im Kinosessel vor der großen Leinwand nicht ein größerer Traum, sind die Landschaften nicht weiter und lockender, die Horizonte nicht unermeßlich? Sind die Outcasts und Saufbolde, die einsamen Ladies dieser Filme nicht letzten Endes ehrlicher und moralischer als das kleinmütige Schielen über den Jägerzaun ins Nachbargrundstück, wie es die verfettete Fernsehfamilie pflegt, wenn sie nicht das Selbstporträt in den Hesselbachs sucht? Aber wir, wenn wir uns durchs Klofenster gequetscht hatten und auf Strümpfen, die Schuhe in der Hand, durch den Vorgarten getappt waren, um Clark Gable und Jane Russell in Scope zu erleben – wir nahmen uns vor, daß unsere Zukunft so sein sollte, wie sie nur durch die Bilder des Kinos möglich schien. Nicht die Sofas und Salzstangen und Nierentische und das gedämpfte Geplauder der Fernsehabende nach Programmschluß. Nicht die sichere Pension oder die bescheidene, aber gut gehende Firma des autokratischen Vaters. Nicht der gelungene Topfkuchen, den die Mutter am Sonntag auf den Tisch stellte, und das alles auch noch in den eilfertig aufgezogenen Neubauten auf den Ruinen der zerbombten Städte. Nein – die Welt draußen mußte größer und weiter sein, Breitwand. Straßen, die bis an den Horizont reichen. Wüsten, in denen Menschen und Pferde klein werden. Gewaltige Flüsse, die sich zu roten Sonnenuntergängen ins Meer verströmen« (Sanders-Brahms 1993, 103).

Nun, auch Helma Sanders-Brahms hat das Versprechen nicht halten können; ihre eigenen Filme passen eher ins Fernsehen, das inzwischen farbig ist und Kinoformat angenommen hat und auch die Kinos haben sich verändert und vorübergehend Fernsehformat angenommen.

Chaplins und Fellinis liebenswerte Kommentare zum CinemaScope-Erlebnis im Kino drücken die Skepsis der Alten aus, daß das Format allein das Kino retten könne. Im Gegenteil, die Trivialitäten der Leinwand werden nur noch ins Monumental-Groteske aufgeblasen. Charlie Chaplins KÖNIG IN NEW YORK (1957) ist vor einer Revolution in seinem europäischen Mini-Königtum in die Freiheit Amerikas geflohen (dasselbe Amerika, das ihn, Chaplin, kurz zuvor als angeblichen Kommunisten ausgewiesen hatte). In New York erlebt Chaplins König die amerikanische Konsum-Kultur. Als erstes macht er mit seinem Butler einen Bummel auf dem Broadway und weil es dort zu laut ist, gehen die beiden in ein Kino. Dort müssen sie allerdings erst eine Rock'n Roll-Show überstehen, bis sie, in der ersten Reihe sitzend, das

Filmprogramm zu sehen bekommen, das nur aus Ankündigungen von Programmen zu bestehen scheint. Einer der Trailer kündigt den Western TERROR RAIDES AGAIN an, eine Saloon-Schießerei ist zu sehen, die mit einem Minuten langen Schießduell endet, bei dem beide Gegner von den äußersten Seiten einer riesigen Scope-Leinwand schießen. Das ganze Publikum dreht die Köpfe hin und her bis dem König der Hals wehtut und er mit seinem Butler das Kino fluchtartig verläßt.

Fellinis ironischer Kommentar zum Scope-Format in seinem Film FELLI-NIS ROMA (1971) macht sich auch über die Bildverzerrungen lustig, die eintreten, wenn man die riesige ge-bogene Leinwand von der Seite oder zu nah von unterhalb der Projektion sieht: Grotesk verrenkte Köpfe sind die Folge. Seitdem sind die Kinos kleiner und die Formate noch größer in noch weniger Kinos geworden.

Diese Generation hat das Kino wie einen Wartesaal bewohnt, solange, bis sie daraus vertrieben wurde (zum Beispiel wenn das Kino nach der LAST PICTURE SHOW schließt) oder die gesellschaftliche Wirklichkeit wider Erwarten verlockendere Angebote an die Selbstverwirklichung macht oder zur Aufgabe ihrer Veränderung wird. 1968 wurden in Paris die »Etats Généraux du Cinéma« ausgerufen, die studentischen Zuschauer/innen hatten das Kino verlassen und ihm eine Rolle bei dem Versuch, die Gesell-schaft ihrer Eltern zu verändern, zugewiesen.

So lange diese Nachkriegskinder das Kino bewohnen durften, hat es sich ihnen eingeprägt und ihre Vorstellung von Wirklichkeit mitgeformt, so, wie das in wahrscheinlich viel stärkerem Maße heute das Fernsehen und die neuen elektronischen Medien tun. Das Kino beherrscht die Ein-bildungen seiner kindlichen Zuschauer/innen wie vordem die Märchen, deren Geschichten mündlicher Überlieferung es fortsetzt. Dieses ›Kino in den Köpfen‹ ist fester Bestandteil der Erinnerungen an eine Kindheit im Kino, in der das Erwachsenwerden wie eine Vertreibung aus dem Paradies erfahren wurde. Deshalb ist der Film von Giuseppe Tornatore, CINEMA PARADISO (1988), auch so authentisch für eine ›Kindheitsgeschichte‹ des Kinos, weil hier nicht nur der Zuschauerraum, sondern sogar die geheim-nisvolle Projektionskabine selbst zum Kinderzimmer gemacht worden ist, in dem sich schon die Schatten der Erwachsenenwelt ankündigten. In Fridrikssons MOVIE DAYS (1994) wird in Island nach Kriegsende ein etwa 10jähriger Junge von seinen Eltern mit ins Kino genommen, wo er KING OF THE KINGS (Nicholas Ray, 1960) sieht und damit zugleich ins Kino und in den christlichen Mythos unserer Kultur eingeführt wird. Das Kino bleibt ein fester Bestandteil der Vorstellungswelt der Kinder in diesem Film, sie beziehen es in ihre Spiele ein, und mit dem Fernsehen kommen die Filme schließlich nach Hause. Aber es gibt zu den modernen Geschichten des Kinos und des Fernsehens, die auch noch die christlichen Mythen im Stile Hollywoods und in Technicolor nacherzählen, eine Gegenwelt: In den Ferien wird der Junge aufs Land geschickt, wo er die Naturmythen der Bauern und ihre Geister und Trolle kennenlernt, die jeden Baum, jeden Busch, die Berge und Höhlen zu Schauplätzen ihrer gutartigen oder böswilligen Streiche machen. Wo diese traditionelle Welt der kindlichen Erfahrung (wie in vielen Filmen Ingmar Bergmans) nicht mehr zugänglich ist, bleibt nur die moderne Welt der Bilder und Töne auf den Leinwänden und Monitoren, die ihre eigene Geisterwelt schaffen und mit ihren Figuren beleben.

Walt Disneys BAMBI (1942) ist ebenso wenig wie die sog. Naturfilme von Disney, zum Beispiel DIE WÜSTE LEBT (1954) ›Natur‹. Diese Natur ist so nur auf den Leinwänden des Kinos möglich, ihre Erzählung folgt derselben Dramaturgie, die auch für jedes andere Kino-Melodram gültig ist, weshalb dieser Film sicherlich keine Einführung in die Geheimnisse der Natur, wohl aber in die Geheimnisse des Kinos, die Macht seiner Gefühle sind.

> »Mein erster Film war natürlich Bambi, und er war auch mein zweiter, weil ich mich, als er zu Ende war, geweigert habe, das Kino zu verlassen, so daß meine Mutter nachlösen mußte, was sie auch eilig tat, denn sonst hätte ich ganz laut losgeplärrt und diesmal nicht anläßlich des Todes von Bambis Mutter, sondern angesichts der Härte des Herzens meiner eigenen Mutter« (Rowohlt 1994).

Harry Rowohlts (Jahrgang 1945) BAMBI ließe sich ohne weiteres durch TOXI ersetzen, das Bambi von Elke Heidenreich (Jahrgang 1943). TOXI (1952) war ein ›Besatzerkind‹ und

> »wurde schlecht behandelt, weil es ein Negerkind ist, und wie glühend gern wäre ich auch sofort ein Negerkind gewesen, denn da wurde doch am Ende alles so wunderbar gut, wonach es in meinem Leben so gar nicht aussah. (...) Ach, Toxi! Ich hätte so gern mit dir getauscht, und bei deinem Film habe ich die heißesten Tränen geweint, die je in einem Kino geweint wurden« (Heidenreich 1994).

Alle diese Geschichten über das Glück und Leid im Kino der 50er und 60er Jahre sparen aus, was das Kino zu dieser Zeit mit seinem Glück und Leid vergessen machen sollte: Die Ängste, versagen zu können, die eine Gesellschaft, in der nur der Erfolg und Aufstieg zählen, entstehen lassen und die Angst vor neuen Kriegen, (Atom-)Katastrophen und Risiken des Lebens, die zur selben Zeit und einem nie geahnten Maße zugenommen hatten. Das Kino hat auch diese Angst thematisiert und zum Erlebnis seiner Zuschauer/innen werden lassen.

14. Kino und Angst

Einbrüche

Die ersten Einstellungen des Films zeigen eine idyllische Kleinstadt in Neuseeland. Es sind dokumentarische Aufnahmen aus dem Jahr 1952, als sich die Ereignisse, von denen der Film erzählt, tatsächlich zugetragen haben. Die stille Beschaulichkeit wird jäh unterbrochen, zwei Mädchen rennen in panischer Angst einen Weg entlang, sie sind blutbeschmiert. Etwas Entsetzliches ist geschehen, was es ist, wird der Film HEAVENLY CREATURES (1994 von Peter Jackson) erst am Ende, wenn er zu dieser Szene zurückkehrt, offenbaren. Dazwischen wird die Geschichte der beiden Mädchen, dieser Backfische wie man damals sagte, erzählt, die sich auf der Highschool kennenlernen und seitdem wie die Kletten zusammenhängen. Arrogant die eine, verstockt die andere, revoltieren sie gegen Schule und Elternhaus und bauen sich Traumwelten, die sie gemeinsam mit ihren Helden Mario Lanza und den Kino-Helden der Zeit bewohnen. Solange sie ein labiles Gleichgewicht zwischen der Realität des Alltags und ihren Traumwelten aufrecht erhalten und gegen Einbrüche abschirmen können, droht keine Gefahr. Einbrüche gibt es jedoch nicht nur von ›außen‹, weil eines der Mädchen krank wird, sich eine der Familien auflöst und die beiden drohen, getrennt zu werden. Einbrüche gibt es auch in ihre Traumwelt selbst: Zuerst singt Mario Lanza wie so oft in ihrem Traum-Film, und die beiden Mädchen tanzen mit den tönernen Figuren ihrer Helden, die jederzeit bereit sind, diese Welt zu verteidigen. Orson Welles, der einer der tönernen Ritter ist, kehrt im Kino wieder, wo die beiden ihn als

den Schurken Harry Lime im DRITTEN MANN (Carol Reed, 1949) sehen. Schon im Kino empfinden sie Widerwillen gegen die Figur und Angst, als Harry Lime durch die Abwasserkanäle von Wien verfolgt wird. Pauline schreibt in ihr Tagebuch, »ich habe noch nie etwas gesehen, was mich so abgestoßen hat, aber ich bete ihn an.« Auf der Straße

werden sie von Harry Lime/Orson Welles verfolgt, er erwartet sie als dunkle Gestalt im Treppenhaus und ist schon in ihrem Mädchenzimmer, wo sich die Angst als Einbruch bedrohlicher männlicher Sexualität manifestiert, die von den beiden gebannt wird, indem sie sich vollkommen auf sich selbst zurückziehen.

Die Traumprinzen des Kinos sind zu abstoßenden Schurken geworden, deren Begehren sie ebenfalls selbst befriedigen. Die Widrigkeiten der Realität des Alltags versuchen sie auf die gleiche Weise durch Ausschluß des Bedrohlichen zu ›bewältigen‹, der gegen die Mutter Paulines gerichtete Todeswunsch wird, als die endgültige Trennung der beiden Mädchen droht, planvoll in die Tat umgesetzt. Sie erschlagen die Mutter; und hier knüpft die Erzählung wieder an den Beginn des Films an, nur daß der entsetzliche Einbruch des Horrors in die kleinstädtische Idylle nun eine ›Geschichte‹ hat.

Über den engen Zusammenhang zwischen dem Film und dem Grauen, das von Anfang an mit bedrohlichen Schatten und entsetzlichen Gesichtern in Großaufnahmen ein fester Bestandteil der kalkulierten emotionalen Wirkung von Filmen ist, besteht kein Zweifel. Die Filmgeschichte hat die blutigen Geschichten der Moritaten und populären Romane beerbt; daß der Film selbst mit seinen Licht- und Schattengestalten Phantome hervorbringt, die sogar von der Leinwand herab den Zuschauern in der Dunkelheit des Kinos gefährlich werden können, war eine Erfahrung, die schon aus der Stummfilmzeit stammt und offenbar vom Tonfilm nicht gebannt werden konnte. Siegfried Kracauer hat denn auch darauf hingewiesen, daß die Grenzen einer Kunst und ihre Überschreitung in den Möglichkeiten des Mediums selbst liegen, weshalb es allein dem Film vorbehalten sei, »als unbefangener Beobachter tief in die Zonen des Grauens zu dringen; woraus folgt, daß seine eingewurzelte Neigung zu grauenerregenden Stoffen ästhetisch durchaus legitim ist. (...) Der Film strahlt die Erscheinung des Entsetzlichen an, dem wir sonst im dunklen begegnen, macht das in Wirklichkeit Unvorstellbare zum Schauobjekt« (Kracauer 1974, 26). Das Grauen muß nicht nur in Vampiren und anderen Nicht-Toten verkörpert über die Leinwände huschen (F.F. Coppola: DRACULA 1992), es ist in den Menschen selbst, ihren Kriegen, ihren Verbrechen und ihren inneren seelischen Konflikten.

Der Realismus des Tonfilms hat allerdings das Schattenkabinett des (Stummfilm-) Kinos verlassen und eine neue Ebene des Grauens und der Angst eingeführt, die es unmittelbar mit der umgebenden Alltagsrealität in Verbindung bringt. Es sind nicht mehr in erster Linie die Kunstgestalten der (romantischen) Literatur, die als Vampire oder Wahnsinnige über die Leinwand geistern. Die Bedrohung kommt aus der ganz normalen Alltagsrealität selbst, deren kleine und große Katastrophen zu Einbrüchen in die Normalität führen und die latente Angst vor Zusammenbrüchen einer Welt schüren, die vor unseren Augen in Auflösung begriffen ist. Die globalen Katastrophen drohender Kriege (des Zweiten Weltkriegs, des Koreakriegs in den 50er Jahren; in den 60er Jahren waren es die Kuba-Krise und der reale Vietnamkrieg), der atomaren Bedrohung oder der Umweltzerstörung sind Menetekel in der Mitte und zweiten Hälfte des Jahrhunderts, deren Deutlichkeit die ›kleinen‹ Katastrophen der Einbrüche in die Lebensplanung, für die es immer weniger die Sicherheit ihrer rituellen

Fortsetzungen in gesellschaftlichen Traditionen gibt, der Auflösung der Familie, der Fraglichkeit geschlechtlicher Identität usw. verdeckt. Der Film von Peter Jackson zeigt, daß der ›großen Katastrophe‹ des Mordes eine Reihe von kleineren Einbrüchen voranging, die den Mord nicht erklären, die aber mit ihm in ursächlichem Zusammenhang stehen.

Das Kino als Fluchtort für Gegenwirklichkeiten ist selbst in die Krise geraten. Große gesellschaftliche Krisensituationen wie die ›Great Depression ‹ in den USA der 30er Jahre hat es versucht, mit opulenten Musicals vergessen zu machen. Aber während auf der Leinwand die GOLD DIGGERS OF 1933 von Busby Berkeley ironisch »We're in the money« singen und tanzen (s. Kapitel 21) haben im Kino schon Bonnie und Clyde Platz genommen, nachdem sie bei einem Banküberfall einen Menschen erschossen haben. Das Kino schützt nicht mehr vor der Wirklichkeit, der Tod findet nicht mehr nur auf der Leinwand statt. In einer Geschichte (»Dusk to Dawn«), die Cornell Woolrich, der für so viele ›schwarze Filme‹ die Vorlagen geliefert hat, 1937 für die berühmten Black Mask – Hefte schrieb, kann ein armer Teufel, der keinen Cent in der Tasche und einen leeren Magen hat, zumindest umsonst ins Kino gehen.

«Es wurde gerade dunkel, als Lew Stahl ins Odeon-Kino ging, wo sein Zimmernachbar als Platzanweiser arbeitete. Es war genau 6 Uhr 15. Lew Stahl war 25 Jahre alt, arbeitslos, total abgebrannt und total ehrlich. Er hatte noch nie jemand umgebracht. Und er hatte auch noch nie eine tödliche Waffe in der Hand gehalten. Er wollte nur die Vorführung sehen und hatte nicht einmal die dafür erforderlichen 30 Cents« (189).

Tom, so heißt sein Freund, führt ihn auf den Balkon, der zu dieser Zeit, wenn die meisten Menschen zu Hause beim Abendessen sitzen, völlig leer ist. Während sich Lew in der zweiten Reihe einen Platz sucht, sieht er ab und zu nach unten auf die Leinwand, dort

«bewegte sich ein Frauenkopf in dreifacher Lebensgröße. Eine metallische Stimme klirrte und ihr Echo kam wie in einem Grab von überall her im Saal zurück wie ein modernes Delphisches Orakel. ›Geh zurück, geh zurück‹ sagte sie. ›Das ist kein Ort für dich!‹. Ihre großen leuchtenden Augen schienen Lew Stahl direkt anzusehen, als sie sprach. Sie hob ihren Finger und wies nach vorne, und es schien, als ob sie direkt auf ihn, ihn allein zeigte. Es war unheimlich; er hielt kurz inne und ging dann weiter. Er hatte den ganzen Tag noch nichts gegessen; er stellte sich vor, er müßte benebelt sein, solche Sachen zu denken. Tom hatte Recht, da war nur ein anderer Typ auf dem Balkon« (190).

Lew Stahl hat nicht verstanden, daß das Orakel tatsächlich ihm gegolten hat, daß das Kino ›kein Ort für ihn‹ ist, sonst hätte nicht geschehen können, was sich nun auf dem fast leeren Balkon des Kinos ereignete. Der Mann in einer der hinteren Reihen schlief offenbar und Lew, der kurz überlegt hatte, ob er den Typ anschnorren sollte, hoffte sich den Dollar für ein Steak ohne die Peinlichkeit betteln zu müssen, einfach nehmen zu können. Von nun an, als Lew Stahl sich nach dem Mann in der hinteren Reihe umgesehen hatte, spielte sich ein ›anderer Film‹ in diesem Kino und in Lews Leben ab.

Zuerst war es ganz einfach, an die wohlgefüllte Brieftasche ranzukommen, aus der er nur einen Dollar herausnahm, um sie dann vorsichtig in die Jacke des Schläfers zurückzustecken. Dabei verhakte sich ein Knopf an Lews Ärmel mit der Jacke des Mannes und war unmöglich freizubekommen. Schließlich konnte Lew ein kleines Taschenmesser aus seiner Jackentasche fischen und den Knopf abschneiden.

«Da geschah etwas; nicht was er befürchtet hatte, keine plötzlich geöffneten anklagenden Augen. Etwas viel Schlimmeres. Der Schläfer sackte langsam aus seinem Sitz nach vorne. Die Schneidebewegungen mit dem Messer müssen ihn gelöst haben. Er fing an wie ein Sandsack nach vorne überzukippen. So schläft man nicht, mit dem Oberkörper über dem Boden hängend. Stahl blickte sich in Panik um. Und nun trafen ihn auch anklagende Blicke vier oder fünf Reihen dahinter. Eine Frau war reingekommen und hatte sich in den letzten paar Minuten dorthin gesetzt. Sie muß das Hin und Her des Messers gesehen und sich gefragt haben, was da vor sich geht. Sie sah ganz bestimmt nicht zur Leinwand, sondern zu ihnen beiden» (193).

Lew und sein Freund Tom schleppen den Toten in einen Aufenthaltsraum. Tom macht Lew klar, daß er schnellestens verschwinden müsse, denn jeder, die Zeugin im Kino und die Polizei, müssen ihn für den Mörder halten. Es gelingt ihm, an der inzwischen eingetroffenen Polizei vorbei das Kino zu verlassen und nach Hause zu kommen. Was sich weiter in dieser Nacht zwischen Abend und Morgengrauen ereignet, erlebt Lew wie einen Film, in dem er zum ersten Mal in seinem Leben eine Hauptrolle spielt: Vor einem Kommissar flieht er auf das Dach auf dem Haus seiner Wohnung und irgendwie gelingt es ihm, den Polizisten zu überwältigen und vom Dach zu stoßen. »Gott, wie leicht das ging« wunderte er sich, und der Tod wurde ihm fast vertraut. »Noch um sieben war er ihm das geheimnisvollste Ding in der Welt, jetzt um Mitternacht war es schon eine alte Geschichte.« Mit der Pistole des Polizisten in der Hand macht er sich auf die Flucht und erschießt, was sich ihm in den Weg stellt. In einem Restaurant besorgt er sich Bargeld. »»Ich versteh die ganze Hektik um einen Überfall nicht‹, sagte er zu sich. Das Verbrechen schien so einfach, wenn man's erstmal kapiert hat. Er fing an, dieses Leben gut zu finden, es war irgendwie super.« Schließlich nahm sein Geschmack am Tod gefährliche Formen an und wuchs sich zu einem »Superman-Komplex« aus. Aber die Polizisten, die ihn verfolgten, wurden immer mehr und die Kugeln in der Pistole immer weniger. Der Enthusiasmus der Gewalt verließ ihn schließlich, als er in der Zeitung las, daß der wahre Kino-Mörder gefaßt werden konnte (es war der Manager des Kinos) und seine Opfer gar nicht tot, sondern nur verletzt waren. Alles war mit einem Mal sinnlos geworden. Lew wünschte sich nichts sehnlicher als eingesperrt zu werden,

»je länger desto besser. Er hatte zuviel in dieser Nacht lernen müssen, hatte sich zu sehr an den Tod gewöhnt. Mord könnte zur Gewohnheit werden, die einmal angenommen, schwer wieder loszuwerden ist. Lew wollte kein Mörder sein« (223).

Viele ›semidokumentarische‹ Filme der ›schwarzen Serie‹ der Gangster- und Polizeifilme vor allem in den 40er Jahren wirken so lebensecht, weil wir uns das dort dargestellte Leben tatsächlich wie in diesen Filmen vorstellen. Ist es dann nicht konsequent, eine solche Geschichte, die aus einem braven, hungrigen jungen Mann beinahe einen Gangster und Mörder macht, im Kino beginnen zu lassen? Vielleicht ist diese Geschichte aber auch nur ein ironischer Kommentar auf eine weit verbreitete Vorstellung über den schlechten Einfluß (der Gewaltdarstellungen) des Kinos, das man als ehrlicher Mann betritt und als potentieller Mörder wieder verläßt?

Ende der 50er Jahre leeren sich die Kinos, in Hollywood bricht das Studiosystem zusammen, die Filmindustrie ist im Umbruch und muß sich in den USA wie in Europa (zum Beispiel ›Nouvelle Vague‹ und ›Junger deutscher Film‹) und dann auch in anderen nationalen Filmindustrien neu orientieren. Das Kino als gar nicht mehr so sicherer Ort für Fluchten aus der Realität wird selbst zum Bestandteil einer sich immer schneller verändernden Wirklichkeit, deren Einbrüche und Zerstörungen tradierter Selbstverständnisse (des Films als Kunst zum Beispiel) sich nicht nur auf den Leinwänden mit Gewalttätigkeiten und Horrorgeschichten abbilden, sondern bis in die Struktur des Kinos selbst vordringen, sich in die Beziehung zwischen Leinwand und Zuschauer/innen einnisten und drohen, die Katastrophen in die Kinosäle selbst hineinzutragen. Im Kino herrscht Angst und die Filme, die das Kino als Ort ihrer Handlung thematisieren, reflektieren die Angst als etwas, was mit dem Kino selbst und gerade nicht mehr nur mit seinen Phantomen, sondern mit seiner Nähe zur beängstigenden äußeren Wirklichkeit zu tun hat; die Grenzen zwischen der eigenen Wirklichkeit des Kinos und dem wirklichen Kino seiner Zuschauer/innen verwischen, das Grauen auf der Leinwand macht sich im Kinosaal selbst breit.

Zuerst ist es Hollywood, das sich selbst unheimlich wird. Tod Hackett ist ein junger Filmdesigner, der in den 30er Jahren nach Hollywood gekommen ist. In seinen Beobachtungen der Menschen, die ihre Gefühle und jede Mitmenschlichkeit egoistisch der eigenen Karriere opfern, entsteht das Bild einer künstlichen Welt, die an sich selbst zugrunde gehen wird. Auf der einen Seite ist es die Unfähigkeit dieser Menschen, Beziehungen einzugehen, die Vertrauen voraussetzen und Liebe ermöglichen. Auf der anderen Seite gibt es Scharen von gesichtslosen Touristen und Beobachtern der Szene ›Hollywood‹, so daß dieses Leben immer schon vor einem Publikum stattfindet, das zugleich wesentlicher Bestandteil ›Hollywoods‹ ist. Tod Hackett hat diese Szene in einem Bild mit dem Titel »Brand von Los Angeles«, das während seines Aufenthaltes in Hollywood allmählich entsteht, mit lemurenartigen Gestalten bevölkert, die in der Apokalypse untergehen werden. Die Katastrophe spielt sich am Ende der Geschichte von Tod Hackett vor einem Kino ab. Die Kritik an der ›Traumfabrik‹ Hollywood war gerade in den depressiven 30er Jahren ›en vogue‹.

Nathanael West, der Autor des 1939 erschienenen Romans *The Day of the Locust*, kannte die Lebensbedingungen Hollywoods aus eigener leidvoller Erfahrung als Autor in der Traumfabrik, wie andere seiner Kollegen auch, darunter Scott Fitzgerald, Raymond Chandler oder William Faulkner. John Schlesinger hat 1974 den katastrophalen Schluß des Romans in seinem Film THE DAY OF THE LOCUST zu einem Inferno ausgeweitet, in das die Erfahrungen der nationalsozialistisch angeheizten Massenhysterie zum

Beispiel während der Bücherverbrennungen 1933 oder des Pogroms von 1938 und die Schrecken des Zweiten Weltkriegs, aber auch der McCarthy-Zeit in den USA eingegangen sind. Das Ritual des Prominentenauftriebs vor einem Kino während einer Filmpremiere, das Nathanael West als bloßen Hintergrund für eine Massenhysterie nimmt, wird von Schlesinger konkretisiert: Zur Premiere von Cecil B. DeMilles Film THE BUCCANEER (DER FREIBEUTER) (1938) wartet eine große Menschenmenge vor dem Kino, darunter die karrieresüchtige Faye und eher zufällig Tod Hackett und der wohlhabende, aber verklemmte Homer, Fayes Ehemann, der sie gerade mit einem anderen im Bett gefunden hat. Homer torkelt wie besinnungslos in die Menge vor dem Kino, die von einem Reporter in ihrer Hysterie noch zusätzlich angestachelt wird. Als Homer von einer Göre als willfähriges Opfer gequält und mit Steinen beworfen wird, rastet er aus, stürzt sich auf das Mädchen, wirft es zu Boden und trampelt in ohnmächtiger Wut darauf herum. Die (Psychologie der) Masse, die bis dahin auf die Anbetung ihrer Star-Idole eingestellt war, schlägt um in Haß gegen Homer, der daraufhin Opfer ihrer Lynchhysterie wird, deren Aggression dann auch vor den angehimmelten Stars nicht haltmacht. Tod kann Homer nicht retten, weil er selbst verletzt im Straßengraben liegt und entsetzt das Bild seiner Apokalypse

verwirklicht sieht. Allmählich gelingt es der Polizei, Krankenwagen den Weg zu den Verletzten freizumachen. Tod hört noch die Sirenen der Krankenwagen. »Aus irgendeinem Grund reizte ihn das zum Lachen, und er begann, mit der Sirene um die Wette zu heulen, so laut er konnte« (West 1972, 256). Hier schließt der Roman; Schlesinger hat dem noch ein Bild der Leere und Abwesenheit Tods in seinem Zimmer in Hollywood hinzugefügt. Hollywood, der Film und das Kino werden als soziokulturelle Symptome mit den großen Katastrophen der Mitte dieses Jahrhunderts in Verbindung gebracht. Und das in einem Hollywood-Film, 1974.

Die Außerirdischen, die Monster und die riesenhaft mutierten Spinnen (zum Beispiel in den Filmen von Jack Arnold IT CAME FROM OUTER SPACE (1953), THE CREATURE FROM THE BLACK LAGOON (1954) und TARANTULA [1955]), die sich durchaus auf reale Ängste etwa im Zusammenhang mit den amerikanischen Atomversuchen in der Wüste von Nevada bezogen, sind dabei, die Leinwände zu verlassen und (zuerst als 3-D-Projektionen)

in die Kinos vorzudringen. Nicht mehr nur vor dem Kino oder auf der Leinwand, sondern im Kino selbst verbreiten sich die Angst und das Grauen.

Bevor der Film (THE TINGLER, 1959) beginnt, tritt sein Regisseur William Castle ›im Film‹ vor den Vorhang und wendet sich an seine Zuschauer/innen im Kino.

»Ich sehe mich veranlaßt, Sie zu warnen. Einige der Gefühle und körperlichen Reaktionen der Personen im Film werden zum erstenmal in der Filmgeschichte auch von bestimmten Zuschauern im Publikum unmittelbar erfahren werden. Ich sage bewußt von bestimmten Zuschauern, denn einige sind besonders empfindlich gegenüber den geheimnisvollen elektrischen Schlägen in ihren Sitzen. Diese unglücklicherweise besonders empfindsamen Menschen werden von Zeit zu Zeit merkwürdige kribblige Gefühle haben, andere werden es weniger spüren. Kein Grund zur Aufregung, Sie können sich selbst davor schützen. Jedesmal, wenn Sie ein gewisses Kribbeln (tingling) überkommt, werden Sie sofort Erleichterung verspüren, wenn Sie Ihren Mund weit öffnen und SCHREIEN.

Haben Sie keine Scheu laut zu schreien, Ihr Nachbar im Sitz neben Ihnen wird vermutlich ebenfalls schreien. Denken sie daran: Ein Schrei zur rechten Zeit kann Ihr Leben retten!«

Und wie auf Kommando schrien die so angesprochenen Zuschauer los, ein Probeschreien gewissermaßen, bevor die (eigentliche) Filmhandlung beginnt. Tatsächlich hatte William Castle für die Vorführung des TINGLER vorgesehen, durch Vibratoren, die er bei der US-Armee ausgeliehen und in die Rückenlehnen einiger Sitze eingebaut hat, Zuschauern reale ›tingles‹ zu verabreichen. Der eigentliche Film beginnt nach der Ansprache seines Regisseurs mit der Operation eines von einer tödlichen Krankheit Befalle-

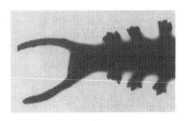

nen. Dabei kann der Arzt die Ursache aus dem Rücken des Patienten entfernen. Es handelt sich um den »Tingler«, eine Art Kreuzung aus Hummer und Tausendfüßler, der bei Menschen, die Angst verspüren, den Rücken hinaufkriecht und sich dort mit tödlicher Konsequenz festbeißt. Nur lautes Schreien kann der Tingler nicht vertragen, dann fällt er ab, verkriecht sich und sucht ein neues Opfer. Von diesem Tingler erfährt der Besitzer eines Stummfilm(!)kinos Ollie, das er mit seiner taubstummen Frau Martha gemeinsam betreibt. Er beschließt seine Frau umzubringen, indem er sie in Angst und Schrecken versetzt: Weil sie nicht schreien kann, ist sie dem Tingler schutzlos ausgeliefert, den ihr Mann inzwischen aus der Arztpraxis entwendet und ins Kino gebracht hat. Dort macht sich der Tingler selbständig und während auf der Leinwand Henry King's TOL'ABLE DAVID (1921, Stummfilm!) mit viel Action vorüberzieht, kriecht die Angst in Gestalt des Hummertausendfüßlers durch das Kino und an einer netten jungen Zuschauerin hinauf, die sofort zu schreien beginnt, bald schreit das ganze Kino. Der Arzt, der seinen Tingler vermißt hat, weiß jetzt, wo er ihn suchen muß. In der Projektionskabine kriecht er durch den Projektionsstrahl, so daß er auf die Leinwand projiziert wird, schließlich wird er eingefangen und weil alle im Kino vor Angst laut geschrien haben, ist die stumme Martha das einzige Opfer. Auch in dieser Parodie auf den Horrorfilm trifft zu, was Kracauer gesagt hat, daß er »das in Wirklichkeit Unvorstellbare zum Schauobjekt« macht, d.h. die Angst selbst erscheint im Licht der Projektion. Indem sie durch ihre lebendige Metapher im Tingler selbst anschaulich wird, kann sie auch die Seite wechseln dorthin, wo die Angst sitzt, unter den Zuschauern, die sich von ihr befreien können, indem sie mit der Leinwand interagieren, wozu sie der Regisseur des Films William Castle ›vor dem Film‹ aufgefordert hat. Im Stummfilmkino müssen die Zuschauer/innen ihre eigene Stummheit aufgeben, der Tonfilm bietet sich gewissermaßen als Befreiung von den stummen Ängsten des Stummfilms an.

Die Hysterie des Kalten Krieges hatte in den USA zwischen 1947 und 1956 eine wahre Hexenjagd gegen alles Fremde, ›Unamerikanische‹ ausgelöst. Besonders Kommunisten, Gewerkschafter und liberale oder linke Intellektuelle waren verdächtig, das patriotische Amerika zu unterwandern oder wie eine rote Flut zu überschwemmen, um amerikanische Interessen an das kommunistische Moskau zu verraten. Insbesondere Hollywood hatte unter den Kommunistenverfolgungen zu leiden, viele Regisseure, Schauspieler, Drehbuchautoren etc. wurden denunziert, auf ›schwarze Listen‹ gesetzt, verloren ihre Arbeit oder wurden ins Gefängnis gesteckt. Die Angst ging in diesen Jahren um in Hollywood, das seinerseits auf die vermeintliche Bedrohung durch eine weltweite kommunistische Verschwörung gegen Amerika mit einer Reihe von Science-fiction-Filmen reagierte, die die Invasion von Außerirdischen zum Thema hatten. Zum Beispiel hat Don Siegel 1956 (INVASION OF THE BODY SNATCHERS [DIE DÄMONISCHEN]) bedrohliche Samen aus dem Weltall auf die Erde fallen lassen, die ›fremde Saat‹ geht auf und verpuppt brave amerikanische Bürger zu Aliens, die sich jedoch äußerlich nicht von ihrem Zustand unterscheiden, als sie noch Menschen, d.h. patriotische Amerikaner waren. THE BLOB von Irving Yaeworth aus dem Jahr 1958 ist ein spätes Beispiel aus dieser Reihe von Invasionsfilmen und fast schon eine Parodie auf das Genre. Wieder ist eine Kapsel vom Himmel gefallen, aber diesmal kriecht roter Schleim daraus hervor, der Menschen, die mit ihm in Berührung kommen, verschlingt und dadurch an Umfang ständig zunimmt, bis sich eine rote klebrig-schleimige Masse, der »Blob«, durch die Straßen und die Kanalisation einer amerikanischen Kleinstadt wälzt, ohne daß Feuer, Säure oder Gewehrkugeln sie aufhalten können. Die Aggressivität des roten Schleims und die panische Angst erreichen ihren Höhepunkt, als am Abend der »Blob« ein vollbesetztes Kino angreift. Noch ist alles ganz normal, die Zuschauer/innen sehen auf der Leinwand einen Horror-Film mit Bela Lugosi, der sie offensichtlich gut unterhält. In der Projektionskabine liest der Vorführer ein gutes Buch und bereitet sich gerade auf den nächsten Rollenwechsel vor, als aus der Klimaanlage der rote Schleim in die Projektionskabine eindringt und den entsetzten Vorführer verschlingt. Die Zuschauer/innen im Kino sehen auf der Leinwand, daß das Filmende der Rolle aus dem Projektor läuft, etwas scheint nicht zu stimmen. Und schon stürzt der klebrige Brei über das Kinopublikum, das schreiend aus dem Kino läuft, verfolgt vom »Blob«, der sich durch die Kinogänge und -türen zwängt und alles verschlingt, was nicht schnell genug entkommen kann. Besiegt wird der »Blob« schließlich von einem Teenagerpärchen (dabei: Steve McQueen), das herausgefunden hat, daß der »Blob« nur Kälte nicht vertragen kann. Die Feuerwehr besprüht die rote Flut mit Trockeneis und die Armee verfrachtet schließlich die übrig gebliebenen Kristalle in die Kälte der Arktis.

Das Remake von Chuck Russell (1988) gibt sich mit diesem Ende nicht zufrieden, aber nicht die Aufheizung des Weltklimas schmilzt den »Blob« aus dem ewigen Eis, sondern ein verrückter Sektenprediger hebt sich ein wenig »Blob« in einem Marmeladenglas für den Weltuntergang auf, vor dem er schon immer gewarnt hat. Das Kino ist nicht mehr nur ein Ort, an dem viele Menschen auf einmal zum Opfer des »Blob« werden können, vielmehr ist die Kino-Sequenz in der narrativen Struktur des Films jetzt wesentlich besser integriert: Spezialeinheiten der Armee untersuchen in Schutzanzügen, die sie wie Marsbewohner aussehen lassen, die Absturzstelle des Meteoriten, der den »Blob« mitgebracht hat, in einem Wald. Ebenfalls in einem Wald sitzt ein Pärchen an einem Feuer und wird von einem Maskierten mit einer Kettensäge bedroht. Das aber ist der Film, den die Zuschauer/innen ›im Kino‹ sehen, in dem die Filmhandlung des Blob nach dem Einstellungswechsel weitergeht, d.h. der Film spielt (wenn auch nur kurz) mit der Irritation des Übergangs vom Film zum ›Film im Film‹; diese Irritation wird künftig zur eigentlichen Motivation für Kinosequenzen in Filmen werden. Auch im Kino (›im Film‹) wird die Spannung noch einmal durch die Parallelführung der Handlung in der Projektionskabine und im Zuschauersaal gesteigert. Hier entspinnt sich ein Dialog zwischen zwei Jungen, die verbotenerweise den mitternächtlichen Massaker-Film sehen und einem Erwachsenen, der die Filmhandlung ständig laut kommentiert; – dort in der Projektionskabine wird der Filmvorführer ›planmäßig‹ vom »Blob« verschlungen. Bevor der sich nun auch über die Kinozuschauer hermacht, wechselt der Film den Schauplatz vor den Kinoeingang und personalisiert die Angst um das Kinopublikum, indem

einer der kleinen Jungen sich als Bruder des tapferen jungen Mädchens herausstellt, die zusammen mit ihrem Partner die Welt (vorläufig) retten wird. Wieder im Kino wird der schwatzhafte Zuschauer das erste Opfer des »Blob«: Aus seinem Sitz (in einer ironischen Anspielung auf den Bagger, der die großbehüteten Damen im Film von Griffith aus dem Kino hebt?) wird er von einem Schleimarm aus seinem Sitz gerissen, und erst jetzt bricht im Kino die Projektion ab und der »Blob« bricht wie eine Atomexplosion

(darauf ist gleich noch zurückzukommen) aus der Leinwand hervor, wo er im Wechsel von der Projektionskabine zur Leinwand offenbar selbst zum projizierten Film geworden ist, der sich nun in den Zuschauerraum ergießt. Die weitere Handlung hält sich an die (vergebliche) Rettung der Kinder und endet wie gesagt im nur vorläufigen Kältesieg über den »Blob«.

Das Verhältnis zwischen der ursprünglichen Fassung und dem Remake des Films THE BLOB hat wichtige Veränderungen in der Gestaltung der Kino-Sequenzen erkennen lassen: War das Kino zunächst nur ein Schauplatz, an dem ein Publikum einer Bedrohung ausgesetzt wurde, die sich nur sehr mittelbar auf den Film selbst bezog, dessen Projektion (ähnlich wie in William Castle's THE TINGLER) unterbrochen wurde, so ist die Reflexivität der Bedrohung in Chuck Russells Version bereits gut ausgearbeitet mit dem Ziel, das aktuelle Filmpublikum durch die Irritation der Grenze zwischen Film und Realität (des aktuellen Zuschauers) und durch die Erweiterung des fiktiven Kinopublikums ins reale Kino selbst in Angst und Schrecken zu versetzen. Eines der Mittel ist, den Übergang von der Filmhandlung auf der ersten Ebene (THE BLOB) zur Filmhandlung auf der zweiten Ebene (das Kettensägen-Massaker) im Kino vor einem fiktionalen Publikum unmerklich zu machen, um beide Zuschauer, reale und fiktive, scheinbar auf der ersten Ebene ihrer Filmwahrnehmung zu identifizieren. Die nächsten Filme, von denen die Rede sein wird, sind wahre Meisterwerke dieses Verfahrens.

Das Modell, nach dem sie konstruiert sind, läßt sich am Beispiel der literarischen Lektüre folgendermaßen beschreiben: Ein Mann »setzte sich in seinem Lieblingssessel bequem zurecht, mit dem Rücken zur Tür ...« (Cortázar 1977, 9f). Er liest, wie ein Pärchen den Mord am Ehemann der Frau verabredet; der Liebhaber macht sich auf den Weg, die Tat auszuführen. Er kommt in dem Haus des Opfers an, findet die bezeichnete »Tür zum Salon, und dann der Dolch in der Hand, das Licht der Fenster, die hohe Rückenlehne eines Sessels aus grünem Samt, der Kopf des Mannes in dem Sessel, einen Roman lesend« (10). Die gelesene Handlung kommt beim Leser selbst an, er ist schon ihr Opfer in dem ›Augenblick der Angst‹, in dem er es lesend bemerkt. Welcher Leser dieser Kurzgeschichte von Julio Cortázar (»Park ohne Ende«), der zugleich der (aktuelle) Leser des Lesers in der Erzählung ist, sieht sich nicht erschrocken um? Die ästhetische Grenze zwischen Fiktion und Realität (des Lesers oder Kinozuschauers) ist nicht aufgehoben, aber spiralförmig auf eine Weise verdreht, daß sich der Leser/Zuschauer mit seiner Realität in die Fiktion ›verwickelt‹ sieht.

Wir sind also im Kino und sehen, wie in Brasilien eher zufällig ein Mann in ein Kino gerät. Auf der Leinwand verabreden gerade eine Frau und ihr Liebhaber den Mord am Ehemann der Frau. Im Kinosaal (im Film) flirtet der Zuschauer mit einer attraktiven Frau, die sich in der Nähe hingesetzt hat, aber ein älterer Ehemann oder Bekannter setzt sich neben sie. Der Film, dessen Handlung auf diese Weise im Kino beginnt, heißt DIE LADY VOM KINO SHANGHAI (Guilherme de Almeida Prado, 1988). Er spielt auf den Film von Orson Welles DIE LADY VON SHANGHAI (1948) an, auf den die Szene in dem Film, den (je)der Zuschauer im Kino sieht, verweist (und der in einem Fernsehgerät in einer Bar auch als Film ›im Film‹ zitiert wird). Ein Fragment der Geschichte dieses Films findet der Zuschauer im Kino Shanghai vor, dort nimmt seine eigene Ge-schichte ihren Ausgangspunkt, nachdem er das Kino verlassen hat. Er trifft die Frau aus dem Kino, die jener auf der Leinwand überraschend ähnlich ist, wieder, er wird in kriminelle Handlungen von Gangstern verwickelt, denen auch schon der Regisseur des Films, der im ›Kino Shanghai‹ lief, zum Opfer gefallen ist. Irgendwann in einer komplizierten Handlung, die mit den Figuren von Orson Welles spielt, und die den Kinobesucher sogar zum Mordverdächtigen macht, stöhnt der Held über die Folgen, die ein zufälliger Kinobesuch haben kann. Der Film endet in der Filmszene, die der Kinozuschauer zu Beginn im Kino Shanghai gesehen hat – nur ist er es selbst, der nach dem Mordkomplott von seiner Geliebten mit dem Dolch bedroht wird, weil er nur ein willfähriges Werkzeug in ihren schönen Händen war.

Der spanische Regisseur Bigas Luna geht noch einen entscheidenden Schritt weiter. Der Film IM AUGENBLICK DER ANGST (1986) beginnt damit, daß ein Augenarzt in einer Klinik von einer Patientin beschimpft wird, weil er ihr falsche Kontaktlinsen eingesetzt hat. Seine Mutter, die dämonische Macht über ihn hat, treibt ihn zur Rache in die Wohnung der Frau, wo er sie mit einem Skalpell grausam ermordet und auch noch die Augen herausschneidet, die er einer umfangreichen Sammlung von Augen in Spiritus einverleibt. Erst jetzt fährt die Kamera zurück, und es wird erkennbar, daß Zuschauer diesen Film gerade in einem Kino sehen, der Film heißt THE MOMMY und das Kino ›Rex‹. Die rachsüchtige »Mommy« hypnotisiert nun ihren Sohn und treibt ihn an, die Augen der Menschen in der ganzen Stadt auszustechen. Auf seinem Weg durch die Stadt kommt er in ein Kino, wo das Urzeitdrama THE LOST WORLD läuft. Wir, als aktuelle Zuschauer/innen *sehen* den Massenmörder im ›Film im Film‹ das Kino betreten, wo im ›Film im Film‹ ein weiterer Film läuft; währenddessen *hören* wir das ängstliche Flüstern zweier Mädchen, die als Zuschauerinnen im ›Kino im Film‹ ebenfalls den Mörder im ›Film im Film‹ sehen, d.h. in diesem Moment ist der Ort ihrer Stimmen real dort, wo wir auch sind, als ob wir neben ihnen säßen; fiktional befindet er sich in dem Kino, wo der Film läuft, in dem gerade der Mörder ein Kino in ›seinem Film‹ betritt.

Dieser ersten Stufe der Verwischung der Grenze zwischen den verschachtelten Handlungsebenen, in der vor allem akustisch die Annäherung der aktuellen zu den diegetischen Zuschauern passiert, folgt nun eine zweite Stufe, in der die Handlung des ›Films im Film‹ im ›Kino im Film‹ noch einmal wiederholt wird. Einer der Zuschauer, der den Film THE MOMMY offenbar mehrmals gesehen hat, wurde von der dämonischen Mutter seinerseits hypnotisiert und betätigt sich nun als Mörder in dem Kino, in dem auf der Leinwand der Augenausstecher seinem blutigen Handwerk nachgeht, während in ›seinem‹ Kino auf der Leinwand Dinosaurier der LOST WORLD sich bekämpfen. Beide Handlungen in beiden Kinos werden zunehmend parallelisiert, so daß kaum noch unterscheidbar ist, in welchem ›Kino im Kino‹ wir uns mit der Handlung befinden.

Als der Augenmörder den Kinosaal verläßt, um die erbeuteten blutigen Augen im Waschraum zu reinigen, verläßt auch eines der beiden Mädchen den Saal und erlebt auf der Toilette, wie ein Mörder bereits die Kassiererin erschossen hat, weitere Opfer folgen. Das Mädchen kann aus dem Kino entkommen, auf der Straße glaubt ihr zunächst niemand, daß sich wirklich ein Mörder im Kino befindet, schließlich wird doch die Polizei alarmiert. Beide Mörder handeln nun vollkommen parallel, beide sperren die Kinos zu und machen sich über die Zuschauer her, die zuerst im Kino des Augenmörders die Leichen entdecken und voller Panik zur Leinwand laufen, wo ebenfalls in panischer Flucht die Menschen vor den

Dinosauriern der ›Lost World‹ fliehen. Jetzt bricht auch die Panik im ›Rex‹ aus, wo der Zuschauer-Mörder in die Menge schießt: Beide Mörder fliehen zur Leinwand und sterben zur gleichen Zeit unter den Kugeln der Polizei. Das Schema des Films, der fast ausschließlich im Kino spielt, ist das folgende:

Aktuelle Zuschauer/innen (›wir‹) sehen im Kino einen Film (1) IM AUGENBLICK DER ANGST, in dem fiktive Zuschauer/innen in einem Kino (›Rex‹) einen Film (2) sehen: THE MOMMY, in dem ein Mörder in ein Kino geht, in dem ein Film (3) THE LOST WORLD läuft. Von diesem innersten Punkt der Fiktionalität läuft die Spirale wieder zurück zur Realität des aktuellen Kinozuschauers: Die Urangst vor den tödlich angreifenden Dinosauriern (Film 3) wiederholt sich in der Panik der Filmzuschauer, als der Augenmörder im Kino (›Rex‹) erkannt wird (Film 2), der sich auf die Instrumente des Sehens von Filmen, die Augen, spezialisiert hat. Indem er diesen Film (2) sieht, wird ein Zuschauer selbst im Film (1) zum Mörder, beide Filme kulminieren am Ort der Leinwand, wo der Mörder von Film (2) *auf* der Leinwand und der Mörder von Film (1) *vor* der Leinwand sterben. Alle Filme (1-3) sind zu Ende, die aktuellen Zuschauer/innen verlassen unbeschadet (?) das Kino in ihre Realität, die nicht weniger beängstigend ist.

Der latente Horror herrscht offenbar in nordamerikanischen Kleinstädten, wo es jedenfalls im Kino unter der religiös-sittsamen Oberfläche zu Mord und Totschlag kommt. Während des Vorspanns des kanadischen Films von Richard Martin »BEI VORSTELLUNG MORD« (MIDNIGHT MATINEE, 1989) läuft die Filmszene eines Pärchens, das in einer Waldhütte miteinander schläft. Diese Szene wird von einem Pärchen im Kino gesehen, das von der Handlung auf der Leinwand animiert wird (1). In dem Moment schreit die junge Frau im ›Film im Film‹ (2) ›Murder Camp‹, weil ihr Partner schrecklich zugerichtet tot im Bett liegt – und im gleichen Augenblick schreit die junge Frau im Kino (1), deren Freund tot neben ihr sitzt und läuft panisch erschrocken zur Leinwand, wo beide Frauen, hier (1) und dort (2) vor Entsetzen außer sich sind. Ende des Vorspanns und der Vorgeschichte des Films (1).

Zwei Jahre nach diesen schrecklichen Ereignissen soll nun das Horror-Film-Festival in dieser kanadischen Kleinstadt, bei dem es zu dem Mord gekommen war, wieder ins Leben gerufen werden. Man muß kein Prophet sein, um zu ahnen, daß der nächste Mord nicht lange auf sich warten läßt. Während der Projektion eines Horror-Stummfilms im leeren Kino wird einer der jungen Angestellten im Kino vor der Leinwand erhängt. Ein Mord zur Übung gewissermaßen, der ebenso wenig motiviert ist wie die Projektion des Films im leeren Kino. Das Opfer des zweiten Mordes im Kino ist der Regisseur eines der Festivalfilme, der im Waschraum erschlagen und während der Projektion seines Films hinter der Leinwand ebenfalls erhängt wurde. Er ist der Ex-Gatte der Besitzerin und Filmvorführerin in ihrem eigenen Kino und Vater der gemeinsamen Tochter, die ihre Mutter von allen Männern eifersüchtig fernzuhalten versucht. Der nächste Tote allerdings ist der trunksüchtige Manager des Kinos, den es vor seinem Fernseher im Büro erwischt, als er sich Horror-Videos ansieht. Die Beilhiebe auf der Mattscheibe fallen im Gleichklang mit den Hieben auf seinen Kopf.

Der letzte Akt des Familiendramas findet während der Projektion eines Horror-Films wieder auf und hinter der Leinwand statt. Eine mörderische Mutter mit dem Dolch in der Hand auf der Leinwand (ein anderer Film 2)

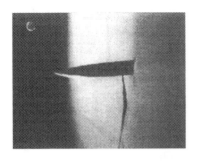

hat ihre Doppelgängerin hinter der Leinwand (derselbe Film 1), wo sie dem Freund ihrer Tochter ebenfalls mit gezücktem Dolch ans Leben will. Das Messer *auf* der Leinwand saust immer wieder auf das Opfer herab und *hinter* der Leinwand wird der junge Mann verwundet, wobei die Leinwand selbst aufgeschlitzt wird und Blut bis in die vorderen Reihen spritzt, dann fällt der schwer verwundete Körper des jungen Mannes durch die Leinwand in den Zuschauerraum, wo die Zuschauer/innen in panischem Schrecken aus dem Kino laufen. Die mörderische Mutter (Film 1) tritt nun selbst vor die Leinwand, den Dolch in der Hand, apathisch läßt sie sich von der Polizei festnehmen.

Es ist klar, worauf sich der ganze Ehrgeiz solcher Filme, die den Horror von der Leinwand ins Kino selbst zu bringen versuchen, richtet: Es geht darum, den auf der Leinwand dargestellten Handlungsraum des Films mit dem Wahrnehmungsraum der Handlung im Kino so zu koppeln, daß die ästhetische Grenze zwischen der Fiktion der Leinwand und der Realität der Kinozuschauer aufgehoben wird. Das kann sie aber nur im Film, wo die Aufhebung der Grenze zwischen Film und Kino, ja sogar das Durchdringen der Leinwandfiktion durch die Realität des Kinos, wenn der erdolchte Körper durch die Leinwand in den Zuschauersaal fällt, genauso bei der nächsten Filmvorführung wiederholt wird. Alles andere wäre mit ihrer körperlichen Präsenz der Darsteller auf und der Zuschauer/innen vor der Bühne, Theater oder ein Ereignis der Realität, das im Tod den Zeugen seiner Nicht-Wiederholbarkeit hat. Diese letzte Möglichkeit lastet wie ein Schatten des Zweifels an der Fiktion über den aktuellen Zuschauern im Kino, wenn sie sehen müssen, wie die mörderische Handlung sich in den Wahrnehmungsraum Kino ausdehnt, der den Kinozuschauern/innen keinen Schutz mehr vor den Katastrophen der Leinwand bietet, vielmehr bricht das Böse, brechen die Katastrophen von der Leinwand herab über die Zuschauer/innen im Kino herein. Wie ein Topos läßt sich zurückverfolgen, was sich zum festen Merkmal des postmodernen Kinos entwickelt: Zunächst hatten die Stummfilmschauspieler ihre Schatten an die Phantome der Leinwand verloren und des Entsetzen über ihre Doppelgänger den Zuschauern vermittelt; dann hat der Krieg die Katastrophen unmittelbar in die zerbombten Kinos gebracht, wo gegenüber der übermächtigen Realität kein Film mehr möglich war; genau diese Katastrophen sind als Filme mit den Doppelgängern und Phantomen ins Kino zurückgekehrt, wo sie dabei sind, das Kino selbst zum Schauplatz seiner lustvollen (?) Zerstörung zu machen.

Die Rede ist insbesondere von Joe Dantes Film MATINEE (1993): Im Oktober 1962, auf dem Höhepunkt der Kuba-Krise, kommt der Produzent und Regisseur von Horror-Filmen Lawrence Woolsey nach Key West, einer

Militärbasis in Florida, USA, um hier die Premiere seines neuen Films ›Mant‹ mit einzigartigen neuen Kinoeffekten vorzubereiten. Woolsey ist als Regisseur spektakulärer B-Pictures sicherlich eine Hommage an William Castle mit einer zusätzlichen ironische Anspielung auf Alfred Hitchcock. Überhaupt ist dieser Film (1) eine Ansammlung von Anspielungen und Zitaten auf die gesamte Filmgeschichte (wie die meisten Filme von Joe Dante): Der Titel des Films (2) MANT zum Beispiel ist aus ›Man‹ und ›Ant‹ (Mensch und Ameise) gebildet und verweist auf Filme vor allem von Jack Arnold in den 50er Jahren, in denen zum Beispiel radioaktiv verseuchte Spinnen (TARANTULA) zu menschenfressenden Ungeheuern wurden. In MANT (2) verwandelt sich ein Arzt in eine Riesenameise und klettert schließlich wie King Kong an einem Wolkenkratzer hoch. Die Premiere des Films (2) soll von speziellen Effekten wie spürbaren Erschütterungen

im Zuschauerraum, die in die Sitze eingebaut wurden (wie im TINGLER), Licht- und Toneffekten und einer leibhaftigen Riesenameise, die aus dem Film in den Zuschauerraum zu entweichen scheint, begleitet werden (alles Ideen, die eines William Castle würdig sind). Die Filmpremiere ›ereignet‹ sich gleichzeitig zum Ultimatum des US-Präsidenten Kennedy an Nikita Chruschtschow, die Schiffe mit Raketen, die sich auf dem Weg nach Kuba befinden, zurückzuziehen, andernfalls würde ein Atomkrieg unausweichlich sein. Die Angst, daß jeden Moment der Dritte Weltkrieg ausbrechen könnte, verbindet sich mit dem Horror-Spektakel im Kino, an dem allerdings das Kinderpublikum zunächst seinen Spaß hat. Aber dann geht alles schief: Die Riesenameise läuft zwar programmgemäß in den Zuschauerraum, so daß sich die Leinwandhandlung (2) im Kino (1) fortzusetzen scheint, aber sie entführt unplanmäßig aus

Eifersucht eine der Figuren des Films (2 in 1) und gehorcht nicht mehr den Anweisungen des Regisseurs, woraufhin es zu einer Verfolgungsjagd kommt. Die Effektmaschinen geraten außer Kontrolle, und aus den leichten Erschütterungen wird ein wahres Erdbeben, das natürlich mit dem Ausbruch des Atomkrieges in Verbindung gebracht wird. Die Zuschauer/innen fliehen zu den Ausgängen, während eine Atomexplosion auf der Leinwand (Film 2) einen schrecklichen Sturm (der Effektmaschine) auslöst und das Kino unter den Erschütterungen zusammenbricht. Nach der Rettung der Kinder, an der wiederum ein Teenagerpärchen maßgeblich beteiligt ist, weil sich der Bruder des Mädchens unter den Zuschauern/innen im Kino befindet (wie in THE BLOB), stellen die Davongekommenen vor dem Kino erleichtert fest, daß es die Erde noch gibt und die Wirklichkeit (Film 1) vor der Zerstörung bewahrt wurde. Das Kino jedoch ist ein Opfer des Films (2) geworden, der seine Grenzen bei weitem überschritten hat.

Immerhin spielt der Film von Joe Dante auf den realen Wahnsinn des Krieges in der Realität an, der sich dann doch nur als ein mißlungenes Kinoereignis und vergnügliches Horror-Spektakel herausstellt. Wenn allerdings John Carpenter den Film DIE MÄCHTE DES WAHNSINNS (IN THE MOUTH OF MADNESS, 1994) im Kino enden läßt, bedeutet das, daß es keine Realität außerhalb des Wahnsinns der Horrorfiktionen von Büchern und Filmen mehr gibt. In diesem Film hat ein Versicherungsagent den Auftrag, den verschwundenen Autor eines Buches zu suchen, das die Geschichte dieser Suche erzählt, d.h. der Versicherungsagent ist selbst in der Geschichte, deren verschwundenen Autor er finden soll. Und weil es eine Horrorgeschichte ist, wird die Suche zu einem Horrortrip. Der Wahnsinn des Buches wirkt wie ein Virus und löst selbstzerstörerische Gewalt aus, die die Menschheit auszulöschen droht. In einer völlig menschenleeren Stadt, die die Zeichen der Gewalt zeigt, erreicht der Mann ein Kino und

 sieht (1) als einziger Zuschauer sich in dem Film (2), den (1) wir als Zuschauer soeben gesehen und den der Mann soeben erlebt hat. Er sieht wie wir zuvor und immer noch als Zuschauer den Film (1), der nun als ›Film im Film‹ (2) mit ihm als einzigem Zuschauer uns als dessen Zuschauern (noch einmal in Ausschnitten) gezeigt wird. Natürlich bleibt die Frage, ob dieser Wahnsinnige, der sich für seine eigene Fiktion halten muß, auch seine (fiktive) Realität nur als ›Kino im Kopf‹ erlebt hat. Aber die Frage ist gefährlich, weil die Antwort lauten könnte, daß wir selbst als unsere eigenen Zuschauer unserer Realität, die im Kino die eines Filmzuschauers ist, daß wir diese Realität vielleicht auch nur als Fiktion erleben, deren Verkennung als Realität reiner Wahnsinn ist.

Die Paradoxien der (tendenziell unendlichen) Spiegelung der Leinwand im Kino selbst entwickeln einen starken paranoiden Sog. Das mag daran liegen, daß die Leinwand selbst wie ein Spiegel funktioniert, in dem sich normalerweise alles, was dort aktuell zu sehen ist, wie in einem Spiegel abzubilden scheint – außer der Wirklichkeit, die im Moment des Leinwandgeschehens wirklich vor der Leinwand ist, d.h. außer dem Kinosaal mit seinen aktuellen Zuschauern. Wir haben als Kinozuschauer/innen diese Differenz zwischen unserer Wirklichkeit und der auf der Leinwand dargestellten lebendigen Wirklichkeit (wie immer fiktiv sie auch sein mag: etwas muß wirklich vor der Kamera gewesen sein) akzeptiert und verarbeiten sie in der Regel dadurch, daß wir die eine Realität (unsere als Zuschauer/innen) vorübergehend zugunsten der anderen (auf der Leinwand) für die Dauer des Films vergessen. Dann jedoch erscheint auf der Leinwand wieder das Kino und wird so scheinbar (aber ist nicht alles Schein?) zum tatsächlichen Spiegel der aktuellen Realität des Zuschauersaales, der sich auf der Leinwand spiegelt und dadurch die beiden Realitäten identifiziert: Aber nein, nicht wir sind es selbst, die dort sitzen und dem Grauen oder dem Wahnsinn ausgeliefert sind, sondern es sind auch wieder nur Bewohner der fiktiven Welten des Films. Wenn das Licht im

Kino (in unserem Kino) angeht, werden wir aufstehen und das Kino verlassen. Aber haben wir nicht soeben im Film ebenfalls die Zuschauer aufstehen und das Kino verlassen sehen und danach wurde es in deren Wirklichkeit alles noch schlimmer? Daß uns die Kinophantome in unsere Wirklichkeit folgen (wie Harry Lime den beiden Mörderinnen in HEAVENLY CREATURES) und ihren schlechten Einfluß ausüben, ist immer wieder behauptet worden und gerichtsnotorisch. Daß wir jedoch das Kino (unserer Wirklichkeit) nie verlassen haben sollen, ist reiner Wahnsinn. Es sei denn, wir verstehen diese Reflexivität des Kinos auf seine eigene Realität als Vorübung zur totalen Medienrealität, die wiederum ein Thema (der Utopie) des Kinos ist.

15. Interaktionen zwischen Leinwand und Zuschauerraum

Schuß / Gegenschuß

In fast allen Beispielen literarischer oder filmischer Kinobesuche ging es bisher schon um Formen der Interaktion zwischen den Filmzuschauern im Saal und dem Geschehen auf der Leinwand: ›Uncle Josh‹ ist vor der herannahenden Eisenbahn davongelaufen, Buster Keaton hat sich als Filmvorführer in die Handlung auf der Leinwand hineingeträumt, während der Schauspieler Maldone sich beinahe in die zweidimensionale Leinwandfiktion hinein ›verloren‹ hätte. Und für den ›Maler‹ Majakowskij steigt eine hübsche Tänzerin von der Leinwand herab, die mit ihm durchgebrannt wäre, wenn es draußen nicht geregnet hätte. Und wenn immer wieder die Aktionen auf der Leinwand im Kinosaal kommentiert werden, wie das Kurt Tucholsky in den ›erotischen Films‹ erlebt hat, dann sind das die alltäglichen Interaktionen im Kino, deren ritualisierte Form die Kinoskandale sind, die von den Surrealisten angezettelt wurden. Literarische und filmische Phantasien über Interaktionen zwischen Leinwandgeschehen und Zuschauerraum brauchen sich um die tatsächlichen realen Bedingungen ihrer Möglichkeit nicht zu kümmern; dennoch spielen sie mit ästhetischen und medialen Grenzüberschreitungen, die durchaus ihre Voraussetzungen in den Erfahrungen haben, die Kinozuschauer beim Sehen von Filmen machen: Das beinahe schmerzhafte ›Erwachen‹, wenn das Licht im Saal angeht und man aus einer anderen Welt zurückzukehren scheint, deuten auf eine vielleicht traumähnliche Teilnahme am Filmgeschehen.

In seinem ersten Spielfilm DAS AROMA DER WÜNSCHE (1996) zum Beispiel läßt der turkmenische Regisseur Sergej Šugarev den jungen Coca sich Woche für Woche, wenn im dörflichen Mehrzwecksaal Kino ist, in den Film hineinträumen. Diesmal sind auf der Leinwand Menschen auf einem Schiff versammelt, aber egal was passiert, für Coca geht es darum, seine Lieblingsschauspielerin auf einem leeren Platz ins Spiel zu bringen: Sie wird sich nach ihm umsehen und so verführerisch lächeln, daß er kurz darauf neben ihr sitzen und seine Hand auf ihre Hand legen wird. Und jedesmal, wenn es am schönsten ist, geht das Licht im Saal an, der Film ist zu Ende, die Leinwand wird hochgezogen und die Dekoration der Bühne für die sozialistischen Versammlungen kündigt unbarmherzig die Rückkehr des Alltags an. In diesem Film fliehen die Jungen in die neuen Kinomythen, während die Alten sich in die mythische Vergangenheit träumen (Thienhaus 1996).

Die besondere Rolle, die die Blicke von der Leinwand für die Blicke auf die Leinwand spielen, lassen vermuten, daß wir uns ›sehenden Auges‹ in die bewegten Bilder hineinziehen lassen. Voraussetzung ist nach wie vor der Kinosaal selbst als Ort der realen Präsenz des Zuschauers, in dem seine Interaktionsphantasien ihren Platz haben. Die Leinwand wird dann das ihre tun, um dem Zuschauer zum Beispiel mit Großaufnahmen oder sinnlichen Bildern (der Erotik oder der Gewalt) nahe zu kommen. Daß die Distanz zwischen Leinwand und Zuschauer die Bedingung für ihre imaginäre Überwindung ist, mußte offenbar erst gelernt werden; wird sie nicht beachtet und versucht der Zuschauer nicht nur psychisch, sondern auch physisch in das Bild einzudringen, zerstört das Begehren sein Objekt, was jede Möglichkeit der Interaktion beendet.

In Jean-Luc Godards Film LES CARABINIERS (1963) ist die Verführung der Soldaten zum Krieg mit dem Begehren verbunden und dem Versprechen, daß sie alles, was sie erobern, besitzen werden. Am Ende werden sie das, was sie erobert haben, zerstört haben und nur die Bilder der Schätze fremder Länder mit nach Hause bringen. Einer der Soldaten, Michel-Ange, geht während ihres Krieges in einem fremden Land ins Kino.

Zuerst sieht er einen Zug in einen Bahnhof einfahren und ängstlich hält er die Arme vors Gesicht. Er kommt vom Lande und hat wie sein Vorfahre im Kino, Uncle Josh, noch nie einen Film gesehen. Dann fliegen nach dem REPAS DE BÉBÉ (nach Lumières Vorbild), währenddessen der Vater aus einem Superman-Comic vorliest, die Sahnetorten, was Michel-Ange schon besser gefällt. Schließlich kündigt ein Zwischentitel den Film LE BAIN DE FEMME DU MONDE an und Michel-Ange gefällt sehr, daß nun eine Frau im Bademantel sich anschickt, in eine Badewanne zu steigen. Um auch das Wesentliche zu sehen und weil man ihm versprochen hatte, daß er alles, was er erobert, in Besitz nehmen darf, klettert er über die Kinostühle nach vorne zur Leinwand. Aber es nützt nichts hochzuspringen, es gelingt ihm nicht, in die Badewanne hineinzusehen. Als er versucht, noch näher an die Badende heranzukommen, reißt er die Leinwand herunter. Am meisten verwirrt Michel-Ange, daß auch dahinter noch an einer Wand die ›Dame von Welt‹ in ihrer Badewanne sitzt, als wäre nichts geschehen; und daß sie weiterhin für ihn unerreichbar ist. Michel-Ange hat die Kultur der visuellen Aneignung mißachtet, die physische Distanz voraussetzt, damit das ästhetische Vergnügen um so größer ist, zumal wenn es die psychische Beteiligung am Wahrgenommenen ermöglicht.

Naive Interaktionen mit Ereignissen auf der Leinwand haben für Dritte etwas Komisches (und sehr viel mit dem Kampf Don Quixotes mit den Gespenstern seiner Einbildung zu tun), weil das, was auf der Leinwand angefeuert, beschimpft oder begehrt wird, ›eigentlich‹ gar nicht da ist. Aber es muß einmal dagewesen sein, damit es gefilmt werden konnte oder wie Thomas Mann noch über den Stummfilm gesagt hat: »Sie sind lebendige Schatten. Sie sprechen nicht, sie sind nicht – sie waren, aber genau so waren sie – und das ist die Erzählung« (Mann 1978, 165), die in den Bewegungsbildern (und Tönen) des Films die Abwesenheit des einmal Gewesenen wieder zu vergegenwärtigen scheint (ein Effekt, den wir das Photographisch-Phantastische genannt haben, s. Kapitel 9). Die kleine Schauspielerin ›Birgit‹ in Ludwig Fuldas Geschichte war längst tot, als sich Alwin in ihr so lebendiges Leinwandbild verliebte. Und hat nicht Alfred Polgar bedauernd über die Schauspielerinnen im Film gesagt »es hat gar keinen Sinn hinter der Leinwand auf die jungen Damen zu warten, bis das Theater aus ist. Sie kommen nicht«? Aber ihre wirkliche Abwesenheit im Film bedeutet durchaus nicht die Abwesenheit ihrer gewesenen Wirklichkeit, im Gegenteil, alle Vorstellungen von der Interaktion mit der Filmprojektion auf der Leinwand setzen voraus, daß ihre Zuschauer das Gefühl haben, auf eine lebendige Wirklichkeit zu reagieren, auch wenn sie sich mitunter gestehen ›ich weiß wohl, daß es nicht so ist, trotzdem …‹.

Wenn man das Kino mit dem Theater vergleicht, von dem es die Anordnungsstruktur zwischen Bühne und Zuschauern übernommen hat, dann schließen die medialen Bedingungen des Films und der Filmprojektion auf der Leinwand eine tatsächliche Interaktion zwischen Leinwandgeschehen und Zuschauern aus, so, wie sie im Theater zwischen Bühne und Zuschauern grundsätzlich möglich, aber zugunsten der Autonomie der Bühnenrealität unterbunden worden ist. Im Theater sind Schauspieler und Zuschauer immer gleichzeitig anwesend. Und die volkstümlichen Theaterformen der Commedia dell'arte zum Beispiel haben den Zuschauer einbezogen, ihn attackiert oder sich mit ihm durch das ›Sprechen à part‹ verbündet. Ebenso haben die Zuschauer natürlich Partei ergriffen, angefeuert, ausgepfiffen und haben sich sogar nicht selten handgreiflich eingemischt. Das bürgerliche Theater mit seinem literarischen Anspruch hat die vierte zum Zuschauer offene Seite seiner Guckkastenbühne zu einer undurchdringlichen Wand, die Rampe unüberwindlich und den Zuschauerraum dunkel gemacht, damit von vornherein klar ist, wo die Handlung stattfindet, einzig und allein im Licht der Bühne. Die Filmtheater haben eine ähnliche Entwicklung durchgemacht. Solange die (kurzen) Filme in der Nähe volkstümlicher Theaterformen in der Music-Hall oder im Varieté oder auf dem Jahrmarkt gezeigt wurden, war auch das Publikum gewohnt, spontan auf die Darbietungen zu reagieren, mit der Handlung lebhaft ›mitzugehen‹ oder sich sonstwie im Kino zu amüsieren. Dann sind die zunehmend ›literarischen‹ Filme länger geworden, die Kinos wurden vornehmer und ein anderes Verhalten ihrer Besucher/innen wurde gefordert und eingeübt. Wie im Theater mußte man nun über eine Stunde lang im Dunkeln still sitzen und sich auf eine Handlung konzentrieren, deren Bedeutung nicht mehr nur in der vordergründigen Aktion, sondern oft erst in der Reaktion der Figuren und aus dem Ganzen der gezeigten Ereignisse zu schließen war; kurz, man mußte ganz schön aufpassen, um alles verstehen zu können. Bis zum Ende der Stummfilmzeit hat es in den Kinos immer noch Reste von Bühnenshows aus der Varieté-Umgebung des Films gegeben (Salinger hat von der ›Radio City Music Hall‹ in New York erzählt, in der bis in die 60er Jahre auch zu Tonfilmen noch Bühnenshows geboten wurden, während heute fast nur noch Bühnenshows und kaum noch Filme zu sehen sind). Film-Erklärer in der Frühzeit des Kinos, kleine Cabaret-Nummern oder große Musik- und Ballett-Shows haben dazu beigetragen, die Schatten der (stummen) Filme mit der Präsenz wirklicher Körper und Musik auf der Bühne zu verbinden. Schließlich haben die bewegten Bilder und die Töne ohne ›fremde‹ Hilfe die Phantasien ihrer Betrachter gefangen genommen.

Filme haben es verstanden, die Attraktivität und den Schauwert ihrer Bilder zu erhöhen und die zunehmend komplizierte Handlung spannend zu gestalten: Strategien, den Zuschauer suggestiv in die Handlung einzubeziehen, setzen voraus, daß er gelernt hat und bereit ist, sich ganz auf die Leinwand zu konzentrieren. Dann geht die ›Interaktion‹ zwischen Leinwandgeschehen und Zuschauern von der Filmprojektion aus, die den Zuschauer an seinem Platz voraussetzt. Ein Blick, noch dazu in der Großaufnahme des Gesichts, frontal auf die Kamera gerichtet, scheint den Zuschauer zu sehen, der sich im Kino auf der Seite der Kamera befindet. Der frontale Blick bezieht einen Raum ein, der scheinbar ›diesseits‹ (»en deça«

sagt Marc Vernet, 1988) des auf der Leinwand dargestellten ästhetischen Raumes liegt, dort, wo sich der Zuschauer befindet (3-D-Bilder und -Töne verstärken nur diesen Effekt des ›Diesseits‹ der Leinwand, wo nicht nur Blicke, sondern auch Aktionen, vor allem Wurfgeschosse etc. auf den Zuschauer geschleudert werden). Dann realisiert die Montage einen abrupten Stellungswechsel der Kamera, der einer Drehung der Kamera um 180° entspricht und zeigt (›au delà‹), was der Blick tatsächlich gesehen hat, eine entsetzliche Erscheinung in einem Horrorfilm, das Opfer seinen Mörder, die Liebende ihren Geliebten oder einfach eine Person ihren Dialogpartner, denn Dialoge im Film werden üblicherweise durch Schuß-/Gegenschuß-Einstellungen in dieser Form dargestellt. An der Stelle der Drehung der Kamera sitzt auch der Zuschauer im Kino, der nicht mit dem Blick identifiziert, sondern in dessen wechselnde Konfrontation involviert wird. Während der Blick wechselt, hat der Ton längst das ›Jenseits‹ (au delà) des kinematographischen Raumes mit dem Diesseits (en deça) gekoppelt und dem Zuschauer akustisch das sichere Gefühl gegeben, sich im gleichen Raum mit der Filmhandlung zu befinden.

Klassisch-realistische (Ton-)Filme, wie sie vor allem von Hollywood produziert werden, tun alles, um den Blick des Zuschauers an die Leinwand fest zu binden, das heißt, daß die Übergänge zwischen Kamerapositionen nicht zu sprunghaft, sondern möglichst unmerklich und fließend sein sollten, worin sie durch die Filmmusik und die Attraktivität des Dargestellten unterstützt werden. Wenn die Bedingungen stimmen, reagiert der Zuschauer mit Faszination, die seinen Blick (und sein Ohr) an die Leinwand fesselt. Ein Großteil der Lust am Film, nachdem jede andere Lust im Kino unterbunden wurde, resultiert aus der Seh-Lust und Faszination der Bilder, deren Einstellungen dem Zuschauer nicht selten die Rolle des Voyeurs zuweisen.

Stanley Kubrick hat in seinem Film CLOCKWORK ORANGE (1971) einen Kinozuschauer gezeigt, dessen erzwungene ›Fesselung des Blicks‹ die unerträgliche Macht der Bilder in die Perversion der Faszination, in einen schmerzhaften Blick, der sich nicht mehr abwenden kann, gesteigert hat: Alex, der Chef einer Jugendbande, die aus purer Lust an der Zerstörung Grausamkeiten gegen andere Menschen verübt hat, wird im Rahmen eines Rehabilitationsprogramms von der Polizei gezwungen, sich nun seinerseits (wie der Kinozuschauer zuvor freiwillig!) Grausamkeiten auf der Leinwand anzusehen. Die Zuschauer in Kubricks Film sehen wiederum in einem Kino einen Zuschauer, dessen Augen jedoch mit metallenen Klam-

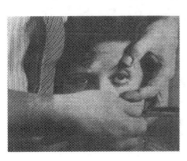

mern weit aufgerissen sind, damit sie, ohne sich abwenden zu können, unter Qualen Szenen von Gewalt auf der Leinwand sehen müssen. Für den Zuschauer von Kubricks Film ist der gequälte Blick selbst das Entsetzliche, das er sieht, (vermutlich) ohne den Blick abzuwenden, denn es ist nicht sein Blick, der gequält wird, solange der Blick des Anderen ein anderer Blick bleibt (ähnlich verhält es sich mit dem durchschnittenen Auge in Luis Buñuels Film UN

CHIEN ANDALOU [1928], ein Bild, das fast unerträglich zu sehen ist, aber das Sehen nicht verhindert). Versuche, den Zuschauerblick mit der subjektiven Wahrnehmung des filmisch Dargestellten zu verbinden, ihn gleichsam zum ›Kamerablick‹ zu machen (zum Beispiel in dem aus diesem Grund berühmten Film von Robert Montgomery, LADY IN THE LAKE, 1947), sind aus filmtechnischen ebenso wie aus wahrnehmungspsychologischen Gründen fehlgeschlagen, sie zeigen aber, daß der Wunsch, die durch die Anordnung des Zuschauers und ästhetisch vorausgesetzte Differenz des Betrachters zum Bild durch Imagination oder Faszination zu verringern oder aufzuheben, nicht erst ein Effekt digitaler ›Cyberspace‹-Programme ist.

Die Koordination des Zuschauers mit dem Kamerablick macht die Leinwand zum Ort der ›suggestiven‹ Interaktion, indem sie den Blick in die Handlung zieht, um dort das Gesehene mit dem Sehen zu verbinden. Oder ist es nicht umgekehrt, macht nicht das Bewußtsein des Zuschauers erst die Leinwandhandlung zu ›seinem‹ Erlebnis und seinen Kopf zum Ort des Geschehens? Der Kinobesuch wird dann zu einem (mehr oder weniger) geistigen Erlebnis und wenn es zu Interaktionen kommt, dann über Träume und Phantasien, die den Körper des Zuschauers im Sessel zurücklassen, um sich phantasmagorisch mit der Filmhandlung zu verbinden. Erst der Tonfilm hat dieser (literarischen) Tendenz eines Kinos des Imaginären und der ›Identifikation‹ mit seiner Filmhandlung zum Durchbruch verholfen und ist als ›klassischer Hollywood-Film‹ weltweit zum Standard (s)eines imaginären Realismus und als Kino zum Traumpalast seiner immer opulenteren Bilder und lauteren Töne und der schweigend in ihren Sesseln versunkenen Zuschauer geworden.

Das bedeutet nicht, daß der kulturell habitualisierte Konsens, man habe im Kino still auf seinem Platz sitzenzubleiben (auch schlafen darf man nur leise) und sich ganz von den Bildern gefangennehmen zu lassen, in der Wirklichkeit des Kinos von fröhlichen Kindern, südländischer Begeisterung, randalierenden Jugendlichen oder politischen Aktivisten nicht immer wieder durchbrochen worden ist. Film und Literatur beziehen sich, wie zu sehen und zu lesen war, gerne auf derartige Regelverletzungen, weil auf diese Weise mehr als nur der Film im Kino passiert, damit etwas aus dem Kino erzählt werden kann. Zugleich werden durch Aktionen im Kino und Interaktionen mit der Leinwand die Voraussetzungen für die habituelle Fesselung des Zuschauers, seine Faszination und seine Überwältigung durch die spektakulären Bilder und Töne der Leinwand, die immer auch etwas Gewaltsames haben, in Frage gestellt. Aber diese desillusionierende Funktion ist ambivalent, ihr Erfolg ist ihre Niederlage, denn ihr Gelingen beweist, daß wir alle im Kino Don Quixotes sind, die zumal dann, wenn wir gegen die Gespenster auf der Leinwand ankämpfen oder uns mit ihnen verbünden, ihre Wirklichkeit anerkennen.

Nehmen wir das Beispiel von Onkel Eugenio.

»In den 40er Jahren wohnten wir in einem gottverlassenen Nest in der argentinischen Pampa unmittelbar neben einem Kino. Jede Nacht konnten wir den Film hören und uns vorstellen, was gerade auf der Leinwand los war. Wir, ausgenommen Onkel Eugenio, der niemals einen Film gesehen hat und alles für Täuschung und Illusion und wenn das Licht anging und die Figuren des Films verschwunden waren, die Leinwand für nichts als einen dreckigen Lappen hielt« (Moyano 1990, 39). Onkel Eugenio hatte nur Verachtung für die Tränen von Tante Delicia übrig, »die immer alles sehr persönlich nahm, besonders die Liebesgeschichten. Onkel Eugenio rastete fast aus bei dem Gedanken, daß bloße Illusionen richtige Tränen hervorbringen konnten. Ostern gelang es uns, Onkel Eugenio, der gläubig war, ins Kino zu lotsen, wo es ›Das Leben Jesu Christi‹ gab, sicherlich ebenfalls eine Illusion, die jedoch einmal im wirklichen Leben stattgefunden hat. Im Kino schämte sich Onkel Eugenio, daß die Leute ihn dort sehen konnten. Aber fünf Minuten später war er vom Film bereits so gefangengenommen wie sonst nur im Fußballstadium bei einem Spiel. Als der Onkel sah, wie Judas mit den Römern seinen Handel machte und den Lohn für seinen Verrat einheimste, schrie er: ›Ich halte das nicht aus‹ und rannte aus dem Kino. Er kam mit einer Schrotflinte zurück gerade in dem Moment, als Judas seinen Herrn den Römern übergab. Und um niemanden versehentlich zu verletzen wartete der Onkel, bis sich die Apostel etwas von der Menge entfernt hatten, dann ... Ein Loch in der Leinwand, Schreie, Licht im Kino und das Verschwinden der Bilder, alles das geschah gleichzeitig. Inmitten des Geruchs und Qualms der unerhörten Tat und dem Pulverdampf des Gewehrs stand Eugenio wie eine Erscheinung oder eine Illusion« (39).

Onkel Eugenios Schuß auf die Leinwand gehört zur selben Kategorie wie Mack Sennetts eifersüchtige Schießerei, als er seine Mabel in den Händen des gemeinen Entführers sah (in MABEL'S DRAMATIC CAREER). Beide Male wird die Projektion abgebrochen. Die Illusion ist zerstört, weil sie zu wirkungsvoll war. Beiden fehlte ebenso wie dem Soldaten Michel Ange in Godards LES CARABINIERS das Unterscheidungsvermögen zwischen bloßer Projektion und körperlicher Realität mit dem Erfolg, daß am Ende nur die desillusionierende Wirklichkeit der Projektion in Form der zerstörten Leinwand übrigbleibt.

Diese naive Verkennung der Fiktion muß jedoch keine notwendige Bedingung für Interaktionen des Kino-Publikums mit dem Leinwandgeschehen sein. Im folgenden Beispiel ist allerdings umgekehrt die Zerstörung der apparativ hergestellten Illusion die Voraussetzung für die Aktionen des Publikums. Ein junges Paar hat ein ganz und gar heruntergekommenes Kino geerbt; das es wiedereröffnen will. Aber der Projektor ist alt, der Filmvorführer (Peter Sellers) betrunken und das Kino so nah an der Eisenbahnstrecke, daß jeder vorbeifahrende Zug die Projektion erzittern läßt. Während der Vorführung eines Western passiert es: Eine Eisenbahn fährt vorbei, das Kino bebt, der Film zittert, der Vorführer trinkt und schließlich steht der Film nach dem Rollenwechsel auf dem Kopf. Die Zuschauer sind zuerst verblüfft und machen Kopfstand. Dann verheddert sich der Western und rast mit erhöhter Geschwindigkeit durch den Projektor. Die Zuschauer nehmen selbst das Tempo auf, reiten in ihren Sitzen mit dem rasenden Galopp der Pferde mit und beteiligen sich schließlich mit viel Gebrüll und Reiterkämpfen im Kino an der Handlung auf der Leinwand.

Zweifellos interagiert hier das Publikum mit der (in Auflösung begriffe-
nen) Filmhandlung, aber es bleibt auf seiner Zuschauer-Seite und macht
sich seinen eigenen Spaß. Der Film heißt THE SMALLEST SHOW ON EARTH
(Basil Dearden, 1957).

Derartige ›anarchistischen‹ Handlungen des Publikums, die häufig
durch das Versagen der Filmprojektion provoziert sind, weil dann die
›Fesselung des Blicks‹ nicht mehr funktioniert, unterscheiden sich von
ritualisierten Interaktionen, die direkt auf den Film reagieren (mit ihm,
nicht gegen ihn), weil die stereotypen Wiederholungen von Verfolgungsjagden, Postkutschenüberfällen, Anschleichen im Dunkeln und natürlich
Verführungen mit Liebesschwüren, die in der Großaufnahme enden, einfach zur stereotypen Wiederholung von Reaktionen des Publikums reizen, das auf diese Weise sein Einverständnis mit sich selbst und dem Kino
bekundet. Damals (in den 60er Jahren) gab es

> »eben auch noch eine richtig große Leinwand, rote oder stahlblaue Vor-
> hänge, die sich auch wirklich öffneten, ganz theatralisch. Vorher gab es
> noch einen Gong, der ankündigte, wenn der Hauptfilm begann. Der
> einen, wenn man zufällig noch draußen war im Foyer, sofort ins Kino
> rief. Früher war die Reaktion des Publikums auch viel stärker. Ein
> Höhepunkt war, wenn im Western die Kavallerie kam und die im Fort
> Eingeschlossenen befreite. Wenn das Signal ertönte, dann ging es los:
> Hey, hey und hö, ein Riesengeschrei im Saal, als würde man mitreiten.
> Da war wirklich noch Action, Kommunikation zwischen dem Film und
> dem Zuschauer« (Göhre 1983, 110).

Die ROCKY HORROR PICTURE SHOW (von Jim Sharman, 1974) ist zum Kult-
film und Anlaß für ganz bestimmte, im Film selbst festgelegte, aber nicht
als Ergänzung im Publikum erforderte Handlungen geworden wie das
Entzünden von Streichhölzern und Werfen von Reis bei der Horror-Hoch-
zeit als Höhepunkt des Films. Publikum und Film integrieren sich damit
gegenseitig in eine reflexive Jugendkultur, die im Gegensatz zur realen
Szene der Pop-Konzerte im Kino ihr ironisches ›virtuelles‹ Pendant inszeniert, wo vor allem das aktuelle Publikum sich selber konsumiert. Der
Ritus oszilliert zwischen der Faszination der Teilhabe am Film und der
Distanz, die erst die Selbstinszenierung des Publikums genießen läßt. Das
hat sie (die Selbstinszenierung des Publikums) übrigens gemeinsam mit
den rituellen Reaktionen nicht nur studentischer Zuschauer auf Eddie-
Constantine-Filme in den 60er Jahren.

> »In Köln gab es ein Kino auf der Hohen Straße. Das war bekannt und
> beliebt für seine Nachtvorstellungen am Wochenende, die Eddie-Con-
> stantine-Filme. Freitag war der beste Tag, und ich ging mit hin, obwohl
> wir am Samstag arbeiten, früh um halb neun auf der Matte zu stehen
> hatten. Vor der Kasse trafen wir Knut und Burkhardt, und später kam
> Schwermitz dazu, der mit dem Motorrad. Wir saßen immer ziemlich
> weit vorn, obwohl der Film nicht das Wichtigste für uns war. Wichtig
> war, nebeneinander in einer Reihe zu sitzen, gemeinsam zu lachen und
> Eddie zuzurufen, auf was er zu achten hatte« (Göhre 1983, 126).

In West-Berlin zeigte das ›Kino am Thielplatz‹, ganz nah bei der Freien Universität, jeden Samstag Eddie-Constantine-Filme. Alle im Kino kannten die Filme fast auswendig und konnten Eddie laut warnen, wenn irgendein Bösewicht noch unsichtbar hinter einer Ecke lauerte. Der Spaß war, daß Eddie (eigentlich Lemmy Caution oder war es umgekehrt?) doch wieder in die Falle ging, während wir als Zuschauer wieder mal recht behalten hatten. Eines Abends, als der erste Auftritt von Eddie kurz bevorstand und alle nach »Eddie!« riefen, öffnete sich die Saaltür und Eddie Constantine persönlich betrat das Kino, weil der Kinobesitzer seiner Fan-Gemeinde eine Überraschung bereiten wollte. Die Überraschung war gelungen, aber der Abend war danach nicht mehr lustig, eher peinlich (J. Paech, persönliche Erinnerung).

Woody Allen demonstriert in seinen STARDUST MEMORIES (1980) ein anderes Ritual, das nach dem Film den ›Autor‹ mit einem in der Regel intellektuellen Publikum konfrontiert, das selbstverständlich nicht in den Film eingreift, sondern ihn ›betrachtet‹ und sich erst danach diskursiv damit auseinandersetzt, wenn sich die Gelegenheit dazu bietet. Das ist der Fall, wenn sich der Regisseur als Autor seines Films stellvertretend für den Film zur Interaktion auf der Bühne des Kinos zur Verfügung stellt. Weil diese Form nachgeordneter Interaktion eine bestimmte reflektierte Haltung auch während der Projektion voraussetzt, die typisch für Film-

kritiker, nicht aber für faszinierte Zuschauer ist, entsteht neben der zeitlichen Verschiebung auch ein Widerspruch zwischen unterschiedlichen Ansprüchen an Filme (und an das Publikum), der nur durch ein spezielles Filmangebot (sog. ›Art Films‹) gelöst werden kann, die dann allerdings auch eher in der Lage sind, ›ihr‹ Publikum zu finden. Diese Filme brauchen (oder ertragen), wenn sie das Projektions-Licht der Kinos erblicken, offenbar die kommentierende Unterstützung ihrer ›Urheber‹, wie das häufig bei moderner Kunst der Fall ist, während die industriell gefertigte Massenware Hollywoods (etc.) wie Autos sind, die, einmal vom Band gelaufen, funktionieren müssen, andernfalls werden sie verschrottet. In Nanni Morettis Film GOLDENE TRÄUME (1981) geht es um das (unmögliche) Einverständnis zwischen einem Regisseur und ›seinem‹ Publikum über (s)einen Film. Oftmals absurde Diskussionen zwischen Regisseur und dem Publikum im Kino oder einem akademischen Publikum im Hörsaal zum Beispiel machen diese Interaktion mit dem ›Autor‹ zu einem Stellvertreter-Gefecht, das im Kino oft mit dem Ruf abgebrochen wird: »Können wir jetzt endlich den Film sehen?« Dann ist Ruhe im Kino, nur der Film hat noch etwas zu zeigen und zu sagen. Und wenn sie den Film gesehen haben, verlassen die Zuschauer schnell das Kino und nur wenige bleiben zum Gespräch zurück. Kino ist eben Kino, aber welches?

Während in den bisherigen Beispielen die Aktionen im Kino vom Publikum ausgingen oder vom Veranstalter angeboten wurden, deuten sich in einer kleinen Kinosequenz in William Wylers THE GOOD FAIRY (1935) weitere Möglichkeiten der Interaktion im Kino an, die das Leinwandgeschehen aktiv einbeziehen und über die von der Literatur und dem Film mit Vorliebe phantasiert wird. In Budapest (der Film beruht auf einem ungarischen Theaterstück) wird ein phantasievolles junges Mädchen aus einem Waisenhaus als Platzanweiserin in einem Kino (dem ›Traumpalast‹) engagiert. In der Uniform einer Majorette dirigiert sie das Publikum mit einem leuchtenden Pfeil zu den verschiedenen Saaleingängen und setzt sich schließlich selbst, vollkommen fasziniert von der Szene auf der Leinwand ins Kino. Sie merkt nicht, daß ihre Taschenlampe noch an ist, und daß sie damit einem Mann ins Gesicht leuchtet (diese ›Projektion einer zusätzlich beleuchteten ›Szene‹ (des Gesichts) dieses Mannes wird erst später eine wichtige Rolle spielen, wenn sie ihn nach dem Kino kennenlernt). Ein Ehedrama läuft in Schuß/Gegenschuß-Montage auf der Leinwand ab, immer wenn ›Sie‹ ihm Vorhaltungen macht oder um seine Liebe bittet, antwortet ›Er‹ mit einer Armbewegung nach vorn aus dem Bild und sagt ›Go!‹ Eine Familie im Zuschauerraum bezieht diese Aufforderung auf sich und verläßt das Kino: ›Go!‹ Die Platzanweiserin ist offenbar in Gedanken ihrem faszinierten (wenn auch tränenumflorten) Blick ins Schlafzimmer dieses verfeindeten Ehepaares gefolgt, um mit der Dame des Hauses zu leiden. Der faszinierte Blick ist der Normalfall der Interaktion mit der Leinwand, die Reaktion der Zuschauer, die das Kino verlassen, beruht dagegen auf einem Mißverständnis: Sie waren natürlich nicht gemeint. Die Interaktion zwischen den Zuschauern, die der Film wie eine kleine (Taschenlampen-) Projektion (ein Kino im Kino) arrangiert, wird, wie gesagt, beim Verlassen des Kinos ›im Film‹ fortgesetzt.

Genau diese drei Ebenen der Interaktion sind es auch, die Woody Allen für Cecilia, seine Zuschauerin in THE PURPLE ROSE OF CAIRO vorgesehen hat: Ausgangspunkt ist der ›Normalfall‹ des faszinierten Blicks Cecilias auf die Leinwand. Die völlige Selbstvergessenheit Cecilias und ihr Wunsch, in der anderen Film-Welt aufzugehen, erklärt Woody Allens Film mit ihrer bedrückenden sozialen Situation, aus der sie sich mit der Suggestionskraft der Filmbilder vorübergehend zu befreien versucht. Ihre psychische Grenzüberschreitung in die dargestellte Handlung auf der Leinwand ist erlaubt, dafür ist das Kino schließlich da. Aber dann antwortet ein Blick von der Leinwand auf ihren Blick, der offenbar sie selbst meint, also seinerseits die Grenze zum Zuschauerraum überschreitet. Nicht nur sie sieht, sondern sie wird auch gesehen, was eine für sie neue, zuerst erschreckende, dann aber befriedigende Tatsache ist. Diese Interaktion ist kein Irrtum Cecilias, der Blick aus dem Film meint tatsächlich sie selbst und der Filmheld ›Tom Baxter‹ spricht sie sogar an. Diese verbotene Grenzüberschreitung, die zu Ohnmachten im Zuschauerraum und zum Ruf nach einer ordnenden Autorität führt, wird noch verstärkt, als die Figur aus dem Film in den Zuschauerraum eindringt und beide, Cecilia und Tom Baxter gemeinsam das Kino verlassen.

Die imaginären Beteiligung geht über zur (phantastischen) Interaktion zwischen Kino und Leinwand, die darüber hinaus auch die interaktive Szene im Kino selbst zwischen den Zuschauern, der Kinoleitung etc. erst

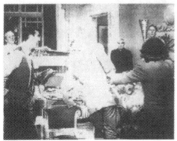

provoziert. Auf der Leinwand ist der Film ›angehalten‹, dort ist die Szene des Films zur Bühne geworden, von der aus die Schauspieler nun nicht mehr in ihren Filmrollen mit dem Publikum im Film›theater‹ in der vorübergehenden Kopräsenz beider Gruppen im Kino kommunizieren. Das ›Filmische‹ der Theater-Bühne wird lediglich durch das Schwarz/Weiß der Szene, in die Tom Baxter und Cecilia gemeinsam zurückkehren, angedeutet, während der ›wirkliche‹ Zuschauerraum des Kinos farbig bleibt. Wenn Tom Baxter mit Cecilia in den Film zurückkehrt, ›geht der Film zwar weiter‹, er ist dann aber ›nur noch Film, der sofort den Kontakt zu seinem Ort im Kino und zur Gleichzeitigkeit mit dem Kinopublikum verliert (anders als Buster Keatons geträumte Existenz im Film SHERLOCK JR.), wo jeder Schnitt der Montage ihn wieder zum Fremdkörper im Film macht. Woody Allens THE PURPLE ROSE OF CAIRO hat die Interaktions-Phantasie im Kino auf die Spitze getrieben, weil dort alle drei Aktionsebenen auf demselben Niveau ihrer Realisierung miteinander verbunden werden (was allerdings in Majakowskijs Beispiel VOM FILM GEFESSELT auch schon der Fall war, wo der Blick des Malers vom Bild der Tänzerin ›gefesselt‹ war, die ihm als Bild in einem Plakat eingerollt in die Realität außerhalb des Kinos folgt und schließlich in ›ihren‹ Film zurückkehrt).

Tom Baxter, der Archäologe und Abenteurer, hat es einfach satt, immer wieder dieselben Sätze in der derselben Handlung zu sagen, weshalb ihm das Abenteuer mit Cecilia wie gerufen kommt. Er befreit sich aus der Handlung seines Films, um aus dem Kino zu fliehen und mit Cecilia ihre Welt zu entdecken und enttäuscht zurückzukehren.

In Polen Ende der 80er Jahre sind es andere Gründe, die zum Aufstand der Schauspieler in dem Film im Film MORGENRÖTE führen, der gerade im Kino ›Freiheit‹ angelaufen ist (Wojciech Marczewski: FLUCHT AUS DEM

KINO ›FREIHEIT‹, 1990). Die Schauspieler beschweren sich über die Zensur, die ihre Rollen verstümmelt. Während einer Jugendvorstellung fallen sie buchstäblich aus ihren Rollen und machen dem Zensor, der wegen dieses Vorfalls ins Kino geeilt ist, Vorwürfe. Sie weigern sich, ihre Rollen weiterzuspielen, die Handlung ist in einer Szene angehalten, die Schauspieler kommen und gehen, sitzen herum und diskutieren. Der Zensor ist machtlos. Um den Vorfall nicht publik werden zu lassen, kann er die Vorführung des Films nicht einfach abbrechen; also läßt er sämtliche Kinokarten der vorgesehenen Vorstellungen aufkaufen, so daß die aufständischen Schauspieler im Film wie auf einer Bühne, aber vor leerem Saal sitzen.

Weil aber auch vor dem Kino ›Freiheit‹ Demonstrationen stattfinden, erfährt die oberste Zensurbehörde in Warschau von dem Vorfall und schickt ihre Vertreter, um die Ordnung wieder herzustellen. Einer von ihnen erklärt die desolate Lage im Kino allgemein mit dem angeblich schlechten polnischen Film der Gegenwart, und als Beweis dafür, wie man es besser macht, läßt er einen amerikanischen Film vorführen. Und wieder sehen wir Cecilia, die fasziniert von Tom Baxter ist, der daraufhin aus dem Film aussteigt und mit ihr aus dem Kino davonläuft. Dieser Film wird jedoch über die angehaltene Szene des polnischen Films projiziert – durch einen Unfall kommt Woody Allens Film zum Stocken und Tom Baxter findet sich in der Szene der aufständischen polnischen Schauspieler wieder, deren Probleme ihm allerdings völlig unbekannt sind. Nur der Abbruch des Films kann das Chaos rückgängig machen. Die Vertreter der obersten Zensurbehörde beschließen, die Filmkopie mit den aufständischen Schauspielern zu verbrennen, was das Problem – radikal – lösen würde. Da wechselt der örtliche Filmzensor, der selber früher Schriftsteller war und noch immer als Zensor

ein schlechtes Gewissen hat, die Seiten: Er steigt in die Filmszene ein, um sich dort mit den Rebellen zu solidarisieren. Aber in dieser Welt trifft er vor allem auf seine Opfer, die verstümmelt, kaltgestellt und frustriert ihn als Zensor anklagen. Entmutigt kehrt er auf die Seite des Zuschauerraums zurück, verläßt das Kino, geht nach Hause und zieht die Vorhänge zu.

Aus Woody Allens PURPLE ROSE OF CAIRO ist eine politische Parabel geworden; die Rebellen können wohl die Szene, aber nicht ihre Welt des Films (wie Tom Baxter) in die Welt der Zuschauer verlassen, so daß sie auch noch in ihrem Protest hinnehmen müssen, was mit ihnen geschieht (daß sie zum Beispiel mit ihrer Filmkopie verbrannt werden). Nur der Zensor mit dem schlechten Gewissen, der mit der Mördergrube seines Herzens auf der Seite der Kunst ist, vermittelt zwischen beiden Seiten. Erfolglos. Und natürlich macht diesen Film von Wojciech Marczewski interessant, daß er einen anderen Film (von Woody Allen) aufgreift, zitiert, weitererzählt und so zu einem Spiel der Interaktionen zwischen zwei Filmen macht, denen die Zuschauer im Kino erstaunt und erschrocken zusehen.

Tom Baxters Blick ins Publikum und Cecilias Reaktion, daß sie selbst von ihm gesehen und angesprochen worden sein könnte, sind von uns als

Zuschauern des Films von Woody Allen beobachtbar, das bedeutet, daß wir sehr wohl zwischen Leinwandfiktion und Realität unterscheiden können und unser Vergnügen daran haben, zu sehen, was passiert, wenn diese Unterscheidung aufgehoben und die Grenze zwischen Leinwandfiktion und Kinorealität interaktiv überschritten worden ist: fiktiv überschritten, denn uns selbst kann nicht geschehen, was sich zwischen Cecilia und Tom Baxter ereignet hat. William Castle hat diese selbstzufriedene Sicherheit des Kinozuschauers beim Beobachten des Unglücks (auch des Glücks) der Anderen auf der Leinwand, diese gefahrlose Gefahr beim Miterleben von Mord und Totschlag, Krieg und Katastrophen, aber auch das glücklose Glück der ewigen Liebe im Kino gereizt, die Zuschauer so weit wie möglich an der körperlichen Erfahrung (hier) des Schreckens zu beteiligen. Seine Anrede an die Zuschauer im TINGLER (s. Kapitel 14) war ernst gemeint. Sie richtete sich an das aktuelle Publikum, das zumindest dort, wo Vibratoren in den Sitzen eingebaut waren, denselben Kitzel im Rücken verspürte wie das Kinopublikum im Film, das von dem gefährlichen Tausendfüßler ›Angst‹ attackiert wurde. Wenn das auch eher eine futuristische Idee war (die italienischen Futuristen hatten Knallkörper unter den Stühlen der Besucher ihres Theaters angebracht, um sie zu aktivieren), allein die gleichzeitige von der Leinwand ausgehende Interaktion mit beiden Zuschauerebenen im Film und gegenüber dem Film durch die Ansprache des Regisseurs (scheinbar zeitlich und räumlich) vor dem Film und die direkte körperliche Aktivierung der aktuellen Zuschauer im Kino machen diesen Film zu einem exemplarischen Fall für ein frühes interaktives Kino.

Wie unmittelbar sogar die nur imaginären Interaktionsangebote von der Leinwand tatsächlich beim Publikum ankommen und halb erstaunt und halb amüsiert akzeptiert werden nach dem Motto, ›ich weiß, daß es nur Film ist, trotzdem ...‹ hat ein Kurzfilm von Zoltan Spirandelli gezeigt (DER HAHN IST TOT, 1988). Wieder tritt ein Mann (scheinbar) vor die Leinwand, diesmal geht auch ein Vorhang zur Seite, wodurch der Eindruck einer Bühne simuliert wird (zumal wenn die Kadrierung genau mit dem unteren Bildrand abschließt). Der Mann begrüßt das Publikum und fordert es auf, gemeinsam

> »mit ihm den Kanon ›Der Hahn ist tot, er kann nicht mehr schreien, kokodi kokoda‹ zu intonieren. Zu ihrer eigenen Verblüffung machen die Zuschauer mit. Die Verblüffung wächst, wenn der Leinwand-Dirigent genau an den ›richtigen Stellen‹ eingreift, etwa den (tatsächlich schwachen) Mittelblock anfeuert. Man reibt sich die Augen, ob das denn wirklich nur ein Film sei« (Thienhaus 1989).

Offenbar macht es dem Publikum Spaß, auf diese Weise irritiert und verunsichert zu werden über die vermeintlich klare Grenze zwischen Leinwandfiktion und Kinorealität. Und wenn die fiktive Handlung auf der Leinwand ausdrücklich unterbrochen wird, um die Wendung des Films an das Kinopublikum zu ermöglichen, dann wird sogar die Durchbrechung der Fiktion zu ihrer Verdoppelung: In H.C. Potters HELLZAPOPPIN (IN DER HÖLLE IST DER TEUFEL LOS 1941) dekoriert das Liebespaar gerade eine Bühne für einen Film, der dort gedreht werden soll und kommt sich

auf der Leiter singend näher, als in der nächsten Einstellung ein Vorhang
(im Kino?) zur Seite geschoben wird und ein Mann ins Kinopublikum
winkt. Ein Schild oder Zwischentitel mit der Aufschrift »Achtung! Ein
gewisser Stinky Miller soll sofort nach Hause kommen.« erscheint. Nichts
passiert, die Gesten des Mannes werden nachdrücklicher und ein weiteres
Schild erscheint: »Stinky Miller! Deine Mutter sucht dich!« Wieder nichts.
Noch ein Schild: »Stinky Miller! Geh nach Hause.« Jetzt sind wieder die
beiden Liebenden auf der Leiter im Bild, auch sie sehen nach vorn ins
Publikum und warten, daß etwas passiert. Da erscheint ein Schatten auf
dem Bild, der größer wird und schließlich zur Seite verschwindet. Offenbar hat sich Stinky Miller im Publikum, das Potters Film gerade sieht, auf
den Weg gemacht und ist dabei durch das Projektionslicht gegangen. Die
beiden auf der Leiter kommentieren Stinkys Abgang mit einem »Na also«
und setzen ihre Filmszene fort. Das wichtigste Indiz für die Illusion von
der Durchbrechung der Illusion durch die Interaktion mit dem aktuellen
Kinopublikum ist Stinky Millers Schatten auf der Leinwand, der zusätzlich zur (scheinbaren) Unterbrechung der Handlung des Films auch noch
die Projektion des Films selbst in Mitleidenschaft zu ziehen droht. Projiziert wird der Film dort, wo wir ihn sehen, im Kino, in dem wir sitzen
oder uns wie Stinky Miller bewegen, der einer von uns, die Potters Film
sehen, ist (vielmehr sein soll). Wir reagieren auf das Interaktionsangebot
mit dem Vergnügen das wir haben, wenn wir auch diese nicht ernst
gemeinte Täuschung durchschauen.

Nicht alle Interaktionsangebote sind freundlich gemeint. Wenn es im Film zu Schießereien kommt und es Tote gibt, dann ist nicht zu erwarten,  daß es friedlicher zugeht, wenn auch der Kinosaal zum Schauplatz derartiger Handlungen wird. Im Anschluß an Edwin S. Porters Film THE GREAT TRAIN ROBBERY von 1903, als die Banditen längst zur Strecke gebracht waren, tritt George Barnes noch einmal vors Publikum (vor die Kamera) und schießt nach vorn in dessen Richtung, es gibt keinen anderen (fiktionalen) Adressaten seiner Aktion als den Zuschauer, der diesen Film gerade sieht. Aber er wird sehr wahrscheinlich nicht getroffen werden, denn dieser Schuß wurde vor 96 Jahren (1903) abgegeben. Aber kann man wirklich sicher sein?

Nicht, wenn Alfred Hitchcock im Spiel ist. 1942 hat Hitchcock einen Film über SABOTEURE gedreht, eine Gruppe amerikanischer Faschisten, die Sabotageakte in amerikanischen Rüstungsbetrieben begehen. Einem jungen Arbeiter, der zunächst verdächtigt worden war, für die Sabotageakte verantwortlich zu sein, gelingt es, die wahren Schuldigen zu finden und quer durch die USA bis nach New York zu verfolgen, wo ein Schiff beim Stapellauf durch eine Bombe zerstört werden soll, was der junge Mann gerade noch verhindern kann. Der Anführer der Gruppe, Fry (Norman Lloyd) kann der Polizei noch einmal entkommen, er flieht durch ein Kino und erreicht mit einem Taxi die Fähre zur Freiheitsstatue, wo das Finale des Films stattfindet. Daß Hitchcock kurz vor dem Höhepunkt die Handlung ein Kino (oder Varieté etc.) durchqueren läßt, ist nicht ungewöhnlich. Im 1936 entstandenen Film SABOTAGE hat er von vornherein die Gruppe der Saboteure im Hinterstübchen eines Kinos einquartiert. In THE THIRTY NINE STEPS von 1935 wird zu Beginn das Rätsel, das die Handlung des Films motiviert, auf der Bühne einer Varieté-Veranstaltung gestellt; kurz vor dem Ende des Films wird es wiederum in einer Varieté-Veranstaltung gelöst. In SABOTEURE muß der ‚unschuldig beschuldigte‘ junge Arbeiter zunächst ganz auf sich allein gestellt den wahren Schuldigen suchen, um seine Unschuld beweisen zu können. Ein hübsches junges Mädchen, das ihm wie alle anderen und natürlich auch die Polizei nicht glaubt, hält schließlich zu ihm (ganz genauso wie in den THE THIRTY NINE STEPS). Als der wahre Täter schon entlarvt ist, geht es darum, die Wahrheit, die große Gefahr und ihre Aufdeckung, von einem individuellen Problem des Helden zu einem Ereignis der Öffentlichkeit zu machen. Daher findet der Endkampf um die Freiheit Amerikas vor aller Augen in hellem Sonnenlicht auf der Spitze der Freiheitsstatue statt. Die Durchquerung des Kinos bildet die Rückseite oder den unteren Gegenpol zur aufklärerischen Schlußmetapher des Films in luftiger Höhe. Als der Saboteur das Kino durch einen Seiteneingang nahe der Leinwand betritt, hört man im Dunkeln des großen Saales das Lachen des Publikums; ahnungslos amüsieren sich die Amerikaner, während der erbitterte Feind ihrer Freiheit schon mitten unter ihnen ist. Seine Verfolger haben inzwischen auch das Kino erreicht, der Saboteur

läuft zur Leinwand, wo ein eifersüchtiger Ehemann gerade den Geliebten seiner Frau erschießt. Als der Schuß fällt, bricht einer der Kino-Zuschauer in der vorderen Reihe tot zusammen. Jetzt sieht man den Saboteur vor der Leinwand durch die Projektion laufen, so daß sein Körper einen Schatten oder ein schwarzes Loch im projizierten Bild hinterläßt. Er schießt (weiter) in den Saal, die Polizei feuert zurück, das Publikum reagiert verärgert auf die Störung, bis ein schriller Schrei der Frau, die den Tod ihres Ehemannes neben sich im Kinosessel bemerkt hat, eine Panik im Kino verursacht, die schließlich auch dem Mörder das Entkommen ermöglicht.

Hitchcock hat für einen (entscheidenden) Moment den tödlichen Schuß des Saboteurs *von* der Leinwand ins Publikum mit dem Bild des schießenden Revolvers des eifersüchtigen Ehemanns *auf* der Leinwand zusammengelegt, so daß der komische, aber auch verwirrende Eindruck entstehen konnte, als ob der Zuschauer von der Kugel der fiktiven Figur im Film getroffen worden ist (das heißt, daß ,die Amerikaner‹ sogar tödlich getroffen noch die Gefahr für fiktiv halten!). Der Moment der Verschmelzung beider Handlungen auf und vor der Leinwand eröffnet die irritierende Möglichkeit, daß ein Schuß aus einem Film von der Leinwand auch das Publikum treffen könnte. Spannung und Unsicherheit bei den Zuschauern, die Hitchcocks Film sehen, entstehen umgekehrt dadurch, daß sie um die Gefahren wissen, »aber die sind hilflos, sie können nicht auf der Leinwand eingreifen« (Schickel 1983). Von nun an sind wir nirgends mehr sicher, nicht einmal im Kino, wo wir doch so gerne der Gefahr Anderer gefahrlos zugesehen haben.

Den Traumpalast der kleinen Fluchten hat die Wirklichkeit längst eingeholt. Das mußte die Leiterin des Halberstädter ›Capitol‹, Frau Schrader 1945 erkennen, als eine Bombe ihr Kino zum Himmel (zum Krieg) hin öffnete. Vollbesetzte Kinos waren beliebte Ziele für Bombenanschläge spanischer Anarchisten in den 20er Jahren und könnten es heute ebenso für den Krieg der Terroristen sein. Peter Bogdanovich (TARGETS 1968) hat das Kino zum Schauplatz des ›Kriegs eines Einzelnen‹, zum Ort für das Showdown eines schwerbewaffneten Amokläufers in den USA gemacht. Weil die Interaktion zwischen Leinwand und Zuschauerraum diesmal in einem Autokino stattfindet, ist die Kinosituation von vornherein zur Alltagsrealität offener und durchlässiger als ein Saal, der andere Gefährdungen mit eher klaustrophobischen Ängsten verbindet. Bobby, ein netter amerikanischer junger Mann und Waffennarr wie viele Amerikaner, erschießt eines Tages ohne ersichtliches Motiv seine Frau, seine Eltern und schießt schließlich von einem Öltank aus auf alles, was sich auf der Straße bewegt. Am Abend, als Autos das Drive-In-Kino zu füllen beginnen, bezieht er Posten hinter der Leinwand und schießt von dort aus auf Menschen in den Autos, in der Telephonzelle etc. Parallel zu diesen Ereignissen versucht ein Regisseur (Peter Bogdanovich), den berühmten Darsteller von Horror-Figuren Boris Karloff (gespielt von ihm selbst) zu einem neuen Film zu überreden, der jedoch ablehnt, weil er mit seinen Mitteln niemanden mehr erschrecken zu können glaubt. Am Abend soll sein letzter Film THE TERROR in demselben Autokino Premiere haben, in dem sich der Heckenschütze hinter der Leinwand installiert hat. Die Projektion des Films hat schon begonnen, als Boris Karloff im Autokino eintrifft, wo bereits Unruhe herrscht, weil die tödliche Gefahr, die von der Leinwand ausgeht, weil der ›Terror‹ allmählich erkennbar wird. Immer mehr Menschen werden in ihren Autos von Schüssen getroffen, einige versuchen bereits, das Kino zu verlassen. Der Heckenschütze klettert vom Lein-

wandgerüst herunter. Auf der Leinwand sieht man Boris Karloff einen langen dunklen Gang vom Hintergrund nach vorne kommen. Gleichzeitig nähert sich Boris Karloff im Autokino zu Fuß der Leinwand, der Heckenschütze befindet sich optisch im Schnittpunkt beider Bewegungen, die scheinbar spiegelbildlich auf ihn zulaufen. Weil er die Seiten der Fiktion und der Realität nicht mehr auseinanderhalten kann, schießt er auf beide und wird von Boris Karloff, der nur leicht verwundet wurde, überwältigt.

Die Schüsse von der Leinwand sind diesmal nicht fiktional in der ›Film im Film‹-Handlung begründet, nur das Thema ist beide Male ›Terror‹ in seiner romantischen und in seiner modernen absurden, tödlichen Form. Die momentane Konvergenz zwischen der Fiktion auf der Leinwand und der ›Realität‹ vor der Leinwand läßt den Schützen sein Ziel verfehlen und rettet die Wirklichkeit mit Hilfe der Fiktion. Am Schluß verbrennt der Film mit dem Titel THE TERROR in der Projektionskabine, wo der Vorführer, inzwischen auch erschossen, am Boden liegt. Ist der Terror besiegt, weil ein Film verbrennt oder heißt das, daß Filme gegen den Terror der Realität nichts mehr ausrichten können (nachdem sie ihn mit ihren Horrorgeschichten angerichtet haben, wie viele meinen)?

Vor einem Kino irgendwo in Italien versammeln sich einige Zuschauer zur Nachmittagsvorstellung. Drinnen werden die letzten Vorbereitungen im Foyer und in der Projektionskabine getroffen, dann ist Einlaß. Das Vorprogramm mit der Werbung läuft, als noch die letzten Zuschauer/innen Platz nehmen, einige wechseln ihren Platz im Dunkeln. Der Hauptfilm ist ein Western, in dem einem Cowboy ziemlich übel mitgespielt wird. Noch vor dem abschließenden Duell nimmt ein weiterer Zuschauer im Kino Platz. Schließlich zieht der Cowboy auf der Leinwand im Showdown seinen Revolver und schießt auf seinen Gegner im Vordergrund: In diesem Moment bricht der zuletzt gekommene Zuschauer, ein älterer Herr, in seinem Sitz tot zusammen. In dem Film von Giuliano Montaldo TÖDLICHER KREIS (CIRCUITO CHIUSO, 1978) werden nun die zufällig im Kino anwesenden Zuschauer von der Polizei solange dort festgehalten, bis der Mord aufgeklärt ist. Hier entsteht in dem von der äußeren Wirklichkeit abgeriegelten Kino die klaustrophobische Situation, die einige Menschen, unter denen sich ein Mörder befindet, zusammenschließt. Viele der Zuschauer sind verdächtig, weil sie während der Vorstellung ihren Platz verlassen haben und sogar in einem Fall hinter der Leinwand mit einer Taschenlampe unterwegs waren, wie sich herausstellt. Die Polizei beschließt, die Nachmittagsvorstellung zu rekonstruieren, jeder sitzt wieder an ›seinem‹ Platz, auf dem Platz des Toten wird der Platzanweiser sitzen, die Polizei scheint alles im Griff zu haben, eine Wiederholung der Tat scheint unmöglich. Das abschließende Duell kommt näher, der Schuß fällt und diesmal bricht der Platzanweiser tot zusammen. Weil er nicht an Gespenster glaubt, läßt nun der Polizeipräsident selbst die Vorstellung zum dritten Mal wiederholen, er nimmt selber den gefährdeten Platz ein. Wieder naht das Duell, der Cowboy sagt seinen Satz »Seit vielen Jahren warte ich auf diesen Augenblick«, dann müßte der Schuß kommen, statt dessen dreht er

sich diesmal frontal zum Zuschauerraum und zielt nach vorn dorthin, wo der Polizeipräsident sitzt. Die Zuschauer haben bemerkt, daß sich die Handlung des Films verändert hat, sie springen auf, man will den Film anhalten, was aber unmöglich ist. Der Polizeipräsident versucht, der auf ihn gerichteten Pistole zu entkommen, vergebens, der Schuß fällt, und er bricht zusammen. Der Cowboy wirft seinen Zigarrenstummel nach vorn auf den Boden, dreht sich um und geht langsam nach hinten aus dem Bild. Erst jetzt läßt sich der Projektor abstellen, der Polizeipräsident ist tot. Kein Zweifel, der Schuß kam aus dem Film auf der Leinwand, jede andere Möglichkeit ist ausgeschlossen, als festgestellt wird, daß die Kugel aus einem Revolver des Jahres 1863 stammt und der Zigarrenstummel glimmend vor der Leinwand gefunden wird. Einer der Zuschauer, ein Soziologe versucht eine Erklärung und erinnert an Ray Bradburys Science-Fiction-Erzählung »Das Kinderzimmer« (1977), in dem gedachte Räume zu bewohnbaren Bildräumen werden können. Die Kinder denken sich eine Wüste mit Löwen, locken ihre Eltern dorthin, wo sie von den Löwen zerrissen werden. Der Soziologe beklagt, daß die Menschen nicht mehr in der Lage sind, ihre selbstgemachte Umwelt zu beherrschen: Nun sind es ihre Bilder (sprich: Medien), die ebenfalls außer Kontrolle geraten sind und ihre Schöpfer bedrohen.

Die Interaktion zwischen Leinwand und Zuschauerraum hat nach dem ersten Schuß von Georges Barnes 1903 ins Publikum eine gefährliche Wendung genommen: Die Kugeln aus der Fiktion kommen in der Wirklichkeit an – aber wie wirklich ist die Fiktion oder wie fiktional ist die Wirklichkeit? Die Fragen an den Film sind im Medienzeitalter am Ende dieses Jahrhunderts des Films andere als zu Beginn, wo allerdings Béla Balázs auch schon die Legende vom chinesischen Maler erzählt hat, um auf den spezifischen Realismus des Films zu verweisen: Ein Maler ist so verliebt in sein Landschaftsgemälde, daß er sich eines Tages aufmacht, sich in sein Bild begibt und dort in der Landschaft verschwindet (Balázs 1972, 40f). Die Suggestivität der Kinobilder, viel mehr aber noch die Totalität der neuen elektronischen Bilder und ihrer kybernetischen Räume lassen die Interaktion mit einem Bild, von der die chinesische Legende erzählt, immer plausibler erscheinen. Oder werden die Bilder wie in Montaldos Film die Gewalt über ihre Schöpfer bekommen?

Der Schreck jedenfalls sitzt uns noch in den Gliedern als Leser Julio Cortázars (»Park ohne Ende«), wenn der Mörder mit der Geschichte, die wir gerade lesen, hinter uns ankommt oder wenn der Zigarrenstummel, den der Cowboy im ›Film im Film‹ von Montaldo weggeworfen hat, vor der Leinwand liegenbleibt. Dabei reicht schon eine kleine Ursache, um uns einen heiligen Schreck zu versetzen:

»In den 60er Jahren hatte das ›Regal‹-Kino seine besten Tage lange hinter sich. Nie bildeten sich lange Schlangen an der Kasse und THE BIRDS (Hitchcock 1962) war keine Ausnahme. Bei einer der Attacken der mörderischen Vogelschwärme rannten die schreienden Einwohner hin und her und versuchten, den Angriffen zu entkommen. Da kam aus dem Kino selbst ein spitzer Schrei. Das Licht war sofort an und die Platzanweiserin bei der, die geschrien hatte. Die betreffende Frau hatte einen Schock. Ein Vogel war durch eines der zerbrochenen Fenster hereingekommen, war hilflos herumgeflogen und mit der Zuschauerin zusammengestoßen. Die Frau war ausgeflippt vor Angst und hat dem Vogel einen heftigen Schlag versetzt, Federn waren überall verstreut. Man half ihr vom Sitz und ins Hintere des Kinos. Die Reste des Vogels wurden zusammengetragen und entfernt« (Welson 1990, 15).

Vielleicht war es doch einer von Hitchcocks Vögeln, die sich von der Leinwand in den Zuschauerraum verirrt haben?

16. Verführung im Vorführraum

Leidenschaften der Projektion

Oft sind es Kleinigkeiten, die dringend der Aufklärung bedürfen. Nicholson Baker, amerikanischer Schriftsteller und offenbar ein Kenner der Projektortechnik, hat zum Beispiel das folgende Problem bei der Beschreibung der Szene aus dem Remake des BLOB von Chuck Russell (1988) (s. Kapitel 14). Bevor die tödliche rote Masse in den Projektionsraum eindringt, sehen wir wie »Hobbs, der gelangweilte Vorführer (...), den Kopf hinter der laufenden Filmspule, in einem Magazin blättert [sein Vorgänger 1958 hatte noch ein gutes Buch gelesen] und mit der linken Hand an einem Jo-Jo spielt« (Baker 1994, 66). Der ›Blob‹ macht kurzen Prozeß mit ihm und wenn wenig später der Kino-Manager in die Projektionskabine kommt, findet er ihn »halbverdaut in einem Alptraum aus Tempotaschentüchern und verfärbter Maisstärke« (66) an der Decke des Raumes klebend. »Das Jo-Jo an seinen zuckenden Fingern ruckt noch immer auf und nieder. Wozu aber das Jo-Jo? könnte sich jedenfalls ein Student der Filmtechnologie fragen. Handelt es sich um ein überflüssiges Requisit oder will es uns etwas sagen? Ich vermute, das Jo-Jo ist eine Anspielung auf das klassische Prinzip der Filmspule, die ihren Akt immer wieder auf- und abspult« (66). Nicholson Baker hält das Jo-Jo auch in dieser entsetzlichen Szene noch für eine romantische Verklärung einer Projektions-Technologie, die es seit den 80er Jahren kaum noch gibt. Filme werden nicht mehr von Spulen, sondern auf modernen Projektionstischen von Tellern abgespielt, die aber in keinem der Filme, die im Projektionsraum spielen, zu sehen sind.

Was wissen wir überhaupt darüber, wie der Film auf die Leinwand kommt, denn nur dort bekommen wir ihn als Spiel aus Licht, Farbe, Schatten und Tönen zu sehen und zu hören. Was spielt sich hinter unserem Rücken ab, bevor der Lichtstrahl der Projektion aus dem kleinen Fenster über unseren Köpfen heraustritt, den Saal durcheilt und auf die Leinwand trifft? Für die Literatur ist die Projektionskabine eine ›terra incognita‹; Schriftsteller, die oft schon Schwierigkeiten haben, ihre Schreibmaschine zu verstehen, würden schnell vor der Technik kapitulieren, die diesen Raum ausfüllt. Sie halten sich an das Ergebnis, die Projektion bewegter Bilder und Töne und an das, was sich in den Sitzen vor, hinter und neben ihnen im Kino abspielt (Nicholson Baker ist eine Ausnahme). Filme dagegen, die sich etwas länger mit ihrer Geschichte im Kino aufhalten, versäumen nicht, auch einen Blick in die Projektionskabine zu werfen.

Jean-Luc Godard zum Beispiel schickt Jean-Pierre Léaud in dem Film MASCULIN-FÉMININ (1966) bei einem Kinobesuch in die Projektionskabine, wo er im Stil der ›Genfer Kovention‹ dem Vorführer die Regeln für das Bildformat bei Breitwandprojektionen vorhält:

> »Das Bildfenster muß im Format 1.65 oder 1.75 sein wie bei den Dreharbeiten vorgesehen. 1.85 ist eine Grenze, die keineswegs überschritten werden darf gemäß der Forderungen der internationalen Empfehlung ISO« (Godard 1966, 50).

Der Filmvorführer nimmt keinerlei Notiz von diesem Vortrag, Léaud kehrt in den Zuschauerraum zurück. Filme sind eben nicht nur die (ästhetische, narrative) Ordnung der Bilder und Töne, die man sehen und hören kann, sondern auch eine Technik, deren An/Ordnung sie hervorbringt. Godards Film zwischen Pop-Kultur und Politik wiederholt diese Verhältnisse für die kulturelle und die technische Ordnung des Films selbst. 25 Jahre später sind die Illusionen, auch mit Filmen Politik machen zu können, verflogen, geblieben sind eine Film-Technik und deren Formate, zumindest auf deren Einhaltung der Regisseur seiner Filme Nanni Moretti ein Recht zu haben glaubt. Wenn schon die GOLDENEN TRÄUME (Nanni Moretti, 1981) von einem verantwortungsbewußten politischen Kino nicht

sie schneiden Stirn und Kinn weg.

in Erfüllung gegangen sind, dann sollten seine Filme wenigstens ordentlich projiziert werden. Nanni Moretti selbst geht in den Vorführraum des Kinos, in dem sein Film gezeigt werden soll und demonstriert dem Filmvorführer die unterschiedlichen Projektionsformate mit ein paar Holzleisten: »Ihr müßt Formate respektieren. Und was macht ihr? Ich zeig dir's. Eine schöne Großaufnahme und was passiert? Sie schneiden Stirn und Kinn weg.« Die Erfahrung alltäglicher Filmbesuche lehrt, daß nach 100 Jahren Film weder die Filmvorführer noch die Filmzuschauer auf große Sorgfalt bei der Projektion besonderen Wert legen. Bei der Fernsehausstrahlung werden Filme ›selbstverständlich‹ dem einen, alles dominierenden Fernsehformat unterworfen, das Filme oft nur verstümmelt auf dem Monitor erscheinen läßt.

Solange der Projektor im Kinosaal selbst stand und ratternd den Film an die Leinwand warf, ist die unmittelbare Kommunikation mit dem Filmvorführer möglich gewesen (der oft auch selbst der Erklärer seines Films war), man konnte sich beschweren und bei kleinen Pannen mit fachkundigen Kommentaren hilfreich sein. Kinder konnten sich für den Apparat, die jungen Männer für die hübsche Vorführerin interessieren, die im hinteren Teil des Saales vor Zugriffen kaum geschützt ihre verführerische Arbeit machte. In Jiři Menzels Film DIE WUNDERBAREN MÄNNER MIT DER KURBEL (1978) aus der Frühzeit des Kinematographen haben die erotischen Attacken auf die Vorführerin katastrophale Konsequenzen. Während sie mit der einen Hand kurbelt, wehrt sie mit der anderen die Zudringlichkeiten ihrer Verehrer ab; der Film läuft unregelmäßig, stoppt auch schon mal kurz, dann wird es ihr zu bunt, sie läßt den Projektor für einen Moment los, um einen der jungen Männer energisch wegzustoßen, da fängt der angehaltene Film Feuer und sofort stehen Projektor und Vorführerin in hellen Flammen. In diesem Fall ist alles noch mal gut gegangen –, für die Feuerpolizei waren derartige Vorfälle, die nicht selten waren, Anlaß, den Projektor samt Vorführer/in in einen Raum hinter dem Kinosaal zu verbannen, verbunden nur durch das kleine Fenster, aus dem der Film als ephemere Lichterscheinung seinen Weg zur Leinwand findet.

Unachtsamkeit im Umgang mit den feuergefährlichen Nitrofilmen (die noch bis in die 50er Jahre gebräuchlich waren) hat viele Feuerkatastrophen in Kinos ausgelöst, die in der Projektionskabine entstanden sind. Hilfsbereitschaft war die Ursache für das Feuer im ›Cinema Paradiso‹ in Giuseppe Tornatores Film. Weil viele Zuschauer keinen Einlaß mehr ins Kino bekommen haben, hatte der alte Alfredo die Idee, den Film mit der Hilfe seines kleinen Assistenten Toto über Spiegel auch nach außen auf eine Häuserwand zu projizieren, wo vom Platz vor dem Kino aus noch einmal eine große Menschenmenge den Film sehen (und mit einem Zusatzlautsprecher sogar hören) konnte. Aber der Spiegel hat auch das Filmmaterial erhitzt und wenn es erst mal brennt, breitet sich das Feuer explosionsartig aus. Der kleine Toto kann Alfredo noch vor den Flammen retten, der aber hat bei dem Unfall sein Augenlicht verloren, künftig wird Toto die Filme mit Alfredos Hilfe vorführen.

Das sind die kleinen und großen Dramen, die sich in der Projektionskabine abspielen und die nur sichtbar werden, wenn sie katastrophale Formen annehmen – oder wenn sich die Filmhandlung, die bereits den Kinosaal erreicht und durchquert hat, in der Projektionskabine fortsetzt oder dort ankommt. Alfred Zeisler läßt in einem Film von 1936 den unfreiwilligen Aufenthalt während einer Zugfahrt (D-Zug 13 hat Verspätung) für einen der Reisenden zu einem gefährlichen Agentenabenteuer werden. Durch einen Sabotageanschlag wurden die Eisenbahnschienen zerstört und weil es länger dauern würde, bis die Reise fortgesetzt werden kann, beschließt ein Ehemann, sich die nahe Stadt anzusehen, während seine Frau im Zug zurückbleibt. In einem Restaurant trifft er eine geheimnisvolle Frau, die ihn um seine Hilfe bittet. Beide verstecken sich vor der Polizei, die auf der Suche nach den Saboteuren ist, in einem Kino. Als sie dort aufgespürt werden, versuchen die beiden durch die Projektionskabine zu entkommen, es gibt eine Schießerei, bei der die Filme, der Projektor und beinahe auch die Flüchtigen in Flammen aufgehen. Am Ende wird der Ehemann gerade rechtzeitig zur Weiterfahrt des Zuges zu seiner Frau zurückkehren, die geschlafen hat, während ihr Mann in diesen wenigen Minuten Aufenthalt ein Abenteuer erlebt hat, das ihn beinahe das Leben hätte kosten können.

Das Ziel einer Handlung ist die Projektionskabine, wenn ein Film unbedingt gezeigt werden oder genau das verhindert werden soll. 1941 hat das ›berühmte‹ amerikanische Filmstudio ›Bengal Films‹ einen Propagandafilm über die Achsenmächte im Zweiten Weltkrieg gedreht, der die ganze

Wahrheit über den faschistischen Krieg zeigen wird. Grund genug für die deutschen und italienischen Faschisten, je einen Agenten nach Hollywood zu schicken, die diesen gefährlichen Film vernichten und durch einen eigenen Propagandafilm ersetzen sollen. Die Washingtoner Premiere des Films (im Film) EARTH'S ON FIRE, der noch immer nicht zerstört werden konnte, naht. Während der Zugfahrt ist es den beiden Agenten gelungen, die Filme zu vertauschen, so daß tatsächlich das überraschte Premierenpublikum statt der deutschen Weltbrandstifter harmlose deutsche Trachtengruppen in harmloser deutscher Landschaft harmlose Tänze unter dem Titel THE LAND VON PEACE UND BEAUTY (sic!) aufführen sieht. Aber dann trifft der Film mit der Wahrheit über die Deutschen doch noch ein und nach ausführlichem Handgemenge vor der Projektionskabine kann die WORLD PREMIERE (das ist der Titel dieser Antinazikomödie von Ted Tetzlaff von 1941) doch noch stattfinden.

Bei weitem häufiger als die Filme stehen die Herzen in Flammen – auch in der Projektionskabine. Dieser stille sachliche Ort, der von komplizierten technischen Apparaten beherrscht wird und in dem die vielen Arbeitsgänge der Filmprojektion und die Bedienung der Projektoren hohe Konzentration erfordern, ist ein Ort der Einsamkeit, aber auch der heimlichen Leidenschaften, die denen auf der Leinwand in nichts nachstehen.

Fritz Lang zum Beispiel macht die Projektionskabine in seinem Film VOR DEM NEUEN TAG (CLASH BY NIGHT, 1952) zum Ort, an dem er das Drama um Liebe und Eifersucht einfädelt und auflöst. Der harmlose Jerry, der in May endlich die Frau zum Heiraten gefunden zu haben glaubt, führt sie ins Kino ›Bijou‹ aus und stellt sie stolz dem Filmvorführer Earl vor. Jerry wird May heiraten und die haltlose, unzufriedene May wird ihn mit dem zynischen und feigen Earl betrügen. Diese Dreierkonstellation nimmt im Vorführraum des Kinos ihren Anfang und sie endet dort auch, wenn Jerry Earl dort zur Rede stellt und in einem dramatischen Kampf beinahe tötet, wäre May nicht dazugekommen und hätte sie Jerry nicht zurückgehalten. Die gegensätzlichen Welten werden durch Jerrys Fischerboot und Earls Projektionskabine repräsentiert; May, die immer schon an ihren Träumen gescheitert ist, verrät den treuherzigen Jerry und läßt sich mit Earl ein, der große Sprüche macht, und doch die Filme (das große Leben) immer nur von hinten gesehen hat.

Wenn das Kino ein Arbeitsplatz und kultureller Lebensraum ist, dann ist die Projektionskabine selbstverständlich einbezogen und wird zum wichtigsten Ort des Kinos. In Ettore Scolas Geschichte eines Kinos SPLENDOR (1989) sind es drei Personen, durch die das Kino in seinen verschiedenen Funktionen, die ihre jeweiligen Orte haben, gleichsam personifiziert wird. Der Ort des Besitzers Jordan ist die Kasse, der Ort des Filmvorführers Luigi ist die Projektionskabine und zwischen beiden Männern ›bewegt‹ sich die Platzanweiserin Chantal. Luigi kommt zunächst zum Kino, weil er für Chantal schwärmt, er lernt dann das Handwerk des Filmvorführers und sieht künftig die Filme aus der Perspektive des kleinen Fensters an der Rückseite des Zuschauersaales über den Köpfen des Publikums. Luigi lebt an diesem Ort mit den Filmen TATIS PLAYTIME (1965) oder Truffauts LA NUIT AMÉRICAINE (1972/73), schließlich Fellinis E LA NAVE VA (1983) und ab und zu findet Chantal ihren Weg zu ihm. – Und in Alan Parkers Film KOMM UND SIEH DAS PARADIES (1990) ist es der Projektionsraum hinter dem Kino, das für sich schon die Verbindung zwischen den Kulturen Amerikas und Japans repräsentiert, der zum Ort interkultureller Liebe und der Projektion ihrer Botschaft in diesem Film wird (s. Kapitel 10).

Wir haben schon an anderer Stelle (s. Kapitel 3) Buster Keaton als Filmvorführer in einem Kleinstadtkino vorgestellt, der viel lieber ein großer Detektiv (SHERLOCK JR., 1924) gewesen wäre, weil er dann sein Mädchen vor einem Schurken bewahren könnte, der dabei ist, sie ihm auszuspannen. In der Projektionskabine träumt Buster, wie er als bester Detektiv der Welt den Bösewichtern das Handwerk legt und dabei noch sein Mädchen rettet und mit ihr auf der Flucht im Auto ins Wasser fällt – und prompt fällt er in der Projektionskabine vom Hocker. Aus der Traum. Da kommt sie selbst zu ihm, und Buster weiß mal wieder nicht, wie man einem Mädchen sagt, daß man es liebt. Wieder hilft der Film, diesmal in der (seiner) Wirklichkeit. Buster sieht aus dem Fenster auf die Leinwand, wo der Liebhaber gerade eine junge Dame umwirbt und folgt dem Vor›bild‹ Schritt für Schritt bis er seine Geliebte im Arm hält. Dann zeigt der ›Film im Film‹ den Familienvater mit Zwillingen auf dem Schoß und Buster kommen Bedenken.

Solange der Filmvorführer nur träumt und der Film ohne Pannen durch den Projektor läuft ist die Welt des Kinos in Ordnung. Wenn er sich aber mit der korpulenten Platzanweiserin an seinem Arbeitsplatz verabredet, kann es zu Katastrophen kommen. In H.C. Potters HELLZAPOPPIN (1941) sind Abbot und Costello gerade damit beschäftigt, in die komplizierten Liebesaffären einzugreifen und die Verwirrung noch größer zu machen, da greift die Platzanweiserin in die Arbeit des Filmvorführers ein, wirft mit Filmrollen und bedrängt den Filmvorführer mit dem Erfolg, daß der Bildstrich verrutscht und Abbot und Costello sich geteilt sehen, der Oberkörper oberhalb, die Beine ›unterm Strich‹. Der Versuch, das in Ordnung zu bringen, führt nur dazu, daß der Film verkehrt herum läuft, was den beiden ›im Film‹ noch größere Probleme bringt. Schnell startet der Vorführer eine neue Rolle vom zweiten Projektor – aber mit dem falschen Film, so daß Abbot und Costello von Indianern aus einem Western belagert werden. Jetzt ist kaum noch klar, in welchem Film sie eigentlich sind und als der ursprüngliche Film (HELLZAPOPPIN) wieder weitergeht, sehen sich die beiden doppelt, ›im‹

Film und ›vor‹ dem Film. Der Filmvorführer muß den Projektor zur Seite rücken, um die Stelle zu finden, an der der Film endlich ›richtig‹ weitergehen kann. Potters Film spielt mit dem Film, seinen Tricks und seinen Ticks. In der Projektionskabine sieht sich der Film gleichsam selber zu, wie er projiziert wird, und wenn der Filmvorführer Fehler macht, weil er durch seine resolute Freundin abgelenkt wird, dann wird er unfreiwillig auch zum Produzenten des von ihm veränderten Films.

Weniger komisch aber genauso chaotisch ist es im Vorführraum eines Kinos, in dem Rüdiger Vogler nach dem Rechten sieht (IM LAUF DER ZEIT, Wim Wenders 1975). Ihm war aufgefallen, daß das Bild unscharf und viel zu dunkel im falschen Cache (Bildformat) projiziert wird. Sein Problem ist weniger das des Cinéasten (wie Léaud in Godards Film), sondern das des professionellen »Projektor-Klempners« (Baker 1994, 72), der von Kino zu Kino zieht und die alten Projektoren repariert und in Schwung hält. Im Projektionsraum läuft der Film auf den Boden, ein Gewirr von Zelluloid füllt den Raum. Hinter dem Projektor entdeckt er den einsamen Projektionisten, völlig damit beschäftigt, im Anblick des Pornofilms, der unten auf der Leinwand läuft, sich selbst zu befriedigen. Ertappt verläßt er den Raum. Die Leiterin des Kinos, eine junge Frau (Lisa Kreuzer), würde gerne mit diesem Projektor-Klempner etwas anfangen, sie wartet im Vorführraum auf ihn, aber es passiert nichts. Kino ist ein einsames Geschäft.

Es gibt keinen heimlicheren Ort für die Liebe als die Projektionskabine. Solange der Film läuft sind die (wie auch immer) Liebenden in ihrem Versteck ungestört, der Film schützt sie vor der Neugier der Anderen, deren Blicke mit anderen (Liebes-)Geschichten auf der Leinwand beschäftigt sind. In dem Epos über die Kinogeschichte der 50er Jahre SCHÖN WAR DIE ZEIT (Klaus Gietinger/Leo Hiemer 1988) ist es in einer allgäuer Kleinstadt endlich so weit, daß in dem nach dem Krieg neu eröffneten Kino ›Alpen-Lichtspiele‹ der erste Großfilm der Münchener »Stachus-Filmgesellschaft‹« Premiere hat. Der Filmvorführer ist Otto, der das Kino mit aufgebaut hat, jetzt wird auch sein glücklichster Tag sein. Zu ihm in die Projektionskabine kommt eine junge Frau, die als Heimatvertriebene wenig Kontakt zu den übrigen Einwohnern hat und im Kino arbeitet, beide machen das Glück des Tages vollkommen und lieben sich ›an Ort und Stelle‹. Als es heißt »Ich gebe das Zeichen, vorausgesetzt daß der Operateur es sieht«, passiert nichts, denn der Operateur ist bereits in seinem eigenen Film. Schließlich kann der Film DIE SÜNDIGE SENNERIN doch noch gestartet werden und während die Sennerin im Heu sündigt, ist auf dem Boden des Vorführraumes der ›Operateur‹ mit seiner Liebe beschäftigt.

Noch leidenschaftlicher geht es am Schluß von Susan Seidelmans Film SUSAN – VERZWEIFELT GESUCHT (1985) zu. Die turbulente Verwechslungskomödie endet im Kino. Alberta (Rosanna Arquette), die mit Susan (Madonna) verwechselt wird, bekommt endlich im Projektionsraum ihren schüchternen Filmvorführer Del (Aidan Quinn). Aus der Sicht des Fachmanns Nicholson Baker liest sich die Szene so: »Aidan Quinn küßt Rosanna Arquette, die an einem Simplex-Projektor lehnt, der einen SF-Film über mutige Angreifer spielt – mit ihrem Rücken arretiert Rosanna den geflügelten Schlitten der Filmspule und das Filmbild schmilzt auf der Leinwand« (Baker 1994, 73). Gleichzeitig sitzt die richtige Susan (Madonna) mit ihrem Freund im Kino und lacht über diese Panne, deren Ursache sie ahnt.

Spätvorstellungen haben eine merkwürdige Atmosphäre. Die Straßen sind leer und dunkel, nur ganz wenige Zuschauer sind im Kino. Das Foyer ist abgeschlossen, die Kassiererin und der Kartenabreißer machen den Weg zum Nachttresor gemeinsam, da es um diese Zeit auf den Straßen gefährlich ist. In der Projektionskabine hat die Filmvorführerin den Film eingelegt und gestartet, da wird sie plötzlich von hinten umfaßt, der Mund wird ihr zugehalten, sie kann sich wehren, aber es ist ihr Freund, der sie erschreckt hat. Auf den Sitzen im oberen Rang des Kinos, wo sie unbeobachtet sind, machen die beiden Sex miteinander. Die Kassiererin und der Kartenabreißer kommen zurück, sie sind überfallen worden, konnten den Dieb aber vertreiben. Sie überraschen die beiden Liebenden auf den Kinositzen. Die Spätvorstellung ist sowieso zu Ende, der Projektor wird abgeschaltet. Spätvorstellungen haben eine merkwürdige Atmosphäre, die Sinnlichkeit des Kinos zwischen Schläfrigkeit, Lust und Angst wird spürbar wie zu keiner anderen Zeit (SPÄTVORSTELLUNG, Kurzfilm von Ellen Sophie Lande, 1993).

Den Abschluß dieses ›Besuchs‹ in den Projektionskabinen der Filme, die im Kino spielen, macht ein Film von Niklas Schilling DIE FRAU OHNE KÖRPER UND DER PROJEKTIONIST (1984). Schilling konfrontiert hier zwei Welten, die eine, das Kino, neigt sich ihrem Ende entgegen, die andere, das Fernsehen, ist dabei, die Macht zu ergreifen. Noch einmal wird das Kino als Ort der Sinnlichkeit nicht nur seiner Bilder betont, denn zu Beginn des Films bekommt der Vorführer während der Vorstellung auf der Kinotoilette den Sex zwischen einem Pärchen mit. Das Fernsehen dagegen ist ein Ort ohne Sinnlichkeit, die berühmte Moderatorin Mara (dieselbe, die der Filmvorführer im Kino beim Sex beobachtet hat) ist auf dem Bildschirm halbnah nur als ›Frau ohne Unterleib‹ zu sehen. Die Projektionskabine wird zum Ort der Begegnung zwischen den beiden und zum Beginn einer ›amour fou‹-Geschichte, in deren Verlauf der Projektionist sein Kino an die Illusion einer Beziehung zum (oder zu einer Frau beim) Fernsehen verrät. Der Anfang vom Ende (mit dem das Kino schließt) ist der Einzug eines Fernsehgerätes in den Vorführraum, auf dem der Projektionist, statt auf die Projektion seiner Filme zu achten, ›seiner‹ Moderatorin Mara (der Frau ohne Körper) beim Fernsehen zusieht. Als der Filmvorführer auch noch einwilligt, daß seine Filme für Video-Raubkopien verwendet werden, ist dem Kino nicht mehr zu helfen, eine körperlose Welt ohne Moral ist an seine Stelle getreten.

Der Riß, den die Verführung zum Fernsehen im Kino hinterlassen hat, ist schließlich an der Gleichgültigkeit spürbar, mit der die Filme im Kino projiziert werden. In einem Programmkino zum Beispiel hat die Vorführung des Hauptfilms unmittelbar ohne Reklame, Trailer, Vorfilm ›einfach so‹ begonnen und dauert wenige Minuten, da

»reißt der Film. Es bleibt dunkel, und nichts passiert. Keine merkliche Reaktion bei den zehn Figuren im Saal. Gerd wartet. Nach fünf Minuten wird es ihm zu dumm. Er steht auf und sucht nach der Tür zum Vorführraum. Rapps, ich da also hoch, erzählt er, und komm in so'n Zimmer. Ich denk ich werd nicht mehr. Rechts die Maschine und jede Menge Filmrollen, so im Halbdunkel. Dann links ein Durchbruch zu ›nem anderen Raum, gutbürgerliches Wohnzimmer, Couch, Schrankwand und der ganze Krampf. Und da hockt der Typ, der das Kino macht, vor'm Fernseher und pfeift sich so'n Tatort rein. Hat den Filmriß überhaupt nicht geschnallt, war voll auf dem Felmy oder was« (Göhre 1983, 31).

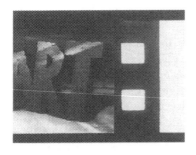

Die Welt des Kinos ist aus den Fugen geraten. Aber noch gibt es ein Kinopublikum, das nicht gleichgültig bleibt, wenn es im Kino drunter und drüber geht: Auch am Beginn des Films WERNER BEINHART (von Michael Schaack, Gerhard Hahn, Niki List, 1989/90) springt der Film aus dem Projektor, weil Werner auf seinem Motorrad in rasender Fahrt schon den Filmtitel gesprengt hat, was auch der stärkste Film nicht aushält. Die Projektion bricht ab. Sollte der Film, kaum angefangen schon zu Ende sein? Nein, im Zuschauerraum raunt es ›sag doch mal einer da oben Bescheid‹, woraufhin ein Zuschauer, vermutlich aus Flensburg, dessen schwarze Silhouette sich vor der filmlosen Leinwand abhebt, aufsteht, sich umwendet und das magische Wort zur Pojektionskabine ruft »Beeschaheid!« und tatsächlich, jetzt geht der Film erst richtig los. Sollte sich das Kino auf sein Publikum noch verlassen können?

17. Kino und Kirche

Konkurrenzen und Zweckbündnisse

Vielleicht läßt sich die Beziehung zwischen Kino und Kirche ›im Kino‹ am besten (mit Walter Benjamin) als ›profane Erleuchtung‹ beschreiben. Gewiß nicht jeder Film, aber das Kino als Institution, als Saal und Veranstaltung teilt viele Merkmale mit der Kirche, so daß die Ähnlichkeit viel mehr als ihre vermeintliche Unvereinbarkeit sowohl die Heftigkeit der Auseinandersetzungen als auch die Möglichkeit des Neben- oder Miteinander von Kino und Kirche erklären könnten. Man muß sich nur die Inszenierungen des Lichts und die Geschichten, die von den bunten Fenstern in gotischen Kathedralen erzählt werden, vorstellen, um im Kino die technisch säkularisierte Form dieser Architektur und ihrer Veranstaltung wiederzufinden. Der Kunsthistoriker Erwin Panofsky hat deshalb 1935 das Kino als »das moderne Äquivalent einer mittelalterlichen Kathedrale« (Panofsky 1967, 353) bezeichnet und viele nach ihm haben diesen Vergleich wiederholt. Profan sind die Erleuchtungen des Kinos, weil sie im Gegensatz zur Kirche alles, was das technische Licht seiner Apparaturen zeigt, dem Konsum und deshalb dem Vergnügen unterworfen haben. Daher heißt es 1947 aus der amerikanischen Exil-Erfahrung Horkheimers und Adornos: »Verderbt ist die Kulturindustrie [einschließlich des Kinos], aber nicht als Sündenbabel, sondern als Kathedrale des gehobenen Vergnügens« (Horkheimer/Adorno 1988, 151). Die Kritik der Soziologen oder auch der Kirche (beide sprechen von Verderbnis) richtet sich keineswegs nur gegen den einen oder anderen Film, sondern gegen die Profanierung von Kultur und den Verlust des Auratischen der Kunst, die auch die wesentliche Ähnlichkeit und profane Wiederholung der Kirche im Kino dem Kino als Kulturverfall noch vorwirft.

In einem Artikel aus dem Jahr 1925, den wir schon einmal zitiert haben, mokiert sich Joseph Roth über die Mimikri des Kinos an den Kultus der Kirche, nachdem rein äußerlich kaum noch Unterschiede zwischen sakralen und profanen Bauten erkennbar wären.

> »Längst hatte ich schon die Gewohnheit abgelegt, in jeder Berliner Moschee ein mohammedanisches Gotteshaus zu sehen. Ich wußte, daß hierzulande die Moscheen Kinos sind und der Orient ein Film. Und einmal, vor vielen Jahren, als ich noch fromm war, wollte ich zu einer

Frühmesse. Ich trat in eine Kirche – aber es war ein Bahnhof. Später erfuhr ich, daß die Bauart nichts besagen will, und daß in den mit Blitzableitern versehenen Magazinen aus roten Backsteinen die Altäre stehen und Gottes Wort vernommen wird ...« (Roth 1991, II, 512).

Und, könnte man hinzufügen, daß heute zum Beispiel in den USA viele leerstehende Kinos nicht nur Supermärkte, sondern auch Kirchen verschiedenster Bekenntnisse beherbergen.

Daß der Übergang von der Kirche zum Kino (und wohl auch umgekehrt) gar nicht so schwer ist, hat John Updike in seinem Roman *Gott und die Wilmots* (Updike 1998) an der Figur des Pastors Clarence Wilmot deutlich gemacht. Updike verfolgt die sich ständig verändernden Beziehungen zur Kirche am Beispiel einer amerikanischen Mittelstandsfamilie über vier Generationen hinweg. Die Chronik beginnt 1910 mit Clarence Wilmot, der Pastor einer Presbyterianer-Gemeinde ist, bis er vom Virus des Atheismus befallen wird. Er kann nicht mehr glauben und ist zu ehrlich, diese Überzeugung vor seiner Gemeinde zu verbergen. Also nimmt er seinen Abschied und muß sich und seine Familie künftig als Vertreter für eine ›Volksencyclopädie‹ ernähren. Clarence Wilmot hat im Kino eine Art Ersatzkirche gefunden, es füllt die Lücke in seinem Leben, »das geplündert war durch Gottes Verschwinden« (Updike 1998, 166). Als Pastor hatte er unmöglich in ein Kino gehen können. »Seine frühere Position hinderte ihn jetzt nicht daran, durchs Drehkreuz des Nickelodeons zu gehen, in den Raum unbegrenzter Möglichkeiten hinein, der dahinter war« (162). Außerdem findet er im Kino Trost vor den Demütigungen, die ihm das Leben als Vertreter bereitet. Wenn er

> »sich im Dunkeln auf dem ungepolsterten Sitz zurechtsetzte, die lederne Vertretermappe sorgfältig zwischen die Füße geklemmt, war ihm, als tränken seine Augen eine flimmernde Flüssigkeit. Er nahm die leidenschaftliche, komische, rasch sich bewegende Handlung auf der mit hellen Kratzern gesprenkelten Leinwand wie eine lebenswichtige Speise zu sich, die ihm bislang vorenthalten worden war« (160f).

Das Kino bleibt für Clarence Wilmot eine säkulare Kirche, in der er andächtig einer neuen Offenbarung zusieht, deren Erfüllung für ihn ebenfalls jenseits jeder Vorstellung liegt. Seine Flucht ins Kino schützt ihn auch vor der Realität, die erst für die nächsten Generationen zur Aufgabe wird. Sein Sohn Teddy ist voller Skepsis gegenüber dem Kino, »daß diese hellen Projektionen ihn von der bleiernen Wirklichkeit ablenken« (227). Teddy hat es nur zum Briefträger gebracht, immerhin hat er in einem der Kinopaläste ein Rendezvous mit seiner künftigen Frau Emily bei einem Film mit Greta Garbo. Das Verhältnis zum Kino verändert sich immer wieder von Generation zu Generation, die Tochter von Teddy und Emily ist ein Kinonarr, sie wird Schauspielerin werden und sich ganz der Traumfabrik verschreiben. Offenbar haben in Amerika seit den Anfängen Hollywoods immer zwei Glaubensbekenntnisse oder ›Kirchen‹ nebeneinander bestanden, einer sakralen und einer säkularen, deren Gemeinden bald der einen, bald der anderen Seite oder auch beiden zugleich folgten. In der vierten

Generation jedenfalls entsteht eine brisante Mischung aus bedingungslosem Glauben und Leben in einer Illusionswelt, als Clark, der Urenkel von Clarence, in einer Selbstmordsekte bis zu seinem gewaltsamen Tod Erfüllung findet.

Die zu große Nähe von Kirche und Kino macht auch Father Kinley in dem Roman von David Lodge *The Picturegoers* zu schaffen. Im Anschluß an eine Predigt, in der Father Kinley seiner Gemeinde zur Warnung und zur Mahnung von seinen schockierenden Kinoerfahrungen berichtet hat, meint einer der kinoversessenen Männer:

> »Es wird nicht leicht sein, Clare oder sonst jemanden von der Mallory-Familie danach zum Kino zu überreden. Obwohl in die Kirche gehen doch ähnlich ist wie ins Kino gehen: Man sitzt in Reihen, die Ankündigungen auf den Tafeln der Liturgie sind wie Trailer und die Predigt wechselt jede Woche. Und die Leute gehen hin, weil sie immer hingegangen sind. Man zahlt in den Opferstock statt an der Kasse, und hier wie dort wird von Zeit zu Zeit die Orgel gespielt. Es gibt nur einen wesentlichen Unterschied: das Thema ist [in der Kirche] immer dasselbe« (Lodge 1971, 95).

Und wie zur Illustration dieser bemerkenswerten Analogie hat Terence Davies in seinem autobiographischen Film (s)einer Jugend in Liverpool (A LONG DAY CLOSES 1992) eine Bildmetapher für den strukturellen Zusammenhang der kulturellen Institutionen gefunden, die seine Jugend geprägt haben: Bud, so heißt der 11jährige Junge, der einen Großteil seiner Kindheit mit seinen Geschwistern und Freunden im Kino verbracht hat, ist allein zu Hause zurückgeblieben. Die älteren Geschwister gehen jetzt mit ihren Freundinnen oder Freunden eigene Wege, Bud hängt förmlich zwischen Kindheit und Jugend, er schaukelt gelangweilt an einer Stange über der Kellertreppe. Das Schaukeln wird verbunden mit dem Schlager »Tammy's in love« zur Kamerabewegung, die in einer zusammenhängenden Fahrt im Kino ihren Ausgangspunkt nimmt, in der Aufsicht über den Köpfen der Zuschauer dem Licht der Projektion folgt, bis die Kinozuschauer zur Kirchengemeinde werden und die schließlich bei den Schülern in einer Schulklasse ankommt, die von ihrem Lehrer gerade in die Ferien entlassen werden. Und überall mischen sich die Kinotöne wie alles überlagernde Kommentare ein; das Lied von Tammy, von der Bud ahnt, daß sie auch mal in ihn verliebt sein könnte, gießt sich über Kinozuschauern, Kirchengemeinde und Schulklasse aus. In Reih und Glied sitzt man im Kino, kniet in der Kirche und steht in der Schulklasse neben den Bänken, dann stürmen die Kinder aus der Klasse, um (wahrscheinlich) wieder in den Kinositzen und Kirchenbänken anzukommen, die ihr Leben zwischen Familie und Beruf ausrichten.

Für Father Kinley im Roman *The Picturegoers* von David Lodge sind Kino und Kirche Gegenwelten. Er hatte sich entschlossen, zum ersten Mal ins Kino zu gehen, weil er glaubte, »daß der bekannte religiöse Film DAS LIED VON BERNADETTE (THE SONG OF BERNADETTE, Henry King 1943) gezeigt würde, aber ich habe mich geirrt. Meine Erfahrungen daraufhin waren schockierend und schmerzlich, aber erhellend« (Lodge 1971, 92). Dem

Leser wird nicht mitgeteilt, welchen Film Father Kinley (in den 50er Jahren) statt dessen sehen mußte, feststeht, daß dort die niedrigsten Instinkte ausgebeutet, die Familie als Institution angegriffen und durch die Verführungskünste einer Frau das von der Mutter Gottes gepriesene weibliche Geschlecht herabgewürdigt wurden. Im Zuschauerraum wurde gelacht, sogar Kinder waren darunter und einige Schafe aus seiner eigenen Herde habe er wiedererkennen müssen.

»Ihr habt mich schon zuvor schlecht über das Kino reden hören, meine Brüder. Ihr habt gehört, wie ich Euch als Buße auferlegt habe, vom Kinobesuch abzulassen, und Euch mehr der Nächstenliebe zu widmen. Während ich das Kino bisher nur als wertloses weltliches Vergnügen eingeschätzt habe, sehe ich es nun als Quelle ernster Sünde und gefährlichen Sumpf, der die ahnungslose Seele leicht verschlucken und verderben kann« (92f).

Seine Predigt hat keinen der notorischen Kinogänger seiner Gemeinde abgehalten, weiterhin ins Kino zu gehen, zumal, wie gesagt, einige herausfanden, daß doch Kino und Kirche viele Gemeinsamkeiten haben, nur daß das Kinoprogramm wesentlich abwechslungsreicher ist. Das wortreiche Ausmalen der Sünde, die auf der Leinwand so teuflisch, weil so attraktiv daher kommt, kann auch den gegenteiligen Effekt unfreiwilliger Werbung haben, weil einige Mitglieder der Gemeinde meinen könnten, nun selber die Erfahrung machen zu müssen, vor der sie so intensiv gewarnt wurden.

In Ettore Scolas Film SPLENDOR (1989) wettert ein Priester gegen das Kino, als ob er dort den leibhaftigen Teufel gesehen hat, den er mit glühenden Worten beschwört:

»An diesem Ort der Verderbnis, übertüncht mit Glanz und Flitter, in diesem ›Splendor‹, dessen Besitzer nicht umsonst ein Bolschewik ist, treibt eine junge betörende Frau ihr Wesen, ganz in Rot gekleidet, eine wahre Tochter des Satans: Wir sind also gewarnt. Sie lockt die schwankenden Seelen höllenwärts, das Auge blitzend wie eine Lampe, zeigt den Weg in die Verderbnis wie der rötliche Schimmer, der lüstern ihren Körper umspielt und kaum ihre Scham bedeckt. Ihre Augen glühen rot und rot erglüht ihr lasterhafter Mund, und wenn sie ihn öffnet, erblick man ihre rote gespaltene Zunge ...«

Nach so viel Reklame kann es nicht ausbleiben, daß der gesamte männliche Teil der Gemeinde gleich darauf die Kinokasse umlagert, um von der neuen Platzanweiserin, diesem Teufel im roten Kostüm zur Sünde im Kino verführt zu werden. Doch das Kino ist nicht des Teufels, nur weil

einige Teufel dort ihr (Un)Wesen treiben; die Kirche reagiert mit taktischem Geschick und eröffnet ihrerseits über 5000 Kinos in ganz Italien. Der Priester, der das ›Cinema San Rocco‹ leitet, das gegenüber vom ›Splendor‹ eröffnet wurde, erklärt seinem weltlichen Kollegen, »wir werden nicht in Konkurrenz treten, Sie sind auf Zuschauer aus, ich auf Seelen«, worauf jener mit einem Blick auf die Preistafel amüsiert feststellt, »wie ich sehe, müssen die Seelen genauso viel zahlen wie die Zuschauer.«

Wer es vorzieht, zwischen Kino und Kirche zu trennen, kann es im Kino als Zuschauer mit dem Teufel halten und anschließend als guter Katholik die Seele in der Kirche reinwaschen. David Lodge hat in einer Satire auf die akademische Lebenswelt seinen akademischen Aufsteiger Persse McGarrigle auf einen Kongreß geschickt, wo er Angelica kennenlernt. Aus einer Reihe wie er meint für ihn bestimmter Zeichen schließt er, daß Angelica nicht abgeneigt wäre, auch über die akademische Pflicht hinaus den Abend mit ihm zu teilen, was ihn wegen seiner Unerfahrenheit in einige Verwirrung stürzte. Auf dem Weg zur Universität

> »kam er an einer katholischen Kirche vorbei und blieb einen Augenblick vor einem Schild stehen, auf dem stand: ›Beichte jederzeit‹. Doch er kam zu dem Schluß, daß er nicht guten Glaubens würde versprechen können, aus der Verabredung mit Angelica auszusteigen. Er überquerte die Straße – mit der gebotenen Vorsicht, denn er befand sich jetzt zweifellos im Stand der Sünde – und ging weiter, indes er seiner Phantasie gestattete, sich wollüstige Bilder von Angelica auszumalen (...) Dann fiel sein Blick wieder auf ein Schild. Es war, als hätte es der Teufel selbst hingehängt. In dicken schwarzen Buchstaben auf flammfarbenem Leuchtpapier stand da: ›Dieses Kino ist ein Club, der Filme für Erwachsene zeigt, die auch die freimütige und unzensierte Darstellung geschlechtlicher Handlungen beinhalten‹ (...) Persse trat ein – schnell, ehe sein Gewissen sich melden konnte. (...) Persse stieß eine gepolsterte Tür auf. Tiefe Finsternis umfing ihn. Er stieß sich an einer Wand und blieb einen Augenblick dort stehen, bis sich seine Augen an die Dunkelheit gewöhnt hatten. Durch die Luft schwirrten seltsame Geräusche, ein lautsprecherverstärktes Gemisch aus schwerem Atem, erstickten Schreien, Keuchen, Stöhnen und Jammern wie von Seelen im Fegefeuer« (Lodge 1985, 56f).

Die zuckenden Bilder auf der Leinwand waren angefüllt mit wahnwitzigen Kopulationsbewegungen, die ihm wie das Kolbengestänge einer teuflischen Maschine vorkamen. Persse wandte sich um und »floh wie von Höllenhunden gehetzt (...), rannte aus dem Kino, über die Straße und hinein in die katholische Kirche. An einem Beichtstuhl mit dem Schild ›Pater Finbar O'Malley‹ brannte Licht, und wenige Minuten später hatte Persse sein Gewissen erleichtert und Absolution bekommen. ›Gott segne dich, mein Sohn‹, schloß der Priester« (58).

Diese Ebene der Kooperation, die beiden Institutionen gerecht zu werden vermag und mit dem Kino als modernem Nachfahr eines älteren Gewerbes in einem uralten Konsens ihren Frieden gemacht hat, erwies sich auf die Dauer als beständiger gegenüber Kampfansagen der Kirche gegen das Kino. 1951 hatte eine SÜNDERIN (von Willi Forst) den Seelenfrieden der jungen westdeutschen Nation empfindlich gestört. Der ›katholische Filmdienst‹ hatte seinen Lesern empfohlen, diesen Film zu meiden: »Offen laszive Szenen, die oberflächliche Betrachtung des Problems der Prostitution, die verklärende Darstellung der wilden Ehe, die als Opfertat motivierte, nicht korrigierte sexuelle Hingabe gegen Geld, sowie die indi-

rekte Rechtfertigung der Tötung auf Verlangen und des Selbstmordes als
letzter Lösung sind angetan, demoralisierend zu wirken. Der Film ist deshalb entschieden abzulehnen« (Handbuch d. kath. Filmkritik, 1960). Der
Film wäre heute vielleicht vergessen, hätte er nicht Anlaß zum Kulturkampf an Ort und Stelle gegeben. Gegner des Films, die die christliche
Zivilisation gefährdet sahen, versuchten andere am Betreten des Kinos zu
hindern oder führten den Abbruch der Vorstellungen herbei. In Ulm fand
ein Kinderkreuzzug gegen die SÜNDERIN statt, in Aschaffenburg demon-

strierten ca. 150 Mitglieder der katholischen Jugend gegen den Film, in Karlsruhe veranstalteten 200 katholische Studenten einen Schweigemarsch vor dem Kino usw., vielfach wurde der Film schon vor den zu erwartenden Protesten vom Spielplan abgesetzt. In Osnabrück drohte der Bischof dem örtlichen Kinobesitzer mit dem Bibelzitat, daß er sich lieber mit einem Mühlstein in den Bach stürzen solle als eines seiner Schäfchen vom christlichen Weg abzubringen, indem er in seinem Kino die SÜNDERIN spielt. Solange der Skandal anhielt, war die SÜNDERIN ein Kassenerfolg, was vor allem dem Gerücht zu verdanken war, man könne Hildegard Knef ›nackt‹ darin sehen. Ihre (sehr verhüllte) Nacktheit hatte viel mit dem finanziellen Erfolg des Films, fast gar nichts mit dem Kulturkampf der Kirchen gegen den Film zu tun. Von allen Aufregungen ist die Enttäuschung geblieben, daß nicht einmal die nackte Knef heute hält, was sie damals nie versprochen hatte.

Koexistenz auf der einen und Kulturkampf auf der anderen Seite kennzeichnen die Beziehungen zwischen Kino und Kirche, solange die beiden weltlichen und sakralen Institutionen trotz gegenseitiger Beeinflussungsversuche unabhängig sind. Sicherlich ist heute im Zeitalter der elektronischen Medien nicht mehr ausgeschlossen, daß das Fernsehen für den Segen ›urbi et orbi‹ des Papstes zum Beispiel auch in den Kirchen Einzug hält oder sich virtuelle ›Internet-Kirchen‹ im World-Wide-Web etablieren.

Daß es das Kino in der Kirche auch (angeblich) vorher schon gegeben hat, erzählt SULLIVAN'S TRAVELS von Preston Sturges (1941). Der Film spielt während der ›Great Depression‹ Anfang der 30er Jahre in den USA. Es geht um einen Filmregisseur, der bisher immer nur leichte Komödien und Musicals inszeniert hat und angesichts des Elends der Arbeitslosigkeit in der schweren Wirtschaftskrise entschlossen ist, nun einen sozial verantwortungsvollen Film zu drehen, der den Bedürfnissen der Notleidenden mehr entgegenkommt. Er macht sich mit seiner Freundin im gewohnten Luxus und begleitet von einem Troß von Journalisten auf den Weg, das Elend kennenzulernen, um Erfahrungen für seinen sozialkritischen Film zu sammeln. Aber erst als er durch eine Verwechslung für seinen eigenen Mörder gehalten und in ein Sträflingslager verbannt wird, bekommt er tatsächlich einen Eindruck von der hoffnungslosen Lage von Menschen, die ihr Leben unter unmenschlichen Bedingungen mit Sträflingsarbeit fristen müssen. Weil Sullivan für tot gehalten wird, ist er von der Öffentlichkeit abgeschnitten und ohne Aussichten, jemals wieder ›in sein früheres Leben‹ zurückkehren zu können. Das Einzige, was den Gefangenen gestattet wird, ist der gemeinsame Besuch einer ›schwarzen Kirche‹ in der Nähe des Lagers. Die schwarze Gemeinde feiert ihre Messe mit fröhlichen Gospelsongs und »Let my people go«, dann wird eine Leinwand herabgelassen und die Gefangenen betreten müde und zerschunden die Kirche. Es gibt keine erbauliche Predigt, sondern einen Mickey-Mouse-Cartoon mit Pluto; zuerst lachen einige, dann immer mehr und schließlich schallt die ganze Kirche von fröhlichem Gelächter der Gefangenen. Sullivan, der ausgezogen war, den Ernst des Lebens kennenzulernen, ist zunächst befremdet, daß diese Menschen auf den Unsinn so fröhlich reagieren können, dann merkt er an sich selbst, welche befreiende Funktion das Lachen hat. Er hat

den unschätzbaren Wert der Komik in einer Situation erfahren, als es für ihn tatsächlich ›ernst‹ wurde. Der Film SULLIVAN'S TRAVELS ist daher auch denen gewidmet, die uns zum Lachen gebracht haben, den Scharlatanen, Clowns, Komikern zu allen Zeiten und in allen Ländern, deren Mühe unsere Last ein wenig erleichtert hat. Die Albernheiten der Cartoons haben den Sträflingen für eine kurze Zeit das Leben erleichtert, eine Aufgabe, die Kino und Kirche gemeinsam haben, weshalb es logisch zu sein scheint, das eine mit dem anderen zu verbinden. Sullivan faßt Mut, aus dem Lager durch einen Trick zu entkommen. Von den Toten wieder auferstanden ist er davon überzeugt, daß das Elend nur dadurch überwunden werden kann, daß man Kraft für und Hoffnung auf ein besseres Leben gewinnt, wozu die Komik des Kinos beitragen kann (Stam 1985, 83f).

Dieses ›Programm‹ verfolgt in gewisser Weise auch der Film DIE DREI AMIGOS von John Landis (1986). Der Film handelt von den Fiktionen des Kinos, die scheitern müssen, wenn sie mit der Realität konfrontiert werden, es sei denn, man macht die Realität selbst ein wenig zum Kino. Die

Einwohner eines mexikanischen Dorfes haben eine junge Frau und ihren kleinen Bruder in die Stadt geschickt, um Hilfe gegen die Überfälle eines Banditen und seiner Bande zu suchen. In der Kirche wird ein Stummfilm aus der Serie der DREI AMIGOS gezeigt, die in prachtvollen Kostümen hoch zu Roß gegen das Verbrechen kämpfen und mit Pistole und Lasso im Kampf für die Armen, Witwen und Waisen erfolgreich sind. Die beiden Abgesandten schicken ein Telegramm an die ›Drei Amigos‹, in dem sie um einen Auftritt in ihrem Dorf gegen die Banditen bitten. Das Telegramm erreicht die drei, als sie gerade vom Studioboß in Hollywood rausgeschmissen werden, ihre Zeit ist vorbei, ihre Nummern sind abgedreht. Sie glauben, von dem Dorf ein lukratives Angebot für ein Engagement mit ihrer Show bekommen zu haben, und daß sie mit einer Partnergruppe dieses ›Banditen‹ zusammenarbeiten sollen. Aber die wirklichen Banditen sind nur einmal verblüfft über die Albernheiten der ›Drei Amigos‹, dann schießen sie scharf. Die Pointe des Films ist, daß nicht mehr Realismus der guten Sache zum Sieg verhilft, sondern die totale Fiktion: Als die Banditen das nächste Mal kommen, finden sie im Dorf nicht drei, sondern Hunderte ›Amigos‹ vor, die sich schließlich von den Banditen befreien können. Wenn man diese überwiegend alberne typische John Landis-Geschichte voller Zitate und Anspielungen auf ihren Kern reduziert, klingt ihre ›Message‹ gar nicht so übel: ›Drei Amigos‹ nützen gar nichts in einem Befreiungskampf, besonders wenn sie Figuren aus Filmen Hollywoods sind; wenn aber das ganze Dorf sich zu ›Amigos‹ zusammenschließt, dann werden sogar die verrückten Geschichten Hollywoods wirklich. Das Versprechen hat das Kino in der Kirche gegeben, daß den Armen, Verfolgten, Witwen und Waisen geholfen wird; geholfen haben sich die Dorfbewohner selber, indem sie das Versprechen wie im Kino wahr gemacht haben.

18. Truffaut, Godard & Co

Kein Film ohne Kino!

Im Kino verklingen die letzten Takte der Filmmusik, das Licht geht an, die Vorstellung des Filmclubs ist zu Ende. Die verstreut sitzenden Zuschauer erheben sich und streben durch die Reihen den Ausgängen an den Seiten zu. Ganz vorne bleiben zwei junge Männer auf ihren Plätzen sitzen und applaudieren als einzige. Beim Hinausgehen kommen sie ins Gespräch. Es geht um CITIZEN KANE (1943) von Orson Welles, um Alfred Hitchcock, Preston Sturges und Friedrich Wilhelm Murnau, die wahren Heroen der Leinwand. Und um die Frage, wie ein idealer Film aussehen müßte und welches die Leitbilder dafür wären. Vor allem Orson Welles ist das ganz gewichtige Vorbild. Einer von den beiden träumt davon, Regisseur zu werden, der andere möchte gerne einen eigenen Filmclub aufmachen. Gemeinsam mit einigen anderen ›Cineasten‹ in Paris im Herbst 1948 versuchen sie, jeder auf seine Weise, ihr Leben mit dem Kino zu leben. Sie stellen Rekorde im Filme-Sehen auf, ›organisieren‹ Filme aus einem verlassenen Lagerhaus und als es ihnen schließlich gelingt, in einem Vorstadtkino ihre erste Filmclub-Veranstaltung zu machen, scheitert ihr Enthusiasmus auch damals schon an der geringen Zahl der Zuschauer. Ein Jahr später, 1949, löst sich die Gruppe wieder auf, der eine muß zum Militär, der andere wird über Filme schreiben, sie alle verabreden sich zum ›Festival du Film Maudit‹ in Biarritz, dem ersten Festival des alternativen Films, das 1949 zum Ausgangspunkt für die Erneuerung des französischen, man kann ohne Weiteres sagen, des europäischen Films geworden ist. Der Film, von dem die Rede ist, der die Anfänge der ›Nouvelle Vague‹ in den Pariser Filmclub-Kinos und ihren Cineasten erzählt, heißt TRAVELLING AVANT von Jean Charles Tacchella aus dem Jahr 1987. Die Gruppe, die sich hier aus Kinoenthusiasten zur Erneuerung des Films zusammengefunden hat, ähnelt in Vielem der ›Groupe Cahiers‹ mit François Truffaut, Eric Rohmer, Jean-Luc Godard, Jacques Rivette, Claude Chabrol und vielen anderen. Er ist Jean-Georges Auriol und André Bazin, beides Filmkritiker und Theoretiker des Films der älteren Generation, gewidmet. Bazin hat 1951 mit der Gründung der *Cahiers du Cinéma* das Forum geschaffen, mit dem das verkrustete französische ›Cinéma de qualité‹ kritisiert und Vorbilder wie Orson Welles oder die ›Autoren‹ des Neorealismus für die ›Nouvelle Vague‹ propagiert werden konnten (Tacchella selbst war zu dieser Zeit Mitarbeiter des *L'Écran français*, einer der wichtigen Filmzeitschriften Ende der 40er Jahre in Frankreich).

So oder so ähnlich wie in Tacchellas Film erzählt, wird es in den Kinos gewesen sein (Tacchella erzählt in seinem Film vermutlich die Gründung des einflußreichen Filmclubs ›Objectif 49‹ im Herbst 1948). Die Filmkarrieren der einzelnen Nouvelle Vague-Regisseure sind bei aller Gemeinsamkeit dennoch recht unterschiedlich verlaufen. Sie alle verbindet, daß sie ihre Vorstellungen vom Film in unendlich vielen Kinovorstellungen der Cinémathèque oder der Filmclub-Kinos, die zu dieser Zeit gegründet wurden, entwickelt haben.

Der ›neue Film‹ der ›Nouvelle Vague‹ ist aus den Kinos gekommen, bevor er 1959 dorthin zurückgekehrt ist. Und die Filme der ›Nouvelle Vague‹ haben die Spuren dieser initiierenden Kinoerfahrungen bewahrt, zum Beispiel, indem sie ihre Helden, die oft genug ihren Regisseuren ähnlich sind, wieder ins Kino geschickt haben.

Es fällt nicht schwer, in Truffauts LES 400 COUPS (1959) die beiden Schulfreunde Antoine und René als François Truffaut und Robert Lachenay wiederzuerkennen. Lachenay erzählt (Lachenay 1984), daß die beiden ab etwa 1944 so oft wie möglich ins Kino gegangen sind, wobei François sich Dossiers über Filme, Regisseure etc. angelegt, Artikel geschrieben und damit begonnen hat, Programme für Kinos aufzustellen. In Truffauts Film schwänzen die beiden, wann immer es geht, die Schule und streunen durch Paris. Im Kino sehen sie eine Wochenschau, der Kommentar spricht von schnellen Rennwagen. Beim Verlassen des Kinos reißen sie ein Filmfoto von der Wand und rennen weg. Lachenay erzählt, daß sie regelmäßig kleine nächtliche Diebeszüge an den Schaukästen der Pariser Kinos vorbei gemacht haben, um die Filmdossiers mit Fotos ausstatten zu können. Das Erbeuten der Filmfotos in den Kinos, diese sehr konkrete Aneignung der Filmgeschichte, hat Truffaut immer wieder beschäftigt: Der gestreßte Filmregisseur (Truffaut) in LA NUIT AMÉRICAINE (1972) träumt nachts, wie er sich als Kind bemüht, die Filmfotos hinter einem Gitter im Kino zu ergattern, schließlich gelingt es ihm, an den Ständer mit den Fotos heranzukommen und ein Foto aus CITIZEN KANE zu entwenden.

Und wie sind die beiden mit wenig oder fast gar keinem Taschengeld ins Kino gekommen? Truffaut hat sich auch daran erinnert: In seinem Film L'ARGENT DE POCHE (1975) zeigt er, wie man das macht. Die beiden Jungs müssen schon eine Eintrittskarte investieren, mit der einer der beiden das Kino ganz legal betritt und zwei Plätze belegt. Dann geht er scheinbar zur Toilette, wo sich auch der hintere Ausgang des Kinos befindet, der natürlich nur von innen geöffnet werden kann. Dort wartet der andere, der sich mit Kinokarte auf ›seinen‹ Platz setzt. Wenn das Programm begonnen hat und die Platzanweiserin nicht mehr aufpaßt, kann auch der andere nachkommen. Diese Geschichte wird auch von Tacchella in seinem Film noch einmal erzählt, nur haben sich die cinéphilen jungen Herren inzwischen mit der Platzanweiserin angefreundet, was die Sache nur scheinbar vereinfacht, denn die Platzanweiserin stellt ihrerseits Ansprüche, während es doch nur ums Kino geht.

Die Filmkritiker der ›Groupe Cahiers‹ haben offenbar bestimmte Regeln gehabt, nach denen sie die Pariser Kinos besucht haben. Zum Beispiel mußte man unbedingt in einer der ersten Reihen des Kinos sitzen, in einigen Kinos, zum Beispiel der Cinémathèque, gab es ›Lieblingsplätze‹ für diesen oder jenen Kritiker, die einzunehmen von der eigenen Gruppe respektiert wurde, von anderen Kinobesuchern jedoch oft genug verhindert wurde. Den ›Leiden‹ des Filmkritikers hat Luc Moullet in seinem Film LES SIÈGES DE L'ALCAZAR (1989) ein Denkmal gesetzt. Eine kurze Zusammenfassung des (kurzen) Films von Frieda Grafe lautet so:

> »... das Alcazar war ein kleines Kino im Pariser Stadtteil Belleville. In ihm begegnen einander ein junger Mann, Kritiker bei den ›*Cahiers du Cinéma*‹, und eine junge Frau, die fürs Konkurrenzblatt ›Positif‹ schreibt. Er kommt wegen der Cottafavi-Retrospektive, während ihr Abgott Antonioni ist. Sie verabreden ein Rendezvous, um miteinander zu schlafen, zu dem er nicht erscheint, weil er es nicht über sich bringt, die letzte Gelegenheit, zum vierten Mal einen Cottafavi zu sehen, der danach aus Frankreich verschwinden wird, zu versäumen. Der Film entstand 1989 und spielt in den 50er Jahren. Inzwischen wurde das Alcazar zu einer christlichen Kultstätte umgerüstet. [Im Film selbst ist die Rede von einem Kindergarten]« (Grafe 1994, 44).

Ist das alles, was in den Sitzen des ›Alcazar‹ geschieht? Guy, das ist der junge Mann, gehört ›offensichtlich‹ zur Cahiers-Gruppe, weil er eines der damals gelben Hefte der *Cahiers du Cinéma* ständig mit sich trägt. Er möchte an der Kinokasse einen Platz in den ersten Reihen haben. Der

Kartenverkäufer weist ihn darauf hin, daß die billigen Plätze der ersten Reihen für die Kinder vorbehalten sind. Er darf sich schließlich zwischen die Kinder setzen. Und nun geschehen alle die Dinge, die einem Cineasten das Leben schwer machen: Als der angekündigte Farbfilm von Vittorio Cottafavi in schwarzweiß läuft, verläßt er empört das Kino. An einem anderen Tag hat der Filmvorführer Probleme, das richtige Format für die CinemaScope-Projektion zu finden. Und wenn man sich endlich mit der Projektion abgefunden hat und der Western läuft, gibt es einen Heidenlärm um ihn herum, weil die Kinder mitreiten und mitschießen (»Zwischen zehn von diesen Rabauken fühle ich mich wie Randolph Scott, wenn er von Indianern umzingelt ist. Hier einen Film sehen ist eine Form modernen Heroismus. Ich frage mich, ob meine Liebe zu diesem Kino nicht eher Ausdruck des Geschmacks an Problemen als der Liebe zu den Filmen ist« (Moullet 1993, 47f). Ruhigere Passagen werden von den Kindern genutzt, um Bonbons aus den Cellophantüten zu angeln oder mit Papierkügelchen die Umgebung zu beschießen. Einer der anwesenden Zuschauer ruft nach der Polizei, die verhaftet alle, die in den ersten Reihen sitzen, der Filmkritiker der *Cahiers* (mitgefangen – mitgehangen) muß sich ausweisen, um nicht mit den Kindern aufs Kommissariat zu müssen. Aber alle diese Schwierigkeiten eines Filmkritikers lösen sich in Nichts auf, als Guy weiter hinten eine junge Dame sieht, die ebenfalls einen Block auf den Knien hat und sich Notizen macht. (»Das war Jeannine Ainac, Kritiker-Star von *Positif*, der feindlichen Filmzeitschrift«) Demonstrativ fuchtelt Guy mit der Stoppuhr und zeigt seine Kritiker-Kompetenz. Ein Zweikampf entspinnt sich, den Guy ganz gerne mit einer freundlichen Annäherung beenden würde, allerdings steht fest, daß sie die Filme haßt, die er verehrt und umgekehrt: Die Alternative sind Filme von Vittorio Cottafavi (HERKULES EROBERT ROM, 1961) und Filme von Michelangelo Antonioni (L'AVVENTURA 1959). Das trennt. Später findet Guy die Formel: ›Cottafavi ist der Antonioni der Armen‹, damit kann man leben. Wieder wird die Projektion unterbrochen und ein Kommissar mit zwei Polizisten steht im Kino. Guy hat die Polizei gerufen, weil die Projektion eines Films unvollständig war, eine Rolle fehlte, das weiß er genau, weil er den Film schon dreimal gesehen hat. »Artikel 13 der Verordnung vom 15. Januar 1951 fordert, daß alle Filme in der Form vorgeführt werden müssen, in der sie von der Zensurkommission genehmigt wurden. Sie müssen feststellen, ob hier ein Delikt vorliegt.« Das überzeugt den Kommissar, man steigt gemeinsam außen am Haus zur Projektionskabine empor. Guy findet die ausgelassene Rolle. Der Filmvorführer, der die Vorstellung so gerne vorzeitig beenden hätte, muß nun den ganzen (Cottafavi-)Film in der richtigen Reihenfolge noch einmal vorführen. Die Geschichte endet beinahe mit einem Verräter, denn Guy sieht sich nicht nur Filme von Antonioni an, sondern knutscht pflichtvergessen noch dazu mit Anne, die Jeannine als ihre Vertreterin ins Feld geführt hat, in der letzten Reihe (!) des Kinos; aber es ist kalt im Kino und Anne verläßt vorzeitig das Kino ohne Guy, der lieber auf eine Nacht mit Anne als auf die letzte Möglichkeit, einen Cottafavi zu sehen, verzichtet. Schon hört man die Presslufthammer, die dem ›Alcazar‹ ein Ende bereiten werden.

An dieser Stelle wollen wir einen kleinen Exkurs mit Nachrichten aus der süddeutschen Provinz einschieben, wo zwischen Stuttgart und dem Ufer des Bodensees das geheimnisvolle Treiben der französischen Cineasten nicht unbemerkt geblieben ist. Der deutsche Dichter Martin Walser hat sich des Phänomens in einer Erzählung mit dem Titel »Die letzte Matinee« angenommen. Der Erzähler ist der Gatte einer solchen cinéphilen Ehefrau, die Sonntag für Sonntag mit Ihresgleichen Filme, vor allem französische Filme sieht. Dazu versammelt sich die ›Gemeinde‹ zur Matinee, um nach dem Film noch oft stundenlange Diskussionen zu führen.

»Inga gehört seit ihrer frühen Jugend zu den Matineebesuchern, ihre Augen, die Augen jedes Matineehasen, bestehen den Wechsel vom

Kinoraum ins Sonnenlicht ohne Zwinkern; eine Routine, die ich mir in all den unzähligen Matineen, zu denen ich Inga in den vier Jahren unserer Ehe begleiten mußte, nicht anzueignen vermochte. Der echte Matineebesucher tritt erhobenen Hauptes, mit schräg nach oben gestellter Stirn und Urteile formulierend, rasch und sorglos ans Tageslicht. Da er, darüber hinaus, etwas vom Film versteht, kommt er nicht in die Gefahr, weinen zu müssen« (Walser 1997, 87).

Der Erzähler selbst kann sich die Peinlichkeit nicht ersparen, die feuchten Augen zu wischen. Die ‚beißende Ironie‹, mit der hier unser Dichter die Sekte der Filmclubbesucher und Cineasten zeichnet, konfrontiert diese Leute mit Heimkehrern, Vertriebenen, Menschen in den 50er Jahren, denen der Sinn nicht nach Kino, sondern nach einem Dach überm Kopf und etwas Warmem im Bauch steht – und die in den Wohnungen der Cineasten einquartiert werden. Denen scheint das aber nichts auszumachen, wenn sie nur weiter jeden Sonntag ihre Matinee und einen guten (französischen) Film bekommen, sind sie sogar einverstanden, sich in einem Lager internieren zu lassen. Und so kommt es, die Gemeinde feiert weiter ihre Film-Matineen und deshalb ist das Einzige, was an Martin Walsers Satire nicht stimmt, der Titel: Die ›letzte‹ Matinee. Doch zurück aus der süddeutschen Provinz nach Paris, wo es offenbar nur Filmverrückte gibt, die in den 50er Jahren die Kinos belagern und die, wenn sie genug Filme gesehen haben, auch noch anfangen, selber Filme zu machen, in denen sie ihre Figuren wiederum ins Kino schicken.

In Truffauts erstem Film mit Spielfilmlänge LES 400 COUPS (voran ging ein kürzerer Film LES MISTONS, 1958) wird das Kino nur angedeutet, es ist präsent als ein akustischer Raum und als das Bild von den Blicken der beiden Jungen, Antoine und René, zur Leinwand. Darüber hinaus ist es eine Passage auf den Streifzügen durch die Stadt, sie durchqueren das Kino wie die Straßen, hier wie dort erbeuten sie Bilder, Eindrücke, die bleiben, aber nur im Kino auch wiederkehren: In seinen eigenen Filmen hat Truffaut die Bilder der Realität und des Kinos an das Kino zurückgegeben.

Die Kinosequenzen in Jean-Luc Godards erstem Spielfilm A BOUT DE SOUFFLE (1959) ähneln denjenigen in Truffauts LES 400 COUPS auf verblüffende Weise (nicht nur weil der Stoff für den Film von Truffaut stammte).

Michel, ein junger Mann, der wegen Mordes an einem Polizisten von der Pariser Polizei gesucht wird und Patricia, eine amerikanische Studentin, die auf den Champs Elysées den *New York Herald Tribune* verkauft, wollen sich der Beobachtung zweier Polizisten entziehen und tauchen zunächst bei den Zuschauern am Straßenrand unter, die einem Konvoy mit dem amerikanischen Präsidenten Eisenhower zuwinken, der wirklich gerade auf der Straße vorüberfährt. Dann trennen sie sich, Patricia läuft in ein Kino, setzt sich in eine der hinteren Reihen, verläßt aber ihren Platz wieder, als sie ihren Verfolger ebenfalls ins Kino kommen sieht. Sie läuft zur Toilette und während der Polizist die Klotür im Auge behält, springt sie durchs Toilettenfenster in den Hof hinter dem Kino und läuft zur Straße zurück, wo sie wieder mit Michel zusammentrifft. Ihren Verfolger sind sie los. Diese erste Kinosituation benutzt das Kino als Passage, die durchquert wird und von der Straße wieder zurück zur Straße führt. Der amerikanische Präsident im ›Real‹-Spektakel auf den Champs-Elysées wird im Kino noch durch den amerikanischen Ton der Filmdialoge repräsentiert, die im Kino zu hören sind. Als sie sich ihren Verfolgern entzogen haben, beschließen die beiden, am Abend ins Kino zu gehen. Es gibt einen Western von John Ford, das einzige jedoch, was wir im Kino sehen, sind wieder die Blicke von Michel und Patricia auf die Leinwand, mehr aber noch auf sich selbst.

Die Kinoerfahrung der Cineasten, die später diese Erfahrung in ihren Filmen der Nouvelle Vague verarbeiten, enthält wenig vom einsamen Glück der dunklen Höhle. Entsprechend ist das Kino in ihren Filmen ein Ort der Realität, der nur durchquert wird oder ein Ort der Handlung, wo etwas stattfindet, was in der Regel mit dem dort gezeigten Film wenig zu tun hat. Schließlich ist das Kino ein Ort der Interaktion der Blicke, wo in den Augen das auf der Leinwand Gezeigte wie in einem Spiegel reflektiert und symbolisch interpretiert wird. Nana, die Hure in Godards VIVRE SA VIE (1962) hat einen Freier gefunden, der mit ihr ins Kino geht. Das erste Bild der nun folgenden Sequenz zeigt die Leuchtreklame des Kinos mit dem Titel des Films, den sie sehen wird: LA PASSION DE JEANNE D'ARC (von Carl Theodor Dreyer, 1927), wie eine Überschrift steht der Filmtitel über Nanas Kinobesuch. Die erste Einstellung zeigt den Innenraum des Kinos fast vollkommen dunkel, der Stummfilm wird während der ganzen Dauer der Sequenz vollkommen stumm gezeigt. Weder im Bild noch durch den Ton bleibt das Kino präsent, das ganz auf den Blick Nanas und das Gesicht der Falconetti (Jeanne

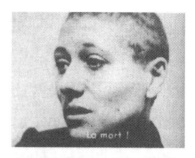

d'Arc) auf der Leinwand konzentriert ist. Jeanne weiß, daß sie auf dem Scheiterhaufen sterben muß, die Mönche wollen sie auf den Tod vorbereiten, und zum letzten Mal versuchen sie, Jeanne von ihrem Glauben, von Gott gesandt zu sein, abzubringen. ›Und der große Sieg?‹ fragen sie auf einem Zwischentitel und Jeanne antwortet: ›Ist mein Martyrium‹. ›Und Deine Erlösung?‹ ›Mein Tod‹. Wir sehen diesen Dialog, der in fast dem ganzen Film Dreyers durch die Kommunikation von Großeinstellungen der Gesichter wiedergegeben ist, aus der Perspektive Nanas; nur einmal sehen wir Nana selbst das Geschehen auf der Leinwand sehen. Als die Falconetti vom Tod als Erlösung spricht, ist die Kamera nah bei ihrem Gesicht. Und ebenso nah sehen wir dann Nana, die mit tränenüberströmten Gesicht in der Anderen ihr eigenes Schicksal erkennt. Ein Schrifttitel wiederholt ›Der Tod‹. Nach dem Kino schickt sie den Freier weg, Nana ist ganz von der Traurigkeit über Jeannes und ihr eigenes Leben erfüllt. Am Ende des Films wird sie von Zuhältern auf der Straße erschossen.

Die Kommunikation der Bilder identifiziert das Bild Nanas mit dem Bild Jeannes und beide mit dem Blick des Zuschauers, der sich zwischen beiden Bildern in der Position des identifizierenden Blicks selbst befindet.

Viele Jahre später wird eine kanadische Filmemacherin ihre eigenen Erlebnisse im Kino mit Nana (Anna Karina) in einem Film wiedererzählen (EMPORTE MOI, Léa Pool 1998). Hier ist es die dreizehnjährige Hanna, die 1963 in Montréal Godards Film VIVRE SA VIE (1962) sieht und sich mit Nana identifiziert. In ihrer Pubertätskrise bleibt sie bei den Eltern ohne Hilfe und weil ihre Lehrerin Anna Karina ähnlich sieht, kann sie ihren Wunsch, von ihr anerkannt zu werden, auf Nana projizieren. Wie jene will sie lernen, ganz allein die Verantwortung für sich selbst zu übernehmen, was Nana zur Prostitution und Hanna, die Nana auch darin nachahmt, in große Schwierigkeiten bringt. Anders als jene kann Hanna sich fangen und sich allmählich von ihrem Vorbild emanzipieren. Es ist nur konsequent, wenn sich die Biographie eines jungen Mädchens und die Filmgeschichte der 60er Jahre im Kino treffen, wo der Film bereits im Kino seine eigenen Biographien produziert und ständig reflektiert, wenn der Filmemacher Godard aus eigener Kinoerfahrung seine Nana wiederum ins Kino schickt, wo sie von Hanna beobachtet wird, an die sich Léa Pool erinnert, wenn sie eine (ihre) Kindheit im Kino der 60er Jahre erzählt.

Das Kino ist auch ein anonymer Raum, der von der untreuen verheirateten Frau (UNE FEMME MARIÉE, 1964) mißbraucht wird, wenn sie sich dort mit ihrem Geliebten im Flughafen Orly trifft. Wegweiser nennen dort den Weg zum Hotel, zum Kino und zur Passage, das Kino ist ein Treffpunkt und eine Passage für die verheiratete Frau und ihren Geliebten (einen Piloten) zum Hotel. Bevor sie den Saal noch immer mit einer dunklen Sonnenbrille heimlich betritt, fällt ihr ein Plakat auf: Hitchcock scheint sie darauf anzusehen, von seinem Auge geht ein Sehstrahl aus, das Plakat ist wie eine Warnung, daß auch dem Kino nichts verborgen bleibt, vielleicht sagt es auch dem Zuschauer des Films von Godard, daß er achtgeben soll. Im Saal setzt sie sich (konspirativ) zu ihrem Geliebten, bevor das Programm beginnt und der Vorhang sich zugleich teilt und hebt. Aber der Film, der zu sehen sein wird, ist ihnen gleichgültig, nicht wegen des Kinoprogramms sind sie hergekommen, sondern wegen des Kinos als Treffpunkt und Passage. Der Film zeigt Stacheldrahtzäune und der Kommentar spricht von den deutschen Konzentrationslagern (in Alain Resnais Film von 1954 NUIT ET BROUILLARD). Jetzt haben die beiden lange genug gewartet, sie verlassen das Kino und machen sich (konspirativ) auf den Weg zum Flughafenhotel. In dem Moment, als im Kino auf der Leinwand der Stacheldraht der KZs sichtbar wird, ist die konspirative Privatheit des Paares mit Bildern der Geschichte konfrontiert, beides berührt sich nicht mehr. Die Geschichte berührt diese Menschen nicht mehr, nur das Kino ist für einen Augenblick ein gemeinsamer Raum, in dem ›en passant‹ das Grauen der Geschichte auf die kleinen Geschichten und privaten Egoismen des Alltags stößt, die allem anderen gegenüber gleichgültig sind.

François Truffauts hat in seinem Film JULES ET JIM (1961) ebenfalls die ›Geschichten‹, die seine Helden machen, im Kino mit der Geschichte parallelisiert, um sie jedoch wie in einem Echo aufeinander antworten zu lassen, indem das private Geschehen seinen Reflex im Spiegel der Geschichte hat. Cathérine, die Frau zwischen zwei Männern, die sich immer nur für den einen, aber nie gegen den anderen entscheiden und in Momenten des Glücks mit beiden zusammen leben konnte, wird sich töten, als die Liebesansprüche immer ausschließlicher und von ihr nicht mehr vermittelt werden können. Den einen, Jim, wird sie mit in den Tod nehmen, dem anderen, Jules, wird von ihr die Rolle zugewiesen, diesen Tod zu beobachten und zu betrauern. Alle drei hatten sich zufällig im ›Studio des Ursulines‹ (einem Kultkino der Pariser Filmavantgarde) wiedergesehen. Auf der Leinwand läuft die Wochenschau, man sieht das Autodafé der Bücher jüdischer und kritischer Intellektueller, das die Nazis zu Beginn ihrer Herrschaft als Hinweis auf den Weltbrand, den sie entfachen werden, angezündet haben. Jules und Cathérine erkennen weiter vorn Jim, alle drei verlassen das Kino, als die Wochenschau mit einer Fußballreportage weitergeht. Die historische Tatsache des Krieges und des Massenmordes, die über die Welt hereinbrechen wird, trifft auf den privaten Tod, den Cathérine mit Jim vor Jules Augen inszeniert. Das eine ist nicht das andere, aber es bedeutet es in einer Weise, in der auch der Scheiterhaufen für die Bücher (und später die Leichen) in der Wochenschau zur Feuerbestattung für Cathérine und Jim in symbolische Beziehung tritt. Das Kino als ein Raum, der Geschichten aus Bildern und Bilder der Geschichte nach seinen Gesetzen verknüpfen kann, kann auch den Tod Cathérines und Jims mit dem Morden des künftigen Weltkrieges in Verbindung bringen. Wir sind zurückgeblieben (wie Jules), diesen Tod zu betrauern und ihn im Zusammenhang zu sehen.

Wo man es gar nicht vermutet, nutzt Godard das Kino als (symbolischen) Raum für den kritischen Diskurs der (Film-)Bilder. Marianne und Ferdinand sind in seinem Film von 1965 PIERROT LE FOU das letzte ›romantische Paar‹. Sie verlassen ihren bürgerlichen Alltag und versuchen, das ›Leben‹ wiederzufinden, das wie in einem Comic oder wie eine Robinsonade oder ein Agentenkrimi sein könnte. Überall wo sie sind oder hinkommen, treffen sie auf Zitate des Lebens in Reklametafeln, in Handlungen, in Texten und Bildern, die sie begleiten. Marianne hat Ferdinand, den sie Pierrot nennt, verlassen, Pierrot bleibt für eine Zeit im Hafen von Toulon und geht dort auch ins Kino. Mit nur ein paar Matrosen zusammen sieht

er dort eine Wochenschau mit Bildern vom Vietnamkrieg und danach ein filmisches Selbstzitat Godards, nämlich Jean Seberg, die in dem Episoden-Film LE GRAND ESCROC (1963) mit einer 16mm Handkamera filmt. Statt das Filmprogramm anzusehen, hat Pierrot während der Wochenschau in der Kunstgeschichte der modernen Malerei von Elie Faure gelesen, wo er schon zu Beginn des Films ein Programm für Bilder gefunden hat, deren Wahrheit nicht in, sondern zwischen den Figuren, – nicht in, sondern zwischen den Bildern zu suchen ist. Im Kino verdichten sich die drei Ebenen des Dokumentarfilms, des reflexiven Selbstzitats und des kunstwissenschaftlichen Diskurses über Malerei zu einem kritischen Kommentar über die Wahrheit der Bilder.

In Godards LE GRAND ESCROC (EINE GROßE GAUNEREI oder DIE FRAUEN SIND AN ALLEM SCHULD) geht es um das Falschgeld der Lüge und des Selbstbetrugs, wenn man glaubt, die Wahrheit ›einfach so‹ als unverstellte Realität dokumentarisch filmen zu können. Jean Seberg filmt die große Gaunerei von einem, der Falschgeld verteilt, aber was macht das schon, wenn sie nicht begreift, was ihre Kamera sieht. Und so weiß auch die Kamera, die die Bilder des Vietnamkrieges aufgenommen hat, nichts; das Kino, das die Bilder verteilt, handelt mit Falschgeld, weil der Wert der Bilder trügerisch ist. Und bei Elie Faure hat Pierrot gelesen, daß die Wahrheit nicht in den, sondern zwischen den Bildern ist, daß ›voir‹ immer auch ›savoir‹ sein muß. Das Selbstzitat ist also zugleich ein Kommentar über den dokumentarischen Film, dem mit der Kunstgeschichte Elie Faures ein diskursives Programm der Bilder entgegengesetzt wird. So wird tatsächlich das Kino in Godards Film PIERROT LE FOU selbst zum (symbolischen) Raum für die kritische Auseinandersetzung um die Wahrheit der Bilder, die nur vor dem Horizont des Wissens ihren Anspruch, sichtbar zu machen, aufrecht erhalten können.

MASCULIN FÉMININ (1965/66) ist unmittelbar nach PIERROT LE FOU entstanden und ist ein Film über die französische Jugend im Winter 1965 (gegen Ende des Films sagt ein Zwischentitel: »Dieser Film könnte auch heißen: Die Kinder von Marx und Coca Cola. Verstehe wer will.«). Godard hat mit soziologischen Methoden des Interviews und indem er zum Beispiel eine ›wirkliche‹ Schlagersängerin (Chantal Goya) sich selbst spielen ließ, die Geschichten seiner (fiktiven) Protagonisten in einem bestimmten Moment in der kulturellen Realität Frankreichs verankert. Derartige soziokulturelle Momentaufnahmen waren ›en vogue‹. Chris Marker zum Beispiel hat in seinem Film LE JOLI MAI (1962) wenige Tage im Mai 1962 in Paris durch Interviews etc. zu einem Kaleidoskop des Selbstbewußtseins dieser Zeit verdichtet. In Godards Film wohnt Paul (Léaud), der für eine Zeitung jobbt und Meinungsumfragen macht, mit Madeleine und ihren beiden Freundinnen Cathérine und Elisabeth zusammen. Robert interessiert sich für Cathérine, mehr aber für das Bewußtsein, das sich genuin marxistisch über diese Situation aus der Konstellation der Freunde und

Freundinnen ergibt. Godard schickt Paul und die drei Freundinnen ins Kino. Von der Platzanweiserin werden sie an ihre Plätze gebracht, Paul wechselt mehrfach den Platz zwischen den drei Mädchen, die sich ebenfalls umsetzen, dann verschwindet er zum Klo, wo er sieht, wie sich zwei Homosexuelle küssen. Die vertreiben ihn, und Paul schreibt auf die Toilettentür: »Nieder mit der Republik der Schlappschwänze«. Wieder im Saal hat der Film bereits begonnen, aber das ständige Umsetzen zwischen Paul und den Mädchen geht weiter. Ein Zuschauer, der sich beschwert, wird von Paul abgefertigt: »Dir geht's wohl zu gut, Trotzkist!« Dann bemerkt er, daß der Film im falschen Format projiziert wird und macht sich auf den Weg zur Projektionskabine, um dem Filmvorführer die internationalen Regeln über Filmformate vorzuhalten (s. Kapitel 16). Wieder zurück will er wissen, was auf der Leinwand passiert ist. Cathérine macht einen Versuch: »Ah ... ein Mann und eine Frau in einer fremden Stadt, sie ... äh ... sie.« Paul und Elisabeth wollen gehen, aber alle bleiben. Was sie (und wir, ihre Zuschauer) auf der Leinwand sehen, ist offenbar eine Parodie auf DAS SCHWEIGEN (1962) von Ingmar Bergman – oder eine Konzession an den schwedischen Koproduzenten des Films von Godard. Ein Paar in einem (Hotel-)Zimmer zieht sich aus, der Mann ist grob und äußert nur einige tierische Laute. Sein Gesicht ist in einem Rasierspiegel monströs vergrößert zu sehen, ihre Beziehung drückt keine Gefühle aus, nur Kälte, Gewalt und Sprachlosigkeit. Zu diesen Bildern spricht Paul (Léaud) den folgenden Kommentar:

> »Wir gingen oft ins Kino. Die Leinwand wurde hell und wir zitterten, aber öfter noch waren Madeleine und ich enttäuscht. Die Bilder waren alt und sprangen und Marilyn Monroe war schrecklich gealtert. Wir waren traurig. Das war nicht der Film, von dem wir geträumt hatten, das war nicht dieser totale Film, den man gerne gemacht hätte oder zweifellos viel heimlicher, den wir hätten leben wollen« (Godard 1966, 50).

Ungefähr fünfzehn Jahre nach dem Aufbruch beim ›Festival du Film Maudit‹ 1949, in einer Zeit, in der die Träume vom eigenen Kino oder eigenen Film identisch waren mit den Träumen vom eigenen Leben (vgl. Tacchella, Léa Pool), ist das Kino ein Ort der Desillusionierung geworden. Keiner bleibt auf seinem Platz, es herrscht Unruhe unter den ›Kindern von Marx und Coca Cola‹, es gibt überall Nebenschauplätze, nur was auf der Leinwand passiert, scheint sie am wenigsten zu interessieren. Diese Generation Mitte der 60er Jahre ist dabei, das Kino zu verlassen, weil die Filme und die Idole alt geworden sind. Wenn es noch etwas sagen will, dann muß es über die aktuelle Realität der Menschen, zum Beispiel ihre populäre Kultur (MADE IN USA, 1966), ihren sozialen Alltag in den Vorstädten (DEUX OU TROIS CHOSES QUE JE SAIS D'ELLE, 1966) oder über ihre alltägliche Gewalt (WEEK END, 1967) reden. Ende der 60er Jahre findet die Revolte gegen die Nachkriegsgeneration und ihre bedingungslose Aufstiegs- und Konsumideologie statt, aber nicht im Kino. Auch Godard hat sich vom Kino ab- und den direkteren, eingreifenden Kommunikationsmedien Fernsehen und Video zugewandt. Erst 1979 (SAUVE QUI PEUT (LA VIE)) nähert

sich Godard wieder dem Kino an und das ganz wörtlich. Zwei der Haupt-
figuren dieses Films, Denise, die aufs Land will und Paul Godard, der die
Stadt, seine Familie und seinen Job nicht aufgeben kann, sind beim Fernsehen beschäftigt. Isabelle (Huppert) ist vom Land in die Stadt gezogen
und träumt davon, sich als Prostituierte selbständig machen zu können.
Sie ist es, die versucht, vor dem Kino Kunden zu finden, sie läuft die
Schlange der vor der Kasse Wartenden ab und fragt, ob sie wirklich ins
Kino gehen wollten. Plötzlich taucht aus dem Kino ein aufgeregter Vater
mit einem Kleinkind auf der Schulter auf und läuft zur Kasse: »Es hat keinen Ton. Man hat den Ton abgestellt. Madame, der Ton fehlt, wo ist denn
der Operateur?« Madame verspricht Abhilfe, der Mann läuft zurück ins
Kino. Isabelle bleibt vor Paul Godard stehen, der sich in der Schlange der
Wartenden befindet. »Haben Sie Lust ins Kino zugehen?« »Nein, nicht
wirklich« ist die Antwort, beide entfernen sich vom Kino in die gleiche
Richtung. Sie kommen an einem Pärchen vorbei, das noch völlig gelangweilt überlegt, ob man ins Kino gehen wolle. Sie möchte ein wenig Sex
im Kino haben, er würde dann schon lieber den Film sehen, man strei-
tet sich, schließlich faltet er sein Magazin, das er die ganze Zeit gelesen
hat, zusammen: »Also gehen wir ...« Was ist nur aus dem Kino geworden,
zu dem man eigentlich gar keine Lust hat, wo der Ton fehlt, weil sich gar
kein Filmvorführer mehr darum kümmert, wo es egal ist, ob und aus
welchem Grund man schließlich doch hineingeht? Godard jedenfalls
folgt dem gelangweilten Pärchen nicht ins Kino, sondern Isabelle und
Paul in Isabelles Appartment, wo sie miteinander schlafen. Film und
Video sind wie Kain und Abel schreibt Paul Godard an eine Tafel. Aber es
sieht so aus, als ob diese feindlichen Brüder das Kino ebenso wenig
brauchen wie die Zuschauer, die von ihm nichts mehr erwarten. Aber das
ist noch lange nicht das letzte Wort zum Kino.

Schon am Anfang der Nouvelle Vague
in den ersten Filmen von Truffaut und
Godard ist das Kino, wie wir gezeigt
haben, viel mehr Passage als Aufenthaltsraum gewesen. Den beiden Rumtreibern
in Truffauts LES 400 COUPS war offenbar
mehr daran gelegen, Kinobilder zu entwenden, und es waren gerade diese Bilder-
diebstähle, an die sich Truffaut immer
wieder erinnert hat. Und Godards kleiner
Gangster Michel Poiccard hat Spaß daran,
sich vor dem Kino die Filmbilder mit
Humphrey Bogart anzusehen. Er übernimmt Bogarts ›image‹, indem er dessen
Geste, mit dem Daumen über die Lippen
zu streichen, nachmacht. Auch der Stil
und die Bilder Truffauts und Godards
(und der anderen Nouvelle Vague-Regisseure) sind wiederum für ihren Alltags-
gebrauch ›ver/entwendet‹ worden. Die fol-

gende von Joseph von Westphalen wiedergegebene Alltagsinszenierung wiederholt das Kino (der Intellektuellen) im Leben (nicht anders, als auch die ›kleinen Ladenmädchen‹, von denen Kracauer gesprochen hat, ihren Stars nachgelebt haben):

>»Sie saßen nebeneinander, nicht zu eng, nicht zu weit, die Rücken an der Wand, die Knie hochgezogen, die Decke wärmend darüber, die klassische Positur. Harry steckte sich eine Zigarette an. ›Nur um es noch klassischer zu machen‹, sagte er. ›Total früher Godard,‹ sagte Helene und korrigierte: Nein, eigentlich eher Chabrol, wenn sie daran denke, daß Harry ein verheirateter Mann sei, ein Ehebrecher! Aber für Chabrol sei er, obwohl ein etablierter Bourgeois, einfach nicht alt und feist genug, sagte sie, spielte eine Katzenfrau und kniff Harry schnurrend in den hageren Bauch. ›Truffaut!‹ sagte sie dann; wie in einem Truffaut-Film« (Westphalen 1991, 162).

In den 80er Jahren verliert sich die Spur dieser Vor-Bilder immer mehr, nur selten hört man noch im Kino einen ergrauten Herrn in Bluejeans einen ›echten Godard‹ einklagen. Klaus Modick hat den Erzähler seines Romans *Ins Blaue* und dessen Freund Feuerstein ins Kino begleitet, sie sehen POURQUOI PAS (Coline Serrau, 1978).

>»Genaugenommen hatte der Film gar keine Handlung. Es ging darin um eine Art Wohngemeinschaft lebenslustiger Mitdreißiger, die irgendwo in einem Pariser Vorort mit sich selbst zufrieden vor sich hinlebten und allerlei banale Alltagsunbilden durchzumachen hatten. Die ganze Geschichte lief auch recht charmant ab, mal abgesehen von einer heftig zerquälten Sequenz, in der deftige Symbolismen Freudianische Sozialisationsblöcke einer der Hauptpersonen abbilden mußten. ›Ich glaub, meine Triebstruktur taumelt‹, zischte Feuerstein empört, verhielt sich aber ansonsten überraschend ruhig, lachte sogar hin und wieder und gab diverse Kurz-Kommentare wie ›Godard-Geck‹, Truffaut-Trick‹, ›Sautet-Zitat‹, ›Chabrol-Scheiß‹ oder Carné-Klau‹, womit ich aber herzlich wenig anfangen konnte, die Leute um uns herum wohl auch nicht. Feuerstein sagte das aber auch nur so vor sich hin, in cineastischer Hingabe« (Modick 1985, 109).

Kein Zweifel, das Kino ist nicht mehr das, was es einmal war.

19. Literatur

Bekenntnisse zum Kino

Literaten sind ausgiebig ins Kino gegangen und verändert daraus wieder hervorgekommen. Moderne Autoren bedienen sich in ihrer Darstellung der Gegenwartskultur einer ›filmischen Schreibweise‹ und sind bereit, sich schreibend am audiovisuellen Ausdruck dieser Kultur in den Medien zu beteiligen. Alfred Döblin, der an der medialen Weiterverarbeitung seines Romans *Berlin Alexanderplatz* in einen Film und einem Hörspiel selbst mitgearbeitet hat, war vor dem Zweiten Weltkrieg noch eine Ausnahme. Noch behauptete sich Literatur jenseits vom Kino (und Radio) und duldete es, wenn der Film (und das Hörspiel) von ihr Gebrauch machten. Nach dem Krieg jedoch setzt sich eine Literatur durch, die durch die Schule des Kinos (des Radios und in den USA schon des Fernsehens) gegangen ist (J. Paech 1997). Sichtbarstes Zeichen für diese Annäherung zwischen Literatur und Kino bis hin zum direkten Austausch zwischen beiden ›Medien‹ ist parallel zur Nouvelle Vague die Erscheinung eines ›Nouveau Roman‹. Literarische Autoren schreiben nicht nur ›filmisch‹ und für den Film, sondern arbeiten von vornherein mit Regisseuren, die sich ebenfalls Autoren ihrer Filme nennen, an gemeinsamen Projekten zusammen, zum Beispiel Marguerite Duras und Alain Resnais mit HIROSHIMA MON AMOUR, 1959 oder Alain Robbe-Grillet und Alain Resnais mit L'ANNÉE DERNIÈRE À MARIENBAD (LETZTES JAHR IN MARIENBAD, 1960). Dasselbe gilt in Deutschland zum Beispiel für die Zusammenarbeit von Wim Wenders und Peter Handke an dem Film DIE ANGST DES TORMANNS BEIM ELFMETER (1971). Alle drei Schriftsteller (und viele andere) haben danach auch als Film›autoren‹ ihre eigenen Filme gedreht.

Für die Literaten hat das Kino aufgehört, ein Ort der Sehnsucht oder des Glücks zu sein bzw. der Gefahr, sich ans Triviale einer Phantasie aus zweiter Hand verlieren zu können. Das Kino ist zu einem normalen Arbeitsplatz der Beobachtung der Gegenwartskultur geworden, zu der Literatur und Kino gleichermaßen (wie Comics, Illustrierte, Zeitungen, Radio und Schallplatten) gehören. Literaten profitieren von ihrer Kinoerfahrung, die sie in ihr Schreiben einfließen lassen, was für die jüngeren unter ihnen viel selbstverständlicher und ausgiebiger geschieht als bei den älteren, die die Geschichte des Kinos immerhin mit ihren eigenen Geschichten begleitet haben.

Nehmen wir zum Beispiel James Joyce, einen der Gründerväter der modernen Literatur. Joyce hatte zu Beginn dieses Jahrhunderts ganz direkt mit dem Kino zu tun, als er vorübergehend im Winter 1909/10 in Dublin das ›Volta-Theatre‹ leitete, wegen seines Augenleidens jedoch wieder damit aufhören mußte. Die Bilderströme auf der Leinwand, das Assoziative ihrer montageförmigen Verbindungen, all das hat sich mit dem modernen Schreiben in seinen Romanen verdichtet. Nur das Kino als Ort der Handlung und Erfahrung seiner Figuren spielt fast gar keine Rolle mehr. Nur ganz nebenbei taucht im *Ulysses* in einer kleinen Kette von Wahrnehmungen eine Erinnerung an eine längst vergangene Form des Kinos, das Mutoscope (ein Kasten, in dem per Kurbel einzelne Phasenbilder von Bewegungen ›abgeblättert‹ wurden) auf. Leopold Bloom hatte, als die Familie einen Ausflug zum Strand machte, war's Zufall oder nicht, dem Kindermädchen Gerty McDowell sehr weit unter den Rock sehen können, was ihn ziemlich erregt.

»Ein Traum von wohlgefüllter Hose. Wo war das? Ah ja, Mutoscop-Bilder in der Capel-Street: nur für Herren. Der äugelnde Tom. Willys Hut und was die Mädchen damit machten. Machen sie nun Momentaufnahmen von diesen Weibern oder ist alles nur Schwindel« (Joyce 1966, 415).

Wie dem auch sei, Bloom erinnert sich, daß er sich beim Anblick der Bilder ›beschmutzt‹ hat. Und schon nehmen die Gedanken wieder eine andere Richtung, auch wenn sie bei den Frauen, was sonst, bleiben. Blooms ›peeping‹ unter Gertys Rock verschmilzt mit der Erinnerung an diese frühe Peep-Show, in der man dasselbe für einen Penny per Handkurbel haben konnte. Wir erinnern uns, daß Frank Norris die ganze Familie McTeague in den ersten Jahren der Kinematographie in die Music-Hall geschickt hat, wo sie sich begeistert die ersten bewegten Bilder angesehen haben. Unser Spaß war, ihnen dabei (literarisch, denn Erich von Stroheims Verfilmung hat diese Sequenz ausgelassen) zuzusehen. Ins dunkle Kino folgt Joyce seinem Leopold Bloom nicht, vielleicht, um ihn im Dunkeln nicht aus den Augen zu verlieren?

Für Tennessee Williams (*Die Glasmenagerie*) ist das Kino eine Gegenwelt, die er seinen Figuren anbietet, bevor sie sich in ihren Psychodramen zerstören. Laura und Tom können ab und zu ihrer Mutter Amanda, die sie zu Hause wie in einem Käfig eifersüchtig gefangenhält, ins Kino entkommen. Lauras Glasmenagerie ist auch der zerbrechliche Rest einer Welt, die ihr von ihrer Mutter entzogen wurde; dieser Menagerie gläserner Figuren gegenüber sind die Lichtgestalten des Kinos von beinahe handfester Wirklichkeit. Als Tom eines Nachts nach Hause kommt, erzählt er seiner Schwester Laura, was im Kino los war.

»Ein sehr reichhaltiges Programm! Ein Garbo-Film und Mickey Mouse und ein Reisebericht und die Wochenschau und die Ankündigung der kommenden Attraktionen. Ja, und ein Orgelsolo und eine Sammlung ›Milch für die darbenden Säuglinge‹, die war gleichzeitig mit der Orgel und erreichte ihren Höhepunkt in einer schrecklichen Rauferei zwischen einer dicken Dame und einem Platzanweiser!« (Williams 1978,

34). Und wenn auch noch ein Zauberer in einer Bühnenshow auftritt, dann öffnet sich auf magische Weise die Welt mit all ihren Möglichkeiten. »Natürlich! Ja, ich hab noch vergessen, da war auch noch eine große Varietévorstellung auf der Bühne! Die Glanznummer war Malvolio, der Magier« und Tom erzählt begeistert von den Tricks des Zauberers, zum Beispiel »der Trick mit dem Sarg. Wir nagelten ihn in einen Sarg, und er kam aus dem Sarg wieder heraus, ohne daß ein Nagel gelockert wurde. Siehst du, das ist ein Trick, den könnte ich gerade brauchen, um aus meiner verflixten Situation herauszukommen« (34f).

Für Tom ist diese Bühnenshow wichtiger als die Filme, weil sie wirkliche Handlungen sind, nach denen er sich sehnt, wenn auch ihre Handlungen keiner Wirklichkeit entsprechen. Die Ersatzwelt des Kinos reicht ihm nicht mehr:

>»Die Helden und Heldinnen auf der Leinwand, die von einem Abenteuer ins andere tanzen, sich in Abenteuern wälzen, alles, was es nur gibt, in sich hineinfressen! Und die Leute schauen sich die bewegten Bilder an, statt sich selbst zu bewegen! Es ist das Vorrecht der Hollywoodfiguren, die Abenteuer für alle Menschen in Amerika zu erleben, während die Menschen Amerikas in einem verdunkelten Raum sitzen und zusehen!« (61)

Nur der Krieg hat diese Menschen aus ihrer Lethargie vor den Kinoleinwänden befreit und die Abenteuer erleben lassen, die sonst »Herrn Clark Gable« vorbehalten sind. »Dann verlassen die Zuschauer den verdunkelten Raum und spielen mal selber mit!« (61). Toms Aufbruch, der in die amerikanische Jugendbewegung der Hippies ebenso wie in den Korea-Krieg und später den Vietnam-Krieg mündet, läßt auch das Kino hinter sich. Die Illusionen Hollywoods verfangen nicht mehr; sie tun es erst wieder, als Hollywood die eigenen Rebellen und ›Easy Rider‹ in die Studios zurückholt.

In seiner Erzählung »Desire and the Black Masseur« hat Tennessee Williams ein Bild des Kinozuschauers gezeichnet, dessen drastische Körperlichkeit erst wieder an postmoderne Filme etwa David Cronenbergs (VIDEODRÔME 1985) oder Splatter-Filme des ästhetischen Underground und ihre Formen der Interaktion zwischen Leinwand und ›Zuschauer‹ erinnert. Das Kino ist hier ein riesiger Bauch und die Leinwand der Mund, durch den der Zuschauer absorbiert, verschlungen wird. Sein ganzes Begehren ist darauf gerichtet, von diesem Mund verschluckt, von diesem Bauch verdaut zu werden.

>»Von Anfang an hat diese Person Antony Burns einen Instinkt dafür bewiesen, eingeschlossen zu sein in Dinge, die ihn vollkommen verschluckt haben. In seiner Familie gab es 15 Kinder, und er war es, dem man am wenigsten Beachtung schenkte. Und als er zu arbeiten begann, nachdem er die Highschool mittelmäßig abgeschlossen hatte, sicherte er sich einen Job im größten Großhandelsgeschäft der Stadt. Alles und jedes absorbierte ihn und verschluckte ihn und noch immer fühlte er

sich nicht sicher. Sicherer dagegen als irgendwo anders fühlte er sich in den Kinos. Er liebte es, in den hinteren Reihen zu sitzen, wo ihn die Dunkelheit sanft aufsog, so daß er wie zu einem Element der Nahrung wurde, die in einem großen warmen Mund verschwand. Das Kino schleckte an seinem Bewußtsein mit einer zarten zuckenden Zunge, die ihn in den Schlaf lullte, ja, eine große mütterliche Nanny von einem Hund hätte ihn nicht besser schlecken und süßere Ruhe geben können als das Kino, wenn er nach der Arbeit dorthin ging. Dann würde sein Mund offenstehen und Speichel würde sich sammeln und heraustrop- fen an den Seiten und sein ganzes Sein würde so vollkommen entspan- nen, daß all das Prickeln und die Anspannung der Ängste eines ganzen Tages vollkommen von ihm abfallen würden. Er folgte nicht der Geschichte auf der Leinwand, sondern sah nur die Figuren. Was sie taten oder sagten war vollkommen immateriell für ihn; er interessierte sich ausschließlich für die Figuren, die ihn wärmten, als wären sie im dunklen Kinosaal direkt neben ihm an ihn gekuschelt; er liebte sie alle, außer die mit den schrillen Stimmen ...« (Williams 1968, 106).

Aber kein Glück ist vollkommen, für Anthony Burns bleibt ein unstillbarer Rest des Begehrens, der erst befriedigt werden kann, als er in einem türki- schen Bad einen riesenhaften schwarzen Masseur trifft, dem er sich endlich lustvoll ausliefern kann bis zu seiner vollkommenen Auflösung, die vollen- det ist, nachdem der Masseur seiner Bitte, ihn zu verschlingen, nach- gekommen ist. »Er brauchte 24 Stunden, bis er die gebrochenen Knochen sauber abgegessen hatte« (115).

Hermann Hesse mit dem Kino in Verbindung zu bringen fällt nicht leicht, seinen *Steppenwolf* (1927) sieht man eher an frischer Luft durch eine erhabene Natur streifen als sich im stickigen Kino an die Trugbilder der Zivilisation zu verlieren. Aber für Hesse ist das Kino durchaus eine Mög- lichkeit, seinen Harry Haller zwischen der Welt der Triebe und der Welt des Geistes in einem Zwischenreich dieser Spannung gewahr werden zu lassen, gerade weil sie im Kino die symbolische Seite der Kultur in die Trivialität ihrer dumpfen Sinnlichkeit aufzulösen scheint. Auf dem Weg zu einem Maskenball, gegen den er starke innere Widerstände verspürt, kommt er »im Schlendern (...) an einem Kino vorüber, sah Lichtbündel und farbige Riesenplakate aufglänzen, ging ein paar Schritte weiter, kehr- te um und ging hinein. Da konnte ich bis gegen elf Uhr hübsch ruhig im Dunkeln sitzen« (Hesse 1974, 175). Der zögerliche Kinobesuch gibt gegen- über dem Ball den willkommenen Aufschub. »Vom Boy mit der Blend- laterne geführt, stolperte ich durch die Vorhänge in den finsteren Saal, fand einen Platz und war plötzlich mitten im alten Testament« (175f). Har- ry Haller erzählt nun, was er auf der Leinwand zu sehen bekommt, Moses, der die Israeliten durch die Wüste führt und das Rote Meer mit Gottes Hilfe teilt, damit die Propheten und das furchtsame Volk wie durch einen »Hohlweg zwischen gestauten Wasserbergen (auf welche Weise dies von den Kinoleuten bewerkstelligt worden war, darüber konnten sich die vom Pfarrer in diesen Religionsfilm geführten Konfirmanden lange streiten)« (176) das gelobte Land erreichen konnten, während über den sie verfolgenden Ägyptern die Wasserberge zusammenschlugen. Sicherlich hätte Harry Haller auch gerne gewußt, wie die Kinoleute das gemacht haben, sich dafür zu interessieren war jedoch eher etwas für dieses dankbare Publikum, »welches still seine mitgebrachten Brötchen aß« (177) und sich geduldig diesem »riesigen Ramsch und Kulturausverkauf dieser Zeit« (177) widmete. Was ihm einst als Kind erste Ahnungen »einer anderen Welt, eines Übermenschlichen« (177) vermittelte, muß er hier nun auf unterstem Niveau zu einer »Schweinerei« verkommen wiedererleben. Besser Ägypter, Juden und alle Menschen wären zusammen umgekommen, als auf diese Weise wiederzuerstehen. Hermann Hesse hat vielen Zeitgenossen aus der Seele gesprochen, die im Kino den Kulturverfall und Verrat des Geistes und seiner Geschichte an die triviale Bilderwelt gesehen haben.

In Vladimir Nabokov kommen alle Bedingungen zusammen, die man für einen Schriftsteller nennen möchte, der in seinem Leben und seinem Werk wesentlich mit dem Kino verbunden ist. Mit dem Kino, das heißt zuerst mit diesem Ort, der den Exilrussen überall, wo er hinkommt, aufnimmt, der ihn mit unendlich vielen anderen Menschen zu einem gemeinsamen kulturellen Erlebnis zusammenführt, das auch seine literarischen Figuren teilen und das an diesem Ort symptomatisch für das Leben in der jeweiligen Kultur ist, das er in seinen Romanen wiedergibt. Zum ›Kino der Erinnerung‹ an seine russische Heimat kommen für den Exilanten Nabokov an den Stationen seines Lebens (u.a. Cambridge, Berlin, Paris, schließlich USA) Eindrücke hinzu, die sich kaleidoskopartig vermischen, woraus sich wohl auch seine sehr spezifische ›filmische‹ Schreibweise erklärt. Hinzukommt, daß die Gruppe der Exilrussen in Paris, vor allem aber in Berlin, das zu Beginn der Tonfilmzeit die führende Rolle in der Filmindustrie in Europa einnahm, Kontakt auch zur Filmproduktion hatte. Russische Regisseure und Schauspieler waren begehrt, ein Heer von russischen Statisten, darunter Nabokov, konnten für wenig Geld beschäftigt werden. Später, 1943, schreibt er:

> »Deutsche Filmgesellschaften, die in jenen Tagen (kurz bevor das Kind des Lichts das Sprechen lernte), wie Giftpilze aus dem Boden schossen, fanden in jenen russischen Emigranten billige Arbeitskräfte, deren einzige Hoffnung und einziger Beruf ihre Vergangenheit war – also in einem Kreis ganz und gar unwirklicher Leute – und die in den Filmen ,wirkliches‹ Publikum vorstellen sollten. Diese Kombination von zwei Scheinwelten erweckte bei sensiblen Menschen den Eindruck, in einem Spiegelkabinett oder vielmehr in einem Spiegelgefängnis zu sein und nicht einmal zu wissen, was Glas war und was man selber« (Nabokov 1989, 406).

Kinoerfahrung ist also für ihn sehr umfassend und drückt sich so auch in seinen Romanen (was die Statistenrollen betrifft am direktesten in *Maschenka*) aus.

In dem Roman *Gelächter im Dunkel* zum Beispiel, den Nabokov Anfang der 30er Jahre in Berlin geschrieben, den er zuerst 1933 unter dem Titel *Camera obscura* und 1938 stark verändert in englischer Übersetzung als

Laughter in the Dark veröffentlicht hat, nimmt das Leben eines wohlhabenden, durchschnittlichen Menschen durch den Besuch eines Kinos eine unerwartete Wendung. Albert Albinus ist Kunstkritiker und Bilderkenner, er hat Frau und Kind. Auf dem Weg zu einer Verabredung bleibt ihm Zeit und so

>»schlenderte er ziellos umher und kam an einem kleinen Kino vorbei, dessen Lichter einen scharlachroten Schein über den Schnee warfen. Er blickte flüchtig auf das Plakat (das einen Mann zeigte, der zu einem Fensterrahmen aufschaute, in dem ein Kind im Nachthemd stand), zögerte – und kaufte eine Eintrittskarte« (Nabokov 1997, 21).

Die Begegnung, die Albinus im Dunkel des Kinos hat, findet in einem Zwischenraum zwischen der Wirklichkeit, aus der er gerade kommt und der Phantasmagorie statt, wie sie nur das Kino bereithält. Der Lichtstrahl einer Taschenlampe geleitet ihn den Gang neben den Sitzen hinab und

>»als das Licht auf die Eintrittskarte in seiner Hand fiel, sah Albinus das geneigte Gesicht des Mädchens, und während er hinter ihr herging, konnte er im Dämmer ihre schmale Gestalt erkennen (...). Während er sich auf seinen Platz schob, schaute er zu ihr auf, und da zufällig das Licht darauf fiel, sah er wieder den klaren Schimmer ihres Auges und den schmelzenden Umriß einer Wange« (21).

Ein Eindruck wie ein Filmbild in unwirklicher Beleuchtung bleibt zurück. Weil Albinus gegen Ende des Films ins Kino gekommen war, sieht er nur noch wie ein Mädchen zwischen umgestürzten Möbelstücken »vor einem maskierten Mann mit einer Schußwaffe zurück(weicht). Er fand nicht das geringste Interesse daran, Geschehnisse zu betrachten, die er nicht verstand, weil er ihren Anfang nicht kannte« (22) und wohl auch, weil ihn das Bild dieses Gesichts in der Dunkelheit weit mehr beschäftigte. Während der Pause mußte er auf den Wiederanfang des Films warten. Die Platzanweiserin

>»stand am Ausgang neben einem scheußlichen, purpurroten Vorhang, den sie gerade zur Seite gezogen hatte, und die hinausgehenden Leute strömten an ihr vorbei. (...) Fast ehrfürchtig starrte er ihr ins Gesicht. Es war ein bleiches, schmollendes, schmerzlich schönes Gesicht« (22). Als das Programm wieder begonnen hatte, blieb er noch eine halbe Stunde lang, dann »stand er auf und ging. Sie zog den Vorhang für ihn zur Seite, und leise klapperten die hölzernen Ringe« (23).

Zu Hause konnte er diese Erscheinung im Dunkeln des Kinos nicht vergessen, und als er zum zweitenmal ins Kino ging, war alles wie zuvor, auf der Leinwand rollte jetzt ein Wagen »eine glatte Straße mit Haarnadelkurven zwischen Felswänden und Schluchten hinab« (23). Als er das Kino wieder verließ, hatte ihn die ›Erscheinung‹, die Margot hieß und 18 Jahre alt war, vollkommen in Besitz genommen. Für Margot wird Albinus seine Familie verlassen, sie wird ihn betrügen, mit einem anderen Mann und um sein Geld. Aber nicht nur, daß mit diesem Kinobesuch das Drama im Leben des Kunstkritikers Albert Albinus beginnt, er könnte an dessen

Anfang auch das Ende in dem Film sehen, der im Kino gerade läuft, wenn nicht bereits das Bild dieser Platzanweiserin ihn blind für alles andere gemacht hätte.

»Was ist das für ein Film? Der Leser erfährt drei Dinge über ihn. Erst sieht er das Plakat. Es zeigt einen Mann, der zu einem Fenster aufschaut, in dem ein Kind im Nachthemd steht. Dann bemerkt er eine Szene, in der ein Mädchen zwischen umgestürzten Möbelstücken vor einem maskierten Mann mit einer Schußwaffe zurückweicht (...) schließlich sieht er auf einer glatten Straße mit Haarnadelkurven ein Auto zwischen Felswänden und Schluchten fahren« (Zimmer 1997, 558).

Der Film heißt GELÄCHTER IM DUNKEL, denn er zeigt nichts anderes als das Schicksal von Albinus selbst, der dieses Mädchen Margot begehrt, der bei einem Autounfall an der Côte d'Azur das Augenlicht verlieren und schließlich als Blinder (der Mann mit der Maske) von diesem Mädchen, das ihn betrogen hat, erschossen werden wird.

Das Bild, das sich der Kunstkenner Albert Albinus von der Platzanweiserin gemacht hat, sah aus, »als wäre sie von einem großen Künstler gegen einen schweren, dunklen Hintergrund gemalt worden« (Nobokov 1997, 22). Wir kennen das Bild, es heißt »New York Movie«. Edward Hopper hat es 1939, also ein Jahr nach Erscheinen des Romans *Gelächter im Dunkel* in den USA gemalt. Aber obwohl es ›Movie‹ im Titel führt, interessiert sich

auch Hopper kaum für den Film auf der Leinwand, sondern für die Platzanweiserin, die gelangweilt neben einem roten Vorhang an der Wand lehnt. Jeden Augenblick könnte Albinus aufstehen, und Margot würde den Vorhang zur Seite nehmen, Albinus würde an ihr vorbeigehen und das Drama würde seinen Lauf nehmen.

Nabokov hat in Europa häufig das Kino besucht: »Ich bin etwa einmal alle 14 Tage ins Kino an der Ecke gegangen und die einzige Art Filme, die ich wirklich mochte, und noch immer mag waren und sind Komödien wie die von Stan und Laurel« (Appel 1974, 153f). Später hat er die Bedeutung dieser Kinobesuche für sein literarisches Schaffen gerne heruntergespielt. Deshalb hatte er auch nichts dagegen einzuwenden, daß Stanley Kubrick in der Verfilmung seines (berühmtesten) Romans LOLITA (1962) alle Anspielungen auf die ständigen Kinobesuche Lolitas weggelassen hat, die im Roman wie eine ›ausgedehnte Metapher‹ (Appel 1974, 87) für die kindliche Welt Lolitas gebraucht werden. Aus den Augen Humberts, des 40jährigen Liebhabers der 12jährigen Lolita, und in den Zeilen seines Tagebuches wird der Kinobesuch selbst zum unangenehmen Zwischenfall und das Kino zu einer peinigenden Erfahrung.

»Damals hegte Lo[lita] noch eine wahre Leidenschaft für Filme (die während ihres zweiten Schuljahres zu lauer Herablassung abkühlte). Wahllos und wollüstig zogen wir uns im ersten Jahr ich weiß nicht mehr wie viele, sicher hundertfünfzig bis zweihundert Filme rein und in den Perioden gehäufter Kinobesuche sahen wir viele Wochenschauen bis zu einem halben Dutzend mal, weil ein und dieselbe mit verschiedenen Hauptfilmen zusammen lief und uns von Stadt zu Stadt verfolgte. Ihre liebsten Genres waren: Musicals, Gangsterfilme, Cowboyfilme – in dieser Reihenfolge« (Nabokov 1996, 275).

Es folgt ein Panorama der Helden in ihren Genres, Helden der Schmerzen, schönen Tode und finalen Umarmungen.

»Ich entsinne mich einer Nachmittagsvorstellung in einem kleinen stickigen Kino, das voller Kinder war und nach heißem Popcorn-Atem stank. Gelb stand der Mond über dem behalstuchten Schnulzensänger, sein Finger lag auf der Klimpersaite, sein Fuß ruhte auf einem Kiefernstamm; ich hatte in aller Unschuld Los Schulter umfaßt und näherte meine Kinnlade ihrer Schläfe, als zwei Harpyien hinter uns anfingen, die seltsamsten Dinge zu murmeln – (...) was ich zu hören glaubte, ließ mich meine liebkosende Hand schleunigst zurückziehen, und natürlich war der Rest des Films für mich nur noch Nebel« (Nabokov 1996, 276).

Kindervorstellungen wurden in der Frühzeit des Kinos, als das Kino einen schlechten Ruf hatte, von den Kinobesitzern eingeführt, um den Kindern (vor allem ihren besorgten Eltern) eine unbedenkliche Kinovorstellung zu garantieren. Humberts Leidenschaft für Lolita muß in dieser ›unbedenklichen‹ Kinderwelt des Kinos um so grotesker auf ihn und den Leser wirken. Auch Kubrick schickt das Trio, Mutter Charlotte, Lolita und Humbert ins Kino, genauer ins Autokino. Ganz zu Beginn ihrer Beziehung gibt Kubrick Humbert die Gelegenheit für eine erste Berührung des begehrten

Objekts. Auf der Leinwand ist THE CURSE OF FRANKENSTEIN (FRANKEN-
STEINS FLUCH von Terence Fisher, 1957) zu sehen und als es für einen
Moment richtig gruselig wird, kann Humbert erschrocken oder schützend
Lolita ans Knie fassen. Das war's dann auch.

Eine besondere übertragene Bedeutung bekommt ein Kinobesuch im
ersten Roman Nabokovs, *Maschenka*, der 1926 in Berlin entstanden ist.
Ganin, ein junger Exilrusse, der in einer Berliner Pension mit anderen russischen Exilanten zusammenlebt, sehnt sich zurück nach Rußland und
diese Sehnsucht und ihre Bilder von der fernen Heimat kristallieren sich
um Maschenka, seine (Nabokovs) Jugendliebe, die er zu Hause in Rußland zurückgelassen hat und deren Foto Ganin zufällig bei einem Mitbe-
wohner in der Pension gefunden hat. Immer mehr verliert sich Ganin in
den Erinnerungen an Maschenka und ihren Treffen in leerstehenden Gar-
tenhäusern auf dem Gut seines Vaters, zu gemeinsamen Ruderpartien
und Ausflügen. Der wahre Film, das sind diese Erinnerungen, die sich
Ganin so oft es geht hervorruft und in die er sich zurückzieht. Das Kino
irgendwo in Berlin, in das er mit seiner sehr irdischen Geliebten Ljudmilla und Klara, einer Zimmernachbarin, geht, hat nicht teil an dieser Gegenwelt, es gehört zum Exil, seine Erfahrung ist Entfremdung. Nachdem es
ihm gelungen war, daß die ständig schwatzende Ljudmilla für einen
Moment still ist, konnte er sich auf die Leinwand konzentrieren, wo eine
Primadonna auf einer Opernbühne singt.

»Langsam glitt der Zuschauerraum ins Blickfeld, das Publikum klatschte
Beifall, in den Logen und im Parkett erhoben sich die Menschen in
ekstatischer Begeisterung. Und plötzlich merkte Ganin, daß er da etwas
sah, das ihm vage und entsetzenerregend bekannt war. Er entsann sich
erschreckt der roh zusammengehämmerten Sitzreihen, der Logensessel
und -brüstungen, die giftig lila gestrichen waren und der trägen Arbeiter, die mühelos und gleichmütig – wie blaugekleidete Engel – hoch
oben von einem Balken zum anderen liefen oder die blendenden Mün-
dungen der Jupiterlampen auf ein ganzes Heer von Russen richteten, die
man in dieser riesigen Dekoration zusammengetrieben hatte, und die
sich filmen ließen, ohne vom Inhalt des Films die leiseste Ahnung zu
haben« (Nabokov 1993, 39).

Schon kurz nach seiner Ankunft in Berlin hatte Ganin bei der Filmproduktion Arbeit gefunden: »Nichts war unter seiner Würde; mehr als einmal
hatte er sogar seinen eigenen Schatten verkauft, wie es so viele von uns
tun. Mit anderen Worten: Er fuhr in den Vorort hinaus, um dort als Film-
statist zu arbeiten« (Nabokov 1993, 22). Auf der Kinoleinwand hatte sich
die Kulisse in den komfortablen Zuschauerraum einer Oper verwandelt.

»Ganin strengte seine Augen aufs äußerste an, und da entdeckte er sich
selber mit einem durchdringenden Schaudern der Beschämung inmitten all dieser Menschen, die auf Befehl applaudierten, und ihm fiel ein,
daß sie alle nach vorn hatten blicken müssen, auf eine imaginäre Bühne.
(...) Ganins Doppelgänger war nun ebenfalls aufgestanden und klatschte
Beifall. (...) Und in diesem Augenblick empfand Ganin nicht nur

Scham, sondern auch die schnell vergehende Flüchtigkeit des menschlichen Lebens. Dort oben auf der Leinwand verschwamm jetzt sein hageres Ebenbild mit dem scharfen, aufblickenden Gesicht und den klatschenden Händen in ein graues Kaleidoskopgewimmel anderer Gestalten«, schließlich dreht sich die Kamera zurück in Richtung Bühne, wo die Handlung weitergeht.(...) »Auf dem ganzen Heimweg dachte er darüber nach, wie nun sein Schatten von Stadt zu Stadt und von Leinwand zu Leinwand wandern würde, ohne daß er je erfuhr, was für Menschen ihn sahen und wie lange er noch durch die Welt streifen mußte« (Nabokov 1993, 39ff).

Als Ganin sich selbst während des Kinobesuchs auf der Leinwand wiedersieht, vermengen sich eine ganze Reihe von Topoi unversehens zur Metapher für das Leben im Exil. Die entfremdete Arbeit als Statist in der Filmproduktion wird von ihm mit dem romantischen Bild für den Selbstverlust, dem Bild vom verkauften Schatten beschrieben. Die Erinnerung an das Unwirkliche dieser Tätigkeit, die ihren Sinn (vielleicht) erst viel später im fertigen Film vor einem Kinopublikum bekommt, verstärkte noch das Unheimliche und Geisterhafte des Wiedersehens mit dem Anderen, der er selbst gewesen ist, in einer nun veränderten Szenerie. Hinzukommt, daß Ganin selbst das Gefühl eines Schattendaseins im Berliner Exil hatte, seine Seele träumte sich so oft wie möglich zurück an die Seite Maschenkas in der russischen Heimat. Hier im grauen Berlin der 20er Jahre hatte er nur seinen Schatten ins Exil gerettet, dessen Doppelgänger auf der Leinwand nun seinerseits im Film die Irrfahrten durch die Welt antrat, ohne zu wissen, wer ihm irgendwo begegnen wird. Wieder in dem Berliner Haus, »in dem sieben verlorene Schatten aus Rußland wohnten, kam ihm das ganze Leben wie solch ein Stück Filmaufnahme vor, bei der die gleichgültigen Statisten nicht das mindeste von der Geschichte wußten, in der sie mitspielten« (Nabokov 1993, 41).

Eine (finnisch, französisch, englisch, deutsche) Verfilmung des Romans von John Goldschmidt (MASCHENKA, 1986) reduziert den Kinobesuch auf einen bloßen Schaueffekt: Auf der Leinwand ist jetzt Brunhilds Ankunft an Gunthers Hof in Worms zu sehen, Statisten stehen im Wasser und tragen die Brücke, über die Brunhild vom Schiff an Land gehen wird. Ganin hat offenbar den beiden Frauen, Klara und Ljudmilla erzählt, daß sie ihn als Statisten in diesem Film (DIE NIBELUNGEN Teil 1 SIEGFRIEDS TOD, Fritz Lang, 1924) sehen  könnten, aber die schwatzende Ljudmilla verpaßt den Moment mit Ganins Auftritt, so bleibt der Kinobesuch unbefriedigend. Aus einer sehr komplexen Metapher für Ganins (Nabokovs) Exil im Roman hat der Film einen kleinlichen Versuch Ganins gemacht, den beiden Frauen mit seinem Filmauftritt imponieren zu wollen.

Heinrich Bölls Beziehungen zum Film waren nicht immer glücklich, einige Verfilmungen seiner Romane vor allem von Jean-Marie Straub und

Danielle Huillet sind bei ihm auf wenig Gegenliebe gestoßen. Das Kino dagegen wird in seinem *Irischen Tagebuch* (1957) weit weg vom westdeutschen Nachkriegsalltag zum Ort einer ganz eigenen Zeiterfahrung, die wenig mit dem eigentlichen Anlaß, einen Film zu zeigen und zu sehen, viel dagegen mit dem kulturellen Umfeld zu tun hat, in das das Kino in der irischen Gesellschaft eingebettet ist. »Der Kinobeginn ist auf 21 Uhr angesetzt, doch wenn irgend etwas unverbindlich ist, dann diese Uhrzeit« (Böll 1957, 73). Der Grund dafür ist der Umstand, daß die Kinoveranstaltung erst beginnen kann, »wenn alle Priester, die ansässigen wie die Urlauber, vollzählig [im Kino] versammelt sind« (73). Bleibt also abzuwarten, wann der Pfarrer und seine Freunde ihr Abendessen und ihre anschließenden gemütlichen Plaudereien beendet haben werden, um sich ebenfalls ins Kino aufzumachen. Man muß, wenn man ins Kino geht, viel Zeit haben, und davon, sagen die Iren, hat Gott genug gemacht. Eine halbe Stunde ist vorbei.

> »Die rötlich erleuchteten Muscheln an den Wänden geben nur schwaches Licht, und im Halbdunkel des Saales herrscht eine Munterkeit wie auf einem Jahrmarkt: Gespräche werden über vier Sitzreihen hinweg geführt, Witze über acht Reihen hin gebrüllt; vorne auf den billigen Plätzen vollführen die Kinder einen heiteren Lärm , wie man ihn nur aus Schulpausen kennt; Pralinen werden angeboten, Zigarettenmarken ausgetauscht, irgendwo im Dunkel ertönt das verheißungsvolle Knirschen, mit dem ein Pfropfen aus einer Whiskyflasche gezogen wird: das Make up wird erneuert, Parfüm verspritzt; jemand fängt an zu singen und für den, der all diesen menschlichen Lauten, Bewegungen, Tätigkeiten nicht zugestehen will, daß sie der Mühe wert sind, die vergehende Zeit zu beanspruchen, für den bleibt die Zeit zum Nachdenken« (74f).

Diese nutzt Böll, indem er sich ein Panorama der Gerüche malt, die sich um ihn vermischen. Bäuerlicher Torfgeruch und vornehmes Parfüm, Zigaretten und der Geruch der Samtbezüge der Kinositze bilden in diesem Raum ohne Ventilation und Lüftung ein ›demokratisches‹ Amalgam. »Endlich (oder leider – ich weiß nicht)« (77) beginnt die Vorstellung mit dem Film ANNE BLYTH, den zu sehen nun auch die Priester eingetroffen sind.

> »Die rötlichen Muscheln erlöschen, der Schulpausenlärm auf den billigen Plätzen verstummt, diese ganze klassenlose Gesellschafft versinkt in schweigende Erwartung, während süß, bunt und breitwandig der Film beginnt. Hin und wieder fängt eines der vier- oder dreijährigen Kinder an zu schreien (...) schnell dem schreienden Kind ein Stück Schokolade in den Mund geschoben: da schmelzen Schmerz und Schokolade im Dunkeln dahin. (...) Ein großzügig gestaltetes Programm: drei Stunden dauert es und auch hier, als die rötlichen Muscheln wieder zu leuchten beginnen, die Türen geöffnet werden: auf den Gesichtern, was nach jedem Kinobesuch auf den Gesichtern zu sehen ist: eine leichte, durch Lächeln übermalte Verlegenheit: man schämt sich ein wenig des Gefühls, das man ohne es zu wollen, investiert hat« (78). Die Zuschauer verteilen sich in die Nacht.

Im Jahr des 100. Geburtstags des Films 1995 hat Peter Handke seine Kinoerfahrungen so zusammengefaßt:

>»Und sehr oft gehe ich ins Kino, wie früher einmal, am Nachmittag,
wenn es noch hell ist; treffe da aber, im Unterschied zu einst, trotz der
schütter besetzten Reihen nicht mehr auf jene trübsinnigen, vereinzel-
ten, verlorenen Gestalten, wie sie dem Moviegoer Binx Bolling in Walker Percy's Roman der 50er und 60er Jahre für diese Tageszeit typisch
erscheinen. Ich habe keine Ahnung mehr von den paar Leuten, die,
wenn möglich alle hinter mir, in meinem Rücken, sich einen Film
anschauen. Und ich selber verschwinde in die Nachmittagsvorstellungen, oft täglich, um mir den Kopf zu stillen. Ein jeder Film – fast – ist
mir gut dazu« (Handke 1995).

Im Nachwort zum erwähnten und von Handke übersetzten *Kinogeher* von
Walker Percy, hat er sich selbst als dessen Wahlverwandten bezeichnet.
Der Wertpapier-Makler Binx lebt im Schlepptau einer wohlhabenden
Familie in New Orleans und ist vor allem damit beschäftigt, einem
undeutlichen Gefühl der Sinnsuche in seinem Leben nachgehen zu sollen
– auf dieser Suche findet er immer wieder ins Kino, viele Menschen, die
ihn umgeben, Ereignisse seines Alltags beschreibt er mit Vergleichen aus
dem Kino, so daß ein enger Zusammenhang zwischen Kinoerfahrung und
Alltagsleben entsteht. Man kann es so sagen: »Unser Kino in Gentilly hat
eine Inschrift am Vordach: ›Wo Glück so wenig kostet:‹ Ich bin tatsächlich
ganz glücklich in einem Film, sogar in einem schlechten« (Percy 1986, 15).
Die Qualität der Kinobesuche richtet sich daher auch weniger nach dem
Film, der zu sehen ist, als nach dem Zusammenhang, der zwischen einem
bestimmten Kino und dem Ansehen eines Films besteht. Zum Beispiel
heißt eines der »Kinogeher-Phänomene«, die Brinx bei seinen Kinobesuchen feststellt, ›Bezeugung. Damit ist gemeint, daß der Film möglichst in
der Umgebung des Kinos selbst spielt, und daß der Zuschauer, indem er
die Verbindung zwischen der fiktiven Handlung und der Realität des
Kinos herstellt, d.h. »wenn er einen Film sieht, der ihm die eigene Gegend
zeigt (...) wenigstens eine Zeitlang als jemand zu leben (vermag), der Hier
ist und nicht irgendwo« (67). Deshalb ist es wichtig für den Kinogeher,
bevor er in einen Film geht, »etwas über das Kino zu erfahren oder über die
Leute, die da beschäftigt sind; ich muß die Umgebung wittern, bevor ich
hineingehe« (77). Die sicherste Art, sich mit dem Hier und Jetzt einer Kino-
situation identifizieren zu können, ist die Wiederholung eines Kinobesuchs zur selben (Jahres-) Zeit auf demselben Sitzplatz (83), und wenn das
Kino einen Film zeigt, in dem selbst das Ereignishafte, Unerwartete in
Form einer Wiederholung erscheint, indem ein ›Film im Film‹ zu sehen ist
(137), dann ist der Kinogeher auf der Suche nach dem Außerordentlichen
an seinem Ziel angelangt: Er findet es in der Versöhnung der alltäglichen
Dinge des Lebens mit den großen Ansprüchen, die wie die routinierten
Kinogänge in den Alltag integriert werden. Das Kino wird dann zum
Topos für jeden ritualisierten Ausbruch aus dem Einerlei des Alltags.
Das Kino soll ›den Kopf stillen‹ hat Handke dazu gesagt. Auf diese
Weise macht er sich selbst zu einem ›Kinogeher‹, der allerdings seiner Lei-

denschaft wiederum literarisch und sogar filmisch in eigenen Filmen Ausdruck gegeben hat. Der Roman, der den Erfahrungen des ›Kinogehers‹ vielleicht am nächsten kommt, ist *Die Angst des Tormanns beim Elfmeter* (1970), der ein Jahr später vom Wim Wenders in äußerster Nähe zum literarischen Vorbild verfilmt wurde. Erzählt wird von Josef Bloch, einem ehemaligen Profifußballtorwart in Wien, der nach seinem sportlichen nun auch noch seinen Beruf als Monteur verloren hat. Die Ursache liegt in einem zunehmenden Auseinanderbrechen von Selbst- und Fremdwahrnehmung. Der Film von Wenders macht das deutlich, indem er ganz zu Anfang zeigt, daß Josef Bloch als Torwart den Torschuß des Gegners als etwas registriert, was mit ihm nichts zu tun hat, was den berechtigten Ärger des Trainers provoziert. Die beginnende Arbeitslosigkeit ist Ausdruck seiner zunehmenden Beziehungslosigkeit und Fremdheit. Nach der Entlassung aß Bloch »an einem Stand eine heiße Wurst und ging dann zwischen den Ständen [des Naschmarkts] durch zu einem Kino. Alles, was er sah, störte ihn; er versuchte, möglichst wenig wahrzunehmen. Im

Kino drinnen atmete er auf« (Handke 1970, 7). Ihm bleibt eine Geste der Kassiererin im Gedächtnis und neben »der Leinwand bemerkte er eine elektrische Uhr mit beleuchtetem Zifferblatt. Mitten im Film hörte er eine Glocke läuten; er war lange unschlüssig, ob sie in dem Film läutete oder draußen in dem Kirchturm neben dem Naschmarkt« (7). Nicht einmal das Kino, wo die ›Wahrnehmungsbilder‹ des Films mit ihren Bedeutungen so sicher und fest gekoppelt sind, daß sie für Josef Bloch, dem die Wirklichkeit zerbricht, wie eine Erholung wirken, kann noch die Identität des Wahrgenommenen garantieren. Trotzdem zieht es ihn immer wieder dorthin, zunächst vor allem zur Kassiererin. »Wieder im Kino, erinnerte sich Bloch an das Romanheft und den Elektrokocher neben der Kassiererin; er lehnte sich zurück und fing an, auf der Leinwand Einzelheiten zu unterscheiden« (10), die allerdings drohen, aus ihrem Kontext herauszufallen. Fußballstadion, Straßenbahnfahrt oder ein Film im Kino, alles vermengt sich zu einem unheilvollen Gemisch von Wahrnehmungen. Es gelingt ihm, mit der Kassiererin eine gemeinsame Nacht zu verbringen. Am nächsten Morgen tötet er sie wie ein Fremder, ge- oder verstört von der Anwesenheit dieser Frau. Bloch zieht sich wieder in ein Kino zurück, weil er hier noch immer am sichersten war, als er aber im Aktualitätenkino einschläft, vom Platzanweiser geweckt wird und es zu Handgreiflichkeiten kommt, wird er von der Polizei kontrolliert, was ihn veranlaßt, Wien schleunigst zu verlassen. Josef Bloch gelangt mit dem Bus in einen »südlichen Grenzort«, wo er weiß, daß eine Freundin eine Gaststätte führt. In dem engen Rahmen des dörflichen Lebens werden die Wahrnehmungen, ihre Bedeutungen und ihre Ordnungen deutlicher als in der anonymen Großstadt Wien. Bloch ist der ›Fremde‹, der zugleich auf befremdliche Ereignisse verschwundener Kinder etc. stößt und sich wie ein unbeteiligter Beobachter im Dorf bewegt – immer auch in der Furcht, daß ihn die

Wiener Ereignisse einholen könnten. Nur noch einmal wird das örtliche Kino zur Symbolisierung des wahrnehmungspsychologischen Zustands Blochs herangezogen.

> »Im Kinovorraum saßen schon einige. Bloch setzte sich dazu, die Kinokarte in der Hand. Es kamen immer mehr. Es war angenehm, die vielen Geräusche zu hören. Bloch ging vors Kino, stellte sich irgendwo dazu, ging dann ins Kino hinein. In dem Film schoß jemand mit dem Gewehr auf einen Mann, der mit dem Rücken zu ihm weit weg an einem Lagerfeuer saß. Nichts geschah; der Mann fiel nicht um, blieb sitzen, schaute nicht einmal, wer geschossen hatte. Einige Zeit verging. Dann sank der Mann langsam zur Seite und blieb regungslos liegen. Immer diese alten Gewehre, sagte der Schütze zu seinem Begleiter: keine Durchschlagskraft. In Wirklichkeit war aber der Mann schon vorher tot am Feuer gesessen« (Handke 1970, 101).

Nichts ist so wie es scheint, Ursache und Wirkung treten auseinander. Das Kino spiegelt den Verlust vertrauter Wahrnehmung von Kausalitäten, der in der Realität Josef Blochs längst zum Problem auch seiner Verfolgungsangst geworden war. Alle auch trivialste Schritte, Beziehungen, Folgerungen mußten begründet werden, warum dieses und nicht jenes. ... Der Roman und der Film enden mit Josef Bloch als Beobachter eines Fußballspiels: Was wäre, wenn man während des ganzen Spiels nur einen Spieler, den Torwart zum Beispiel beobachten würde. Man müßte sich vorstellen, was er sieht, was er überlegt, worauf er reagiert: Das Ganze (des Spiels) geht verloren, ein lächerlicher, sinnloser Rest, ein Spieler ohne Verbindung zum Ganzen bleibt zurück.

Die Schriftstellerin Marguerite Duras, die neben ihrem literarischen auch ein bedeutendes filmisches Werk hervorgebracht hat, die in einem sehr engen de(kon)struktiven Verhältnis zueinander stehen (»Filme machen, wenn man Bücher geschrieben hat, heißt in bezug auf das, was gemacht wird, den Platz wechseln (...) einen Film zu machen heißt, zu einem Akt der Zerstörung überzugehen« (Duras 1990, 97), hat sehr genaue Vorstellungen von Kinozuschauern und ihren Beweggründen, ins Kino zu gehen. Sie meint den ›primären Zuschauer‹, den,

> »den man als kindlich bezeichnet, der ins Kino geht, um sich zu amüsieren, um die Zeit angenehm zu verbringen, und es dabei bewenden läßt. (...) Vielleicht findet er im Kinosaal seine einzige Form von Zurückgezogenheit, aber dieses Sichzurückziehen besteht in der Wegwendung von sich selbst« (Duras 1990, 18).

Diese (kindliche) Haltung des Zuschauers ist auch heute noch vorherrschend bei denjenigen, die das Massenkino mit seinen Action-Filmen den individuellen Autoren-Filmen (u.a. von Marguerite Duras) vorziehen. »Für alle diese Leute gilt, man geht ins Kino um wieder zu lachen oder Angst zu haben wie früher, um sich die Zeit zu vertreiben, um die Fortdauer des kindlichen Spiels wiederzufinden« (19). Der Zuschauer, den Marguerite Duras sich wünscht, ist ein anderer, was bei ihm

»ablaufe, sei Folgendes: Etwas in ihm öffne sich und bewirke, daß er nicht, wie beim kommerziellen Film, totalisieren, das heißt, Bild und Text zusammenbringen müsse. Hier in meinen Filmen entschlüsselt er nichts, er überlasse sich, und durch dieses Sichöffnen, das in ihm geschehe, werde Platz gemacht für etwas Neues in der Verbindung zwischen ihm und dem Film, das mit dem Begehren zusammenhänge« (87f).

Sie weiß, daß der ›primäre‹, kindliche Zuschauer für sie und ihre Filme unerreichbar ist (20) – der Bruch zwischen den beiden Zuschauerhaltungen der Unmittelbarkeit des bloßen Vergnügens und der intellektuellen einer kreativen Mitarbeit am Film, dieser Bruch geht biographisch durch sie selbst und ist zusammengehalten durch das Begehren, das sich stets mit dem Kino verbindet.

Natürlich ist die Frage nicht ganz von der Hand zu weisen, ob die sechzehnjährige Suzanne, die in den 20er Jahren in Indochina (Vietnam) aufgewachsen und dort auch häufig ins Kino gegangen ist, sich je einen Film von Marguerite Duras angesehen hätte. Die Frage ist paradox, weil Suzanne das jugendliche Alter-Ego der Duras in ihrem biographischen Roman *Un barrage contre le Pacifique* (1950, deutsch *Heiße Küste*) ist und außerdem historisch mit einer ganz anderen Kinematographie als im Paris der 60er und 70er Jahre konfrontiert war. Die Frage ist sinnvoll, wenn es um das Begehren geht, das sich mit dem Kino verbindet, und das für Suzanne ›primäre‹ Bedürfnisse zu befriedigen hatte, die auch von Marguerite nicht verachtet werden dürfen, wenn sie sich für ihre Filme das Begehren eines durchaus erotischen, geistigen Erlebnisses wünscht, das am ehesten im völligen Schwarz der Leinwand zu haben ist.

In diesem frühen Roman erzählt Marguerite Duras vom Leben ihrer Familie in der damals französischen Kolonie Indochina. Hier ist es die sechzehnjährige Suzanne, die mit ihrem älteren Bruder Joseph und ihrer Mutter, einer Lehrerin, in eher ärmlichen Verhältnissen lebt. Weil die Mutter erfolglos versucht hat, Land zu bewirtschaften, lebt die Familie außerhalb der Stadt, deren koloniales Leben für Suzanne zunehmend attraktiv wird. Als schließlich Jo, der Sohn einer eingeborenen reichen Familie ihr den Hof macht, wird sie selbst Objekt des Begehrens, das sie zugleich in ihrer erwachten Körperlichkeit zunehmend bewußt repräsentiert. Der Roman bezieht das Kino bezeichnenderweise zum erstenmal in die Handlung ein, als Suzanne es wagt, im geborgten Kleid einer Hure alleine durch die Straßen der weißen Oberstadt zu gehen. Sie fühlt die Blicke dieser Menschen einer weißen Oberschicht, die sich völlig selbstverständlich hier bewegen, auf sich ruhen, die das Unangemessene ihres Auftritts spürt.

»Dann wurde das Gefühl immer stärker, immer stärker, und als sie die Mitte der Oberstadt erreicht hatte, unverzeihliche Wirklichkeit: sie war lächerlich, und jeder sah es. (...) Nicht jeder hatte diese Fähigkeiten, sich zu bewegen. Sie sahen aus, als gingen sie auf ein bestimmtes Ziel zu, in einer ihnen vertrauten Umgebung und unter ihresgleichen. Aber sie, Suzanne hatte kein Ziel, hatte keinen ihresgleichen und diese Bühne noch niemals betreten« (Duras 1987, 146f).

Weil sie weder ihren Bruder noch Herrn Jo entdeckt, die sie hätten retten können, flieht sie aus der Helligkeit der gesellschaftlichen Bühne ins demokratische Dunkel des Kinos.

>»Das Klavier begann zu spielen. Das Licht erlosch. Suzanne fühlte sich unsichtbar, unbesiegbar und begann vor Glück zu weinen. Das war die Oase, der dunkle Saal am Nachmittag, die Nacht der Einsamen, die künstliche und demokratische Nacht, die große, alles gleichmachende Nacht des Kinos ...« (148).

Auf der Leinwand spielt sich das große gesellschaftliche Leben noch einmal ab, als Melodram, das alle Gefühle in einem gigantisch vergrößerten Kuß am Ende in sich aufzusaugen scheint; »die Leinwand wird hell und weiß wie ein Leichentuch« (149). Keine Frage, die beiden Szenen gehören zusammen, die Bühne, die Suzanne selbstbewußt betritt, um sie fluchtartig wieder zu verlassen, weil die Blicke, die ihre Unangemessenheit konstatieren, sie vertrieben haben und die Leinwand im dunklen Kino, die das, was sie zeigt, mit dem Blick und dem Begehren Suzannes verbindet, gerade weil es Suzanne selbst im Dunklen des Kinos den Blicken entzieht. In Begleitung von Herrn Jo bekommen die Schauplätze ein anderes Gewicht. Herr Jo ist zunächst dagegen, daß Suzanne ständig ins Kino geht. »Weshalb immer ins Kino laufen? Das ist ungesund, und Sie bekommen ein ganz falsches Bild vom Leben« (172). Dann fährt er aber doch mit ihr in seinem blankgeputzen Auto mit Chauffeur durch die Stadt zum Kino. Das Auto funktioniert wie Suzannes bewegliches Kino in der Stadt selbst. »Ohne jede Gefahr fuhr man durch das leuchtende Chaos, das sich vor dem Auto öffnet und sich hinter ihm wieder schloß ... Dieses Auto war eine Lösung für sich, die Dinge wurden Wirklichkeit in dem Maße, wie es in sie eindrang, und so war es auch im Kino« (175).

Das Kino seinerseits wird zur Szene der Blicke und Berührungen. »Im Kino war einmal einer gewesen, mit dem sie sofort gegangen wäre. Während der Vorführung hatten sie einander mehrere Male schweigend angeblickt, die Ellenbogen auf die gemeinsame Sessellehne gestützt. (...) Seitdem wußte sie, daß man sie [die Unbekannten] in den Kinos, in der fruchtbaren Dunkelheit des Kinos, traf« (173f).

Wie sich das Kino als Abenteuer aus der anderen, männlichen Perspektive ›anfühlt‹, erfährt Suzanne von ihrem Bruder Joseph, der seine Geliebte im Kino kennengelernt hat. »Ich war ins Kino gegangen, sagte Joseph zu Suzanne. Ich hatte mir gesagt, jetzt gehe ich ins Kino und suche mir eine Frau.« Eigentlich war er längst des Kinos überdrüssig geworden und hatte jedesmal das Gefühl, seine Zeit untätig zu vertun. »Aber da ich nicht rauskriegte, was ich, anstatt ins Kino zu gehen, hätte tun sollen, ging ich schließlich doch wieder hin. (...) Und wenn dann das Licht ausging und die Leinwand hell wurde und alle still waren, war ich wie sonst, ich wartete auf nichts mehr und fühlte mich wohl« (200). Ist er das nicht, der primäre oder ›eigentliche‹ Zuschauer, der sich dem Film überläßt, damit dieser über ihn, seine Zeit, sein Tun und Lassen verfügt? Aber es kommt ganz anders. »Im Kino bin ich ihr begegnet. Sie kam zu spät, als die Lichter schon erloschen waren.« Das ändert alles, diese Frau in Begleitung eines

Mannes, die sich neben ihn gesetzt hat. »Ich erinnere mich noch sehr gut des Anfangs des Films, aber von der zweiten Hälfte weiß ich fast nichts mehr« (200f). Ihr Begleiter war laut atmend eingeschlafen, Joseph kommt mit der Frau neben sich ins Gespräch.

> »Das ist immer so« (...) Immer so? Sie antwortete: ›Immer‹. Als sie lächelte fand ich sie schön, aber einen ganz besonderen Eindruck machte ihre Stimme auf mich. Als ich sie ›immer‹ sagen hörte, hatte ich gleich Lust mit ihr zu schlafen. (...)« Nicht der Film, der Körper dieser Frau, ihre Hände, ihr Mund besetzen die Szene. »Von dem Film sah ich nichts mehr, denn ich war nur mit ihrer Hand beschäftigt, die in der meinen langsam glühend heiß wurde. Ich weiß nur noch, daß auf der Leinwand ein Mann zusammenbrach, von einem anderen in die Brust gestochen, der seit Anfang des Films darauf wartete« (201f).

Der ›Andere‹ im Kino schlief Gott sei Dank, und so geht es hin und her zwischen Fragmenten des Leinwandgeschehens und dem berauschenden Gefühl des Kontakts zwischen den Händen im Kino.

> »Ich hatte Angst vor dem Licht, das gleich aufleuchten würde, hatte Angst davor, sie zu sehen, nachdem ich ihr im Dunkeln die Hand gestreichelt hatte. (...) Dann haben wir das Kino langsam verlassen, indem wir der Menge folgten. Ich ging hinter ihr her. Sie war gut gewachsen. Auch war sie kräftig, ihre Taille war sehr schmal. Ihr Haar war kurz, absonderlich geschnitten und von gewöhnlicher Farbe« (204).

Eine neue Szene beginnt, der Abend zu dritt ist noch lang. Später ist zu erfahren, daß auch die Mutter eine Zeitlang als Klavierbegleiterin in einem Kino gearbeitet hat. Die Kinder Joseph und Suzanne hatte sie auf Sessel neben das Klavier gesetzt, wo sie während der Vorstellung schliefen.

> »Die Mutter spielte dann zwei Stunden lang. Es war ihr unmöglich, der Darstellung auf der Leinwand zu folgen: das Klavier stand auf gleicher Höhe wie die Leinwand und weit unterhalb des Zuschauerraums. In den zehn Jahren hatte die Mutter keinen einzigen Film gesehen. (...) ›Wenn ich versuchte, nach der Leinwand zu sehen, wurde mir ganz schwindlig. Furchtbar war es. Ein schwarzer Brei tanzte über meinem Kopf, so daß ich ganz seekrank wurde‹« (220).

Dabei hatte sie immer das Verlangen gehabt, auch einen Film sehen zu können, was sie aber in den zehn Jahren nur einmal heimlich fertiggebracht hat.

Suzanne, erfahren wir, hat einen Teil ihrer Kindheit im Kino schlafend verbracht, während die Mutter dort in entfremdeter Arbeit von ihrem Begehren, das ›Ganze‹ des Kinos erleben zu können, abgeschnitten war. Suzanne kehrt sechzehnjährig (spätestens) ins Kino zurück, um die unzugängliche Szene der Gesellschaft mit dem Erlebnis ihres melodramatischen Bildes im demokratischen Dunkel des Kinos zu vertauschen. Nicht lange, dann mischen sich die Szenen bewegter Bilder, die Gesellschaft wird vom Auto aus erreichbar und das Kino wird seinerseits zur Szene des Begehrens des ›Unbekannten‹. Marguerite Duras hat einmal gesagt, daß sie eifersüchtig auf die Kinozuschauer ist, weil die mit (ihren) Filmen machen was sie wollen. Filme finden im Kopf des Zuschauers statt und das Kino ist die Arena der Zuschauer. Vielleicht ist Marguerite auch ein wenig eifersüchtig auf Suzanne, die das Kino so schamlos für sich allein benutzt hat.

Wie funktioniert das Kino im Kopf der Literatur? Sind nicht Schriftsteller zuallererst diejenigen, die mit ihrer Kinoerfahrung machen was sie wollen und sich ihre eigenen Filme in der Schreib-maschine zusammenschreiben? Wim Wenders hat seinen Film HAMMETT (1980-82) damit an-fangen lassen, daß der ehemalige Privatdetek-tiv und Krimiautor Dashiell Hammett auf der Schreibmaschine den ›Film‹ zu schreiben be-ginnt, in dessen Abenteuer er schließlich immer mehr hineingezogen wird. Die Schriftsteller geben dem Kino wieder zurück, was sie auf der Leinwand gehört und gesehen haben, und die Filmregisseure vergessen nicht, daß Schreib-
maschine (Computer) und Kamera gemeinsam die Bilder zirkulieren lassen, vom Kopf auf die Leinwand und zurück und so weiter ...

Manchmal reichen wenige Bilder aus, um den Bilderstrom der Erinne-rung in Gang zu bringen, der sich wieder von neuen Bildern nährt. Die Mutter des Erzählers in dem Roman *Stummfilmszenen* (Julio Llamazares 1998) hat ihm dreißig Fotografien hinterlassen, die ihn in den ersten zwölf Jahren seines Lebens in dem spanischen Bergarbeiterdorf Olleros zeigen. Sie evozieren Erinnerungen, die immer wieder um das Kino kreisen, des-sen Bilder wie Farben die schwarz-weiße Eintönigkeit der Zechensied-lung übermalen.

> »Der Junge steht vor dem Kino, einem düsteren zweistöckigen Bau, der
> sich am Rande des Dorfes zwischen den Abraumhalden und Fülltrich-
> tern der Zeche und den schwarzen Dachziegeln des Konsums erhebt.
> (...) der Junge steht weiterhin unbeweglich vor dem Kino, in dem schon
> vor einer Stunde der Film begonnen hat, den seine Eltern sich bequem
> im Parkett sitzend ansehen und den er sich vorstellen muß, indem er
> die Standfotos betrachtet, die am Eingang die wichtigsten Szenen vor-
> wegnehmen« (18).

Es sind fünf Fotos, die eine blonde an einen Baum gelehnte Frau, einen Wolkenkratzer, ein Auto an einem verlassenen Strand, einen Mann, der eine blonde Frau küßt (vielleicht die auf dem ersten Foto?) und die Leiche eines Mannes (vielleicht dessen, der die blonde Frau geküßt hat?) zeigen. »Später, in ein paar Tagen, wenn ein neuer Film den alten abgelöst hat, wird er Señor Mundo, den Kinopächter, um die fünf abgehängten Film-fotos bitten und sie zu Hause lange Zeit betrachten, Nacht für Nacht, wäh-rend er sie mit den alten Farben übermalt, die es nur im Kino und in der Erinnerung des Jungen gibt« (20). Diese Fähigkeit, mit einzelnen Bildern oder Bruchstücken von Filmen, die er später im Kino sieht, sich seine eigenen Filme zusammenzustellen, kommt ihm auch im Kino zugute, wo oft genug die Filme in der falschen Reihenfolge oder nur bruchstückhaft vorgeführt wurden. »Da ich daran gewöhnt war, mir die Filme der Erwachsenen anhand der Fotos in den Schaukästen zusammenzureimen, genoß ich es sogar, die Filme, die ich sehen durfte, nicht zu verstehen, da ich mir so jedesmal einen anderen vorstellen konnte, auch wenn der gezeigte Film immer derselbe war« (48). Aus diesen phantasierten Fragmenten hat sich für den Schriftsteller der ›Film‹ seiner Erinnerungen ergeben, sein eigener Film, »den ich sehe, belichtet von meiner Erinnerung und bewegt durch die Stimmen, mit denen diese Fotografien unterlegt sind ...« (48). Es würde uns nicht wundern, wenn dieser Kinokopf der Literatur ›seinen‹ Film irgendwann wieder im Kino auf der Leinwand (oder auf dem Monitor) vor Augen haben würde.

20. Hinter der Leinwand

Kleine Fluchten und Endspiele

Jedes Kino hat zwei Seiten, zwischen denen die Zuschauer angeordnet sind: Auf der hinteren Seite, hinter ihren Köpfen, befindet sich der Projektionsraum, von dem aus der Film zur vorderen Seite, an der sich die Leinwand oder eine andere Projektionsfläche befindet, projiziert wird und auf die die Zuschauer blicken. Das ist alles, mehr braucht es nicht, um einen Film zu zeigen und zu sehen. Für den Tonfilm wurden noch rechts und links von der Leinwand und sogar im ganzen Kinosaal Lautsprecher verteilt, aber das ändert nichts daran, daß sich alles, was zum Film gehört, zwischen diesen beiden Seiten abspielt.

Die Vorstellung, daß es auch hinter der Leinwand einen Raum gibt, wo sich Dinge ereignen, die den Blicken der Zuschauer gerade durch das, was sie auf der Leinwand sehen, entzogen sind, hat bestimmte Konsequenzen. Die wichtigste ist, daß das Kino wieder um die Dimension der (Theater-) Bühne ergänzt wird, auf die eine bloße Filmprojektion verzichten konnte: Die Leinwand wird zum Vorhang vor einer Bühne, auf der sich parallel zur Projektion, gleichsam hinter ihrem Rücken, etwas durch die Sichtbarkeit des Films Verborgenes ereignet. Und wie im Theater kann die Präsenz dessen, was auf der Bühne passiert, auch Folgen haben für die gleichzeitig präsenten Zuschauer, kurz, ein Schuß, hinter der Leinwand abgefeuert, kann einen Zuschauer im Kinosaal tödlich treffen (TARGETS von Peter Bogdanovich postiert einen ›realen‹ Heckenschützen hinter der Leinwand eines Autokinos; in Montaldos TÖDLICHER KREIS (CIRCUITO CHIUSO, 1978) wird der Todesschütze so lange hinter der Leinwand vermutet, bis nicht mehr zu leugnen ist, daß aus dem Film selbst geschossen wurde (s. Kapitel 15). Und natürlich hinterläßt Tom Baxter in Woody Allens PURPLE ROSE OF CAIRO seine Mitspieler auf einer zur Bühne gewordenen Filmszene, die auch Cecilia wie eine Theaterbühne betreten kann.

Und das führt zur zweiten Konsequenz der Vorstellung von einem Raum ›hinter‹ der Leinwand, die schon für Alice (Lewis Carroll *Alice hinter den Spiegeln* 1872) eine wichtige Rolle gespielt hat. Es ist die Idee, daß sich das, was auf der Leinwand zu sehen ist, hinter der Leinwand fortsetzt, daß die zweidimensionale Welt bewegter Filmbilder hinter der Leinwand zu einer dreidimensionalen Welt wird, die vielleicht sogar durchlässig zur dreidimensionalen Welt der Zuschauer vor der Leinwand ist. Die Filmleinwand ist ein Spiegel, auf der sich in der Filmprojektion eine Welt (und mehr) spiegeln kann – außer der Wirklichkeit des Kinosaals und seiner Zuschauer, die sich aktuell vor diesem Spiegel befindet. Alice würde das, was sie hinter dem Spiegel vermutet (das »Haus hinter dem Spiegel«) immer schon im Spiegel der Leinwand sehen können, nur sie selbst würde in diesem Spiegelbild fehlen, wenn es nicht Woody Allen geben würde, der seine Alice/Cecilia auch selbst noch in den Spiegel der Leinwand mitnehmen würde. Eine dritte Überlegung zum Raum hinter der Leinwand würde die Kinogeschichte an ihre kulturgeschichtlichen Anfänge zurückverfolgen und hinter der Leinwand der chinesischen, indischen oder javanesischen Schattenspiele die Figuren finden, deren materielle Existenz nur dazu da ist, im Spiel ihren immateriellen Schatten im Licht von der Rückseite der Leinwand zu werfen. Die kleine Differenz zwischen Körper und Leinwand, die im Licht zum sichtbaren Schatten wird, ist der eigentliche Spielraum dieser Projektionskunst, den das Kino zum Abstand zwischen Projektor und Leinwand erweitert und in dem es seine Zuschauer plaziert hat.

Da in vorangegangenen Kapiteln bereits die Interaktion zwischen Leinwand(-bühne) und Zuschauersaal (s. Kapitel 15) oder die Phantome, die sich aus dem ›Spiegel der Leinwand‹ gelöst oder als Schatten von ihren Körpern verselbständigt hatten (s. Kapitel 9), behandelt wurden, wird es im folgenden vor allem (aber nicht nur) um den mehr oder weniger realen ›Bühnen‹raum hinter der Leinwand und die Filmleinwand als Vorhang gehen, der eine neue, geheimnisvolle Ordnung der Sichtbarkeit im Kino (im Film) herstellt.

William Dieterle erzählt in seinem Film PORTRAIT EINER LIEBE (JENNY, 1948) eine bittersüße Geschichte von einem Maler, der ein junges Mädchen trifft, es porträtiert und das ebenso geheimnisvoll wieder verschwindet,

 wie es aufgetaucht war. Der Maler hat nur wenige Anhaltspunkte, nach ihr zu suchen. Zum Beispiel waren ihre Eltern 1910 Artisten in einem Varieté, das der Maler unter neuem Namen tatsächlich wiederfindet. Man rät ihm, den alten Portier nach der Artistengruppe zu fragen, der sie womöglich noch gekannt hat. Der Maler findet ihn hinter der Bühne, auf der kein Varieté mehr stattfindet, sondern eine Filmprojektion mit Mickey Mouse-Cartoons von Disney zu sehen ist. Hier ist, ganz nebenbei, von der Rückseite der Leinwand die Geschichte der Umwandlung von Varietés in Kinos zu beobachten: Noch gibt es die Bühne, auf der hinter der Leinwand ein alter Mann seinen Erinnerungen nachhängt, bald wird die Bühne überflüssig sein, auf der keine Artisten mehr ›live‹, sondern nur noch als projizierte Schatten ihren Auftritt haben werden. Der Maler übrigens muß erkennen, daß Jenny selbst ein Geist einer längst verstorbenen jungen Frau ist, (s)eine Projektion gewissermaßen, die ihre Spuren in der Vergangenheit hinterlassen und sich dem verliebten Maler in ihrem Portrait eingeBILDet hat.

Wesentlich handfester wird der Bühnenraum hinter der Leinwand genutzt, wenn es darum geht, sich auf der Flucht den Verfolgern zu entziehen, gegen die auch die Dunkelheit des Kinos keinen Schutz mehr bietet. In John Hustons Film ACROSS THE PACIFIC (ABENTEUER IN PANAMA, 1942) spielt Humphrey Bogart einen amerikanischen Agenten, der noch vor dem Überfall der Japaner auf Pearl Harbour als Spion bei den Japanern eingeschleust wird. Ein Treffen mit einem Informanten findet in einem japanischen Kino statt. Während auf der Leinwand eine japanische Militärklamotte zu sehen ist, kann der Informant seine Nachricht gerade noch weitergeben, bevor er von japanischen Agenten getötet wird, die nun auch Humphrey Bogart bedrohen. Alle Ausgänge sind versperrt, bleibt nur die Flucht nach vorn, zur Leinwand also. Im Schußwechsel gelangt er hinter die Leinwand, auf der noch immer uniformierte Japaner lustige Bewegungen vollführen, und auf ein Gerüst, das auf der Bühne hinter der Leinwand steht und – Glück gehabt, Bogie! – zu einem verhängten Fenster führt, das ihm die Flucht nach außen auf die Straße ermöglicht, wo noch immer die Taxe wartet, die ihn hierher gebracht hatte. Die Leinwand hat in diesem Fall nicht den Flüchtling versteckt, dazu waren seine Verfolger ihm zu dicht auf den Fersen, sondern den Ausgang verdeckt, der die Flucht ermöglicht, wenn man erst mal hinter die Sache gekommen ist.

Wir erinnern uns, daß Alfred Hitchcock das Finale vieler seiner Filme auf einer Bühne (eines Varietés zum Beispiel in THIRTY NINE STEPS oder eines Konzertsaales in THE MAN WHO KNEW TOO MUCH) inszeniert hat. Um den faschistischen Saboteur (SABOTEURE) zur Strecke zu bringen, hat er das Finale ›coram publico‹ sogar in zwei Etappen aufgegliedert, einen ›hellen‹ Schluß auf der Spitze der Freiheitsstatue und eine ›dunkle‹ Szene im Kino, in der das Publikum die Gefahr, die von den Feinden Amerikas ausgeht, noch einmal am eigenen Leibe spüren soll. Der verfolgte Saboteur gelangt zwar nicht hinter die Leinwand, für einen Moment jedoch läßt ihn Hitchcock mit der Handlung auf der Leinwand verschmelzen, so daß der irritierende Eindruck entstehen kann, als ob die tödlichen Schüsse ins Publikum nicht vor, sondern von der Leinwand abgefeuert wurden (s. Kapitel 15). Der ›Spiegel der Leinwand‹ nimmt also einen Augenblick lang das, was tatsächlich vor ihm geschieht, in seine Fiktion auf, was in seinen Bildern allerdings einen deutlichen schwarzen Fleck, den Schatten des Saboteurs, hinterläßt. In einem früheren Film mit dem Titel SABOTAGE (1936) verlegt Hitchcock die konspirative Höhle der Saboteure von vornherein in einen Raum ›hinter der Leinwand‹ eines Kinos. Jeder, der zu den Verschwörern gelangen will, muß zuerst das Kino durchqueren. Ted, der Sergeant von Scotland Yard, der den Saboteuren auf der Spur ist, folgt ihnen hinter die Leinwand: Langsam geht er auf die Leinwand zu, unbemerkt von den Kinozuschauern, die offenbar einen komischen Film sehen, um dann durch eine Tür links neben der Leinwand in einen Gang und hinter die Projektion zu gelangen. Hier sind es wirklich die Sichtbarkeit und Hörbarkeit des Films

(im Film), die die Dunkelmänner bei ihren konspirativen Treffen schützen, d.h. unsichtbar machen sollen. Ted muß also hinter den Bild-Schirm,
der die Saboteure verbirgt, bzw. hinter den Schein (der Harmlosigkeit)
gutbürgerlicher Bonhomie kommen, um sie entlarven und die Fälle von
Sabotage ›aufklären‹ zu können.

Umgekehrt schützt die Leinwand die Verfolgten. Und wenn es sich um
ein Liebespaar handelt, das vor der Polizei flieht, dann wird der Raum
hinter der Leinwand womöglich auch ein Ort für ihre Liebe. Daß Jesse
und Monika in der amerikanischen Version von Jean-Luc Godards A BOUT
DE SOUFFLE (Jim McBride BREATHLESS, 1982) das Kino nicht als Passage,
sondern als (vorübergehenden) Fluchtort benutzen, ist eine der deutlichen Veränderungen des Remakes gegenüber dem Original. Die Geschichte spielt nun in Los Angeles, die Polizei ist dicht hinter Jesse und

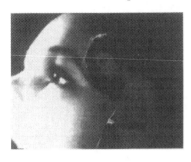

Monika her, die zuerst versucht haben, aus einem
Parkhaus mit einem gestohlenen Auto zu fliehen,
dann aber zu Fuß über dunkle Hinterhöfe weiterlaufen und zufällig eine offene Tür finden. Sie
merken schnell, daß sie durch den Hintereingang
eines Kinos hinter die Leinwand geraten sind, wo
eine ehemalige Bühne den beiden genug Platz für
ein Versteck bietet. An der Seite der Leinwand vorbei kann man in den Zuschauerraum sehen, der
mäßig besetzt ist, einige Polizisten suchen dort mit
Taschenlampen nach den beiden Flüchtigen. Die

fühlen sich in ihrem Versteck vollkommen sicher und fangen an, sich auf
dem Boden der Bühne zu lieben, während auf der Leinwand der Film von
Joseph H. Lewis GUN CRAZY (1949) läuft.

Die ›Bonnie and Clyde‹-Geschichte des Films auf der Leinwand spielt
auf das Ende auch der Geschichte von Jesse und Monika vor den Pistolen
der Polizei an: Die beiden werden ihr Liebesnest im Kino wieder verlassen
und Monika wird wie in Godards Original ihren Jesse an die Polizei verraten, aber weil dieser Schluß nicht mehr im Quartier Latin von Paris Ende
der (existentialistischen) 50er Jahre, sondern im Kalifornien der 80er Jahre
spielt, wird kein tödlich getroffener Michel mehr auf dem Pariser Straßenpflaster liegend den Verrat seiner Geliebten zynisch kommentieren (»Vous
êtes vraiment une dégueulasse«); stattdessen wird Jesse vor der Polizei
einen verrückten Tanz aufführen und seine ›amour fou‹-Geschichte beenden-
den, indem er zur vor ihm liegenden Pistole greift: Die Polizei schießt –
aber das Bild ist schon angehalten, wir sehen nicht Jesse sterben, vielmehr
›stirbt‹ der Film in der eingefrorenen (›freeze‹) Bewegung. Auch Godards
Film hatte das Kino, vor allem das amerikanische zitiert; das Remake von
Jim McBride ist von vornherein ›Kino‹, das immer wieder auf sich selbst
als Illusionsmaschine verweist: Deshalb ist die Flucht der beiden Liebenden Jesse und Monika hinter die Leinwand zugleich ihre Ankunft an einem
Ort, an dem sie immer schon gewesen sind – im Kino.

Der Blick auf die Rückseite der Leinwand ist auch ein Blick zurück vor
dem Verlassen des Kinos in einer Richtung, aus der man nicht dorthin
zurückkehren kann: Die Bilder sind nur seitenverkehrt und schrecklich

verzerrt zu sehen, bald wird die zerschlissene Leinwand nur noch in Fetzen herabhängen, dann hat das Kino längst geschlossen und die Abriß-Bagger werden den Rest besorgen. So ist es in dem Roman von Ray Bradbury *Der Tod ist ein einsames Geschäft*, in dem ein junger Autor als Amateurdetektiv die Todesfälle von ein paar alten Leuten aufzuklären versucht, die in Venice an der kalifornischen Küste ums Leben gekommen sind. Der Tod ist hier allgegenwärtig. Auf einem Vergnügungs-Pier, der früher einmal eine Achterbahn und andere Angebote zur Unterhaltung für die Strandgäste bereithielt, war nur noch ein altes Kino übriggeblieben, »etwas Besonderes, das letzte jener nächtlichen Flußschiffe, die irgendwo auf der Welt am Rande des Stroms liegen und den Einsamen Unterhaltung bieten. Die Vorderseite des Kinos lag an der Promenade, die von Venice hinab nach Ocean Park und Santa Monica führt. Der hintere Teil erstreckte sich hinaus auf den Pier, die Rückseite lag bereits über dem Wasser« (Bradbury 1989, 109). Auf der Leuchttafel war kein Film mehr angekündigt, nur noch ›Goodbye‹ stand da in großen Buchstaben. Das Abschiedsprogramm bestand ausschließlich aus Stummfilmen, »kein Ton an diesen letzten Abenden! Kein Wort, ja? Nur Schweigen und Gesten auf zwölf Meter Breite, finstere und lüsterne Blicke auf sechs Meter Höhe. Stumme Gespenster!« (111) will der alte Kinobesitzer, der hinter der Kasse die Freikarten verteilt, um sich haben.

»Sind Sie schon mal drinnen hinter der Leinwand gewesen? Nein? Klettern Sie hoch auf die Bühne, in das Dunkel hinter der Leinwand! Ein tolles Erlebnis! Man fühlt sich wie in Caligaris schiefen Kabinetten. Sie werden es mir ewig danken« (113). Also steigt der Erzähler »zu der ewig in Mitternacht getauchten Bühne hinauf, wo ich mich hinter der Leinwand niederkauerte und den riesenhaften Phantomen zusah. Und sie waren Phantome, waren, so schräg von unten betrachtet, verdreht wie lange gekaute Kaugummis, waren große, blasse, schwarzäugige, gespenstische Schatten der Zeit, die sich in stummen Gesten und Mundbewegungen ergingen und auf den Klang der Orgel warteten, der noch nicht eingesetzt hatte. Und da flimmerte und flackerte mit schiefem Gesicht Douglas Fairbanks über die Leinwand, Lilian Gish schmolz auf ihr dahin, schmolz an ihr herab, und Fattie Arbuckle, für den mein Blickwinkel eine Schlankheitskur war, knallte mit seinem knochigen Kopf gegen den Leinwandrahmen und glitt davon ins Dunkel« (113).

Dann setzt dröhnend die Orgel ein und das Phantom der Oper (THE PHANTOM OF THE OPERA, Rupert Julian 1925) steigt mit seiner weißen Maske die Treppe der Oper herab.

»Der gigantische Schädel grinste von der Leinwand, die Liebenden flohen auf das Dach der Oper, und das Phantom folgte ihnen, löste seinen roten Umhang, überhörte ihr ängstliches Liebesgeflüster und grinste; die Orgel kreischte, das Kino bockte und bäumte sich unter dem Druck der donnernden Brandung auf ...« (115).

und bevor das Kino ganz zusammenzustürzen droht, verläßt der Erzähler seinen Platz hinter der Leinwand.

Und noch einmal findet ein grandioses Endspiel in einem Kino hinter der Leinwand statt, wenn Larry Lipton (Woody Allen) seinen Wohnungsnachbarn Mr.House, einen Kinobesitzer, am Ende als Mörder in einem mysteriösen Mordfall überführt (MANHATTAN MURDER MYSTERY, Woody Allen 1993). Mr. House hält Larrys Frau Carol im Kino gefangen, Larry sucht sie zunächst hinter der Leinwand, bis er sie im Büro des Kinobesitzers findet. Auf der Leinwand läuft gerade das Finale der »LADY FROM SHANGHAI« (Orson Welles, 1947), auf der Bühne dahinter stehen zerbrochene Spiegel, Dekorationsteile usw., die deutlichen Zeichen, daß das Kino umgebaut werden soll. Der ängstliche Larry und hinter ihm her Mr. House mit einem Revolver in der Hand, schleichen an der Leinwand vorbei, stolpern über Bauschutt, während Orson Welles auf der Leinwand auf seiner Flucht vor einer mörderischen Gesellschaft im ›House of Mirrors‹, im Spiegelkabinett eines Vergnügungsparks angekommen ist. Das Leinwandbild wird in den herumstehenden Spiegeln reflektiert und fragmentiert, zwischen denen Larry und Mr. House herumschleichen. Von nun an verläuft die Handlung hinter der Leinwand vollkommen parallell zu dem, was sich im Film von Orson Welles ereignet: Wie im Film (im Film) das Spiegelkabinett in Schüssen zu Bruch geht, werden auch auf der Bühne hinter der Leinwand die Spiegel (der Leinwand) zerschossen, Mr. House bricht (von seiner rachsüchtigen Kassiererin getroffen) tot zusammen, Larry kann schließlich seine Carol befreien. Die Orgie der Zerstörung, die im Film von Orson Welles die Menschen und ihre Bilder gleicher

maßen in Mitleidenschaft zieht, wiederholt sich gleichzeitig im Kino, das den Film zeigt: Am Ende sind nicht nur die Spiegel auf der Leinwand, die die Menschen in diesem Film und ihre Bosheit in ihren Bildern vervielfacht haben, von ihnen selbst zerstört worden, auch der Spiegel der Leinwand ist zerstört und das Kino am Ende.

Mit der Zerstörung der Bilder einer geht die Zerstörung der Illusionen, die sie im Kino ermöglicht haben. Am Schluß dieses Kapitels wird der kindliche Blick hinter die Kulissen des Kinos ernüchternd wirken, aber nur so lange, bis die Phantasie die Ent-täuschung rückgängig macht und das Kino neue Kraft für seine Illusionen mit den einfachsten Mitteln aus seiner Vorgeschichte schöpft.

Das Matinee-Programm in einer amerikanischen Kleinstadt wird mit »einem Imbiß, zwei Filmen und einer Live-Show« (Previn 1996, 183) bestritten, in der die Erzählerin als junges Mädchen in einer Gruppe von sechs Tänzerinnen auftreten wird. Noch müssen sie warten, bis der Film, der gerade auf der Leinwand, die jetzt die Bühne einnimmt, zu Ende ist. »Ich ging hinter die Leinwand. In dieser Kindervorstellung zeigte man CINDERELLA (Walt Disney 1950). Riesige Schatten bewegten sich. Im Tanz mit anderen riesigen Schatten«(183). Die Leinwand, von nah besehen, war ein ziemlich löchriges Gewebe.

>»Die Szene spielte im Ballsaal des Schlosses. Aber es war ganz anders, als wenn man es von der anderen Seite sah. Die bezaubernden Worte des Prinzen klangen wie dummes Gebrabbel. Cinderellas wunderschönes Gesicht war mit Pockennarben übersät. (...) Ich traute meinen Augen nicht. Große, bedeutende Riesen tanzten herum und stießen zusammen, wie ein Horde plumper Kinder, die Blindekuh spielten. Ich lachte über diesen verrückten Anblick und war doch traurig. Ich wollte, daß diese Filmstars wieder ihre alte Schönheit und Eleganz annahmen. Die sie besaßen, wenn man sie von der anderen Seite sah. Zu ihnen aufsah« (183).

Dann ist der Film zu Ende, die Tanzshow löst ihn auf der Bühne ab, und bald ist die Welt wieder in Ordnung als hätte ich nie »einen schrecklichen Blick hinter die große Leinwand getan« (184).

Im Lauf der Zeit ist das Kino an sein Ende gekommen, die vielen Kinos in der Provinz verfallen, müssen schließen, verschwinden (IM LAUF DER ZEIT, Wim Wenders, 1975). Bruno und Robert, die mit einem Lastwagen über Land fahren und Projektoren, Lautsprecher und was sonst noch zum Kino gehört reparieren (s. Kapitel 16), müssen während einer Kindervorstellung den Ton reparieren. Während die ungeduldigen Kinder im Zuschauerraum warten, gibt es Schattenspiele zu sehen, die Bruno und Robert für die Kinder hinter der Leinwand aufführen (s. Kapitel 10). Alle haben großen Spaß an der Schattenpantomime, jenem Vorläufer der bewegten Bilder des Films, auf die das Kino, wenn es mit seiner Technik Schwierigkeiten hat, zurückgreift. Die Phantasie der Kinder tut ein übriges, das Kino vor seinem Ende zu bewahren. Könnte hinter der Leinwand der Schatten des Körpers des Pantomimen dem nur noch apparativ-technischen Medium vielleicht wieder neuen Atem einflößen?

21. Gründe, ins Kino zu gehen

Zweckentfremdet?

»Mach Dir ein paar schöne Stunden, geh ins Kino«. Mehr hatte die Eigenwerbung der Kinobesitzer, die jahrelang in deutschen Kinos die Diawerbung begleitet hat, ihren Kunden nicht vorzuschlagen, um sie vom heimischen Fernsehen weg in die Kinos zu locken. Ein paar schöne Stunden, wenn das so einfach wäre. Die Gründe ins Kino zu gehen, sind sehr vielfältig und ändern sich mit der Geschichte der Kinos und der Filme. Sie sind andere für Kinogänger aus unterschiedlichen sozialen Schichten und verändern sich mit ihren kulturellen Interessen und Freizeitgewohnheiten. Der Grund, ins Kino zu gehen, ist viel seltener ein bestimmter Film und viel häufiger Langeweile oder Unternehmungslust, Einsamkeit oder der Wunsch, zu zweit allein zu sein, Schaulust oder ganz einfach mal in einem kollektiven Traum(a) zu versinken.

Am Anfang der Filmgeschichte zu Beginn dieses Jahrhunderts hat kein Mensch wegen eines bestimmten Films, Regisseurs oder Schauspielers den Kinematographen besucht. Alles das gab es noch nicht. Aber die Menschen waren neugierig auf bewegte Bilder und kleine lustige, traurige oder interessante Szenen. Das ist es, was der Ausrufer vor der Jahrmarktbude verspricht: »Immer herein, meine Damen und Herren! Hier sehen sie die größte Erfindung des Jahrhunderts, die Wunder der Kinematographie! Hier können Sie sich totlachen! Versäumen Sie nicht das sensationelle Lustspiel ›Herr Kürbis heiratet!‹ Amüsant! Pikant! Eintritt nur 10 Sous! Treten Sie ein, die Vorstellung beginnt in drei Minuten! Immer herein ...« Aber das ist nicht der Grund, weshalb das Ehepaar in René Clairs Film SCHWEIGEN IST GOLD ein Billett löst und in den Kinematographen geht: Es regnet schlicht, und sie suchen Unterschlupf bis der Regenschauer vorbei ist. Und weil es sogar in die Jahrmarktbude hineinregnet und Monsieur Clément, der Filmproduzent, mit einem Schirm die junge Ehefrau beschirmen kann, beginnt auch der Film von René Clair mit Regen (s. Kapitel 1).

Und auch ein Roman fängt auf diese verregnete Weise an:

»Das weiß ich noch: daß es wie aus Eimern goß und ich dieses Kino betrat, weil mir nicht einfiel, wo ich sonst hätte hingehen sollen. Es war

Sonntag abend, gerade zehn Uhr vorbei, und der Film hatte längst angefangen. Ich setzte mich in die letzte Reihe und zog mir als erstes meine verdreckten Schuhe aus. Gezeigt wurde ein Liebesfilm (...). Nach kurzer Zeit schlief ich wie ein Stein, und als mich der Platzanweiser aufweckte, waren schon fast alle Leute gegangen. Die Lichter waren längst wieder an, er aber fuchtelte mir mit einer Taschenlampe unter der Nase herum und fragte mich, ob das hier vielleicht ein Hotel sei. Ich sagte, ich wisse schon, daß das hier kein Hotel sei, aber draußen regne es, und ich hätte einfach keine Idee, wo ich heute nacht hingehen könne« (Tomeo 1996, 7).

Die hier vor dem Regen ins Kino geflüchtet ist, und weil sie auch sonst keine Bleibe hat, ist eine Frau, und der Platzanweiser hat nichts dagegen, daß sie in seinem Zimmer über dem Kino bleiben kann. So beginnt eine Geschichte, in der sich die Bilder, aber mehr noch die Töne von der Leinwand mit den Phantasien der Bewohner des Zimmers über dem Kino und ihren Handlungen vermischen.

Und wenn der tropische Platzregen nicht gewesen wäre, hätte Kapitän Cornelius von Zeelinga (Lino Ventura) in Robert Enricos Film DIE RUM-STRASSE (1971) wahrscheinlich niemals ein Kino betreten. Neue Geschäfte auf der Rum-Straße, dem Alkohol-Schmuggelweg in der Karibik, warteten auf ihn, als das Unwetter losbrach und er sich in einem Kino unterstellen mußte. Sein Blick fällt auf die Fotos, die den gerade laufenden Film ankündigen: Linda Larue

spielt in THE LEOPARD GODDESS. Im Kinosaal kommt er gerade rechtzeitig, als zwei weiße Forscher von Kriegern eines Eingeborenenstammes in deren Dorf verschleppt und dort ihrer Leoparden-Göttin ausgeliefert werden. Sie nimmt die Maske ab und – die Männer im Kino pfeifen anerkennend – eine blonde hübsche Frau (Brigitte Bardot) kommt darunter hervor. Sie verliebt sich in den Attraktiveren der Forscher, befreit sie, wird aber mit ihnen von ihrem Stamm gefangen und zum Tode verurteilt. In dem Moment, als das Urteil vollstreckt werden soll – brennt der Film durch, die Vorführkabine explodiert, das Kino brennt ab. Von nun an ist Linda Larue die Obsession von Kapitän Cornelius, in jedem Hafen rennt er sofort ins Kino, zuerst um zu sehen, wie der Film (mit Lindas Rettung) endet, später geht es nur noch um jeden Film von Linda Larue, bis die beiden sich persönlich treffen ...

Und noch einmal ist das Wetter dafür verantwortlich, daß die Geschichte, die ein Film erzählt, im Kino beginnt (DIE LADY VOM KINO SHANGHAI, Guilherme de Almeida Prado, 1988). Der Erzähler, der die merkwürdigen Ereignisse, die ihren Ausgangspunkt im Kino nehmen, erlebt und deren Opfer er am Ende wird, spricht zuerst, bevor er das Kino ›Shanghai‹ und damit die Geschichte des Films ›betritt‹, über das Klima.

»Es war einer jener drückenden, schwülen Sommerabende, an denen die Hitze dich fast bewegungsunfähig macht, und um diesem Zustand zu entfliehen, fällt dir ein, ins Kino zu gehen. Nicht um einen bestimmten Film zu sehen, nein, sondern um dich zwei Sunden dem Genuß hinzugeben, daß die angenehm kühle Luft den Körper umfächelt. Du kommst an die Kasse um eine Eintrittskarte zu kaufen und da steht in ganz kleinen Buchstaben: ›Klimaanlage außer Betrieb‹. Aber weil du nun schon einmal da bist und nicht weißt, was du machen sollst, gehst du hinein. Aber drinnen ist es noch schlimmer, als du gedacht hast ...«

Richtig heiß wird es erst, als eine Dame sich ganz in seine Nähe setzt, die jener auf der Leinwand, wo der Film längst läuft, täuschend ähnlich sieht (s. Kapitel 14). So gerät ein zufälliger Kinobesucher in eine Geschichte, die Kinofiktion und Realität unentwirrbar miteinander verschmilzt.

Zufällige Kinobesuche sind eigentlich nur in Großstädten möglich, wo man sich, wenn es anfängt zu regnen, in ein Kino flüchten kann, weil es genug davon gibt oder versuchen kann, der Hitze zu entkommen, weil man es zum nächsten Kino nicht weit hat. Döblins Franz Biberkopf kommt auf seinen nächtlichen Gängen durch Berlin zufällig am Kino vorbei. »Es regnete. Links in der Münzstraße blinkten Schilder, die Kinos waren. (...) Auf dem Riesenplakat stand knallrot ein Herr auf einer Treppe und ein duftes junges Mädchen umfaßte seine Beine, sie lag auf der Treppe, und er schnitt oben ein kesses Gesicht. Darunter: Elternlos, Schicksal eines Waisenkindes in 6 Akten. Jawoll, das seh ich mir an. (...) Franz schob rin« (Döblin 1975, 31).

Und Gottfried Benns Dr.med Werf Rönne bleibt ebenfalls nur zufällig in einem Brüsseler Kino hängen, statt die geplante Reise anzutreten: »Er sah die Straße entlang und fand wohin. Einrauschte er in die Dämmerung eines Kinos, in das Unbewußte des Parterres (...)« (Benn 1959/61, 35). Für Rönne ist das Kino schon nicht mehr nur zufälliger Aufenthaltsraum, sondern Fluchtort auf der Flucht vor sich selbst (s. Kapitel 8). Ein Überschuß an Zeit vor einer Verabredung hat den Kunstkritiker Albert Albinus Anfang der 30er Jahre an einem Berliner Kino vorbeigeführt. »So schlenderte er ziellos umher und kam an einem kleinen Kino vorbei, dessen Lichter einen scharlachroten Schein über den Schnee warfen. Er blickte flüchtig auf das Plakat (...) und kaufte eine Eintrittskarte« (Nabokov 1997, 21). Das Warten sollte abgekürzt und eine Leerstelle mit dem Kinobesuch angefüllt werden, nichts weiter. Und doch beginnt mit dieser Entscheidung, ins Kino zu gehen, die Tragödie, die Albinus erblinden und schließlich zum Opfer der Frau werden läßt, die er bei diesem Kinobesuch kennengelernt hat (s. Kapitel 19).

Wer ins Kino flieht, auf der Flucht vor Verfolgern, vor sich selbst, aus Langeweile oder aus welchen Gründen auch immer, interessiert sich wenig für den Film, der gerade gezeigt wird (auch Rönne schließt sich nur psychisch an die beliebig ablaufenden Bilder an; Albinus hat keinen Blick für den Film, sondern nur noch für die Platzanweiserin, die er dort zum ersten Mal sieht). Der Attentäter Heydrichs, der vor der Gestapo flieht, sucht zunächst nur die Dunkelheit des Kinos als Versteck, aus dem ihm dann allerdings die Chiffre tschechischer nationaler Identität, die Moldau, als Bild und Musik von Smetana von der Leinwand entgegenkommt (Fritz

Lang: HANGMEN ALSO DIE). Und Jesse und Monica (Jim McBride: BREATH-LESS) finden auf der Flucht vor der Polizei nur zufällig den ›Bühnen‹eingang zum Kino, und wenn sie sich hinter der Leinwand lieben, dann bedeutet ihnen die Sichtbarkeit des Films auf der Leinwand Schutz davor, gesehen zu werden; für den Film selbst interessieren sie sich keinen Moment. Es ist wichtig für sie, daß sie sich in einem Kino verstecken können, aber der eigentliche Zweck eines Kinos, Filme zu sehen, bedeutet ihnen in dieser Situation jedenfalls nichts.

Die Flucht ins Kino muß nicht unbedingt hinter der Leinwand enden, Bonnie und Clyde zum Beispiel (Arthur Penn: BONNIE AND CLYDE, 1967) sitzen nach einem mißglückten Banküberfall, bei dem Clyde zum ersten Mal einen Menschen erschossen hat, und nach atemloser Flucht in den hinteren Reihen eines Kinos. Auf der Leinwand singt Ginger Rogers »We're in the money/ We're in the money/ We've got a lot of what/ It takes to get along«, die Girls tan-

zen als große Dollarmünzen vor einem riesigen Dollarzeichen an der Rückseite der Bühne. Clyde ist wütend auf ihren Fahrer, den Automechaniker C.W. Moss, der nicht aufgepaßt und das Auto nicht schnell genug in Gang gekriegt hat, während Bonnie völlig ›cool‹ in Ruhe den schönen Film vom vielen Geld sehen möchte, einem amerikanischen (Alp-)Traum während der Great Depression der 30er Jahre, den das Musical GOLD DIGGERS of 1933 von Busby Berkeley ironisch zitiert. Die Dunkelheit und Anonymität des Kinos kann von Flüchtigen auch dazu genutzt werden, ihre Identität zu wechseln. Und der Film kann durch den ›Film im Film‹, der zur gleichen Zeit auf der Leinwand zu sehen (und/oder zu hören) ist, den Vorgang kommentieren, wie Ginger Rogers durch ihren Song »We'r e in the money« die Sehnsucht nach Reichtum, die auch Bonnie und Clyde angetrieben hat.

Kurz bevor Ridley Scotts Film TWELVE MONKEYS (1995) in der totalen Menschheitskatastrophe endet, die zu verhindern der Zeitreisende James Cole aus der Zukunft in die Gegenwart kurz vor der Katastrophe zurückgekommen ist, verändern Cole und seine Begleiterin Catherine Railley im Kino ihr Aussehen, um der Polizei zu entgehen, die sie überall auf den Straßen sucht. Auf der Leinwand ist der ehemalige Kriminalbeamte Scottie Ferguson gerade dabei, der schönen Judy, von der er glaubt, daß sie in Wahrheit die verstorbene Madeleine ist, in die er sich verliebt hat, an den Jahresringen eines Baumstammes zu erklären, wie relativ die irdischen Zeitverhältnisse sind. James Cole erkennt darin dasselbe Problem, das auch er hat, daß Zeit nicht unbedingt linear verläuft, und daß es eine Chance geben muß, in Zeitabläufe einzugreifen, um die Menschheitskatastrophe zu verhindern. Während er eingeschlafen ist, hat Catherine ihn äußerlich mit einem Bart und einer Perücke verändert, Cole wacht bereits im nächsten Film einer Hitchcock-Reihe auf, gerade kämpft Melanie Daniels in der Dachkammer im Haus von Mitch Brenner gegen die aggressiven Vögel um ihr Leben. Cole vermutet, daß die tödliche Seuche mit Tieren auf der Erde verbreitet werden wird, der Film im Kino nimmt die künftige Katastrophe vorweg, beide Filme ›im Film‹ kommentieren das aktuelle Geschehen.

In einem anderen Fall führt die Verwandlung unmittelbar zur Katastrophe im Kino selbst. Einer der amerikanischen Studenten, die auf einer Reise durch England von einem Werwolf angegriffen wurden, hat überlebt und wird nun selbst als Werwolf zu einer Gefahr für London (AN AMERICAN WEREWOLF IN LONDON, John Landis 1981). Als er auf dem Trafalgar Square wieder spürt, daß die Verwandlung über ihn kommt, stürzt er in ein Kino und findet dort seinen Freund, der vom Werwolf getötet worden war und der nun als verwesender lebender Leichnam wiederkehrt. Auf der Leinwand tummeln sich die Nackten in einem Pornofilm, das Kino aber füllt sich mehr und mehr mit den lebenden Toten der Opfer des Werwolfs, der nun spürt, wie ihm die Krallen aus den Fingerspitzen sprießen, das Brusthaar wächst und die Zähne sich zu einem reißenden Gebiß verändern. Binnen kurzem ist das Kino ein Inferno aus blutigen Fleischbergen getöteter Zuschauer, nur auf der Leinwand sind die Körper nach wie vor in voller Schönheit aktiv. Die Polizei kann das Monstrum nicht im Kino festhalten, es bricht aus dem Kino aus und verursacht ein tödliches Chaos auf dem Trafalgar Square.

Die Flucht ins Kino, das sollte deutlich werden, kann sehr unterschiedlich motiviert sein und sehr unterschiedliche Konsequenzen haben. Für den alltäglichen Zuschauer, der einfach nur ins Kino gehen will, »mal sehen, was es gibt«, gilt das, was Frank Göhre vom Fernsehen weg ins Kino getrieben hat:

> »Ich will raus, ich halte es nicht mehr aus in der Wohnung, muß Kino haben, Film satt. Die totale Action auf Breitwand und in Dolby-Stereo. Eine Tüte Haribo und Eiskonfekt und Leute vor, hinter und neben mir, die knistern und knutschen und lachen und vor Begeisterung an den Sesseln rütteln« (Göhre 1983, 9).

Weg wollen, fliehen vor dem Alltag, den das Fernsehen noch alltäglicher macht, ist eine Sache; im Kino etwas suchen, was man wo anders nicht finden kann, ist eine andere. Was suchen Zuschauer, wenn sie ins Kino gehen?

Zum Beispiel die Toilette. Zu Beginn des Films von Stephen Bayly WANDEL UND HANDEL (COMING UP ROSES, 1986) sieht man (übrigens bei strömendem Regen) eine ältere Dame ins Kino und schnell die Treppe hinauflaufen. Drinnen läuft bereits ein Horrorfilm, der die wenigen Zuschauer, vor allem Jugendliche, kaum zu interessieren scheint. Nur als der Film bei der Attacke des Monsters reißt, gibt's Proteste. Außerdem war das die letzte Vorstellung. Wo die ältere Dame geblieben ist, die es so eilig hatte, erfahren wir erst später. Inzwischen ist das Kino ›Rex‹ geschlossen worden, es soll zu einem Bingo-Saal oder vielleicht auch zu einem Parkhaus umgebaut werden. Inzwischen ist viel zerstört worden und der Filmvorführer hält im Foyer Wache, als es an der Eingangstür klopft: Es ist die alte Dame, die wieder schnell die Treppe hinaufläuft – und auf der Damentoilette verschwindet. Dem Filmvorführer erklärt sie, daß sie jeden Dienstag und Freitag einen schrecklichen Senioren-Fernsehabend betreut und danach am Kino vorbeikommt und die Damentoilette benutzt, das war immer so. Auch sie hat, wie die Angestellten des Kinos, darunter zu leiden, daß es (vielleicht) ganz zugemacht wird (zum Glück haben die Angestellten und die treuen Zuschauer Unternehmungsgeist und gründen eine Kooperative für die Champignon-Zucht im Zuschauersaal, die ihnen das Kino, wenn auch nicht als Kino, erhält).

Ein wichtiger Grund, ins Kino zu gehen, ist ein dienstlicher. Filmvorführer (s. Kapitel 16), Verkäufer/innen für Eintrittskarten und Süßigkeiten und Platzanweiserinnen waren lange Zeit unentbehrlich für den Kinobetrieb. Heute überwacht ein Angestellter mehrere Teller-Projektionsautomaten und eine Eisverkäuferin versorgt sämtliche Schachtelkinos mit ›Eiskonfekt‹. Die Platzanweiserin, ohne die niemand seinen Platz einnehmen darf, gibt es nur noch in älteren französischen Filmen. Oder in Ettore Scolas Film SPLENDOR (1989), wo die gesamte männliche Einwohnerschaft einer italienischen Stadt für Marina Vlady als Platzanweiserin in einem ›teuflisch‹ roten Kleid geschwärmt hat (s. Kapitel 17). Edward Hopper hat der amerikanischen Platzanweiserin in einem Gemälde ein Denkmal gesetzt.

Ein Zwischenspiel als Platzanweiser in einem Kino gibt Joe in dem Roman *Die Ballade von Billie und Joe* (Martin R. Dean, 1997). Er hat die Hoffnung, in einem der Filme seine Freundin Billie wiederzusehen, die sich von ihm getrennt hat und die versuchen wollte, zum Film zu kommen. Die ständige Anwesenheit im Kino macht ihn zunächst zum Beobachter der Kinozuschauer (und seiner selbst) und läßt ihn dann in den endlosen Fluß der Bilder eintauchen. »Nach einer halben Stunde (...) setzt er sich in die hinterste Reihe und versenkt sich in den laufenden Film. Er ist glücklich und vergißt. Er macht keinen Unterschied zwischen den guten und den schlechten Filmen. Die Bilder träumen sich in ihn hinein, als hätte er selbst keine mehr. Die Geschichten bewegen sich in ihm drin weiter, sie verzweigen sich in seinem Kopf und verändern sich dauernd« (Dean 1997, 164). »Joe weiß nicht, wieviel Zeit an diesen Nachmittagen verstreicht, im Kino geht die Zeit anders. Es können Jahre vergehen, bis ein Film zu Ende ist. Jahre des Trauerns um Billie« (165). »Er hat aufgehört vom Reisen zu träumen, weil es in seinem kleinen Saal mehr Welt gibt als irgendwo sonst. Ein Mann, eine Frau, und ein Auto und schon reist er durch Italien. In seinem Kino, sagt sich Joe, geht eine Welt auf, wenn gleichzeitig eine andere in der Dunkelheit versinkt« (169). Letztlich sind »die Kinosäle, diese Himmelsvorführungen auf Erden, nichts als Friedhöfe« (171) für die unendlich vielen Kinotode, die auf der Leinwand gestorben werden. Am Ende (des Romans) werden Billie und Joe wieder zusammen ihren eigenen Kinotod sterben, wenn sie wie Bonnie und Clyde (BONNIE AND CLYDE, Arthur Penn 1967) im Kugelhagel von Maschinenpistolen enden.

Wenn Zuschauer ›dienstlich‹ im Kino zu tun haben, dann handelt es sich um Zensoren, die all das über sich ergehen lassen müssen, was sie uns zu sehen und zu hören ersparen wollen. Oder um Filmkritiker, deren Arbeitsweise uns von Luc Moullet (DIE SITZE IM ALCAZAR) so anschaulich dargestellt wurde. Literarisch und filmisch sind diese Kinoberufe jedoch bei weitem unterrepräsentiert.

Ganz anders verhält es sich mit dem Kino als Treffpunkt für Freunde, Bekannte und Verliebte. Dabei kann es in aller Unschuld ganz harmlos, aber auch heimlich-konspirativ und ziemlich erotisch zugehen und das sowohl im Zuschauerraum als auch auf der Leinwand. Ein Treffen kurz vor dem Happy-End findet zwischen Monsieur Chatelard (Jean Gabin) und einem jungen Mädchen, Marie, in einem leeren Kino statt. Monsieur Chatelard ist in der glücklichen Lage, neben einem gut gehenden ›Café Central‹ auch ein Kino zu besitzen, in dem es ihm bisher nie schwergefallen ist, junge Damen, vor allem wenn sie fremd sind in Cherbourg, wo Monsieur wohnt, zu Besichtigungstouren zu überreden. Während zum Beispiel auf der Leinwand die ersten Militärmanöver der französischen Marine nach dem Zweiten Weltkrieg zu sehen sind, hat er leichtes Spiel, sie für friedlichere Manöver zu begeistern (MARIE DU PORT, Marcel Carné 1949). Nur Marie, die gerade 18 Jahre alt ist, wird zu einem Problem für diesen Herrn im besten Alter, der merkt, daß er sie und weiß, daß sie ihn liebt. Das Gespräch zwischen den beiden findet im leeren Kino statt, »weil man dort ungestörter ist«, nur der Filmvorführer legt schon mal den Film für die kommende Woche ein, das wird TABU von Robert Flaherty und W.F. Murnau (1931) sein. Chatelard und Marie sitzen jeder in einer anderen Kinoreihe, vom Mittelgang getrennt; Marie findet die Bilder von den Menschen auf Tahiti, von ihrer freundlichen Sinnlichkeit schön; Chatelard, der vor Maries Jugend Angst hat, redet väterlichen Unsinn. Zwischen ihnen das ›Tabu‹, das den älteren Chatelard von der jungen Marie trennt. Nicht im Kino, aber etwas später werden die beiden doch noch zusammenkommen.

Wie oft hat die erste Verabredung im Kino stattgefunden.

> »Kino, dazu ließ sie sich gerade noch überreden. (...) Am verabredeten Samstag war ich schon lange vor Beginn der Vorstellung am ›Capitol‹. Las zum zigstenmal die Namen auf dem Plakat und versuchte, die ausgehängten Szenenfotos in eine entsprechende Reihenfolge zu bringen. Wo er sie küßt, setzte ich an den Schluß. So endet es nämlich fast immer. Hoffentlich heute auch. (...) In dem Film DIE LETZTE VORSTELLUNG von Peter Bogdanovich [LAST PICTURE SHOW, 1971] fahren die Jungs nach dem Kino mit ihren Mädchen an den See, knutschen im Wagen und machen Petting. Petting, das war das mindeste, was während des Films laufen mußte. Spätestens am Montag in der großen Pause wurdest du gefragt: trägt sie das Höschen über oder unter dem Strumpfhalter?« (Göhre 1983, 120-121)

In Anarene, Texas, 1951 ist das ›Royal‹-Kino neben dem Billard-Saloon und einem Café das Zentrum des Ortes, vor allem für die Jugendlichen, für die das Kino die einzige Abwechslung in einem tristen Alltag ist. Sonny kommt etwas später und wird von der dicken Charlene schon mit Vorwürfen begrüßt, beide verziehen sich wie üblich in die hinterste Reihe des Kinos zum Knutschen. Während Charlene säuselt, daß sie nun schon ein Jahr lang miteinander gehen, versucht Sonny noch was vom Film mitzukriegen, auf der Leinwand läuft von Vincente Minnelli FATHER OF THE BRIDE (1951).

Sonnys Freund Duane kommt mit der attraktiven Jacy und plaziert sich genau vor den beiden anderen; seine Knutscherei mit Jacy ist demonstrativ gemeint und hat etwas Triumphierendes. Nach dem Film verteilen sich die Paare auf die verfügbaren Autos und fahren zum Petting an einen See, so wie Frank Göhre sich richtig erinnert. Nick Hornby kommt in seinem Roman *High Fidelity* nach einigen Überlegungen, was es im Alter von 17 Jahren bedeutet, wenn man sagt ›mit jemandem gehen‹ und wie Küsse »mit Mund und Zunge und allen Schikanen« einzuschätzen sind, zu der alles entscheidenden Frage:

> »Was sollte die Knutscherei also? Die Wahrheit ist, sie hatte nichts zu bedeuten; wir tappten einfach im Dunkeln. Es war zum Teil Nachahmung [folgt eine beachtliche Liste von Filmschauspielern, die der Erzähler bis 1972 auf der Leinwand küssen gesehen hat], zum Teil hormonelle Willkür, zum Teil Gruppenzwang (...), zum Teil blinde Panik ... da gab es kein Bewußtsein, kein Verlangen und kein Vergnügen, abgesehen von einer ungewohnten und halbwegs angenehmen Wärme im Unterleib« (Hornby 1998, 14-15).

Knutschen im Kino setzt Erfahrung voraus, wenn es gelingen soll. Wie schwierig der Ablauf der Handlung ist, hat Joe (noch einmal in *Die Ballade von Billie und Joe* von Martin R. Dean) als Platzanweiser Zeit genug gehabt, im Kino zu beobachten. Da ist ein Pärchen, das gerade Platz genommen hat.

> »Der Junge legt seinen rechten Arm über die Schulter des Mädchens, wobei ihn das Sitzpolster behindert, und beugt sein Gesicht küssend über sie. Vergessen ruht die freie Hand des Jungen auf der Hüfte des Mädchens, das unter dem Ansturm seiner Lippen und seiner Zunge den Mund aufsperrt. Beide sind im Küssen offenbar nicht sehr geübt, sie ringen nach Atem, lassen aber trotzdem nicht voneinander ab. (...) Blind durch den Kuß, versucht das Mädchen ihren linken Arm um den Jungen zu schlingen, wobei dieser seinen Arm hinter ihr hervorholen muß, so unbequem ist die Lage für ihn geworden. Nun umfaßt das Mädchen wie zum Zeichen erhöhter Willigkeit den Hals des Jungen, ihre Kniescheiben drücken gegen die vordere Sitzlehne. Tastend legt der Junge seine hohle Hand auf die Brust des Mädchens und verharrt abwartend. Das Mädchen, noch immer dem Kuß ausgeliefert, bemerkt in diesem Augenblick den Druck seiner Hand und will sich sanft aus der Umarmung zurückziehen. Dies wiederum erfordert eine andere Beinhaltung, so daß das Mädchen in dem Moment, wo sie die Beine gelöst hat, die Hand des Jungen auf ihrer Brust wie von selbst entfernt« (Dean 1997, 164f).

Der Junge empfindet diese Geste des Mädchens als Verweigerung und die Aktion hat ein rasches Ende offenbar im beiderseitigen Einvernehmen. »Beide schauen sich nun den Film an, der noch lange nicht zu Ende sein wird« (165). Schreckliche Frustrationen gibt es, wenn die Gefühle und Absichten nicht koordinierbar sind. David Leland hat 1951 seine sechzehnjährige frühreife, rebellische Lydia mit einem Jungen aus der Nachbarschaft ins Kino geschickt. Auf der Leinwand spielt sich ein (Kriegs-)Melodram ab, um Lydia herum wird geknutscht und gefummelt, Lydia möchte gerne ihre Gefühle, diese ›angenehme Wärme im Unterleib‹ für sich in Anspruch nehmen können, aber dem dummen Jungen neben ihr fällt nichts anderes ein, als ihr linkisch an die Brust zu greifen. Lydia rennt heulend aus dem Kino raus, der Junge erschrocken hinterher. Im Foyer holt sie nach, was sie im Kino

nicht bekommen hat, sie vergewaltigt fast den armen Jungen mit einem riesigen Kuß. Der Kinobesitzer schmeißt Lydia schließlich mit der Bemerkung aus dem Kino raus, daß dies ein anständiges Kino und kein Bordell sei (zumindest nicht nach den Vorstellungen) (WISH YOU WERE HERE, David Leland 1987).

Das leitet über zu wesentlich handfesteren sexuellen Bedürfnissen, die zu befriedigen ebenfalls Gründe sein können, ins Kino zu gehen. Und auch hier findet Sex im Kino sowohl auf der Leinwand als auch im Zuschauersaal und oft genug beides gleichzeitig statt. Immerhin gibt es in diesem Zusammenhang eine dritte Möglichkeit oder einen dritten Grund, ins Kino zu gehen, nämlich die Haltung des Beobachters oder Voyeurs, die leicht mit der ganz normalen Haltung eines Kinozuschauers identifiziert werden kann. Jeder im Kino ist jederzeit ein Voyeur, nur im Pornokino nennt man das auch so. Als Voyeur kann man sich tarnen, wenn man ein legitimes Erkenntnisinteresse vorweisen kann. Kurt Tucholsky zum Beispiel wollte 1913 endlich aus eigener Anschauung wissen, was es mit den ›erotischen Films‹ im ›Lasterpfuhl Kino‹ auf sich hat. »Ich war hierher gekommen, um etwas recht Unanständiges zu sehen, ein dicker Freund hatte mich mitgenommen« (Tucholsky 1992, 51). Was es dann zu sehen gab – auf der Leinwand und im Zuschauerraum – mußte ihn beruhigen, denn wenn sich auf der Leinwand vor allem die Damen auch reichlich bemühten, im »Parkett blieb es gemütlich« (53).

Beunruhigend ist es dagegen, wenn in einer Erzählung von Graham Greene (»Der Pornofilm«) ein Mann seine Frau auf deren ausdrücklichen Wunsch, denn sie wolle auf der Reise in Asien etwas erleben, in ein Pornokino führt und feststellen muß, daß der junge Liebhaber auf der Leinwand kein anderer ist als er selbst. Vor einem viertel Jahrhundert hatte er als junger Mann eine Prostituierte geliebt und ihr mit diesem Film ein Einkommen verschafft. Hier nun in Bangkok taucht der Film wieder auf – vor den Augen seiner Frau. Die Peinlichkeit des Wiedererkennens im Kino, die die Kinogeschichte im Film von Anfang an beschäftigt hat, läßt die anonyme Pornographie plötzlich zur Biographie des Ehemanns werden. Natürlich reagiert sie mit Vorwürfen, dann aber, später zurück im Hotel, schlägt das Wiedererkennen im Film um in die Selbsterkenntnis vor dem Spiegel, daß die Zeit nicht spurlos an ihm vorübergegangen ist – und in die Anerkenntnis, daß die Liebe und das Begehren der Erinnerung, wie deutlich sie in dem Film auch geworden ist, die Präsenz gemeinsam altgewordener Körper vorziehen (Greene 1996, 97ff).

Erkannt werden in einer Situation, in der man besser ungesehen bleibt, wie im Pornokino, braucht gute Ausreden, Gründe, um die Peinlichkeit in Grenzen zu halten. Wenn der ›bewegte Mann‹ Axel, den seine Freundin zu Hause rausgeschmissen hat, der Not gehorchend in ein ›Sex-World‹ Porno-Video-Kino geht, riskiert er, dort einen Leidensgenossen (oder Gleichgesinnten?) zu treffen (DER BEWEGTE MANN, Sönke Wortmann 1994). Die peinliche Begegnung vor einem Bildschirm mit konvulsivisch bewegten Körpern und dazugehörigen Stöhnlauten findet schnell ihre Erklärung im Selbstexperiment, das beide Angehörige ihrer Männergruppe hier angeblich machen:

> »Was machst du denn hier? – Ich schreibe gerade an einem Referat für unsere Männergruppe über das Rollenverhalten des Mannes in der kommerziellen Pornographie, da muß ich mir so was ja wohl oder übel ansehen. Und was treibt dich denn hierher? – Mich? Dasselbe, ich meine, das glaubt man ja nicht, wenn man das nicht selber mal gesehen hat. – Ist es nicht erschreckend, was da mit den Frauen gemacht wird? – Wie man so was erotisch finden kann.- Ich hab genug gesehen, ich geh jetzt.«

Axel, der gerade erst gekommen ist, muß den ›wissenschaftlichen‹ Beobachterposten ebenfalls verlassen, es könnte so aussehen, als gäbe es noch einen anderen Grund, im Pornokino zu bleiben. Eine andere Beobachterin ist die Klavierlehrerin Erika Kohut (in dem Roman *Die Klavierspielerin* von Elfriede Jelinek)

> »Erika ist darauf geeicht, Menschen zuzusehen, die sich hart bemühen, weil sie ein Ergebnis wünschen. In dieser Hinsicht ist der sonst große Unterschied zwischen Musik und Lust eher geringfügig. (...) Erika hat diesen Film längst in einem Vorstadtkino, wo sie zur Gänze unbekannt ist (nur die Frau an der Kasse kennt sie jetzt schon und grüßt sie als gnädige Frau), sogar zweimal gesehen« (Jelinek 1988, 108).

Sie ist gewohnt, in den Vorstadtkinos ›härtere Kost‹ zu bekommen.

> »Bei den ästhetisch anspruchsvollen Filmen im gepolsterten Nobelkino sieht man fast nur die Oberflächen von Mann und Frau. (...) Im Billigporno ist zudem die Gier unverhüllter, mit welcher der Mann in den Frauenkörper einfährt« (109).

Erika, »die verschlossene Betrachterin« kennt sich als eine Expertin aus in dem, was man erwarten kann und was man schließlich (zu sehen) bekommt. Sie schätzt die Distanz zum Geschehen und zieht eine analytische Perspektive vor, die sie feststellen läßt: »In den Pornofilmen wird im allgemeinen mehr gearbeitet als im Film über die Welt der Arbeit« (108). Sollte die (instinktive) höhere Wertschätzung der Arbeit in der körperlich arbeitenden Bevölkerung und die Distanz zur körperlichen Arbeit bei den Angestellten der Grund dafür sein, daß Pornofilme in unterschiedlichen sozialen Klassen unterschiedlich bewertet werden? Eine kulturelle Differenz spielt dabei sicherlich eine Rolle, die sich aber quer zu den sozialen Klassen eher psychosozial begründen ließe.

Für den New Yorker ›Taxidriver‹ Trevor (TAXIDRIVER, Martin Scorsese 1975) sind Pornofilme ›ganz normales Kino‹, das seinen Bedürfnissen am unmittelbarsten entgegenkommt. In seinem Taxi ist er tagein nachtaus von der Umwelt isoliert dennoch mit Sex, Drogen, Machtpolitik usw. konfrontiert. Im Pornokino wiederholt sich das für ihn, nur daß er selbst der voyeuristische Konsument von Sexualtät ist. Als es ihm gelingt, die attraktive Angestellte Betsie zu einem ›Date‹ zu überreden, geht er

mit ihr ins Kino, sein Kino. Die Kinoreklame ist eindeutig: »Adult Hits, Bold xxx Entertainment« und ein Titel SOMETIME SWEET SUSAN wird angekündigt, der »explicit provocative« ist. Er ist überrascht, daß Betsie Bedenken hat. »Das ist doch ein Scherz. – Wieso? – Das ist doch ein Pornokino. – Das ist ein ganz normales Kino. Viele Paare sehen sich so was an, da ist doch gar nichts dabei. – Ist das wahr? – Ja, ich seh mir oft so was an.« Als es in dem als Aufklärungsfilm kaschierten Pornofilm zur Sache geht, stürzt Betsie angewidert aus dem Kino. Unerreichbar für Trevor, in dem sich die fixe Idee, die Welt vom ›Abschaum‹ befreien zu müssen, immer mehr festsetzt und zur Tat drängt.

Es besteht kein Grund, diesen Ausflug in die Niederungen der körperlichen Begierden vor und auf der Leinwand pessimistisch zu beenden. Deshalb soll an dessen (vorläufigem) Ende daran erinnert werden, daß ein Ausbruch zügelloser Sexualität in einem Shopping-Center-Kino die Ehe zwischen dem Anwalt Nick Fifer (Woody Allen) und seiner Frau Deborah (Bette Midler) an ihrem »ganz normalen Hochzeitstag« in Paul Mazurskys Film EIN GANZ NORMALER HOCHZEITSTAG (SCENES FROM A MALL, 1990) gerettet hat. Während ihres Einkaufs für die Feier des 16. Hochzeitstages erfährt Deborah, daß Nick eine Affäre hatte, aber auch Deborahs Schwämerei für einen Fernseh-Psychiater ist nicht unschuldig. Noch im Kaufhaus beschließen sie die Scheidung, Deborah tut das Nächstliegende und bestellt Nick zu ihrem Scheidungsanwalt, was die Konflikte nicht vermindert. So treiben sie auf den Eingang eines Kinos zu und in einen Kinosaal, in dem nur ein paar Inder in den vorderen Reihen SALAAM BOMBAY! (Mira Nair, 1988) sehen. Den Film, den sie natürlich schon mal gesehen haben, tun sie schnell mit ›beeindruckend‹ ab, um sich dann in gegenseitigem psychoanalytisch gestärktem Verständnis zu übertreffen. Nick ist voller Verzweiflung

über sich selbst, Deborah ist so enthusiastisch in ihrem Trost, daß beide in ihrer Umarmung unter den Kinosessel sinken und dort Versöhnung feiern. Befremdet sehen sich die Inder um, weil Lustlaute zu ihnen nach vorne dringen. Nick und Deborah verlassen glücklich das Kino: Es war überwältigend! Gewiß, der Grund ins Kino zu gehen ist nachgeholt, aber er bewahrheitet, was die Kinowerbung versprochen hat: Mach dir ein paar schöne Stunden, geh ins Kino.

22. Am Ende des Kinos?

Trauerarbeit

Kinos haben Biographien. Irgendwann eröffnen sie mit einem ersten Film, sie werden umgebaut, zum Beispiel wenn der Tonfilm seine Lautsprecher und eine bessere Akustik im Saal benötigt; sie werden womöglich wieder aufgebaut, nachdem sie im Krieg zerstört wurden und bekommen ein neues ›modernes‹ Aussehen mit bequemeren Sesseln und einer Breitwand-Projektion für CinemaScope-Filme. Und irgendwann schließen die Kinos, weil zu wenig Zuschauer/innen kommen oder die richtigen Filme nicht mehr gezeigt werden können – oder weil die Menschen, die die Kinos betrieben haben, mit ihnen alt geworden sind und das Geschäft aufgeben müssen. Kinos beherbergen Biographien derer, die in ihnen Arbeit und ihr Auskommen gefunden haben (A. Paech 1985): Das waren zuerst die Kartenverkäuferin, die Platzanweiserin, die Eisverkäuferin, der oder die Filmvorführer/in und vielleicht eine Geschäftsführerin (das Kino ist eine Domäne der Frauenberufe) und oft waren alle Positionen in einem Familienbetrieb verteilt oder in kleinen Kinos auf ganz wenige Personen aufgeteilt. Die Zahl der Mitarbeiter, die in den amerikanischen Kinopalästen die Hundert überschritt, reduzierte sich immer mehr, immer mehr Funktionen mußten von immer weniger Personal ausgefüllt werden.

Kinos sind immer eröffnet und auch wieder geschlossen worden, ihre Zahl hat jedoch bis Ende der 50er Jahre auf der ganzen Welt stetig zugenommen. Und von da an gehen immer weniger Zuschauer in immer weniger Kinos. In Westdeutschland »zählte man (1956) 817,5 Millionen Kinozuschauer, 1959 noch 671 Millionen. 1965 waren es nur mehr 294 Millionen, bis 1976 ist die Zahl auf 115,1 Millionen abgesunken« (Pflaum/Prinzler 1982). In der gleichen Zeit verringerte sich die Zahl der Kinos von 1959 noch 7085 auf 5551 im Jahr 1964 und stabilisiert sich 1971 bei 3314, wobei zu dieser Zeit schon große Kinos in mehrere kleine Kinosäle aufgeteilt wurden.

Warum sterben die Kinos nach einem halben Jahrhundert Kinogeschichte? Ist es das Fernsehen, das nun ebenfalls die Filme zeigt, die bisher (fast) ausschließlich im Kino zu sehen waren und die das Kino offenbar nicht mehr (so sehr) benötigen? Sind es die Zuschauer/innen, die andere Interessen haben und mit Autos und Flugzeugen die Welt mit eigenen Augen sehen wollen? Sind es die Filme, die keine Zuschauer mehr haben oder die Zuschauer, die nur noch in wenigen Kinos die Filme sehen können, die sie sehen wollen, weil die Verleihpolitik mit attraktiven Filmen nur noch auf wenige große Kinos oder Kinoketten setzt? Oder spielen alle diese Umstände (und mehr) in einem Prozeß eine Rolle, der in der zweiten Hälfte dieses zu Ende gehenden Jahrhunderts tiefgreifende Veränderungen in der Kultur- und Mediengeschichte mit sich gebracht hat und der sich ständig beschleunigt?

Es ist das Jahr 1951, Sonny und Duane gehen in dem texanischen Städtchen Anarene zum letzten Mal in das Kino, das von der alten Miss Mosey geführt wird. Duane hat schon seine Uniform an, er wird am nächsten Morgen in Richtung Korea-Krieg abreisen. Sie sind allein im Kino, nur der geistig zurückgebliebene Billy sitzt wie immer auf seinem Platz. Auf der Leinwand richtet sich Tom Dunson (John Wayne) in seinem Pferd auf, blickt über die Rinderherde und zu den wartenden Cowboys: »Bring sie nach Missouri, Mat« und mit den begeisterten Schreien der Cowboys beginnt einer der größ-ten Trecks in der Westerngeschichte. Dann ist der Film (RED RIVER, Howard Hawks 1948) zu Ende und die beiden verabschieden sich von Miss Mosey und als sie bedauern, daß das die letzte Vorstellung im ›Royal‹-Kino gewesen ist, sagt sie: »Ach, heutzutage kommt ja niemand mehr ins Kino, im Sommer geht man noch zum Fußball, aber sonst tut man nichts als Fern-sehen. Wäre Sam noch am Leben, hätte ich weitermachen können, aber leider verstehe ich nicht so viel vom Geschäft.« Sam dem Löwen, wie er genannt wurde, gehörten das Kino, der Billard-Saloon und das Café, nach seinem Tod waren diese Orte verwaist. »Wird nicht mehr viel los sein, wenn das Kino hier mal zu ist«, sagt Duane, der wie viele andere seiner Ju-gendfreunde Anarene verlassen wird. Es sind

diese drei Gründe, die zur Schließung des Kinos geführt haben: Miss Mosey ist allein und zu alt, um (wie üblich als Frau) das Kino weiterzu-führen. Das jugendliche Publikum ist in alle Welt zerstreut und schließlich absorbiert das Fernsehen die Zuhausegebliebenen.

Im Allgäu war das Fernsehen zuerst in der Gastwirtschaft angekom-men, die sich im selben Haus mit den ›Alpen-Lichtspielen‹ befindet. Wäh-rend Kanzler Adenauer den Bauern der Gegend beim Bier das Boccia-Spiel auf der Mattscheibe hoch über dem Tresen erklärt, leert sich das Kino immer mehr (SCHÖN WAR DIE ZEIT, Gietinger/Hiemer). 1962 ist es dann so weit. Otto, der Filmvorführer, der mit seiner Frau das Kino über-nommen hat, kann dem Angebot eines Baulöwen nichts mehr entgegensetzen. Dann geht alles sehr schnell, ein Kran mit einer Abrißbirne zerstört das Kino und wenig später weist ein Schild vor dem Bauplatz darauf hin: »Hier entsteht der neue Kaufmarkt«. Die Alpen-Lichtspiele hat das Schicksal vieler Kinos in diesen Jahren ereilt, die abgerissen wurden oder umgebaut zu Supermärkten oder Lagerhallen.

Und so steht denn ein Kinobesucher, der seine Kindheit und Jugend an diesem Ort mit dem Tarzan Johnny Weissmüllers verbracht hat, plötzlich vor dem Nichts. Als er liest, daß Johnny Weissmüller in Kalifornien im Krankenhaus liegt, erinnert er sich:

> »Wir hatten einen Wald mit Lianen. Wir imitierten seinen Dschungel-schrei. Wir haben ihn ein paar dutzendmale im billigsten Kino der 50er Jahre gesehen, für dreißig oder vierzig Pfennig oder zu viert für eins-zwanzig. (...) Unser Kino war das einzige Kino in der Stadt, in dem seine Filme gezeigt wurden. Wir hatten ein Monopol auf ihn. An der Stelle, an der das Kino stand, ist jetzt ein Parkplatz« (Ohnemus 1984, 268f).

Was aus den zwölf Landkinos geworden ist, die Wim Wenders »zwischen Lüneburg und Hof entlang der Grenze zur DDR« von seinen beiden Kino-reparateuren mit ihrem Lastwagen besuchen läßt, kann man aus einem Dokumentarfilm von Mike Schlömer WEISSE WÄNDE (1994/95) erfahren, der zwanzig Jahre später noch einmal alle diese Kinos be- oder gesucht hat. Wenders selbst war auf seiner Suche nach geeigneten Kinos auf eine der Ursachen des Kinosterbens aufmerksam geworden:

> »Über die Situation des Kinos auf dem Land habe ich, vor allem durch die Motivsuche, viel erfahren. Ganz verblüffend war z.B., daß diese Dorfkinos zum großen Teil Frauen gehörten, älteren Frauen, die die Kinos mit einer richtigen Besessenheit weiterführten, gegen jede wirt-schaftliche Vernunft. Sie wußten alle, daß sie keine Nachfolger haben, und daß die Kinos auf dem Land mit ihnen aussterben werden. Viel-leicht haben sie deshalb so daran gehangen (...) ›Ja. ohne das Kino kann ich mir das Leben gar nicht vorstellen‹. (...) Man kann jedenfalls genau sehen, daß es in ein paar Jahren keinen vernünftigen Menschen mehr geben wird, der das weitermacht [die Ausbeutung durch die Verleiher], und dann ist rapide Schluß mit dem Kino auf dem Land. ›Im Laufe der Zeit‹ sollte ja auch ein Film sein über das Ende des Kinos« (Müller-Scherz/Wenders 1976, 13f).

Am Ende seines Films IM LAUF DER ZEIT (1975) läßt Wim Wenders eine Kinobesitzerin erklären, warum sie das Kino zumacht.

> »Der Film ist die Kunst des Sehens, hat mir mein Vater gesagt und des-halb kann ich diese Filme nicht zeigen, die nur noch Ausbeutung sind, von allem, was man in den Augen und Köpfen der Menschen über-haupt noch ausbeuten kann. Aber ich laß mich nicht zwingen, Filme zu zeigen, wo die Menschen wie erstarrt und betäubt von Dummheit her-ausstolpern, wo ihnen jede Lust am Leben vernichtet wird. Wo ihnen jedes Gefühl von sich und der Welt absterben muß. Wir sind hier auf

dem Land von den großen Verleihern abhängig. Und außer Constantin und vielleicht noch den Amerikanern kommt doch keiner [der Verleiher] hierher. Mein Vater wollte, daß es hier am Ort weiter ein Kino gibt. Ich auch. Aber so wie es jetzt ist, ist es besser, es gibt kein Kino mehr, als daß es ein Kino gibt, so wie es jetzt ist« (Müller-Scherz/Wenders 1976, 333f).

Die Kamera zeigt das Kino von außen. Von der Leuchtschrift über dem Eingang »Weisse Wand-Lichtspiele« funktionieren nur noch einige Buchstaben, sie zusammen ergeben END. Natürlich spricht hier die Autoren-Politik des ›Neuen deutschen Films‹, die sich gegen die Abhängigkeit vom amerikanisch dominierten rein kommerziellen Verleihsystem gerichtet hatte. Auffällig ist auch, daß es keinen Seitenhieb auf das Fernsehen gibt, das als Koproduzent auch für den ›Neuen deutschen Film‹ eine immer wichtigere Rolle spielte. Bleibt die Erinnerung an eine Kinolandschaft, die es so nicht mehr gibt und an die Frauen, die dieses Kinogeschäft ›gegen alle Vernunft‹ für das Vergnügen ihrer Kinobesucher bis zuletzt aufrechterhalten haben. Zwei Jahre später hat Doris Dörrie einer Kinobesitzerin auf dem Lande ein Denkmal gesetzt. Maria Stadler betreibt ihr Kino im fränkischen Endorf.

»Für 10 oder 20 Zuschauer am Abend rackert sie sich fast 20 Stunden am Tag ab; sie hackt stundenlang Holz, um den Kinosaal zu heizen, radelt über die Dörfer, um Werbung zu machen, flickt die verschlissenen Filme zusammen, versucht – um finanziell halbwegs über die Runden zu kommen – durch Popkonzerte oder Bauerntheater neue Besuchergruppen ins Kino zu locken und legt jeden Pfennig auf die Seite, um die Bankschulden zu tilgen, die sie seit der Kinoeröffnung 1953 noch nicht endgültig abgetragen hat: »Ich halte aus, ob's stürmt oder schneit.« (Provinz-Film-Katalog 1981, 47) (OB'S STÜRMT ODER SCHNEIT, Doris Dörrie 1977).

Wieder zehn Jahr später ist es Sache des Fernsehens, an die Vergangenheit des Kinos in der Form des kleingewerblichen Familienbetriebes zu erinnern. Annelie Runge, die Autorin des Fernsehfilms ENDE EINER VORSTELLUNG (ZDF, 1987), ist in der ›Eifel-Film-Bühne‹, das immer noch von ihrer Mutter betrieben wurde, aufgewachsen. Sie läßt ihre Mutter erzählen, wie ihre Eltern 1943 das Kino in Hillesheim in der Eifel zusätzlich zu einem Radiogeschäft des Vaters eröffnen konnten. In der Geschichte des Kinos reflektiert sich fortan die Filmgeschichte aus der provinziellen Perspektive der Kinobesitzerin und ihrer Platzanweiserin, die gleichzeitig auch die Filmvorführerin war. Noch immer schwärmen sie von den Heimatfilmen der 50er Jahre, »sie hatten ja doch einen Sinn gehabt, die Heimatfilme, die waren doch echt schön – für die Zeit, möchte ich sagen«. Sie zeigten die ›Heimat‹ jedenfalls schöner als in ihrer zerstörten Wirklichkeit, außerdem haben sie das Kino immer bis zum letzten Platz gefüllt. Der Kampf der katholischen

Kirche gegen das Kino, wenn sie DIE SÜNDERIN von Willy Forst (1951) gespielt hat, konnte sie nicht unterkriegen. Aber das Fernsehen, daß sich unter der Leitung des Bruders von Annelie Runge im früheren Radiogeschäft des Vaters breitgemacht hat, das vom Bau der Satelliten-Antennen in der Gegend profitiert und heute auch Videokassetten verleiht, droht dem Kino die letzten Zuschauer zu nehmen. Hier ist es nun wirklich das neue Medium, das im selben Haus das ältere verdrängt: Die Ladenfront hat sich bereits vor das Kino geschoben, das die Mutter fast unsichtbar mit einem Wochenend-Programm so lange wie möglich weiterführen will.

Der Kreis schließt sich, wenn ein Filmemacher, der seine Kindheit im Kino seiner Eltern im burgenländischen Ort Wiesen verbracht hat, mit einem Film über seine Kino-Kindheit debütiert. Wolfgang Murnberger (HIMMEL ODER HÖLLE, 1990) erzählt, wie die kindlichen Beobachtungen und Entdeckungen im Kino, die den unvorstellbaren Tod und Geheimnisse von Religiosität und auch von Sexualität ahnen lassen, im Spiel der Kinder verarbeitet werden. Das Kino ist für die Kinder immer offen zu ihrer Erfahrungswelt, die es aber auch interpretiert und manchmal dominiert. Murnbergers Film endet mit der Pubertät des Jungen. Das Ende des Kinos wird darin nicht erzählt, das hatte längst vor Drehbeginn schon 1985 stattgefunden, als das Kino zumachen mußte, weil es keine Zuschauer mehr hatte.

Was ist aus den Kinos geworden? In satirischer Form hat Alfred Miersch diese Frage mit einer ganzen Reihe erfolgloser Rettungsversuche beantwortet. Um das ziemlich ramponierte Kino zu füllen, kommen die Besitzer zuerst auf die Idee, zu Weihnachten MARY POPPINS für die vielen Einsamen und weihnachtlich gestimmten Familien zu spielen. Das klappt auch, der Saal ist voll, aber die Heizung funktioniert nicht, die Leute verlangen ihr Geld zurück. Ein anderer Versuch will die Jugendlichen als neue Zielgruppe ansprechen und so wird ein komplettes HERKULES -Paket geordert.

»Die Horden kamen. Die Türkenkinder entflohen ihren überfüllten Wohnungen, die Halbwüchsigen stolzierten lässig mit qualmenden Zigaretten herein und beschlagnahmten die besten Plätze und hinterlistige Rotznasen schlugen und quälten alle, die schwächer waren als sie. (...) Der Saal stank und tobte, und wenn das Licht ausging, begannen schon die ersten Schlägereien. (...) Wir zeigten HERCULES, DER SCHRECKEN DER HUNNEN und HERCULES, DER SOHN DER GÖTTER, HERCULES EROBERT ATLANTIS und HERCULES, RÄCHER VON ROM, HERCULES, SAMSON UND ODYSSEUS und HERCULES IM NETZ DER KLEOPATRA und mit jeden Film wurde es schwerer, die Meute unter Kontrolle zu halten. In den ersten Filmen reichte ein Lichtstrahl mit der Taschenlampe, um Schlägereien abzubrechen, aber das machte inzwischen keinen Eindruck mehr (...) in kürzester Zeit war das Kino menschenleer, nur hatten hunderte von Metern Stoff und Wolken von Kalk es in eine staubige Ruine verwandelt, Stuhlreihen waren demoliert, und die große Tür lag gesplittert im Foyer. (...) ›Was habt ihr aus meinem Kino gemacht? Vor ein paar Jahren habe ich noch mit Willy Fritsch wilde Feste im Foyer gefeiert und jetzt sieht es hier aus wie in einer Tiefgarage. Einen Weltkrieg und die Währungsreform hat es überstanden und ihr laßt es euch in ein paar Minuten von einem Kindergarten dem Erdboden gleichmachen.‹ – Das brachte mich auf eine Idee. Eines Montags hielten vor unserem Kino drei Reisebusse, und eine halbe Stunde später saß ihr Inhalt auf unseren Stühlen und verfolgte fasziniert einen Farbfilm über die Höhenlagen Kenias, den dort geernteten hervorragenden Kaffee und die ausgezeichneten Handelsbeziehungen Kenias zur internationalen Import-Export-Firma ›Impex‹. (...) Vormittags (...) war unser Kino ausverkauft. Dreimal wöchentlich quollen die Buttertouristen aus den Bussen, brachen schwätzend und ausgelassen in die Stille unseres Saales ein, standen plaudernd und Bier trinkend im Foyer« (Miersch 1984, 97ff).

Aber das neue Glück dauerte nicht lange, denn der Geschäftsfreund stellte sich als Betrüger heraus, die Polizei beendet die Butterfahrten und damit den letzten (?) Rettungsversuch des Kinos.

In den 80er Jahren hat sich das Kino selbst, das inzwischen wie Phönix aus der Asche in veränderter Form wiedererstanden ist, nostalgisch-melancholisch mit dem ›Ende des Kinos‹ beschäftigt. Es ist schon ein sehr besonderes Vergnügen, in einem der klimatisierten perfekten Großraumkinos mit riesigen Leinwänden, die in unseren Großstädten und Ballungszentren entstanden sind, dem Kampf der kleinen Kinobesitzer, dem Aufstieg und Verfall, Glanz und Elend der Kinos in der (italienischen) Provinz zuzusehen. Beide Filme, die kurz nacheinander ins Kino gekommen sind (CINEMA PARADISO, Giuseppe Tornatore 1988; SPLENDOR, Ettore Scola 1989) sind in den Kinos sehr erfolgreich gelaufen, bevor sie auch ins Fernsehen kamen. Beide Filme erzählen die Geschichte ihrer Kinos aus der Erinnerung in dem Moment, in dem deren Geschichte zu Ende ist. Alfredo, der alte, durch einen Unfall im Kino erblindete Filmvorführer im ›Cinema Paradiso‹, ist gestorben und der ›kleine Toto‹, der zusammen mit Alfredo lange Zeit die Filme im Kino vorgeführt hat und inzwischen ein erwachsener Mann und berühmter Filmregisseur ist, kehrt nach Sizilien in seinen Heimatort Giancoldo zum Begräbnis Alfredos zurück. Zwischen der Nachricht vom Tod Alfredos und dem Begräbnis am nächsten Tag, zu dem Toto nach Sizilien fliegt, liegen die Erinnerungen an das ›Cinema Paradiso‹. Während des Begräbniszuges, der an der Ruine des Kinos vorbeiführt, erzählt dessen Besitzer, der in den 50er Jahren das Kino aus Begeisterung wieder aufgebaut, dessen Ende: »Seit wann habt Ihr geschlossen?« »Im Mai werden es sechs Jahre. Kein Mensch ist mehr gekommen. Sie wissen es sicher besser, die Krise, das Fernsehen. Heutzutage ist das Kino nur noch ein schöner Traum. Jetzt hat es die Gemeinde gekauft, um einen neuen Parkplatz zu bauen. Am Samstag wird es abgerissen; jammerschade.« Und am Samstag versammeln sich noch einmal die alt gewordenen Besucher des ›Cinema Paradiso‹, um es in Schutt und Staub versinken zu sehen. Ettore Scola läßt seinen Film an der Stelle beginnen, an der er auch aufhört: Das Kino ›Splendor‹ wird ausgeräumt, der neue Besitzer plant darin bereits die Ausstellungsräume für Sanitär-Bedarf. Jordan (Marcello Mastroianni), der das Kino seit seiner Rückkehr aus dem

Krieg geleitet hat, sieht wehmütig zu, wie die Plakate entfernt, die Leuchtschrift über dem Kino weggerissen wird. In unregelmäßigen, nicht kontinuierlichen Rückblenden folgt dann die biographische Geschichte des Kinos, die noch vor dem Krieg mit dem Wanderkino des Vaters Jordans einsetzt. Bis sie wieder am Anfang des Films und Ende des Kinos ankommt. Aber die nostalgische Phantasie kann sich mit dem profanen Ende nicht abfinden. Als die Kinosessel abmontiert werden sollen, kommen alle die Kinobesucher des ›Splendor‹, die hier ihre ›schönsten Stunden‹ verbracht haben, zurück und setzen sich auf die Sessel bis der Saal voll ist. Ein Wunder ist geschehen, wie es nur im Kino geschehen kann. Und so nimmt Ettore Scola das Paradox, daß wir bequem im Kino dem Ende des Kinos zusehen können, auf. Vielleicht ist es ja doch nicht zu Ende. Vielleicht ist ein Wunder geschehen.

23. Spiegelkabinette

Alles Kino oder nichts

Die Welt der Bilder und der Töne ist zu groß, und die Welt der Information ist zu schnell geworden für das Kino. In den 30er Jahren war allein das Kino als ›Palast der Zerstreuung‹ eine Welt für sich und funktionierte mit seinen Musicals und Komödien als Gegenwelt gegen die Zumutungen der Wirklichkeit wirtschaftlicher Depression (in den USA), des Naziterrors und des Krieges (in Deutschland und Europa). Man konnte sich ins Kino zurückziehen und für ein paar Stunden die Tür zur äußeren Wirklichkeit hinter sich zumachen. Die Bomben des Zweiten Weltkriegs haben in Europa auch diese Zufluchtsstätten gründlich zerstört; die Kinos, die erhalten geblieben waren, haben jedoch auch diese Zerstörungen (und ihre Ursachen) noch in ihrem Dunkel und ihren Bildern von einer heilen Welt vergessen lassen. Die weiten Bilder der CinemaScope-Leinwände haben versucht, den Blick der Zuschauer/innen ganz gefangenzunehmen, was im Kino selbst wohl auch gelungen ist (und noch immer funktioniert); aber außerhalb des Kinos haben Fernsehen, Video und nun auch Multimedia und das Internet eine unendlich vielfache (wenn auch nicht vielfältige) Bilderwelt geschaffen, hinter der das Kino zurückbleiben muß und droht, einfältig zu werden. Und während der Film im Kino über ein dreiviertel Jahrhundert lang das moderne Leitmedium dieses Jahrhunderts aus der Verbindung von Tradition (Theater, Literatur, Kunst) und Technik war, ist es am Ende dieses Jahrhunderts im Vergleich zu den ›neuen Medien‹ dabei, ein liebenswertes Relikt aus der ›Tradition der Moderne‹ zu werden. Das Kino wird es technisch verändert weiter geben, weil es uns in diesem (Lichtspiel-)Theater mit seinen Sesseln und einem aktuellen Publikum das Gefühl der Geborgenheit und mit seinem Ritual des Programms den Eindruck der Überschaubarkeit in der Tradition der Moderne gibt. Das Kino selbst ist längst, auch wenn es noch so megaloman in Cine-Centern und Multiplexen daherkommt, eine beschaulich nostalgische Institution geworden, die ein gigantischer Bild- und Tonlärm aus den Fugen geraten läßt.

»Das Kino ist tot – auch wenn die nächsten 100 Millionen Dollar teuren Digital-Ereignisse, die sich noch immer Filme nennen, vor der Tür stehen. Das Kino ist tot, weil seine Relationen, seine inneren Dimensionen, seine Ökonomie der Sinne zerstört wurde. Nicht ›der Kommerz‹ an sich (der die kinematographische Phantasie so oft stimuliert und bereichert hat), sondern eine blinde Geschäftstüchtigkeit, die sich des Machbaren bedient, weil es machbar ist, hat das Kino umgebracht« (Kreimeier 1996).

Es gibt unterschiedliche Strategien, die Symbiose von Kino und Film und damit die Legitimität des Kinos als Ort des Films zu behaupten. Der Film hat ohne das Kino seinen Siegeszug als Leitmedium der Moderne begonnen, hat im Kino seine authentische Form als Kinofilm gefunden, hat aber längst das Kino wieder verlassen und hat neue Formen im Fernsehen, auf Video und im Computer angenommen. Der Film, der zuerst und vor allem ›Kino‹film sein will, ist zu einem Dinosaurier geworden, so selten, so gefährlich, so überlebt. So selten, weil nur noch ganz wenige Filme, die mit einem Aufwand von weit über hundert Millionen Dollar produziert werden, in die Kinos kommen; so gefährlich, weil ein einziger Mißerfolg die ganze Industrie bedroht: Der Erfolg des Films TITANIC (1997) von James Cameron muß mindestens so spektakulär sein wie der Untergang des Schiffes, von dem er erzählt, da andernfalls nicht nur der Film, sondern auch Hollywood das Schicksal des Schiffes teilen könnten. Und schon die nächste absolute Erfolgsmeldung kündet davon, daß auch die TITANIC wieder von der neuesten STAR WARS – Forsetzung (STAR WARS – THE PHANTOM MENACE, George Lucas 1999) übertroffen wurde: Bereits am ersten Tag spielte dieser Film 51,3 Millionen Mark ein, die größte Summe, die (bisher) ein Film an einem einzigen Tag verdient hat. Deshalb belagern diese Filme auf Gedeih und Verderb die Kinos, um an der Kasse immer wieder der ›erfolgreichste Film aller Zeiten‹ zu werden – werden sie es nicht, droht der finanzielle Bankrott, vom künstlerischen Bankrott wagt niemand mehr zu reden. Gefährlich auch, weil die ›Vielfalt der Arten‹ von diesem gefräßigen Monster bedroht ist, das in den Studios ebensowenig wie in den Kinos noch Alternativen zuläßt. Und überlebt sind diese Dinosaurier des Kinofilms, weil sie wie ihre historischen Vorbilder in die Ökologie der Medienwelt nicht mehr hineinpassen (werden), obwohl oder gerade weil sie von Steven Spielberg gerade auf dem Computer ›revitalisiert‹ worden sind: Ihr Ursprung ist Information, ihr Wesen sind Morphing und Imaging, der Rest ist Mythos.

Eine andere Strategie geht von vornherein vom Strukturwandel des Kinos selbst aus und versucht, es seiner veränderten Umgebung ebenso anzupassen, wie das auch vorher schon mit dem Wanderkino, dem Ladenkino, dem Nebeneinander von Kinopalästen und den kleinen Nachbarschaftskinos an der Ecke der Fall war, die alle nacheinander wieder verschwunden sind. Kinos bieten sich heute entsprechend als ›Erlebnisräume‹ für besondere audiovisuelle Ereignisse in Umgebungen an, die bereits als ›Erlebniswelten‹ konzipiert sind und daher an die Stelle der Großstadt als Umgebung des Kinos in den 30er und 40er Jahren getreten sind: Das sind Freizeitparks (›Disney-World‹ oder ›Asterix-Park‹), Einkaufspassagen oder Malls und Shopping-Centers, in denen das Kino ein Angebot unter vielen anderen ist. Hier ist das Kino ein Erlebnis ›en passant<, wo Ereignisse erwartet werden, die der Vielfalt des Warenangebotes der Umgebung entsprechen. Die Filme, die hier (und im Fernsehen und auf Video) erfolgreich sind, haben keine kontinuierliche Erzählung mehr, sie sind fragmentarisch und setzen sich eher zufällig in den Zuschauer/innen zusammen. Es sind Filme, in die man irgendwo zufällig einsteigen kann, denen zu folgen Spaß macht und die man irgendwo wieder verlassen kann. Es sind Filme, die in jedem Fragment oder Ausschnitt genug ›Höhepunkte‹ haben, damit sie als Ereignis zum Erlebnis ihrer Kombination werden können. Hier kommt den Kinozuschauer/innen ihre Fernseh- und Videoerfahrung zugute, per ›remote control‹ parallele Angebote zu verbinden. Kung-Fu-Filme, Filme von Quentin Tarantino (PULP FICTION etc.) oder zum Beispiel LOLA RENNT (Tom Tykwer, 1998), aber auch manche der ›komischen‹ Filme von Woody Allen in ihrer ›Nummernstruktur‹ sind erfolgreiche Prototypen für diese Strategie. Das Kino ist nicht der einzige ›wahre‹ Ort für diese Filme, er ermöglicht jedoch eine spezifische ›Haltung‹ ihnen gegenüber, die man mit aktivem Konsumerlebnis beschreiben kann.

Eine dritte, keineswegs utopische Strategie würde die operative Verbindung von Fernsehen und Kino ermöglichen. Das Fernsehen ist seit den 70er Jahren konstitutiver Koproduzent von Filmen für das Kino, die danach auch vom Fernsehen ausgewertet werden. Das Fernsehen ist auch, neben den Filmarchiven, Ort einer lebendigen Filmgeschichte. Der ungeheure Programmhunger des Fernsehens (und Home-Video) hat die Filmgeschichte ausgebeutet, aber auch bereichert; es wäre an der Zeit, daß das Fernsehen dem Kino seine Filme zurückgibt, indem es mit alternativen Kinoangeboten kooperiert. Filmprogramme des Fernsehens könnten dann (wie die Themenabende des deutsch-französischen Kulturkanals ›arte‹) als Kinoprogramme wiederholt werden. Das setzt, neben Veränderungen bei vielen anderen antiquierten Voraussetzungen wie dem ›Copyright‹, den endgültigen Abschied vom Zelluloid voraus. Dieser Abschied wird in der vernetzten Welt elektronischer Bilder und Töne, wenn sie das Kino einschließen soll, nicht schwerfallen.

Erzählen die Filme ›nach dem Ende des Kinos‹ noch vom Kino? Mehr denn je, weil sehr viele Filme ›im Spiegel‹ der Welt des Films selbst erzählt werden. Fast überall stehen Fernsehgeräte in den Wohnungen, die für kleinere Filmzitate taugen, das Kino dagegen wird ausdrücklich zum Ort der Handlung gemacht: Robert Altmans THE PLAYER (1992) zum Beispiel spielt ausschließlich im Umkreis eines Hollywood-Studios. Der Filmproduzent Griffin Mill fühlt sich von zwei Seiten bedroht, dem Studioboss, der ihn gegen einen Jüngeren austauschen will und einem anonymen Drehbuchautor, der ihn mit Morddrohungen verfolgt. Griffin vermutet, daß es sich um den verbitterten Autor David Kahane handelt, dessen Drehbuch er kürzlich abgelehnt hat. Er findet ihn im Kino in einer Vorstellung mit Vittorio de Sicas LADRI DI BICICLETTE (1948). Nach dem Film spricht er ihn mit ein paar Verlegenheitssätzen an. »Toller Film, nicht. Es ist erfrischend so etwas zu sehen nach all den Bullenfilmen, Sie wissen schon, das was wir machen. Wir machen vielleicht ein Remake davon. – Dann verpassen Sie ihm bestimmt ein Happy End. – O nein nein, das bleibt so wie es ist. – Glaub ich Ihnen, na klar.« David Kahane ist nicht derjenige, der die Morddrohungen schreibt, aber das weiß Griffin erst später; noch am selben Abend bringt er ihn bei einem Streit um, was seiner Karriere jedoch nicht abträglich ist. Im Kino konfrontiert Altman zwei Auffassungen von ›Film‹: Eine moralische Sicht auf das Schicksal einfacher Menschen im Neorealismus de Sicas und das skrupellose, rein spekulative Filmemachen des Studios, in dem Griffin selbst der Prototyp des Machers ist, der über Leichen geht. Diese böse Satire auf Hollywood war an der Kinokasse sehr erfolgreich, woraufhin Altman sich vor Angeboten für Hollywood-Produktionen nicht retten konnte: Nur der Erfolg zählt.

Erfolg versprechen sich Filme, die statt der Konfrontation mit den großen Werken der Filmgeschichte (wie in Robert Altmans THE PLAYER die Konfrontation mit de Sicas LADRI DI BICICLETTE) sich an die großen Vorbilder anlehnen, sie wiederholen oder weitererzählen, um auf jeden Fall von ihnen zu profitieren. Das bedeutet auch, daß Filme sich immer weniger auf eine Erfahrung von Realität, sondern auf Fiktionen, Mythen, bereits filmisch Erzähltes beziehen. Paul Mazurskys Film WILLIE & PHIL beginnt im Kino. Noch während der Credits im Vorspann ist der Schluß des Films von François Truffaut JULES ET JIM (1961) zu hören – zu sehen ist der Projektionsstrahl an der Rückseite des Kinos. Die Musik (mit dem berühmten ›Tourbillon‹-Thema) klingt aus, einige Zuschauer applaudieren. Der Film wurde offenbar in einem Filmkunst-Kino in Greenwich Village von New York gezeigt, das jetzt Cineasten nach der Vorstellung verlassen. Auch daß sich nach dem Kino zwei junge Männer im Gespräch über den Film kennenlernen, erinnert an die Cineasten von 1948 in Jean Charles Tacchellas TRAVELLING AVANT (1987) (s. Kapitel 18). Aber nicht nur der Beginn des Films zitiert sein cineastisches Vorbild, der ganze Film spielt ständig auf die ›ménage à trois‹ von JULES ET JIM an, die er im New Yorker Milieu wiederholt. »Dann verpassen Sie ihm bestimmt ein Happy-End?« hatte David Kahane in Altmans THE PLAYER gefragt; natürlich bekommt die Geschichte von WILLIE & PHIL anders als die von JULES ET JIM ein Happy End.

Sogar wenn es sich um ein direktes Remake eines älteren ›Originals‹ handelt, verzichtet der neue Film nicht darauf, den älteren freimütig zu zitieren: Der Film von Urd Egger DIE HALBSTARKEN (1996) beginnt im Kino, wo die ›neuen‹ Halbstarken den ›alten‹ Halbstarken Horst Buchholz (aus Georg Tresslers Film DIE HALBSTARKEN 1956) nun gerade nicht im ›Original‹, sondern in Tresslers Film DAS TOTENSCHIFF (1959) sehen (s. Kapitel 13). Ihre Randale, die sie gleich darauf als echte Halbstarke im Kino

inszenieren, wäre sonst schlecht motiviert, wenn es gegen ›die eigenen Vorbilder‹ ginge, also muß der Film auf ein Jack London-Zitat ausweichen und es dem Zuschauer überlassen, Horst Buchholz darin auch als den ›Halbstarken‹ wiederzuerkennen. Tresslers Film rechnete 1956 damit, daß das Publikum ein aktuelles Jugendproblem im Kino dargestellt findet; der Film von Urd Egger hofft nur noch, daß es ein paar ältere Zuschauer gibt, die wissen, daß

Horst Buchholz damals der Inbegriff der Halbstarken im Kino war. Wenn dagegen der Film DAS SUPERWEIB (Sönke Wortmann 1995) im Kino endet, weil der ,Film des Lebens‹ seiner Protagonistin dann Premiere hat, werden unverhohlen die Klischees der 50er und 60er Jahre ,zitiert‹ und nach dem Schema neudeutscher Komödien aufbereitet noch einmal serviert.

Die Wiederholung des Anfangs desselben Films (SCREAM, Wes Craven 1996) in einem Kino am Beginn seines Sequels (SCREAM 2, Wes Craven, 1997) könnte die Funktion der Zusammenfassung ,was bisher geschah‹ der vorangegangenen Serienteile am Beginn der folgenden haben. Aber der ganze Film stellt sich als Wiederholungstat des vorangegangenen dar, dessen Geschichte wiederum die eines Nachahmungstäters aus dem ersten Film ist. »SCREAM 2« beginnt im Kino, wo im Stile einer ,Kult-Film‹-Veranstaltung die Preview des Films »Stab« läuft, der die Verfilmung der Ereignisse aus SCREAM (1) darstellt. An das jugendliche Publikum wurden Kostüme der Maske (nach Edvard Munchs Bild ›The Scream‹ von 1893) des Mörders aus Scream (1) und grün leuchtende, Plastikdolche verteilt, so daß im Zuschauerraum ein chaotisches Spektakel mit schreienden, ›dolchenden‹ und den Film auf der Leinwand ständig kommentierenden Zu-

schauern stattfindet. Niemand bemerkt, daß eine junge farbige Frau tatsächlich von einem Mörder in der ›Maske des Mörders‹ (aus SCREEM (1)) erstochen worden ist, die nun tödlich verletzt zur Leinwand taumelt und vor der Szene des ersten Mordes aus Teil 1 zusammenbricht. Der Mörder des zweiten Teils hat im Kino, wo alles, auch der Tod, nur noch Wiederholung ist, sein erstes Opfer gefunden.

TRUE ROMANCE (1993) von Tony Scott nach einem Drehbuch von Quentin Tarantino enthält alle typischen Merkmale von Filmen, von denen wir gesagt haben, daß man in sie »irgendwo zufällig einsteigen kann, denen zu folgen Spaß macht und die man irgendwo wieder verlassen kann. Es sind Filme, die in jedem Fragment oder Ausschnitt genug ›Höhepunkte‹ haben, damit sie als Ereignis zum Erlebnis ihrer Kombination werden können«. Auch dieser Film beginnt (nach einem kurzen Vorspiel während der Credits) im Kino. Clarence hat sich zum Geburtstag drei ›Kung Fu‹-Filme geschenkt. Gestört wird er in seinem Glück, das er bis dahin fast allein im Kino genießen konnte, durch eine Blondine, die ihre Popcorn-Tüte über ihn ausschüttet und sich gleich schuldbewußt neben ihn setzt. Sie heißt Alabama, ist ein Callgirl und gar nicht zufällig, sondern ebenfalls als Geburtstagsgeschenk für Clarence im Kino. Die beiden freunden sich an und als sie das Kino verlassen (ohne das Schema aller anderen Trantino-Filme etc. zu verlassen) gehts richtig los. Diese

»Ausgeburt eines Kinotraums (...) strotzt vor Lärm, Sadismus und Gewalt, mischt Action und Satire, Härte und Komik, Roadmovie und Kammerspiel. Und eine Prise Phantastik darf auch nicht fehlen: Hin und wieder erscheint unserem Helden der leibhaftige Elvis und gibt Macho-Ratschläge« (Schnelle 1994, 37).

Alabama ist wiederum dem New Yorker ›City Girl‹ ähnlich, die in Susan Seidelmans Film (SMITHEREENS/NEW YORK CITY GIRL, 1982) mit allen Mitteln versucht, ins Musikgeschäft einzusteigen und dabei immer nur ausgenommen und enttäuscht wird, ohne sich entmutigen zu lassen. Sie rennt unaufhaltsam durch Manhattan, und das Kino ist nur ein eher widerwillig akzeptierter kurzer Aufenthalt, zu dem ihr Softie-Freund Paul, der gerade erst in New York angekommen ist, sie überredet hat. Sie sehen einen ziemlich idiotischen Splatter-Film, in dem ein Verrückter einem Mädchen einen außerirdischen Wurm an den Hals hext, zur Strafe dann von ihr mit der Schere ins Auge gestochen wird. Zu einem Annäherungsversuch kann sich Paul nicht recht entschließen und schon sind sie wieder raus aus dem Kino und unterwegs in Manhattan, in dem das ›City Girl‹ ihrer fixen Idee von einer Karriere nachjagt.

Und schließlich ist SCHNAPPT SHORTY (GET SHORTY, Barry Sonnenfeld, 1995) eine fast perfekte Mischung aus dem, was man das Tarantino-Muster nennen könnte (sogar John Travolta spielt in PULP FICTION und GET SHORTY) und dem Hollywood-Mythos, den Robert Altman in seinem Film THE PLAYER demontiert hat. GET SHORTY bedient sich des Mythos auf frivole Gangster-Manier. Chili Palmer hat keine Lust mehr als Geldein-

treiber für seinen Gangster-Boß zu arbeiten, nachdem ihn sein Job nach Los Angeles und Hollywood verschlagen hat. Chili ist Film-Fan, er kann sich stundenlang mit den Filmleuten in Hollywood im Aufzählen von den besten Szenen in irgendwelchen Filmen überbieten. Chili ist auch schon dabei, seinen Auftrag, eben ›Shorty‹ zu schnappen, zu einem Drehbuch zu verarbeiten und die Produktion, wenn nötig, mit Waffengewalt zu organisieren, da endet der Film (GET SHORTY) bereits in dem Film, der erzählen wird, was es mit Shorty auf sich hatte. Ein Film mündet in den nächsten, ein Film spiegelt sich im anderen, jeder setzt den anderen als Referenz voraus. Und mitten in diesen endlosen Spiegelungen sehen wir den Gangster Chili Palmer verzückt im Kino sitzen; er sieht TOUCH OF EVIL von Orson Welles (1957). Er kennt den Dialog am Schluß des Films, wenn der Polizist Hank Quinlan (Orson Welles) von dem Drogenfahnder Mike Vargas (Charles Heston) überführt wird, auswendig, und er hat seinen kindlichen Spaß, wenn die Figuren auf der Leinwand wiederholen, was er ihnen vorgesagt hat. Uns vermag Chilis Begeisterung für den bedeutenden Film von Orson Welles zu trösten, daß im Inneren dieser Kalikowelt (Kracauer) Hollywoods wenn auch keine Spur von sozialer Realität, so doch die Erinnerung an eine große Film-Vergangenheit im Kino lebendig geblieben ist oder zumindest so zitiert wird.

Kein Film mehr, der nicht auf andere Filme anspielt, sie zitiert, parodiert oder wie ein Palimpsest alle anderen Filme der Filmgeschichte überlagert, die darunter hindurchscheinen. Robert Coover hat sich ausgedacht, daß solche Filme, die eigentlich immer alle anderen Filme zugleich sind, von einem verrückten Filmvorführer ständig neu und immer wieder anders kompiliert werden, indem er sie übereinanderkopiert und ihre Effekte bis zum Irrsinn steigert:

»Manchmal, wenn ein Film ihm nicht genug zu sein scheint, projiziert er zwei, drei, mehrere gleichzeitig und schafft so seine eigenen Leinwandaufteilungen, Montagen, Simultanbilder. Oder er nimmt Vielfachprojektoren, um einen Fluß unwahrscheinlicher Überblendungen zu produzieren (...). Manchmal gestaltet er dichte Collagen von aufeinanderkrachenden Fahrzeugen oder sich paarenden Liebenden, oder Soldaten, Cowboys und Gangstern mit Knarren, die alle unisono drauflosballern (...). Eines Abends spielte er beispielsweise mit einer Collage aufeinandergelegter Katastrophenfilme, als die Schichten so dicht aufeinanderkommen, daß die Bilder aneinanderkleben. Als er schließlich einen Film ablösen kann, findet er ihn seines brechenden Dammes beraubt, aber übersät mit Flugzeugtrümmern, geschmolzener Lava« (Coover 1990, 20f).

Jeder auf diese Weise neu entstandene ›Film‹ enthält alle Katastrophen aller anderen Filme, die sich in ihm abgebildet haben. Figuren bleiben in den anderen Handlungen hängen, spielen dort weiter, bis sie wieder in anderen Situationen ›kleben‹ bleiben. Dann stellt dieser Vorführer den Projektor schräg und ein ganzer Western-Saloon kippt mit allen Flaschen, Stühlen und Raufbolden zur Seite wie in der Titanic, bevor sie von der Wasseroberfläche verschwindet. Nichts und niemand stört ihn in diesem

Kinopalast, den schon lange kein Zuschauer mehr betreten hat und in dem sich die Figuren aus den Filmen, aus denen sie herausgerissen wurden, selbständig machen, ihre Schatten nisten in den Vorhängen, hinter der Leinwand, unter den Stühlen und Treppen. Dann beginnen sich auch die Projektionskabine und der Zuschauerraum zu verändern, die ihn, den Filmvorführer, der die Räume, Handlungen, Figuren durcheinandergewirbelt hat, nun in ihr verrücktes Spiel einbeziehen.

> »Er kämpft gegen eine steigende Flut blendenden Lichts, das sich mit flackernden Schatten aus der Vorführkabine wimmelnd, auf ihn niedersenkt und wie Gammastrahlen auf seinen Körper prasselt.« Er versucht, »dem Wüten des Projektors (zu) entkommen, aber während er noch gegen diesen Lichtsturm ankämpft – ›Ich fürchte, du hast einen tödlichen Fehler begangen!‹, spürt er, wie sein Körper, als würde er von einem fremden Wesen aus dem Weltraum in Besitz genommen, seinen Widerstandswillen verliert« (30).

Und wie der Schauspieler ›Maldone‹ in den 20er Jahren gegen die Verführung, sich ganz in die zweidimensionale Welt der Projektionen aufzulösen, ankämpfen muß (s. Kapitel 9), muß auch der Filmvorführer sich gegen seine Phantome, die er in der Mehrfachprojektion und Überblendung von Filmen freigesetzt hat und die das Kino belagern, zur Wehr setzen. Er kommt sich vor wie der Held aus irgendeinem Science-Fiction-Film, der versucht, »die Welt zu retten, (er) betritt das Spiegelkabinett und wird allem, von Todesstrahlen und herabfallendem Mauerwerk bis hin zu eisernen Jungfrauen, Zeitfallen und diabolischen, Leben wiedergebenden Maschinen ausgesetzt« (34), die sich als Piraten entpuppen, die sich mit dem Messer zwischen den Zähnen aus der Takelage herabfallen lassen.« Andere Milieus gleiten vorbei wie glitzernde Gazevorhänge, zu Boden sinkende Säbelrassler, Cowboys, kleine Tramps, singende Familien, Lokomotivführer und Komödiantentruppen, ein Zeitungsjunge auf einem Fahrrad, Zigeuner, Mumien (...)« (37). Und dann wird deutlicher, wohin das alles führt, zum Podest, wo der »Henker unter einer Kapuze neben seinem gigantischen Kartenknipser wartet wie ein geduldiger Platzanweiser« (37) neben einer Guillotine, deren Messer wie ein Filmtransportmechanismus in Zeitlupe diese Geschöpfe der Nacht, erstaunlichsten Scheusale und widerlichen, »durch ikonische Transaktionen Emporgekommenen« (38) zerhackt. Dann nähert sich der Filmvorführer, längst einer von ihnen, dem Fallbeil (»Es ist alles in deinem Kopf (...) deshalb schlagen wir ihn ab«) (38), gerade kann er sich an einen Film erinnern, in dem auch ... (Cut!)

Das Spiegelkabinett der ›post-cinema‹-Filme reflektiert nicht nur endlos seine eigenen Bilder der Filmgeschichte, auch die ›Bilder der Realität‹ hat es sich anverwandelt und die Figuren der Realgeschichte dem Fundus seiner Schattenwesen eingegliedert. Das sind nicht nur die historischen Figuren der Geschichte wie römische Kaiser, Hunnenkönige, große Feldherren und Bettdamen, deren Geschichten aus den Büchern in die Projektoren übergegangen sind, die sich schon immer auf der Leinwand tummeln, es sind Figuren und Situationen der Gegenwart, die unmittelbar mit den Bildern ihrer tagespolitischen Ereignisse in die Leinwandfiktionen hinüberwechseln, als ob sie von Anfang an nichts anderes als ein gigantisches Kinoprogramm oder eine Videoeinspielung ins Internet gewesen wären. Ist die Welt ein globales Kino, das von Coovers Phantomen belagert wird oder sind die Filme dabei, das Kino zu verlassen, um sich in der Medienrealität der Bildschirme umfassend zu verwirklichen?

FORREST GUMP (Robert Zemeckis, 1994), WAG THE DOG (Barry Levinson, 1997) und THE TRUMAN SHOW (Peter Weir, 1998) sind immer noch Kinofilme. Ihnen gemeinsam ist jedoch ein Bruch, der die Kinowelt ihrer Fiktionen zur Medienwelt ihrer Realisationen öffnet, die nicht mehr im Kino, sondern tagtäglich an den Bildschirmen stattfindet und denen gegenüber die Fiktionen des Kinos fast altmodisch wirken. Was Woody Allen in seinem Film ZELIG (1983) als manipulativen Eingriff in die Filmbilder und als Spiel mit den Genres des Dokumentar- und Fiktionsfilms ›als Film‹ vorgeführt hat, nämlich die Mischung von dokumentarischen und fiktionalen Szenen zugunsten eines neuen Effektes fiktionaler Dokumentation, die nie etwas anderes als ›Film‹ sein will, nistet sich in FORREST GUMP ein Verfahren medialer (elektronischer) Bildbearbeitung ein, das nicht auf eine perfektere Illusion durch ›special effects‹, sondern auf die Illusion einer perfekteren, weil jederzeit veränderbaren und als veränderbar verfügbaren Wirklichkeit am Fernsehschirm zielt: Die fiktionale Figur ›FORREST GUMP‹ kann ohne weiteres in die Bilder der Realgeschichte integriert werden – sind die Figuren der Realgeschichte letztlich fiktive Figuren, die erst in den elektronischen Studios in die Bilder der Wirklichkeit gelangt sind?

Die Konstruktion einer Wirklichkeit als Medienereignis in den elektronischen Bildern des Fernsehen, die WAG THE DOG zeigt, zitiert bereits ein analoges Verfahren (einen Fall politisch inszenierter ›Fälschung‹) während des Golfkriegs, der seinen ›Zuschauern‹ wiederum fast ausschließlich als Medienereignis präsent gewesen ist. Diese Verfahren sprengen den Rahmen des Kinos und seiner Filme (in diesen Filmen kommt das Kino nicht vor, wohl aber Fernsehen und Video), das insgesamt noch immer seine Kinowelt aus einer Realität ausgegrenzt hat, von der es sich unterschieden hat, während die Hyperrealität (Baudrillard 1978) der simulierten Wirklichkeiten jederzeit und überall auf den Bildschirmen mediale Realität ist. THE TRUMAN SHOW läßt die Simulationen der Hyperrealität total werden, indem sie die reale Biographie einer fiktiven Figur behauptet, die ›live‹ übertragen wird und zwar im Fernsehen und nur im Fernsehen. Aber der Film THE TRUMAN SHOW, der uns diese totale Medienwelt zeigt (wodurch wir, die wir längst ihre Mitspieler sind, wieder zu ihren Beobachtern werden), ist ein Kinofilm, und hier kann man fragen, ob das Kino nicht dadurch, daß es im festen Rahmen der Leinwand, des Saales oder des Zeitablaufs seiner Veranstaltungsform, der gegenüber den Endlossendungen des Fernsehens und den Vernetzungen des Internet Anfang und Ende des Erzählens erzwingt, seine Rolle darin findet, überhaupt wieder Rahmen zu setzen, Distanz zu ermöglichen, exemplarische Verfahren deutlich zu machen. Dann könnte es auch so kommen, daß das Kino sich gegenüber den simulierten Medienwelten als ›Underground‹ und Ort der Aufklärung und der Unterscheidung einer Wirklichkeit, realer Fiktionen und der Fiktion von Realitäten neu etabliert. Das Spiegelstadium der Welt ist dann Platons Höhle vergleichbar, deren Schattenwelt zu entkommen und draußen, auch wenn's weh tut, im Sonnenlicht die wirkliche Wahrheit und wahre Wirklichkeit zu sehen möglich ist. Peter Weirs THE TRUMAN SHOW endet, als Truman Burbank ›im Film‹ am Ende ›seiner Welt‹ ankommt und die Tür seiner komfortablen Höhle nach außen öffnet. Was erwartet ihn da ›draußen‹? Höchst wahrscheinlich ist, daß sich hinter der Tür das Kino befindet, in dem gerade der Film »THE TRUMAN SHOW« zu sehen ist. Jenseits des Mythos von der Aufklärung nämlich verblaßt die Idee einer realen Realität des Außen. Wahrscheinlicher ist, daß die äußere Wirklichkeit nichts anderes als die inszenierte Voraussetzung für ihr Kinoprogramm in der Höhle des Kinos ist, eine Vorstellung, die fast so alt wie das Kino selbst ist.

1923 ist ein Roman von Arnold Höllriegel mit dem Titel *Bimini* erschienen. Was ist Bimini? Ein Gedicht von Heinrich Heine (»Kleiner Vogel Kolobri, führe uns nach Bimini ...«), eine kleine Insel bei den Bahamas und ein Rätsel, das der dänische Journalist Olaf Jaspersen in Höllriegels Roman zu lösen sich aufmacht. Nachdem vor ihm viele seiner Kollegen abgewiesen worden waren, hatte sich ein publizistischer Mythos um diesen kleinen südamerikanischen Staat gebildet. Jaspersen gelingt es, in das Land Bimini einzudringen. Er erlebt einige Abenteuer und wird schließlich freundlich aufgenommen. Zu den Merkwürdigkeiten des Landes und seiner Hauptstadt Ponce de Leon gehört, daß die Einwohner gelb geschminkte Gesichter haben, daß sich nur bestimmte Farben wiederholen und das Hotelzimmer des Journalisten einem Glaskasten gleicht. In der Nacht nimmt er überall in der Stadt ein helles bläuliches Licht wahr, dessen Ursprung und Zweck er sich nicht erklären kann. Ein Aufstand der Ureinwohner des Landes gegen den herrschenden Tyrannen, der von Jaspersen selbst unwissentlich durch ein Zeichen, das er gegeben hat, ausgelöst wurde, erfordert einige Tote, die aber nicht von den Maschinengewehren verursacht wurden, die überall auf dem Platz vor dem Regierungsgebäude aufgebaut sind und nicht rattern, sondern surren, wenn sie betätigt werden. Der Kampf wird eingestellt, als sich dunkle Wolken vor die Sonne schieben. Der völlig verwirrte Gast, der eben noch um sein Leben gefürchtet hat, fragt »Ist das eine Schlacht oder eine Filmaufnahme?« (Höllriegel 1923, 139) und nun erklärt man ihm, daß Bimini von einer Filmgesellschaft gepachtet und zu einem riesigen Filmatelier gemacht wurde. »Was, (...) hier wird nur zum Schein gekämpft?« Nein, nein, antwortet man ihm, »alles echt, alles wahr, Schutzmarke Bimini, Prima Realität. Sehen Sie nicht, daß ein paar tot liegen? Aber gefilmt wird, natürlich wird gefilmt, very much indeed wird gefilmt« (139). Diebe und Mörder kündigen ihre Taten vorher bei der Filmgesellschaft an: »Wenn es ein schönes Bild gibt, filmt man und mischt sich nicht hinein« (141). Und was sind schon die paar Toten, die der gefilmte ›echte‹ Aufstand gekostet hat gegenüber den Millionen Toten, die im Weltkrieg ebenfalls vor den Kameras der Kriegsberichterstatter ihr Leben gelassen haben?

Allmählich kommt dem Journalisten Olaf Jaspersen die groteske Wahrheit von Bimini zu Bewußtsein: »Ein ganzes Land, eine vollständige Bundesrepublik, an einen Filmtrust verpachtet – was waren dagegen alle

Filmstädte, von denen ich bisher gehört hatte, was die Filmgroßstadt Universal City in Kalifornien, wo ein Haus ein Inka-Palast ist, das nächste ein hellenischer Tempel, das dritte der römische Zirkus? Eine Kleinigkeit im Vergleich zu Bimini!« (142) Und er fragt kleinlaut: »Wird in Bimini schon das Kind gefilmt, während es aus dem Mutterleib hervorkommt?« Die Antwort auf diese Frage hat 75 Jahre später der Film THE TRUMAN SHOW gegeben, wo »Bimini« eine künstliche Insel ist, auf der das reale Leben Truman Burbanks von Geburt an in Echtzeit für die Zuschauer an den Bildschirmen inszeniert worden ist. Seine Welt kennt kein Fernsehen, denn es *ist* Fernsehen. Auch in Bimini gibt es keine Kinos (jedenfalls ist keine Rede davon), denn Bimini *ist* ein laufender Film, der an anderem Ort in der ganzen Welt (zeitversetzt als Film) gesehen werden kann. Erst die ›Truman Show‹ des Fernsehens wird die Realfiktion zum Echtzeit-Erlebnis ihrer Zuschauer ›im Film‹ vervollkommnen. Truman Burbank als unfreiwilliger Protagonist seiner Fernsehwelt kann diese Welt und sich selbst in ihr nicht beobachten, das ist die Bedingung seiner Medienunschuld, die der wichtigste Effekt (›das Leben selbst‹) der TRUMAN SHOW für ihre Produzenten und Rezipienten ›im Film‹ ist. Seine *Kino*zuschauer jedoch sehen diese Welt von außen, und sogar die Fernsehzuschauer ›im Film‹ können sich einbilden, im aufgeklärten Außen dieser fiktiven Innenwelt deren bloße Beobachter zu sein, die zusehen, wie Truman Burbank sich unwissend vor den versteckten Kameras naiv und nur manchmal mißtrauisch den Bedingungen seiner ›Realität‹ gegenüber abstrampelt. Tatsächlich gehören die *Fernseh*zuschauer der ›Truman Show‹ längst zur Fernsehwelt Truman Burbanks mit dem Privileg, zu einer anderen Show umschalten zu können, als die ›Truman Show‹ zu Ende ist. Höllriegel verweigert seinem Journalisten Olaf Jaspersen die Illusion, in einer anderen Welt als der Kinowelt Biminis zu leben, nachdem er sich über die Illusion der Kinowelt Biminis aufgeklärt hat. Schon sein ›Eintritt in die Welt von Bimini‹ hat noch in New York im Kino, wo er fasziniert von dessen Realismus einen Film aus der Produktion von Bimini gesehen hat, stattgefunden. Am Ende muß er sich selbst in einem Kino als unfreiwillig gefilmter Protagonist und Betroffener der Ereignisse, die er aus der Distanz zu beobachten glaubte, wiedererkennen. Illusionslos erkennt er die Welt der Kinoillusionen an. Denn

> »dieses Bimini (...) ist wohl ein äußerster Fall, ein extremes Beispiel, aber sind heutzutage nicht alle Länder dieser Welt mehr oder weniger – Bimini? Beobachten Sie das Leben, das wir jetzt führen, die melodramatischen und phantastischen Ereignisse, die uns seit einigen Jahren überwältigen, ist das nicht Bimini wie es leibt und lebt? Ich werde den Verdacht nicht los, daß hinter all dem ein Kinoregisseur verborgen ist, dem kein Krieg wild genug sein kann, keine Revolution heftig genug, keine Hungersnot hart genug. Ist das alles nicht von einem mäßig begabten Schauerdramatiker des Kinos erfunden, ist das nicht schon die Verfilmung der Welt?« (186).

Für Höllriegel und seinen Journalisten Olaf Jaspersen ist die Welt zur Bimini-Welt des Kinos geworden, zu der es kein Außen einer anderen

24. Utopie Kino

Erlebnisräume

Noch einmal: Was ist *Kino*? Der große französische Filmkritiker und Film-theoretiker der 50er Jahre André Bazin hat dieselbe Frage mit der Diskussion von *Filmen* beantwortet; daß diese Filme im Kino zu sehen sind, war für ihn noch so selbstverständlich, daß er das Kino (fast ganz) beiseite lassen konnte. Aber Filme sind nicht Kino. Und die Filme haben das Kino verlassen und einen Raum der Erinnerungen an die Filme und ihre Zuschauer zurückgelassen. Kino ist dann der ›andere Raum‹,

»der untrennbar mit Stimmungen, Gerüchen, Lichtwechsel und einer ganz besonderen Aufgeregtheit verbunden (ist). Die Kinos hießen ›Paläste‹ oder ›Theater‹. Wer den anderen Raum betrat, wußte, er durfte miterleben – im schützenden Dunkel der Black Box. Das Gemeinschaftserlebnis, das gleichzeitig isoliert und einbindet, war Voraussetzung: Schlange stehen, sich durch die Tür drängeln, Vorsicht bitte! Platzanweiserinnen, im Seidenkittel mit Häubchen, Logen für Pärchen, Rasiersitz für Besessene. Ja, das war mein Roland-Kino« (Königstein 1982, 98).

Muß man extra erwähnen, daß ›sein‹ Roland-Kino in Bremen längst geschlossen ist?

»Nichts«, hat Helmut Färber 1983 geschrieben, »läßt sich über eine längere Zeit künstlich lebendig erhalten. (...) Es soll auch nichts noch oder wieder so sein ›wie früher‹; dies ›Früher‹ hat es nicht gegeben. Was soll an dem Kino, das seine Zeit gedauert hat, jetzt noch so wichtig sein?« (Färber 1983, 20).

Und auch Helmut Färber antwortet auf seine Frage mit Erinnerungen an Filme von Rivette, Godard, Eisenstein, Murnau, Griffith, die wie die Originale der großen Maler im Museum nur im Kino »gegenwärtig sind und zu uns sprechen« (21). Das Kino als Museum der Filmgeschichte soll und muß es auch künftig geben, aber in seiner Vergangenheit kann sich die Zukunft des Kinos nicht erschöpfen.

1968 hat Edgar Reitz voller Hoffnung festgestellt: »Der Film verläßt das Kino«, weil er der institutionellen Gängelung durch Kino (und Fernsehen!) überdrüssig ist und eigene Wege der Produktion und Projektion gehen wird. Es wird Filme geben, die man sich »wie Bücher, Nahrung oder einen Urlaub« beschafft und konsumiert, wo man sie benötigt. Ebenso, wie man inzwischen an jedem Ort außerhalb des Studios filmen kann, »so können wir heute ohne weiteres an jedem beliebigen Platz Filme vorführen. Wir dürfen nicht vergessen, daß dies mit der alten Kinotechnik überhaupt nicht möglich gewesen wäre, und daß der Musentempel ›Kino‹ auch technische Ursachen hat (ebenso wie das Filmatelier). Film ist nicht mehr an das Kino gebunden« (Reitz 1968, 1f).

Edgar Reitz konnte damals erst ahnen, daß die Videotechnik schon zehn Jahre später die Antwort auf seine Hoffnung sein wird, daß ein Film (»Man stelle sich vor: man kauft einen Film wie ein Buch«) jederzeit und überall gesehen (und mit der Videokamera auch gemacht) werden kann. Der Film braucht das Kino nicht mehr!

Die Frage nach der Zukunft des Kinos kann man nur beantworten, wenn man sie überhaupt stellt, d.h. wenn man das Kino in Frage stellt. Es ist dieselbe Frage, die auch die ›Trauerarbeit‹ am Ende des Kinos begleitet hat: Brauchen die Filme, brauchen die Zuschauer oder Benutzer von Filmen das Kino? Kann man (abgesehen vom Kino als Museum der Filmgeschichte, Peep-Show etc.) auf das Kino verzichten und was tritt an dessen Stelle?

Kino-Utopien, die in der Frühzeit der Kinematographie ausgemalt haben, wie sich diese an sich schon phantastische Erfindung weiterentwickeln würde, haben von Anfang an zwei Seiten des Kinos und des Films unterschieden. Der Film hat durch seine Fähigkeit, entfernte Orte und Zeiten ›montieren‹ und mit einem einzigen ›Schnitt‹ trennen und verbinden zu können, Anlaß zu Überlegungen gegeben, zuerst die Bilder, dann die abgebildeten Dinge und Menschen selbst jederzeit an jeden Ort übertragen zu können. *Film*phantasien haben so schnell wie möglich den hinderlichen Kinoraum verlassen und sich als *Fernseh*phantasien selbständig gemacht.

»Schon im Herbst 1925 wurde das erste Kinoprogramm von New York nach Hamburg gefunkt. Die Vorstellung fand in der ›Alhambra‹ statt, und die Bilder zeichneten sich vor allem dadurch aus, daß sie nicht flimmerten. Ein Fortschritt also in jeder Hinsicht. Zwei Jahre später tauchten die ersten Kinoempfänger für Privathäuser auf, das war zu der Zeit, als ein Jeder schon das Radiophon mit sich herumtrug, jenen kleinen Apparat, mit dessen Hilfe man ungeniert von der Straße oder der Tram aus mit jeglichem Menschen der Erde sprechen konnte, sofern der andere nur einen Anschluß besaß. (...) Die eigentliche Entwicklung aber begann erst mit dem Jahre 35. Es wurde die Überwindung des Raumes und sozusagen auch der Zeit zur Wirklichkeit« (Schneider 1924, 641f).

Es war nämlich einem Potsdamer Professor gelungen, ein Brötchen backfrisch von Berlin nach Dresden zu funken. Wenig später war es dann so weit, daß jeglicher Verkehr nur noch per Funk mit dem ›Transradiopan‹ abgewickelt wurde. Das Kino als Empfangsstation wird nicht weiter ausgeführt, es ist nur dazu da, vom Fortschritt schnellstens überflüssig gemacht zu werden. Allen weiteren Fortschritt dürfen wir heute in Form von Satelliten-Fernsehen oder Handy-Telephonitis für uns in Anspruch nehmen. Aber auch das Kino ist für sich genommen ein Ort seiner Utopie, dann allerdings spielen Filme nur noch eine untergeordnete Rolle. Alle haptischen, olfaktorischen, Nah- und Fernsinne werden in Aldous Huxleys *schöner, neuen Welt* (1932) in einem Kino bedient, das als Duftkino beginnt und sich zum Gefühlskino steigert. Zuerst spielte die Duftorgel »ein köstlich erfrischendes Kräuterkapriccio – Arpaggiowellchen von Thymian und Lavendel, Rosmarin ...«, dazu hörte man wunderbare Musik.

> »In ihre pneumatischen Fauteuils versunken, schnupperten und lauschten Lenina und der Wilde. Nun kamen Augen und Haut an die Reihe. Es wurde finster. Feurige Lettern standen massig und gleichsam aus eigener Kraft im Dunkel. ›Drei Wochen im Helikopter. Ein hundertprozentiger Super-Stereo-Ton-Farben- und -Fühlfilm mit synchronisierter Duftorgelbegleitung‹. ›Fassen Sie die Metallknöpfe auf den Armlehnen Ihres Fauteuils an‹, flüsterte Lenina. ›Sonst spüren Sie nichts‹.« Bei jedem Kuß der stereoskopischen Lippenpaare auf der Leinwand »bebten die erogenen Gesichtszonen der sechstausend Gloriapalastbesucher in fast unerträglicher galvanischer Verzückung. ›Uuh...‹.« Und dann stürzt der Helikopter ab. »Krachbumm! Wie das in die Stirnhöhle zwackte! Ein Chor von Auwehs stieg aus dem Publikum auf.« (Huxley 1972, 125f).

Aldous Huxley macht das Kino selbst zum Erlebnisraum, für den der Film nur Vorwand für körperliche Sensationen ist, die durch Düfte oder mechanische/elektrische Reize (wir denken an den TINGLER von William Castle) einem aktuellen Publikum im gemeinsamen Raum vermittelt werden. Daß kybernetische Wahrnehmungsräume (Cyberspace) und elektronisch simulierte Reize dieselben Effekte für jeden einzelnen ›vernetzten User‹ auch unabhängig von der Präsenz in einem gemeinsamen Kino-Raum haben können, hat sich am Ende dieses Jahrhunderts als machbar herausgestellt: Das bedeutet, daß das Kino auch als Wahrnehmungsraum überflüssig geworden ist. Und das ist keine Utopie mehr.

Filme, die mit der ›Utopie Kino‹ operieren, sind in einem eigenartigen Dilemma. Im Kino müssen sie mit einer ›konservativen‹ Zuschauerhaltung in einer ›altmodischen‹ Institution rechnen, wenn sie das Kino selbst zum Ausgangspunkt oder Spielplatz für phantastische Abenteuer nehmen (das selbstreflexive Kino der Angst, zum Beispiel IM AUGENBLICK DER ANGST von Bigas Luna (1986), macht das Innere des Kinos selbst zu seinem klaustrophobischen Universum, s. Kapitel 14). Sie sprengen also von innen her auf, was sie zugleich institutionell voraussetzen; das ist das Dilemma aller Superproduktionen Hollywoods. Der Film von John McTearnen LAST ACTION HERO (1993) löst das Problem in der Form eines (altmodischen) Märchens. Das Kino, in dem sich die Welten jenseits und diesseits der Leinwand austauschen, wirkt anheimelnd plüschig und ein bißchen ›von gestern‹. Ein alter Filmvorführer, der zugleich Platzanweiser ist, scheint direkt einem Märchenbuch entstiegen zu sein, um dem etwa zehnjährigen

Jungen mit einer verzauberten Kinokarte den Transfer in die Welt jenseits der Leinwand und das große Filmabenteuer zu ermöglichen. Keine Spur von Computern oder vergleichbarem aktuellen elektronischen Spielzeug von Kindern in diesem Alter: Das Kino stellt sich als antimoderne Institution dar, in der jedoch die modernsten Abenteuer erlebt werden können. Dazu gehört die Interaktion mit der dargestellten Handlung, die der Computer längst ermöglicht und die das Kino auf ›magische‹ Art und Weise zu verwirklichen verspricht. Und genau das, die Verzauberung als Medium der Interaktion funktioniert nur im Kino – sagt das Kino, auch wenn es vorgibt, ganz nebenbei die Helden und Genres seiner Action-Filme ironisch zu demontieren: Sogar diese Selbstironie ist noch ein liebenswert altmodischer Zug.

Der Wunsch der Zuschauer/innen, so unmittelbar wie möglich am Filmgeschehen beteiligt zu werden, der vielmehr der Wunsch des Kinos nach Zuschauer/innen ist, die dies wünschen, ist dabei, das Kino als Erlebnisraum und darüber hinaus die Filmproduktion überhaupt vollkommen zu verändern. Das interaktive Kino, das für den Erhalt des Kinos als ortsgebundene Institution, eben als Erlebnisraum, von entscheidender Bedeutung sein könnte, hat inzwischen viele (experimentelle) Formen angenommen, die in jedem Fall (wie bei Versuchen mit 3-D-Filmen) spezifische, auf den Effekt abgestimmte Filme und eine besondere technische Ausstattung benötigen. Wir möchten zwei Tendenzen des ›interaktiven Kinos‹ unterscheiden, die beide auf höchstem computergestützten technisch-apparativen Niveau in ganz verschiedene Richtungen gehen. Das ›Universal Studio‹ in Hollywood ist ein Freizeitpark nicht anders als ›Disney World‹ oder ›Asterix Park‹. Hier werden keine Filme produziert, sondern die Besucher werden in der computergesteuerten Szene zu Akteuren programmierter Abenteuer gemacht, die die Filme ›live‹ nachahmen. Der ›Juressic Park‹ zum Beispiel (und 12 weitere Szenen zum Mitspielen) imitiert das Vorbild des Films mit Dinosauriern zum Anfassen. Und dann trifft man doch wieder auf das alte Kino und den projizierten Film, aber in völlig veränderter Form: Gezeigt wird Robert Zemeckis' Film (Produktion Steven Spielberg) BACK TO THE FUTURE (1985), jedoch in einer Neuproduktion, die noch einmal 85 Millionen Dollar gekostet hat und mit der der Film auf seine neue Rezeptionssituation eingestellt wurde:

»ZURÜCK IN DIE ZUKUNFT, eine Leinwand-Trilogie, die vor ein paar Jahren einen alten Traum der Menschen neu belebte, Reisen durch Raum und Zeit, ein perfekter Stoff für eine perfekte Illusion, wie geschaffen für einen Entertainment-Park der Filmindustrie. Durch ein exaktes Zusammenspiel von computergesteuerter Hydraulik, einem Mehrkanal-Soundsystem und einer sogenannten Omnimax-Projektion wird den Besuchern suggeriert, in die Handlung des vor ihnen ablaufenden Films eingebunden zu sein« (Krexel 1996).

In zehn Vorstellungen (oder ›Fahrten‹) werden in 12 Autos, die auf hydraulisch bewegten Stützen angebracht sind, jeweils 8 ›Passagiere‹, also 960 Personen pro Tag vor der gewölbten Leinwand durchgeschüttelt, während sie den Eindruck haben, mit dem Auto, das in der Filmhandlung in die Vergangenheit fliegt, durch das Filmbild selbst zu fliegen. Der Titel des Films ist auch deshalb bezeichnend, weil die Filmindustrie auf diese Weise mit dem Kino ihre Zukunft auf hohem technisch-elektronischen Niveau in der Vergangenheit des Jahrmarktes sucht, wo das Karussell und die Achterbahn für die körperlichen Sensationen gesorgt haben, die der Film dann auf die visuelle Wahrnehmung (der Slapstick-Comedies zum Beispiel) reduziert und sublimiert hat. Jetzt hat der Flugsimulator als Modell unserer simulierten Wahrnehmung uns die reale körperliche Sensation zurückgegeben.

Die andere Tendenz des interaktiven Kinos versucht, der Konkurrenz der interaktiven Computer-Spiele dadurch zu begegnen, daß sie Kino und Film zu einem kollektiven Computer-Spiel zusammenschließt. »1995 halten die Kinobesucher [ähnlich wie in Huxleys ›Schöner neuer Welt‹] (...) ›Pistolengriffe‹ in der Hand, auf denen drei farbige Leuchttasten flackern. Ein Knopfdruck genügt – und der Zuschauer wird zum Co-Regisseur.« Ein Computer berechnet aus den per Knopfdruck vorgeschlagenen Alternativen die resultierende Handlunsgversion.

»Mister Payback [Drehbuch Bob Gale, der auch das Buch für Zemeckis’ Back to the Future geschrieben hat] ist eine Art Terminator, der seine Opfer jedoch nicht tötet, sondern demütigt. Im Auftrag des Publikums bestraft er Falschparker und Fahrraddiebe, Graffitisprüher, Neonazis, korrupte Politiker und Rassisten. Etwa alle 90 Sekunden leuchten auf der Leinwand in farbigen Kästchen drei Möglichkeiten der Erniedrigung auf« (Piotrowski 1995).

Der Computer berechnet die Mehrheitsentscheidung und wählt auf der Laserdisk aus 350 Hauptszenen die mehrheitlich gewünschte aus. Tatsächlich müßte jede Vorführung des Films mit einem anderen Publikum einen anderen Handlungsverlauf nehmen, die stereotypen Situationen machen jedoch auch die Varianten zu Wiederholungen des Immergleichen. Das Kino, das einem Bingo-Saal zum Verwechseln ähnlich geworden ist, könnte auch als Video-Konferenz oder vernetztes Computerspiel vor einer Großprojektion stattfinden. Was als verbleibender Rest des Kinos übrigbleibt, wäre alles das, was die gleichzeitige Gegenwart anderer Menschen im selben Raum bei der selben Sache bedeutet, sind ›Stimmungen, Gerüche, Lichtwechsel und eine ganz besondere Aufgeregtheit‹, von denen eingangs am Beispiel des ›alten Kinos‹ die Rede war, wenn dieser Rest nicht auch noch simulierbar wäre.

Computer-Spiele, die ihren Herstellern heute mehr einbringen als der Home-Video-Markt und bald auch rentabler sind als die Produktion von Filmen, werden allein oder zu mehreren als

›cooperative or combat-match‹ gespielt. Sie haben mit dem Kino nichts mehr zu tun. Aber Duke Nukem, der auch in der dritten Folge als 3-D-Version wieder im 21. Jahrhundert in Los Angeles ›Aliens‹ bekämpft, die sich auf der Erde breitgemacht haben, kommt auf seiner Suche nach den Aliens, wenn der Spieler es will, dennoch wieder in ein Kino: Mit vorgehaltener Pistole dringt er in den Kinosaal ein, sein Blick schwenkt zu den Sitzreihen bis zur Rückwand, wo sich die Projektionskabine befindet, überall lauern die Aliens, die sofort liquidiert werden müssen, wenn der Spieler Punkte gewinnen will. Er kann sich entscheiden, erst mal die Projektionskabine selbst zu inspizieren, wo im Projektor gerade ein Pornofilm läuft. Im Toilettenraum hätte Duke Nukem beinahe auf sich selber geschossen, als er sich im Spiegel sieht (eine der wenigen Gelegenheiten, Duke Nukem selbst zu Gesicht zu bekommen, der sonst in der Perspektive der subjektiven Kamera unsichtbar bleibt). Zurück im Zuschauerraum feuert Duke Nukem vielleicht ein ganzes Magazin auf die Leinwand ab, die immer mehr Zerstörungen aufweist, bis das bewegte Bild unkenntlich ist (DUKE NUKEM 3D). Eine Reverenz an das alte Kino, aus dem Figuren wie Duke Nukem hervorgegangen sind – und die inzwischen auch wieder als Verfilmungen von Computer-Spielen in das Kino zurückkehren.

Das führt zu der Frage, ob das Kino in der Science-Fiction-Literatur, wenn sie Vorschläge für die Medienentwicklung der Zukunft macht, einen Platz hat. Beispiele gibt es genug, einige sind in einem Artikel von Sabine Magerl in einem Überblick vorgestellt worden. Da geht es um ein Gefühlskino, das sich direkt auf die Haut seiner Zuschauer projiziert (Lino Aldani »Gute Nacht, Sophie«), um Nazi-Darsteller, die aus ihrem Film nicht mehr herausfinden (William Kotzwinkle »The Exile«) oder um eine Stummfilmdiva, die als Zombie in einer Tapete weiterlebt (Jack Finney »Marion's Wall«).

»In einer Zeit nach Hollywood und Cyberspace wird es wieder Kino geben. Neue Cyberpunk-Romane wie ›Fools‹ von Pad Cadigan und ›Crash Course‹ von Wilhelmina Baird beschreiben kybernetische Schauspieler, in deren Eingeweide hunderte Rollen, tausende Charaktere implantiert wurden. Schon bevölkern die ersten virtuellen Darsteller die Leinwände. So schreibt das Kino die Geschichte fort, die in der Vergangenheit des Zukunftromans begann« (Magerl 1994, 133f).

Wie unmittelbar Kinofilme wieder Anregungen für die Science-Fiction des Kinos geben können, beweist ein Roman von Klaus Middendorf *Big Dablju*. Das ›Große W‹ steht für den Produzenten Warner, der die geniale Idee hatte,

»die Welt gleichzeitig zum Lieferanten und Konsumenten von Bildern zu machen. Warners Traum gipfelt in der optischen Selbstverschlingung, in der Kriege, Hungersnöte und Sportrekorde zum nie versiegenden Programmangebot werden, quer durch die Zeitzonen, rund um die Uhr« (Middendorf 1998, 83).

Seinem neuen Mitarbeiter Karl Feldmann erklärt Warner die (finanzielle) Philosophie seiner Produktion:

»Die neue Welt wird die Reproduktion eines superinteraktiven Prozessors sein. Und sie wird aus lauter Spielfilmen zusammengesetzt sein, in die sich die Leute einklinken. Sie werden vergessen, daß sie am Rechner hängen, und sie werden vergessen, wer sie waren und die Virtual-Reality für bare Münze nehmen. Dafür müssen sie im RealLife bezahlen, ganz wie im wirklichen Leben« (96).

Warner stellt sich vor, daß das Kino nicht mehr mit dem Abspann endet, sondern die Zuschauer endlos das für sie Interessanteste, ihre eigenen Träume, leben läßt, ohne Distanz zwischen Leinwand und Zuschauer. Als Identifikationsangebot für die Träume gibt es, wie im Kino, Filmfiguren, in die sich die Zuschauer ›einklinken‹, die sie übernehmen und selber leben können.

»Diese Zukunftsvision vom programmierten, manipulierten Subjekt mit einer geliehenen Identität ist die Hybris des Menschen, der Gott verabschiedet und sich mittels des technischen Fortschritts zum ›Schöpfer‹ und Geschöpf neuer Welten aufschwingt« (207).

Als es so weit ist, wird Karl Feldmann einen Testlauf machen und als Figur für die Rollenübernahme hat er sich Robert de Niro als Conrad Bean in WAG THE DOG (Barry Levinson, 1997) ausgesucht, einem Film, der behauptet, daß die (politische) Realität herstellbar ist wie ein Hollywood-Film: Weil ›wirklich‹ nur ist, was in den Medien erscheint, kann jede beliebige Wirklichkeit, indem sie in den Medien hergestellt wird, zum Erscheinen gebracht, d.h. ›wirklich‹ werden. Karl Feldmann, dem wegen der Hybris des Superfilm-Unternehmens Bedenken kommen und der aus dem Projekt aussteigen will, wird vom ›Big Dablju‹ Warner filmisch umgebracht, d.h. in einem ›freeze-frame‹ angehalten. Aber das Projekt geht weiter ...

Vielleicht dorthin, wo der Film von Kathryn Bigelow STRANGE DAYS (1995) längst angekommen ist. In diesem Film sind individuelle Wahrnehmung, Video und Kino im Kopf identisch geworden. In Los Angeles kurz vor der Wende zum zweiten Jahrtausend können mit einer Apparatur, die wie ein metallenes Haarnetz über den Kopf gestülpt wird und ›Superconducting Quantum Interference Device‹, kurz SQUID heißt, die Gedanken, Wahrnehmungen, Erlebnisse eines Menschen auf CD-ROM direkt aufgezeichnet und mit einem ent-

sprechenden Recorder wiedergegeben werden. Erfahrungen anderer Menschen (aber sind sie das in der Literatur und im Film nicht auch?) können auf diese Weise direkt in das Bewußtsein eingespeist werden: Sex-, Gewalt-, Liebeserfahrungen, was der Klient begehrt, werden auf dem illegalen Markt wie Drogen gedealt, jeder kann sich so in das aufgezeichnete Bewußtsein eines fremden Menschen einklinken. Die Spannbreite reicht vom Snuff-Movie, also dem ›Erlebnis‹ echter Todesbedrohung bis zum Glück eines Beinamputierten, der mit einer CD-Einspielung die Freude eines Strandlaufs genießen kann. Es gibt kein Kino mehr für diese ›Junkies‹, die am elektronischen Tropf hängend sich mit sekundärer Wahrnehmung, geborgtem Glück und fremdem Thrill füttern. Es braucht dann nicht einmal mehr so etwas wie ›Cyberspace‹-Helme und -Gloves, um in ein selbstgesteuertes Wahrnehmungsprogramm oder in ein fremdes Bewußtsein einzutauchen: Unter der Mütze hat das metallene Netz über dem Kopf das Bewußtsein fest im Griff. In den dunklen Ecken der Großstadt liegen die SQUID-Junkies mit blödem Gesichtsausdruck herum. Was sie sehen, spielt sich nur in ihrem Kopf ab, was sie erfahren ist ebenso wenig kommunizierbar wie ein ›goldener Schuß‹. Soll es uns trösten, daß diese ›Strange Days‹ am nahen Ende dieses Jahrhunderts immer noch als Kinofilm im Kino stattgefunden haben (bevor sie als Kultvideo ausgewertet werden)?

Hundert Jahre haben ausgereicht, um aus dem Film, den die Brüder Lumière 1895 zum erstenmal im Pariser Grand Café vorgeführt haben, eine Weltmacht werden zu lassen. Der Film hat sich technisch weiterentwickelt, ästhetisch verändert und schließlich auch als ›Film‹ in andere mediale Formen (Video, Laserdisc) transformiert. Filme sind über einen großen Zeitraum nie ausschließlich, aber authentisch im Kino, einem technisch weiterentwickelten Theater, vorgeführt und rezipiert worden. Am Ende dieses Jahrhunderts können computeranimierte ›Filme‹ sich selbst im Kino simulieren, das wir als ›User‹ eines Cyberspace-Programms virtuell betreten.

Wie die *Die Welt in 100 Jahren* aussehen wird, haben sich die Autoren einer Anthologie zu Beginn des 20. Jahrhunderts ausgemalt. Ein gewisser Dr. Max Burckhard hat (1910) überlegt, wie das Theater in 100 Jahren funktionieren wird und sich für das Jahr 2009 eine verkabelte virtuelle Veranstaltung vorgestellt, in der alle Beteiligten, also Schauspieler *und* Publikum in einem virtuellen Raum mit virtueller Bühne zusammenkommen.

>»Freilich ist kein Mensch darinnen. Aber Du siehst doch das volle Haus. Das Bild von jedem, der sich die Vorstellung anschaut, wird nämlich von demselben Draht, der ihm zum Sehen hilft, auf den Sitz projiziert, den er bestellt (und natürlich bezahlt), und so siehst Du nicht nur die Schauspieler, sondern auch alle Zuhörer und Zuseher per Distance so, als säßen sie im Kreise um Dich« (Burckhard 1988, 220).

Dem jungen Mann, der hier zu einer solchen Theaterveranstaltung eingeladen wird, wird empfohlen, sich ordentlich anzuziehen, immerhin würde man auch ihn sehen, wie er selbst seine vielleicht hübsche Nachbarin im Parkett. »Was nützt mir die schönste Nachbarin, wenn sie nicht wirklich neben mir sitzt!« (220). Alfred Polgars Problem, daß man im Kino auf die hübschen Mädchen von der Bühne am Ausgang vergeblich wartet, radikalisiert sich schon in der Phantasie vor 100 Jahren: Auch die Begleiterin im Theater/Kino ist nur ein Schatten, Händchenhalten und so weiter erübrigt sich. Die Bühnendarbietungen werden per Film eingegeben, in denen mit Leichtigkeit Umbesetzungen vorgenommen werden können, indem sämtliche Rollenpartien von vornherein mehrfach aufgenommen und später ausgetauscht werden.

Ganz ähnlich hat Edgar Reitz in einem Beitrag zur 100-Jahr-Feier des Films 1995 DIE NACHT DER REGISSEURE dargestellt, wie er sich das Kino der Zukunft vorstellt. Das Kino ist Teil einer Kinemathek, man kann auch sagen eines Film-Museums. Beides sind virtuelle Orte oder, wie Edgar Reitz sagt, Orte aus Technik und Phantasie, wohin er seine Besucher ebenso einlädt wie vor hundert Jahren der junge Mann ins virtuelle Theater eingeladen wurde. Edgar Reitz kommentiert:

> »So ist also auch diese neue (Münchner) Kinemathek nur eine filmische Realität, ein Entwurf der Phantasie von einem Filmemacher für die Filmfreunde, die das zweite Filmjahrtausend mit einem Triumph beginnen wollen.«

Und weil es sich eben doch nicht um eine filmische, sondern eine elektronische Phantasie digitaler Konstruktion bewegter Bilder handelt, ist die Kamerabewegung, die den Betrachter vor der Leinwand oder am Bildschirm in die Kinemathek führt, simuliert. »Nehmen wir an, daß dieses Bauwerk gerade zum hundertsten Geburtstag des Kinos [er meint des Films] fertig geworden ist.« Wir haben mit den Bildern den Kinosaal erreicht. »Der große Saal ist in dieser Nacht den deutschen Regisseuren vorbehalten, abseits von Party und Eröffnungsreden wollen sie hier versuchen, ihre Bilanz des Kinojahrhunderts zu ziehen.« Die ersten Reihen des Kinos sind besetzt. »Es ist eine sensationelle Versammlung von Individualitäten, die hier stattfindet; zu keinem anderen Zeitpunkt und an keinem anderen Ort waren sie je so vereint – nur das Filmbild [er meint den Computer] konnte das zustande bringen.« Sie sitzen in

ihren Sesseln – Volker Schlöndorff, Hanna Schygulla, Alexander Kluge, Leni Riefenstahl, Werner Herzog und scheinen ein Filmprogramm mit Klavierbegleitung zu sehen, zu dem ›anwesende‹ Filmemacher Kommentare geben. Das Kino ist dann vielleicht wirklich nur noch ein virtueller Ort, an dem die Bilder der Zuschauer, selbst ein Programm, mit Bildern aus Filmen oder anderen audiovisuellen Medien in einem gemeinsamen Programm gekoppelt werden. ›Utopie Kino‹ ist ein Paradox, denn Kino ist der Inbegriff von raumzeitlicher Präsenz an einem Ort, das Kino gibt es immer nur hier und jetzt. Utopie dagegen verweist auf etwas, was in der Zukunft (noch) keinen Ort hat. Es ist die Aufgabe von Literatur und Film zu versuchen, sich vorzustellen, wie der paradoxe Nicht-Ort des virtuellen Kinos in der Zukunft aussehen könnte. Wir werden es sehen.

Literaturverzeichnis

Albersmeier, Franz-Josef: Die Herausforderung des Films an die französische Literatur. Entwurf einer ›Literaturgeschichte des Films‹. Heidelberg 1985.

Allen, Robert C.: Vaudeville and Film 1895 – 1915. A Study in Media Interaction. Diss. University of Iowa 1977.

Améry, Jean: Thomas Mann und das bewegte Bild. In: Ders.: Cinéma. Arbeiten zum Film. Stuttgart 1994, S. 14-27.

Apollinaire, Guillaume: Un beau film [1907]. In: Ders.: L'Hérésiarque et Ci. Repris in: Œuvres en prose. T.1. Paris 1977, S.198–223.

Appel, Alfred jr.: Nabokov's Dark Cinema. New York 1974.

Aragon, Louis: Anicet oder das Panorama [1921]. Stuttgart 1972.

Arnheim, Rudolf: Der Film als Kunst [1932]. München 1974.

Arnheim, Rudolf: Stimme von der Galerie [1928]. In: Berg-Ganschow, Uta und Wolfgang Jacobsen (Hg.): ... Film ... Stadt ... Kino ... Berlin. Berlin 1987, S. 44-45.

Arnoux, Alexandre: L'Ecran [1923]. In: Ders.: Suite Variée. Paris 1925, S. 21-30 (Übers. J.P.).

Asendorf, Christoph: Batterien der Lebenskraft. Zur Geschichte der Dinge und ihrer Wahrnehmung im 19. Jahrhundert. Gießen 1984.

Audibert, Marcel: ›La Fusée‹. In: Le Crapouillot 7 janvier, 1916, p 1 (Übers. J.P.).

Aurich, Rolf/Susanne Fuhrmann/Pamela Müller (Red.): Lichtspielträume. Kino in Hannover 1896-1991. Hannover 1991.

Bachmann, Ingeborg: Malina. Frankfurt 1977.

Baker, Nicholson: Der Projektor. Eine Gebrauchsanweisung. In: Spiegel Special 100 Jahre Kino. Dezember 1994, S. 66-73.

Balázs, Béla: Die chinesische Legende. In: Ders.: Der Film. Werden und Wesen einer neuen Kunst. Wien 1972.

Balázs, Béla: Der Film. Werden und Wesen einer neuen Kunst [1949]. Wien 1972.

Balázs, Béla: Der sichtbare Mensch oder die Kultur des Films [1924]. In: Ders.: Schriften zum Film. Bd. 1. Hg. von Helmut H. Diederichs, W. Gersch und M. Nagy. München/Berlin/Budapest 1982.

Balázs, Béla: Der Geist des Films [1930]. In: Ders.: Schriften zum Film. Hg. von Helmut H. Diederichs und W. Gersch. München/Berlin/Budapest 1984.

Balázs, Béla: Unmögliche Menschen. Roman. Frankfurt/M. 1930. (Das Kino, das Brotmesser und die Arbeiter am Morgen, S. 360-392).

Bardolph: Im Kientopp. In: Morgen 3. Jg. 8. Jan. 1909, 2, S. 76-78.

Barkhausen, Hans: Filmpropaganda für Deutschland im Ersten und Zweiten Weltkrieg. Hildesheim 1982.

Barthes, Roland: Beim Verlassen des Kinos. In: Filmkritik 235 (1976), S. 290-293 (zuerst Communications No 23, Paris 1975).

Baudrillard, Jean: Der symbolische Tausch und der Tod. München 1982.

Baudrillard, Jean: Agonie des Realen. Berlin 1978.

Bazin, André: Ontologie des fotografischen Bildes [1945]. In: Ders.: Was ist Kino? Bausteine zur Theorie des Films. Köln 1975, S. 21-27.

Becher, Johannes R.: Das Verhältnis. Novelle. In: Die Neue Kunst. 1. Jg. Heft 1, München 1913, S. 31-56.

Belach, Helga (Hg.): Henny Porten. Der erste deutsche Filmstar 1890-1960. Berlin 1986.

Benjamin, Walter: Das Kunstwerk im Zeitalter seiner technischen Reproduzierbarkeit. Frankfurt/M. 1963.

Benjamin, Walter: Erwiderung an Oscar A.H. Schmitz. In: Prokop, Dieter: Materialien zur Theorie des Films. München 1971, S. 62-65.

Benn, Gottfried: Die Reise. In: Ders.: Gesammelte Werke. Bd.2. Wiesbaden 1959-61.

Berger, John: Mamma Cinema. In: Wolfram Schütte (Hg.): Bilder vom Kino. Literarische Kabinettstücke. Frankfurt/M. 1996, S. 14-16.

Bermann, Richard A.: Leier und Schreibmaschine. In: Pinthus 1983, S. 29-33.

Bertram, Thomas (Hg.): Der Rote Korsar. Traumwelt Kino der fünfziger und sechziger Jahre. Essen 1998.

Bierbaum, Willi: Plauderei [1923]. In: Güttinger 1984a, S. 181-184.

Bild und Film. (Mönchengladbach). III. 1913/14. No 11/12, S. 269-271: Gegen das Film-Franzosentum.

Bioy Casares, Adolfo: Morels Erfindung [1940]. Frankfurt/M. 1983.

Bitomsky, Hartmut: Die Erklärung des Krieges. In: Filmkritik 223 (1975), S. 290-297.

Bleibtreu, Karl: Theater und Kino. In: Güttinger 1984a, S. 208-245.

Bloch, Ernst: Montage unmittelbar. In: Ders.: Erbschaft dieser Zeit [1935]. Frankfurt/M. 1981.

Bock, Christian: Nach dem Happy-End. In: Haacke, Wilmont (Hg.): Die Luftschaukel. Berlin 1939, S. 47-49.

Böll, Heinrich: Als Gott die Zeit machte ... In: Ders.: Irisches Tagebuch. Köln 1957, S. 73-79.

Borchert, Wolfgang: Der Stiftzahn oder Warum mein Vetter keine Rahmbonbons mehr ißt. In: Ders.: Die traurigen Geranien. Reinbek 1962, S. 27-33.

Bradbury, Ray: Der Tod ist ein einsames Geschäft. Zürich 1989.

Bradbury, Ray: Das Kinderzimmer. In: Ders.: Der illustrierte Mann. Zürich 1977, S. 15-35.

Brecht, Bertolt: Der Dreigroschenprozeß. In: Ders.: Gesammelte Werke. Bd. 18 (Schriften zur Literatur und Kunst 1), Frankfurt/M. 1973.

Brehmer, Arthur (Hg): Die Welt in 100 Jahren [1910]. Hildesheim/Zürich/New York 1988.

Brentano, Bernard von: Vorwort. In: Ders: Wo in Europa ist Berlin? Bilder aus den zwanziger Jahren. Frankfurt/M. 1981.

Brentano, Bernard von: Das Capitol von Berlin. In: Ders.: Wo in Europa ist Berlin? Bilder aus den zwanziger Jahren. Frankfurt/M. 1981, S. 30-33.

Brentano, Bernard von: Berlin. In: Ders: Wo in Europa ist Berlin? Bilder aus den zwanziger Jahren. Frankfurt/M. 1981. S. 144-147.

Brinkmann, Rolf Dieter: Film 1924. In: Stempel/Ripkens 1984, S. 137-138.

Brod, Max/Franz Kafka: Erstes Kapitel des Buches ›Richard und Samuel‹. In: Brod, Max/Franz Kafka: Eine Freundschaft. Bd.1 Reiseaufzeichnungen. Berlin 1987, S. 193–218.

Brod, Max: Kinematograph in Paris. In: Brod, Max/Franz Kafka: Eine Freundschaft. Bd 1: Reiseaufzeichnungen. Frankfurt/M. 1987, S. 209-214.

Brod, Max: Die große Revue. In: Brod, Max/Franz Kafka: Eine Freundschaft. Bd. 1. Reiseaufzeichnungen. Berlin 1987. S. 67-70.

Brod, Max: Kinematographen-Theater [1913]. In: Ders.: Über die Schönheit häßlicher Bilder. Wien/Hamburg 1967, S. 73-77.

Burckhard, Max: Das Theater in 100 Jahren. In: Die Welt in 100 Jahren. Hg. von Arthur Brehmer [1910]. Hildesheim 1988, S. 211-223.

Calvino, Italo: Autobiographie eines Zuschauers. In: Ders.: Die Mülltonne und andere Geschichten. München/Wien 1994, S. 36-65.

Camus, Albert: Der erste Mensch. Reinbek 1995.

Camus, Albert: Der Fremde. Reinbek 1961.

Carin, Peter: Le Cinématographe [1897]. zitiert nach: Bottomore, Stephen: Reflet du cinéma dans la fiction littéraire française. In: Archives. Institut Jean Vigo Perpignan, Cinématheque Toulouse. 1995, No 61/62, S. 13-20, hier S. 13 (Übers. J.P.).

Carroll, Lewis: Alice hinter den Spiegeln [1872]. Frankfurt/M. 1980.

Cendrars, Blaise: Hollywood. La Mecque du Cinéma [1936]. Paris 1987.

Châteauvert, Jean: Das Kino im Stimmbruch. In: Kintop. Jahrbuch zur Erforschung des frühen Films 5 (1996), S. 81-95.

Chenebault, Christophe/Marie Gaussel: Guide des cinémas à Paris. Paris 1992.

Clair, René: Adams. Roman. Berlin 1927.

Conradt, Walter: Ein Kinematographenprogramm. In: Die Reformation 17 (1910), S. 283

Coover, Robert: Das Phantom im Kino. In: Ders: Casablanca, Spätvorstellung. Reinbek 1990, S. 9-39.

Cortázar, Julio: Park ohne Ende. In: Ders.: Ende des Spiels. Frankfurt/M. 1977.

D'Osseville, Comte: Passe Temps Poétique Normand [1904].(zuerst im Bulletin de la société Caennaise de photographie, 1899 unter dem Titel ›Le Cinématographe. Monologue dédié à Messieurs Lumière‹). In: Bottomore, Stephen: Reflet du cinéma dans la fiction littéraire française. In: Archives. Institut Jean Vigo Perpignan, Cinématheque Toulouse. 1995, No 61/62, S. 13 – 20, hier S. 15 (Übers. J.P.).

Damisch, Hubert: Auf die Gefahr hin, zu sehen. Bern 1988.

Dean, Martin R.: Die Ballade von Billie und Joe. München 1997.

Der Komet. Pirmasens. 26.1.1907, S. 8.

Der Komet. Pirmasens. 8.6.1907, S. 10.

Der Rabe. Magazin für jede Art von Literatur. Hg. von Thomas Bodmer. Zürich 1988, Nr. 20.

Deslandes, Jacques: Histoire comparée du Cinéma. T. 1. Paris 1966.

Diederichs, Helmut H.: Der Student von Prag. Einführung und Protokoll. Stuttgart 1985.

Diederichs, Helmut H.: Anfänge deutscher Filmkritik. München 1986.

Döblin, Alfred: Berlin Alexanderplatz. Frankfurt/M. 1975.

Döblin, Alfred: Das Theater der kleinen Leute [1909]. In: Schweinitz 1992, S. 153-55.

Doniol-Valcroze, Jacques: L'histoire des ›Cahiers‹. In: Cahiers du Cinéma 100 (Oct. 1959), S. 62-68.

Draheim, Heidi: Kleine Kinowelt Neukölln. In: Nahaufnahme Neukölln. Kinos, Kameras, Kopiermaschinen. Hg. v. Neuköllner Kulturverein. Berlin 1990, S. 41-71.

Duke Nukem 3D, vgl. Thomas Hübner: Review in http://www.3drealms.com/catalog/duke3d/

Duras, Marguerite: Die grünen Augen. München 1990.

Duras, Marguerite: Heiße Küste. Frankfurt/M. 1987.

Ehrenburg, Iljja: Das Leben der Autos [1929]. Amsterdam 1973.

Ehrenburg, Ilja: Die Traumfabrik. Chronik des Films. Berlin (Malik) 1931.

Elsaesser, Thomas (Hg.): A Second Life: German Cinema's First Decades. Amsterdam 1996.

Färber, Helmut: Das unentdeckte Kino. In: Kluge, Alexander (Hg.): Bestandsaufnahme: Utopie Film. Frankfurt 1983, S. 16-29.

Fast, Howard: Max. Roman der Gründerjahre des Films [1982]. Berlin (Aufbau) 1990.

Fawcett, L'Estrange: Die Welt des Films. Zürich/Leipzig/Wien 1927.

Feuchtwanger, Lion: Erfolg. Drei Jahre Geschichte einer Provinz. Frankfurt/M. 1984.

Fischli, Bruno (Hg.): Vom Sehen im Dunkeln. Kinogeschichten einer Stadt [Köln]. Köln 1990.

Fulda, Friedrich: Das bewegte Bild. Erzählung. In: Velhagen & Klasings Monatshefte. Jg. 40. H. 12, Aug. 1926, S. 693-694.

Fülop-Miller René: Die Phantasiemaschine. Berlin/Wien/Leipzig 1931.

Gaupp, Robert: Die Gefahren des Kino. In: Süddeutsche Monatshefte Jg. 9, Bd. 2 Juli 1912.

Gernhardt, Robert: Kind, Kunst, Kirche, Kino. In: Die Zeit 30.12.1994.

Giraudoux, Jean: Au Cinéma [zuerst in Le Matin. 14 déc.1908]. In: Ders.: Le Contes d'un Matin. Paris 1983. S. 53-60 (Übers. J.P.).

Godard, Jean-Luc: Masculin Féminin. Ein Film von Jean-Luc Godard [Dialogliste]. In: Film (Velber). 10. 1966. (Übers. Elke Kummer).

Goergen, Jeanpaul: Walter Ruttmann. Eine Dokumentation. Berlin 1989.

Göhre, Frank: Im Palast der Träume. Kinogeschichten. Reinbek 1983.

Gómez de la Serna, Ramón: Cinéville [1928]. Paris 1987.

Gorkij, Maxim: Flüchtige Notizen. (Bericht über den Cinématographe Lumière in Niznij-Novgorod. In: Nizegorodskij listok. 4. Juli 1896 unter dem Namen I.M. Pacatus). In: Kintop. Jahrbuch zur Erforschung des frühen Films 4 (1995), S. 11-16 (Übers. aus dem Russischen von Jörg Bochow).

Goytisolo, Juan: Der Schatz der Linda Lovelace. In: Frankfurter Rundschau 7.2.1995a.

Goytisolo, Juan: Cinema. In: Frankfurter Rundschau 7.1.1995b.

Grafe, Frieda: Souvenirs zur Feier des Tages. Über das Kino als Lustobjekt und Zeitgeschichtsbuch. In: Spiegel Special 100 Jahre Kino. 1994, S. 41-45.

Greene, Graham: Der Pornofilm. In: Literarische Streifzüge durch Filmpaläste und Theater. Hg. von Horst Launinger. Cadolzburg 1996, S. 97–101.

Greve, Ludwig, Margot Pehlke, Heidi Westhoff (Red.): »Hätte ich das Kino!« Katalog Deutsches Literaturarchiv Marbach. Stuttgart 1976.

Guter Film. Fesselnd erzählt: Schweigen ist Gold. Eine IFA-Komödie des Meisterregisseurs René Clair. Hg. Neue Verlags-Anstalt GmbH Baden-Baden o.J.

Güttinger, Fritz (Hg.): Kein Tag ohne Kino. Schriftsteller über den Stummfilm. Frankfurt/M. 1984a.

Güttinger, Fritz (Hg.): Der Stummfilm im Zitat der Zeit. Frankfurt/M. 1984b.

Güttinger, Fritz: Aufpassen und nicht träumen! Vom Erklärer im Kino. (1991). In: Ders.: Köpfen Sie mal ein Ei in Zeitlupe! Streifzüge durch die Welt des Stummfilms. Zürich 1992, S. 113-122.

Haas, Willy: Nächtliche Großstadtstraße im Film. In: Jacobsen, Wolfgang/Karl Prümm/Benno Wenz (Hg.): Willy Haas. Der Kritiker als Mitpoduzent. Texte zum Film 1920-1933. Berlin 1991, S. 148.

Handke, Peter: Vorläufige Bemerkungen zu Landkinos und Heimatfilmen. In: Film (Velber), Heft 11, 1968, S. 10.

Handke, Peter: Die Angst des Tormanns beim Elfmeter. Frankfurt/M. 1970.

Handke, Peter: Die Bilder sind nicht am Ende. Frankfurter Rundschau 10.1.1995.

Harms, Rudolf: Philosophie des Films. [1926]. Zürich 1970.

Hasenclever, Walter: Der Kintop als Erzieher. Eine Apologie. (Zuerst in: Revolution 1, 1913). In: Kaes 1978. S. 47-49.

Hasenclever, Walter: Die Hochzeitsnacht. In: Pinthus 1983, S. 35-44.

Hasenclever, Walter: Irrtum und Leidenschaft [1967] In: Güttinger 1984b. S. 53-54.

Hassauer, Friedrike: Die riesigen Küsse auf der großen Leinwand. In: Günter und Ilse Ohnemus (Hg.): Ein Parkplatz für Johnny Weissmüller. Kinogeschichten. Siegen 1984. S. 28-29.

Heidenreich, Elke: Ach, Toxi! In: Die Zeit 30.12.1994.

Heimann, Moritz: Der Kinematographen-Unfug. In: Die Neue Rundschau 24 (1913), S. 123-127.

Heller, Heinz-B.: Literarische Intelligenz und Film. Zu Veränderungen der ästhetischen Theorie und Praxis unter dem Eindruck des Films 1910-1930 in Deutschland. Tübingen 1985.

Hempel, Rolf: Carl Mayer. Ein Autor schreibt mit der Kamera. Berlin 1968.

Hesse, Hermann: Der Steppenwolf [1927]. Frankfurt/M. 1974.

Hickethier, Knut: Henny Porten – das leidende Weib. In: Ders. (Hg.): Grenzgänger zwischen Theater und Kino. Schauspielerporträts aus dem Berlin der zwanziger Jahre. Berlin 1986, S. 55-72.

Hlawaty, Grazielle: Filmbesuch in roter Bluse. In: Literarische Streifzüge durch Filmpaläste und Theater. Anthologie. Hg. von Horst Lauinger. Cadolzburg 1996, S. 103-111.

Hoddis, Jakob van: Schluß: Kinematograph [1911]. In: Stempel/Ripkens 1984, S. 25.

Hofmann, Gert: Der Kinoerzähler. München/Wien 1990.

Hofmannsthal, Hugo von: Der Ersatz für die Träume [1921]. In: Kaes 1978, S. 149-152.

Höllriegel, Arnold: Bimini. Roman. Berlin 1923.

Höllriegel, Arnold: Die Films der Prinzessin Fantoche. [Zuerst in ›Der Roland von Berlin‹, Nr 11. 1913, 3 [16. Januar] bis Nr.11, 1913, 20 [15. Mai], hier zitiert nach der Buchausgabe »Die Films der Prinzessin Fantoche«, Wien/Berlin/Leipzig/München (Ilf-Verlag) 1921.

Höllriegel, Arnold: Galeotto. In: Pinthus 1983, S. 127-131.

Horkheimer, Max/T.W. Adorno: Kulturindustrie. Aufklärung als Massenbetrug. In: Dies.: Dialektik der Aufklärung [1944]. Frankfurt/M. 1989, S. 128-176.

Hornby, Nick: High Fidelity. München 1998.

Hotopp, Albert: Kinobesucher und Produktion. In: Film und Volk 2. Jg., Heft 6 (1929).

Huxley, Aldous: Schöne neue Welt. Ein Roman der Zukunft [1932]. Frankfurt/M. 1972.

Ivens, Joris: Die Kamera und Ich. Reinbek 1974.

Jacob, Heinrich Eduard: Blut und Zelluloid. Roman [1930]. Bad Homburg 1986.

Jacobsen, Wolfgang: Erich Pommer. Ein Produzent macht Filmgeschichte. Berlin 1989.

Jacobsen,Wolfgang/Karl Prümm/Benno Wenz (Hg.): Willy Haas. Der Kritiker als Mitpoduzent. Texte zum Film 1920-1933. Berlin 1991.

Jaenicke, Hilla: Warte, bis es dunkel wird. In: Stempel/Ripkens 1984, S. 73-79.

Janousch, Gustav: Gespräche mit Kafka. Frankfurt/M. 1951.

Jason, Alexander: Der Film in Ziffern und Zahlen. Die Statistik der Lichtspielhäuser in Deutschland 1895-1925. Berlin 1925.

Jelinek, Elfriede: Die Ausgesperrten. Reinbek 1985.

Jelinek, Elfriede: Die Klavierspielerin. Reinbek 1988.

Johnson, Eyvind: Hier hast du dein Leben [1934-37] (1945). Berlin 1967.

Joyce, James: Ulysses. I. München 1966.

Kaes, Anton (Hg.): Kino-Debatte. Texte zum Verhältnis von Literatur und Film 1909-1929. Tübingen/München 1978.

Kafka, Franz: Briefe an Felice. Frankfurt/M. 1967.

Kafka, Franz: Reisetagebücher in der Fassung der Handschrift. Frankfurt/M. 1994.

Kafka, Franz: Tagebücher. 3 Bände. Frankfurt/M. 1994.

Kafka, Franz: Tagebücher. Darmstadt 1962.

Kafka, Franz: Reise Lugano-Mailand-Paris-Erlenbach: In: Brod, Max/Franz Kafka: Eine Freundschaft. Bd. 1. Reiseaufzeichnungen. Berlin 1987, S. 143-188.

Kahn, Harry: Alte Filme. Kintop vor 15 Jahren. In: Die Weltbühne 24 (1928), S. 102-104.

Karpf, Anne: Der Krieg danach. Leben mit dem Holocaust. (Aus d. Englischen von Marion Kappel). Berlin/Wien 1997.

Kästner, Erich: Selbsterkenntnis im Kino. In: Jugend 35. Jg. Heft 20. (11.Mai 1929), S. 320.

Kästner, Erich: Wert und Unwert des Menschen. In: Stiftung Deutsche Kinemathek (Hg.): Das Jahr 1945. Filme aus fünfzehn Ländern (Katalog). Berlin 1990, S. 127-129.

Kessler, Frank: Qu'est-ce qu'on voit de son ciné ... In: Archives Institut Jean Vigo Perpignan, Cinématheque Toulouse. 1995, No 61/62 (Vorwort).

Keun, Irmgard: Das kunstseidene Mädchen [1932]. München 1995.

Kino in München. Filmkritik. Nr. 228 (Dez. 1975).

Kittler, Friedrich A.: Aufschreibsysteme 1800 – 1900. München 1987.

Kittler, Friedrich A.: Romantik – Psychoanalyse – Film: eine Doppelgängergeschichte. In: Ders.: Draculas Vermächtnis. Technische Schriften. Leipzig 1993, S. 81-104.

Kleist, Bettina von: Händchenhalten im dunklen Kinosaal. Rückblicke auf das erste Rendezvous. In: Frankfurter Rundschau. Ostern 1995.

Klemperer, Victor: Das Lichtspiel. In: Velhagen und Klasing's Monatshefte. 26, 2. Bd. (1911/12), S. 615.

Klemperer, Victor: Curriculum vitae. Jugend um 1900. Bd. 2. Berlin 1989.

Klemperer, Victor: Tagebücher 1918-1924. Hg. von Walter Nowojski. Berlin 1996.

Kluge, Alexander: Neue Geschichten. Hefte 1-18. ›Unheimlichkeit der Zeit‹. Frankfurt/M. 1977.

Koeppen, Wolfgang: Jugend. Frankfurt/M. 1984.

Kölner Stadt-Anzeiger 21.4.1896. In: Fischli, Bruno (Hg.): Vom Sehen im Dunkeln. Kinogeschichten einer Stadt. Köln 1990.

Königstein, Horst: Kino: Der andere Raum. In: Konkret 10 (1982), S. 92-101.

Kracauer, Siegfried: Das Grauen im Film [1940]. In: Ders.: Kino. Hg. von Karsten Witte. Frankfurt/M. 1974, S. 25-27.

Kracauer, Siegfried: Die kleinen Ladenmädchen gehen ins Kino [1927]. In: Ders.: Das Ornament der Masse. Frankfurt/M. 1977, S. 279-294.

Kracauer, Siegfried: Von Caligari zu Hitler. Eine psychologische Geschichte des deutschen Films. Hg. von Karsten Witte. Frankfurt/M. 1979.

Kracauer, Siegfried: Der Mann mit dem Kinoapparat. In: Ders: Kino. Hg. von Karsten Witte. Frankfurt/M. 1974, S. 88-92.

Kracauer, Siegfried: Kult der Zerstreuung. Über die Berliner Lichtspielhäuser. In: Ders.: Das Ornament der Masse. Frankfurt 1977, S. 311-317.

Kracauer, Siegfried: Die Photographie. In: Ders.: Das Ornament der Masse. Frankfurt/M. 1977, S. 21-39.

Kracauer, Siegfried: Wir schaffens. In: Goergen, Jeanpaul: Walter Ruttmann. Eine Dokumentation. Berlin 1989, S. 118 [In: Frankfurter Zeitung 13.11.1927].

Kreimeier, Klaus: Die Ökonomie der Gefühle. Aspekte des deutschen Nachkriegsfilms. In: Berger, Jürgen/Hans-Peter Reichmann/Rudolf Worschech (Red.): Zwischen Gestern und Morgen. Westdeutscher Nachkriegsfilm 1946-1962 (Katalog). Frankfurt/M. 1989, S. 8-28.

Kreimeier, Klaus: Die Ufa-Story. Geschichte eines Filmkonzerns. München 1992.

Kreimeier, Klaus: Kino-Tod (Glasfaser). In: Frankfurter Rundschau 2.11.1996.

Krexel, Regine: ›Universal Studios‹. Hinter den Kulissen von Bits und Bytes. Pro7 23.8.1996.

Krüger, Werner: Film und Feuerwehr. Mit der Kamera im Einsatz. Hamburg 1983.

Lachenay, Robert: Une jeunesse. In: Le roman de François Truffaut. Cahiers du Cinéma.Numéro spécial François Truffaut. Décembre 1984, S. 7-11.

Land, Hans: Kino und Kinotricks. In: Universum 27. Jg. (1910), S. 177-181.

Lassahn, Bernhard: Kino – so war das. In: Der Rabe. Magazin für jede Art von Literatur 20 (1988), S. 137-143.

Lassahn, Bernhard: Monster im Dunkeln. In: Ders: Liebe in den großen Städten. Zürich 1990, S. 169-180.

Lauinger, Horst (Hg.): Literarische Streifzüge durch Filmpaläste und Theater. Anthologie. Cadolzburg 1996.

Léglise, Paul: Histoire de la politique du cinéma français. 1. La troisième République. Paris 1969, S. 179-198.

Lenk, Sabine: A la rencontre du spectateur d'avant la Guerre de 14. In: Archives Institut Jean Vigo Perpignan, Cinématheque Toulouse. 1995. No 61/62, S. 1-11.

Lenk, Sabine: Filmverrückt oder Wie es im Kino wirklich zugeht. Kurzfilmographie zum Thema "Das Kino auf der Stummfilmleinwand". In: Kintop 5 (1996), 161-168.

Lévi-Strauss, Claude: Ein Hymnus an die Jugend. In: Frankfurter Rundschau 21.3.95 (=Imaginäres Museum des Kinos im Jahr des Films, Nr.12).

Levy, David: The ›Fake‹ Train Robbery: Les reportages simulés, les reconstitutions et le film narativ américain. In: Les Cahiers de la Cinémateque 29 (1979), S. 42-56.

Leyda, Jay: Kino. A History of the Russian and Soviet Film. London 1973.

Llamazares, Julio: Stummfilmszenen. Frankfurt/M. 1998.

Lodge, David: The Picturegoers. London 1971. (Übers. J. P.).

Lodge, David: Schnitzeljagd. München 1985.

Löffler, Sigrid: Die Furien des Verschwindens. Der Kritiker als aussterbende Spezies: Wie läßt sich sein Prestigeverfall aufhalten? In: Die Zeit 30.12.1998, S. 37.

Lüdecke, Heinz [H.L.]:"Flötenkonzert von Sanssouci« und proletarischer Filmkampf. In: Arbeiterbühne und Film, 18. Jg. Heft 3 (1931), S. 24-26.

Lukács, Georg: Gedanken zu einer Ästhetik des Kino [1911]. In: Schweinitz 1992, S. 300-305.

M.Z.: Le Flagrant délit. [Journal Amusant 10. Juillet 1897]. In: Bottomore, Stephen: Reflet du cinéma dans la fiction littéraire française. In: Archives. Institut Jean Vigo Perpignan, Cinématheque Toulouse. 1995. No 61/62, S. 13-20, hier S. 15.

Magerl, Sabine: Überdosis Zelluloid. Eine andere Geschichte der Zukunft: mechanische Schauspieler und virtuelle Voom. In: Spiegel spezial: 100 Jahre Kino. Dezember 1994, S. 133-134.

Majakowskij, Vladimir: Vom Film gefesselt [1918]. In: Filmkritik 280 (1980).

Mann, Heinrich: Aufruf. In: Film und Volk 2. Jg. Heft 2 (1928).

Mann, Thomas: Über den Film [1928]. In: Kaes 1978, S. 164-166.

Mann, Thomas: Der Zauberberg [1924]. Frankfurt/M. 1964.

Mayer, Hans: Aus unserem Jahrhundert. In: Frankfurter Rundschau 13.6.1995. (=Imaginäres Museum des Kinos im Jahr des Films. Nr. 21).

Mayer, Theodor Heinrich: Hänschen. In: Ders.: Film. Novellen. Leipzig 1921, S. 19-110.

Mayer, Theodor Heinrich: Begleitmusik. In: Ders.: Film. Novellen. Leipzig 1921, S. 309-320.

Mellencamp, Patricia: Made in the Fade. In: Ciné-Tracts Heft 12 (Vol 3, No 4) 1981, S. 1-17.

Meyer-Wehlack, Benno: Goebbels geht ins Kino. In: Stempel/Ripkens 1984, S. 154-156.

Middendorf, Klaus: Big Dablju. Roman. Frankfurt/M. 1998.

Mierendorff, Carlo: Hätte ich das Kino [1920]. In: Kaes 1978, S. 139-146.

Miersch, Alfred: Mürbes Zelluloid. In: Ein Parkplatz für Johnny Weissmüller. Hg. von Günter und Ilse Ohnemus. Siegen 1984, S. 90-108.

Mitry, Jean: Nachwort. In: Clair, René: Schweigen ist Gold. Hamburg 1962. (Cinemathek 2. Ausgewählte Filmtexte), S. 105 -116.

Mitta, Aleksandr: Leuchte, mein Stern, leuchte und andere Filme. Reflexionen zur Regie. Hg. von Bettina Thienhaus. Berlin/W. 1983.

Modick, Klaus: Ins Blaue. Reinbek 1985.

Molo, Walter von: Im Kino. [In: Velhagen & Klasings Monatshefte 26 (1911/12) 2.Bd Nr.8] In: Schweinitz 1992, S. 28-39.

Morand, Paul: Das Konzentrationslager des lieben Gottes [France la Doulce]. Berlin 1935.

Morand, Paul: La glace à trois faces. In: Ders: Nouvelles des yeux. Paris 1965, S. 97-104. (Übers. J. P.).

Moullet, Luc: Les sièges de l'Alcazar (Scénario original). In: Vertigo 10 (1993) (Le siècle du spectateur), S. 47-48.

Moyano, Daniel: A Hole in the Screen. In: Breakwell, Ian/Paul Hammond (eds): Seeing in the dark. A compendium of cinemagoing. London 1990, S. 39 (Übers. J.P.).

Mühl-Benninghaus, Wolfgang: Newsreel Images of the Military and War 1914-1918. In: Elsaesser, Thomas (Hg.): A Second Life: German Cinema's First Decades. Amsterdam 1996, S. 175-184.

Müller-Scherz, Fritz/Wim Wenders (Hg.): Der Film von Wim Wenders ›Im Lauf der Zeit‹. Bild für Bild. Dialogbuch. Materialien. München 1976.

Musil, Robert: Ansätze zu neuer Ästhetik. Bemerkungen über eine Dramaturgie des Films (März 1925). In: Ders.: Gesammelte Werke: Essays und Reden, Kritik. Bd. 2. Reinbek 1978.

Musil, Robert: Tagebücher. 2 Bde. Reinbek 1983.

Musser, Charles: The Early Cinema of Edwin Porter. In: Cinema Journal 19 (1979, 1), S. 1-38.

Nabokov, Vladimir: Lolita [1955] Reinbek 1996.

Nabokov, Vladimir: Maschenka. Reinbek 1993.

Nabokov, Vladimir: Gesammelte Werke. Band 3: Frühe Romane 3. Gelächter im Dunkeln [1938]. Verzweiflung. Camera obscura [1933]. Hg. Von Dieter E. Zimmer. Reinbek 1997.

Nabokov, Vladimir: Der Regieassistent [1943]. In: Ders.: Erzählungen 2, 1935-1951 (=Gesammelte Werke. Band 14). Reinbek 1989

Nadar: Als ich Photograph war [1900]. Frauenfeld 1978, S. 19-25.

National-Zeitung 27.10.1895. In: Hanisch, Michael: Auf den Spuren der Filmgeschichte. Berliner Schauplätze. Berlin 1991.

Negbaur, Dr. W.: Unsere Marie. Nach dem Leben erzählt von ... In: Erste Internationale Film-Zeitung 9 (1. März 1913), S. 74-75.

Neumann, Robert: Kino [1928]. In: Güttinger 1984b, S. 29/30.

Nion, François de: Le Cinématographe. [In: Le Petit Journal supplément illustré, 18 janvier 1903]. Zit. nach: Bottomore, Stephen: Reflet du cinéma dans la fiction littéraire française. In: Archives. Institut Jean Vigo, Cinémathèque Toulouse. 1995. No 61/62, S. 13-20. (Übers. J.P.).

Nooteboom, Cees: Die wiedergefundene Zeit. In: Frankfurter Rundschau 12.9.1995. (=Imaginäres Museum des Kinos im Jahr des Film (Nr. 37).

Normand, Maurice: Vor dem Kinematographen. In: Frankfurter Zeitung 8.7.1900, S. 1-3.

Norris, Frank: Mc Teague. A Story of San Francisco [1899]. New York 1964. (Übers. J.P.).

Nowak, Heinrich: Kino. In: Akzente 10 (1963), S. 486.

Ohnemus, Günter u. Ilse (Hg.): Ein Parkplatz für Johnny Weissmüller. In: Ein Parkplatz für Johnny Weissmüller. Kinogeschichten. Siegen 1984, S. 263-269.

Osnabrücker Tageblatt, 26. 10. 1929.

Ott, Karl-Heinz: Ins Offene. Salzburg 1998.

Paech, Anne: Kino zwischen Stadt und Land. Geschichte des Kinos in der Provinz Osnabrück. Marburg 1985.

Paech, Anne: Zirkuskinematographen aus der Zeltfabrik Stromeyer. In: Südkurier. Konstanz 1.12.1995.

Paech, Anne: Von der Filmgeschichte vergessen: Die Geschichte des Kinos. In: Hickethier, Knut (Hg.): Filmgeschichte schreiben. Ansätze, Entwürfe, Methoden. Berlin 1989, S. 41-49. (= Schriften der Gesellschaft für Film-und Fernsehwissenschaft, 2).

Paech, Anne: Das Aroma des Kinos. In: Schenk, Irmbert (Hg.): Erlebnisort Kino. Marburg 2000.

Paech, Anne: Konstanzer Kinogeschichte: Die Anfänge (1896-1914). In: http://www. Uni-Konstanz.de/FuF/Philo/LitWiss/Medienwiss/welcome.html

Paech, Joachim: Unbewegt – bewegt. Das Kino, die Eisenbahn und die Geschichte des filmischen Sehens. In: Meyer, Ulfilas (Hg.): Die Eisenbahn in der Welt des Films. München/Luzern 1985, S. 40-49.

Paech, Joachim: Literatur und Film. 2. überarb. Aufl. Stuttgart,Weimar 1997 (Sammlung Metzler 235).

Paech, Joachim: Cinema mista – Kino im Film. In: Schneider, Irmela/Christian W. Thomsen (Hg.): Hybridkultur. Medien, Netze, Künste. Köln 1997, S. 118-140.

Panofsky, Erwin: Stil und Stoff im Film [1934]. In: Filmkritik 6 (1967), S. 343-355.

Patalas, Enno: Zwischen Eisenstein und Jutzi. Ein ›Potemkin‹ zur Musik von Edmund Meisel. In: Panzerkreuzer Potemkin, Red. Lothar Prox. Bonn 1986, S. 36-39.

Percy, Walker: Der Kinogeher (Deutsch von Peter Handke). Frankfurt/M. 1986.

Pfemfert, Franz: Das Kino als Erzieher [1911]. In: Kaes 1978, S. 59-62.

Pfemfert, Franz: Kino als Erzieher. [In: Die Aktion 1 Nr. 18 (1911)] zit. nach: Schweinitz 1992, S. 165-169.

Pflaum, Hans Günther/Hans Helmut Prinzler: Film in der Bundesrepublik Deutschland. Frankfurt/M. 1982.

Pinthus, Kurt (Hg.): Das Kinobuch [1913]. Frankfurt/M. 1983.

Piotrowski, Christa: Alle 90 Sekunden den Rächer spielen. Hollywood stellte den ersten interaktiven Kinofilm vor. In: Frankfurter Rundschau 15.3.1995.

Pirandello, Luigi: Die Aufzeichnungen des Kameramanns Serafino Gubbio [1915]. Mindelheim 1986.

Poe, Edgar Allan: Der Mann in der Menge. In: Ders.: Erzählungen in zwei Bänden. München 1966. Bd. 1, S. 207-220.

Polgar, Alfred: Das Drama im Kinematographen [1911]. In: Schweinitz 1992, S. 159-164.

Pratt, George C.: "No Magic, No Mytery, No Sleight of Hand": The First Ten Years of Motion Pictures in Rochester. In: Marshall Deutelbaum (ed): "Image" on the Art and Evolution of the Film. Photographs and Articles from the Magazine of the International Museum of Photography. Rochester 1979, S. 39-46.

Previn, Dory: Zerstörte Illusionen. Aus: Dies.: Midnight Baby. Hamburg 1992. In: Literarische Streifzüge durch Filmpaläste und Theater. Hg. von Horst Lauinger. Cadolzburg 1996, S. 181-184.

Prieur, Jérome: Le Spectateur Nocturne. Les écrivains au cinéma. Une anthologie. Paris 1993.

Prinzler, Hans Helmut/Enno Patalas (Hg.): Lubitsch. München/Luzern 1987.

Provinz-Film-Katalog. München 1981.

Prümm, Karl: Die Stadt der Reporter und Kinogänger bei Roth, Brentano und Kracauer. Das Berlin der zwanziger Jahre im Feuilleton der ›Frankfurter Zeitung‹. In: Scherpe, Klaus W. (Hg.): Die Unwirklichkeit der Städte. Großstadtdarstellungen zwischen Moderne und Postmoderne. Reinbek 1988, S. 80-105.

Radecki, Sigismund von: Der Erfinder des Films [1939]. In: Ders.: Die Welt in der Tasche. 5. Aufl. München 1958, S. 193 -198.

Ramsaye, Terry: A Million and One Nights. A History of the Motion Picture Through 1925 [1926]. New York 1986.

Rank, Otto: Der Doppelgänger. Eine psychologische Studie. Wien 1925.

Rauscher, Ulrich: Die Welt im Film. Frankfurter Zeitung 31.12.1912, S. 357-362.

Reding, Josef: Während des Films …. In: Literarische Streifzüge durch Filmpaläste und Theater. Hg. von Horst Lauinger. Cadolzburg 1996, S. 194-95.

Reitz, Edgar: Der Film verläßt das Kino. In: Film (Mai 1968), S. 1-2.

Reitz, Edgar, Peter Steinbach: Heimat. Eine deutsche Chronik. Frankfurt/M. 1984.

Rennert, Malwine: Kriegslichtspiele. In: Bild und Film, IV, No 7/8 (1914/15), S. 139-141.

Richter, Herbert: Das Lichtspieltheater. Sein Ursprung und sein Entwicklungsgang, In: Pabst, Rudolf (Hg.): Das deutsche Lichtspieltheater in Vergangenheit, Gegenwart und Zukunft. Berlin 1926, S. 8-64.

Rolleiflex, Das goldene Buch der [1935]. Zitiert nach König, Thilo: Wenn Blicke töten, laden, laden, zielen, schießen – Über das kriegerische Vokabular der Fotografie. In: Die Zeit. Nr. 17. 17.4.1992.

Rosegger, Peter: Der Kinematograph. In: Heimgarten 36 (1912. 9), S. 696-697.

Rosenbaum, Jonathan: Les trois textes de ›Greed‹. In: Bellour, Raymond (Hg.): Le Cinéma Américain. Analyses de Films. Paris 1980.

Roth, Joseph: Bemerkungen zum Tonfilm [1929]. In: Ders.: Werke 3. Köln 1991, S. 57-59.

Roth, Joseph: Bekehrung eines Sünders im Berliner Ufa-Palast [1925]. In: Ders.: Werke 2. Das journalistische Werk 1924-1928. Köln 1990, S. 512-514.

Roth, Joseph: Der Antichrist [1934]. In: Ders.: Werke 3. Das journalistische Werk 1929-1939. Köln 1991, S. 571-665.

Rother, Rainer: Learning from the Enemy: German Film Propaganda in World War I. In: Elsaesser, Thomas (Hg.): A Second Life: German Cinema's First Decades. Amsterdam 1996, S. 185-191.

Röthlisberger, Eduard: Jakob der Weltfahrer. Zürich 1922.

Rowohlt, Harry: Mein allererster und mein allerzweiter Film. In: Die Zeit 30.12.1994.

Rücker, Günter: Alles Verwandte. Berlin 1987.

Sadoul, Georges: Le Cinéma Français (1890-1962). Paris 1962.

Sadoul, Georges: Lumière et Méliès. Paris 1985.

Sadoul, Georges: Histoire du Cinéma Mondial. Paris 1949.

Salinger, J.D.: Der Fänger im Roggen [1951]. Reinbek 1996.

Sanders-Brahms, Helma: Kino 1945. In: Stiftung Deutsche Kinemathek (Hg.): Das Jahr 1945. Filme aus fünfzehn Ländern (Katalog). Berlin 1990, S. 151-152.

Sanders-Brahms, Helma: Weit und breit. In: Belach, Helga/Wolfgang Jacobsen (Hg.): CinemaScope. Zur Geschichte der Breitwandfilme. (Stiftung Deutsche Kinemathek). Berlin 1993, S. 103-108.

Sarkany, Stéphane: Paul Morand et le cosmopolitisme littéraire. Paris 1968.

Sartre, Jean-Paul: Die Wörter. Reinbek 1965.

Schäfer, Horst: Film im Film. Selbstporträts der Traumfabrik. Frankfurt 1985.

Scheel, Kurt: Das Kino auf der Insel im Strom. In: Der Alltag. Nr. 71 (Im Kino). März 1996, S. 41-53.

Scherpe, Klaus W. (Hg.): Die Unwirklichkeit der Städte. Großstadtdarstellungen zwischen Moderne und Postmoderne. Reinbek 1988.

Schickel, Richard: Alfred Hitchcock. The Man Who Made the Movies. (TV-Dokumentation 1983, WDR3 1987)

Schliepmann, Hans: Lichtspieltheater. Eine Sammlung ausgeführter Kinohäuser in Groß-Berlin. Berlin 1914.

Schlüpmann, Heide: Unheimlichkeit des Blicks. Das Drama des frühen deutschen Kinos. Basel/Frankfurt/M. 1990.

Schmidjell, Christine: Das ›ganze Leben‹ in den Filmen. Kino und Szenerien in der jüngeren österreichischen Literatur. In: Literatur und Film. Lesen für Augenmenschen. Hg. von Polt-Heinzl, Evelyne, Christine Schmidjell. (Katalog der ›Galerie im Stifter-Haus). Linz 1996, S. 47-54.

Schmidt, Christoph: ›Gejagte Vorgänge voll Pracht und Nacktheit‹. Eine unbekannte kinematographische Quelle zu Thomas Manns Roman ›Der Zauberberg‹. In.: Wirken-des Wort 1 (1988), S. 1-5.

Schmidt, Erich K.: Die Madonna des Films. In: Gegenwart 44 (17. Juli 1915. Nr. 29), S. 459-461.

Schmitz, Oscar A.H.: Potemkinfilm und Tendenzkunst. In: Prokop, Dieter: Materialien zur Theorie des Films. München 1971, S. 59-61.

Schneider, Manfred: Die erkaltete Herzensschrift. Der autobiographische Text im 20. Jahrhundert. München/Wien 1986.

Schneider, Rudolf: Transradiopan. In: Jugend 29. Jg. Heft 25 (9.August 1924), S. 641-645.

Schnelle, Frank: True Romance. In: epdFilm 2 (1994), S. 37.

Schöning, Jörg: Von den ›Lebenden‹ zum ›Lichtspielhaus. In: Plegemann, Volker (Hg.): Industriekultur in Hamburg. München 1984, S. 320-323.

Schütte, Wolfram (Hg.): Bilder vom Kino. Literarische Kabinettstücke. Frankfurt/M. 1996.

Schumann, Peter B.: »Aus der Waffenschmiede der SPD«. Zur sozialdemokratischen Filmarbeit in der Weimarer Republik. In: Erobert den Film! Proletariat und Film in der Weimarer Republik (NGBK). Berlin 1977, S. 77-85.

Schwaiger, Brigitte: Die erste Ohrfeige. In: Dies.: Mein spanisches Dorf. Wien 1978.

Schweinitz, Jörg (Hg.): Prolog vor dem Film. Nachdenken über ein neues Medium 1909-1914. Leipzig 1992.

Schweinitz, Jörg: Von Automobilen, Flugmaschinen und einen versteckten Kamera: Technikfaszination und Medienreflexivität in Richard A. Bermanns Kinoprosa von 1913. In: Müller, Corinna/Harro Segeberg (Hg.): Die Modellierung des Kinofilms. Zur Geschichte des Kinoprogramms zwischen Kurzfilm und Langfilm (1905/6-1918). München 1998, S. 221-241. (=Mediengeschichte des Films, Band 2)

Seidel, Willy: Der Film des Todes. Novelle. In: Jugend 29. Jg. Heft 25 (9. August 1924), S. 635-641.

Senda, Korea, Heinz Lüdecke: Agitpropisierung des proletarischen Films. In: Arbeiter-bühne und Film 18. Jg. Heft 5 (1931), S. 8-11.

Simmel, Georg: Die Großstädte und das Geistesleben. In: Ders.: Das Individuum und die Freiheit. Essais. Berlin 1984.

Der Spiegel: Spiegel Spezial 100 Jahre Kino. Dezember 1994.

Stam, Robert: Reflexivity in Film and Literature From Don Quixote to Jean Luc Godard. Ann Arbor 1985.

Sternheim, Carl: Ulrike. Leipzig 1917.

Stempel, Hans/Martin Ripkens: Das Kino im Kopf. Eine Anthologie. Zürich 1984.

Stooss, Toni: »Erobert den Film!« oder Prometheus gegen Ufa & Co. In: Wem gehört die Welt? (Katalog NGBK). Berlin 1977, S. 482-525.

Sudendorf, Werner: Zensurkämpfe sind Machtkämpfe. ›Im Westen nichts Neues‹ 1930 in Deutschland. In: epdFilm 11 (1984), S. 19,21,25.

Taylor, Richard, Ian Christie (ed): The Film Factory. Russian and Soviet Cinema in Docu-ments 1896-1939. London 1988.

Theobaldy, Jürgen: Sonntags Kino. Berlin 1978.

Theweleit, Klaus: Buch der Könige. Orpheus am Machtpol. Bd. 2. Frankfurt/M. 1994.

Thienhaus, Bettina: Liebe, Heimat, Eifersucht. In: epdFilm 3 (1989), S. 4.

Thienhaus, Bettina: Berlinale 1996. In: epdFilm 4 (1996), S. 12.

Tomeo, Javier: Das Verbrechen im Orientkino. Berlin 1996.

Traub, Hans: Die UFA. Ein Beitrag zur Entwicklungsgeschichte des deutschen Film-schaffens. Berlin 1943.

Tucholsky, Kurt: Rheinsberg. Ein Bilderbuch für Verliebte. Berlin 1912.

Tucholsky, Kurt: Erotische Films. [In: Die Schaubühne 9. Jg. 2. Bd. (1913) Nr. 37]. In: Schweinitz 1992, S. 51 -54. (Ebenso in: Güttinger 1984a, S. 158-160).

Tucholsky, Kurt: Coletti [In: Die Schaubühne. 9.1913.16]. In: Schweinitz 1992, S. 358-359.

Tucholsky, Kurt: Danach (1930). In: Ders.: Ausgewählte Werke Bd. II. Reinbek 1965.

Turrini, Peter: Der gute Film hat mich ruiniert. In: Frankfurter Rundschau 14.11.1995. (=Imaginäres Museum des Kinos imJahr des Films Nr. 46).

Ullmann, Regina: Kino (Erzählung). In: Hochland Jg. 27. H.4. (Januar 1930), S. 313-322.

Updike, John: Gott und die Wilmots [1996]. Reinbek 1998.

Vernet, Marc: L'En deça ou le regard de la caméra. In: Ders.: Figures de l'absence. L'invisible au cinéma. Paris 1988, S. 29-58.

Vincendeau, Ginette: Die französische Filmindustrie in den dreißiger Jahren. In: Hurst, Heike/Heiner Gassen (Hg.): Kameradschaft-Querelle. Kino zwischen Deutschland und Frankreich. München 1991, S. 151-158.

Virilio, Paul: Krieg und Kino. Logistik der Wahrnehmung. München/Wien 1986.

Virmaux, Alain et Odette: Les Surréalistes et le Cinéma. Paris 1976.

Walser, Martin: Die letzte Matinee. In: Ders.: Prosa. Werke in 12 Bänden. Bd 8. Frankfurt/M. 1997, S. 83-95.

Walser, Martin: Die unlautere Gewalt. In: Frankfurter Rundschau 11.7.1995.(=Imaginäres Museum des Kinos im Jahr des Films Nr. 28).

Walser, Robert: Kino [In: Die Schaubühne 1.Bd. Nr.21 (8.1912)]. In: Schweinitz 1992, S. 26-27.

Wegener, Paul: Sein Leben und seine Rollen. Ein Buch von ihm und über ihn. Hamburg 1954.

Weedon, Geoff, Richard Ward: Fairground Art. The Art Forms of Travalling Fairs, Carousels and Carnival Midways. London 1981.

Welson, John: The Bird. In: Breakwell, Ian/Paul Hammond (eds): Seeing in the dark. A compendium of cinemagoing. London 1990.

Wendler, Wolfgang: Carl Sternheim. Weltvorstellung und Kunstprinzipien. Frankfurt/M./Bonn 1966.

Werfel, Franz: Eine blaßblaue Frauenschrift. Erzählung [1955]. Frankfurt/M. 1990.

West, Nathanael: Der Tag der Heuschrecke. Ein Hollywood-Roman. Zürich 1972 [The Day of the Locust. 1939].

Westphalen, Joseph von: Im diplomatischen Dienst. Hamburg 1991.

Wilhelmshavener Tageblatt 10.12.1896. In: Hoffmann, Detlev/Jens Thiele: Lichtbilder – Lichtspiele. Anfänge der Fotografie und des Kinos in Ostfriesland. Marburg 1989.

Williams, Tennessee: Desire and the Black Masseur. In: Ders.: The Knightly Quest. A Novella and Twelve Short Stories. London 1968, S. 106-115 (Übers. J.P.).

Williams, Tennessee: Die Glasmenagerie. Frankfurt/M. 1978.

Wolf, Sylvia/Ulrich Kurowski: Das Münchner Film- und Kinobuch. München 1988.

Wondratschek, Wolf: Kino. In: Ders.: Chuck's Zimmer. Gedichte/Lieder. Frankfurt/M. 1975, S. 32.

Woolrich, Cornell: Dusk to Dawn [1937]. In: Ders.: Nightwebs. Ed. by Francis M. Nevins, jr. London 1973, S. 189-224 (Übers. J. P.).

Wysocki, Gisela von: Auf Schwarzmärkten. Prosagedichte. Fotografien. Frankfurt/M./ Paris 1983.

Zenz, Franz Reinhold: Kintopp. Eine Filmphantasie. In: Deutsche Monatshefte. Die Rheinlande 14 (1914. 5), S. 178-179.

Zimmer, Dieter E. (1997) Nachwort des Herausgebers. In: Vladimir Nabokov: Gesammelte Werke, Band 3: Frühe Romane 3. Reinbek 1997, S. 555-581.

Zischler, Hanns: Kafka geht ins Kino. Reinbek 1996.

Zweig, Arnold: Cinema [1911]. In: Ders.: Ein Lesebuch für unsere Zeit. Berlin/Weimar (Aufbau) 1987, S. 325-335.

Zweig, Stefan: Glanz und Schatten über Europa. In: Ders: Die Welt von gestern. Erinnerungen eines Europäers. Stockholm (Bermann-Fischer-Verl.) 1941, S. 202-248.

Filmverzeichnis ›Kino im Film‹

Personenregister

McTearnen, John 309
Meisel, Edmund 81
Méliès, Georges 11
Mellencamp, Patricia 6
Mendelsohn, Erich 96
Menzel, Jiři 14, 222
Messter, Oskar 10
Meyers, Sidney 152
Meyer-Wehlack, Benno 151-152
Michael, Marion 174
Middendorf, Klaus 312-313
Midler, Bette 287
Mierendorff, Carlo 37, 96, 144, 146
Miersch, Alfred 292-293
Milestone, Lewis 85, 139, 148
Minnelli, Vincente 282
Mitchum, Robert 176
Mitry, Jean 16
Mitta, Aleksandr 144-145
Modick, Klaus 249
Moisson, Charles 21
Molo, Walter von 42-43
Monroe, Marilyn 176, 247
Montaldo, Giuliano 219-220, 269
Montand, Yves 141
Montgomery, Robert 207
Morand, Paul 112, 155, 156
Moretti, Nanni 210, 222
Moullet, Luc 240-241, 281
Moyano, Daniel 208
Mühl-Benninghaus, Wolfgang 85
Müller-Scherz, Fritz 290, 291
Müller-Stahl, Armin 138
Münzenberg, Willi 146
Munch, Edvard 299
Murnau, Wilhelm F. 128, 131, 138, 173, 238, 282, 307
Murnberger, Wolfgang 292
Musil, Robert 140
Musser, Charles 31

Nabokov, Vladimir 254-255, 257-259, 278
Nadar 116
Nair, Mira 287
Negbaur, W. 124
Negri, Pola 86, 93, 103
Neumann, Robert 108
Niblo, Fred 127
Nielsen, Asta 46, 86, 132
Nietzsche, Friedrich 68

Nion, François de 30
Noldan, Svend 157
Nooteboom, Cees 173
Normand, Mabel 40, 41
Norris, Frank 24-25
Novotny, Franz 178
Nowak, Heinrich 132

Oberstein, Igor 169
Ohnemus, Günter 290
Ophüls, Max 155
Ott, Karl-Heinz 65

Pabst, Georg Wilhelm 146, 156
Paech, A. 18, 159, 288
Paech, J. 24, 26, 72, 210, 250
Pagnol, Marcel 57, 155
Panofsky, Erwin 59, 229
Parker, Alan 153, 225
Patalas, Enno 77, 108
Paul, Robert William 8, 10, 23, 58
Pehlke, Heinz 169
Penn, Arthur 281
Percy, Walker 261
Périer, François 16
Pfemfert, Franz 52
Pflaum, Hans Günther 288
Piaf, Edith 141
Pick, Lupu 131, 138
Pickford, Mary 127
Pietsch, Otto 137
Pinthus, Kurt 52, 55, 60, 137
Piotrowski, Christa 311
Pirandello, Luigi 21, 102
Piscator, Erwin 146
Poe, Edgar Allen 95
Poelzig, Hans 96
Polgar, Alfred 122, 204, 315
Pommer, Erich 155
Pool, Léa 244, 247
Porten, Henny 68, 86, 92-93, 132
Porter, Edwin S. 23-24, 40, 58, 216
Potter, H.C. 214-215, 225-226
Power, John 14, 81, 135
Pratt, George C. 13
Preminger, Otto 176
Previn, George C. 275
Prinzler, Helmut 77, 288
Prokofjew, Sergej 81
Prümm, Karl 99, 101
Puccini, Giacomo 69

Geschichte des deutschen Films

Herausgegeben von Wolfgang Jacobsen, Anton Kaes,
Hans Helmut Prinzler, in Zusammenarbeit mit der
Stiftung Deutsche Kinemathek, Berlin
1993. 596 Seiten, 300 s/w-Abb., gebunden
ISBN 978-3-476-00883-1

Knut Hickethier
Geschichte des deutschen Fernsehens

Unter Mitarbeit von Peter Hoff
1998. XI, 594 Seiten, 328 Abb., gebunden
ISBN 978-3-476-01319-4

Hans Helmut Prinzler
Chronik des deutschen Films

1895 bis 1994
1995. VII, 464 Seiten, 83 Abb., kartoniert
ISBN 978-3-476-01290-6

Geschichte des internationalen Films

Herausgegeben von Geoffrey Nowell-Smith
Aus dem Englischen von Hans-Michael Bock und einem
Team von Filmwissenschaftler/Innen
1998. XIV, 794 Seiten, 307 Abb., gebunden
ISBN 978-3-476-01585-3

Jörg Helbig
Geschichte des britischen Films

1999. X, 334 Seiten, 34 Abb., gebunden
ISBN 978-3-476-01510-5

Stefan Kramer
Geschichte des chinesischen Films

Mit einem Vorwort von Helmut Martin
1997. XIX, 313 Seiten, 31 Abb., gebunden
ISBN 978-3-476-01509-9

Geschichte des sowjetischen
und russischen Films

Unter Mitarbeit von Eva Binder, Oksana Bulgakova,
Evgenij Margolit und Miroslava Segida
1999. XVI, 382 Seiten, 47 Abb., gebunden
ISBN 978-3-476-01546-4

Metzler Film Lexikon

Herausgegeben von Michael Töteberg
1995. VI, 730 Seiten, 86 Abb., kartoniert
ISBN 978-3-476-00946-3

Amerikanische Literaturgeschichte
Herausgegeben von Hubert Zapf
1997. XII,596 Seitern, 424 Abb., gebunden
ISBN 978-3-476-01203-6

Deutsche Literaturgeschichte
Von Wolfgang Beutin u.a.
5., überarbeitete Auflage.
1994. X, 630 Seiten, 400 Abb., gebunden
ISBN 978-3-476-01286-9

Englische Literaturgeschichte
Herausgegeben von Hans Ulrich Seeber
3. Auflage. 1999. X, 461 Seiten, 364 Abb., gebunden
ISBN 978-3-476-01728-4

Französische Literaturgeschichte
Herausgegeben von Jürgen Grimm
4. Auflage. 1999. XII, 494 Seiten, 283 Abb., gebunden
ISBN 978-3-476-01729-1

Italienische Literaturgeschichte
Herausgegeben von Volker Kapp
2., verbesserte Auflage.
1994. X,427 Seiten, 430 Abb., gebunden
ISBN 978-3-476-01277-7

Lateinamerikanische Literaturgeschichte
Herausgegeben von Michael Rössner
1995. XI, 549 Seiten, 350 Abb., gebunden
ISBN 978-3-476-01202-9

Spanische Literaturgeschichte
Herausgegeben von Hans-Jörg Neuschäfer
1997. X, 423 Seiten, 312 Abb., gebunden
ISBN 978-3-476-00960-9

VERLAG J.B. METZLER

Printed in the United States
By Bookmasters